腐败与历史译丛

CORRUPTION AND

THE DECLINE OF ROME

腐败与罗马帝国的衰落

〔美〕拉姆塞·麦克莫兰／著

吕厚量／译

中国方正出版社

本书作者拉姆塞·麦克莫兰教授的来函
（摘录）

尊敬的陈先生：

您好！

我很高兴地通知您，一位专业翻译家已经检查了我的著作《腐败与罗马帝国的衰落》一书中译本样稿的翻译质量。他的报告认为译文的质量十分优秀。

……

我安排了居住在台北的一位朋友帮助我尽快完成这项检查。如我所料，吕厚量博士的翻译成果经受住了考验。他的翻译效率与译文质量之高令人赞叹，而他同我的合作也一直进行得十分顺利。

向您致以诚挚的问候

拉姆塞·麦克莫兰

2015 年 10 月 15 日

《腐败与历史译丛》
出版说明

一部世界文明史，一定意义上就是一部腐败与反腐败史。世界各国与各民族都在与腐败的长期斗争中付出了高昂的代价，也都取得了有益的经验与教训。

以史为镜，可以知兴替。深入研究历史上的腐败现象与腐败原因，积极借鉴世界各国反腐倡廉的有益做法和研究成果，实为推进我党领导下的党风廉政建设和反腐败斗争所不可缺少的一项工作内容。

鉴此，从2013年开始，我社着手组织出版《腐败与历史译丛》。期间，我们征求了相关专家的意见，精选出外国学者从历史与文化角度研究腐败问题的一批专业学术著作，并延请国内知名学者与专家精译精校。至2015年，第一批译作脱稿，并陆续编辑出版。今后，我社还将秉着精益求精的原则，不断为这套译丛添续新的作品。

书中西方学者所持的立场与观点，相信读者自会善加鉴别，取其精华，去其糟粕。

对编辑出版中可能出现的错误与不足，欢迎各方随时批评指正！

中国方正出版社

2015年9月

插 图 目 录

图 1　洛布古典丛书、牛津古典文丛和图耶布纳古典丛书中的作家时段分布（根据卒年统计，以十年为单位）/5

图 2　拉丁铭文数量变化曲线/7

图 3　罗马帝国吕底亚地区的铭文数量/8

图 4　意大利境内的捐赠统计（1914 年所见）/10

图 5　意大利境内的捐赠统计（1965 年所见）/11

图 6　西地中海的沉船统计（霍普金斯提供）/14

图 7　西地中海的沉船统计（综合各家观点——见注 16）/15

图 8　沉船遗骸地理分布/17

图 9　奥斯提亚和罗马的进口模式（a）/20

图 10　奥斯提亚和罗马的进口模式（b）/21

图 11　泰斯塔奇奥山/23

图 12　帝国的货币供应/85

图 13　军团兵源的来源地/117

图 14　宫廷一景（卢克索尔神庙礼拜堂中的壁画）/133

图 15　奥伊诺安达（吕奇亚）的李锡尼娅·福拉维拉的显赫亲族(166、167 页间)

图 16　涂鸦中的共治四帝/254

图 17　帝国领土的丧失：公元 260—400 年/393

中 文 版 序

在本书出版后的二十余年中，对腐败题目与日俱增的兴趣正在随着早在 20 世纪 90 年代中期已受到关注的、区域性的和蔓延全球的腐败猖獗现象相形而生。本序言的脚注只能蜻蜓点水式地反映对该现象进行研究的、"以几何级数增长"的著作数量[1]。

就本研究而言，我所定义的腐败——公共权威的私家化——是否真的会产生实实在在的影响呢？答案是肯定的，

---

[1] A. Doig and S. Riley, "Corruption and anti‐corruption strategies：issues and case studies from developing countries," in *Corruption & Integrity Improvement Initiatives in Developing Countries* (UN Development Programmes 1998) 45 (爆发) and (48f.)，在 20 世纪 90 年代"引起广泛关注"；J. LaPalombara, "The structural aspects of corruption," in D. V. Trang, ed., *Corruption & Democracy. Political Institutions, Processes and Corruption in Transition States in East‐Central Europe and in the Former Soviet Union* (Budapest 1994) 35，民主制国家的痼疾；R. Neild, *Public Corruption. The Dark Side of Social Evolution* (London 2002) 210，"蔓延到全球"；以及"迅猛增长"，in O. Kurer, "Einleitung," *Korruption und Governance aus interdisziplinärer Sicht. Ergebnisse eines Workshops des Zentralinstituts für Regionalforschung … 2001* (Neustadt an der Aisch 2003) 8。

腐败与罗马帝国的衰落

2013—2014 年阿富汗与伊拉克政府的军事惨败和领土丧失便是这方面极好的例子。在这两个案例中，应负主要责任的行为都是政府内部对军饷的挪用，跟 4 世纪一心为公的两位罗马帝国评论家指出的时弊别无二致。[2] 然而，我在自己的研究中并未列举古代或现代世界中的其他看似恰当的例子，因为这种研究涉及与国家结构的多样性。

　　具体而言，如果政府的腐败现象是有害的（尽管它们或许暂时对腐败分子有利），那么它们是通过何种方式损害了什么东西呢？显然，答案必然与公共福祉密切相关——那是整个民族在为其既定目标而不懈努力的过程中赢得的福利，而非某些个人为满足一己之私欲而追求的好处。于是第二个问题便随之而来：谁有资格决定本民族的既定目标究竟是什么呢？不同形式的政府无疑会提供截然不同的答案。

　　在我所关注的腐败现象最初滋生之际，罗马是一个寡头政

---

〔2〕 关于我采取的传统定义（并不是唯一的定义），见 K. Acham, "Formen und Folgen der Korruption," in *Korruption und Kontrolle*, ed. C. Brünner (Vienna/Cologne/Graz 1981) 29f.；or D. della Porta and A. Vannucci (2012) 3. 关于阿富汗的例子，见 J. Hersh, "Afghan army general: corruption sometimes makes it impossible to do our job," *The World Post* May 18, 2012, "充斥于整个政府、特别是军队中的腐败早已被视为影响阿富汗国家安全的主要障碍", or J. Broder and S. Yousafzai, "Arming the enemy," *Newsweek* May 18, 2015; for the I-raqi analog, see Mustafa Salim, "Investigation finds 50,000 'ghost' soldiers in Ira-qi army, prime minister says," *Washington Post* 11/30/2014, "伊拉克军队一直在向至少 5 万名根本不存在的士兵发放军饷……这个美国斥巨资武装起来的政权的腐败程度由此可见一斑……腐败军官的通常做法是编造名册中并不存在的士兵姓名，以便把他们的工资揣进自己的腰包。" 利巴尼乌斯和特米斯提乌斯都描述过这种军官通过编造士兵姓名来贪污军饷的做法，见原书第 268 页。

权。把持国政的世家大族们瓜分着统治权,却不允许其中任何一个家族(更不必说个人)独占鳌头。当国家的要务是征伐、劫掠和兼并其他民族领土的时候,他们可以团结一心、同仇敌忾;在元老院里举行集会之际,他们也能够就政策达成一致。随着时间的推移,他们在军事上的成功开始为掌管境外兵权或行省统治权的个人提供了谋求自身利益的巨大机遇。可见,对于寡头集团而言,其成员确实是存在着共同利益的。

在内政事务中,作为法官的他们没有多少可以操心的事情,在作出判决的时候则往往十分谨慎。当时的成文法非常少,而习惯法中的大多数是跟财产有关的。那时也没有警察或公共检举人提出指控、维护规范;公民间的矛盾或财产损失纠纷往往表现为个人之间的官司,他们的人脉与后台,即家族势力会在其中扮演举足轻重的角色。简言之,当时留给腐败行为的空间极其有限,因为政府本身规模很小,而且是同与许多操持在个人与家族手中的其他权威并存的。

当然,贿金和人情会导致法庭上的偏袒与不公,从而引发关于收买证人与法官的指责。关于寡头政权被推翻前最后半个世纪里的相关情况,我们目前拥有的最佳史料来自西塞罗[3]

---

〔3〕 最著名的一些演说词攻击了盖约·维勒斯(Gaius Verres)、奥鲁斯·伽比尼乌斯(Aulus Gabinius)和盖约·拉比里乌斯·波斯图穆斯(Gaius Rabirius Postumus)等官员或官员附庸。M. Siani - Davies, "Ptolemy XII Auletes and the Romans," *Historia* 46 (1997) 322f., 328ff. 描述了后两个人物收受巨额贿赂后为支持一名埃及国王候选人而在首都进行的行贿、恫吓和谋杀行为;对总体背景的拊要介绍见 C. Steel, *The End of the Roman Republic 146 to 44 BC. Conquest and Crisis* (Edinburgh 2013) 181, 215f.

腐败与罗马帝国的衰落

他的演说词与散见于其书信和同时代历史学家作品中的其他证据表明，在罗马的权力臻于极盛之际，政府中的腐败之风是何等猖獗，甚至成了一种特有的"罗马病"——可见，腐败现象早在罗马"灭亡"几百年之前就已经大行其道了。那么（尽管我在本书中出示了大量证据），我们究竟凭什么断言，腐败可以被视为罗马灭亡的原因呢？

将西塞罗的演说词视为古代修辞学的巅峰之作并将它们读得滚瓜烂熟的古典学家们无疑会提出这项质疑〔4〕历史学家们会沿着从特殊到一般的线索去寻求答案；他们会追问：当时罗马的权力结构究竟是怎样的，它为何会促使人们按照私利去定义公共福祉呢？在西塞罗的时代，公共福祉当然是世家大族的利益。在理论上和更广泛的意义上，它还包括全体表现良好的罗马公民——也就是世家大族的依附者的利益。如果受损害的只是异邦人的话，那就让那些可怜虫见鬼去吧！

我们可以举出两个说明这种差别的例子：臭名昭著的行省总督维勒斯由于危害西西里的罗马公民及其被保护人而被处以流放；而尽管伟人庞培和他的盟友（如奥鲁斯·伽比尼乌斯〔Aulus Gabinius〕）在东方诸王国里的巧取豪夺更加恶贯满盈，却仍旧可以逍遥法外。所有人都会承认这种受贿本身是一种罪

---

〔4〕 对此观点的驳斥见 Jasper Griffin in the *New York Review* of March 16，1989，8，or R. J. A. Talbert in *Phoenix* 45（1991）86，我还会补充 P. A. Brunt，见拙作 "Tracking value changes," *Aspects of the Fourth Century A. D. Proceedings of the Symposium* Power & Possession：State，Society，and Church in the Fourth Century A. D. ...*Leiden* 1993（Leiden 1997）126。

恶，可有什么法子呢？至少它对于"公共福祉"而言是无害的。

随后，罗马进入了帝制时期。在愈演愈烈的家族争雄与内部动乱中，奥古斯都出现了。他打着恢复从前美好时代（共和国）的幌子，建立了个人的至高权威。他的权力来源是层层伪装之下对军队的垄断。因此，他在挑选军事将领时必须慎之又慎。但奥古斯都又必须从寡头集团中挑选这样的将领——他们代表着本家族的声望、被保护人和盟友。像在任何君主制国家中的情况一样，吸引这批精英为君王服务的是对其尊贵地位的认可和随之而来的荣誉和财富，他们可以借此跻身权力的金字塔等级体系之中。奥古斯都位于该体系的顶点，金字塔的基石则是元首的卫队和军团。

在他的宫廷侍卫中，一个向请愿者和使节狮子大开口的家伙在事情败露后被奥古斯都打断了腿。奥古斯都死后约一代人的光景，韦伯芗用阴森可怕的俏皮话警告了另一个贪得无厌的臣仆，声称他要想继续这样干的话，总得把得来的好处上交元首才行。当时的监督体系只对一小批人（但他们十分引人注目）网开一面，他们是行政官员的役吏，在共和国时期早已被政府雇用。被雇佣来从事这些工作的是释奴和社会地位较低、不至于不屑于同释奴为伍的自由人。他们的薪水十分微薄，却奇迹般地富裕起来，有的甚至可以成为巨富。这些职务是不受监督的。它们如同法国大革命之前的官职一样，被视为可以通过贿赂买卖的私产。[5] 同样，驻扎在行省城镇里的罗马士兵也可以收取保护费（Lk 3：14）。他们的勒索其实起源于合法的军事需要；但城市并不总是有义务承受这样的重担。通过对帝国早期这两个群体的观察，我们看到，当时的政府腐败仅仅局限在很小的范围内。[6] 只有到了帝国晚期，这两个群体的作风才开始被普遍仿效，腐败之风由此蔓延开来。

在我们上面看到的、关于腐败问题的热烈讨论中，人们往往会强调政府公职人员的低收入问题（官吏们自己对此也有所察觉），并纠结于"小额"腐败与"巨额"腐败的界限划分。无论如何，如果要求本身是应得应分的话，那么向首肯的官吏提供一点微薄礼品的举动并不会招致天怒人怨。因此，像今天的情形一样，在罗马人那里，富贵人家的家奴会向访客或生意人索要"小费"，遭遇确实不幸的士兵也会这样做。无衣食之虞的人自然会谴责这种可耻的收入；但穷人是不会在乎什

〔5〕 K. W. Swart, "The sale of public offices," in A. J. Heidenheimer, *Political Corruption. Readings in Comparative Analysis* (New York 1970) 85f., 提供了欧洲、中国和澳洲的相关例子；另见 W. Brauneder, "Die Korruption als historisches Phänomen," in *Korruption und Kontrolle*, ed. C. Brünner (Vienna/Cologne/Graz 1981) 81f.

〔6〕 S. Mitchell, "Requisitioned transport in the Roman empire: a new inscription from Pisidia," *Journal of Roman Studies* 66 (1976) 114ff., 早期的元首们准许高级官员们提取数额合理的交通费和住宿费，低级官吏们则需在当地民众许可的前提下获取这笔费用；但地方权贵也会擅自效法这套惯例，并在帝国晚期发展成为一种普遍风气，见 R. MacMullen, *Soldier and Civilian in the Later Roman Empire* (Cambridge 1963) 83 – 89. R. J. A. Talbert (loc. cit. above, n. 4) 的分析存在着误解，收入了为军事需要、而非个人利益要求过高费用的例子。

么荣誉感问题的，[7] 他享受不了那样的奢侈。相反，只要他有机会担任公职，就会竭尽全力去运用自己的职权。他不但会像身边同事那样，在规矩允许的情况下不受谴责地谋取利益（据说盗亦有道），而且还会在担任较高职位时寻求更好的以权谋私机会。如果必要的话，他会通过贿赂取得进身之阶，熟悉官场的规则，利用职务之便来填补亏空。[8] 他将堕落为腐败分子，但并不以此为耻，因为"大家都这么干"；在罗马帝国中，到了4世纪，连皇帝也加入了"大家"的行列。他们开始公开地谈论行贿受贿现象，仿佛它们是正常的与合法的，只要不做得太出格就可以了。

追踪现代社会中类似的伦理风尚变迁是件相对容易的事情，因为我们拥有录音带和其他庭审证据；它们往往是无可争议的。而在古代社会中，证据似乎只有某个字眼从完全贬义发展到褒义或至少中性的语言学线索。委婉的用语可以缓解一切尴尬情景。因此，腐败现象和对它们的谴责是可以（并且在历史上也的确如此）共存的，甚至一直沿用到今天，如 com-

---

〔7〕 Samuel Johnson（April 22，1777）以了解赤贫为何物者的身份讲述的大实话。

〔8〕 关于本书 3、4 章中的比较要点，见关于买官现象的研究，如 Rose – Ackerman 1999（cit. above，n. 5）82；D. della Porta and A. Vannucci, *The Hidden Order of Corruption. An Institutional Approach*（Farnham 2012）90；or S. Chayes, *Thieves of State. Why Corruption Threatens Global Security*（New York/London 2015）112；关于安排本人或他人谈话以便收受贿赂的行为，见 della Porta and Vannucci 2012, chapters 3 and 9，或 Porta and Vannucci 的 *Corrupt Exchanges. Actors，Resources，and Mechanisms of Political Corruption*（New York 1999）32f. and passim。

moda（外快）一词。早在共和时期的常见用法中，*commoda*
已可以用来描述与准许行政官员助手的要求。严格说来，这个
单词在语义学上的含义是"适宜的"、"被准许的"和"有利
的"。在帝国晚期的希腊语和拉丁语中，都存在着许多在不同
社会小圈子中流行的新用法。竭力解释其合理性的词典就像潮
水上涨时在沙滩上留下的一道道痕迹一样，标志着政府纪律与
其他道德准则中是非界限的变动。这些义项最终变成了约定俗
成的用法（*consuetudo*），并毫无障碍地进入了其他语言——拉
丁语、希腊语或今天的意大利语、英语。[9]

在罗马帝国内，立法风格也使得语言学所反映的、对政府
腐败行为的宽容变得更加容易。根据西塞罗的修辞学老师、利
巴尼乌斯或特米斯提乌斯等人的说法，皇帝的讲话需要采用高
贵、雅致、繁复的风格，唠家常式的文风是不可取的。在皇帝
本人的意图表述得含混不清、法律条文本身模棱两可的情况

---

〔9〕 关于罗马文官圈子中使用的 *commoda* 和类似术语，见 R. Mac-
Mullen，"Roman bureaucratese," *Traditio* 18（1962）365ff.；关于作为"惯例"
的情况，见 idem，"Tracking" 1997（above，n. 4）127f.；关于美国的情况，
见 J. T. Noonan，*Bribes*（New York/London 1984）687；印度的例子（"方便
费"等），见 Y. G. Muralidharan，*Corruption：the Rot Within*（Bangalore 2013）
12；俄罗斯的情况见 S. Schattenberg，"Geben und Nehmen – die lokale rus-
sische Beamtenwelt in der ersten Hälfte des 19. Jahrhunderts als Gift – Giving So-
ciety," in O. Kurer，"Einleitung," *Korruption und Governance aus
interdisziplinärer Sicht. Ergebnisse eines Workshops des Zentralinstituts für Regional-
forschung* … 2001（Neustadt an der Aisch 2003）88；"an alternative language"
肯尼亚、意大利和韩国的情况见 della Porta and Vannucci（cit. above，n. 5）
69f.

下，皇帝的臣仆就完全有机会在受贿的情况下对皇帝的意思作出有利于行贿者的解读。而在现代世界里，政府官员的"自行其是"恰恰是对腐败行为指控得最多的罪名。[10]

这种在富人家庭生活中盛行的、收取礼品与"小费"的传统本身并不会造成多大的祸害；这种风气在政府中当然是会引起严重后果的——但它在3世纪之前基本上得到了控制；它无法在社会上蔓延开来，因为在其他社会结构中，掌权者是不会允许下属随意处置有价值的东西的。

然而，随着君士坦丁的登基和基督教会在权力和财富等方面的迅速崛起，基督教会为腐败打开了另一扇方便之门。基督教会在运作过程中会经手大量财物，并拥有自身的权力结构——也就是具备了滋生腐败的两大要素。尽管基督教会在名义上是统一的，它在实质上却是个由奥古斯丁、他的朋友塔伽

[10] 作为马克斯·韦伯行政"客观性"的反例，腐败行为钻的正是法律条文本身语焉不详的空子，并在执行法律的借口下"自行其是"，见本书第3章第3节及现代世界中的例子。关于韦伯，见 Acham 1981 (cit. above, n. 2) 29f. ; J. Kregar, "Deformation of organizational principles: corruption in post - socialist societies," in Trang 1994 (cit. above, n. 2) 56ff. ; D. Kaufman, "Revisiting anti - corruption strategies: tilt towards incentive - driven approaches," in *Corruption & Integrity* (cit. above, n. 1) 71ff. ; S. Rose - Ackerman, *Corruption and Government. Causes, Consequences, and Reform* (Cambridge UK 1999) 45; in Hong Kong, C. - C. Lau and R. P. L. Lee, "Bureaucratic corruption and political instability in nineteenth - century China," in *Corruption and Its Control in Hong Kong. Situations Up to the Late Seventies*, ed. R. P. L. Lee (Hong Kong1981) 115, and D. Faure, "Paying for convenience: an aspect of corruption that arises from revenue - spending," ibid. 129; or, in India, Muralidharan 2013 (cit. above, n. 9) 23, 115。

腐败与罗马帝国的衰落

斯特的阿吕皮乌斯（Alypius of Thagaste）、巴希尔、金口约翰或亚历山大里亚的西里尔等显要主教构成的寡头集团[11]。他们自然对身边的世俗风气十分熟悉，可以直接照搬官场上的术语，或发明宗教生活中的对应词。高级教士收受的贿赂被称为"报酬"或"赐福"；而在中低级教士中（至少在东部行省里如此），主教头衔、圣职头衔和洗礼资格的买卖屡见不鲜。史料中记载了教会对这些时弊的纠正，同时我们也没有证据表明，圣职买卖的弊端在当时已发展到像日后那样严重。它没有危及宗教世界权力结构的生存，更没有威胁到作为其载体的罗马帝国世俗世界。

现在，困扰我们的老问题再度浮现：类似罗马的这种产生实质性影响的腐败现象是否十分常见和易于寻找呢？我在本文中仅仅举出了伊拉克和阿富汗这两个例子（见上文），二者跟罗马的例子一样，都是集中于军事和领土方面的。人类历史上的其他类似例子也是有的，但屈指可数。尽管在历史上的任何时代，甚至在十分伟大的帝国中都盛行着腐败，但它们往往是

---

〔11〕 关于奥古斯丁的史料证据，见 R. MacMullen, "What difference did Christianity make?" *Historia* 35（1986）339ff.；339 n. 59 讨论了阿吕皮乌斯，以及 Noonan 1984（cit. above, n. 9）84 - 87；MacMullen 1986, 339 讨论了巴希尔；关于金口约翰的问题，见上引书 340 与本书第 3 章注 133 以下；关于西里尔最详细的讨论（但此后还有很多著作提及过他），见 P. Batiffol, *Études de liturgie et d'archéologie chrétienne*（Paris 1919）156, 169 - 74。

可控的，并未产生罗马帝国中的那种灾难性后果。[12]

然而，在最近的几个世纪里，当一个民族的生存日益依赖于支持自身的经济力量时，从前的规律就不再适用了。习俗本身还在按照上述例子所展示的传统方式运作着，并产生着同样的效果；但腐败风气对社会的渗透已变得更加无孔不入。这是因为，在与政治截然有别的经济领域，每个公民都会参与其中，扮演着属于自己的角色。他们在日常生活中作出的决策充其量只有他们自己才能控制；即便那些在当事人看来也是错误的、可耻的和有害的观念也会被保留下来。

对腐败问题连篇累牍的、有时耸人听闻的社会经济分析指出了伦理价值观在反腐运动中的核心地位。人们在讨论中开始越来越多地提及"公共精神"、"荣誉感"和对个人价值的认识。

---

〔12〕 关于国家和帝国在腐败状态下继续生存的例子，Noonan 1984 对华伦·哈斯廷斯（Warren Hastings）进行了详细分析；但对我的研究而言，亨利·福克斯（Henry Fox）担任乔治二世（George II）军需官八年间的相关史料更具说服力；关于印度的腐败，J. R. B. Jeejeebhoy, *Bribery and Corruption in Bombay*（Bombay 1952）早已提供了大量证据；E. N. and P. Anderson, "Bureaucratic institutionalization in nineteenth century Europe," in Heidenheimer 1970（cit. above, n. 5）97ff. 详细讨论了俄罗斯；关于中国的情况，西方学界可以接触到许多二手材料，但特别能够说明问题的是创作于1600 年前后的小说《金瓶梅》中的若干段落，译本如 anon.〔Bernard Miall〕（1940），以及 D. T. Roy（1993–2011）as *The Plum in the Golden Vase* 和 A. Lévy, as *Fleur en Fiole d'Or*, 2 vols.（Paris 1985）. 见英文版 2, 83, 140f., 144, 157, 160, 231, 303ff. 或法文版 1. 2, 10, 14, 58, etc.）。

序　言

　　本书的计划十分简单。它旨在研究传统上被称为"罗马的衰落"的内容，并在开篇（第一章）回顾优秀学者们曾解释过的种种现象。我并不试图在这些现象中寻找任何普遍的、确定的意义，而是遵循着某些会导致国家权力丧失和对帝国潜在力量、资源的控制力受到削弱的暗示线索进行分析。在可被称为历史社会学的部分（第二章）里，我将描述权力的本质及其运作方式（在它确实运作的情况下）；随后（第三章）再去探讨权力何时失效及其根本原因。择取发生于四五世纪的一些具体案例去说明罗马最终陷入的虚弱状态，是很容易的（第四章）。表面看来，这些例子都可被归入政治或军事的范畴。选取这些案例是为了证明，何以在有些情况下，历史社会学对于理解某些看似浅显易懂的历史内容——如战役、政治派别、基本历史事件（可能还包括学界关注的某些问题，如历史人物的准确姓名、亲属关系、头衔，以及确切的历史年代）——是不可或缺的。我认为，与控制人们行为的社会价

腐败与罗马帝国的衰落

值观与行为习惯相比，上述历史信息一定是具有研究价值的；无论如何，我们当中的每一位在初学历史的时候都要重视每一段历史叙述涉及的战役、计谋和人格特征，这样才能使历史鲜活生动。但时至今日，只有极其粗糙的、早已过时的史学作品才会仅仅把行为习惯、价值观和"古罗马日常生活史"概况视为装饰性的历史背景，而忽视它们同历史进程之间的因果联系。

第一章并不打算对关于"罗马之灭亡"（Rome's Fall）这一主题的一切研究成果进行全盘评价，因为亚历山大·德曼特（Alexander Demandt）已经用丰富的资料和锐利的笔触撰写了一部以"罗马之灭亡"为标题的著作（1980 年）[1]然而，作者在那部书中探讨的是近几百年来众多研究者眼中的罗马灭亡，而不是该事件本身；因此，进行另一项研究的空间仍旧存在。我试图证明，帝国及其衰落是个极其复杂的问题，远远不是单线式的进程；此外，人们对于这一现象也极易产生误解。毫无疑问，人们可以再写出跟德曼特的作品一样厚实的著作，来批评前人就该主题研究中的错误。这样做或许是有价值的，但它将是一部只破不立的著作。其作者将会成为这项研究的破坏者。我宁可（也十分乐意）回顾专家学者们近年来取得的突破和进行的讨论。我的选择不免挂一漏万，我的介绍必然只

---

〔1〕 在这部长达近 500 页的、洋洋洒洒的著作中，德曼特用第二、三两章回顾了直到美国总统尼克松为止的上百种权威论断；但罗马的衰落仅仅被"视为一种思想史"（geistesgeschichtlich betrachtet）。

能点到为止，但无疑还是能够展示在前一个世代里，各领域内学者们的研究成果是何等不落俗套、发人深省和才华横溢；尽管我对其中一些人的观点持有保留意见，但我还是对他们的成绩表示钦佩。特别重要的是，在我看来，这些研究使我们逐步获得了关于罗马帝国史方方面面的、可验证的——也就是说无可怀疑的——知识。由此，它们不仅提供了一种清晰的观点，指出了罗马帝国史上发生过的、因而需要得到解释的现象，而且取代了那些以权威口吻解释从未发生过的现象的那些妙笔生花的论文与卷帙浩繁的专著；这些现象中便包括罗马帝国的衰落（我只需简单强调一句：单一的、单线式的衰落在罗马帝国史上是不存在的）。

第二章（在某些方面也是全书的核心章节）将尝试描述在帝国社会中早先居于统治地位的、很好地实现了其功能的权力结构。我所说的"权力"仅仅是顺从的对应概念。二者是同一枚硬币的正反面。同其他国家一样，罗马也只有在其权力模式允许的范围内才能完成某些重大目标。在其历史上形势较好的几个世纪里，求助于其公民的决心和力量，罗马可以动用大量精神与物质资源；这些资源主要用于战争，但也起到了在全地中海世界推广有效的顺从模式的作用。它们使得法律的强制作用、公共设施的建设等成其为可能。地方或中央政府可以通过联结城市、乡村与国家的上下级的影响力与顺从情感来贯彻自己的意志。这套体系能够有效地运转，是因为有一套得到了普遍认可的义务关系原则在公共与私人关系中都占据着统治地位。事实上，在这两种关系之间并不存在多大的区别。然而，逐渐地，另一种与之竞争的原则在上下级中同样流行开来，削弱了国家传递、聚集能量的能力。公私权力都开始被奴隶、被释奴、被物资供应官吏和低级财务职员们视为牟利的源泉。这一变化引发了严重的社会功能失调。

我在此概述的观点是针对一个曾长期困扰我自己和其他人的难题：[1] 地中海世界境内人数一定、资源总量恒定、国土面积变化不大的罗马帝国为何彼时能够在外部敌人面前进行成功的扩张，此时却会在同一批敌人的攻击下土崩瓦解呢？在衰落的各个方面中，我只关注军事上的（也可以说是动武能力方面的）衰落。当然，军事因素经常被视为"衰落"的关键。我并不相信任何此类单一事件的决定作用，但我相信（谁又能否认呢？），边疆范围之内实实在在的安定局面乃是任何文明能够取得引以为傲的一切成就的前提。

如图（图17）所示，从约250年起，罗马帝国核心部分的领土开始沦丧于敌人之手。在第四章也是本书最后一章里，我将考查这方面的若干例子，积累它们如何发生的细节信息。我还会注意展示一系列事件及其背景。这些将构成本书中仅有的传统政治史叙述部分。我相信，读者会感觉这些例子已经足够，

---

〔1〕 我对3—5世纪的兴趣始于1949年，当时我在这个漫长的、错乱的时代里发现了国家社会主义（并非来自老师要求的阅读任务）。若干年后，我在一篇论文中研究了这一主题。此后，我又在一些公开发表的作品中就若干与罗马帝国衰落有关的其他主题表达了自己的观点，在有些情况下就是专门针对本书的内容展开思考的。这一背景可以解释（我希望读者们也能够理解），我为何会在脚注中引用许多自己的著作。

或在不需要更多背景知识的情况下已能够理解对于这些现象的解释。我的目标是通过这些具体例证说明，我们在权力结构中发现的这些变化对于罗马领土的丧失产生了因果方面的、几乎可以度量的影响；而这种损失恰好可以从地缘政治角度反映政府职能在其他方面的恶化。由于我主要关注帝国内部发生的种种变化，这项研究的终结点自然要落在外部势力阑入之际——也就是406年，或429年，或介于二者之间的某个年代。

1981年，我有幸应法兰西学院之邀，作了一系列主题自选的讲座。我正是利用这四次讲座的材料，通过扩写和添加注释完成了本书。关于本书出版工作（以及我之前承担的多数其他工作）的长期拖延，我认为主要原因在于我自己必须在院系或大学布置的行政任务、满负荷的教学工作量，以及没有任何专门假期或协助的压力下进行写作；并且我还一度需要分身去参与其他一些截然不同的学术项目。其结果是，我的阅读时常被打断；我的写作也往往跟不上近年来新书出版的节奏。但无论如何，任何时代都会有新的研究成果出版问世——这意味着，新颖的、别具一格的解读方式总要将陈旧的模式取而代之。至少在那些值得人们永恒关注的课题方面，没有哪个人能够给出最终的定论。学者所能期望的只有自己可以对研究该主题的、由他人撰写的下一本书产生影响；那部新书必将青出于蓝，但仍然无法做到尽善尽美。

写于卡尔洪学院专家楼

目　　录

第一章　主题的选择　　　　　　　　　　　　　1

1. 罗马人的观点　　　　　　　　　　　　　1

2. 对衰落的量化　　　　　　　　　　　　　3

3. 区域研究　　　　　　　　　　　　　24

4. 一般性的解释　　　　　　　　　　　　76

第二章　权力机制　　　　　　　　　　　　124

1. 本项研究的基本任务　　　　　　　　　124

2. 权力的产生　　　　　　　　　　　　128

3. 权力的运作方式：通过威吓　　　　　　187

4. 权力的运作方式：通过恩宠　　　　　　214

5. 权贵与政府　　　　　　　　　　　　231

6. 私人权力何以能够大行其道　　　　　　262

第三章　权力交易　　　　　　　　　　　　269

1. 导言　　　　　　　　　　　　　　　269

2. 元首制时期公职的私家化　　　　　　　272

3. 帝国晚期增加重要公职额外收益的发展趋势　　303

4. 罗马帝国晚期政府的私家化程度　　324

5. 对公职权力私家化的评价　　369

第四章　政府私家化的代价　　375

1. 军事力量的削弱　　375

2. 领土沦丧：逐个案例的分析　　391

3. 不同层次上的帝国权力失控　　424

附录 A　4 世纪为罗马皇帝效劳的蛮族　　437

附录 B　"领导者"　　452

附录 C　驻扎在城市中的士兵　　461

参考书目　　482

索引　　572

第一章　主题的选择

1. 罗马人的观点

衰落中的民族理应对此心知肚明。因此，我首先到他们的作品里去寻找同罗马人自己的观点。我的确发现，他们用绝望的字眼去描述身边的整个世界，唯一令我感到意外的是他们居然如此频繁地进行这样的描述。他们认为，具有决定性意义的溃烂早在公元前 154 年、146 年或 133 年，或在第一位元首统治时期，或在 1 世纪中期就已经出现了（所有这些评判者都身居首都罗马，并站在首都的立场上去探讨这一问题）。此外，一个世代之后的金口狄奥（Dio Chrysostom）、2 世纪末（五十年后）活跃在阿非利加行省（Africa）等地的狄奥·卡西乌斯（Dio Cassius）、3 世纪中叶在阿非利加（无独有偶）和埃及、386 年在意大利北部，以及 410 年罗马陷落和 429 年汪达尔人入侵北非的目击者（我们会觉得这才是合情合理的）都认识到了这一点。不过，在除最后两个例子外的其他时段里，我们同样也能听到人们对时代之幸福的欢呼声。他们通过节庆讲演、公共决议和诗歌表达了自己的这些情感。元首们也很配合这种论调，这一点在铸币铭文这一媒介中表现得极为明显。由于了解（或自以为了解）帝国的真实状态，我们剔除了这些陈述中所有不符合自己观点的论断，并认真地赞许另外那些合乎我们观点的评价。我们自认为有资格对罗马时代观察者们的观点进行择取，因为我们自诩是比他们更优秀的评判者。毫无疑问，我们确实具备这样的优势。但我们还应该将这种做法进一步推广，去否定所有古人的论断；因为一切诸如此类的观点都是在对完成这一任务而言严重欠缺的分析模式和信息条件基础上得出的。[1]

---

〔1〕 关于公元前 2 世纪的衰落情况，见 Haüssler（1964），319 f.；Sen.，*Ep.* 86.6，89.19 – 23，95.13 – 36 passim；and 114.9 – 13；Decker（1913）22 f.；and Mazzarino（1966）26 f. 关于把转折点定在奥古斯都时代的说法，见 Sen.，*Controversiae* 1.2.20（Pompeius Silo and Arellius Fuscus）；2.5.7（Papirius Fabianus，提比略统治时期的人物）；and 10.4.18；*FIRA*² 1. p. 290 lines 44 f. of A. D. 56（近年来发现的对罗马表示绝望的情绪）；Dio Chrs.，*Or.* 31.75；Dio Cassius 71.36.4（马可统治之后的“黑铁时代”）。关于 3 世纪的史料，见 MacMullen（1976）chap. I and notes. 关于 4 世纪初的史料，见 Amob. *Adv. nat.* 1.1 – 3 and 4.24；386 年的史料为 Ambros.，*Expositio evang. sec. Luc.* 10.10（*PL* 15. 1806 f.）。

2. 对衰落的量化

也许古人对文学的评价可以算作一个例外。塔西佗（Tac-itus）在其论演说术的文章开篇作出了消极的评价："你经常问我，尤斯图斯·费比乌斯（Justus Fabius，102 年执政官，请注意其中的字眼'经常'），为什么早先的时代里闪耀着那么多杰出演说家的天才与声名的光芒，而我们这个时代却在雄辩方面乏善可陈、无人喝彩，以至于'演说家'这个头衔几乎已经不复存在了。"[2] 塔西佗哀叹的这种艺术散文消失的现象就发生在帝国上层文化的内核中；因此，它的衰落是一件非同小可的事情。大多数从学生时代便开始通过恺撒的《战记》（*Commentaries*）和西塞罗（Cicero，更为重要）提供的捷径去研究古罗马的现代学者们必然会对此深表赞同。例如，弗兰克·沃尔班克（Frank Walbank）写道："罗马文学同样忠实地反映了衰落的进程；其没落令人信服地证明（如果还需要证据的话），帝国的衰落并不是在公元 250 年之前不久才发生的，其中一些关键因素早在几个世纪前就已经开始活跃着了。文学这支敏感的苗株最先受到了摧残……在尤文纳尔（Juvenal）

---

〔2〕 Tac. *Dial.* 1. 1, cf. Plin. , *Ep.* 8. 12. 1, *litterarum iam senescentium.*

和塔西佗之后，拉丁文学实在乏善可陈。"[3] 如他所说，假使我们能够解释文学萎缩的原因，我们或许也就掌握了理解此后几个世纪里发生的一切衰落现象的钥匙。

我们在这里遇到了一个看似无法解决的难题：如何能在审美判断力占据主导的领域里科学地度量恶化的表现呢？如果两位评判者对何为"恶化"意见相左的话，这种分歧如何能够得到解决呢？我们能够证明的只不过是某些观点比另一些更为普遍而已。我们不妨试着提供一个直观的印象。我们把图耶布纳（Teubner）、牛津和洛布（Loeb Classical Library）三大古典文丛所收录的古代作家统计情况制成了一张表格（图1）。

这种统计结果当然证明不了什么，它们只能提供某种佐证；并且这些醒目的精确数据似乎很像是滥用科学研究手段炮制出的结果（如有人试图利用金字塔上的指纹判断其建造者身份，或用多重图手段分析南方古猿的颚骨以确定其具体生活年代）。但无论如何，经典文学数目的起落仍然是一个有待解释的重要事实。无论各个时代中最初可供选择的作品总量有多少，后人在一定程度上总会选择更有价值的著作，而舍弃质量较差的文本。在西方文化体系内，这种评判标准大体上是一以贯之的。其佐证在于：罗马人欣赏的那一批作家也受到我们现

---

〔3〕 Walbank（1969）100；Kornemann（1970）221："最后的、也是最难回答的问题是古代世界文化的衰落"，这种文化在塔西佗与建筑师大马士革的阿波罗多鲁斯（Apollodorus of Damascus）之后"轰然坍塌"。当然，人们对希腊文化也有类似的看法，如 Turner（1968）84："健身房（希腊文明的核心要素）衰落的影响要超过中世纪发生的任何单一事件。"

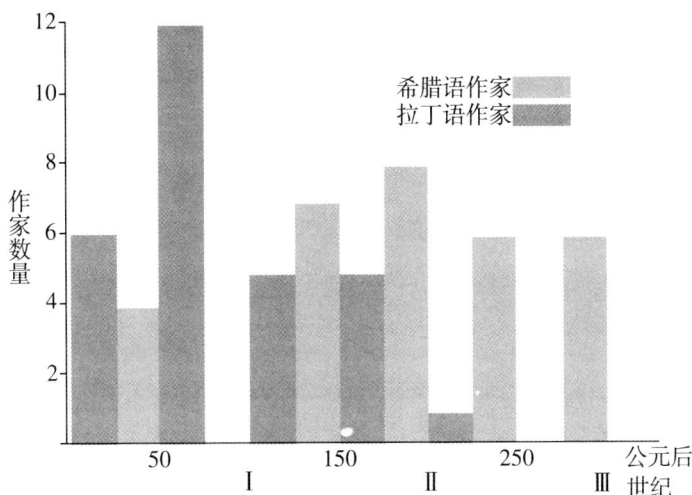

图 1 洛布古典丛书、牛津古典文丛和图耶布纳古典丛书中的
作家时段分布（根据卒年统计，以十年为单位）

代人的尊重；至于那些在古代未受推崇的作家们，我们在阅读
他们的残篇后，也会觉得这些文字是不值得保存的。[4] 既然

─────────────

〔4〕 我无力完成这一艰巨任务，其实只是浅尝辄止而已。我只是注意
到古典晚期的拉丁经典书目（见 Ogilvie［1979］109 f.）和希腊经典书目
（Eunap. Vit. soph. 454 列举了作者书架上的藏书）与现代人的书单并无太
大差别。此外，Norman（1964）161 - 63 and Pack（1965）列举了十种最受
欢迎的作家文本：荷马（64）、德摩斯梯尼（80）、欧里庇得斯（76）、赫
西俄德（48）、柏拉图（40）、品达（33）、修昔底德（33）、米南德（27）、
索福克勒斯（19）与阿里斯托芬（18）。在此之后便是一批不受欢迎的作家
的大杂烩。"人们通常认为，后哈德良时代佚失了的拉丁作品都是二三流
的。从 Teufel - Schwab 对作者名字的广泛统计到最近的研究，这一看法反复
被人提出。" Baldwin（1982）也持同样观点。

腐败与罗马帝国的衰落

"优"与"劣"是通过作品的幸存率、按照物竞天择的原则被界定的，那么我们就有理由认为，塔西佗和普林尼（Pliny）确实是正确的。罗马文学在他们的时代已经衰落了。

然而，我们还注意到，希腊与拉丁这两种文学呈现出了不同的发展轨迹。根据我们刚刚确定的标准来看，可以说希腊文学的衰落远没有拉丁文学那样严重；在希腊文学中，从古代直至拜占庭时期，都有大量优秀作品在不断涌现。罗马文明的整体没落（"罗马的衰落"）在不同地区表现出了不同的进程。

那么，文学为何会像煤矿里的金丝雀（如沃尔班克所说）一样率先死去呢？面对这个疑问，我会谨慎三思，不敢贸然作答，直至提出另一个显然与此相关的问题：难道写作的全部泉源都已经干涸了吗？同样，这个问题也是没有答案的，或至少尚无公认的标准答案。[5] 不过，近年来，人们已开始利用一种坚实的表达方式——石刻铭文进行统计研究。我们选取了拉丁语世界里数目多达 25 万件以上的各种铭文中的不到 2000 件可以确定具体年代的文本样本，按照年代顺序分类制成了下图（图 2）。[6]

图中展示的活跃线索无疑可以扩展到 3 世纪中期之后，因为尽管此后的一些零散文本的统计学意义不大，它们毕竟留存了下来，可以被算作那些时代里的文本；并且这些铭文的数量

---

〔5〕 几年之内，我们就将拥有 W. V. Harris（早期帝国）and E. A. Meyer（晚期帝国）对罗马世界文化水平的出色研究。

〔6〕 MacMullen（1982）243 f.

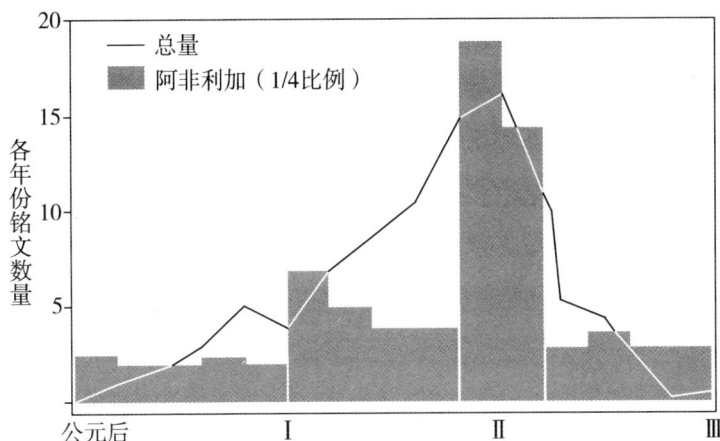

图 2　拉丁铭文数量变化曲线

在君士坦丁统治时期又有显著增加。这条从公元元年起始、不间断地延伸到 4 世纪的绵长曲线在希腊铭文中同样存在。然而，它们的总数相对较小，还不到拉丁铭文的十分之一。更糟糕的是，迄今为止，人们尚未选出足够数量的、年代确定的希腊铭文样本去进行研究。但 3 世纪中叶显然标志着一个低潮，可以说，该趋势一直延续到 325 年。〔7〕在亚细亚行省一块不算太大的区域内（当地拥有忠实记录各种铭文年代的习惯），现存铭文的年代分布构成了图 3 中的曲线图。〔8〕

---

〔7〕　Price（1984）60 提到了现存希腊铭文在"约 260—290 年存在的黑洞"；Jalabert（1909）719 统计了 90—609 年叙利亚中北部地区的铭文，其中 250—324 年的材料完全付之阙如。

〔8〕　MacMullen（1986）237 f. 关于叙利亚地区的铭文，见 Liebeschuetz（1977），487 - 96. 关于大部分悼念铭文表现出的地方特性和草率地进行一般性概括的风险，见 Saller and Shaw（1984）126 n. 10 对诺里库姆铭文的分析。

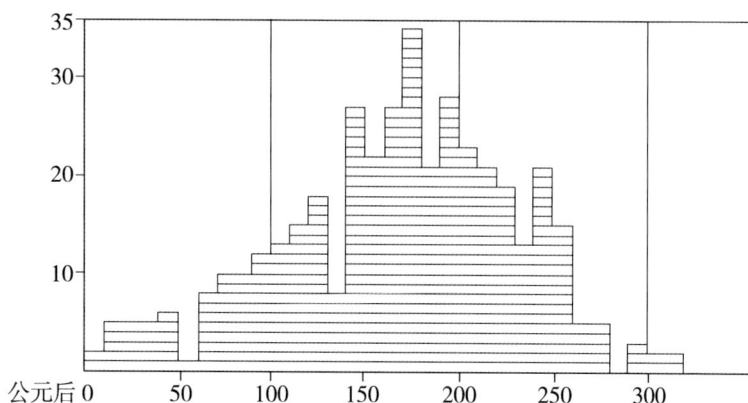

图 3　罗马帝国吕底亚地区的铭文数量

　　就我们能够加以衡量的部分而言，东部行省铭文数量的起落特征与帝国西部的情况近似。然而，两个地区间的细微差异却不易解释；我们也很难说清，普遍出现的铭文数量升降到底是怎么一回事。显然，这些变化可能跟金钱有关。雇佣文史和拥有技术、体力的石匠都需要一定开支，因而经济因素一定在这一过程中发挥着作用。但就我们所知的情况而言，还没有哪位学者能够给出基本符合帝国西部或东部曲线变化趋势的合理解释。

　　在石板上刻写铭文的惯例与塔西佗所珍视的、构思精巧演说词的习俗十分相似，二者都拥有自己的生命轨迹。每个文明无疑都是由许许多多这样的文化行为所构成的。但这些文化元素兴衰存亡的进程并不同步。重要拉丁诗人的名单比散文作家们结束得更早；受到偏爱的斯多葛主义哲学家也未能延续到马可·奥勒留（Marcus Aurelius）之后；医生们的传承一直延续到盖伦（Galen，卒于 199 年），随后便中断了；法学家们的传统延续到了 3 世纪 20 年代——在此之后，象征着罗马智慧力量的法律理性之光突然熄灭，被毫无主观能动性的汇纂者们所取代。[9] 罗马雕塑艺术的顶峰可能出现在奥古斯都统治时期，也可能出现在较晚的年代里，但肯定没有延续到君士坦丁凯旋门（Constantine's Arch）建造的年代（正如伯纳德·布伦森[Bernard Berenson]不屑一顾地对该艺术品做出的著名评价所表明的那样）。[10] 在诸如此类的表达模式中，"衰落"的"罗马"不是一，而是多；因此，寻求解释诸多衰落现象唯一原因的努力注定是徒劳的。寻找某个罗马文明各个方面同时发生了巨变的时代的做法也是如此。这样一个至关重要的时代并不存在。

尽管如此，在众多引起变化的原因中，有一些显然比其他因素更为重要，对特别重要或典型的活动产生了影响。在分析这些因素时，铭文出现的频繁程度具有一种特别的价值。我们可以借助这些铭文提供的线索去思考下面这种变化的原因：城市精英们会以在一定程度上属于自发性的慷慨精神去帮助身边的左邻右舍致富。例如，他们会设立慈善基金。这些基金每年生出的利息会被用来支付公共宴会、孤儿抚养与城市建设等方

---

〔9〕 传统而言，Julianus 和 Papinian 是伟大人物的代表，分别卒于 170 年和 212 年前后。关于所谓标志着元首制时代法律编纂史在卡拉卡拉统治时期终结的"分水岭"，见 Bauman（1980）178。他（p. 137）将格里高利法典与赫摩格尼亚法典（Gregorian and Hermogenian Codes）视为大规模立法活动的终结。

〔10〕 Berenson（1954）.

面的支出。我们在这方面的知识几乎完全来自铭文材料。根据多年前发表的一项研究成果，记载意大利境内基金情况的铭文材料数量可以按照年代顺序排列成下面的曲线（图4）。[11]

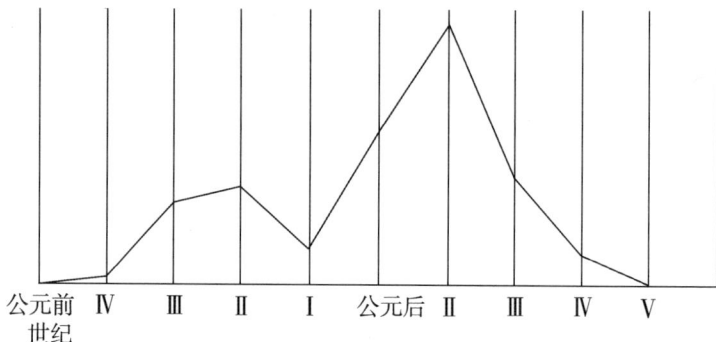

图4　意大利境内的捐赠统计（1914年所见）

但在这项研究数据公布之后，人们又发现了数目相当于此前总数一半的相关铭文材料，从而进一步丰富了我们的史料基础。如果我们用一张柱状图去描述这幅更加完整的图景的话，就会得到下面的图5。[12] 铭文证据清晰地告诉我们，我们应对"捐赠习俗的终止"这一社会经济现象的年代确定进行幅度达75年的调整。

但此后消失的究竟是慈善行为本身，还是那些相关铭文呢？这二者之间存在着根本区别。如果回到图3中的频率曲线的话，我们会发现，基金方面铭文证据的骤减几乎是不可避免

---

〔11〕 Laum（1914）1. 8 f. ，认为（p. 10）顶峰出现于哈德良时代。

〔12〕 Duncan – Jones（1965）246 – 56. 他提出了88项捐赠的具体年代，并发现它们"在2世纪末中断了"（p. 232）。

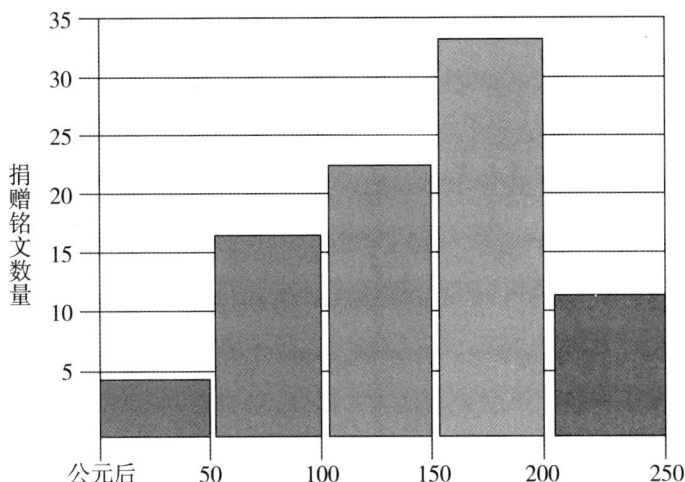

图 5 意大利境内的捐赠统计（1965 年所见）

的。这是因为，事实上，记载这些基金信息的铭文就是构成曲
线本身的一部分（尽管只是其中的一小部分）。因此，我们无
法得出诸如"城市衰落最明显的标志是 3 世纪年代明确的、纪
念新建筑物落成与慈善基金铭文数量的普遍下降"等结
论。[13] 此类推理相当于要求我们相信，当一座房屋里的百叶

---

〔13〕 Hopkins（1980）115；Ste. Croix（1981）470 犯了同样的错误，认
为"从安东尼到塞维鲁时代，有'公共意识'（或许是野心和自我标榜的
需要）的人捐建的公共建筑与设立的基金数目锐减……后者的数量下降可
从 Bernhard Laum 的捐款统计中一目了然地看出"。类似地，Finley（1980）
470 提出："3 世纪多瑙河流域诸行省中损毁严重的城市再也未能得到恢
复"，随后引述了 A. Mocsy 关于该问题的看法——"行政长官们停止发布
铭文的做法和铭文材料的消失标志着城市生活的衰亡"（*RE* Suppl. 9 s. v.
Pannonia col. 697）；最近，Ward – Perkins（1984）14 也依据 Duncan – Jones
的数据去论证从 3 世纪起意大利"兴建、修缮活动的衰落"。

窗闭合、我们什么也看不清的时候，这所住宅里的一切生命就都消失了。

诚然，铭文材料并非完全无法提供任何结论；我只是想指出，我们需要慎用铭文所提供的证据。在斯坦尼斯瓦夫·姆罗策克（Stanislaw Mrozek）的研究中，他关注了意大利各城市里有确切年代的、纪念投资公共建设与提供食品或救济金两类慈善行为的铭文。前一类铭文数量的峰值出现于 2 世纪中后期，而后一类则在一个世代后（或许还要晚些）才达到峰值，并一度延续了下去。在整个 1 世纪，投资兴建土木的现象比比皆是；而分配财物的举动却几乎闻所未闻。[14] 如果说，人们会忽略大额度的捐赠，却只记录小额施舍的话，那是不合情理的。因此，我们有理由认为，捐建公共建筑的行为确实消失了。具体而言，捐资兴建浴室、剧场等大型建筑的行为似乎在安东尼·庇护（Antonius Pius）统治期间终止了。我们自然有理由设想，在那个时代，各座城市已拥有了足够其居民使用的公共设施，因此，慈善行为逐渐转而采用了其他表现方式。

大规模慈善捐赠的高峰期出现在两安东尼（Antonines）统治的黄金时代，这符合我们当代人的预期。我们作这样的预判，是因为吉本（Gibbon）和在他之后直到罗斯托夫采夫（Rostovtzeff）的一系列史学家，以及福格特（Vogt）、雷蒙东（Rémondon）等人的通史作品，还有更晚近的学者都是这样告

---

〔14〕 Mrozek（1984）234 – 40 passim. 统计了 173 份关于建造活动的和 284 份关于分配活动的铭文（其中大多数文本的年代只能精确到世纪）。

诉我们的。[15] 他们全都同意这种看法。而在安东尼时代内部，他们又倾向于在 2 世纪 60 年代里寻找那个一切都已尽善尽美，此后只能每况愈下的时间点。并且他们往往还会用更多的精力去关注罗马世界内部生活的安逸、快活、平等与富足，而并不在这个世界里寻找天才；那是因为，罗马世界中的天才都生活于几个世代之前，至少在文学方面如此。然而，他们的种种论断——如黄金时代的繁荣是"普遍"的，贸易是"活跃"的，商业是"兴盛"的，种种活动都是"回报丰厚的"——其实是不无争议的。他们使用的评价术语过于笼统。至少在那些通史作品中，支持这些论断的只有一两个例子。"E. g.（例如）"成了（或至少可能成为）科学论文中最具欺骗性的小符号——它是 "q. v. c（quibusdam veteribus codicibus，一个不时会在 17 世纪论文脚注中出现的术语）" 的直接继承者。为了超越这种模式，在描述罗马帝国衰落时达到符合现代标准的表述水平，我们需要建立一个量化的数据库。并且，恰好从学术史的上一个世代开始，我们已经开始拥有了这方面的若干条件。

我们无须将这些研究成果奉为金科玉律，或照章全收。大量堆砌史料的做法可能是毫无帮助的或过于琐碎的。事实上，它们可能会诱使我们相信自己掌握了某些其实并不准确的信

---

〔15〕 Rostovtzeff（1960）262 - 63 总结了自己在《罗马帝国社会经济史》（1926）中提出的观点，认为帝国的盛世终结于康茂德统治时期。类似观点见 Rémondon（1964）71；Vogt（1967）19 - 25；Wells（1984）239 f.；以及法国、帝国、加拿大以外的大量相关作品中。

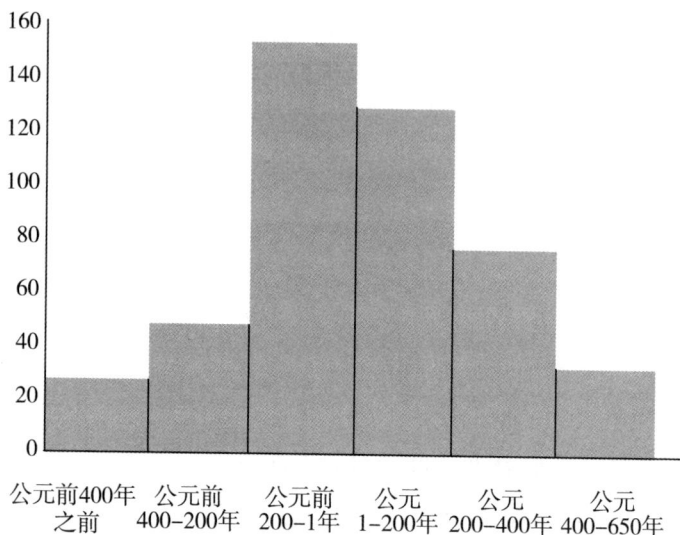

图6　西地中海的沉船统计（霍普金斯提供）

息，从而损害我们所拥有的知识。例如，图6是一份近年公布
的表格，[16] 其中的不同条柱反映了545处沉船遗骸的时间分
布。在绘制这份表格的同时，基思·霍普金斯（Keith Hop-
kins）还得出了如下的结论："在罗马海外帝国的鼎盛时期
（公元前220—公元200年），地中海世界的海上贸易量达到了

---

〔16〕　见 Hopkins（1980）及文中引用的结论。参见 Cornell and Matthews
（1982）93 对图7中浅色柱状图数据的不同展示方式。另参见 Parker and
Painter（1979）69 f. 对1500年以前可确定年代的660艘沉船情况的报告；
以及（笔者的信息来自 T. Cornell）Parker（1980）50 中的数据：公元前
300—150年的沉船遗骸数目为68；公元前150—1年为130；公元1—150年
为142；公元150—300年为67。作者还对我所引用的这些数据添加了评论。

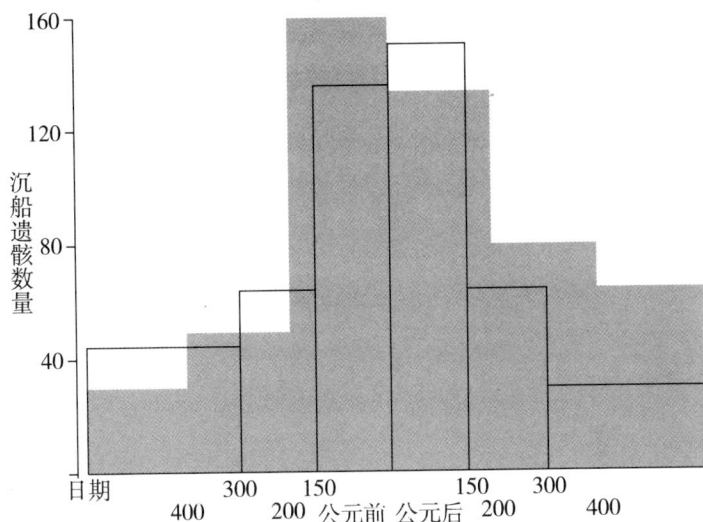

图 7　西地中海的沉船统计（综合各家观点——见注 16）

空前的程度，其繁荣程度超越了此后一千年内的水平。"然而，对于罗马而言，这张统计图表中的峰值点是很古怪的：它没有出现在 1 世纪 60 年代，而是出现在西塞罗出生前后。西塞罗当然会认为这个结果再适宜不过了；但霍普金斯本人却对此表示不满。他争辩说，第 3 列与第 4 列之间的数值差是可以忽略不计的。倘若如此，人们同样可以理直气壮地声称，第 4 列和第 5 列（至少是代表 3 世纪的第 5 列前半部分）之间的差别也是可以忽略不计的。那样的结论或许更贴近罗马帝国史上的传统图景。事实上，如果我们对相关数据进行重新归类，就可以得到图 7 浅色柱状图中相当符合传统描述模式的结果。我们当然乐于看到，自己从前信奉的结论通过大量新型史料得到了证实。但我们还是需要解释，表格中的峰值为何会出人意料地出现在公元前 2—1 世纪。这些数据反映了地中海世界海上贸易的真相，并进而揭示帝国普遍繁荣状况的可能演变趋势吗？答案是否定的。因为当我们看到下面这张反映公元前沉船遗骸分布图（图 8）时就会发现，这些地点大多位于易于勘探的地段和避暑海滩景区。[17] 帕克（A. J. Parker）注意到了这一事实，并进一步指出（他的看法无疑是正确的），法国南部沿海地区沉船遗骸的密集分布可以通过共和晚期意大利的葡萄酒出口得到解释（他还补充说，公元 1—150 年间亚得里亚海海域沉船遗骸的密集分布反映了阿奎利亚［Aquileia］与多瑙河军团的成长壮大与经济拉动作用）。就葡萄酒出口而言，由意大利出发向西的贸易额十分巨大，这一点可由另外一种证据得到充分证明，即年代可以确定的酒罐，不仅出现在沉船中（此类酒罐的年代可以通过该沉船确定），还出土于法国南部内陆地区，并沿罗讷河逆流而上进入莱茵河流域，当然也出现在了意大利本土北部地区。[18] 出产葡萄酒的主要地区都位于罗马城以南，如特拉齐纳（Terracina）、希努埃萨（Sinuessa）、那不勒斯（Naples）及其周边。这些地区正是在西塞罗出生的时代（公元前 106 年）或稍晚的时候达到了繁荣的顶点。而到了 100 年左右的时候，一切都烟消云散了。

---

〔17〕 Cornell and Matthews（1982）loc. cit.

〔18〕 Panella（1981）55（地图见 pp. 56 – 57）完全依据 pp. 63, 74 and 78 中的内容（即本书图 6 中的柱状图）展开讨论。除此之外，关于陶瓶文物及其反映的帝国西部海域、省份贸易状况的著作可谓汗牛充栋。

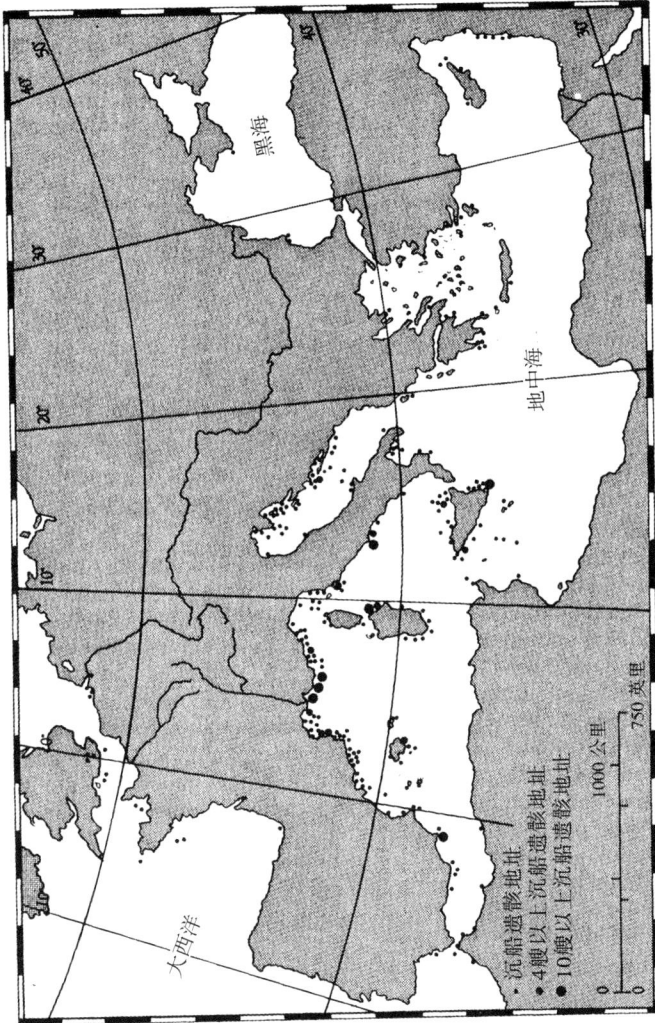

图 8 沉船遗骸地理分布

- 沉船遗骸地址
- 4艘以上沉船遗骸地址
- 10艘以上沉船遗骸地址

黑海

地中海

大西洋

750 英里

1000 公里

腐败与罗马帝国的衰落

通过对沉船遗骸分布的研究,我们意外地发现了曾一度主导意大利的贸易行业的证据。无独有偶,我们还发现,许多沉船上的乘客是全副武装的,在那些海盗猖獗的年代里(我们通过文献资料了解了这一点)尤其如此。如果我们对帝国东部海岸也加以同等关注的话,"地中海世界"的海上贸易将会呈现出另一种兴衰趋势。海盗最猖獗的时刻会出现得稍晚些,等等。[19] 每个地区在文化和经济等方面都有自己的历史。就地中海东部的整体情况而言,现存证据表明,商业活动的高峰期出现于公元前150年之前,随后到来的是急剧衰落,并于公元元年前后迎来转折,新的繁荣期在300年之后才体现得比较明显。

尽管意大利的出口产品并不仅限于葡萄酒,这种出口在南方另外一个地区还是能够进行量化,即阿非利加行省内班加西—贝勒奈西(Benghazi – Berenice)附近的沿海地带。在那里发现的、可以按照年代顺序连成串的粗制陶器在希腊化时期陶器文物中只是非常微小的一个样本。它们的数量在奥古斯都统治时期翻了一番,在接下来的四十年里增加了五倍,在1世纪下半叶又有所增加。此后,陶器数量在2世纪至3世纪中叶期

---

〔19〕 Gianfrotta (1981) 235 – 41 对头盔等文物进行了年代确定,发现它们在公元前150—50年出现得最为频繁。有人将罗德岛对面一处港口遗址中的沉船视为"全东地中海历史"的缩影,见 D. Slane, "The History of the Anchorage at Sirce Liman, Turkey" (PhD. diss., Texas A. & M. University, 1981), pp. 203 f.; 而 M. M. Cowin, "Artifacts discovered off the Southwestern Turkish Coast" (M. A. thesis, Texas A. & M., 1986) 90 f. and 93 也仅仅依据17处遗址出土的沉船遗骸来解释这一问题。我之所以能够获悉这些研究,要感谢该校负责海洋考古项目的 G. H. Bass 教授的热情帮助。

间突然下滑。[20] 这些陶器的形态与西班牙、法国境内流通的器皿存在着一望即知的差异。

最后，我们来看看安德烈亚·卡兰迪尼（Andrea Carandini）和克莱门提纳·帕内拉（Clementina Panella）绘制的两份图表。它们展示了近年来在奥斯提亚（Ostia）所发掘的、数量巨大的陶瓶的大致年代和原产地。这些信息反过来又可以说明，罗马是从何处获得水果、调味汁、葡萄酒和橄榄油的。第一张图表（图9）对不同产品分别进行了研究，以便对不同气候类型在罗马帝国经济中所发挥的作用进行更为准确的评估。该研究发现，一些地区（例如北非）是只适合生产某一种产品，而不适合提供其他产品的。[21]

但我们还可以看到，每个地区都拥有自己的历史。来自庞培城、罗马城郊泰斯卡奇奥山（Monte Testaccio）以及陶器原产行省的大量考古材料无疑提供了一些更加令人吃惊的证据。[22] 在各种各样的特征中，我们应当注意到，图表（图10）左上方意大利农产品的锐减程度跟右侧阿非利加行省稍后的产量增加幅度同样惊人。而在柱状图（图9）中，我们可以看到，意大

---

　〔20〕　Riley（1981）71 认为高峰期出现于 50—100 年。然而，只有 6.4% 的碎陶片是能够确定年代的。

　〔21〕　材料来自 Panella（1973）fig. A p. 351 和 pp. 343 – 53 中的讨论。该研究的基础是在所谓"游泳浴场"（Terme del Nuotatore）进行的考古发掘；其成果可被 Carandini et al.（1973）658 – 96 passim. 及书中前面部分提供的关于特里波利塔尼亚橄榄油出口活动的大量记载（如 564 页）所证实。关于对这些研究结果的看法，参见 Rickman（1981）217 提出的保留意见。

　〔22〕　引自 Carandini and Settis（1979）pl. 39。

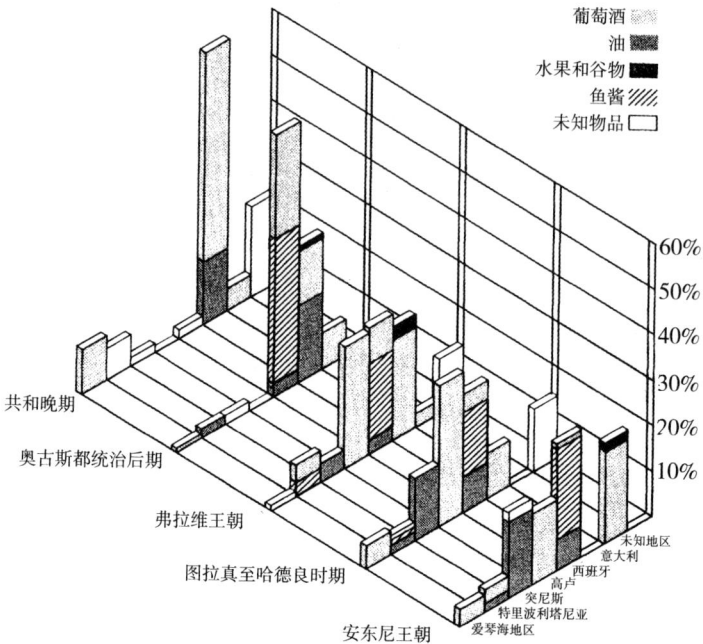

图 9　奥斯提亚和罗马的进口模式（a）

利本地油的消费量在奥古斯都统治时期结束后迅速下降；而来自西班牙的调味品——鱼酱（*garum*）的消费量却以更为迅猛的势头一路上升。

上述两幅图表提供的种种信息可以帮助我们得出若干条结论，其中最具直接指导意义的一条暗示（或以统计的方式证明），对于一个在经济上举足轻重的地区而言，罗马帝国从来不是它的发展障碍。我们在前文也表达过同样的见解。因此，无论在何时何地，我们都没有理由去笼统地谈论帝国境内繁荣局面的到来与衰落。换言之，我们永远也不应该在不首先考虑

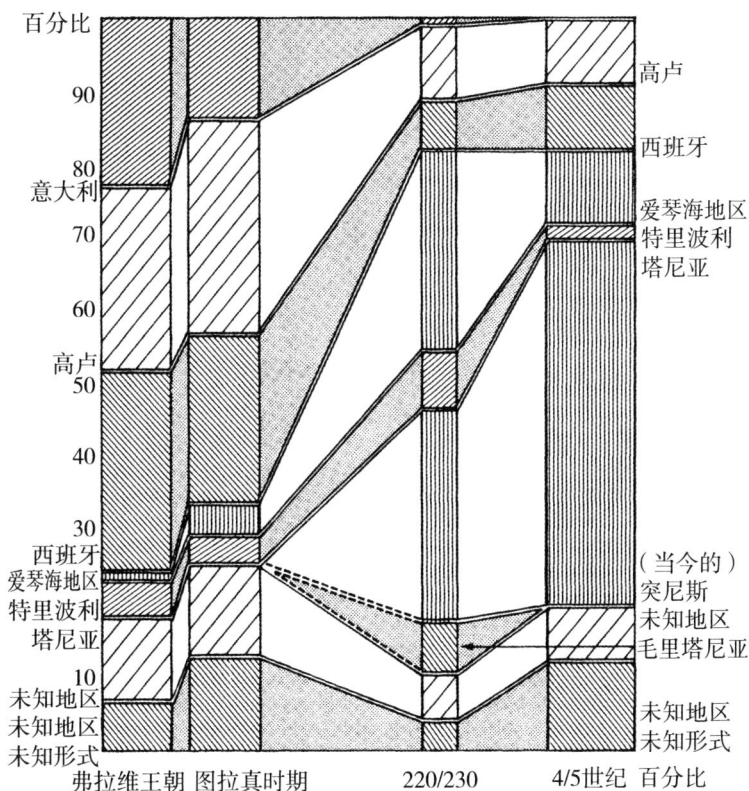

图 10　奥斯提亚和罗马的进口模式（b）

地区差异性的情况下贸然对这个问题的前因后果展开分析。尤其重要的是，我们永远不应该接受关于某一特定地区的证据——法律条文汇编中数以万计的司法判决结果、数十万条拉丁铭文中将近一半的信息，以及拉丁文学白银时代科路美拉（Columella）、普林尼、塔西佗及许多其他作家著作的核心内容——我们永远不可犯下以偏概全的错误，用这些关于意大利的材料去对整个帝国的历史妄下结论。

粗糙的陶器碎片、铭文和沉船遗骸等证据在评估可以量化的数据方面持续发挥着积极作用。然而，非历史专业的古代文明研究者们——古典学家、考古学家、碑铭研究专家——并不总能注意到此类证据中潜藏的种种可能性。其结果是，直到不久以前，乔治·查兰科（Georges Tchalenko）、罗杰尔·阿伽切（Roger Agache）和菲利普·勒维奥（Philippe Leveau）才分别对叙利亚、法兰西和阿尔及利亚等范围广大的地区（而非某个具体考古遗址）进行了系统研究（我在后文中还要重新提及这些研究成果）。美国学者参与、但主要由英国学者承担的意大利田野调查直到 20 世纪 60 年代才开始进行。诸如此类的方法论学术史告诉我们，潜藏在研究对象中的历史信息直到不久之前才开始被霍普金斯、姆罗策克、帕内拉和帕克等人发现，并且还有大量工作有待学者们去完成。

泰斯卡奇奥山的发掘是一项尚未完成的、长期以来一直激发着学界好奇心的工作。人们在这座山上发现了数以百万计的、废弃在首都郊区的食品容器，它们提供了与自身相关的船舶运输信息，可以解释与西地中海商品交换、生产有关的各种问题。这些会令富人感到窘迫的材料尚未得到系统的研究，但人们已经开始对此议论纷纷了。[23]

它们明白无误地反映了一种发展历程。根据 211 年塞普提

---

〔23〕 Rodriguez - Almeida（1979）882；idem（1984），esp. 212 - 22 认为塞普提米乌斯·塞维鲁垄断的是油的运输，而非生产。

米乌斯·塞维鲁（Septimius Severus）去世后不久制作的一批陶瓶上的标识来看，在塞维鲁统治时期，从西班牙运往罗马的油和葡萄酒是由国库直接管理的。坦尼·弗兰克（Tenney Frank）写道：“我敢说，倘若我们拥有一部关于3世纪的可靠史著的话，我们将会得出这样的结论，即塞普提米乌斯·塞维鲁通过财产充公和国家垄断大宗商品流通等手段给了帝国致命一击。”通过这种做法，元首塞维鲁为自己的后继者们树立了恶劣的榜样。“3世纪是一个处于无政府状态下的时代，它终结于一种由元首和军队直接垄断经济体系的极权统治形式。”[24] 乔斯—玛丽娅·布拉兹凯（Jose - Maria Blazquez）的评价更为简洁：“泰斯卡奇奥山出土的陶瓶揭示了私有经济与国家垄断行为斗争历程中的一个重要阶段，这场斗争在4世纪以罗马文明的灭亡而告终（图11）。”[25]

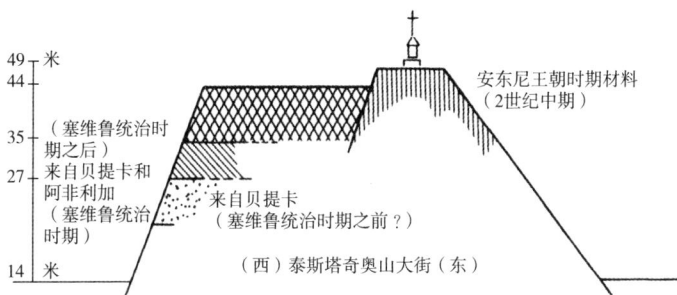

图11　泰斯塔奇奥山

〔24〕 T. Frank（1940）300 and 304.

〔25〕 Blazquez（1964）40.

我们能够感觉到，在这些言论中多少掺杂着一些针对近现代而非古代历史的惋惜情感。这几乎是无可避免的——我们可以将之视为一种借古讽今，也可以称之为现代人的意识形态。[26] 因为，想在古代语境下洞悉罗马衰落的原因乃是一件极其困难的任务。尽管如此，我们仍要竭尽所能地追求研究的客观性。我们至少可以再次强调应当区分该问题的不同支流，而不要把所有因素混为一谈；我们还应注意，这种分析应当建立在坚实、系统的史料样本之上（由于近年来的学术研究成果，这一点已经成为可能），而不能仅仅依靠分散得七零八落的一鳞半爪。

3. 区 域 研 究

不过，我们不妨先回到意大利及其西地中海市场这一话题上来。根据最明确、最有价值的材料来看，这些市场似乎在日后萎缩了。直到提比略（Tiberius）统治时期（14—37 年），优质陶器主要来自阿雷提乌姆（Arretium）；此后，它的中心地位被拉格劳费森克（La Graufesenque）和勒祖（Lezoux）等高卢地区的中心所取代。意大利北部大规模的赤陶灯产业坚持

---

〔26〕 Rickman（1981）216 提到了对发掘者针对奥斯提亚出土陶瓶所做的解释的"来自左翼的强调"；Ste. Croix（1981）659 谈论了"大卫·玛吉（David Magie）的保守右翼观点和无力深入思考其材料的弱点"。诸如此类的论断是很难让所有人都心平气和地接受的。

得更长久些，直至 3 世纪 30—50 年代才开始衰落。[27] 正如我们已经看到的那样，葡萄酒和油很早就不再出口，这一现象迟早会对托斯卡尼（Tuscany）和坎帕尼亚（Campania）等原产地产生影响。这方面最重要的迹象并非成文史料对某些衰落或遭到遗弃的城镇的描述（尽管这些证据显然拥有自身的价值），更可信的是相关考古记录（如果它们的结论并非模棱两可的话）。此类证据在罗马偏北一点的地区最为丰富。人们对法勒里（Falerii）和安塞多尼亚（Ansedonia，即科萨［Cosa］）周边相当广泛区域内的地表勘查表明，共和晚期定居点数目的减少在 2 世纪上半叶变本加厉，并在此后持续衰落。[28] 与此同时，在意大利中部和南部，只有里瑞斯河（Liris）下游地区确实在 2—3 世纪有了时来运转的迹象。[29] 我们很难衡量奥斯提亚在这一时期的命运，因为铭文中反映的衰落表征是很可疑的（考虑到拉丁铭文数量的变化曲线），并且我们也无法对土

---

〔27〕 Harris（1980）143.

〔28〕 Potter（1982）27 讨论了 Ager Faliscus 制作的图表和"反映了近似历程的其他意大利地区的研究成果"的特征；另见 Potter（1975）219（图表）and 220（维爱人居住地区［Veii］、伽比人居住地区［Gabii］和埃瑞塔努斯地区［Ager Eretanus］）；Dyson（1978）251 f. and 260；以及 Carandini and Tatton – Brown（1980）11。参见 Rostovzeff（1957）chap. VI 或 Sirago（1958）15 对这些有限的、缺乏普遍性的地区所提供的模棱两可、难以令人满意的证据的武断结论——虽然他们勾勒出的总体图景可能跟当代学者们的差异不大。

〔29〕 见 Wightman（1981）284 对因特拉姆纳（Interamna）以东 10 公里范围内的调查。她（286）呼吁人们注意不同地区的独立"发展节奏"。

腐败与罗马帝国的衰落

木工程的数量与质量进行准确的评估。[30] 在北方，我们知道 1
世纪的维罗纳（Verona）、2 世纪的卢尼（Luni），以及伊斯特里
亚半岛（Istrian peninsula）最富裕的沿海地区都曾出现过庄园
密布的状况，但它们在 3 世纪都呈现出了明显的财富或人口
（或二者兼而有之）下降趋势；总的来说，由于其出口产品——
包括卢尼地区的大理石，但主要是葡萄酒——需求的下降，山
南高卢在 2—3 世纪的经济形势呈现出了明显的恶化迹象。[31]

  然而，在传统上被视为在 3 世纪危机后出现（可能也是前
者产生的后果）的衰落期里，我们并未掌握多少来自意大利
的证据。事实上，学界的传统看法本身就无法自圆其说。意大
利半岛的确一度在内战和外敌入侵中丧失了政治稳定，但整个
半岛并未在 3 世纪期间突然分崩离析；并且就我们所知的情况
而言，它在 4 世纪里也没有经历进一步的、频率放缓了的衰
落。而在上面提到的那些位于罗马以北三四十公里的地区，定
居点的数目却在持续下降。消失的是较小的庄园：财产正在集
中到少数人的手中。但每个世代中的人口无疑都在下降。另一
方面，在现今位于卢卡尼亚（Lucania）边境处的圣乔万尼·迪
·鲁奥提（San Giovanni di Ruoti），当地的土地在 3 世纪时被弃
置，但在 4 世纪时又得到了重新开发（区分具体年代的研究只

---

  〔30〕 Meiggs（1960）84 对铭文材料进行了过度阐释，但对当时兴建情
况的证据进行了很好的梳理。
  〔31〕 见 Buchi（1973）628；Ward – Perkins（1981）179 and 184；Matijas-
ic（1982）64；Travagli Visser（1978）46 对费拉拉（Ferrara）附近庄园的研
究；Baldacci（1967 – 68）47。

覆盖了相当于伊达拉里亚南部面积三分之一的土地，约 13 公里
见方）。在君士坦丁统治时期（306—337 年），普特奥利（Pute-
oli）出现了一次真正意义上的复兴。[32] 总的来说，我们对意
大利南部的情况了解得很少，但那里当时的情况肯定是不错的
（西西里城乡地区的手工艺品、金币、乡村教堂建筑，尤其是
阿尔梅里纳广场［Piazza Armerina］处的庄园的确展示出了超
越此前几个世纪的富有迹象）。[33] 4 世纪时，奥斯提亚地区的
豪宅在奢华方面达到了前所未有的程度，但在该城镇里，建筑
余料的再利用和对马赛克、浮雕的草率修缮则告诉了我们另一
段潜藏着的历史。[34] 在这一时期，罗马城规模的巨大和繁荣
程度应当不存在什么争议之处。一系列由君士坦丁开始兴建、
直到 410 年城市沦陷后很久还在继续增加的新兴豪华宫殿可以

---

〔32〕 关于伊达拉里亚南部，见 Potter（1975）passim, Potter（1979）140
and 142 及 Dyson（1978）263；关于圣乔万尼·迪·鲁奥提（San Giovanni di
Ruoti），见 Roberto and Small（1983）187 and 190。关于文献中提及或考古发
掘出的公共建筑遗存所反映的普特奥利（Puteoli）"罗马帝国晚期复兴"
（rinascita tardoromana），见 Camodeca（1980 – 81）62，85，and 88 f。

〔33〕 关于君士坦丁重建一座"年久失修、损毁严重"（incuria et ve-
tustate corruptum）的水渠，从而为那不勒斯湾（Bay of Naples）一带的半数
城市提供水源之事，见 Sagi（1951）89 = *Arch. ert.* 1939 no. 151。关于那位
4 世纪中叶匿名地理学家笔下的卡拉布里亚（Calabria）等地，见 de Robertis
（1948）8 n. 1 and 12。Ward – Perkins（1984）33 在讨论这些地区（坎佩尼
亚，但也包括北方的一些遗址）的铭文时指出，人们在 4 世纪末至 5 世纪
初将神像从"默默无闻的地方"搬运到中心区域的做法有时候反映了对多
神教圣所的废弃。在我看来，这种情况其实具有普遍性（因此，我不认为
这些铭文反映了整座城市的萎缩）。关于西西里，见 de Robertis（1948）24
and Cracco Ruggini（1982 – 83）499 – 503。

〔34〕 Meiggs（1960）92 and 94.

腐败与罗马帝国的衰落

令人信服地澄清一切。[35] 显然，帝国后期叙玛库斯（Symmachus）这样富可敌国的元老的财力是远在元首制时期的风云人物之上的；他们对财富的管理和使用方式不仅牵涉到佃户、管家、财务职员、税吏等社会角色，还表明当时存在着一个由批发商、零售商、城乡市场、道路、海上运输线和消费中心组成的、复杂且繁忙的经济网络。叙玛库斯和安布罗斯（Ambrose）对当时农业的笼统描述反映了其健康状态；而帕拉狄乌斯（Palladius）所描绘的图景却不含褒贬色彩，与前代农业志作家相比，既不更加阴暗，也不更为光明。[36]

当然，安布罗斯是我们拥有的、关于其生活时代的最重要目击者。但我们必须对其所提供材料的准确性进行多方面的检验。在描述城乡生活的贫困状态时，他似乎大量照搬了圣巴希尔（Saint Basil）此前不久关于同一主题的布道词，因此，那其实是一种毫无节制的文字照搬——当然，我们也无须怀疑在

---

〔35〕 Whitehouse（1981）研究了教堂兴建的情况，同时也注意到了竞技场在410—455年的反复重建；另见 Krautheimer（1983）15 – 28。

〔36〕 关于经常被人们引用的奥林匹奥多鲁斯（Olympiodorus）残篇44（Blockley frg. 41.2）所反映的、阿尼奇乌斯（Anicii）等家族在5世纪初仍享有巨大收入的情况，见 Callu（1978）312 – 14；该著作将其同尼禄时代的巨大财富进行了比较（p. 315）。关于农业方面的情况，De Robertis（1948）56 f. 引用了几条很好的史料。关于可能生活于4世纪后期甚至5世纪的帕拉狄乌斯（Palladius），见 Martin（1976）xvi（年代）and xxx（"与共和国时期相比，帝国早期似乎并无任何变化"）。他对再利用废弃橄榄树丛的引述瑕瑜互见；而 White（1970）31 宣称的"从2世纪起在某些地区发生的农业衰落"和使用一截断柱当尺子的现象其实什么都说明不了（ibid.）。

古代社会的任何一个时期都存在着穷人的基本事实。[37] 他在一封信中描述道，埃米利乌斯大道（Via Aemilia）沿途"到处都是往昔城市的断壁残垣"，如克拉特纳（Claterna）、波诺尼亚（Bononia）、摩德纳（Modena）、雷吉乌姆（Regium）和普拉肯提亚（Placentia）。但他所说的衰落地区仅限于波河（Po，准确说来是埃米利亚［Aemilia］）以南的城市中心。并且，恰恰是在这里，在波诺尼亚附近，矗立着近期发掘所找到的唯一一批属于那个时代的庄园，其中之一所储藏的钱币可追溯到君士坦丁时代；另一座庄园里则出土了属于 5 世纪的钱币。它们暗示（尽管十几个案例还不足以证实），该地区的农业生产尽管不断衰落，却仍然一直延续到了帝国晚期。但当地的葬仪和发掘中难得一见的房屋却明显不如前几个世纪中的那样奢华。[38]

---

〔37〕　见 Cracco Ruggini（1961）13 and 29；Vasey（1982）94 – 103 比较了 *De Nabuthe* 与巴希尔的 *De Helia* 等作品。

〔38〕　见写于 388 年的 Ambros.，*Ep.* 1. 39. 3（*PL* 16. 1099）。关于埃米利亚（Aemilia）的庄园，见 Cracco Ruggini（1961）65 and 531 f.，and Cracco Ruggini（1963）35 n. 57；但材料的年代与含义并不清晰。此外，Bollini（1976）305 对波河以北地区的穷人墓穴、房屋进行了研究。我偶然注意到，A. H. M Jones（1964）的地图，Vogt（1967）330，and Cornell and Matthews（1982）173 都将埃米利亚置于波河以北，利古里亚置于波河以南；而 Rémondon（1964）328，Stein（1959），and Cracco Ruggini（1964）272 f. and（1963）33 则对调了两个行省的位置。这两种观点其实都是错误的。见 Thomsen（1947）235 and 237 f.，其中指出埃米利亚位于区域 VIII（即波河以北地区）之内，而帝国后期的利古里亚行省则横跨了区域 IX 与 XI（即山南高卢西部）。除 Thomsen 列出的参考史料（p. 237）外，还应补充 Iordan.，*Getica* 19 p. 50 对利古里亚境内米兰的记载和 Zos. 5. 26（记载利古里亚的提奇努姆［Ticinum］）and 5. 37. 3（记载了埃米利亚境内的拉文纳、波诺尼亚及格努亚［Genua］）。

腐败与罗马帝国的衰落

在安布罗斯了解更多的波河以北地区，情况又是如何呢？在这里，除维尔克利（Vercelli）外，我们完全找不到城市衰落的标志；相反，我们倒是能够找到关于复兴和投资的零星证据。并且从戴克里先（Diocletian）时代起，当米兰开始长期扮演政治中心的角色后，那座壮丽的城市提供了许多关于财富积累和人口增长的证据。[39] 帝国晚期也是蛮族在波河流域反复定居的时期。这些蛮族只能居住在无须驱赶耕种土地的农夫的地区。然而，认为这一现象反映了从前发生过的，或反复出现的人口下降，而非乡村经济提升到更高水平的传统结论是不合理的。[40] 更接近于事实真相的或许是桑托·马扎里诺（Santo Mazzarino）的观点，即波河以北地区发展更为成功的大城市（尤其是米兰和拉文纳［Ravenna］）吸纳了小城市中的部分财富与人口。

---

〔39〕 Hier. , *Ep.* 1. 3, Vercelli olim potens, nunc raro est habitatore semi-ruta. 我不能完全接受 Rufin. , Apol. 2. 39（*PL* 21. 617D）中关于 4 世纪后期在阿奎利亚重复使用建筑组件与石料的说法。因为建筑物的废弃和新建乃是再正常不过的事情。关于新的工程建设，应注意 CIL 5. 7250 = *ILS* 5701（苏萨，"温泉工程始于格拉提安在位时期，随后停工"［*thermae Gratianae dudum coeptae et omissae*］，现今终于大功告成）；3332 = *ILS* 5363，379 或 383 年维罗纳的修缮工程，"遵照那些时代造福人民的指令"（*hortante beati-tudine temporum*）；以及米兰在戴克里先统治时期建造的大型新谷仓，*Arch. Anz.* 1968，566 f. ；另见 Krautheimer（1965）55 f. and Krautheimer（1983）chap. 3. 宏观分析见 Cracco Ruggini（1961）83 对都灵（Torino）地区的繁荣，以及 Cracco Ruggini（1987）283 对 4—5 世纪维琴察（Vicenza = Vice-tia）地区繁荣局面的论述。

〔40〕 Mazzarino（1951）252 f. ；Cracco Ruggini（1963）28 f. , with n. 39 and 33 f.

　　总之，整个亚平宁半岛和西西里地区的历史证明了本书前述原则的必要性，即我们必须注意到不同地区兴衰变迁的独特性。在史料显然不足的情况下，如果我们能够找到足以反映任何宏观衰落情况的材料的话，那么就目前情况而言，我们肯定需要把衰落的起点确定为 1 世纪。

　　我们归结出的原因会是什么呢？两个世代之前，罗斯托夫采夫率先提出了后来为学界所熟知的、唯一能够加以具体验证的答案——"诸行省在经济上的各行其是"。[41] 在上述图表所反映的多种贸易模式中，新近发现的那些证据似乎已足够说明问题。而除了行省间的相互竞争以外，人们当然可以提出各种看似具有一定合理性的辅助因素，但它们都缺少证据。我们最好还是假装对它们视而不见。否则，它们刚刚在学术著作的前一页中被视为假说，之后就会在下一页中以史实的身份大行其道。

　　其中一个假说——奴隶制生产力的衰落——得到了许多人的坚决拥护。我必须在讨论意大利经济的这部分内容中插入一两页的篇幅来讨论这个宏观问题，因为只有在意大利这个特殊地区里，奴隶制才真正成为影响繁荣局面的决定性要素。在我看来，奴隶制的功用很可能是在西塞罗出任执政官的公元前 63 年至尼禄驾崩的公元 68 年这段时期前后消亡的。这是我基于制造待售奴隶的战争的频繁程度和意大利购买力趋于集中的史实而提出的假设。然而，我手头上没有任何证据表明，在这

---

〔41〕　Rostovtzeff（1957）195 and 201 f.

腐败与罗马帝国的衰落

一百二十余年间，罗马奴隶的来源有所减少，或日后买来的奴隶被用于与此前不同的工作中去了。关于大宗奴隶输入的可靠信息一直付之阙如。而在这一时期之后，直到蛮族入侵的影响在帝国西部扎根之前，罗马奴隶来源方面的情况一直没有发生什么明显变化。我们看到，奴隶市场的行情有起有落，偶尔还会出现供过于求的情况。或许350年之后的形势有利于意大利（及其他地区）获取奴隶，但这种说法并不具有很强的说服力。至少就奴隶制和奴隶制经济而论，我们在阅读《提奥多西法典》和大部分《查士丁尼法典》相关内容时并不会产生恍如隔世的感觉。而对于我们手头仅有的一位帝国晚期地主——小麦拉尼亚（Melania the Younger）——占有、役使奴隶的资料而言，我们会发现，这幅公元400年的场景也完全符合公元前100年拉丁姆或西西里的情况。[42] 总之，尽管我并不否认奴隶劳动在全意大利最主要的资源——农业生产中发挥的巨大作用，但我无法在帝国最后的三四个世纪中发现任何值得用"衰落"来形容的相关现象。

在帝国的其他地区，尽管奴隶是普遍存在的，并且各个时代的城市精英们都有役使奴隶的习惯，但这些奴隶通常从事的是家务。即便当奴隶出现在乡间时，他们也大都在（或应当是在）从事家务，而较少承担田野里的农活。因此，在经济

---

〔42〕 MacMullen（1987）371 – 75.

生产中奴隶的作用是有限的。[43]

学者们也会经常讨论奴隶劳动是否会通过阻碍技术进步而对自由劳动力生产效率产生消极影响的问题。事实上，我们可以看到，农业和手工业中的新方法与新工具在罗马世界中不断涌现。不过，跟本主题相关的只有那些可以节省劳动力的方法与工具。然而，对于这套论调的逻辑性来说颇为不利的是，一项一直在使用奴隶的产业——纺织业的劳动密集化进程恰恰是在所谓的奴隶制衰落时期、一个完全不符合该理论的时间点上发生的。[44] 在东方行省，不但纺织业取得了这样的进步，水磨也同样得到了大规模的应用，并按照跟高卢和意大利相似的节奏发展着，尽管这两个地区在劳动力类型上存在着诸多差异。因此，这种能够节省劳动力的重要工具并未按照奴隶制发展史的解释模式发展。[45] 如果充分考虑到诸如此类的不合逻辑之处，我们自然会怀疑雇佣劳动力的阶级，尤其是其中那些掌控着社会大部分财富、能通过自己的意志左右社会舆论的人物，是否真会看重生产技术所可能带来的经济收益，以及他们

---

〔43〕　相关例子见 Sulp. Severus, *Vita B. Martini* 8，图尔附近一处宅邸里的青年家奴（e familia servulus）；MacMullen（1987）366, 370 and passim。

〔44〕　"最早超越斜纹织法这一简单阶段的纺织品出现于 3 世纪；当时，近东地区的织工们开始了在新织布机上使用新织法的一系列尝试。"见 Wild（1970）50。

〔45〕　Chastagnol（1981）378 and Kiechle（1969）119 f. and 123 – 29.

腐败与罗马帝国的衰落

在农业生产中是否会像重视管理一样去重视发明创造。[46] 因此，正如意大利的奴隶劳动力与晚期罗马帝国的繁荣程度之间无法建立必然的因果联系一样，劳动力是否充裕和节省劳动力的尝试之间的所谓因果联系也是经不起推敲的。

现在，我们可以回到对帝国晚期各地区主流发展趋势的研究上来了。在多瑙河、莱茵河流域的边疆省份及其毗邻地区，我们自然会预期、并且也的确能够找到衰落的迹象。但我们也不可对此一概而论。此外，很多地区无法为我们提供足够的精确信息，使得我们很难做出宏观性的概括。例如，直到十年以前，人们才在斯拉瓦·鲁萨（Slava Rusa）新发现了一座罗马帝国晚期斯基泰（Scythia）行省境内的大城市（利比达 [Libida?]，位于君士坦丁堡以北数千公里处）；它的城墙很可能建于4世纪初，其规模和繁荣程度在此后不久臻于极盛。[47] 如此重要的考古发现当然是鼓舞人心的，但它们同时也暗示，我们的知识是何等有限。在多瑙河上的诺维（Novae），发掘成果才刚刚丰富到可以展示这座城市在4世纪的繁荣。许多富丽堂皇的罗马晚期建筑也得以重见天日。[48] 军队在那里的驻

---

〔46〕 Cracco Ruggini（1980）59："技术进步……与生产效率毫无关系。"另参见本书的通篇论述和第60—64页关于农业发展的观点，以及丰富的参考书目。

〔47〕 A. S. Stefan（1977）456 f.：它总的来说没有提供像1976年那样的发掘成果，只是举出了一些可以推迟某些重复利用石料刻写的铭文年代的墙壁。

〔48〕 Chichikova（1983）2. 15 f. 为了了解这项研究是如何地任重道远，可参阅本作者撰写的其他论文，以及 Hoddinott（1975）较早的研究成果。

扎可能为这座城市带来了些许好处；军人们可能于帝国晚期为那里修建了一条水渠。[49] 在整个巴尔干北部和多瑙河下游地区，在一段相对和平，甚至可能称得上繁荣昌盛的时期过后，376年哥特人（Goths）的大量涌入带来了严峻考验。乡村地区要么武装起来保卫自己，要么就不得不接受蛮族在自己的土地上定居。[50] 来自马其亚诺波利斯（Macianopolis）、菲利普波利斯（Philippopolis）和亚得里亚堡（Hadrianople）等城市的成文史料，大部分是在战争背景下写就的。另一方面，军队驻扎的地方同样也是帝国晚期的皇帝们及其麾下大将们生活的地方。在蛮族破坏与政府投资这两种反向力量的共同作用下，只有更多的发掘才能确定真实的社会经济走势究竟如何。在该区域的其他地区，我们只能列举一些位于达西亚·里佩西斯（Dacia Ripensis）境内伽姆兹格拉德（Gamzigrad）、奈苏斯（Naissus）、君士坦丁堡和希尔米乌姆（Sirmium）等地周边

〔49〕 见 Majewski（1963）506。然而，来自意大利第一军团（the First Legion Italica）的帮助在当地从1世纪一直延续到 *Notitia Dignitatum*（cf. *RE*）对该地区进行记载的时代。

〔50〕 所谓的繁荣，见 Velkov（1962）38 f。但罗马人与多瑙河以北居民间贸易集市的存在并不能表明这种商业乃是"一种活跃的市场经济"；而 *CT* 11.53.1（请参阅 *CJ* 11.53.1.2 ）中提到的奴隶制也并未导致"物质生活状况的改善"；作者还把对任何牧童放牧的稍微详细一点的记载都理解成"高度发达的畜牧业"（51 n. 118）。其他支持384年之前"经济腾飞时代"的材料同样可疑；但毫无疑问，之后到来的困难时期和乡村地区戒备森严的局面肯定是真实存在的。

腐败与罗马帝国的衰落

的、四帝共治时期或年代更晚的皇家宫殿与别墅。[51] 来自这些城市的证据同样是模棱两可的。阿米亚努斯（Ammianus）提到的于 374 年在希尔米乌姆兴建的新要塞，其实不过是用一座未建成的剧场的石料搭起来的；我们在那里找到一座豪宅，其实建立在较小房屋的废墟之上，可能反映了那些街区因人口下降而遭到废弃的历史。当地的铸币厂在 388 年停工了。而位于斯普利特（Split，即达尔马提亚的斯帕拉托 [Spalato in Dalmatia]）的、最为著名和宏伟的罗马晚期宫殿似乎并不代表那个大部分庄园开始遭到废弃的行省的主流发展趋势。[52]

　　相反，上默西亚行省（Upper Moesia）和潘诺尼亚（Pannonia）行省的几座沿河分布的城市却相对闻名；那里还有大

---

〔51〕　MacMullen（1976a）30 补充了塞尔迪卡（Serdica）官殿的信息；Athanas.，*Hist. Arian.* 15（*PG* 25.709D），and Croke（1981）476－80 记载了塞萨洛尼卡地区的宫殿情况。希尔米乌姆从普罗布斯（Probus）在当地推广葡萄栽培的活动中受益匪浅，见 Eutrop.，*Brev.* 9.17.2，Aurelius Victor.，*Caes.* 40.7，and Euseb.，*Chron.* ed. R. Helm p. 224。Ammianus（29.6.11）提到了在那里的建设活动；Mocsy（1974）312 报道说，那里有"一处庞大的、有些类似官殿的谷仓"；Popovic（1971）129 认为各种"最重要的建筑物"都建造于李锡尼乌斯（Licinius）至君士坦提乌斯二世统治时期。因为有一座可能是为政府要人准备的"小型官殿或大型城市别墅"取代了较小的建筑物，见 Parovic－Pesikan（1971）15 and 43 f.关于货币在希尔米乌姆的停止使用，见 Mocsy（1971）351；该书还补充说，本省其他地区大约是在 350 年左右停止使用货币的。Bavant（1984）261 认为希尔米乌姆从 4 世纪后期起出现了明显的衰落迹象（土地废弃与衰退）。

〔52〕　Zaninovic（1977）794 描述了 4 世纪庄园的普遍衰落状况。关于伽姆兹格拉德如何在行政管理下由一个纯粹的军事哨所变成 4 世纪末的一座防守坚固的城镇，成为多瑙河流域诸省"普遍遭遇的缩影"，见 Bavant（1984）271。

批庄园。在一份潘诺尼亚行省 167 座定居点的名单中，有 53 座是在帝国晚期建造或仍在使用的。[53] 此时，最富裕的地区似乎位于现代匈牙利境内巴拉冬湖（Lake Balaton，那里早先属于潘诺尼亚行省，后来先后归属远潘诺尼亚·普瑞玛［Pannonia Prima］行省和瓦勒里亚［Valeria］行省）的周围和南侧。在 3 世纪 90 年代，打通该湖与多瑙河联系的努力成为了一项帝国工程（时至今日，我们在与西奥［Sio］运河相连的水道中还能观察到往昔的施工痕迹）。大量林地也被清空。边疆地区得到很好的防卫。前文中提到的许多乡村地产就在边疆背后发展起来，其规模普遍超过了早先的庄园。同样，从 3 世纪后期起，默西亚行省在这方面的进步也在考古材料中得到了突出反映。但发展最迅猛的地方是在北边和西边，如潘诺尼亚行省——那里不时会兴建数目众多的、配备防御性高墙、大型谷仓和边角塔楼的庄园。其中十分著名的一座位于瓦尔库姆（Valcum，可能名为费内克普兹塔［Fenekpuszta］），那是巴拉冬湖南部边缘皇家地产的防卫中心。它的规模接近于一座有城墙的市镇。[54] 这些建筑物所反映的财富集中状况是前所未有的（它显然是以谷物生产为基础的）。乡村地区在 375 年前后迎来了发展的黄金时代，并在此后的二十余年里继续享受着逐渐逝去的繁荣局面。然而，根据这些庄园普遍设防的情况来

---

〔53〕 我的数据来自 Thomas（1965）14 - 354 passim。

〔54〕 见 Aurelius Victor.，*Caes.* 40.10；Mocsy（1974）272，299 f.，and 319 f.；Biro（1974）33，43 f.，49，and 52 f.；Sagi（1951）87；and Lengyel and Radan（1980）114，116 f.（匈人的手工艺品），156，and 315 f.

看，当时的形势显然是动荡不安的。人们在其中一座庄园的附近便发现了4世纪后期匈人（Huns）定居者的手工艺品。

引起这种麻烦的边疆动荡局面导致了帝国晚期潘诺尼亚行省境内各座城市迥异的命运。一些距离边界较远的城市在4世纪上半叶得到了良好的发展。然而，到了那个时候，尽管位于城墙庇护下的城郊地区拥挤不堪，大部分城市的总人口却在不断下降。在格尔修姆（Gorsium），有人在城内的荒地上建起了两座庄园。在其他地方，马赛克艺术在350年左右中断了；各遗址出土的货币年代下限也仅到4世纪70年代。丰富的殉葬品都出现在4世纪中期之前。当索皮亚涅（Sopianae）成为新行省瓦勒里亚的首府后，那里出现了一些新气象：人们在城郊新建了一批豪华庄园，它们可能是供行政长官们居住的；货币的流通在君士坦丁与君士坦提乌斯（Constantius）二世（337—361年）统治时期得到了显著发展；但货币的数目此后便不断减少，378年之后的铸币在这个遗址处从未被发现过。[55]

---

〔55〕 Amm. 30.5.14（374年），萨瓦利亚（Savaria）"破败不堪、厄运连连"（*invalidam…adsiduis malis afflictam*）；30.5.2，卡努图姆"人烟稀少、满目疮痍"（*desertum…et squalens*）。参见 Kandler（1978）84 and 95 利用石雕、精美陶器和铜器材料对 Save－Drave 地区整体衰落的描述；Mocsy（1974）311；Kadar（1969）184 对萨瓦利亚马赛克艺术的描述；Lengyel and Radan（1980）116, 250, and 261；Kiss（297－301）；Fitz（1976）105 估算了哥尔修姆（Gorsium）在350年达到的最大规模，以及从375年起开始的衰落；以及 Soproni（1978）197. 关于索皮亚涅（Sopianae），见 Fülep（1985）274 f., 277－9, and 283（当地在4世纪90年代或5世纪初〔罪魁祸首为阿拉里克?〕遭受的惨重损失）。

更靠西边的地区在 3 世纪遭受了大规模入侵，致使罗马人不得不彻底放弃多瑙河上游和莱茵河上游的中间区域。在内地，像维鲁努姆（Virunum）这样位于诺里库姆（Noricum）人口最稠密地区中心的城市得到了特别保护；但即便这些地区，在 3 世纪 70 年代也受到了严重破坏，之后又在戴克里先统治时期得到重建。在时间上一直延伸到 4 世纪末的重建活动却未曾（至少对于维鲁努姆而言如此）在空间上延伸到对周边商路的保护。雷提亚（Reatia）境内的奥古斯塔·文德里库姆（Augusta Vindelicum）一度在保护商业方面做得较为出色；但整个行省逐渐从我们的视野中销声匿迹。[56]

考古报告提供了关于高卢、日耳曼等行省在何时何地与在多大程度上陷入衰落的最重要史料。关于这些地区的文献史料不仅稀缺，而且难以理解。它们既无法量化，又无法比较；并且，由于无法把握此一时的社会状况与彼一时之间的相对关系，我们无法对变化进行准确评估。相反，考古发掘却有可能创造将两件实物材料进行近距离比较的条件。例如，当我们看

---

〔56〕　见 Fellman（1955）209 - 12，其中描述了罗马帝国对 3 世纪入侵的回应；另见 Böttger（1975）184 f.；Alföldy（1974）183 and 186；关于"从 2 世纪末起石刻艺术的整体衰落"，见本书第 177 页，这一衰落被归因于"经济因素"，以及始于 250 年的贸易与陶器生产衰落。戴克里先和君士坦丁曾推行过长期的、部分成功的扶持诺里库姆的政策。在雷提亚，233 年后的马赛克作品十分罕见；仅有的例外为阿文提库姆和奥古斯塔·劳瑞卡（Augusta Raurica），并且那些地方马赛克作品的下限也仅仅为 275 年。见 von Gonzenbach（1965）251。但根据进口的陶器（来自北非的阿戈涅陶 [Argonne - ware]）来看，奥古斯塔·文德里库姆一直保持着对外贸易联系。见 Gottlieb（1985）17。

腐败与罗马帝国的衰落

到一块切割整齐的城墙石料和一件被搬来堆放在防御工事里的雕像残片时，我们至少可以理解，前一件材料代表着一个和平与艺术的时代，而后一件文物象征着战争与混乱。众所周知，高卢诸行省在3世纪期间开始用城墙武装自己，这导致了城市规模的大幅缩减，一些重要的公共建筑或聚居区也不得不被放弃。[57] 基于这一事实，学者们起初推断，日后的城市居民们都被安置在城墙以内，一些聚居区的人口减少了四分之一，有的甚至降低了一半或四分之三。然而，这一假设尽管在一些场合得到了验证，现在却受到了普遍质疑；并且人们有时也能够发现具有相当规模的城郊定居点。[58] 因此，我们对当地城市衰落情况的了解并不像过去的学者们所以为的那样多。此外，学者们想当然的看法——把古代废墟中的一切火烧刀砍的痕迹都归因于3世纪下半叶的动乱或敌人的破坏行为——在很多场合已被证明是错误的。因为即便在最繁荣的年代里，城市建筑

---

〔57〕 Blanchet（1907）奠定了城墙研究的基础；此后又有许多个别地区或遗址的个案研究将其推行向深入，例如 Van Gansbeke（1955）406 对 3世纪 50 年代对科隆、塔贝尔涅（Tabernae）和文多尼萨（Vindonissa）等地城墙及波斯图穆斯统治时期东北部地区布伦—兰斯—美因茨（Boulogne - Reims - Mainz, pp. 410 - 25）一带的城墙建设活动的研究。另参见 Butler（1959）26 对 3世纪 50 年代的城墙及许多后期案例（28—37）的研究，以及由此推断出的严重损毁情况（44）；另见 Petrikovits（1971）189 f.，特别是其中关于 3世纪 70 年代防御工事（奥尔良［Orléans］、亚眠［Amiens］、波尔多［Bordeaux］等地）的研究。Blanchet（278 f.）关注了被城墙隔到城外的竞技场、神庙与剧场，以及雕塑被用作建筑材料的情况（322）。

〔58〕 我认为，该问题首先在对巴黎的研究中被 Roblin（1951）309 - 11所提出。关于一般性的概括，见 Griffe（1965）8 and n.8 基于克勒蒙特（Clermont）等遗址而得出的结论。

物也会焚毁坍塌，或自然朽坏。我们当然是能够区分自然耗损与人为暴力破坏的。但还没有人真正去验证过，究竟哪些具体破坏是 3 世纪危机所造成的。[59] 尽管如此，随着一处处遗址的发掘，这场危机的严重程度或至少是其影响的持久程度已逐渐变得明朗起来。

　　总的来说，危机过后的城市生活没有达到之前的水平。虽然若干中心变得更为庞大和富裕，但更多的城市已无法恢复它们在安东尼王朝时期享有的繁荣。在少数幸运儿中，君士坦丁事实上的首都特里尔（Trier）是无可匹敌的。它在此后的一个世纪中仍是一座皇家都城。它的辉煌教堂闻名遐迩，沿用至今；它的宫殿同样富丽堂皇。对于特里尔来说十分幸运的是，它是许多伟大人物的居住地。出于同样的原因——升格为行省首府和皇帝行在——阿尔勒斯（Arles）从 350 年起享受了长达百年之久的空前繁荣。[60] 一位 4 世纪中叶的匿名作者解释道："由于皇帝居住在此，高卢行省富有一切，尽管相应的开

---

〔59〕　Février (1980) 410 研究了考古发现的一些特例，如 3 世纪及在此前后维森（Vaison）的多次被毁。他哀叹道："尚未有人（对 3 世纪的破坏状况）进行整体调查，并对那些尚未被证实的所谓证据进行批判性的全面分析。"十年前，我曾经建议一名学生选择这一课题，但该生后来放弃了。

〔60〕　关于特里尔的著名例子，见 Kahler (1963) 202 的扼要概括和 Wightman (1971) 98 - 123 and passim。关于君士坦丁和君士坦提乌斯二世曾居住过、并对当地发展起过积极作用的阿尔勒斯，见 Constans (1921) 99 f. and 176；Constans (1928) 33 f. and 54，其中列举了 4 世纪在阿尔勒斯修建的许多官方建筑。还应注意本书中引用的《寰宇述略》，58. 其写作时间为 4 世纪 50 年代，见 Rougé（该文本的编订者）(1966) 15 and 312 f.

销也十分巨大。人们都说，皇帝所在的特里尔是他们见过的最宏伟的城市。特里尔位于高卢的中心；但还有另外一座名叫阿尔勒斯的城市支持着它。"在较小的范围内，图尔（Tours）也由于在4世纪末成为新设立的子行省首府而得以兴修了一些新建筑。[61] 从3世纪起，图卢兹（Toulouse）开始飞速发展；诗人奥索尼乌斯（Ausonius）告诉我们说，它的面积增加了三倍，达到了90公顷。[62] 奥顿（Auton）也由于皇家建筑的兴修而得到了复兴。维松提奥（Vesontio）和文库姆（Vincum）同样东山再起。还有一些更小的定居点设立于4世纪，它们通常都是军队驻扎的场所。[63]

但在所有高卢城市中，只有十分之一真正时来运转，而不是仅仅修缮了3世纪危机造成的那些最严重的破坏。更多的地方此后便在历史上销声匿迹了：它们或者已从罗马帝国的版图上彻底消失，或者只能在草草重建起来的、周长大大缩减了的

---

〔61〕 Pietri（1983）345－47, p. 367（补充）讨论了宗教建筑的影响。

〔62〕 Auson., *Ordo urbium nobil.* 18.2："当这些城市向四面八方延伸的时候，它们并未感到自己已被平民的开销所压倒"（*quae modo quadruplices ex se cum effudent urbes, non ulla exhaustae sentit dispendia plebis*）；Lantier（1953）329；Février（1964）46；and Labrousse（1978）43 f.

〔63〕 关于奥顿，见 *Paneg. vet.* 4（8）.21.2（297年）；7（6）.22.4（310年）；and 8（5）.1.1 f.（312年）；上述内容都向君士坦提乌斯一世表示了感谢。关于亚眠，见 Bayard and Massy（1982）23 and 25，该作品注意到了此城镇由于军营（278年？）和要塞（300或310年）的修建而获得的好处。参见 Février et al.（1980）112 对一座帝国晚期罗马军营、格勒诺布尔（Grenoble）和锡斯特龙（Sisteron）的研究。Julian, *Ep.* 8.414C 提及了一处位于维松提奥（Vesontio）的、新近得到了复原的遗址；Ausonius, *Mosella* 2 讲到了文库姆（Vincum）的新城墙。

城墙内苟延残喘。阿米亚努斯（Ammianus）在叙述 4 世纪 50 年代的历史时讲到，阿文提库姆（Aventicum）"已只剩下断壁残垣，但从前却是举足轻重的"；奥顿的情况与之相仿："它的城墙原本绵长不绝，却随着往昔辉煌的逝去而萎缩了。"[64] 这两座城市无疑都在之前的数十年中走向了衰落。至于里昂，它早在 2 世纪后期废弃其西部城区的时候起就开始走下坡路了，[65] 它的面积同样萎缩了。从阿尔比努斯（Albinus）战败时（可能是在 197 年）起，定居点的数目开始缓慢地持续减少。然而，如果说内战和财产充公带来了这些损失的话，为什么随后没有出现复兴的迹象呢？考虑到里昂从前曾经是那么宏伟、富足和举足轻重，其衰落的原因只能通过适用于高卢全境的因素去加以解释。我会在后文中再度谈论这些话题。在对当时高卢境内各城市状况的概括性评论中，省长弗洛伦提乌斯（Florentius）在 367 年警告说，在每个定居点处死三名城镇议

---

〔64〕　Amm. 15. 11. 12 and 16. 2. 1.

〔65〕　Février et al.（1980）416 怀疑里昂是否是因为阿尔比努斯与塞普提米乌斯·塞维鲁之间的战争或贸易方式的转变而衰落；并且，正如 Cracco Ruggini（1978）82 所指出的那样，尽管阿米亚努斯知道里昂的存在，奥索尼乌斯和《寰宇述略》的作者却对它一无所知。关于里昂城的辖区范围，见 Walker（1981）309 f. and 312 ff.，但已知遗址的数目在任何一个时期都很小（只有几十个），并且关于这些地区历史的证据极其稀少（一般只有若干货币，可以表明其灭亡的上限不早于此）。用"通货膨胀、动荡局势、经济与社会等级的变化等因素"（p. 323）去解释这些定居点的衰落其实是毫无意义的。其他值得一提的、衰落了的城市如贝桑松（Besançon）、纳旁、维也纳、埃克斯（Aix）、尼姆斯（Nimes）和梅斯（Metz）。400 年时，当地超过 5000 人的定居点数目仍在 80 以上（Février et al.〔1980〕101，而居民少于此数目的乡村地区总人口超过了高卢全境的 90%）。

腐败与罗马帝国的衰落

员的刑罚恐怕在某些地方根本无法执行，因为那些地方人烟稀少得连这样几个人都找不到。[66] 总之，我们手头拥有的、形形色色的这一类证据表明，在罗马帝国晚期的大部分高卢城市中，财富和人口都出现了大幅下滑。

然而，当时90％的人口是居住在乡村和庄园里的。他们的生活处境跟城里的同胞们一样值得关注。近数十年来，大量广泛、细致的研究成果使得我们拥有了对罗马帝国晚期的乡村居民，尤其是生活在布列塔尼（Brittany）和北方的这部分人群的命运进行细致研究的条件。在3世纪的战乱与（蛮族）入侵的影响下，北方的转变迹象更为明显。这些调查中的一部分是借助航空摄影的手段完成的。该技术与花粉谱系研究共同为我们对历史的认识打开了宝贵的新眼界。

描述布列塔尼命运的任务相对而言更为容易。它比高卢境内的其他地区提前数百年步入了黑暗时代。根据当地的庄园（考古工作或许已发现了其中的1％）情况来看，从1世纪中期开始，该地区经历了一段高速发展期和罗马化的进程（其模式与我们在该行省其他地区看到的情况是一致的），随后进入了一段发展停滞期。从马可·奥勒留统治时期（161—180年）到塞维鲁王朝（Severan dynasty）末年（193—235年），布列塔尼重新开始发展和扩张；此后，它急剧衰落，陷入了默默无闻、荒无人烟的境地。海盗们控制了沿海地区。罗马当局在约280—320年间派遣蛮族军队前去驻守那些以海防功能为

---

[66] Amm. 27. 6. 7 and *PLRE* I s. v. Florentius 5.

主的要塞，结果收效甚微。在内陆地区，森林和荒野吞噬着良田。到了4世纪末，整个半岛已陷入人烟稀少、刀耕火种的境地。从事生产的庄园尽管规模变大了，但数目却凤毛麟角——其中的一批在4世纪初被外来者占据；到了350年，几乎所有庄园都遭到了废弃。十余年后，货币在当地的使用也宣告终结。[67]

位于塞纳河和莱茵河、布伦（Boulogne）和斯特拉斯堡（Strasbourg）之间的广阔北方地区无疑在3世纪下半叶经历了一场有趣的、意味深长的变化。起初，散布各处的乡村定居点和乡村墓地遭到了废弃；而它们的后继者选择了不同的地点，尽管大多仍与旧址靠得很近。这种变化只可能是当地人口逃亡并且背井离乡了一段时间才会引起的后果。因为如果他们仅仅离开一个夏天的话，这段间隔大概是不足以割裂他们与家园和祖坟之间的纽带的。在重新拓荒垦田的时候，流亡者们很少会单枪匹马地独来独往。他们更喜欢把各自的私人地产连成一串，或组成村庄；他们也常常沿着河流或大道开垦土地，这样自己就不会与世隔绝。与3世纪相比，4世纪及此后仍在使用的公墓、庄园数目明显下降，说明当地的人口分布开始变得更

〔67〕　Chadwick（1965）249 and 253 f.；Sanquer（1974）22 and 26；Galliou（1980）237 f.，240－46，250－56，and 262－64；Provost（1982）397；Galliou（1982）97 f.，100，and 104；and Galliou（1985）107－15.

腐败与罗马帝国的衰落

为集中。对这一现象的最佳解释是安全方面的考虑。[68] 可以部分弥补这一北方广阔区域耕地流失恶果的是东部特里尔周边地区的开发。这座都城放射出金灿灿的光芒，刺激了周边产业的发展，在那里兴建了一座乡间皇宫（康提奥纳库姆—孔茨[Contionacum – Konz]），以及显然为当权显贵们建造的、富丽堂皇的大型庄园。[69] 但受惠于此的区域面积不大；并且这里并不总能免遭战乱。因此，到了 4 世纪，即便科隆—美因茨（Cologne – Mainz）地区和摩泽尔河（Moselle）下游地区的权

---

〔68〕 Wightman（1978）242 f. 认为当时的乡村公墓开始变得稀少起来；并且，在贝尔吉卡（Belgica）地区的 327 处庄园遗址中，只有 22 处还有人居住；pp. 244 – 46 指出，当时的人口逐渐集中到了少数大规模的新定居点里，建立了由自耕农（?）、佃农（?）或二者兼而有之的村庄，这些村庄通常位于活跃的庄园附近。另见 Wightman（1978a）126 note 118；Wightman（1985）200 注意到了 3 世纪的帝国 "不再兴建乡村纪念物，包括还愿雕塑与浮雕"；Agache（1975）702 – 08 研究了皮卡迪（Picardy）和阿图瓦（Artois）等地区，发现在 250—300 年，那里起初分散着的农场开始集中，形成了通常建于废弃庄园、圣所之上的新定居点；Ageche（1978）153 – 55 则将之前的叙述范围扩展到了诺曼底地区，并补充说（p.156），许多小型定居点可能是富人建立的。除政局变化外（至少在皮卡迪地区），Provost（1982）394 还补充了过度垦殖与放牧引起的地力衰竭，作为土地森林化的原因。

〔69〕 MacMullen（1976a）30 note 29，其中引用了 Konz 的观点；Faider – Feytmans and Hubaux（1950）254 对陶器标记进行了研究；Grenier（1906）118 – 20 中描述的大型庄园在 3 世纪后期遭到了摧毁，之后（pp. 179 – 81）又强势反弹；另见 Grenier（1934）2.864；and Percival（1976）82. 但 356 年后，不列颠地区特里尔冶铸铜币数量的急剧下降表明，"特里尔的经济衰落远早于其政治衰落"。见 Fulford（1977）68，参见阿尔勒斯或里昂货币输出的情况。

贵们也开始接二连三地放弃自己的乡间地产了。[70]

在位于莱茵河、多瑙河以南的、显然易受攻击的广大北方地区，蛮族的劫掠引起了一种独特的回应方式：人们在山顶上建造避难所，或重新占据自铁器时代以来就不再使用的这类建筑。其中一处被重新使用的建筑位于距特里尔约 15 英里的峭壁之上，它只被重新使用了几十年，随后又在 3 世纪末被废弃了。另外一处遗址位于摩泽尔河河谷，它直到 5 世纪还在被使用着。[71] 人们猜测，日耳曼境内的一些此类遗址，甚至那些远离边境的和雷提亚境内的避难所都筑有高墙，以便在紧急状态下供周边的富裕土地所有者安置其人口与牲畜。[72] 我们在法兰西南部到处可以看到山顶上或岩洞里的避难所；它们还出现在公元 400 年以后的利古里亚（Liguria）和托斯卡尼，以及 3 世纪以后的马其顿。[73] 武装起来的庄园（我在另一章中还要回到这一主题）几乎遍及上述所有地区，潘诺尼亚行省尤

---

[70]　Böttger（1975）183 - 85.

[71]　Gilles（1974）111 and 119 - 21.

[72]　Wightman（1978）246，还应注意内地的高卢难民和 *ILS* 1279 所提及的下阿尔卑斯山（Basses Alps）情况。参见许多南部内地洞穴重新住人的现象（如罗讷河下游地区）：Gagnière and Granier（1963）225 - 39。关于雷提亚，见 Petrikovits（1971）192 对维特诺尔·豪恩（Wittnauer Horn）、莫斯伯格（Moosberg）和上克吕佩尔（Auf Krüppel）等地的研究；另见 Fellmann（1955），210（3 世纪遗址），211（君士坦丁时期遗址）；Paunier（1978）295 - 306 研究了莱蒙湖（Lake Leman）南端山顶上的一处 3 世纪末至 5 世纪初的据点。更多参考资料见 MacMullen（1963）147 note 99。

[73]　Cracco Ruggini（1961）34 f. n. 62，奥古斯塔·巴吉埃诺鲁姆（Augusta Bagiennorum）、阿尔宾提米里乌姆（Albintimilium）和里巴尔纳（Libarna）一带；关于马其顿，见 Mikulcic（1974）193.

其如此。[74] 不过，即便在那里，此类庄园也不是普遍存在的。我们不应把莱茵河、多瑙河流域的省份视为一片荒无人烟的丛林；它们只是损失了大量财富、光彩和精巧的组织机构而已。

这些地区未能从 3 世纪中期的几场大灾难所带来的最初恐慌中完全恢复过来。在严重破坏文明生活各种类型的迹象中，我们应当注意于 3 世纪 80 年代在高卢境内发起暴动和四处劫掠的农民们（此类活动在 5 世纪又卷土重来）。[75] 他们毫无节制的暴力抵得上整支军队。在 3 世纪下半叶至 4 世纪，人们不得不在北方地区的道路沿途修建岗哨来保护旅人，这显然是针对当地的混乱局势的。[76]

我们在上面提及的"精巧组织机构"自然无力抵挡实实在在的危险和混乱；武装起来的庄园、戒备森严的驿路、避难城堡和此起彼伏的土匪活动明白无误地证明了这些问题的存在。最后被恺撒、奥古斯都和提比略并入帝国版图的那些地区自然而然地回到了征服前的原始状态。毫无疑问，这一变化最严重的影响是造成了商业的萎缩。不会再有人愿意在一处危机四伏的乡间旅行或运输贵重商品了。因此，商品的流通范围被日益切割成越来越小的圈子，这是对大部分城市的规模、财富

---

〔74〕 见下文，原书第 72 页；此处的结论见 MacMullen（1963）150。

〔75〕 关于巴高德人（Bagaudae），见 MacMullen（1987）370 及 Van Dam（1985）chap. I 中的新讨论。我们不清楚巴高德人骚扰的是高卢的哪一部分。

〔76〕 关于高卢北部、日耳曼和雷提亚主干道沿线的岗哨，见 Petriko-vits（1971）188 and 197。

锐减的最合理解释。从前，它们在与周边农村的共生关系中达到了自身发展的极限。现在，维系这种关系的"罗马统治下的和平"（pax Romana）已经土崩瓦解。于是每个人和每座庄园都只能独善其身了。

这种对原始状态的回归当然不是彻底的；事实情况远非如此。然而，在对衰落最严重的那些地区的研究中，考古证据却充分证明、确认了这一现象的存在。诚然，进步和文明仍旧在延续着。我们应当看到，就索默（Somme）盆地的情况而言，仅仅在一个世代前，阿尔伯特·格勒尼耶（Albert Grenier）还声称那里庄园稀少，但我们迄今为止已在那里发现了 1000 座庄园；在高卢境内的其他地方，他统共只知道两座庄园的存在，如今这个数目已增长到 91 座。新增数据的总量是相当惊人的；[77] 在人们试图解释原因之前，这些信息可以帮助我们更准确地描述历史上究竟发生了什么。我们也不应忘记，直到最近，才有人绘制了一幅描述某种陶器分布情况的地图，试图反映其在 280 年至 4 世纪上半叶的出口高峰期间，在法国西南部、英格兰南部和布列塔尼周边的销量情况。它的主要原产地

---

[77]　可与 Grenier 的认识水平相比较，见 Agache and Agache（1978）152 and Leday（1980）44；参见 Taylor（1975）113，其中注意到"在十六年里，这片相对狭小的区域内（奈奈河谷［Nene valley］）新建了 300 个定居点"，并且自 1931 年以来，发现的遗址数目已从 16 个上升到 434 个。关于数据的不充分性，见 Petrikovits（1956）100，其中提及了人们于一个世代前在诺岱菲尔（Nordeifel）境内 9 平方公里的范围内发现了 9—10 个定居点的事情；或 Paret（1932）3.27，其中估计在符腾堡（Württemburg）地区的庄园数目超过 800 个。

腐败与罗马帝国的衰落

位于波尔多（Bordeaux）附近。[78] 那么，难道贸易居然可以在海盗活动十分猖獗的地区开展起来吗？显然，前人所描绘的衰落图景中还有许多模糊不清的和可以重新解释的地方，有待我们去进行更全面的研究。

尽管如此，人们针对衰落描绘出的整体轮廓或许还是能够得到进一步的印证；高卢行省内地（而非北部）的乡村史可以提供这方面的支持。我们理应发现这些地区与北部的情况有所不同，因为它们可以远离 3 世纪后期的种种劫掠。但我们手头却没有进行概括所需的大批证据。在 275 年前后的危机高峰期里，一批庄园遭到了摧毁，其时间或早或晚。[79] 其中一些在日后得到了重建，大部分则没有那样的机会。阿基坦（Aquitaine）盆地西南部和"古老省份"纳旁高卢（Narbonensis）曾经是一批极其宏伟、繁荣的定居点所在地。以上这些都不出我们的意料之外。但证据中也存在一些不同寻常的东西。我们还拥有一些清晰可辨的、关于 2 世纪后期南方庄园遭

---

〔78〕 Galliou, Fulford, and Clement (1980) 267, 272 and 274.

〔79〕 Grenier (1934) 2. 935 f. 提供了一些有用但十分简略的概括性结论。参见 Percival〔1976〕68 中的地图，其中所研究的 143 处遗址有半数位于南端（波尔多—纳旁一线）或北端（洛林〔Lorraine〕一带）。但 pp. 70 – 82 却是我所见过的关于该问题最好的讨论。我还要补充最近的两份典型考古发掘报告：Aragon – Launet (1974) 356 研究了一座位于图卢兹以东蒙特利尔（Montreal）的庄园，它在被毁后又于 275 年前后得到了复兴，其鼎盛期出现于 4 世纪20—50 年代；此外还有 Metzler and Zimmer (1982) 38 ff. 中研究的爱丁特纳赫庄园（Editernach villa），它位于特雷维拉（Treviran）乡间，可能是某位特雷维拉首领在 1 世纪建造的（p. 47）；它于 275 年（？p. 48）被毁，但又在 4 世纪得到了重建。

到废弃的证据。奥弗涅（Auvergne）地区的情况也是如此，那里的大部分定居点在这一时期已经遭到废弃。利摩日（Limoges）附近（如"安东尼庄园"［Villa d'Antone］）或北方贝里（Berry）境内尚普瓦（Champ de Pois）地区的情况也是如此。[80] 马可·奥勒留和塞普提米乌斯·塞维鲁的统治何以会导致未遭劫难的高卢地区诸省份出现如此的凋零景象呢？我们目前还无法回答。

　　幸运的是，这些问题还不足以彻底颠覆我们为 2 世纪至 5 世纪早期的高卢勾勒出的图景：它在发展期过后陷入困境，随后又在新的基础和方向上进行了重建。我们在这个序列中还应插入自给自足的要素。正如乡村定居点在公元 300 年之后有时会摆出自我防卫的架势一样，它们有时也想要实现经济上的自给自足。[81] 这一有待更多深入研究的事实，对于我们还原各地区的经济状况具有普遍的启示意义。在乡村人口可以自力更

---

〔80〕　Provost（1982）396 f.；Percival（1976）47（奇拉干［Chiragan］）and Delage（1952）2 f.，20，and 22 – 24（年代证据来自货币）对"安东尼庄园"（Villa d'Antone）的研究；另见 Leday（1972）221 and Leday（1980）67 对贝里（Berry）的研究。我们还可补充尼姆斯境内若干小城镇人口流失的神秘现象，见 Fiches（1982）117。

〔81〕　除 MacMullen（1979）303 n. 9 所搜集的证据外，还可补充 Petrikovits（1956）119 – 122 中研究的冶铁技术；Spitaels（1970）225 指出桑伯里—缪塞（Sambre – Meuse）地区的许多庄园都生产过量的铁，以供出售等用途；Provost（1982）397 研究了欧塞尔（Auxerre，高卢中西部）、索恩（Saône）、皮卡迪等地晚期庄园中普遍存在的自给自足倾向；Percival（1976）48 认为自给自足是"整个大陆上大部分地区的通常状态"；Lengyel and Radan（1980）278 研究了潘诺尼亚行省。

腐败与罗马帝国的衰落

生、满足自身大部分需求的情况下，他们是不需要城市的。我们知道，大部分城市的规模和财富都在萎缩，因为它们只有通过为周边乡村地区提供必需品才能维持自身的地位。因此，还是那句老话，安定局面才是一切的关键。政治上的虚弱——无力维持罗马统治下的和平——正是社会、经济衰退的根源。

一个显而易见的迹象无疑可以帮助我们理解这些变化：北部、西部省份中的贵族躲进了他们在乡村拥有的大地产中，再也不肯出来——对于其中的每个人来说，那里就是他们的小特里阿农宫（Petit Trianon），甚至是凡尔赛宫。我们不难发现对350—450 年间（大概的断限）状况的现代重构。它主要依赖于文献证据，尤其是奥索尼乌斯和希多尼乌斯（Sidonius）提供的材料。但有些人对此持不同意见，也有一些事实与此并不相符。[82] 许多号称属于罗马帝国晚期的伟大建筑实际上早在 1 世纪，甚至在奥古斯都时期就已经建造起来了。事实上，尽

---

〔82〕 Fontaine（1972）572 提及了"这一左右历史进程的问题——长期以来它似乎被过分简化了——即所谓的罗马帝国晚期贵族重返乡间的现象。事实上，根据调查结果来看，似乎在这场城市与乡村自古以来未曾间断过的角力中，土地提供的利润可能突然提高了"。Wilson（1981）174 表达了同样的意思："在当今的学术研究中，人们会想当然地假定，4 世纪之前的土地所有者是不住在自己的土地上的。"关于早期的大庄园，见 Metzler and Zimmer（1982）38 对爱丁特纳赫（1 世纪）的研究；Agache（1982）5 f. 对一座长达 800 米的奥古斯都时期庄园的研究；以及 Grenier（1934）2. 889 f. and McKay（1975）166 对在安东尼王朝臻于极盛的奇拉干的调查；还有 Lutz（1974）对始建于提比略时代、并于 2 世纪步入全盛期的圣乌尔里希庄园（St. Ulrich villa）的探索。关于更宏观的研究成果，见 Wightman（1985）111–14 和本章注 79 以下列举的其他例子。

管庄园在帝国晚期的平均规模要大于元首制时期，但在我的印象中，就绝对数目而言，安东尼王朝时期的宏伟乡村宅邸毕竟要更多些。这些庄园主当然会为自己的富有和家世（他们大多为地方贵族出身）而感到自豪；他们的文学品位也应当同自己家中的精美马赛克、壁画相称，堪与意大利的小泰伦斯（Terentius Junior）相提并论。但这位泰伦斯从未访问过罗马城。小普林尼用大都市居民少有的谦恭口吻惊叹道："世界有多少默默无闻的饱学之士由于自己的谦逊或对淡泊生活的热爱而弃功名如敝履啊！"随后，他描述了一位饱读诗书却终年隐居山林的人物。[83] 然而，或许只是拥有史料方面的巧合，我们才会认为，这样一位人物和他的生活方式在 5 世纪的高卢比在 1 世纪的意大利更具有普遍性。

不列颠的命运与此迥异。同样，对于不列颠，我的关注点也集中在可支配财富的证据与建筑物数量和密度、货币流通情况、现存手工艺品的质量、同远程乃至海外市场间的明确联系和能够享受这些福利的人口数目（也就是我们合理推断出的人口总数）等因素所折射出的居民生活水平。根据这些传统指标来看，曾经发生过的事情是一目了然的，但其原因晦暗不明。首先，从 3 世纪后期至 4 世纪后期，各座城市财富的增减趋势并不符合任何一套既定的模式。但在 375 年之后，除伦敦

---

[83] Plin., *Ep.* 7. 25. 泰伦斯是位近于乡下人身份，却因其博学多才而令普林尼啧啧称奇的人物，可能要比奥索尼乌斯的家族更胜一筹——"除了他之外，这样一个生活在外省愚昧民众中的家族是不可能出人头地的"，Dill（1899）169 如是说。

外，所有城市都呈现出了衰败的迹象——几乎无人居住的房屋、淤塞的沟渠、在废弃定居点或其他开阔地上进行耕种的现象，等等。[84] 该省份内发现的马赛克在 300 年之前和 370 年之后都非常稀少，而这种艺术正是经济繁荣的重要标志。不过，我们的确在庄园里找到了不少马赛克艺术品；那里的财富和生活舒适程度都是前所未有的。因此，谢泼德·弗雷雷（Sheppard Frere）将 4 世纪上半叶称为"罗马不列颠行省的黄金时代"，并且在之后的一二十年里仍旧保持了繁荣局面（至少没有出现急剧的衰落）。[85] 因此，阿米亚努斯所描述的 369 年提奥多西统治集团所推行的善政——"重建城市与要塞"，令不列颠行省"欢欣鼓舞"[86]——其实标志着衰落的肇始，而非更加美好岁月的到来。

不列颠并未经历 3 世纪的危机。事实上，在 3 世纪，城市与乡村的繁荣标志都在缓慢地增加；形势逆转的迹象只是在 4

---

〔84〕 Frere（1967）254 and 346 f.；Frere（1964）108 – 10 对维鲁拉米乌姆（Verulamium）进行了研究；Reece（1980）78 f.，and 82 f.（在我看来，其中一些针对公元 410 年之后历史的讨论［pp. 84 – 87］是令人费解的）；还有 Arnold（1984）33 and 54 f.，与 Reece 共同强调了城市景观的衰落，其中 p. 91 基于钱币证据提出了 350 年后货币流通停止的观点。关于马赛克艺术，见 Smith（1965）95 f.

〔85〕 Frere（1967），346；Rivet（1975）343 也表达了类似的观点："4世纪是不列颠庄园发展的黄金时期"，其鼎盛时代从 3 世纪 90 年代持续到 370 年前后，之后也只是逐渐衰落下去。持相似观点的还有 Percival（1976）48 f. and Todd（1978）205，但后者将该庄园的鼎盛期前提到了 4 世纪上半叶。Neal（1978）52 记录了从 350 年或之后开始明显衰落的、位于维鲁拉米乌姆附近的六座庄园。

〔86〕 Amm. 28. 3. 7 and 9.

世纪最后一个世代中方才出现。[87] 我们很难在考古资料中找
到足以解释城镇和庄园历史的证据。庄园经济日益走向自给自
足，并不奇怪，也同大陆上的现象没有什么两样；但后者被解
释为愈演愈烈的动荡局面和商业衰落导致的后果，而这两种现
象似乎都没有在罗马帝国晚期的不列颠出现过。有证据表明，
当时的庄园建设主要是由居住在负责治理城镇周边的帝国官员
们进行的，而非乐意大兴土木的私人领主。[88] 如果我们的解
释不谬，那么这条证据是同4世纪帝国西部首都特里尔周边出
现乡村豪宅的现象一致的。然而，这种解释模式更多地反映了
繁荣，而非衰落；我研究的对象则恰恰是衰落。因此，除了能
对成文史料中记载的政治事件进行某些简短分析外，我们是无
法重构晚期罗马不列颠命运起落背后的因果关系的。

　　西班牙行省的灭亡与不列颠在日期上十分接近（具体而
言是409年），但并非突如其来。当时，蛮族已经在那片土地
上定居下来了。[89] 在"灭亡"这个术语的使用准确性方面，
我们首先拥有一系列自省外输入的罗马石棺实物资料，其中每
一件在年代上都不晚于公元400年；其次，关于采矿业生产的
史料也在这一时期消失了；再次，在公元前5世纪之前建造的
庄园中，三分之一以上都在日后被他人占领或仓促租赁出去

---

〔87〕 Todd（1978）205 f. and Barrett（1982）124.

〔88〕 关于自给自足的经济状态，见 Percival（1976）48 and Todd
（1978）203；关于建造在行政中心附近的庄园，见 Millett（1982）423。

〔89〕 同时代人和5世纪的史学家们就生活在409—411年之后接踵而
至的毁灭与屠杀中。见 Blazquez（1964）51。

了；最后，货币在北方的流通此后也停止了。[90] 钱库的储藏情况也告诉了我们这一事实：在那些建造于 5 世纪初的钱库里，我们只找到了发行于 4 世纪中期的货币，而没有发现 4 世纪后期铸造的钱币。可见，在约 365—400 年的这段时期内，不但担惊受怕的人们开始史无前例地把他们的钱财埋在地下，并且政府也没有再发行可供居民使用或埋藏的新币。在更富戏剧性的 409 年转折点之前，我们已经发现了一种衰落的进程，这使得我们的注意力转向了更早的发展历程。

我们已经提到过元首塞普提米乌斯·塞维鲁垄断西班牙对罗马的油出口一事。其实，这项出口的规模已经持续下滑了数十年，并且即将在将来的几十年里继续萎缩，最终在 3 世纪 50 年代后期彻底停止。[91] 正是在那一时期和 275 年或 276 年，大批法兰克人和其他日耳曼人翻越比利牛斯山，四处烧杀抢掠。当地庄园遭受焚烧的土层和利用废弃雕塑和断壁残垣上的建筑石料堆砌城墙的做法印证了这些事件的发生。据我们所知，塔拉科（Tarraco）、伊勒达（Ilerda）、贝图洛（Baetulo）、恩波利埃的尼亚波利斯（Neapolis of Emporiae）、恺撒奥古斯塔（Caesaraugusta）、伊鲁尼亚（Iruña）、帕兰提亚（Pallan-

---

〔90〕 Blazquez（1964）275 对石棺进行了研究；Blazquez（1983）对矿山进行了研究；Gorges（1979）56 n. 74 现存的对4—5 世纪的 140 处未被废弃或严重萧条的庄园遗址中的 50 余处进行了研究；Farina Busto（1973－74）125 研究了在当地发现的钱币。

〔91〕 见上文，图 11 和注 24；Blazquez（1964）164；Gorges（1979）47 n. 57 and 49；and esp. Tovar and Blazquez（1975）282。

tia）等诸多中心都蒙受了损失。[92] 人们自然会认为，城市地区的半岛文明会比乡村地区的更容易受到损害。城墙根本无法保护那些用来满足各城市日常需要的交换模式。然而，各城市的贸易通达程度和经济间的关系有时是难以确定的。就目前的情况而言，关于275年之后西班牙海上贸易的证据还很少（尽管它们颇具吸引力）。4世纪中期的一位匿名地理学家在其《寰宇述略》（*Expositio*）中只字未提西班牙的任何一处港口；稍晚的阿维埃努斯（Avienus）将加的斯（Cadiz）描述为一处贫困、荒凉的瓦砾堆，对其他城市的类似描写也出现在了奥索尼乌斯和保利努斯（Paulinus）的笔下（不过，作为写于409或411年之后的作品，这些文字也许同我们的研究无关）；最后，我们在西班牙沿海地区完全没有发现罗马帝国晚期的陶瓶。[93] 这些迹象共同向我们表明：伊比利亚半岛正在陷入日益严重的经济孤立和随之而来的城市萎缩，即便那里并不存在

---

〔92〕　Blazquez（1964）78，164 f.，and 172；Blazquez（1974-75）253；Tarradel（1955-56）109研究了劫掠对易受伤害的工业、采矿业和大庄园农业（尽管后者或许更好地经受了冲击）可能产生的影响。另见Gorges（1979）47：他发现，在埃布罗河（Ebro）流域，中小型的庄园蒙受了损失，但较大的庄园却生存了下来；他还注意到（p. 45）"从260年到280年，我们在半岛上找不到一座新建的庄园"。最后，LeRoux（1982）378 f. and 391低估了入侵的严重程度，而Blazquez（1982）592认为在入侵之后和整个4世纪，贝提卡地区的经济并未出现明显衰落。然而，他为半岛的其他地区描绘了一幅内部贸易萎缩、农业衰落、土地集中到少数地主手中的图景（567，580 and 594）。

〔93〕　Rougé（1966）486；Blazquez（1964）49研究了阿维埃努斯地区；Espinosa（1984）197 f.；Blazquez（1974-75）278讨论了当地无陶瓶出土的现象。

腐败与罗马帝国的衰落

诸如外敌入侵等明显的衰落原因。

尽管油不再作为大宗出口商品，但著名的西班牙鱼酱仍在全帝国境内销售。出于偶然的机缘（通过数量庞大的进口雕塑作品），我们还找到了关于阿非利加与塔拉科之间存在特殊联系的有力证据。那座城市和其他几座城镇都享有高度繁荣。帝国晚期的文献资料在提及它们时都会使用羡慕的语气。[94] 意大利卡（Italica）由于自身的主要资源——橄榄而享有财富；埃麦瑞塔（Emerita）的竞技场在 4 世纪后期进行过两次修缮。[95] 黄金时代的西班牙城市景观和繁荣商业在 409 年及此后仍然得到了延续。

然而，在 260 年、275 年的两次外敌入侵期间，乡村地区的成就才是最为令人称奇的。此时的庄园已经开始分化成较小的、朴实无华的生产中心和专供富有主人居住的大型豪华庄园；后者现在更为流行。显然，在多事之秋，由家道殷实的地主兼并邻人经营不善的农场，甚至用武力抵制外敌劫掠的做法更为适宜。因此，从 3 世纪后期到 5 世纪，土地兼并一直在稳步推进。与此同时，新庄园的兴建在各地区的分布变得相当均衡，不像 1 世纪的时候仅在几个点上活跃（集中于塔拉科周边

---

〔94〕 Blazquez（1974 – 75）117，274，and 278 探讨了鱼酱；Blazquez（1964）115 研究了从阿非利加运往塔拉科的雕塑；Blazquez（1974 – 75）讨论了从远方舶来的其他产品。

〔95〕 见上文，注 92；Blazquez（1975）77，96，125 f. ；Blazquez（1964）47 – 49 and 104；Gorges（1979）51 and 55；and Cracco Ruggini（1965）432 – 40。

和希斯帕里斯—意大利卡一带）。在 4 世纪中期，庄园生活在整个伊比利亚半岛进入了全盛时代。根据遗址中宏伟的私人浴池（阿尔塔弗拉［Artafulla］）、空间开阔的花园、石像与铜像、马赛克（如在许拉斯宅邸［Casa de Hylas］或阿罗尼兹［Arroniz］）、壁画（如在肯特克勒［Cenrcelles］维拉约耀萨［Villajoyosa］），以及更加直接的富有证据——巨大的储藏室和劳工宿舍来看，这种生活方式是相当奢华的。[96] 我们并不清楚，这些生活舒适的豪华宅邸为何在 409 年蛮族入侵很久以前便逐渐衰落了。

西班牙在这一时期表现出的若干特征也是我们在其他行省中发现的：如各定居点为了经济上的自给自足（可能也为了坚守的需要，如利德纳［Liedena］）而储备物资；在行政区首府埃麦瑞塔周边建起了一连串排列密集的庄园，其中之一很可能就是行政长官的私人宅邸。[97] 那是一座比例协调、富丽堂

---

　　[96]　Gorges（1979）34，38–51，51 f.（自给自足经济，如冶金技术），并将鼎盛期置于君士坦丁时代（p. 48）。关于阿尔塔弗拉（Altafulla），见该书第52页。在一份300年后仍在使用的100座庄园构成的随机样本中，我发现只有40座一直维持到了350年以后（根据钱币、陶器等定年）。另见 Blazquez（1964）84，96（阿罗尼兹［Arroniz］），99 f.（储物罐，cf. Gorges p. 54）；Blazquez（1975）95（维拉约罗萨［Villajoyosa］），125 f.（许拉斯宅邸［Casa de Hylas］）；Blazquez（1974–75）255，270 f.，and 274（以订单为基础的鱼酱生产）；Hauschild and Schlunk（1961）175–78 对肯特凯勒斯（Centcelles）的研究；以及 Sagredo San Eustaquio（1979–80）44 f.。

　　[97]　关于庄园的自给自足经济，见前注。关于利德纳（Liedena），见 Blazquez（1964）97 f. and Gorges（1979）43，53，and 323（学者们对庄园两侧搭建的棚屋众说纷纭，存在着民工宿舍和民兵营房等不同解释）。关于埃麦瑞塔的庄园，见 Arce（1982）216 f.。

皇的建筑。

直布罗陀海峡对面是那位官员辖区的另一部分——因为戴克里先把西班牙南部和毛里塔尼亚·汀吉塔纳（Mauretania Tingitana）并入了同一个行政区。与此同时，戴克里先还将罗马人的统治从毛里塔尼亚·汀吉塔纳的一部分区域里完全撤出。我们无法确定他究竟放弃了哪些领土；毗邻的希提芬希斯（Sitifensis）或恺撒里恩西斯（Caesariensis）在那段时间里的情况也不是非常清楚。从记录新建、修缮建筑的铭文证据看，这两个省份在4—5世纪基本保持着各自在3世纪时拥有的文明体系。[98]

然而，对遗址的发掘提供了更多的证据，为我们展示了罗马统治下北非其他地区更为详细、充实的历史状况。在238年起义至284年戴克里先登基期间，普罗康苏拉瑞斯（Proconsularis）、努米底亚（Numidia）和特里波利塔尼亚（Tripolitania）

---

[98] Warmington（1954）33（铭文）和地图3（我们需要借助 Bénabou ［1976］239 对其进行修正）；见下文图 17 中的地图。沃鲁比利斯（Volubilis）被废弃了，萨拉（Sala）却没有——见 MacKendrick（1980）312。关于拉皮杜姆（Rapidum），见 Laporte（1983）263 – 66；关于伊奥尔（Iol，即凯撒里亚［Caesarea］）周边约250平方公里内陆地区在4世纪出现的人口密度、活跃程度等方面的下降（可从地表残留的碎片看出），见 Leveau（1972）17。Leveau（1984）213 f. 中的最新研究成果表明，那里在4世纪时存在着一座相当繁荣的城市。

似乎都陷入了某种发展停滞。[99] 而在戴克里先统治时期，这些城市显然重新焕发了活力。尽管之后五十年的情况没有那么美好，但这些地区在 4 世纪 50 年代重新开始发展，其势头一直延续到 70 年代。[100] 相关证据来自阿麦达拉（Ammaedara）、米迪迪（Middidi）、提比利斯（Thibilis）、希提菲斯（Sitifis）、大图布尔博（Thuburbo Maius）、图伽（Thugga）、库伊库尔

---

〔99〕 Lepelley（1979－81）1.87 f. and 2.150 and 218 n.4 注意到了伽利埃努斯（Gallienus）治下及其他相对太平的日子里图伽（Thugga）的某些复兴迹象；Salama（1951）29 尽管已有些过时，却看到了戴克里先时代之前半个世纪里重建、修缮工作的蓬勃开展；但总的来说，那个时代并不是否极泰来的转折点。见 Warmington（1954）29 and 33；Frend（1952）67；Foucher（1964）321；and Lepelley（1979－81）1.83 f.。

〔100〕 关于戴克里先统治时期的土木建设与城市复兴，见 Leschi（1950）13 对德耶米拉路面铺设、供排水设施改造、市区与郊区的住宅兴建等方面的研究；Warmington（1954）33 f. 分析了几座城市中公共建筑修缮活动的兴起；Romanelli（1959）506 f.；Duval（1964）92；Lepelley（1979－81）1.70 and 2.430；Kolendo and Kotula（1977）644 f.；Février（1982）356 f.；and Thébert（1983）102，书中通过四帝共治时期阿非利加行省"热火朝天的重建工作"，推断该地区在此之前肯定经历过一段受到忽视和衰颓时期。该行省随后进入了"城市活跃期"的第 4 个世纪（103）。它在君士坦丁统治时期经历过衰落，见 Warmington（1954）33 f.。但朱利安扭转了颓势，见 Warmington（1954）35 and 52，Lepelley（1979－81）1.68 and 101，and Chastagnol（1978）89；瓦伦提尼安（Valentinian）则促进了当地的繁盛局面。见 Albertini（1943）386；Lepelley（1979－81）2.150 and 340（但他在 2.363 f. 中指出，勒普奇斯在当时受到了贝都因人劫掠的困扰）and 403 f.；Leschi（1953）13；Courtois（1951）70 f. and 81；Warmington（1954）37－40；Courtois（1955）149 f.（文献史料）；Février（1964）23（马赛克）and 32；Duval（1964）96－103（教堂）；Kolendo and Kotula（1977）645 f.；Février（1970）164 f.；and Lepelley（1979－81）1.26, 64（迦太基，特别关注了教堂），70－72 讨论了税收法令，102 n.133 讨论了城镇议员们的义务。

（Cuicul）、图布尔西库·努米达鲁姆（Thubursicu Numidarum）、阿德·麦奥勒斯（Ad Maiores），以及戴克里先统治期间散布各处的定居点遗址；第二个发展期的证据则来自前面提及的库伊库尔、希提菲斯和图伽，以及德耶米拉（Djemila）、苏菲图拉（Sufetula）、蒂姆伽德（Timgad）和迦太基。我们当然要给虚夸"高贵陛下统治的光辉时代"的进献铭文的可靠性打一些折扣；只有真正得到建造与修缮的建筑物证据（它们有时是私人的，更多情况下则是公共的）才是有分量的。我们还要小心对待文献中的曲笔隐晦和添油加醋。例如，一段描述库伊库尔的"废墟堆得跟城中的房屋一样高"的文字，以及同一时期斯法克斯（Sfax）的另一段文字中的同样措辞，从前都被视为这些地区在过去的几十年里积贫积弱，随后突然时来运转的证据。事实上，这两段文字更可能反映了 365 年 7 月 21 日地震的情况。然而，它们也通过记载城市重建的速度与雄心壮志反映了当地经济的底蕴：人们不仅进行了修缮，还增添了一座崭新的公共游泳池及毗邻的日光浴室与装饰性雕塑。[101] 不出意料的是，勒普奇斯（Lepcis）未能分享这样的好日子。这是因为，正如阿米亚努斯详细记载的那样，该地区一方面遭受着来自沙漠地区的贝都因人的劫掠，另一方面则受

---

〔101〕 Beschaouch（1975）110 f.（n. 30 提到了阿尔伯提尼［Albertini］很早以前的观点）；and Rebuffat（1980）313, 317, 319, 321（同样提到了阿尔伯提尼）. Goodchild（1966 – 67）206 – 11 收集了关于昔兰尼、东地中海及其岛屿地震的已知信息；Kenrick（1985）9 – 11 叙述了萨布拉塔（Sabratha）的命运。

到一位贪婪、无能的罗马军队统帅的压迫。相似地，滨海的哈德鲁迈图姆（Hadrumetum）似乎也受到这两方面的压迫；它的居住面积在 3 世纪后期不断萎缩，通往内地的道路长期无人修缮，其港口日后也在 4 世纪期间淤塞了。曾经使它获益良多的油料贸易收益可能已被其他城镇夺去。但这种停滞并不等于贫困——事实上，它只导致了财产的收支平衡；舒适与高雅的迹象在公民们的住宅和陪葬品中表现得比以往更加明显。就迦太基的情况而言，根据当地商业与生产的考古证据来看，那里在 2—7 世纪基本享受着不间断的和平。[102]

人们还注意到，在阿非利加各城市的发展建设中，许多是与宗教有关的，如殉道者纪念碑、洗礼池、礼拜堂、大教堂、储藏室和主教宅邸等。俯瞰蒂姆伽德的奥普塔图斯（Optatus）大教堂可以让我们感受到这些土木工程的规模：该教堂长宽为 63×22 米，与其他建筑共同位于一块长宽 200×125 米的场地内。那些建筑里有许多马赛克，[103] 其年代是 4 世纪后期。411 年于迦太基举行的一次会议，齐集一堂的主教共计 650 人，可见该地区城市数目之多。奥普塔图斯的成就也说明，4 世纪六七十年代大发展的余波事实上持续了很长时间，甚至一直延续到 5 世纪。我们完全有理由说，在整个晚期古典时代，直至汪达尔人入侵之前，北非的罗马帝国南部地区处于一个高度繁荣

〔102〕 Foucher (1964) 318 and 320 – 24；Carandini (1970) 103 强调了当地的由盛转衰；Lepelley (1979 – 81) 2.263 则强调了那里的蒸蒸日上。关于迦太基的商业和生产活动，见 Panella (1983) 56。

〔103〕 Courtois (1951) 72 – 75.

腐败与罗马帝国的衰落

的时期，尽管它可能要逊色于2世纪的黄金时代。[104] 欧仁·阿尔贝蒂尼（Eugène Albertini）早在20世纪30年代已经开始用这些字眼去描述该地区的历史，并且他的渊博学识也保证了其论断的权威性，但令人惊讶的是，对罗马帝国整体衰落情况的宏观讨论却在此后的数十年内继续对地区差异熟视无睹，而将其视为一场普遍性的衰落。思想观念的调整总是需要时间的。

借助近年来对阿非利加行省更多资料的积累，我们如今甚至可以讨论戴克里先至盖萨里克（Gaiseric）期间兴衰趋势的具体转折。简言之，我们必须将考古材料与文献，至少是成文史料结合起来使用。因此，君士坦丁治下公共建筑的衰落被归咎于当时的战争及其需要，从而同马克森提乌斯（Maxentius）建立起了联系。此后，经济形势依旧艰难，因为元首截留了各城市出租其公共土地所取得的租金。直到朱利安（Julian）恢复了这种习俗后，城市建设才重新起步。瓦伦提尼安（Valentinian）采用了更严厉的政策，但在374年对之进行了修改。还有一些法律妨碍了城市享用其精英为履行公共义务（它们多少带有一些强制色彩）而捐献的财富。在这些政治或行政

---

〔104〕 作为这方面最优秀的现代学术权威，Lepelley（1979–81）1.72承认帝国晚期城市收入流失和捐税繁重的事实；但他仍旧相信晚期帝国"维持着传统的城市生活方式，它当然不如帝国盛期那样辉煌和富足，但只要我们对比一下现代史的话，就会认识到晚期帝国的城市生活仍然要活跃得多"。关于在格拉提安（Gratian）统治时期之后延续下去的繁荣，见Frend（1952）62；Février（1970）170；Kotula（1982）129；Duval（1964）96 and 100；and esp. Lepelley（1979–81）1.26291, and 412。

方面的历史事件和现实中的经济行为中似乎存在着不容否认的联系。然而，它们似乎同朱利安死后十年内出现的盛世局面无法调和。当时肯定还有其他的重要因素在发挥着作用，但我们目前还不具备这方面的足够知识。

当然，我们拥有关于埃及行省的大量知识。相对而言，由于纸草文献的存在，我们对许多细节都能了如指掌。这些信息甚至有些过于庞杂了——或许人类历史本来就是人类自身无法全面理解的。在埃及行省最著名的纸草出土遗址——奥克西林库斯（Oxyrhynchus），在3世纪中期这个多事之秋，当地市区的开销反而由于耗资巨大的、表达爱国热情的新方式的出现而有所增加。并且，这座城市显而易见的繁荣在危机最严重的岁月里还在继续发展——建立了谷物救济制度，完成了许多公共工程，甚至于3世纪50—70年代还举办了多次青年运动会。[105] 在整个罗马统治时期，个别街区的人口减少似乎表现出了衰落的迹象。但如果我们仔细观察的话，就会发现这些现象如同课税名单上消失的公民一样，其实并不那么重要。那些公民去哪儿了呢？他们并未全部死去；这些可怜的造物只是离开了而已，前往了环境不那么恶劣的地方。一旦家乡的饥荒状

---

〔105〕 Turner（1952）81 and 85 f.，其中介绍了一项283年还在进行的大型公共工程；Parsons（1976）438 f.，其中提出了繁荣时代周期性降临的假说（p. 440），并举出了3世纪50年代末至70年代赫摩波利斯（Hermopolis）、安提诺波利斯（Antinopolis）和帕诺波利斯（Panopolis）等地的繁荣例子。另见 Lewis（1983）39。

况略有好转，他们还会重返故里。[106] 我们无法概括埃及全境世俗生活的变化是怎样的，只知道是在向着好的方向发展。[107] 就首府的情况而言，我们有充分的理由猜测（尽管基本上也只是猜想而已），它的巨大规模在本书研究的几个世纪里基本没有什么变化。[108] 如果说埃及确实经历过衰落的话，证明其衰落的研究方法恐怕还未被找到。

我对帝国的逆时针巡礼已越过尼罗河三角洲，来到了巴勒斯坦。我们遇到的第一个可以进行综合评价的具体遗址是德卡波利斯（Decapolis）的格拉萨（Gerasa），位于死海和加利利海（Sea of Galilee）之间。对杜拉（Dura）和帕尔米拉（Pal-

---

〔106〕 Lewis（1983）164，在公元 55—56 年的费拉德尔菲亚（Philadelphia），有 50 余人在没有留下任何财产的情况下消失了（他们显然是在生存线上挣扎，但仍要作为课税对象）；随后，在得到免税的许诺后，其中的 47 人于次年秋天又返回了那里。参见 A. E. Hanson 对 H. I. Bell 关于当地在尼禄统治时期衰落观点的纠正（载于他在第 18 届国际纸草学会〔1986〕上宣读的文章）。关于特亚德尔菲亚（Theadelphia），见 Bagnall（1982）57，其中错误地将 331 或 332 年的人口锐减视为 4 世纪衰落的例子；但这些背井离乡者还会返回，因此该地区长时段内（如 312—336 年的二十五年间）的人口总数其实是稳定的。

〔107〕 A. C. Johnson（1951）131 总结道："拜占庭时代（他指的显然是戴克里先—查士丁尼时期）的埃及所享受的经济繁荣与社会独立性在其发展史上是空前绝后的。"他所依赖的论据是很难驳倒的。

〔108〕 Gregory（1979）19 认为如此，他利用了 A. H. M. Jones 的计算结果。另参见 Charanis（1967）450，但其论证的疏漏之处颇多；更为仔细的统计结果见 Duncan - Jones（1980）67 n. 3，其中接受了狄奥多鲁斯（17.52.6）提出的公元前 60 年"超过 30 万"的数字。但狄奥多鲁斯声称自己咨询的是"那些负责进行人口统计的官员"，而后者是只统计自由人的。因此，考虑到奴隶的存在，我认为这个数字至少还要增加 10%（参见 MacMullen（1987）364 f. 在此基础上提出的修正）。

myra）影响更大的 3 世纪危机也波及了格拉萨；后者在戴克里先统治时期（284—304 年）恢复了元气，并在此后直至 440 年一直维持着高水平的文明与活跃程度，修建了许多公共建筑，人口也有所增长。[109] 在戴克里先统治期间，巴勒斯坦全境呈现出了相当充分的自治或希腊化状态——通过较大的行政中心管理较小的城镇、村庄与耕地，这也是整个帝国通行的惯例。考古证据表明，即便在 3 世纪，巴勒斯坦大部分地区的农业都保持着高度繁荣；而在 4 世纪，其他相关文献与发掘成果都印证了阿米亚努斯的赞美之词："巴勒斯坦遍布着肥美的耕地。"[110] 村庄

---

〔109〕 Kraeling（1938）61 f. and Patlagean（1977）156，196 f.，and 232.

〔110〕 Amm. 14. 8. 11，被 Sperber（1977）441 引用。关于该地区受一座城市管辖的情况，见 A. H. M. Jones（1931）271 – 75 and A. H. M. Jones（1931a）82 – 85。Sperber（1977）414 and passim 认为在 3 世纪中期存在着一个漫长的农业衰落过程，但该观点所依据的文献在我看来是令人费解的和模棱两可的。Sperber（1972）252 f. and passim. 更为扼要地表达了同样的看法。但 Goodman（1980）235 通过引证当时存在的豪华陪葬品与教堂，令人信服地批判了与此类似的观点。与此相反，巴勒斯坦北部地区墓穴中人物雕像的减少则是值得注意的：其高峰期出现于 3 世纪中期，于 4 世纪初消失。见 Skupinska – Løvset（1983）358 f.，其中将这一现象视为经济衰落的标志。此外，Gutwein（1981）95 注意到了涅格夫（Negev）境内涅萨纳（Nessana）在 3 世纪的经济衰落或停滞；而埃鲁萨（Elusa）（p. 108）则蒸蒸日上，直到 6 世纪。涅萨纳本地的财富也有所增长，其原因可能在于 4 世纪晚期当地的驻军（p. 97，参见奥波达（Oboda）的情况："帝国驻军刺激了该城市的经济发展，推动了城镇的规模扩张"，另参见 p. 118）。苏贝塔（Subeita, p. 89）在当时享受着繁荣；Sperber（1977）439 – 41 看到了 4 世纪巴勒斯坦的整体发展状况。更晚近的成果如 Urman（1985）181 ff. 从考古学角度对戈兰（Golan）作出的评价，发现当地在从 2 世纪初至 4 世纪中叶一直人口稠密、农业发达。根据考古发掘成果，Y. Hirschfeld（1985）10 发现耶路撒冷南部的一小块地区在罗马晚期和拜占庭时代"臻于极盛"。

腐败与罗马帝国的衰落

（至少在边疆地区）的繁荣局面可能与帝国晚期的军队收入及其进行的建设有关。这种繁荣局面在南方表现得最为明显，但又并不局限于此。[111] 在4—6世纪，内地的葡萄酒和橄榄油生产得到了各种成文史料的关注和赞赏。这种繁荣局面在现代以色列考古地图上3000多处遗址中的大部分里都有所反映。一项非常惊人的量化统计数据反映了整个地区当时的"经济腾飞"。[112] 作为一项反映殷实财富（以及高雅品位）的随机数据，发现使用过马赛克地板的考古发掘遗址的数目在整个元首制时期只有十来个，但这个数字在4—6世纪达到了335个。

我们继续向北方前进。在准备东方战役期间，君士坦提乌斯二世"凿开了一座大山，以便让大海直抵塞琉凯亚（Seleuceia）"，"从而使得那里变成了一个巨大的良港，以便舰只可以在此避风，应当上缴国库的财物也不致受到损失"。[113] 我们在这段文字里仅看到了一座城市命运的改观，但这样的城市显然还有许多。在反映居民点对剩余钱财的占有与健康集体意识的铭文绝对数量方面，阿帕梅亚（Apamea）在2、3、4、5

---

〔111〕 Liebeschuetz（1979）20 研究了巴勒斯坦边疆地区的阿维·约纳（Avi Yonah）和吉孔（S. A. M. Gichon）由村庄发展起来的城市；Gutwein（1981）122 f. 指出，玛普希斯（Mampsis）借助当地的驻军、显著增加的货币和技术先进的、"与高效农业相伴"的堤坝而真正步入了城市的行列。

〔112〕 Dauphin（1980）121－23 特别关注了对当地发展起到推动作用的宗教旅行和帝国宗教建筑；关于马赛克的统计数据，见 ibid. 112 f.关于阿雷坡（Aleppo）和耶路撒冷，见 Patlagean（1977）156 and 232。

〔113〕 《寰宇述略》，28；另有来自其他作家的佐证。见 Rougé（1966）248。

四个世纪间提供的样本数分别为 11、11、25 和 62，呈明显的上升趋势。而在拉奥狄克（Laodicea），在同样长的时间跨度里，这个数字从起初很小的 7 份直降为零；同样的数字在查尔奇斯（Chalcis）则从 0 升至 4——后两份统计数字样本过小，恐怕说明不了什么问题。[114] 在安条克（Antioch），这 4 个数字分别为 22、11、43 和 54；它们所反映的满足感也得到了该城市周边地区在帝国晚期日益增多的马赛克地板数目的佐证。

我们手头掌握的关于 4 世纪中期至 5 世纪初安条克城的信息异常丰富。所有这些信息指向一致，令人信服地证实了朱利安的赞美之词与金口约翰对当地无与伦比的富足、奢华与放荡的描述。上文提到的那位匿名地理学家也添加了自己的评论：那里拥有"充足的便利设施、特别是竞技场。这些都是为了什么呢？因为皇帝本人就住在这里，这一切对他来说都是必不可少的"[115]。君士坦提乌斯二世、伽鲁斯（Gallus）、朱利安和瓦伦斯（Valens）的确都在安条克居住过数十年，并在那里开销巨大。然而，即便在瓦伦斯死后，在当地几乎不再有皇帝居住（除非利巴尼乌斯［Libanius］提及的情况曾长期作为通

---

〔114〕　Liebeschuetz（1972）99 f.

〔115〕　Julian, *Or.* 1 in *Const. laud.* 40D; Amm. 31.1.2 记载了瓦伦斯修建一座新浴室的事情；《寰宇述略》，32；Joh. Chrysos., *Comm. in Phil.* 10.3（*PG* 62.260），以及其布道词中的许多相关内容；and Liban., *Or.* 2.55（380 或 381 年），48.38（384 或 385 年），50.2 and passim（385），and 33.14（386 年，包括私人建筑方面的丰富内容），and *Or.* 59.155（348 年），其中宣称："从前那些似乎财运亨通的人还不如今天的小康之家财富殷实；而那些如今拥有中等财富的人却比之前的元首还要出手阔绰。"

例）的情况下，4 世纪 80 年代仍旧出现了一股大兴土木的热潮。除了财富所带来的建设成就外，当地的人口也在就业机会和经济发展的刺激下有所增长。食品的公共配给很可能是在 4 世纪 70 年代开始的，[116] 公共娱乐和城市的行政管理也得到了良好的组织。[117]

任何一座巨大城市中心的富有和购买力无疑都会对其周边乡村产生影响。根据这一逻辑，我们可以很好地理解位于安条克以东一二百公里处山区地带的庄园与村落。在 2—7 世纪，那些地区的生活舒适程度、规模和内部组织水平在稳步提升。几十年前，乔治·查兰科耐心地研究了这一地区及其遗址。他

---

〔116〕 关于安条克人口和公共便利设施的增加，见 Lassus（1947）265 and 303；Petit（1955）311, 316, and 318；Liebeschuetz（1972）96 f. 注意到了城墙的扩建；Ceran（1970）201 以之前对安条克的个案研究对帝国东部的经济发展（贸易、手工业和农业）进行了总结；Gonzalez Boanco（1980）117 引用了金口约翰的史料，提出除城市之外，当时城郊地区也进行了大规模的土木建设。Duncan - Jones（1980）67 n. 3 提出了与众不同的观点：帝国晚期安条克的人口出现了下降，因为斯特拉波说，安条克在其生活时代的规模与亚历山大里亚相当；狄奥多鲁斯提出的人口数为 30 万（见前注 108），而利巴尼乌斯指出，安条克在他生活时代的人口为 15 万（363 年，*Ep.* 1119. 4）；金口约翰提出的人口数则为 20 万。但他的论证逻辑是错误的。斯特拉波说的是"开销"（megethos），不是人口；参见 Jos., B. J. 2. 385，其中提到的亚历山大里亚的 megethos 就是"开销"的意思。另一方面，学术研究中也存在着一种夸大数目的倾向，如 Petit（1955）310 f. n. 10 认为后两个人口总数（15 万和 20 万）仅包括成年男子，如果加上妇女、儿童和奴隶的话，这个数字肯定会达到 50—80 万。Liebeschuetz（1972）96 反对这种假设，认为利巴尼乌斯和金口约翰提出的数字就是指总人数。无论真实情况如何，所有这些统计都支持我的看法，即安条克的总人口是在不断增加的。

〔117〕 Liebeschuetz（1972）129 and 258.

发掘了许多废墟，度量了典型房屋的面积，统计了出土的铭文数量，并将当地的橄榄加工厂与它们所服务的农舍联系起来，从而使得我们可以更好地了解整个叙利亚东部高原地区。帝国早期散布的大地产中心如今让位于数目稳步增加的、其财富主要来自蔬菜园艺的中等面积农场。[118] 该进程持续了数百年之久，将晚期罗马帝国的繁荣局面推广到了地中海东岸之外很远的地方。除金达鲁斯（Gindarus）、希拉波利斯（Hierapolis）、库鲁斯（Cyrrhus）、埃麦萨（Emesa）等少数几座城市外，[119] 叙利亚全境显然在长达几个世纪的所谓衰落期中欣欣向荣。

在一些此前长期落后的地区，我们也意外地发现了繁荣局面的来临，如帕弗利亚（Pamphylia）的塞德（Side）和西里西亚（Cilicia）的莫普苏埃斯提亚（Mopsuestia）。但那些证据只集中于某一时段，并且小亚细亚东南沿海地区经常会受到过

---

〔118〕 Tchalenko（1953–58）passim, e. g. 1. 142 and 295 讨论了铭文数量的增加问题；313 f. , 376, 382–84, and 399 分析了普通农舍规模升级的现象；对于 Tchalenko 著作的称赞和解释见 Petit（1955）308, Liebeschuetz（1972）72, and Dauphin（1980）116；拜占庭早期叙利亚的一篇圣徒传记提供了这方面的佐证，见 Brown（1971）85 n. 57。

〔119〕 Petit（1955）310 n. 2 and 313 n. 3 and Liebeschuetz（1972）99. 最明确的文献证据来自 Theodoret. , Ep. 42–43（PG 83. 1217D）对 445 年库鲁斯的记载，该文献批评对当地的过度课税导致了土地荒芜、城镇议事会减员等恶果。早在 388 年，Libanius（Ep. 1071）就报道过这座一度庞大的城镇萎缩的情况。

腐败与罗马帝国的衰落

往军队、劫匪和海盗的蹂躏。[120] 公元300年后，该地区的经济状况有了引人瞩目的显著提升，在330年（塞顿·威廉姆斯［Seton Williams］所提出的年代）之后尤其如此。当乔治·查兰科结束了他对叙利亚安条克同查尔奇斯之间高地的不厌其详、发人深省的研究之际，塞顿·威廉姆斯正在同样受人忽视的东西里西亚丘陵、平原和谷地间徜徉，记录了150处遗址的情况与年代。他认为，这些遗址表明，这个此前荒无人烟的地区在帝国晚期出现了人口激增的局面。多年以后，对该地区及叙利亚北部滨海地区的类似田野调查发现了更多的遗址，并特别关注了那里的教堂和马赛克地板（前者证明当地已进入基督教时代，后者则有助于我们对那里的"经济与艺术元素"进行评估），从而进一步确认了塞顿·威廉姆斯的研究成果。[121]

尽管学者们对小亚细亚半岛没有进行其他大范围的研究，但他们对十余处分散城市遗址的考古报告多少也可以弥补这方面的不足。它们位于小亚细亚半岛西部，有的就坐落于海岸线上。在以弗所（Ephesus）和萨迪斯（Sardis），丰富的发掘成

---

〔120〕 Mansel（1959）395 f. and 402；Franke（1968）15 提到过瓦勒里安建造一座桥梁的情况；Weiss（1981）344 探讨了帕弗利亚市民公共意识的活跃、货币数量的增加及"其他一系列证据，表明这里的经济既未衰落，也未受到外界萧条的影响"；Russell（1980）36 f.；and Seton Williams（1954）145。

〔121〕 Seton Williams（1954）145 及清单，145 – 74；Dauphin（1980）113（前引），and 115 f.；and Russell（1980）37 f.，讨论了 4 世纪晚期之后阿涅穆里乌姆（Anemurium）的繁荣岁月。

果已足以证明，这些地区的经济在帝国晚期总体上是良性运转的。那些地方的形势相当理想。乔治·汉夫曼（George Hanfmann）描述了萨迪斯在4—5世纪期间财富、活力激增的状态，指出那里显然"统一重新规划了主干道，……重建了健身房，……铜屋（House of Bronze）地区由墓地变为大型建筑群，城墙也建造了起来；最后，当地在拜占庭（Byzantine，即5世纪）时期还广泛安装了取暖装置。"[122] 以弗所在这些世纪里（直至614年）也通过与良好道路系统的联系和海上贸易而繁荣昌盛；近年来发现的城市商业区所反映的繁荣贸易为新浴室的镶金天花板、主干道的夜间灯笼照明系统、建于400年左右的主犹太教堂繁复创新工艺和建于5世纪中期的凯旋门提供了财力支持。医院、供水系统和公共娱乐都得到了慷慨资助。我们对其他城市（如皮希狄亚的安条克［Antioch of Pisidia］、米利都［Miletus］、斯米尔纳［Smyrna］、波加蒙

---

〔122〕 G. M. A. Hanfmann 在给我的一封信里概述了他多年的发掘成果；Hanfmann and Mierse（1983）146，"总的印象是……这座城市在3世纪达到了繁荣的顶点，而它面积最大的时期则出现在4-5世纪"；Foss（1975）11 - 13；Foss（1976）47 and 52；and Foss（1977）475 f. 关于以弗所，见 Foss（1977）472；Foss and Magdalino（1977）72；Foss（1979）4, 6f. , 21, 74, 78, 80, and 82；Bammer（1976 - 77）B. c. ［sic］. 121ff. ; and Mansel（1965）504。

［Pergamon］，等等）的情况了解得要少得多。[123]　不过，总的来说，这些城市都配得上"繁荣"的称号。如果说面积原本就很小的普里埃涅（Priene）进一步萎缩了的话，富足的尼科米底亚（Nicomedia）却显然变得更加美观和巨大了；后者尽管在朱利安统治时期经历了一场地震，却因元首的慷慨解囊而得以复兴。朱利安于 363 年在写给主管东方事务官员的信中宣称，那位官员的辖区总体上拥有强大的经济活力："由于对大理石的需求哄抬了这种石料的价格，为了用充足的货源供应来降低实现这种愿望所需要的昂贵支出，皇帝准许一切愿意从事采矿业的人获得相应的许可。皇帝认为，这样一来，大量闪闪发光的大理石就能得见天日，为世人所使用。"[124]

　　我的巡礼最终回到了博斯普鲁斯海峡对面的起点——巴尔

---

　　[123]　Levick（1967）102 讨论了 4 世纪安条克的重建；Foss（1977）471，477 - 79（Miletus）and 480（波加蒙虽然走向了衰落，却仍保持着自己在文化上的领导地位；而斯米尔纳的情况则显然一直比较稳定）；根据考古学证据来看，普里埃涅（Priene）的确衰落了，但玛格尼西亚（Magnesia）的情况却有所改善（480 和 483）。其结论是："在我们看到的大多数例子中，古典晚期的诸城市都处于欣欣向荣的状态，各行省的首府尤其如此。"（p. 485）对米利都更为深入的研究，见 Mitchell（1984 - 85）85，该城的经济在 4 或 5 世纪活跃的教堂建筑及其他大型建筑物建设后陷入停滞。Lact. *De mort. persecut.* 7. 8 f.，其中描述了戴克里先大兴土木的无尽热情；关于君士坦丁的建设活动，见 Rougé（1966a）184 and 285 f. 对《寰宇述略》的分析；Amm. 22. 9. 3 f. 提供的证据非常有力。Patlagean（1977）1 f. 认为在罗马统治下的小亚细亚可以辨认出生育率居高不下的状况。

　　[124]　*CT* 10. 19. 2；参见 Röder（1969）110，其中反映了叙纳达（Synnada）以北的多基麦昂（Dokimeion）采石场在 4 世纪后期至 6 世纪期间的巨大产出。

干半岛。罗马统治下的希腊并非富裕地区，并在 3 世纪 60 年代遭受过蛮族入侵的严重破坏。雅典的恢复非常缓慢，在 4 世纪中期之前一直处于残破的和面积萎缩的状态中。随后，它的人口与建筑数量有了值得注意的显著增长。[125] 科林斯（Corinth）的情况显然与此相似，因为正在进行的田野调查表明，科林斯周边地区也在差不多同时（巴尔干半岛上的其他地区和周边岛屿有时还要早些）经历了显著的繁荣期。[126]

　　然而，毫无疑问，东方最伟大的成就乃是一座几乎全新的城市（至少它被人称作"新罗马"），那就是位于两海峡相接处的君士坦丁之都。关于这座辉煌、庞大、不断扩张着的帝国

---

〔125〕　H. Thompson（1959）65 f. ；Gregory（1979）20 f. ；and Spieser（1984）320 f. ，将该城市命运的转折点确定在 4 世纪中期。

〔126〕　见 Gregory（1986）21，参见 J. L. Davis 在 1985 年 12 月 29 日美国考古协会年会会上宣读的题为《1985 年涅米亚河谷考古工程》的文章，文中描述了"罗马帝国晚期"和"罗马末期与拜占庭早期"的短暂回光返照；同样，J. Bintliff and A. Snodgrass 也报道了彼奥提亚中部在 300—600 年"活跃居民"数目的增加，参见 Catling（1986）41。我的这些资料得自于 E. A. Meyer。B. Ward Perkins 提供了更多关于这两位考古学家在彼奥提亚发掘成果的资料（见于 *Journal of Field Aechaeology* 12（1985）and in R. F. Jones, ed. , *Europe to the First Millennium*）。此外，Davis, Cherry, and Mantzourani（1980 - 83）114 f. 对开俄斯岛（Ceos）的研究成果："像许多其他进行过田野调查的希腊地区一样，罗马帝国晚期的开俄斯岛的人口密度……和文化活跃程度都达到了顶峰。"（我要感谢 S. Alcock 提供的参考资料）此外，Keller and Rupp（1983）262 and 280 对希腊整体状况的研究也得出了同样的结论。最后，我们还应注意 Van Andel et al. （1986）120："从 3 世纪起，包括阿哥斯南部在内的许多希腊地区出现了明显的经济复苏趋势，该趋势一直延续到 5—6 世纪。"Runnels and van Andel（1987）319 更为详细的研究成果也印证了这一结论。

与宗教之都，同时代的作家们留下来了许多记载。君士坦丁堡的建城者"从世界各地招集来这座城市的人口，为它不惜挥金如土，甚至到了耗尽整个帝国资源的地步"；但从埃及、亚细亚收集来的巨大财富或"叙利亚人、腓尼基（Phoenicia）人和其他民族贡献的粮食都无法满足君士坦丁清空其他城市后迁徙到拜占庭来的、欣喜若狂的民众"。[127] 还有什么能比君士坦丁堡更好地反映古代世界东半部分拥有无法压抑的活力（许多地区甚至达到了前所未有的发达水平），而西半部分则在逐渐沉沦的状况呢？所谓罗马帝国的衰落只是其历史较短的西半部分的衰落。吉本意识到了这一点；他在写完每一年、每一册的历史后都犹豫要不要就此搁笔，但最终还是把他的《罗马帝国衰亡史》一直写到了1453年。

4. 一般性的解释

吉本的发现使我们回想起了上文中的图1。在那张图表中，对拉丁、希腊文学的比较反映了二者在长时段内命运的迥异。而在这个长时段中，帝国东西部之间在其他艺术——马赛克、壁画、建筑设计、公共娱乐活动方面也表现出了差异。东

---

〔127〕 Anon. Vales. 6. 30 and Eunap. , *Vit. soph.* 462（Loeb trans. ）；参见 Hier. , *Chron. a.* 334（PL 27. 678），"君士坦丁堡的落成几乎掏空了其他所有城市"（Constantinopolis dedicatur pene omnium urbium nuditate）；Themist. , *Or.* 4. 69 f. and 72 等其他晚出史料进行了进一步的添油加醋；另见 Dagron（1974）chap. XIII 中的出色研究。

部地区显然继续富有；西部却陷入了贫困。或许在财富和这些艺术的发展之间存在着一种因果联系。事实上，历史上任何文明的高度成就都是通过由一批集中了社会财富的有闲阶级赞助依附于自己的创新者、表演家、建筑师、画家的方式实现的，这一点毋庸置疑。然而，正如所有人都清楚的那样，富人的知识精英们最重视的罗马艺术形式——演说术并不是同罗马经济一同臻于极盛的。根据古人自己的标准（基本上也是我们这些当代人所使用的标准）来看，演说术的衰落来得太早了。而罗马文明的另一根支柱——法学又衰落得太晚了。诚然，我们可以接受吉本关于安东尼王朝为罗马帝国黄金时代的论断，也可以把这个时期放在 1 世纪。然而，无论在哪种情况下，古代经济史都无法对解释医学等高级文化的发展水平提供多少帮助。我在前文（原书第 4 页以下）讨论构成文明不同支流各自的历史时已经指出这一点了。

然而，这些高级文化的质量是一回事，其数量则是另一回事。同样，在任何一种文明中，选择何种方式去表达世人的普遍情感是一回事，其数量又是另一回事。关于一幅壁画是否精美、一个民族是否重视公共福利等问题，恐怕没有人能给出毫无争议的答案；但一幅精美的壁画和一笔孤儿抚恤金肯定要耗费大笔钱财。在经济繁荣的情况下，二者的数量都会有所增加。因此，正如众所周知的那样，我们的确可以通过经济史了解衰落（无论我们对这个概念的定义是如何宽泛）的许多信息。

基于这一原因，在前一部分中，我们的研究试图尽可能地

腐败与罗马帝国的衰落

关注数据。我的目的是通过在家中铺设马赛克地板或向遥远的市场出口橄榄油等值得注意的行为，取得一些明确反映历史性变化的证据。这些主要由上一代研究者耐心积累起来的信息使得我们可以进行一些相当重要的概括。我们已经反复强调了其中最突出的一条经验：对不同地区的历史要进行具体分析。即便在范围不大的地区内，也会出现农业在此处发展或衰落，却在彼处毫无变化的情况（这种现象在意大利、西班牙南部和高卢南部、西南部都出现过）。里昂、哈德鲁迈图姆等城市丧失了重要地位（我们不清楚真实的原因），它们的邻邦则趁机做强做大（我会在下文中再次回到这一主题）。显然，这样的兴衰沉浮在一切经历过数百年沧桑的大国中都会出现，无论它是否真的已经日薄西山。正是这一事实使得学者们对罗马帝国衰落的时间点和严重程度意见不一。有些糟糕的迹象存在于任何时代，那不过是人为耗损引起的结果而已。[128] 一块耕地的地力可能会被耗尽，但它日后还会自行恢复。

　　在享受繁荣局面的过程中，生活在300—450年的大部分帝国居民是不会感到，自己是生活在当代学者所描述的衰落期内的，因为他们身处的经济环境显然是非常健康的。帝国东部

---

〔128〕　见上文，注28和30（意大利），91（西班牙），79（高卢），65（里昂），和101（哈德鲁迈图姆），另注意埃及乡村生活的戏剧性起伏（注105）。Dio Chrysostom 的第31篇演说词以一种幽默的方式揭示了城市中石刻艺术的持续衰落，见上文，注14，我们还拥有帝国晚期的敕令，如 CT 15.1.14（365），其中提到了拆卸旧建筑石料去建造新房屋的情况；这些敕令从前也被视为"衰落"的证据。但我认为它们其实说明不了任何问题。

人烟稠密的地区、帝国西部面积相当可观的区域和 5 世纪初之前的北方无疑都符合这种情形。诺曼·拜内斯（Norman Baynes）在 1943 年提出了只有罗马帝国的欧洲省份才真正走向了土崩瓦解的观点。他绝对不是认识到这一简单事实的第一人；并且，正如拜内斯谦逊地指出的那样，他之所以能够认清这个问题，是因为他是以拜占庭学学者的视角去看待罗马帝国的衰落的。[129] 他接下去强调，人们在挑选任何解释性的原因或假说时都必须认识到这一重要事实：在东方发挥作用、避免社会瓦解的因素并不一定能被用来解释在北方和西方发生的事情。相反，他认为，帝国境内幸运地区和不幸地区之间的固有差异才是一切合理解释的必要基础。

　　一个很明显的不同点是城市化程度的高低，这一点可能会对我们的研究有用。众所周知（我们在前文中也反复强调），在晚期罗马帝国的潘诺尼亚行省以西的高卢、不列颠和西班牙，各座城市纷纷走上了下坡路，但乡村地区的文明却多坚持了一两个世代，有的甚至达到了前所未有的繁荣。我是用政治原因来解释这一现象的（见上文，原书第 25 页）：和平与安全乃是商业交往与城市赖以维系的基础，但当时的政府缺乏保障这些条件的力量。而大型庄园则不太会受这些因素的损害。

　　另外几种解释也是值得考虑的。其中之一是通货膨胀。根据当时主要使用的货币——第纳尔银币的情况看，在元首制时期的前二百五十年中，通货膨胀一直在缓慢地发展。就我们所

---

〔129〕　Baynes（1943）29.

腐败与罗马帝国的衰落

知，这次通胀导致商品价格上涨了一倍以上。在此后的十来年
中（到 3 世纪 60 年代为止），通货膨胀开始明显提速。到了
60 年代末，通货膨胀带来的新一轮物价上涨已经清晰可见；
至少在埃及，上涨的幅度是相当惊人的。此后，元首通过一道
著名的敕令限制了物价，并发布了另一项旨在遏制通货膨胀的
法令；君士坦丁又对物价进行了重新调整，但铜币的购买力仍
在急剧下降。我们自然会认为，所有这些事件都会对民众的生
活产生某些严重影响。但如果我们综合考虑各种可能性的话，
那么"小资产债主和拥有特殊技艺的城市居民（如教师）似
乎会受到通货膨胀的伤害，但农民和权贵们不会受到多少影
响"。[130] 除上述猜测外，贡纳尔·米克维茨（Gunnar Mick-
witz）的敏锐直觉还引导着他去研究当时的人是如何处理实际
事务的。尽管他能够发现一些为保护自己免受价格陡然波动而
调整经济行为的做法，但他并未在该领域发现严重的混乱局

---

〔130〕 关于通货膨胀的速率，见 MacMullen（1976）259 f. 。我之所以引
用了自己之前的论述（ibid. 118），只是因为它们曾引起过一些误解。Whit-
taker（1980）12 否定了我关于"教师"的论述，进而质疑"职业是否为生
意人的专利"（答案是否定的），并似乎认为（p. 13 and n. 76）政府本身
也在小债主之列（惊人的看法），还反对"一切关于食利者进行了财富再分
配的笼统理论"，尽管我并未提出过这样的假说（参见我关于"权贵"的
注解）。关于对通货膨胀的更多讨论，见我这部著作的第 109—119 页，但
还可以补充更多的晚近书目。最重要的著作为 Corbier（1986），其中讨论的
重要问题之一是为何劳动力、基本食物和基本服务的价格（用黄金衡量）
迟至 3 世纪下半叶仍旧保持着稳定（pp. 491 - 96 and 507 f.）。这说明，货
币经济的基础在危机中生存了下来；而这场危机的严重程度和影响也不应
被夸大。

面。"既然埃及的急剧通胀都没有对经济运转模式产生多少重要影响，那么我们可以断言，同时存在于帝国境内其他地区的、程度较轻的通货膨胀在这些方面的影响更为微不足道。"[131] 不久以前，学者们对利巴尼乌斯、金口约翰和其他4世纪作家文本的细致研究表明，在他们所生活的世界里，金钱交易已成为理所当然的消费方式，物物交换几乎是不存在的。[132] 由于我们使用的证据来自经济发达的省份，我们有理由相信，那些本身经济体系没有那么精巧复杂的行省所受通货膨胀损害的程度相应地也会更加轻微——换言之，通货膨胀对帝国西部诸城市的衰落不应负主要责任。

当然，通货膨胀的主要原因是政府铸造了越来越多的钱币。其他因素当然也是存在的，但政府铸币是主导性的。由于这些钱币是代表着某种价值的符号，因而无论是否发生通货膨胀，我们都有理由怀疑，这些价值符号在帝国境内的分布可能很不均衡，从而损害了部分地区的利益。我们手头拥有的、罗马帝国在四个世纪内发行的钱币的微小样本（估计仅占发行总量的0.1%）来自对四个地区——意大利北部、法国南部、

---

[131] Mickwitz（1935）col. 131 吸收了 Geld und Wirtschaft in römischen Reich（1932）的研究成果；另见 A. H. M. Jones（1974）197（1957年版本的重印）中的研究成果；以及 Gonzalez Blanco（1980）192 f. 关于对通货膨胀的调节措施（如短期贷款等），见 MacMullen（1976）118 and notes 60 f.，and Mrozek（1985）322，其中肯定了世人在价格浮动的年代里必然不愿贷款的事实，但"从4世纪上半叶起，信用又得到了重建"。

[132] Petit（1955）298 f. and 301 f.；A. H. M. Jones（1974）197；Liebeschuetz（1972）84–86；and Gonzalez Blanco（1980）192 and 200–20.

腐败与罗马帝国的衰落

法国北部和英国——的发掘，其结果也确实表现出了明显的分布不均现象。与另外三个地点相比起来，"英国出土的、259年之前的硬币所占比例特别低，而330年之后的硬币比例极高"。在294—402年这一个多世纪间，不列颠出土的硬币数目在330—348年达到了第一个高峰，又在364—378年达到了更高的水平。[133] 当然，数量庞大的货币可以起到服务、刺激繁荣商业的作用（这是学者们在介绍他们所研究的行省、城市货币流通情况时所达成的共识）。可事实上，商品交换的天然中心——不列颠岛上的各座城市却并未在这两个所谓的高峰期内步入繁荣局面。同样令人困惑不解的是，意大利北部的各座城市肯定是不可能在君士坦丁与马克森提乌斯（Maxentius）剑拔弩张，苏萨（Susa）、都灵、米兰、维罗纳等城市遭到猛烈围攻，布瑞斯齐亚（Brescia）等地周边战火纷飞的时候享有高度繁荣的。但该地区的货币数量却在294—317年之间达到了峰值。可见，现有的曲线和统计数据中存在着严重的反常现象。

我们并不清楚，货币在帝国范围内究竟是如何大量流动的。克拉科·鲁吉尼（Cracco Ruggini）关注了在意大利北部一直流通到帝国晚期的全欧洲货币样本。[134] 然而，学界通常

----

〔133〕 Reece（1973）231，前引文；p. 250 讨论了样本的规模问题；p. 242，fig. 6 讨论了两个高峰期。

〔134〕 Cracco Ruggini（1964）265 and Callu（1979）21 – 31，在他列出的阿帕梅亚地区钱币目录中，我发现4世纪的货币大多来自安条克（超过200枚）；但剩下的100余枚钱币却来自至少九处铸币厂（数目最少的为赫拉克勒亚，最多的为亚历山大里亚，以下依次为罗马、希斯奇亚、提奇努姆〔Ticinum〕、尼科米底亚、库兹库斯〔Cyzicus〕、塞萨洛尼卡与君士坦丁堡）。

认为，帝国政府是推动货币流通的最重要机构，其采用的具体
手段是课税和支付军队饷金。事实上，这种假说里包含着好几
个环节。帝国政府收回自己冶铸的货币、并把它们再度分发出
去的速度和彻底程度是因时而异的。例如，瓦伦提尼安（Val-
entinian）统治时期在这方面便十分高效，这很可能同他的边
疆防御政策（尽管我们还无法确定）有关。距边疆最近、位
于希斯奇亚（Siscia）的铸币厂肯定是超负荷运转的。仅就金
币的情况而言，在任何一个行省，从4世纪初开始，货币发行
与停止流通的频率都发展到了全新的水平；而铜币在这方面的
节奏要慢得多，并且每个行省中的情况各具特色。[135] 毫无疑
问，产生这种差异的原因在于，国家需要用金币定期向军队发放
军饷。为了这个目的，元首们曾反复使用着同一批总量有限的贵
金属资源。但没有人能够解释，这些金币是如何被兑换为银币和
铜币这两种大宗买卖中通用的流通工具的。从这个意义上讲，我
们对政府在经济生活中的分量和导向作用仍然是一知半解的。

　　由此产生了关于货币分配问题的另一个常见假设：军队的
规模和驻扎地点在很大程度上可以解释，用各种金属铸造的货
币是如何进入流通领域的——也就是说，这些线索反映了帝国

[135]　关于希斯奇亚铸币厂，见 Lanyi（1969）42 f. and 45；Callu（1980）。
Callu（1983）64 研究了"市政、军事与莱茵河、多瑙河堤坝修建浩大开支"
导致的货币流通量变化；Cracco Ruggini（1984）33 f. and n. 45 研究了瓦伦提
尼安的边疆建设活动。关于金币铸造，见 Callu（1983a）172 f.，参见 Callu
（1980）97 f. 对铜币铸造的研究；关于帝国晚期的情况，见 Metcalf（1984）
122，其中没有发现货币发行后迅速返回铸币厂的现象。

腐败与罗马帝国的衰落

财政预算的全部或大部分分配情况。但这种观点显然过于简单，需要通过一种近年来得到了广泛应用的方法——对罗马帝国发行的货币进行历时性的定量分析——加以完善。[136] 军饷的数额会随着士兵人数的变化而有所增减；罗马军团在历史上领取过名目繁多的酬金；帝国的一些特别开支也同对他们功劳的赏赐密不可分。特别开支的数额其实是相当巨大的，远远超出任何人对一支领取军饷的常备军额外收入的想象。[137] 然而，当我们试图从铸币厂的活跃程度变化中寻找这些现象的蛛丝马迹时，我们并不是总能找到自己预期的结果。例如，我们在共和时期的最后一百余年中就没有发现铸币厂活动与军事行动之间的任何关联。[138] 同样，在四帝之年（公元69年）里，虽然争夺帝位者新招募了军团，进行了多场战役，并为维系士兵的

---

[136] Cracco Ruggini（1984）19 f. , 或 Callu（1980）103, 其中认识到了考虑行政官员薪水和国内外贸易等因素的必要性；但我们还需考虑土木建设和其他形式支出的影响。关于货币的量化统计问题，见 Cracco Ruggini（1984）, 20 n. 20, 其中总结了之前的一些研究成果；但这种方法从前仅仅存在着理论上的可能性，直到最近二十年才真正激发了研究者的野心。为了更好地理解这一我并不擅长的研究主题（特别是帝国晚期的情况），最好的入门著作是 Cracco Ruggini（1984）, 其中提供了一份详尽的书目——仅仅缺少了 Callu 的许多最近才出版的著作。

[137] MacMullen（1984）576 f.

[138] Crawford（1970）46 及 Crawford（1974）698 – 707. Hopkins（1980）通过计算绘制了一份表格，从中发现了货币流通量与"附近的"和"有显著影响的"军团数目之间的联系。然而，Frier（1981）295 用更加一目了然的方式整理了 Crawford 的数据（pp. 288 and 290）, 于是这种关联性消失了（例如，在57%的情况下，这项数据解释不了军队的花销问题；在另外一项重要的检验指标上，这种相关度居然为零）。Hopkins（1980）同样对这一假说持保留意见。

忠诚而向他们发放了特别福利，但这一年内的铸币活动仅仅延续了几年前业已开始的发展局面，并且这一趋势在此之后又稳定地维持了若干年（图12）。

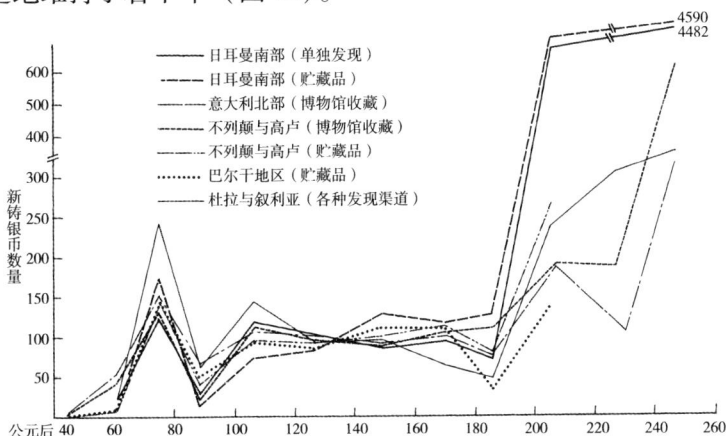

图12　帝国的货币供应

当图密善（Domitian）于公元83年将军饷提高了三分之一时，铸币厂的活动曲线却已经开始呈现出持续下滑的趋势。而当卡拉卡拉（Caracalla，211—217年在位）再度增添军饷，从而将自己的年度支出又增加了7000万第纳尔时，对应的曲线却毫无反应。[139] 在我看来，尽管存在着诸如此类的反常现

---

〔139〕 关于军饷的增加，见 Dio 67. 3. 5 and 78. 36. 3，and MacMullen (1984a) 527 f. 。相关表格（我略微增加了一点内容，以便更清晰地展示某些数据）为 fig. 1, p. 40, in Hopkins（1978）及 fig. 4 in Hopkins（1980）111. Hopkins（1980）112 n. 334 提出要"重新分析"Reece（1973）中的数据，见上文，注133；但除了其他缺陷外，他的研究将不列颠与高卢混为一谈。而如果忽略了这些差异的话，研究结果的平衡性就会被打破。事实上，在比对 Reece 的全部数据与 Hopkins 的图表时，我注意到并惊诧于帝国晚期其他地区间差异性的消失。

象，但元首的军饷支出肯定还是会对帝国的整体预算产生显著影响的；并且 3 世纪大量发行劣质银币的做法肯定也是同军队和战争存在着某种关联的。[140] 我之所以这样看，是因为帝国的支出款项中是没有什么能与军事开销等量齐观的。然而，即便我们能够大致估算军事开销的数额，[141] 我们目前也很难对元首们每年可支配的资源总量进行任何可信的测算。人们在这方面最近作出的一次努力看起来相当古怪，但其结果同样是难以控制的。[142] 因此，我们非但不清楚元首非军事支出的数额，甚至连这些投资的方向也难以把握。例如，倘若宫廷随从的报酬、津贴和日用开销与帝国主要城市的建设费用抵得上数省军事预算总和的话，我们的计算恐怕就要推倒重来了。

这场讨论只会增添更多的疑点与不确定性；我还是回到几页前的研究起点上来。我当时介绍了学界的一种普遍观点，即帝国的经济可能会因其产出的分配不合理而蒙受损失。即便接受了这种看法，我们也很难理解分配的方式与机构；或许军事

---

〔140〕 关于 3 世纪期间军队开销与铸币活动之间的联系，见 MacMullen (1976) 259 n. 34 中引用的史料。

〔141〕 MacMullen (1984a) 572 试图对几个时间点进行定量估算。我相信，对于和平年代而言，这种估算的上下误差值不会超过 15%（尽管这个误差幅度本身也是非常巨大的）。

〔142〕 Goldsmith (1984) 273 f. 相关讨论见 MacMullen (1987a) 748。在我看来，Goldsmith 已经证明，Hopkins 对帝国年度总产值的估算因两三个因素的影响而偏低，但 Hopkins 依据的税率（10%，p. 119）似乎是大致准确的。因此，真实的总产值应该是他（或我）估算数值的 2—3 倍——如果我们接受 Brunt (1974) 183 f. 的说法，认为当时的农业税高达八分之一、七分之一甚至五分之一的话，最后的总数可能还会更高。我本人无法解决这些难题。

开支并不像人们先前以为的那样，占据着财政支出的绝大部分份额。不过，军饷的作用肯定是很重要的。它对帝国早期边疆地区和落后省份的刺激作用众所周知。例如，一般认为，里昂、布达佩斯（Budapest，即阿奎库姆［Aquincum］）等城市的发展便是该因素促成的结果。由于日后衰落的那些城市恰好位于这一地区，那么衰落的原因就应当归结为之前进程的逆转——部队及其军饷的撤离。[143] 然而，发展起来之后的行省繁荣程度与它们境内驻扎的军队数量之间并不构成正比关系。除了在军团未能完成其主要职能——维护安全的情况下，军队的历史似乎在解释帝国经济，尤其是城市经济在何时何地走向衰落方面发挥不了什么作用。目前看来，军队保护作用的丧失仍旧是最合理的解释。

最后，我们来看看军队规模与课税轻重之间的关系。如果我们相信文献史料的话，整个晚期罗马帝国就是一座庞大的军营。有人说，在4世纪初，她的防御力量已经是过去的4倍，也就是说远远超过了100万人；按照另一种说法，"昔日的元首们"麾下的士兵总数也达到了64.5万人之多。前一份最早的军队数量统计数据来自同时代人拉克坦提乌斯（Lactantius）；后一份则是阿伽提阿斯（Agathias）在6世纪中期回顾往昔时所报道的。当之无愧的伟大学术权威琼斯（A. H. M. Jones）接受后一个数字；但在我看来，阿伽提阿斯与拉克坦

---

〔143〕 见上文第3部分，可参照 Mann（1983）160 中的表33 和相关注释。但其中存在着许多一望即知的矛盾之处。

腐败与罗马帝国的衰落

提乌斯的说法同样荒诞无稽。[144] 我认为，在两位古代作家所描述的那个时代，军队总数应在 40 万人以下。为了其他的目的，我在后文中还会在另一语境下再次谈论这一主题，并提出另外一些观点（原书第 173 页及以下，第 185 页）。我们现在的关注点则是军队规模与税收之间的关系。无论军队的规模究竟有多大，我们关心的是，供养军队的重担是否拖累了经济发展，从而成了罗马帝国衰落的因素之一，甚至是首要原因。

在回答这个问题时，我们不应先入为主地假定，罗马帝国境内和她所征课的一切捐税天然就是不合理的。罗马的统治确实给各地区带来了捐税和沉重的、有时甚至是野蛮的剥削，但它本身并不是完全邪恶的。这是因为，这些土地（对于其中一些地方来说还是破天荒头一遭）现在不仅必须产出供耕作它们的家庭糊口所需的粮食，还必须生产出一部分剩余产品，以便向农夫的邻人（即统治者）纳税或同他们进行贸易。[145]这个观点有点令人费解，但它是非常重要的。发达的生产力、积聚财富的迫切需要、对城市——天然的商品交换场所——的

---

〔144〕 Lact. , *De mort. persecut.* 7. 2；Agathias 5. 13；and A. H. M. Jones（1964）680 or 1042（4 世纪时的数据为 650000）。相关讨论见 MacMullen（1980b）451 - 60，其中回顾了严谨学者们对戴克里先时代至 5 世纪该数目的估计，具体数值从 40 万到 100 万不等。Jones 统计出来的数字之所以偏高，是因为他相信许多军团的人数超过固定编制 1000 人（pp. 681 and 1450，其中 3000〔军团人数〕× 〔33 + 15〕的算法会直接导致结果出入达到 10 万人左右）。

〔145〕 为方便起见，我在此引用了自己的研究成果，MacMullen（1968）339，其中讨论的背景更加广泛。

商业刺激都是在征服之后才发生的。这还只是些显而易见的好处。在它们背后还有别的东西：征服者带来的各种需求，包括对奇异饮食与器皿的追求；全新的、更加有效的生产工具与技术，其中就包括农业生产；不久之后，这些新鲜商品又会在罗马境外的、即将被罗马化的地区找到市场。这样一来，罗马帝国的经济，至少是被兼并初期的欧洲部分的经济显然得到了发展。

　　税收成为导致帝国经济崩溃因素的前提是课税的标准已超出了"盛世（如安东尼王朝时期）"的水平。这种税收必定超出了当地经济所能承受的范围，超出了足以产生积极刺激的程度，成为了一种压迫性的暴政。我们如何能够证明存在着这样一种税额增加呢？在统计数据匮乏或仅存在统计假设的情况下，最理想的证据似乎只能是抗议活动（来自政府、立法机构和公民的愤怒呼声）的日趋频繁和拖欠税款数额的积累。拖欠税款的现象可以表明无力偿付或无力筹款等现象的存在。无论哪种情况出现，它们都肯定属于坏兆头。在元首制时期为数不多的、可以计量的情境中，这种现象似乎是相当严重的。在2世纪初，单单意大利每年的欠税就达到了1500万第纳尔（要知道意大利还不必缴纳任何土地税）；1世纪初，希腊中部地区的欠税达到了12%；1—2世纪，埃及特定年景里特定地区的欠税甚至可以达到50%或更多。[146]　这种情况在公元300

---

〔146〕　见上文，注105，and MacMullen（1987a）735 f. and 739 f. 。在这篇文章里，我说了自己想说的、与税收压力有关的一切东西，并举出了文献证据。因此，在下文中，我只引述佐证自己论调的那些零散残篇。

腐败与罗马帝国的衰落

年后并无改观。[147] 于是，政府威胁要对此动用武力，并奖赏检举揭发者。[148] 尽管如此，到了4世纪30年代，政府还是不得不将一批四十年之前的、几乎已无法追缴的历史遗留税款慷慨免除了。同其他时代的情况一样，帝国晚期的统治者仍会效法图拉真首创的先例，将聚集起来的过失记录付之一炬。

"衰落"中的帝国政府为何会如此宽大为怀呢？原因并不在于当时政府的菩萨心肠或与人为善（当时的政权实际上是非常残忍的）；无论作为个人还是一个阶级，有势力的人物都能设法逃避捐税。君士坦丁在313年愤怒地宣称："通过彼此串通，自治市的财产登记员将强者应纳的税款转嫁到了弱者头上。"无独有偶，到了384年，色雷斯和马其顿的全体元老被

---

〔147〕 *CT* 6. 3. 4（397）；PCair. Isidor. 17（314）p. 149，"卡拉尼斯（Karanis）的大部分（着重号是我加的）土地所有者"都没有缴纳310或311年的谷物税；*CT* 11. 1. 33（423/24 年）指出，阿凯亚行省的居民只能缴纳所欠税款的三分之一，马其顿人只能缴纳一半；东部教区也承担着"剩余的沉重负担"（immanissima moles reliquorum），见 *CT* 5. 14. 31（382/89）；and 11. 28. 16（433），减免了前二十年内的、由之前的二十年（of *CT* 11. 28. 9）遗留下来的捐税。

〔148〕 *CT* 1. 14. 1（386）关于埃及的规定："如果他们胆敢出头的话"（si audces exstiterunt），"如果哪个乡巴佬在拖欠税款方面肆无忌惮的话"——文件使用的语气是傲慢无礼的——我们就向那里派兵进驻。另见 PPrinceton 113（4 世纪初）。

豁免了其土地上的一切捐税。[149] 课税情况在帝国晚期与元首制时期的区别并不在于税额本身的高低，而在于财富的分配与征收过程中的腐败程度。这一转折点似乎出现在 4 世纪初。[150] 它影响了元首们最终的收益、乡村庇护关系的发展与实践，以及真真假假的土地所有权。该变化影响了许多事情，我们在后文中还要对此予以强调。

就本章的主题而言，我们只需再关注税收问题中的一个方面——实际征收税款的高昂——就可以了。在一个极端例子中，元首朱利安发现，高卢省长通常会将他下令征收的款项增加两倍半。350% 的比例是相当可观的。实际操作中的征收比例大概会随着每位行省总督或省长的意志不同而有所区别。[151] 这套财政体系的模糊性方便并反映了我们在上文中所强调的腐

---

[149]　*CT* 13. 10. 1 and 6. 2. 14（9）. 如果说后一条法令中专门提及的两个省份受哥特人伤害最甚的话，那么忍饥挨饿的也不是当地拥有土地的那些元老，这一点是很重要的。同样值得注意的还有关于下一年（385 年）情况的 *CJ* 11. 60（59）. 1. 1；我们从中看到，当时西部边疆地区（可能是阿非利加行省）的权贵们肆无忌惮地逃避着纳税的义务。见 *PLRE* 1 s. v. Licinius I。

[150]　MacMullen（1987a）747 f.；另见 A. H. M. Jones（1964）466，其中提供了关于该主题的些许信息，但类似的资料还有很多。见下文，149 f. and 195。

[151]　MacMullen（1987a）at notes 52 ff. Mamertinus（*Pan. lat.* 11［3］. 1. 4 and 4. 1 f.）称高卢的行省总督们为"邪恶的匪徒"，因为他们在朱利安到来之前的时期里征收了大量苛捐杂税。A. H. M. Jones（1964）462 – 65 and A. H. M. Jones（1970）98 在讨论税收的时候只考虑到不同行省间的差别，却没有注意到不同时期之间的变化；Neesen（1980）82 and 122 f. 的分析更接近事实。

腐败与罗马帝国的衰落

败现象。

那么，帝国晚期的捐税究竟有多大害处呢？它是否、并在多大程度上要为帝国的整体衰落负责呢？这个问题会引来形形色色要求减免捐税的请愿者、躲债的债务人（其中既有商人，又有农民）的愤怒控诉；这些人通过现存史料让我们听到了他们的声音。君士坦丁统治时期的一份纸草材料讲述了酒店老板帕蒙修斯（Pamonthius）的经历。此人"长期遭受当地官吏的压榨，支付超出自己承受能力的捐税，为此被迫大量举债。他在被逼债并无力偿还的情况下被迫变卖了自己所有的一切，包括用来蔽体的衣物。但在变卖了一切家当后，他也只能凑够欠款的一半。于是，他的那些穷凶极恶、亵渎神明的债主便掳走了他的全部儿女"。[152]

这是一个感人的故事，并且无疑也是真实的。但它实际上与斐洛（Philo）在近三百年前目睹的场景，以及其他许多相

---

〔152〕 关于帝国晚期税吏种种刁难行为的描述如 Gregory Nazianzenus，Themistius 等，见 MacMullen（1987a）742 f.；此外，见 ibid. nn. 38 f.，48，and 59；关于酒店老板帕蒙修斯，见 Bell（1924）73 f.，Bell 的译文，参见 PHerm. 7（4 世纪）关于抵押儿女的分析；关于变卖儿女为奴以缴纳税款的情况，见 Liebeschuetz（1972）54 所引用的其他文献。作为参照，见 MacMullen（1974）34 f. 中引用的元首制时期文献，特别是 pp. 36 f. 关于斐洛时代的埃及抓走儿童抵债的描述。这一时期文献中对儿童的关注，如 CJ 4.43.2（329 年）或 CT 3.3.1（391 年）及一些布道词，如 Basil，*Homil. in illud Lucae*，*Destruam* 4（*PG* 31.268），或 Ambrose，*De Nabuthae* 21 反映了基督教（或全社会）对穷人卖儿鬻女现象的关注；或仅仅反映了报道这一古老现象的 4 世纪史料的性质与丰富程度。毕竟，针对用儿女为父母抵债现象的最严厉禁令与基督教无关：*CJ* 4.10.12（294 年）。

似的例子没有什么区别。我们很容易设想，帝国晚期的富人摆脱了纳税义务，并庇护着听命于自己的一批小自耕农；他们提供庇护的砝码是兼并了这些农民的土地，只给后者留下栖身的居所。到了最后，只有中规中矩的或许没有什么兼并野心的财产所有者留下来承担政府税收的全部重负。设想这一场景很容易，但想证明它却很困难。

　　我并未忽视帝国境内大部分地区的定居点数目锐减、且乡村人口日益紧密地簇拥在大地产周边的事实。但最适合解释该现象的是对盗匪或蛮族、而非对税吏的恐惧（还应注意的是，叙利亚部分乡村地区的经历与此截然相反，尽管它们也处于同样的元首与法律统治之下）。我也没有忽视为排斥地方或中央政府干涉而形成的乡村庇护关系的存在。那是一个全新的现象。但它的确是可行的！受庇护的农民可以成功地逃避合法政权强加给他们的义务。如果利巴尼乌斯的第 47 篇演说词所言不谬的话，那么世代为其家族效劳的村民在 4 世纪仍过着跟此前的任何时代别无二致的优越生活。我在前文中提到的那些东方小地产所有者们的情况也是如此。正如查兰科指出的，他们的命运不仅在这一时期有所好转，并且在此后的几百年内都保持了蒸蒸日上的势头。而在南方，同一时期巴勒斯坦和埃及的居民同样享受着繁荣（见上文，第 3 节）。某些欧洲省份的乡村地区是很富足的，尽管这些财富主要集中于庄园中，并不是在村庄里。诚然，在帝国晚期，我们不时会看到曾经的良田遭到废弃的报道。到了 420 年以后，除北非地区外，废弃土地的数量之多已足以诱惑穷人和无地农民冒险在山坡上或半干旱的

腐败与罗马帝国的衰落

农耕边缘地带耕种。此后，他们的劳动会被征税名册所记录；于是几年后，这些土地再度被废弃——并再度反映在征税名册中。由于戴克里先之后的行政体系十分注意补录一切可供课税的资源，废弃土地（*agri deserti*）的总量迅速增加；但这些信息反映的更多是关于罗马政府的办事风格，而不是农业的发展状况。[153]

总之，征税过程中的不平衡性和非法勒索似乎并未产生我们所预期的效果。这确实是一个谜。或许学界还没有充分研究这些勒索对某一特定群体的影响。如果税收问题确实如琼斯所相信的那样，是"帝国经济衰落的根本原因"，[154] 那么这样的群体应该是不难找到的。他们是城镇议事会的成员（*curiales*）。

在古代世界最后四五百年的文明史中，这个小团体在今人赞叹不已、当时人也引以为傲的一切成就的取得过程中发挥了众所周知的关键作用。一切都依赖于他们的财富和精神：政治领导权、宗教领导权、城市与街区的大部分行政事务、同帝国当局交涉的城市代表、庆典表演的开支筹备，以及一切硬件设

---

〔153〕 A. H. M. Jones（1964）815 f. 提供了相关数据（在叙利亚、亚细亚和坎佩尼亚分别为 5%、9% 和 10%），并在第 1039 页和日后发表的其他文章中给出了他的结论。在 422 年的北非，皇家地产统计报道说，有三分之一到一半的土地都被废弃了。那可能是当地世代推行的、不切实际的永佃权导致的自然后果。荒地比例在汪达尔战争后继续上升（这是自然而然的事情）。在 5 世纪下半叶，有报道称，一座叙利亚城市管辖的六分之一土地都被废弃了。当然，叙利亚普遍的繁荣状况似乎是同这些证据相反的，见上文第 3 部分。

〔154〕 对 Jones 作品及其他类似论述的引述见 MacMullen（1987a）n. 25.

施（从街道铺砖到他们自己客厅墙壁上的壁画）的保养、看管与完善，等等。然而，在安条克，利巴尼乌斯多次哀叹身边的城镇议员风光不再、人数锐减。他们遭受了殴打、恐吓、羞辱和破产。于是，这些人逃离了自己的岗位。他所描述的这幅生动图景同《提奥多西法典》中的材料是可以对应起来的；法典中与城镇议员有关的条目多达近 200 款，证明了该主题的重要性。而对城镇议员的特别关注也可以说明，现实状况长期以来一直是需要得到纠正的。利巴尼乌斯的说法得到了证实。整个罗马帝国的核心区域正在经历普遍的衰落，其根源便是税收。城镇议员（甚至包括他们所拥有的资本）要对此负责，因为他们征收上来的税款未能达到国家需要的总量。

我们在此提纲挈领地概述的观点早已有人提出过，并且其中的许多部分在学界的广泛争论中日益丰富起来。在我看来，它基本上是正确的。我在此只是建议对它进行几点修正完善。

即便在城市文明臻于极盛的时期，它的维系也不能完全仰仗其正式公民的爱国热忱与慷慨精神。他们会尽可能地避免在城镇议事会中登记注册，当然也更要极力避免承担可能会降临到自己头上的相应义务。[155] 无疑地，当我们在 2 世纪以后发

---

〔155〕 Sherwin‐White（1966）722 f. 修改了 *Ep.* 10.113 这段支离破碎的文字，将其中打算甩手不干的比提尼亚城镇议员（inviti）改成了"客人"（invitati）；但 Dio Chrysos. , *Or.* 20.1 却提供了更早的例子："如果有哪位富人为了逃避感恩祭而离开城市的话，那该怎么办呢？"同样更早的一条史料是元首与意大利城镇瓦达伽特（Vardagate）间的通信，其中提到了一位释奴（可能是六人委员会成员［sevir］）逃避感恩祭和公职负担的事情。见 Harris（1981）348，其中认为这封信写于涅尔瓦统治时期。

腐败与罗马帝国的衰落

现此类行为时，它会被解读为日后帝国灭亡的征兆。然而，3世纪公民精神的衰落既不易理解，也不具有普遍意义。[156] 而4—5世纪的史料中仍然存在着关于公民精神的大量证据——对于我们通常的论证方式而言，这些论据简直不胜枚举。克劳德·勒佩莱（Claude Lepelley）提醒学界注意许多来自北非的证据：努米底亚境内玛科玛德斯（Macomades）地区的公民为纪念本城于364—367年"有人担任帝国宗教祭司"而修建了一座拱门，证明慷慨捐赠与追求野心的习俗仍在促进我们前面提到过的、城市公共便利设施的兴建。3世纪60年代蒂姆伽德的荣誉精英市民名单与2世纪时的情况如出一辙。皮伽尼奥尔（Piganiol）对此不屑一顾："事实上，所有这些精美的建筑都是虚幻的；这些官样文章只不过是劳民伤财的宗教仪式和公开表演而已。"勒佩莱对此嘲讽道："换言之，只要这些当时人的描述与现代学者的历史观相抵触，学者们就会斩钉截铁地

---

〔156〕 关于3世纪城镇议员头衔仍具有吸引力的情况，见 MacMullen（1976）288 n. 52 收集的文献证据。可补充的还有 *IGLS* 2716，其中描述了一位在戈尔迪安（Gordian）治下的赫利奥波利斯进入城镇议事会的人奉献的、价值不菲的感恩祭；以及 *CJ* 10.32.1（259），其中提及一位父亲表达了希望儿子进入城镇议事会的愿望。关于"古老"城市公共服务精神的体现，见上文注13；关于200年后北非城市公共服务精神的衰落（作者同时强调，这种衰落不是突然发生的或极其严重的），见 Jacques（1981）265 – 67；在各种信息都十分缺乏的高卢，可注意 Drinkwater（1979）242 对 T. Sennius Sollemnis 的巨大财富与公共开销的强调；关于埃及诸城市情况复杂、但总体上相当健康的图景描述，见 M. Drew – Bear（1984）331。

说，这种说法大错特错，它作为证据是毫无价值的。"[157]　但即便到了4世纪末，奥古斯丁依旧可以笼统地谈论那些"乐意资助戏子、演员、驯兽师和御手，为此不惜身败名裂的人。他们是何等挥金如土、一掷千金！他们散尽了家财，不仅挥霍了祖上的家底，还出卖了自己的灵魂……大部分资助舞台表演的人都会为不得不变卖自己的庄园而切齿痛哭。"关于奥古斯丁时代市民的活跃野心，我们不可能找到比这更好的证据了。

　　为奥古斯丁所不齿的、充斥着色情与暴力的公共表演在意大利的流行程度一如既往。无论奥古斯丁对它的价值判断正确与否，它们的耗资巨大肯定是毋庸置疑的。这笔负担会落到城镇议员或他们在罗马的对应角色（元老）的头上，很好地反

---

〔157〕　Piganiol（1972）393；Lepelley（1979 – 81）1. 335，其中对4世纪的真实情况进行了较为宏观的评价，见 pp. 339 f. and 345。参见创作于386年的 Aug. *Contra Academicos* 1. 2（为 ibid. 2. 178 引述），其中记载了一位来自塔伽斯特（Thagaste）的青年的话："如果你向同乡们提供闻所未闻、见所未见的耳目之欲，如果剧场里的观众永远如你所愿地对你报以山呼海啸式的欢呼；如果成群的蠢人异口同声地把你吹捧到天上；如果无人愿与你为敌；如果城市的名册上用铜字将你的名字标出，将你视为本地乃至毗邻地区的赞助人，"等等。关于此类城市生活中的野心与慷慨，见 Lepelley（1981）453，但他略去了一段明显与此矛盾的反面材料；此外还有 Lepelley（1979 – 81）2. 427 对来自玛科迈德斯（Macomedes）的 *ILS* 5571 的分析和1. 103，110，248，291（表明397年城镇议员来源充足），294（Aug.，*Ep.* 90，re Calama），and esp. 300（Aug.，Enarr. in Ps. 80. 7 and 149. 10 of A. D. 387/398）。关于这些晚期文本，参见 *CT* 15. 7. 3（376）对民众娱乐生活的组织、竞技表演等内容的规范。

映了城市精英的荣誉感和责任感。这种情感在意大利是很普遍的;[158] 在安条克也是一样。金口约翰同样注意到了富人组织的、过于奢华的表演活动,[159] 并为此而感到痛心疾首。他在一段有些冗长的文字中描述了这种俘虏了城市贵族的魔法:[160]

> 剧场里人山人海,全体公民都在那里就座。这幅人头攒动的场景本身便是一幅壮观的画面;第一流的舞台及其帷幕都被人的肢体遮住了……当那位把他们集合到这里的造福者步入剧场时,人们欢呼雀跃,众口一声地向他表示敬意,称赞他是这座城市的监护者和领导者。他们伸出双手,不时将他比作最伟大的河流。他们把此人永不衰竭的光辉与慷慨比作尼罗河,称他本人为提供恩惠的尼罗河。还有人把他捧得更高,声称把他比作尼罗河还远远不够;在所有江河湖海中,唯有长河(Ocean)才配得上他。他们说,他在捐赠方面的贡献犹如河流中的长河。他们不会吝惜任何赞美的言辞。……这个人便向民众鞠躬,以答谢他们的敬意。之后,他在所有人的祝福声中就座。每个人

---

〔158〕 Ville(1960)278 f., 293, 295, 297, 300, etc., 对 4 世纪至 5 世纪初的公共表演进行了研究;Lepelley(1979 - 81)1. 293 分析了 Symmachus(Ep. 1.3〔4〕of 375)的记载,其中描述了贝内文托的一位受人尊敬的、耗尽家财以营造城市公共景观的权贵精英。

〔159〕 见 Joann. homil. 1. 4(*PG* 59.28)and 11. 1(*PG* 59.76);*Eight baptismal cataches* 6. 1(被 Ville〔(1960)292 所引用〕中提到的"赛马与赛车的竞技场";证明存在着类似经常举办的、资金充足的娱乐活动的文献还有很多。

〔160〕 *De inani gloria* 4 - 6, trans. MacMullen(1980)12.

都暗自祈祷自己能成为他那样的人，即便要为此付出生命的代价也在所不惜……他像醉汉一样，由于虚荣而陷入了飘飘然的状态，恨不得变卖了自己，对之前一掷千金的举动毫不惋惜。但当他回家之后……他才回过味来，发现这不是一场幻梦，他耗费的是实实在在的金银。

毫无疑问，这幅生动的场景在整个东方世世代代的衰落历程中反复出现。我们依据的并不只有猜测。若干相关的布道词流传了下来，还有一些铭文。我们已在迦太基和贝内文托（Beneventum）目睹了这样的场景。[161] 令人震惊的是，我们还知道生于352年的一位"城镇议员、前市政官、前两人委员会成员、前财政官、帝国宗教祭司、殖民地阿格里皮嫩西斯（Colonia Agrippinensis，即科隆）的地方长官玛斯克利尼乌斯·玛泰努斯（Masclinius Maternus）"。[162] 还有类似的人物在数百年来一直推动着城市建设的捐赠习惯与出风头野心的驱使下赢得了大同小异的众多头衔。毋庸置疑的是，在这段时期里肯定发生过许多变化；可是，就玛斯克利尼乌斯的情况而言，我们并不容易确定到底出现了哪些改变。他是真实存在过的人物。但在缺少生活地区、时代信息的情况下，我们很难断言，他究竟只是个特例，还是众多此类人物中的一个。只有考古记

---

[161] Euseb., H. E. 8.9.7，其中提到一位来自埃及特姆伊斯（Thmuis）的富人"因其感恩祭闻名遐迩"；and Robert（1960）571 n. 1 and passim，其中研究了来自东方许多遗址的铭文，以及来自巴希尔和金口约翰的文字材料。

[162] *ILS* 7069.

腐败与罗马帝国的衰落

录才能在量化帝国西北部城市的衰落情况方面发挥些微的作用，并且能在更大的程度上佐证奥古斯丁、叙玛库斯、金口约翰等人提供的证据。

还有另外一种可以量化的史料：从君士坦丁去世后至4世纪中期的十条试图阻止城镇议员放弃其身份与义务的法令——其中有八条是规范西部行省的，只有两条涉及东部行省。[163] 法律文书中反映的这种衰落比例（如果是可信的话）是符合这幅图景中的其他部分的。它也让我们回想起了关于罗马帝国晚期城市的古老正统观点：它们的活力——城市中的精英阶层——因不堪重负而被压垮了。其他理由都无从解释，城镇议员何以要接二连三地摆脱其法律地位。因此，我们实际上回归了传统的观念，只不过在最新研究成果的基础上进行了一些似乎必要的小修小补而已。

城镇议员成功卸任的事例表明了他们的去意是何等坚决。学者们对此已有过许多讨论，相关的例子也很容易找到。299年，帝国官方信函中讲述了一桩非常可信的事件：一位来自埃及的普鲁塔克（Plutarchus）"想方设法要辞去自己担任的行政公职。此前，他曾请求神圣的皇帝陛下赐予他'高贵者'的头衔，而陛下也同意并批准了这个请求"。也就是说，他被擢升为骑士，从而得以免于担任城镇议员的职务。乍听起来，整个过程似乎就跟当代人申请驾照一样简单，尽管当事人肯定需

---

〔163〕 Vogler（1979）指出了君士坦斯（Constans）的立法活动，并以此来提醒我们注意帝国东西部城市生活存在的差异。

要支付一定的费用。整整一个世代之后，元首在颁给东方的一道法令中宣布："毫无疑问，由于城镇议员用买来的头衔作为挡箭牌，城镇议事会出现了严重减员的现象。"为此，该法令决定收回所有不合法度的豁免权。尽管如此，正如利巴尼乌斯在一个世代后（363 年）看到的那样，城镇议事会在君士坦提乌斯统治时期仍在急剧衰落："那些议事会已经门可罗雀，因为几乎所有议事会成员都跑去当兵或当元老了。"最后，他在提及另一个世代后，即自己身处时代中安条克地区的城镇议员时说道："我们的城镇议事会从前拥有 600 人——不，宙斯作证！应当是这个数目的两倍。但现在我们只有 60 人了。"[164]

利巴尼乌斯作品中的一些细节可以进一步佐证上述文献中传达的这种江河日下的悲观情绪。他在自己的一生中曾提到过大批本阶级中的人物。我们可以从中看到，将近一半的城镇议员最终成功去职，或曾经试图逃避这一职务。[165] 他本人曾积

---

[164]　*POxy.* 1204 on Plutarchus；*CT* 12. 1. 25（338 年）；26（338 年）重申了这一点，并接着声称，由于卖官鬻爵的缘故，迦太基的城市议事会里已经只剩下"屈指可数"的几名成员了（*CT* 12. 1. 27，公元 339 年）。参见稍早一点的文献 12. 1. 13（326），"皇帝发现，通过血统产生的城镇议员数目正在锐减；而剩下的人仍在恳求皇帝赐予他们国家官职（militia），并借此转而进入军团或去担任其他各行政官职……"另见 Liban. *Or.* 18. 46 and 48. 4（Norman [1977] 2. 417 认为该文献创作于 388 年之后）。Libanius，*Ep.* 1048 and Basil，*Ep.* 116（均见于 Petit [1957] 127）反映了当时的实际情况，说明逃离城镇议事会的举动是完全可行的——退出军队则要困难得多。巴希尔于 372 年指责一位逃避职责的城镇议员时仅仅指出这是可耻的行为，并不认为那是违法的。

[165]　Petit（1955）339，55 中的 20 个；325，讨论了不同时期的总数；以及 326，分析了利巴尼乌斯的家史。

极地为十余名希望摆脱这一苦差事的朋友暗中运作或写信求助。利巴尼乌斯本人放弃了自己的职责，转而去担任修辞学教师；他的兄弟帕诺尔布斯（Panolbus）离开了城镇议事会，前去担任国家公职；利巴尼乌斯的儿女们同样离开了这个圈子，其中之一（斯佩克塔图斯［Spectatus］）当上了君士坦提乌斯的秘书，他的姐妹则嫁给了一位大行政区总长。而他们的儿女同样担任了国家公职，或同国家官吏建立了姻亲关系。这在当时是很典型的。

然而，根据前面一两页中罗列出的事实，与城镇议事会的传统纽带总是藕断丝连。许多家族或家族中的部分成员无法彻底割舍这些联系。跟在元首制时期一样，他们依旧拥有为家乡效劳的种种动力；同样显而易见的是，晚期古典时代的社会主流风气（即便城市贵族们会不时触犯相应的规定，他们对于这些原则总归是认可的）要求贵族们继续对他们的同乡尽自己的义务。然而，与此同时，逃避责任之路也是多种多样的和颇具诱惑力的。埃及的普鲁塔克似乎不费吹灰之力就解放了自己。这同一个半世纪前埃利乌斯·阿里斯泰德（Aelius Aristides）所费的九牛二虎之力（我会在后面再次简要地提及这一事件，见下文，原书第134页）形成了鲜明对比。稍晚一些的法律告诉了我们普鲁塔克是怎样做到这一点的：他靠的是赎买的办法。许多其他角色的人物也被豁免了，其中包括犹太人、教士和行会成员（如纺织工行会［centonarii］和水手行会［navicularii］）、医生、教师和学者、士兵与差役（书吏

[*scriniarii*] 与随从 [*cohortales*])。其中一些群体的人数相当大。[166] 无论这种手续是非常简单，还是需要花费很多钱财和气力，逃避的现象肯定都是存在的。由于大多数城市里从未有过100人以上的、适合担任城镇议员的精英团体，这种人选的持续流失（哪怕每十年内只减少几十人）都会对剩下的城镇议员产生严重影响。因此，余下的城镇议员会越来越希望能把自己赎买出去。

元首们对此心知肚明，但他们可能明白得太晚了。过了一段时期，他们尝试收回自己从前赐予教士等群体的特权和豁免权。相关的历史进程是瞬息万变、头绪繁多的。但一个首要的难题难倒了元首们：他们无法真正控制自己的政府，后者随时

[166] 关于犹太人，见 *CT* 16.8.3（321年）；关于教士，见 16.2.7（330），16.2.19（颁布于教士遗产税被免除之后），及 12.1.49（361），其中宣称它"之前已得到建立"，并明确规定，主们无须将自己的财产交给城镇议事会，参见 16.2.15.2；关于行会，见 14.8.2（369年，织布工行会）和 13.16.1（380年，拥有"古老"权利的水手行会）；关于医生、文法学家和教师，见 13.3.1 praef.（324年）and 2（354年，参见 A. H. M. Jones [1964] 1405，关于施舍品的研究）；关于士兵，见 7.1.5（364年）and 6（368年；373年），准许在服务五年后豁免该义务；以及 16.14.2 praef.（397）对差役情况的介绍；关于国家官吏的规定另见 8.4.8.1a（364年），其中说明了行省总督任期满二十五年后的权力归属问题；以及 6.26.1（关于在帕拉丁山任职的书吏），和 6.35.3 praef.（319 或 352 年，参见 Pigabiol [1972] 120 n.5），其中将豁免权推广到儿孙辈；8.4.11（365年）随从——被戴克里先豁免的政府职员。值得注意的是 Gilliard（1984）154 对这些角色之一的描述，城镇议事会人员流失的程度从中可见一斑："在整个4世纪的罗马帝国，你所发现的每个主教都很可能是从前的城镇议员。"就对城镇议员这一社会等级的整体研究状况而言，A. H. M. Jones（1964）742–52 比本书进行了更为全面、深入的研究。

会出台一些并非出自法律或立法者本意的政策——我们将在第三章里讨论这一主题，以及"帝国政府何以无力维持和平与安全"的问题。

我要在此重复自己在前几页（原书第 37 页）提出的观点，以便进一步展开论述。在对帝国"衰落"原因的回顾中，我并不认为帝国本身是充满活力的，也不认为所有这些"原因"的总和只是一团乱麻而已。事实上，衰落的两个方面——城镇议事会的人员流失和军事安全的缺乏——已经呈现出来。在我看来，这两个因素足以解释北方、西方处于风雨飘摇中的各座城市与帝国更为繁荣的地区之间的迥异命运。在那些日薄西山的城市中，动荡局势摧毁了其商业，与城镇议事会的萎缩一道导致了城市的衰落。然而，总的来说，这套解释体系毫无新颖之处，并且也相当肤浅。我们还需进一步考查：国家是否世世代代一直允许城市领导人逃离自己的岗位，以及庞大军队在那些地区的驻扎为何也无法保障商业贸易的安全进行。

城镇议员看上去是一批牺牲品，但在另一方面，他们也被安上了压迫者的恶名。城镇议员（或至少是其中的一部分人）既是大地主，又负责城市税收的摊派任务。因此，他们拥有着恫吓、施暴和勒索的双重条件。4 世纪后期至 5 世纪的一些文献控诉了城镇议员的所有这些罪行。其中一条出自萨尔维安（Salvian）之手的材料经常被人引用，他说："每名城镇议员都是一个暴君。"[167] 奥古斯丁提供了另一条证据。他描述了希波（Hippo）周围的穷人向教会寻求庇护，以便"对抗地方权贵（potentioresz）——造成他们倾家荡产的根源——的邪恶"。正义无疑在他们一方，但只有教会才能"保护他们，并执行那些旨在捍卫穷人利益的法律"。为什么会出现这种情况呢？政府为何会不作为呢？我会在第三章中给出相关答案。就目前的话题而言，我们不妨来看看一个世纪前颁布的一项法律，它清晰地指出了原因所在："对重要公共事务的评估不应由城镇议事会中的头面人物——地方权贵负责。为此，行省总督们应恪尽职守，一丝不苟地进行这些评估，并亲手用白纸黑字记录下纳税人的名单。"这道法令反复强调了总督亲笔签署文件的重要性。这无疑是一项几乎独一无二的规定，旨在严格管理那些致命的纳税人名单上的名字和应缴款项。[168] 只有该行省的最高官员本人才有能力保证这项法律的公平执行。

上述两种对城镇议员面目的截然相反看法——受害者和损害者——是很容易调和起来的。他们中的大多数是受害者，少

---

[167] "没有哪个城镇议员不是暴君（Salv., De gub. dei 5.18.27 f.）。"见 A. H. M. Jones（1964）756 f. and Lepelley（1983）143 and 148；ibid. 150-52 讨论了其他文献，其中包括 Aug., Ep. 22'（429 年），以及第 154 页对权势含义的论述。

[168] CT 11.16.4（328 年）；Lepelley（1983）150 呼吁我们对这段文字和 11.16.3（324 年或 325 年）加以注意，两篇文本都是对权贵们的警告。但到了 410 年，CJ 10, 22, 1 仍旧宣称："为了保全低级城镇议员的财产、限制权贵在该议事会中的势力"，税收条目只有在行省总督批准的情况下才是有效的。

数是地方权贵。在 3 世纪，城镇议事会中出现了一批政治精英或十人行政委员会（在个别情况下是二十人）。这些人是法律上的权贵，也是本城中"最有势力的人物"。[169] 4 世纪期间，他们在法令、文献和铭文史料（尤以北非为多）中的地位日趋突出。这些人手握的巨大财富使得他们成为最重要的公共捐赠者。他们得以凌驾于本地方的保卫者和治理者之上——后者是当地的行政官吏和帝国在那些城市里的代表，致力于缓和强者对弱者的压迫。在安条克，他们担任了许多专项市政要务的主要负责人，[170] 其中很多人并不反感金口约翰所描述的、当地剧场为庆典资助者所设立的荣誉座席（见上文，原书第 46页）。

然而，这批人必须同住在城里的、更加尊贵的高级官员们展开竞争。那些身为行省总督或公侯的封疆大吏是皇帝在行省

〔169〕 关于希腊语中的"要人"（protoi）等术语，见下文，第二章第 2部分；Liban., *Or.* 49.8 提及了"城镇议事会里那些恃强凌弱、以邻为壑的巨头"；48.40："城镇议事会里的要人正在将其中二三流的人物赶尽杀绝"，另见 Norman（1977）412 – 16 的评价；Liebeschuetz（1972）171 – 74；and Lepelley（1983）143 and 154，其中提到了城镇议事会内部的等级划分；另见151 对 *CT* 12.6.22 的征引，其中反映了当时的税吏如同 *CT* 8.1.9.1（365年）中提及的帝国档案管理员一样，并未逃避、而是拓展了其职权范围——因为收税是可以用来肥己的。特别引人关注的是 4 世纪早期占星术著作（Firm. Matern., *Math.* 3.10.1 and 9）顺便提到的、但具有高度概括性的对城镇议事会中十人委员会形象的描绘——只有吉星高照的人物才有可能获得该职位。

〔170〕 Liebeschuetz（1972）143 and 172 f.；Petit（1955）286；and Kotula（1982）128 f. 但值得注意的是，在各座埃及大城市中，十人委员会很少延续到 4 世纪。见 Lallemand（1964）206 f.。

中的代表和在其直辖区中的代理人（*vicarii*）。他们都主管着财政，还是宫廷（无论皇帝把自己的都城置于何处）中的密臣。除罗马和君士坦丁堡外，从3世纪中叶起，许多其他中心城市都或长或短地扮演过首都的角色，如米兰、特里尔、阿尔勒斯、拉文纳（Ravenna）、卡努图姆（Carnuntum）、奈苏斯、希尔米乌姆、塞尔迪卡、塞萨洛尼卡（Thessalonica）、尼科米底亚和安条克等。[171] 值得注意的是，许多被发掘者证实为富足的罗马帝国晚期城市都是皇帝或高级官吏的居住地，因为它们也是本行省的首府。这样的例子有希尔米乌姆、索皮亚涅（Sopinae）、阿尔勒斯、特里尔、伦敦和其他在周边建有豪华庄园的不列颠城镇；埃麦瑞塔的情形也与之相仿；此外还有库伊库尔和北非的其他地方，叙利亚的安条克和小亚细亚境内的一些较小城市。圣巴希尔（Basil,《书信集》第74、76篇）也为我们描述过一个反面例子：一座原本繁荣的城市由于从一个大行省的首府被降格为小行省的中心，便损失了财富与人口而陷入萧条。除统治者和官吏们之外，驻守这些中心的军队也在

---

〔171〕 见上文，注51, and MacMullen（1976a）28–30。我省略了斯普利特（Split）、孔茨等退位元首的隐居地点，以及玛西亚诺波利斯（Marcianopolis）、杜罗斯托鲁姆（Durostorum）等尚未发现宫殿（但那里必定曾经有过宫殿）的皇帝居所；见A. H. M. Jones（1964）366；我也省略了一些被称为"宫殿"的大型建筑物，因为它们可能并非专为皇帝而设，而是可供各种高官使用的。见MacMullen（1976a）31 f. and Millar（1977）42对奥顿、阿尔西诺伊（Arsinoe）等地的研究。

为执行战略任务进驻城市时带来了金钱。[172] 根据考古发掘者的评价和当时的情势来看，我们可以很有把握地说，这些西部、北部行省中罕见的繁荣城市无一例外都受惠于其政治地位。特里尔只是其中最明显的例子；匿名作者的《寰宇述略》第 58 章则反映了一位同时代人的观点：安条克富有一切美好的事物。"她为何富有一切呢？因为那里是皇帝居住的地方；因为他的缘故，一切都不能短缺。"

众所周知，元首们会在他们居住的城市里慷慨地大兴土木。他们不仅为自己修建宫殿，也会兴修其他值得自己过问的建筑。我们在前面的第 3 节里已经提到了尼科米底亚和塞琉凯亚两个例子。皇帝手下的官员，特别是行省总督们在慷慨与狂热等方面其实与皇帝不相上下。在元首制时期，我们可以找到大量铭文证据，说明二者的情况是何其相似。3 世纪中期以后的铭文开始变得稀缺起来。不过，如果结合传世文献来看的话，这些帝国晚期的材料还是足以反映总督们在意大利境内十几个城市，北非的拜扎克纳（Byzacena）、努米底亚和普罗康苏拉瑞斯，埃及（一条运河），阿凯亚（Achaea）的雅典（Athens），小亚细亚的萨迪斯、阿弗洛狄西亚斯（Aphrodisias）和阿内穆里乌姆（Anemurium）等地的建设；这些活动会

---

〔172〕 见上文，注 51、54、59、82、86、95、113 和 121，以及下一个注释中的阿奈穆里乌姆（Anemurium）；关于城镇议事会，见 Février (1982) 357。

促使总督们去掠夺较小城镇的建筑资源，美化大城市。[173] 唯

---

　　[173]　在偶然的阅读过程中，我在 *CT* 15.1 passim, e. g. 15.1.2（321年）发现，一些行省总督通过调拨税款而成了城市的建造者或翻新者；关于阿特拉、阿利费（Allifae）、普雷涅斯特、卡普亚、普特奥利和其他六座意大利中心城市的情况，见 Ward – Perkins（1984）24 – 27, 34, 88, and 231 – 33；另见 *ILS* 5363 of A. D. 379/83 at Verona；关于贝内文托一位热心土木建设的当地贵族，见 *ILS* 5508 = *CIL* 9.1590，以及（1596）阿非利加行省的一处无名景观；Romanelli（1959）557 and Février（1970）170，其中举出了 *CIL* 8.4767（玛科玛德斯，364 或 367 年，一座拱门），11184（比埃希斯 [Biiensis]，"4 世纪"，*PLRE*），and 15204（提格尼卡 [Thignica]，393 年，参见 *PLRE*，一座水渠）；Albertini（1943）382 叙述了 4 世纪 60 年代努米底亚行省总督在蒂姆伽德、拉姆贝西斯（Lambaesis）和许多其他城镇的活动；以及 ibid. 386, with *PLRE* 1 Albinus 8（364 或 367 年修建的德耶米拉官殿）；Lepelley（1979 – 81）1.97 中征引的有趣铭文声称，特里波利塔尼亚的行省总督赐予勒普奇斯的公共景观与建筑"超过了该城市任何一位本地居民的水平"（可见他动用了帝国的资金）；在埃及，Lallemand（1964）247 提到了一条建于 367 或 370 年的运河；Himerius, *Or.* 4.1 提及了雅典；*PLRE* 1 涉及了 4 世纪末至 5 世纪初萨迪斯地区的阿科利乌斯（Acholius）；Roueché（1986）300 叙述了 4 世纪阿佛洛狄西亚斯的情况，*MAMA* 8.427 提及了那里 4—5 世纪修建的一道城墙；在关于 4—6 世纪小亚细亚城市修缮者为数不多的叙述中，Foss（1976）113 提到了一位行省总督在萨迪斯的活动，Foss（1979）5, 27 f. , 59 – 61, 65 n. 18, and 70 and Malcus（1967）102 f. 则提到了其他行省总督在以弗所等地的活动；Alföldy（1969）38, Alföldy – Rosenbaum（1972）183 f. , and Hall（1972）215 提到了伊苏里亚官廷于 382 年在阿奈穆里乌姆修建的一道城墙；同书 213 研究了于格拉提安统治时期在伊苏里亚"修缮了整座（不知名的）建筑物，使之重现昔日之壮美"的当地总督；最有用的成果收集了众多珍贵铭文的 Robert（1948），其中反映了一位 5 世纪早期行政官（PPO）（p. 60）在麦伽拉（Megara）的兴建活动，以及帝国官员们于 4 世纪 40 年代至 5 世纪初在其他小亚细亚城市（斯米尔纳、以弗所、阿索斯 [Assos]、阿达纳 [Adada]、安库拉 [Ancyra]、萨摩斯 [Samos], pp. 61 f. , 66, 70, 74 and 87）的兴建活动。值得注意的还有 *CT* 15.1.1（357 年）and 14（365 年）对行省总督过分热心的严厉警告。*CJ* 8.10.6（321 年）表明，这种权力剥夺有时只是为私人兴建提供方便的手段。关于城市建设的总体情况，Foss（1979）28 写道："行省总督似乎扮演着无与伦比的重要角色。"

腐败与罗马帝国的衰落

一一座我们了解一些具体细节的城市——安条克充分证明了这一随机样本分析的结果。在列举了约 390 年之前的所有建设活动后，保罗·佩蒂特（Paul Petit）总结说："本世纪内兴建大部分建筑和公共福利设施都要归功于帝国官员们。"[174] 至于他们究竟是动用了地方上的资金（在有些例子中，这一点是毫无疑问的；这笔钱主要用于、但也并不局限于修建城墙），还是仅仅在完成雄心勃勃的皇帝托付给他们的任务，我们并不是总能够分辨清楚的。当然，促进城市发展原本就是元首的职责；[175] 相关的例子也很多——似乎比之前的几个世纪更多些。通过这种直接方式，以及省长、大主教、行省总督带往官邸周边地区并在那里间接消费掉的钱财，城市经济对政府形成了密切的依赖关系。我们将在后文中（第三章）探讨高级官吏们手中为何会拥有巨额资金的原因。

---

〔174〕 Petit（1955）318，pp. 316 f. 中的列表提供了关于 *PLRE* 1 Florentius 9，Proculus 6 and Gorgonius 2，Liban.，*Or.* 33. 14（描述了行省总督提萨麦努斯〔Tisamenus〕筹款大兴土木的特别热情）and *Ep.* 852（关于普罗库鲁斯修建道路、柱廊、浴室和广场的活动）中所涉及建造者们的附加信息；Seeck（1906）114，167 and 224；and Zos. 5. 2. 4 记载了行政官（PPO）鲁菲努斯（Rufinus）于 395 年修建的皇家柱廊；Liebeschuetz（1972）50 f. 讨论了行政官（PPO）塔拉西乌斯（Thalassius）、达提亚努斯（Datianus）和米利都行政长官埃勒比库斯（Ellebichus），132 或 134 分析了其他兴建者——他们清一色都是行省总督、帝国官员或卸任官员。

〔175〕 偶然浮现出的证据有 Amm. 18. 9. 1，22. 7. 7，28. 3. 2，and 31. 1. 2 and 4；*FIRA* 21. 455 and 462；and Lepelley（1979 – 81）1. 90 f. and 97 分析了君士坦丁装饰迦太基、基尔塔（Cirta）、乌提卡（Utica）和玛斯库拉（Mascula）的计划。更加明显的证据来自于君士坦丁决心建造新城市、修缮和复兴古城的宣言（*ILS* 6091）。

在所有关于帝国晚期皇帝兴建活动的记载中，最全面且华美的图景来自优西比乌斯（Eusebius）的《君士坦丁传》，相关内容占据了第 3 卷的大部分篇幅。这些建筑都是宗教性质的。由于教会史通常仅供基督徒读者与学者们阅读（正如非基督教古代世界的史著也有同样的局限性一样），对"衰落"的讨论有时会对那些同新信仰相适应的大批新建筑略而不提。相关的证据很吸引人，但从未得到过广泛而系统的研究。北非斯提菲斯（Sitifis）、蒂姆伽德与德耶米拉等城市的布局图可以帮助我们对这一现象的广泛性有所了解。它们表明，在汪达尔人入侵之前的一个世纪里，罗马帝国必定在兴建新教堂方面投入巨大。[176] 375 年之后，米兰和地位稍逊一筹的图尔同样因兴修教堂的频繁而受人关注。来自东方行省特定时间、地点的信息更为明确。[177]　"许多人在为教堂修建墙壁、竖立柱子。大理石闪闪发光，天花板金光灿灿，祭坛上布满珍贵的宝

---

〔176〕 Frend（1984）557 f.，其中讨论了基尔塔、希波和其他两座城市；另见 Lassus（1965）585 - 87；此外还有上文注 102 和 61 关于蒂姆伽德和图尔城的信息；Krautheimer（1983）73 f. 对米兰城进行了研究。

〔177〕 凯撒里亚的宗教建筑群可能竣工于 375 年前后。见 Basil, *Ep.* 94 of 372/73，in Kopecek（1974）302；ibid. 293 f.，在稍早的时候，格里高利·纳齐亚泽努斯（Gregory Nazianzenus）曾动用资金来进行建设；日后，Theodoret（*Ep.* 81）则记载了一位主教完成了世俗建筑工程的事情，见上引书 303："我利用教会的收入修建了公共柱廊，并建造了一些宏伟的桥梁。我维护了公共浴室；当我发现城市旁边的河流干枯之后，我修建了一座水渠，为这座干渴的城市解困。"关于这些建筑的质量，我引用了 Hier., *Ep.* 52.10 及两位反对"用宏伟的立柱支撑的、用昂贵大理石建造的、金光闪闪的教堂"奢华气派的教士们的抗议（*Coll. Avellana*, *Ep.* 2.121, in *CSEL* 35.43，其中描述了 4 世纪 80 年代的一些罗马城建筑）。

石。"在叙利亚，少量铭文暗示，4—5世纪的公共建设资金主要来自教会神职人员支配的私人财产或公款。当然，世俗的基金也会被用来修建教堂。[178] 在评估罗马帝国晚期的经济活力时，这些因素都是我们必须牢记的。

我们还应当记得这一研究主题的缘起：它是对一种理论的验证。国家对城市精英的过度勒索是否导致了其处境的恶化，以至于那些无力摆脱其公共义务的人不得不走向破产，并携手城市文明一同走向灭亡呢？那还只是一种理论推测而已。根据城镇议员们的处境来看，他们似乎的确在两个世纪内（我们姑且从250年算起）遭受了压迫。这个集团在当时出现了相当严重的萎缩，相对弱小或较为圆滑的成员离开了城镇议事会。然而，较强的人却留了下来。他们保留着渴望在公共生活中出人头地的精神（*philotimia*）。这种意识发端于古老的希腊城市，在西塞罗的时代传入罗马。这种精神支持建造了许多庙宇，日后又兴修了一座座大型天主教堂——正是早期基督教中的这种精神成就了4世纪宗教建筑的光荣。公共竞技、狩猎表演（*venationes*）、游戏（*ludi*）、游行和宴饮也一直得到资助，即便供应无数街角喷泉的供水系统也得到了成功的维护。

---

〔178〕 Prentice（1909）99，no. 1026 提及了418或419年一位基督教长老在奥伦特斯河（Orontes）畔的哈玛（Hama）以北35英里处修建的一道柱廊；Prentice（1910）131 提及了401年一位助祭修建教堂的情况；133，no. 1101 提到了一位贵族在473年修建教堂的事情；148，no. 1118 提到了375或376年一位教士兴建若干建筑的史实；1119 讲述了423年一位长老和一名助祭共同参与一项建筑工程的情况；153，no. 1126 叙述了407年一位长老的建造活动；202，no. 1199 讲述了一位低级教士建造教堂的事迹。

可见，上文提到的那套理论是无法自圆其说的，更为传统、简单的解释模式仍具有说服力：意大利等地的城市衰落是由于生产、贸易模式的转变；而在日耳曼、默西亚、高卢等其他地区，衰落的原因是当地道路、河流沿线或滨海地区的安全事故发生得过于频繁，程度也过于严重。城市与周边乡村地区，以及同外省及海外的经济纽带被切断了。并非所有的财富都消失了。财富的基础永远是农业。依靠着这种资源，在奥索尼乌斯的时代，甚至在鲁提利乌斯（Rutilius, 1.25）的时代，散布在所有这些地区的肥沃乡间土地上的大庄园仍旧屹立不倒，或仅仅完成了以新易旧的过程而已。鲁提利乌斯哀叹了蛮族入侵者最近对他自己庄园的破坏。但许多其他高卢贵族的财产却安然无恙。但毫无疑问的是，人们对乡村的对立面——罗马帝国晚期西部城市地区的考古发掘才具有决定性的意义。

晚期罗马帝国无法保护她的高卢、西班牙（已被证实）和潘诺尼亚等行省（可从其庄园的森严戒备推断出来）免受劫掠或乡村骚动的祸害，这一现象是很难解释的。而发生在405年、407年两次大规模劫掠之前或之后的崩溃现象则更加令人费解。我将在第四章中提出自己的一些相关看法。当然，

腐败与罗马帝国的衰落

人们可以简单地用武力征服来解释这一切。[179] 阿尔纳多·莫米利亚诺（Arnaldo Momigliano）写道："罗马之所以最终灭亡，是因为它被征服了。日耳曼部族控制了帝国的西半部分。如果罗马帝国的灭亡还需要理由的话，这就是理由。如果要用斯文一些的话来讲，我们可以称之为征服者的军事优越性。然而，事实上我们并不喜欢这个理由，因为它无助于我们理解当时的历史情形。它太显而易见、太微不足道，无法解释当时发生的一系列纷繁复杂的事件。"

但人们有时会提出两种彼此联系着的、或许更能说明问题的假设：罗马帝国境内的普通民众恐怕并没有什么精神、勇气或爱国心；他们会把自己的命运交给蛮族守卫者。领袖们当然是拥有这种精神的，并且"那个时代的精英群体怀着自觉的、真诚的爱国主义精神。但是，"采纳这种解释模式的卡米尔·朱利安（Camille Jullian）在 1926 年接着写道："很可能出现

---

〔179〕 许多"衰落"的解释者仅仅满足于"蛮族过于强大"这样一个简单解释。我在第四章中提出，敌人并不构成真正可怕的威胁。我在此仅仅回顾一下最著名的反面观点，即"罗马文明并不是在战争中死去的。她之前已经被谋杀了"（Piganiol〔1972〕466）。但虽然作者"手中握有这方面的大量例证"，他却不得不为了最终的出版而"进行大量委曲求全的改动"，见第 466 页注 2 中 1939 年后的书目。因此，在该书第 1 版（1947 年）中，他已经在反对自己 1939 年提出的观点（*Histoire de Rome*），并得到了日后那些一直流行到 1968 年（作者著作未竟而溘然长逝之年）的观点的附和。实际上，他的观点是与 Momigliano（1978）451 从史学角度提出的看法是一致的。但我在书中仅仅引用了 Momigliano 的这篇鞭辟入里的论文，而没有提及他的一句题外话（其实也是非常正确的）："我们已经再次丧失探究罗马覆灭原因的兴趣了。"

的情况是，普通民众——无产者和奴隶——对罗马和她的帝国漠不关心。拉丁文明的光芒无法下达到他们那里，也无法让他们感到温暖；他们对国家的认识仅限于抓他们去当兵的差役和剥削他们微薄收入的税吏。"[180] 我宁愿相信这种猜想是比较符合实际情况的。但它也可能是经不起推敲的。当哥特人在3世纪中期攻击黑海地区的时候，当地居民中出过不少劫掠者和叛徒。他们有可能是些穷苦村民。但与此同时，叙利亚的农民却在顽强抵抗萨波尔（Sapor）率领的劫掠者。[181] 同样，阿米亚努斯和4世纪末至5世纪初的其他零散史料提及了一些消极抵抗，甚至与敌人串通一气的例子，但这些文献中记载的其他一些例子却与此迥异。在这五十余年内，我们可以在色雷斯、弗里吉亚（Phrygia）、帕弗利亚、昔兰尼加和西班牙找到民众自发起来抵抗侵略的例子。但两方面证据的平衡分布却不能掩盖下面这个显而易见的事实：罗马建立的帝国与城邦截然有

---

[180] Jullian (1908 – 26) 8.353 f. 经常被相关马克思主义著作所使用或改写，如 Walbank (1969) 92，其中描述了一个"内部早已四分五裂的世界……世人对帝国及其公平正义丧失了信心。……我们听说一些罗马公民跑到蛮族人中间去避难，另一些人则引狼入室……因此，区区几千蛮族就能推翻这座将倾的大厦"。无独有偶，Anderson (1978) 102 f. 描绘了"同时反抗奴隶制与殖民统治压迫的起义"和当时的"社会两极分化"；更晚近的 E. A. Thompson (1980) 79 – 81 and E. A. Thompson (1982) 179 也起到了相同的效果。

[181] Greg. Thaumat. , *Ep. canon.* 5 – 10, esp. 6. 由于这些本都地区的居民是基督徒，他们不大可能是非常富有的。关于叙利亚的情况，见 Malal. 12.296，其中"阿佛洛狄忒的祭司萨普希格拉姆斯（Sampsigeramus）有着一身乡村运石工的好力气，出来与他交手"（Sapor）。其他例子见 MacMullen (1963) 137 f. 。

别。它过于庞大，无法激起全体臣民的忠诚感；而中央政府在地方遭遇危难之际又往往爱莫能助。[182] 关于后一点，我将在本书最后一章中展开进一步的讨论。

一张反映罗马帝国正规军（并非仅为地方上的志愿者或私人武装）招募来源的图表（图13）揭示了发生在帝国晚期的、并不出人意料的现象。表中的虚线反映了征兵的中心地区是如何从意大利转移到多瑙河下游地区的。当然，学界对乔万尼·福尔尼（Giovanni Forni）汇集的这些数据[183]提出了许多批评与纠正。如果想通过这些数据研究历史真相的话，我们首先要参照希腊、拉丁铭文在不同时代的数量分布曲线——尽管我们对作为数据控制参数的纸草及其他资料类型的认识还有待深入。其次，我们必须考虑到在这四个时期里，不同居民、军

〔182〕 Ste. Croix (1981) 261 and 474，section iii 收集了关于罗马人无力抵抗、甚至加入蛮族队伍的例子；另一方面，应注意 Zos. 5.15.5 f.（塞尔格［Selge］）and 5.19.3 f.（君士坦丁堡）；Soz.，H. E. 7.1，378 年，靠近君士坦丁堡；Callinicus，Vita S. Hypatii 3.11（弗里吉亚），395 年（？）的教士在那里修建了一座抵御哥特人的小型要塞（正如文本编订者 G. J. M. Bartelink 在段落 6.1 处解释的那样）；Oros. 7.40.5 and Soz. 9.11（西班牙）；and Synes.，Ep. 122 and 125（PG 66.1501 Bf. and 1505）and Catastasis II（PG 67.1576 Bf.），昔兰尼加。

〔183〕 Forni (1953) 159–212，补充观点见 Forni (1974) 366–80。我把他的数据整理成了大体相似的组别，也就是按照表现出相似历史发展轨迹的区域进行分类（例如，意大利与亚平宁山区诸行省和纳旁高卢被归为一组）。对于某些未经检验的起源假说（如姓名来历），他有时会在史料证据的基础之外添加自己的假设。我删去了几乎全部这一类添加的数字。我还用虚线表明了仅仅通过对拉姆贝西斯（Lambaesis）大军营的发掘（这次发掘获得了大批新增数据）才得知的士兵数目。我很清楚，过分依赖偶然保存下来的证据是存在着很大风险的。

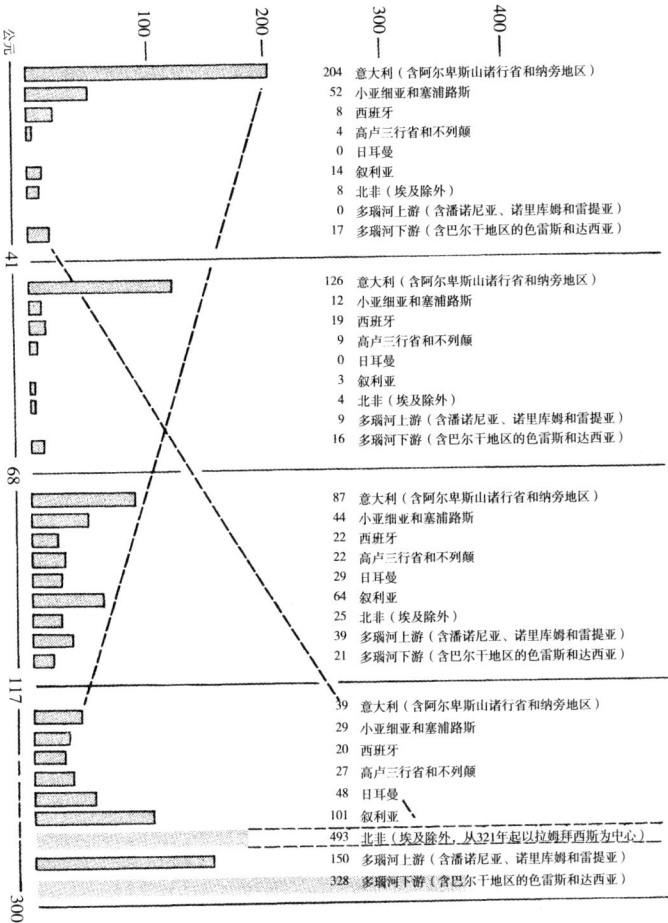

图 13　军团兵源的来源地

事定居点的相关信息留存下来的概率是不同的；特别是意大利
可能会提供给我们占据压倒性比例的大批拉丁铭文，此外还有
其他方面的特殊情况。然而，即便现有的统计结果不符合所有
这些条件，如果我们相对地、而不是绝对地使用这些数据的

话，我们仍有把握从中看出一个事实："罗马统治下的和平"维持得越是长久，居民从军的愿望就越会消磨殆尽。一个族群越是能够在帝国境内长期保有安全和一定的社会地位，这个族群中的年轻人投身行伍的可能性就越低。

这种解释并非对人性的诋毁。1893 年约瑟夫·张伯伦（Joseph Chamberlain）对议会的演讲便说明了这个道理。他当时说道："我们过去曾与旁遮普人（Punjabees）作战。被我们征服后，旁遮普便开始为我们提供全印度最杰出的战士。但当我们建立了和平，使这个国家进入了前所未有的繁荣期后，这个从前在印度最好战的族群定居下来从事农业（我或许应称之为进步到了农业阶段），于是我们就再也无法从他们那里招募到充足的兵源了。我们不得不前往更荒凉的地方去寻找尚武的民族。"[184]

基于同样的必然规律，罗马人最初主要在山南高卢和高卢南部募兵，最终则在多瑙河流域的边疆省份进行大规模征兵。假使作为我们信息主要来源的那些铭文继续大量存在于蛮族侵入帝国的那些年代——如 407 年或 5 世纪 20 年代——的话，我们大概会发现征兵的地点仍在继续北移，一直越过国境线，开始在那些壮年男子仍以作战为日常生活状态的民族中募兵。对于罗马帝国和大英帝国而言，臣民们对持久和平局面的习以为常都使得国家的兵源补充变得困难重重。

在后续章节中，我们还有机会讨论蛮族在罗马军队里服役

---

〔184〕 *Parliamentary Debates*, *Fourth Series* 10 (1893) 603 f., of March 20.

的问题。在这里，它似乎仅仅是人们罗列的晚期帝国诸多流弊
之一。在欧洲地区诸行省内，从文化的角度来看，毋庸置疑的
是，异族大量越过边境进入帝国（通常是作为罗马征服战争
中的俘虏或流亡者）的浪潮逐渐超越了罗马帝国的同化力量
所能承受的程度。于是，早在元首制初期，一种代表着某种外
来生活模式的葬礼与陪葬物选取方式，开始在上日耳曼的一些
孤立地点出现了。然而，总的来说，此类考古证据直至3世纪
才形成规模，到了4世纪才变得丰富起来。它们的出土地点从
黑海向西延伸，越过莱茵河口，一直进入不列颠地区，并且与
传世文献中关于蛮族定居点的数十处记载都是吻合的。[185]

　　这种生活方式的显著转变的痕迹一直深入到帝国腹地——
例如，它出现在了泰晤士河与加伦河（Garonne）流域，并在
400年之前出现于西班牙西北部。研究者会据此认为，从长时
段的历史发展角度看，这一时期的政治边疆已经不再那么重要
了。上述两点在其他史料中都能得到证实。一些材料是传世文
献，它们同样反映了北方蛮族的渗透，如他们的军事术语和与
此联系着的行为习惯，如拉丁语或希腊语中的"部队（*drun-
gus*，日后演变成拜占庭时期的'步兵分队［*droungarii*］')"

---

[185]　MacMullen（1963a）552 - 61，对莱茵河上游地区情况的补充见
Engels（1972）183 - 89；关于匈人，见上文注54；Reece（1980）80认为3世
纪的日耳曼人渗透可以解释4世纪不列颠丧葬仪式的特征；Comsa（1972）
225 f.（Fr. transl. 233）研究了350年之后多布鲁雅（Dobruja）地区卡尔皮
（Carpi）的情况。Ste. Croix（1981）510 - 15汇集了相关铭文与文献资料，
他并不知晓一个半世纪之前的 Zumpt（1845）11 f.，14，etc.，and Huschke
（1847）150 - 61已做过同样的工作。但 Ste. Croix 的成果自然后出转精。

和战歌（*barritus*）。[186] 这些史料也可以是装饰画，因为某幅4世纪壁画或马赛克会向我们展示一些由蛮族引入宫廷的衣饰样式。潘提卡佩乌姆（Panticapaeum）出土了一件著名银盘，上面的浮雕描绘了一位戴着带状头饰（*diadem*）的统治者（可能是君士坦提乌斯二世）。此人按照萨尔玛提亚（Sarmatian）方式骑在马上，身着骑马裤和骑马服——这是日后拜占庭的长袖服（*skaramangion*）。同样广为人知的是，从朱利安时代起，元首加冕礼的许多核心环节都是蛮族的，而非罗马的。在更早的时候，优西比乌斯回忆道："我有时站在皇宫门口附近，会看到一队引人注目的蛮族在列队等候，其中每个人的服饰都各不相同……这批人会轮流向元首进献他们本民族最珍视的礼物，有些人……会进献绣有金丝花卉图案的蛮族服饰。"在另一场合下，优西比乌斯正是用分毫不差的字句——"绣有金丝花卉图案的"——去形容君士坦丁的穿着的。但比君士坦丁更早的卡拉卡拉才是第一个推崇这些奇装异服，并把它们当作皇袍的元首。可见，我们试图在这里溯本追源的发展历程确实是比较悠久的。

关于它是否属于一种"衰落"，这个问题是可以讨论的。如果说这些语言、服饰和仪式等方面的"蛮族化"同其他反映文化转型的实物——如潘提卡佩乌姆银盘和拉文纳马赛克中

---

〔186〕 Kempf（1900）347 f. 研究了一种旗帜 *tufa* 和一种投石武器 *mattiobarbulus*；另见 Hoffmann（1969－71）对战歌（*barritus*）的研究，以及 chap. 6 *passim*；还可参见 MacMullen（1977）4 f.，关于潘提奇佩乌姆（Panticipaeum）银盘和其他细节信息，见 MacMullen.（1977）6 f. 。

对人物笔法僵硬的全景刻画——共同代表了文明的倒退，那么我们必须要证明，在它们之前的罗马生活方式在各方面都是高出一筹的。喜好方面的事情是没有什么可争论的（De gustibus non est disputandum）！事实上，罗马人早期的成功无疑同他们大量吸纳外来文化因素有很大关系。然而，文化转型是否会影响政治忠诚度则是个更值得思考的问题。答案似乎是：这种影响也不是毁灭性的或十分显著的。现代史家们普遍认为，进入罗马帝国的异族、至少是其中叱咤风云的那些显要人物对帝国是忠心耿耿的。斯提利科（Stilicho，卒于408年）无疑就是这方面的例子；我们还能追溯上百位罗马帝国蛮族将相的生平。[187] 斯提利科的两个女儿先后嫁给了霍诺里乌斯（Honorius），而斯提利科本人在此之前已娶了狄奥多西（Thepodosius）的侄女；波托（Bauto）的女儿嫁给了阿卡狄乌斯（Arcadius），阿陶尔夫（Athaulf）则娶了提奥多西的女儿。这些姻亲关系充分表明了这些高级蛮族将领受到的信任。

斐洛斯托吉乌斯（Philostorgius）在同阿陶尔夫的联姻中看到了一个坚不可摧的、将同天国一道永世长存的帝国。[188] 那么，皇室如此慷慨地提供的这种姻缘究竟是信任的表现，还

---

〔187〕　见附录 A. Dill（1899）297，其中过分奉承地说："这些日耳曼官吏中的许多人都是才华横溢、口若悬河、出身高贵的人物。"参见 A. H. M. Jones（1964）622："我们对那些日耳曼人一无所知，因为他们崛起于行伍之间，为自己争得了高贵的姓名，从而彻底罗马化，失去了同故土的联系。"另见 E. A. Thompson（1982）234 f. 。

〔188〕　Philostorg., *H. E.* 12. 4 p. 143 Bidez（其中引用了 Dan. 2. 41 f.）。

腐败与罗马帝国的衰落

是一种利诱呢？问题当然并不在于这些蛮族将领可能会串通境外的同胞以出卖帝国（他们很难从中得到任何好处），而在于他们可能会为了自己的计划与野心而背叛主人。阿尔伯加斯特（Arbogast）给出了一种答案；在409年图谋推翻霍诺里乌斯、将其领土出卖给君士坦丁三世的帝国骑兵指挥阿洛比库斯（Allobichus）则给出了另一种。但这些背叛已经是蛮族王国林立、不少于六位奥古斯都并存的乱世时代的事情了。我们是不能要求阿洛比库斯对这一切负责的。[189]

现在是到了对这场帝国衰落可能原因的巡礼进行总结的时候了：我不能将所有原因逐一审视一遍，也不敢说自己已用最理想和最可信的方式展示了这些假说。但我认为自己从中形成了两点认识，这对于我的研究来说就足够了。首先，当我们在最新研究成果的帮助下对帝国境内各地区的情况进行分别考查的时候，会发现它们的境况并不总是完全一致，而是经常会出现此消彼长的现象。如果关于帝国衰落的种种叙述模式、乃至"衰落"这个字眼本身并不适用于且无助于解释整个帝国历史的话，那么它们本身的合理性也就不复存在了。不过，在我看来，在那些城市文明确实走向了衰落，并在日后演变为蛮族王国的地区里，人们通常信奉的观点——那里的城镇议事会与和

---

〔189〕 最详细的记载见 Zos. 5.47.1 - 5.48.1 and Soz. *H. E.* 9.12.5，阿洛比库斯是阿拉里克的保护人和盟友和约维乌斯（Jovius）的同谋者；关于其变节，见 Zos. 6.8.1 and 6.9.1 f. 。六位奥古斯都都分别为霍诺里乌斯、提奥多西二世、君士坦丁三世、君士坦斯二世、阿塔鲁斯和塔拉科的马克西穆斯。

平局面没有得到很好的维护——仍然是站得住脚的。但这些观点还需要更充分的解释。

其次,这方面的任何合理讨论都应当能够产生两方面的效果:它们不仅可以使得4—5世纪的政治史变得更易于理解,还应当能够深化我们对这一时代的认识。莫米利亚诺的看法是正确的:学者们并不愿意接受入侵者过于强大这样一种简单的解释模式。这种简短的表述是远远不够的。他们为何会显得过于强大,而罗马人又为何相应地变得虚弱了呢?

在回顾我们前面曾提及的那些历史现象时,我认为,与政府职能密切相关的若干蛛丝马迹对于我们来说是很有帮助的。那些线索似乎与帝国的安全问题、欧洲诸行省、城镇议事会的衰落以及其他种种问题密切相关。我们接下来就将对这些线索进行梳理,看看它们能否为我们提供一种既不流于肤浅,又对整个帝国具有普遍适用性的解释。

第二章 权力机制

1. 本项研究的基本任务

　　学者们已经对罗马政府进行了大量研究——这些研究是自上而下的。他们不厌其烦地分析了元首们如何行使其职权，以及行省总督如何治理一方，伟大的法学家们如何工作与思维，将领对军团的指挥权性质，等等。这些都是值得研究的，因为权力集中在少数人手中的政府需要多数人对它俯首帖耳。因此，政府的结构与运作方式有助于解释历史事件的演变历程。

　　然而，即便在最官僚主义的或最专制的现代国家里，每个人也都完全清楚，自己必须要服从某些个人。首先，人每天都要服从自己的顶头上司；他们在家里要听从长辈；有些时候我们要服从老师的教导，可能包括宗教信仰方面的引路人；此外，还有一些服务人员，如餐厅服务生和命令全体乘客往后走的公交车司机；当然也有我们在地铁站遇到的某个气势汹汹的醉汉。我们对这些形形色色人物的服从都是很重要的，也都有各自的悠久历史。

但是，在古代世界里，公共与私人两种场合下的服从现象的比例是与现代社会截然不同的。人们在生活中与官方打交道的机会十分有限。与他们接触的官吏屈指可数，政府控制民众的手段单调且十分原始。警察在当时其实是不存在的。也没有纯粹的社会服务人员或公共安全守卫者。并且被国家弃之不顾的服务性行业也没有被商业机构很好地填补空白。与此相反，在那个时代里没有保释代理人、侦探机构、抚养院、房地产与保险公司、当铺与银行、专业理财顾问或邮政服务体系。在许多紧急状态或意料之中的日常场合，人们是无法从商业机构或政府那里得到任何帮助的。

在这种情况下，人们需要彼此提供援助。因此，种种人身依附关系——其中既有潜在的顺从、也有传统意义上的权力控制——就显得十分重要了。尽管罗马帝国时代的人们跟今人一样对公共权力孜孜以求，并且"行省总督"或"两人委员会成员"等头衔也的确可以提高人们的影响力与社会地位；但总的来说，这些头衔认可了当事人已经取得的权势。去职还乡后，这些人物并不会从此陷入默默无闻的境地。他们无非是回到了自己从前的地位（事实上还会略有提高）而已。他们从前是并且如今也还是本乡乃至本省中的"头面人物"。本书附录 B 收集了关于这一虽然宽泛、却足以反映更多历史真相的术语的若干蛛丝马迹。如果我们忽视这些在社会生活中发挥着更大作用的事实，而仅仅通过行省总督、两人委员会成员等行政官衔去理解过去的话，这种研究必定会漏洞百出。

这便是本章的主题，它已足够宏大。但除了对这一主题的简练概括（无论人们对它的兴趣有多大）外，我还将试图指出，这种私人权力与公共权力的配合是相得益彰的。前者不过是后者的延伸。这一点是至关重要的。由于帝国或行省的官吏人数稀少，出面维系民众对国家忠诚情感的时候也极为难得，地方上的巨富、权贵和形形色色的头目们显然必须心甘情愿地彼此合作。强制手段当然是必不可少的：他们必须维持一支庞大军队，同时也要避免经常性的内战；他们需要协助调节城市间和公民间的矛盾；还需要为了国家利益而征收捐税。除强制手段外，他们还要辅之以自己的独特技能、知识与人脉。

我们看到，这些人物有时担任官职，有时卸任离去；时而告老还乡，时而再度出山。他们身后簇拥着自己的奴隶和无偿帮助自己的朋友；无论是否担任官职，他们都乐意向自己的朋友和依附者伸出援手。他们声称（并且大多数也真心认为）自己对元首是忠心耿耿的，无论自己是否在担任督察官或行省议事会代表。在描述权力时，我们几乎可以无视公共权力与私人权力之间的区别，因为二者之间重叠的部分实在太多了。

用来界定权力使用方式的社会规范是非常重要的。没有它们的话，人们如何防止无休无止的权力斗争呢？如何抑制尔虞我诈呢？马克斯·韦伯（Max Weber）在 1920 年、诺伯特·埃利亚斯（Norbert Elias）在 1939 年、保罗·维因（Paul Veyne）在 1976 年都探讨过这些潜藏在广泛行为模式之下的思想、情感及其历史影响的问题，这些研究的存在至少可以证明我自己的探索是有意义的。[1] 我发现，在各个行省，至少在社会上层，人们拥有大体相同的行为习惯与心理预期；这个由影响力、熟识关系和血缘关系联结起来的、权贵们的被保护人、佃户和弱小邻居们赖以生存的体系，延伸到了帝国的每个角落。那些拥有权力的人不仅保证了内部的和平（这是政府的力量难以实现的），还为政府提供了一套伦理道德符码。我们或许会觉得它是不完美的，但它毕竟行之有效。它恰恰在政府与私人关系网上层的交汇处，也就是国家的要求需要得到满足的地方发挥作用。如果我们无法将权力的传递过程从其源头（可能来自皇宫）完完整整地梳理到效忠关系的终端，我们也不能据此判断并不存在着这样的传递关系。事实恰恰相反。沉默和最终的结果就是坚实的证据。日后政府发出的抱怨表明，这套机制最终失灵了。

当然，即便在和平安定的年代里，也不是所有人都将这些规范奉为金科玉律。罗马史上的任何一个时代都有贪污、勒索与凶杀。在军队和公共领域里，一些人——富人、权贵和掌握话语权的人物——的行为习惯是与整个社会格格不入的。在有些时代，这些另类的价值观反而传播得更为广泛。我将在第三章里对此进行论述。它对整个帝国而言是有害的——如果我们非要使用一个听起来更科学的字眼的话，可以说它引起了帝国的功能失调。这些情况将构成本书第四章的主题。

---

〔1〕　韦伯的 *Protestant Ethic* 和埃利亚斯的 *Civilizing Process* 都已被译成英文；韦纳的 *Le Pain et le cirque* 尚无英译本。

2. 权力的产生

当人们提到权贵和有产者时，会想当然地认为其余一切人都是穷光蛋和无以糊口的苦命人；二者共同构成了一个两大阶级对立的社会。这种过度简化的认识严重扭曲了事实真相。在上流社会里，一些地位较低的成员甚至不敢同某些高贵者讲话；而同处社会底层的两名奴隶或两位穷苦的自由人彼此之间也存在着显著差异。不过，从经济地位上看，罗马帝国境内确实没有现代意义上的中产阶级；当时的人们也没有这方面的概念。相反，他们考虑的角度是依附抑或自由，关心的是一个人究竟是被保护者还是施与者。自然地，我们所能看到的观点几乎全部来自有产阶级。[2] 很能说明问题的是某位犬儒派哲学家的一篇讲演——现代读者有时似乎能够从中发现压迫者的良心，将他视为劳苦大众的代言人；可就连这位犬儒派学者有时也不免要抨击劳苦大众，挖苦他们的一贫如洗，对民众集会不屑一顾。不足为奇的是，尽管这些公共演说家公开发表讲演、呼吁他们的听众，却没有得到多少人的同情与追随。

曾另外一位著名演说家在比提尼亚地区的普鲁萨（Prusa）

---

〔2〕 "在统计学意义上，确实存在着一个中产阶级……他们拥有中等规模的财富，构成了小城市里的贵族。"这是我的总结，见 MacMullen (1974) 89。另见该书第 6 章和附录 B 中关于 284 年之前阶级观念与现实的内容。更晚近的成果见 Alföldy (1986) 52–56, 78–81, and 418 f.；但应注意 Lepelley (1983) 154 对将阶级社会与等级社会混为一谈提出的警告；Löhken (1982), 23 同样正确地指出，在两个法律规定的宽泛群体——体面人（*honestiores*）与卑贱者（*humiliores*）内部还有必要进行进一步的阶层划分。或许最令人吃惊的文献材料是 Hor., *Ep.* 1.1.58 f.，其中宣称所有无骑士头衔的人都是平民阶级的一员。但就我们了解到的情况而言，类似的观点其实通行于帝国全境：例如，约瑟福斯认为犹太社会完全由穷人与贵族（*Vita* 29, cf. *B.J.* 2.315，民众与权贵（或名流），318, 322, and 410）构成。关于社会中仅存在有产者和无产者两大集团的观点，参见 Tac., *Ann.* 13.48，普特奥利的平民团结起来对抗"官吏与头面人物的攫取行径"。关于对民众居高临下的责难，见 Malherbe (1977) 中伪克拉特斯（Ps. - Crates）的言论，如 p. 75 *Ep.* 25："雅典的民众啊，你们听好了：我听说你们一贫如洗。那么卖掉你们的马匹，你们就有钱了。如果你们此后又需要马的话，请投票认定你们的驴子就是马。因为这是你们一贯的做事风格：你们不做对自己有利的事情，只做投票决定了的事情。"（trans. R. F. Hock）另见 p. 71 *Ep.* 21："尽管民众追求的目标与犬儒派没有什么两样，他们却在听到教导者的指示，看到奉行这些准则是何等困难后，就溜之大吉"；以及 p. 87 *Ep.* 34："值得高兴的是民众不肯相信的事情明白无疑地发生了"；最后还有 p. 85 *Ep.* 35 对"足以满足大众口味"的那些欲望的批判。

腐败与罗马帝国的衰落

议事会发表演讲时为自己从前对城市民众的同情言论表示道歉——本阶级中的人会对此怀恨在心，并抓住这些言论来攻击他。生活在同一时代的小普林尼写道："最好还是要保持尊卑贵贱有别，倘若一切都被混为一谈的话，从这种平等中就会产生最严重的不公。"〔3〕三个世纪后，叙玛库斯也表达了完全相同的看法。在元首制时期的全体拉丁、希腊作家笔下，民众（vulgus）被众口一词地描述为一个受到批判、轻蔑的对象，并且其中包含的特别角色——无论是体力劳动者、技术工匠还是商人——都遭到了更尖酸的挖苦。

借以维持自身地位的傲慢性格使得上流社会成员在帝国晚期提及民众时同样说不出什么温和的言辞。例如，君士坦提乌斯的一道法令宣布："希望不要有人渴求卑微商人、高利贷者、下等小吏或龌龊服务行业的从业者的地位，这些都是百无一用的职业，其收入来源也不光彩。"很久以前，西塞罗也曾用更简略的语言表达过同样的意思。〔4〕很自然地，哲罗姆（Jerome）也认为在结队访问圣希拉利昂（Saint Hilarion）的

---

〔3〕 Dio. Chrysos., *Or.* 50.3 f.，讨论了"民众"；参见 *Or.* 40.29 or 48.2 所用的腔调，以及现代学者对狄奥的评价："他用的是官员训斥作乱者的口吻……他笔下的平民压根不是什么公民，而是天生的奴才。"见 Veyne （1976）313；另见前文引述过的 Plin., *Ep.* 9.5.3，其内容可同 Symm., *Ep.* 9.40（*MGH AA* 6.247）参证："我们当然在任何情况下都要主持公道。然而，对于贵族和优秀人物，我们应当对案情进行反复斟酌，以便进行准确无误的裁决。我（在这封求情信里）一开始就要做这件事情，以便让我的调解能够得到广泛（也就是传统观念的）赞许。"

〔4〕 *CJ* 12.1.6（357/60），参见 9.47.12 中的语气；另见 Cic., *Pro Flacco* 18，见 MacMullen（1974）114。

"卑贱民众、贵人和行省总督"之间存在着鲜明反差；并且在哲罗姆眼中，民众必然要成为权贵手中的牺牲品〔5〕贱民们不仅生活在一个独立的世界里，并且还是更高贵的人类在争取权势与富贵过程中理所当然的剥削对象。

那些出身较为高贵的人则是永不知足的。看看下面这位加沙（Gaza）地区的精英吧。我会问他："'贵人先生，请告诉我，你认为自己在家乡的地位如何呢？'他回答说：'我认为自己是位数一数二的伟大公民。'我又对他说：'如果到了凯撒里亚，你又会在那里自视何如呢？'他回答道：'我认为自己高于那里的行政长官。''在安条克呢？''像个乡巴佬（paganos）。''在君士坦丁堡的皇帝面前呢？''我只是个可怜的

---

〔5〕 Hier., *Vita S. Hilarionis* 30（*PL* 23.43 f.）描述了 4 世纪 60 年代巴勒斯坦地区的贱民、权贵与法官。参见 Constantius, *Vita S. Germani* 5.26 所说的"无知群氓"（*inscia multitudo*），以及 3.16 中"暴民群体"（*turba*）一词的用法和语境；或频繁出现的"民众"（*populus*）；另参见 MacMullen（144）note 33 引述的攸西比乌斯等作家使用的类似歧视性术语；关于压迫，见 Anon. *de rebus bellicis* 2.2，其中指出，由于君士坦丁时代黄金数量巨大，"富人的私宅里珠光宝气、琳琅满目；穷人则大倒其霉，因为弱小的民众自然会被强者踩在脚下。"其他材料还包括 Aug., *Sermo* 345.1："听着，你们这些金银无数、却仍贪得无厌的富人！看着他们的时候，穷人们会痛苦呻吟、牢骚满腹，但仍不得不曲意逢迎、艳羡不已。他们渴望变成富人，为自己实力不济而哀哭。在赞美财富的时候，他们会感叹道：'只有他们才真正存在，他们才是活人。'"类似的材料还有 Liban., *Or.* 45.4（386 年）："这是弱者在权势面前、穷人在富人面前、民众在精英面前往往会受到的待遇……这便是他们在同元老和城镇议员打交道时所经历的。"金口约翰也用同样的字眼去描述当时的社会，参见 Liebschuetz（1972）61；在阅读了更多的古代作家作品后，Teja（1974）67 没有在 4 世纪的文献中发现任何存在于权贵与穷人中间阶级的线索。

乞丐。'"〔6〕这段对话虽然出自虚构，却反映了即便小城镇里的要人也会产生的社会等级危机感。这也让我们再次想起了之前发现的奇怪现象：即便社会精英内部已经自认为高人一等的成员仍要努力朝着社会等级阶梯的上层攀登。

因此，这个开放的和秩序正常的世界是由极其严格的规范统治着的（我们拥有很多浮光掠影的证据，但很难登堂入室去进行细致观察）。当一位行省总督视察某个城镇的时候，负责迎接他的队伍中应当有"祭司家族、活跃的政治组织和民众"，尤其是城镇议员。如果怠慢了总督的话，这些人将会受到惩罚。在大街上，社会等级较低的骑手应当下马。否则的话，迎面遇到的某位元老可能会记住他并伺机报复。如果两位坐轿子的人彼此相遇的话，地位较低的一方应首先下轿问候对方，或追述多年以来对他的恭维（如果两人的尊卑次序已发生反转的话）。〔7〕对社会等级的忽视是不可原谅的。人们可以通过衣饰上的某些标识，以及整套服装的精美程度辨认出元老；有时，受到表彰的公民可以获得在城镇范围内身穿红色衣

〔6〕 Dorotheus Gazensis, *Doctrina* 5 (*PG* 88. 1646)，6 世纪。

〔7〕 见 Menander Rhet. p. 100 Russell – Wilson，参见赫罗德斯·阿提库斯外出返回时雅典议事会、青年团体和儿童合唱团举行的欢迎仪式，见 Svensson (1926) 529 = *IG* 2 3606；Liebschuetz (1972) 208 on Liban., *Or.* 56. 1 f., 6, and 9 – 12, and *Or.* 27. 42；ibid. 209 关于离别仪式和欢呼场面的研究；ibid. 27 关于 Liban., *Or.* 52.40 中大行政区总长马车和恭维话的记载；Joh. Chrysos., *Comparatio regis et monachi* 1 (*PG* 47. 387) 提供了对行省总督乘马车出行，传令官列前吆喝开道，卫士们前呼后拥情景的典型描述；另见 Dio 45. 16. 2 (罗马城中的情景)。

物的权利；后来就任的各级官员都会佩戴绶带（*cingulum* 或 *zone*）；并且衣袍上镶嵌图案的大小，甚至袍子本身都可以反映等级的尊卑（图14）。[8]

图14　宫廷一景（卢克索尔神庙礼拜堂中的壁画）

---

　　[8]　MacMullen（1974）107. 关于绶带的悠久历史，见 Alföldi（1935）64 f.；它与短袍（*chlamys*）同为进官者必须穿戴的饰品，参见 Joh. Chrysos.，In ep. 1 ad Cor. 26. 4。关于其他重要官服，见 MacMullen（1964a）447；关于城市提供的"桂冠、上座和紫袍"等奖品，见 Dio Chrysos.，*Or.* 34. 29, and Mitchell（1977）72 f.，塞维鲁时期安库拉的一条铭文赐予一位公民"终生使用的紫袍与桂冠"，参见 TAM 2. 905 V F, Ⅵ A, B, E, and Ⅷ E；Pearl（1940）383 f. 讨论了帝国晚期一些在议事会身穿制服的地方官员；另见 Monneret de Villard（1953）XXXIa and 92 f. Deckers（1973）27 注意到卢克索尔（Luxor）壁画中"大厅右侧的画面里尺寸巨大、排场奢华的会议组，其最高处坐着一个身披大量深棕色环形饰物的人和身披边缘有锯齿的、尺寸与前者近似的星星状饰物的人，那些装饰表明他们是皇室成员"。关于旁人在看到短袍时产生的紧张情绪，见 Liban.，*Or.* 30. 15 和 *CT* 14. 10. 1（382年）中提到的"对于短袍的恐惧"（*chlamydis terror*）。

　　同样，重要人物通常会带着一批随从招摇过市；如果他们步行，其他行人就得让到一边；如果要人乘坐马车（或在夜间安排火把手为先导的话），其他行人还得把整条路让出来。他们的大多数随从或保镖是奴隶，但不时也会有私人朋友或被保护人追随左右。如果随从少于 20 人，那是很不光彩的，至少根据安条克的标准来看是这样〔9〕。

　　"我们城市的父辈/赤子/养育者/救星"等头衔在东部行省的法令中十分常见。〔10〕帝国晚期还使用着一批更加富于想象力的赞语，但它们的使用范围并不局限于东方。西方的赞颂风格偏爱更加抽象、夸张的字眼，如"完美无瑕的"（*perfecti-*

----

　　〔9〕　关于元首制时期的许多相关场景，见 MacMullen（1974）194 note 56；关于帝国晚期的情况，见 Liban., *Or.* 33. 10；Joh. Chrysos., *In Mt. homil.* 23/24. 10（*PG* 57. 320）；Basil, *Homil. in hexaemeron* 5. 2（*PG* 29. 100A），为富人开道的是"大声在前面吆喝着的传令官，他的扈从则令所有旁观者望而生畏"。另见 Basil, *Homil. in divites* 2（*PG* 31. 284C），讨论了富人醒目的衣着与饰物；Greg. Naz., *Or.* 42, 24（PG 36. 488Af.）讲述了主教们的排场、财富与颐指气使；Euseb., *H. E.* 7. 30. 8 提及了 3 世纪 70 年代安条克的一位借用了行政官员排场、随从和高傲做派的主教。

　　〔10〕　来自大量铭文和一些货币、文献材料的例子有：*IGR* 1. 854（Olbia）and *Passio S. Cononi* 2. 1, *pater poleos*；*BMC* Caria, Cos, Rhodes（1964）p. XXXV，分析了阿佛洛狄西亚斯的硬币，T. Drew - Bear（1978）167 f., Cousin（1904）26, and Le Bas - Wadd. 108，"儿子"；*IGR* 4. 527（Dorylaeum）and 717（Blaundus），*ktistes = conditor*, in *AE* 1916 no. 120 = *AE* 1969/70 no. 592（Sinope）；Dio Chrysos., *loc. cit.*, *soter*；还有其他术语，如 *proestos* 和 *aristeus.* 更丰富的材料见附录 B。幸运的是，有些观察者对这一切均持嘲弄态度：如卢基利乌斯，参见 Robert（1967）213 f., 以及阿米亚努斯对皇帝高帽"我们大家的父亲"或"造福万民的统治者"（属于一位心狠手辣的皇帝）的挪揄用法：29. 3. 6 and 29. 6. 7, 参见 29. 2. 17。

ssimus）、"出类拔萃的"（splendidissimus）、"闻名遐迩的"（eminentissimus）"，分别适用于骑士、元老和某些高级官员。到了4世纪，元老院中的要人在这些约定俗成的形容词之外又添加了别的头衔，它们源自拉丁语，但在希腊语中也出现了其对应词。[11] 我们只需看看某些等级是如何首先取得一些头衔，随后得到这些术语所赋予的实际权利，最终在4世纪将这些头衔变成法律术语的演变历程，就可以了解关于罗马社会的若干有用且有趣的信息。社会等级是至关重要的，它绝不仅仅是一种愚蠢的自欺欺人。

此外，帝国晚期还实行一种亲吻礼，不同级别的人物可以亲吻皇袍的褶边、膝盖或手。地位相当的人物面对面互吻。[12] 从385年起，对于城镇议员以上的官吏们而言，这种权利已成为法律规定的特权。帝国晚期所有行省境内的罗马人（相关立法是针对全体公民的），不分教俗，都希望（甚至主动要求）自己在官方文件或接待会等公共场合中的排序与自己的真实社会地位保持一致；否则，他们会因僭越而犯罪，并为此

---

〔11〕 这是一个尽人皆知的大题目。关于表示尊奉的形容词，如马可·奥勒留时代的 eminentissimi 或 perfectissimi，见 CJ 9. 41. 11，或在同时期使用的 egregius，参见 Oxford Latin Dictionary s. v. 关于这些用于头衔的字眼，见 MacMullen（1974）106，Alföldy（1981）190 - 94 and 205，and Löhken（1982）27。还有一些同样表示尊贵地位、但没有成为正式头衔的词，如 ornatissimus，见 ILS 5947 or 6043。

〔12〕 Amm. 28. 4. 10，参见 Lucian, Nigrinus 21，富有的罗马人应当向他们下跪（这并非希腊风俗）；相关立法见 CT 12. 1. 109（385 年），6. 24. 4（387 年），and CJ 12. 6. 1 – 12. 19. 2 passim.，400 年以后的材料尤其丰富。

腐败与罗马帝国的衰落

受到贬抑（"接受高于自己实际身份荣誉的徽章的那些人应被罚站"，而议事会的其他成员则可以各自就座）[13] 这种对尊卑次序的公开强调在罗马帝国有着悠久的历史；下面这段对 5 世纪 40 年代埃麦萨城镇议员瓦勒里安的描写反映了一种更为可怕的狂热：

> （此人）违反法度、鬼鬼祟祟地盗用了某个显赫官职使用的标志，利用这一高贵职务的徽章，实现不可告人的目的。他在一群野蛮人的簇拥下闯入了行省总督的私人议事厅，胆大包天地选择了上座，也就是坐在了行省总督——那位陛下对他面授机宜、将一省的安危托付给他的那个高贵人物——的右手边。随后，他把总督麾下的朝廷命官赶出了房间，并把议事厅里的一切搞得乱七八糟。这个家伙的富有还赶不上他的累累罪行。他还在家里接见城镇议员，窃取公共账目。他安排了一批奴隶抵制税吏征

---

〔13〕 除 223 年的卡努西亚铭文外，相关名单仅有著名的 4 世纪 60 年代蒂姆伽德名单，Lepelley（1979 – 81）2. 459 – 61 对此进行了出色的研究（并整理了之前的书目）。关于行省总督们达成共识的重要性，见 *CT* 6. 26. 5（389 年），6. 26. 7（396 年——其中提及了瓦伦提尼安佚失的法律条文）和 6. 26. 16（410 年——可见，规范座位次序的法令先后被申明了四次）；6. 18. 1（412 年）规范了作为公职义务的公开致敬场合下不同等级的分工——如关于欢呼的规定与责任；12. 1. 4（317 年）已被本书引用，它是针对贵族权力的僭越者的；Liban. , *Or.* 2. 7；Clem. Alex. , *Strom.* 7. 16（*PG* 9. 536 B）关注了头等座位（*protokathedria*）；而 Aug. , *Ep.* 59. 1（401 年）哀叹了世人对等级的轻视，参见 *Ep.* 64. 2。但这一主题可以不断向前追溯，如为城市杰出人物保留的前排座位（*proedria*），见 *TAM* 2 no. 905 V A，以及 MacMullen（1974）178 note 70 中举出的其他例子。

税，破坏了国家的法度，致使陛下的财库因为他的疯狂而蒙受了严重损失。

对于这样一个恶棍，把他降格为城镇议员，并责令他履行该等级相应日常义务的处罚其实算不上过分严厉。[14]

当然，我们关注的并非这个插曲本身，而是这类足以动摇帝国中央权威的恐怖与暴行。他们在全体公民中间表达并强调了自己的意志。诚然，这个罪犯切断了国库的财源并借此来肥己。这种情况是够糟糕的了。他用强力践踏了合法权威。他还坐在了不合时宜的座位上，身穿不合时宜的衣服，以不合时宜的、朝廷命官式的姿态在家里会见客人——这些都明确构成了僭越行为。它们都是生活中实实在在的特权。

在合法程序下，想要得到行省总督召见，必须等待行政命令或信使的到来。[15] 见面是一项需要地位尊贵的一方三思后予以批准的事情，因为这意味着他必须聆听、认识对方，必须施行自己许诺的恩惠，因此也就必须动用权力。哪怕你仅仅是某个释奴的被保护人，你也必须要说："感谢你赐予我们的诸多恩惠（beneficia），我们全家真诚地欢迎您。"而追随一位贵人在平台上接受群众拥戴的大批随从也应表示感谢——他们分享着

---

〔14〕 *Nov. Theod.* 15.2.1，trans. Pharr. 引文第一句完全符合 Paul. *Sent.* 5.25.12（*FIRA*[2] 2.412）中的说法："任何盗用高级官员徽章或伪造官员委任状，以便恫吓他人或进行敲诈勒索的人"都要被处决（如果他等级较低）或流放（如果他等级较高）。

〔15〕 Liebschuetz（1972）113.

这位贵人的权力，同时又增添了后者的权势。[16] 在庭审场合，议事会中的荣誉议员（honorati）可以同行省总督并肩坐在一起，后者不得坐在更高的位子上来凸显自己的高贵。高级吏员也可以享受与总督同席而坐的资格；而总督的访客和心腹（利巴尼乌斯经常在安条克抱怨这种不公的人情请托）、秘密进宫（但早晚会被人察觉）的皇帝宠臣与在迦太基被人看见的、敲省长宅邸后门的诉讼当事人则可以凭借自己的特权趾高气扬。[17] 一般认为，当权者的那些幸运密友同他的每一次会面都是在讨论、运作他们的私事。事实上，无论这些谣言究竟是否属于有的放矢，它们都会增加这些人在其他地区的影响力。

在最理想的情况下，你将有幸同要人共进晚餐。这意味着由要人首肯的特别恩宠，因为所有人都清楚这意味着什么。因此，提比略会使用邀请赴宴的方式去安抚暴躁易怒的利波（Libo），正如他本人或其他意大利大地产所有者的管家会在每年中特定的几个节庆场合同级别较低的工人一道进餐一样。为了参加城镇议事会的公开聚餐，你必须首先成为城镇议员。他

---

〔16〕 关于该铭文，见 Cavagnola（1974/75）83；关于被任命后类似的感恩戴德，见 Tac., *Ann.* 6.8；关于民众团结在领袖周围的情况，见 Eunap. *Vit. soph.* 490（雅典的权贵）或 Aug., *Ep.* 126 提到的"尊贵要人"（*honoratiores et graviores*）。当然，只有"地位高贵的人"才有资格觐见皇帝，见 *Paneg. vet.* 3（11）.3。

〔17〕 Libeschuetz（1972）190 f.，其中引用了 *CT* 的文本；关于先前取得荣誉座位者对赐予新人这一特权的皇帝的怨恨，见 Eunap., *Vit. soph.* 462，参见 Fronto, *Ep. ad Verum* 2.8 p. 136 Naber and Epict., *Diss.* 3.9.1，行省里的一桩荣誉诉讼一直闹到了罗马；Amm. 15.5.27 提到了重大事务的机密顾问；另见下文注 117。

们的餐桌反映并界定了等级（ordo），正如皇宫里的一张餐桌
界定了禁卫军队伍一样。[18] 能否到那张桌子上用餐是由法律
决定的。即便权倾朝野的佩特洛尼乌斯·普罗布斯（Petronius
Probus）也十分珍视这一受人羡慕的特权，并在其墓志铭中引
以为傲："（普罗布斯）曾享有同元首同桌进餐、交谈和建立
友谊的殊荣。"[19]

　　随之而来的还有一些专门的特权。我们在共和时期的意大
利能够找到一些这方面的例子：一些元老级别的人物要求在出
行期间拥有单独使用任何城镇浴室的权利。[20] 此后，帝国境
内的军官们到处宣称自己有资格享受这一特权，致使法律不得
不宣布将该特权局限在上层贵族的范围之内。重要的等级和庇
护人也会在剧场和竞技场里预留自己的专座——这是希腊人的

---

　　〔18〕 Tac. , *Ann.* 2. 28. 3, "陷害利波"；Columella, *Re rust.* 11. 1. 19；
Suet. , *Gaius Caligula* 17. 2, and Dio 60. 7. 4, 其中提到了表彰元老、骑士及其
妻子们的宫廷宴请；Euseb. , *Mart. Pal.* 7. 7（307 年）提到了马克西明·达
伊亚（Maximin Daia）的一位同住者（*homodiaitos*）和共餐者（*homotrape-zon*）。另见 Euseb. *Vita Const.* 3. 1（*GCS* 1. 77），其中提到了与君士坦丁共同
进餐的主教们，参见 Liban. , *Or.* 30. 53, "某些基督徒"享受了这一殊荣；
Eunap. , *Vit. soph.* 492 and Amm. 15. 5. 27（355 年），乌尔西奇努斯（Ursici-nus）、普罗赫勒修斯（Prohaeresius）等人也享有同样的特权；另见 *CT*
6. 13. 1（413），*praepositi ac tribuni scholarum, qui et divinis epulis adhibentur*（学
界长官们被皇帝邀请赴宴）。关于康科狄亚（Concordia, 今威尼斯）的城镇
议员，见 Fronto, *Ep.* 2. 7 p. 192 Naber。

　　〔19〕 *CIL* 6. 1756, line 11E, 公元 371 年执政官，卒于 388 年之后。

　　〔20〕 Aul. Gell. 10. 3. 3；*CIL* 3. 12336 lines 43 f. = *IGR* 1. 674 = *Syll.*
3. 888；and *CT* 7. 11："城镇议事会和行省议事会应当清楚，这些浴室仅供显
要和军官们使用"（406 年和 417 年的法令）。

发明，随后被首都的罗马元老们和骑士先后采纳，之后又被拉姆拜西斯（Lambaesis）、鲁斯卡德（Rusicade）、以弗所、雅典、斯托比（Stobi）等选区，尼姆斯（Nîmes）等贸易中心和达西亚（Dacia）的萨米泽格苏萨（Sarmizegethusa）等帝国宗教中心所采纳。显然，我们上面列出的这份名单还可以继续大幅拉长。[21] 地方权贵们不仅在各城镇最引人注目的地方竖立了自己的雕像，还通过类似的方式展示着自己的肖像画。[22] 最后，如果出手足够阔绰，还可以享受一场公共葬礼（如果"享受"一词用得还算贴切的话）。[23]

我们在一篇墓志铭文中看到了某位地方贵族葬礼上公民们表达的哀悼之情；并在米拉萨（Mylasa）的另一篇铭文中读到了群众为一位活着的贵族为本城所做的贡献而爆发的感恩欢呼："喊声四起：'万岁！'"2—3 世纪的希腊或叙利亚城市还会采用其他的统一赞美用语，其中的一篇文献来自城镇议事会的备忘录；一幅配有说明文字的马赛克记录了正在等待捕猎野兽的民众在歌颂承担全部费用者时发出的有韵律的赞美声：

---

〔21〕 MacMullen（1974）173 note 38；Clemente（1972）166，一位里昂贵族在另一座城市的剧场里拥有一个固定座位；*TAM* 5.1.74（Saittae）；*CIL* 12.3316（Nîmes）and 3.12586（Sarmizegethusa）；关于奥古斯塔勒斯（Augustales）的前排座位，见 MacMullen（1974）173 n.40 和本书上文注 13；关于其他群体，见 Kolendo（1981）301 ff.；最近关于 Flavain Lex Imitana 的研究见 Gonzaler（1986）174。

〔22〕 *CIL* 14.2410（158 年，Bovillae）and Liban.，*Or.* 2.10 and 42.43.

〔23〕 MacMullen（1974）173 n.39；*CIL* 2.3370 and 4611；以及 *DE* 中的许多文本，s.v. Funus（A. De Vincenti，1962）352.

"未来的捐赠者（munerarii）将以你为榜样！但愿从前的捐赠者将会聆听！亘古以来可曾有过这样的事情？你将效法财务官们的榜样，在那天自费举办这样的表演。玛格里乌斯（Magerius）将支付这笔钱！这就是财富与资源！"[24] 最后，我们拥有不少于 360 个唱段，它们对奥古斯丁任命继任者的做法表示了欢迎（"请基督听取我们的祷告，保佑赫拉克利乌斯［Heraclius］"出现了 80 次；"请基督听取我们的祷告，奥古斯丁万岁！"出现了 36 次，等等），几乎超越了（可什么东西又能真正超越呢？）庆祝《提奥多西法典》颁布的 50 句颂词和 850

---

〔24〕　Degrassi（1961/62）68，公元前 1 世纪的 Ferentinum；Reinach（1896）540，lines 55 f.，*succlamatum est*：*eis aiona*（我们宣布：他终生保有此荣誉［用拉丁语导出希腊语的例子］）；543，讨论了 *IG* 830，lines 35 f.，*apo akton boules achtheises*：*epephonesan*（城镇议事会的动议：他将受到供养），等等。其他的例子如 Reinach（1896）542 中关于罗马城的事例；马赛克中的材料见 Beschaouch（1966）139，具体时间为 3 世纪 40 年代，p. 150；关于阿非利加、西班牙、日耳曼地区的其他例子，见 p. 140。

段重复。[25]

我们看到了十分有趣的权力展示场景：人们会为重要人物连续咏唱几个小时。这种围绕居高位者及其赢取他人效忠的能力形成的传统显然是极其重要的，构成了权力实质的重要组成部分。如果我们认为它们毫无意义，而只是空洞的阿谀奉承的话，可就大错特错了。其中包括一些个性化的东西，表达了个性化的思想。有些想法形成后被重复 13 次，而非 80 次（像赫拉克利乌斯那样）；对提奥多西大帝公告的赞美重复了 10 次左右，而没有达到 50 次。上文提及的那种阿非利加城市中的民众通过不停的歌唱而从其同胞手中获得了一项金额巨大的捐赠。我们还在 300 年左右一座埃及城市举办节庆期间看到了一

---

〔25〕 Aug. *Ep.* 213.1-3（*CSEL* 57.372 f.），教会决议（*acta ecclesiastica*）；参见 *CT Gesta senatus* 1-7，全部条文的开篇处。关于 SHA 中伪造的欢呼内容，见 *Valeriani* 5.4 and 7；*Tacitus* 7.1 或 Probus 12.8，这些材料都强调了"全体"（*omnes*）；关于一位元老真实记忆中的欢呼场景，见 Dio 72（73）.20.2，其具体场合为剧场。还有早在公元 69 年元老院中的情景，见 Suet.，*Nero* 46.3，其中的欢呼是全体共同参与的。还有 Dio 62（63）.15.2，当时尼禄对元老们进行了密切监督，甚至包括他们参与欢呼的环节，具体的"词句"也被记录了下来，见 62（63）.20.5。至于共同的缄默不语（可能比欢呼更加整齐划一），见 Dio 58.10.7 描述的公元 31 年情景：好像所有人长着一只舌头（*apo mias glosses*）。尽管大部分现代读者并不熟悉这种欢呼方式，它们却仍旧存在于当今的布加勒斯特（Bucharest）（《纽约时报》1987 年 5 月 27 日），当时罗马尼亚领导人齐奥塞斯库（Ceausescu）致来访的苏联领导人戈尔巴乔夫（Gorbachev）的 45 分钟欢迎词 30 次被掌声所打断。群众 18 次起立并有节奏地发出欢呼，喊着两位领导人的名字或诸如"齐奥塞斯库——和平!"与"裁军——齐奥塞斯库!"——而戈尔巴乔夫发言被打断的次数仅有齐奥塞斯库的一半。

个类似的场景:[26]

> 人们在集会上高喊道:"罗马人的权力万古长存!皇帝万岁!愿我们的领袖、省长大人安康!长河啊,我们的主席,本城的光荣!长河啊,我们的狄奥斯科鲁斯(Dioscorus),第一公民!在您的治理下,我们的幸福源泉与日俱增……祝爱国者安康,祝正义的爱好者安康!我们幸福的源泉,城市的缔造者!……愿主席在这个伟大的日子里收获众多选票!主席啊,你给我们带来了诸多福祉,因而配得上获得大量选票。我们就主席的事情向领袖(省长)提出呼吁。我们心怀善意地向您——赐福的领袖要求这座城市的议事会主席、城里本分人的治理者、公平的治理者、全城的治理者、本城的庇护者、本城的赐福者、本城的缔造者,安康的省长、安康的统治者、赐福的统治者、赐福的省长!我们恳请您关照我们的议事会主席。请让主席获得选票,让主席在这个重要日子里获得选票!这是至关重要的事情。"主席说:"我衷心感谢你们赐予我的荣誉,但我恳求你们将意愿的表达控制在合法范围内,以便你们能够确保自身的安全,我也可以心安理得地接受它。"民众喊道:"您配得上拿到大把的选票!……罗马人民永世长存!本分人的省长、我们的领袖安康!领袖啊,我们为自己的

---

〔26〕　POxy. 41,依据本书第一章注 160(长河啊!)和附录 B "*protopolites* = 第一公民"的观点,笔者对编者的译文第 4 行进行了改动。关于要求行政领导人给予更多、最终如愿以偿的民众压力,见 *IGR* 4.1665(Tira in Asia)。

> 主席、城市的赐福者、城市的缔造者而向您恳求！领袖啊，请您为陛下保全这座城市！赐福的领袖啊，我们为本城的祝福者、本城的爱国者向您恳求！"律师阿里斯提昂（Aristion）说："我们会在最高议事会上讨论此事。"民众继续喊道："领袖啊，我们为本城的庇护者、本城的缔造者、正直的将领、城市和平的保障而向您恳求！长河啊，狄奥斯科鲁斯家族，第一公民！长河啊，索特斯（Seuthes）、公民首领、公正的统治者、正直的公民。正直的律师，正直的裁决者！一切热爱本城市的人万岁！皇帝陛下万岁！"

没有混乱，没有虚饰，而是一种充满活力的民主模式——仅仅舍去了近现代常见的伪装而已。因此，人们可能会对它产生误解。事实上，按照我们看到的这套流程，多数人的意志会试探性地出现，发展成型，变为共识，最终成为不容置疑的要求；因为谁也无法轻易拒绝同胞和公民集体提出的这种坚定要求。

一个变了味的例子可以证实这些场合下相应作用力的存在。它发生在 217 年的罗马大竞技场（Roman Circus），当时不得人心的皇室家族正在举办统治者生日纪念庆典:[27]

> 民众考虑到举办竞技期间鱼龙混杂，容易找到藏身之处，便增添了勇气，在纪念王子狄亚多麦尼亚努斯（Diadoumenianus）的竞技进行期间发动了一场可怕骚乱……

---

[27] Dio 78 (79).19.3 f. 记载了民众对政权态度的转变；20.1-4 描述了这种大起大落的场景。

他们哀叹自己是唯一一个没有领袖或统治者的民族……他们起初还对骑士和元老们发起并希望民众附和的、对皇帝与王子的礼赞（……"祝福这个神奇的日子！祝福我们的伟大领袖！"）熟视无睹。

但民众唱起了别的调子，并自然而然地凭借人多势众而占了上风。于是，皇帝颜面尽失，同时也丧失了权力——二者其实是一回事。报道此事的作家接着写道："尊奉绝对权力（*kreitton*）、轻视弱者乃是世人的天性；从此以后，（群众）将玛克里努斯（Macrinus）和狄亚多麦狄亚努斯视若无物，仿佛他们压根没有存在过一样。同样，士兵们也开始轻视玛克里努斯（这样做并非毫无道理），将他从前为栽培自己所做的一切抛到脑后去了。"

来自同一位作家的材料（Dio，58.5.1 – 4，作者本人便是一位经验丰富的元老）在前文中便思考过塞亚努斯（Sejanus）的崛起。塞亚努斯是提比略手下的一名省长，曾在晚年密谋僭取帝位。"此人的声望与权威是如此显赫，以至于他本人实际上等于元首。"在政治生活中，有些人是"凭借自己的品质立身扬名的"；而有些人则属于"暴发户"。后者坚持要求别人对自己"恭顺、忠诚（*dexiomata*），因为这是维持自己显要地位的必要条件（用狄奥自己的话讲，丧失颜面就是丧失权力）"。并且"如果他们没有得到这样的礼遇，他们便将之视为一种轻慢，并对这种冒犯怀恨在心。因此，可以说，人们同这类人打交道时需要比陪伴元首更加小心。对于元首而言，原谅冒犯是一种美德；而对于政治暴发户来说，这会被视为软弱的象征，只有反击和报复才能证明其巨大权势的合法性"。

在公共场合，避免让别人丢失脸面、从而防止不必要的挑衅行为（可能也包括报复）是很重要的一条原则。但如何才能做到这一点呢？"欢呼"可以在不亲自参与，甚至不暴露身份的前提下表达人们的立场。这种手段有时会在 1 世纪后期的罗马元老院集会中采用，它在那种场合下始终是一种传统手段。元老院里的重量级人物会按照年龄顺序逐一陈述自己的看法，但最后的决定性时刻却是一种难以捉摸的、一刹那间完成的欢呼表决程序。小普林尼告诉我们（*Ep.* 2.11.22），在这种场合下，人们确实能够明确辨认出谁是输家，而且他有时还会输得很惨。因此，当众暴露自己的虚弱和孤立无援也是令人恼火的事情。通常采用的议事程序要好得多："元老院内部通常会在颁布法令之前达成明确共识"（上引书 3.4.4——请注意"通常"一词）。

因此，当某位候选人、某条法令和某项荣誉赐予得到一致认可的时候，我们并不能想当然地将它视之为曲意逢迎的结果（尽管最初几位元首治下的罗马元老院的确在朝着这个方向蜕变）；我们已经引述过相关的例子（见上文，注 25）。行省中的议事流程也没有两样，许多"得到全体议事会成员一致赞成"的议案都是这方面的证据；这个术语存在着许多异体写法，并且这一司空见惯的现象甚至还存在着一种很能说明问题的缩写方式，就像我们今天会在议事会上用"AA"代表"全体赞成"

一样.[28] 可能是出于避免围绕高级待选官职而展开的竞争的缘故，庞培城（Pompeii）的长老们宁愿采用"政治安排和政治操纵"的手段,[29] 以免让失意者在公众面前丢人现眼。在选举两人委员会的时候，只有两位候选人会走上前台。出于更加明显的理由，选举皇帝的过程（如果确实安排了投票环节的话）也是一种统一意志的表达。有谁愿意在投票时站错队呢?[30] 最后，教堂里的议事会也遵循同样的原则——相关证据从 3 世纪中叶一直延伸到 5 世纪中叶；与会者逐一陈述自己的看法，最终通过欢呼达成一致意见："全体主教们都这样

---

〔28〕 Kotula（1968）34－36 列举了关于阿非利加行省各选区投票情况的许多例子；Marcillet－Jaubert（1979）71，376 或 378 年的阿非利加行省，"得到最高贵阶层的一致赞同"（*consensu splendidissimi ordinis*）；*CIL* 6. 1685，公元 321 年阿非利加行省泰内（Thaenae）的情况；*IRT* 565，*ordo…cum populo…decretis et suffragiis concinnentibus*（得到平民阶层的认可，并正式投票通过）；*CIL* 8. 1548，Ain Edja in Africa，*consensu decurionum omnium*（全体城镇议事会成员达成共识）；*CIL* 10. 1795，*universus ordo*（所有等级）；*CIL* 6. 29682，*placet cuncto ordini nostro…ordo dixit*：*omnes，omnes*（由我们等级提出……等级中的全体成员认为），罗马附近某城镇 3 世纪提出的动议；*CIL* 14. 2466，*universi censuerunt*（全体认为）；*CIL* 12. 5413，Narbonensis，*censuere omnes*（所有成员认为）；以及 *CIL* 10. 4643，公元 31 年（卡勒斯），26 人参会并达成共识。帝国东部的众多例子见 Erim（1975）78，所有材料的年代都很晚（约 500 年前后），并且来自阿佛洛狄西亚斯。

〔29〕 Franklin（1980）69，78，and 82，与争议颇多的市政官选举形成了鲜明反差。参见 Dio Chrysos.，*Or.* 48. 1（transl. Loeb ed.）："没有哪个理智健全的行省总督乐意召集混乱不堪的公民大会。"那是毫无益处的。

〔30〕 Amm. 26. 1. 5 and 26. 4. 3，前者涉及到 365 年尼西亚的富人联盟；后者叙述了在尼科米底亚指定一位恺撒的事情，*nec enim audebant quisquam refragari*（无人敢于提出质疑）。

说"（*omnes episcopi dixerunt*）。[31] 因此，帝国历史上诸行省中许多最重要的决议都是可以在几乎毫无异议的情况下通过的。

这是我们的第一印象，但它还需要许多量化的证据。事实上，正如我们已经看到的那样，人们必须严格限制公开表达异议的行为，这正是因为在公开场合遇到的挫折对于失败者而言是非常严重的。我们有必要进一步探讨其原因；皇帝玛克里努斯的遭遇显然反映了其中的一个关键因素——他带着全部支持者在大型剧场里当众显示自己的权力，却还是被反对者成功地扳倒了。

在1世纪90年代发生过一件事，"某位名为鲁孚斯（Rufus）的人，在斯米尔纳（Smyrna）以残暴专制的方式担任着那里的城市督察官（curator）。（居住在那里的著名哲学家）尼克特斯（Nicetes）在偶遇时只对他说了一句'你好'，并且此后也从不前往他的宫廷。在仅仅治理一个城市期间，鲁孚斯并不认为自己受到了多大冒犯；但他在接管高卢军队后想起了这场旧怨。"他向元首写信说明此事，并提出了针对尼克特斯的许多类似控诉。于是元首命令鲁孚斯亲自审讯此案。被传唤来的被告进行了答复，他用无懈可击的语言为自己进行了辩白，使得法官泪如雨下（修辞艺术的知己在聆听一场伟大演说时就该作出这样的反应），两人的纠纷随之告终。一切都只是因为面子而已。[32]

---

〔31〕　Hess（1958）29 – 32.

〔32〕　Philostr. , *Vit. soph.* 512.

到了玛克里努斯身后一百余年的时代，一位名叫图密善的新任省长被派往东方，前往自己在安条克的官府。恺撒伽鲁斯正好也住在那里。图密善拒绝与伽鲁斯会面，径直从他的宫殿前面走过，并用其他方式侮辱了恺撒。而伽鲁斯手下的财务官则公开声称，伽鲁斯缺乏报复"冒犯者"的足够权威。结果，伽鲁斯派出卫士同时逮捕了这两个人，把他们私刑处死了。[33]故意藐视应当受到尊重，或前来登门拜访之人的做法也构成了竞争君士坦丁堡主教职位的亚历山大里亚的特奥菲鲁斯（Theophilus）和安条克的约翰之间你死我活斗争的核心内容。诸如此类的、通过公开藐视的做法损害对手影响力与社会地位的例子可谓俯拾皆是。

对"尊荣"（*dignitas*）一词用法的考察有助于我们理解权力的实质。它适用于各种对象与场合，表现着我们在前文中提到的高贵社会地位：招摇过市的做法、鸣锣开道的先导、引人注目的服饰、群集如云的随从、深居简出的习惯、心腹密友的精选。所有这一切都构成了尊荣的实质。但这个术语也有并不

---

〔33〕 Amm. 14.7.9–16（354 年）；Philostorg.，*H. E.* 3.28 pp. 53 f. Bidez；关于通过无视来侮辱一位大人物的做法，见 Soc.，*H. E.* 6.15, Soz.，*H. E.* 8.17；记载最详细的为 Pallad.，*Dialog. de vita S. Joh. Chrysos.* 8 p. 9 Coleman-Norton，其中提到亚历山大里亚主教提奥菲鲁斯（Theophilus）在 402 年"在君士坦丁堡登陆后没有遵照老规矩前往金口约翰的教堂，没有去那里攀谈、祈祷或作出任何友好的姿态；相反，他下船后从教士专用的通道离开，直接前往郊区某地下榻"。当然，金口约翰和他的教士们也并不欢迎提奥菲鲁斯来访，因为他们本应在港口迎接他。应当注意到，早在 1 世纪，元首宽容"胆敢"缺席他就职仪式的做法已被视为了不起的事情（Plin.，*Ep.* 3.7.6 f.）。

光彩的一面。在西塞罗、恺撒或小普林尼的笔下，这个字眼意味着在必要情况下用武力维护自己公众形象的能力；对冒犯、伤害自己及其被保护人的行为进行报复的本事；拥有尊荣者可以为自己和他人打抱不平，并能够使公众认可自己的这套惩戒行为的能力。[34] 尽管希腊语中不存在这个具有双重含义的拉丁术语的对应词，但希腊和拉丁作家们同样认可报复的做法，认为能够凶狠回击和与人为善的人物都是出类拔萃的。

当时的风气还认可通过公共场合的傲慢举止来提醒人们注意自己的尊荣、取得他们尊重的做法。显而易见的是，官吏们会以掌握权力为荣，并且在刚刚接受任命、还没有正式就任的时候就开始趾高气扬了。[35] 当一个人穿上全套官服后，"他在前行时威严可怖，以至于无人敢同他讲话；遇上他的人会退让到一旁，他的先导则吆喝着人们让开道路，并且不得直视官员。于是路人便会躲到边上，目光低垂"。至少亚历山大·塞维鲁统治时期的大行政区总长就是这样极端傲慢的。

甚至级别较低的官员有时也会如此行事。例如，费劳斯特

---

〔34〕 MacMullen（1986b）515 f.

〔35〕 Tac. *Ann.* 2. 36，*superbire homines etiam annua designatione*（任官一年足以让人志得意满）；3. 40，*saevitia ac superbia praesidentium*（行省总督的怒威与高傲）；Herodian 3. 2. 3 描述了大行政区总长普劳提亚努斯（本书引用了相关材料）；另见 Amm. 17. 3. 4，大行政区总长弗洛伦提乌斯在其决议遭到朱利安驳回时怒不可遏；"他大发雷霆，无法接受自己突然失去信赖这一事实，因为从前的皇帝曾在这些事务授予他至高的权力。"他向君士坦提乌斯抱怨了此事，给朱利安写了一封信，告诫他"不要如此小心翼翼地进行统治，以至于忽视了弗洛伦提乌斯的建议"，要他信任弗洛伦提乌斯。

拉图斯（Philostratus）曾目睹过某个东方城市派来、前往卡拉卡拉面前申辩的两名信使。其中一位生了病。另一个名叫赫利奥多鲁斯（Heliodorus）的方寸大乱，慌慌张张地跑到皇宫门口。"他在受到召见的时候尚未准备充分，便以同伴生病的理由请求推迟仲裁。但原告乃是个凶恶的无赖，拒绝接受这一安排，而是违背使节的意愿，拽着胡子把他拉进了宫。"[36] 这是何等丢人现眼、骇人听闻啊！它给人们留下了难以磨灭的记忆。

陀思妥耶夫斯基（Dostoyevsky）笔下的一个人物回忆道："先生，你的兄弟德米特里（Dmitry）抓住我的胡子，把我拉到了广场上。当时正好是小学生放学的时间，易柳沙（Ilyusha，我的儿子）正跟同学们一道走出学校。他一看见我遭到这样的待遇，立刻跑了过来……他试图解救我，向袭击我的人喊道：'放开他，放开他！那是我爸爸！请饶恕他，先生！'正是这样！'请饶恕他！'易柳沙哭喊道。孩子抓住那个人的手亲吻——是的，先生，就是侮辱他父亲的那只手……这就是孩子们——不是您的孩子，而是我们这些遭人唾弃，但仍有尊严的穷人的孩子们——在九岁时对正义的认识……先生，我的易柳沙在那一刻领会了生活的全部真理。他接受了真理，并被真理碾压得粉身碎骨。"[37]

---

〔36〕 Philostr., *Vit. soph.* 626；关于卡拉卡拉在高卢的乖戾举止，见 SHA *Cara.* 5.1.3。

〔37〕 F. M. Dostoyevsky, *The Brothers Karamazov*（Penguin transl. D. Magarshack, 1978）1. 237 – 240.

腐败与罗马帝国的衰落

这正是关于社会现实的发人深省的看法！在某种意义上，一个社会仅仅存在着两个阶级——富人和穷人；这个社会通过现实和可能性教育它的每个新成员认清自己的位置。帝国的每条大街小巷上都在展示着类似的明确范例。尽管有人会发现"穷人可以口无遮拦地讲话（parrhesia）"；但他们却难以做到"像要人那样冷嘲热讽"；"因为富人对待身边穷人的方式通常是虐待、辱骂和嘲讽，有时还会拳脚相加"。[38]事实上，上述许多傲慢举止或多或少地是自觉的，是为了教训周围的人（哪怕他们只是偶然的目击者）对自己表示尊重。已经拥有财富、尊严和影响力的那些人会通过强调来进一步确保这些资源；而那些缺乏这些东西的人也明白自己应当如何待人接物。这两种教育无疑从孩提时代已经开始，就像易柳沙的遭遇那样。

当然，还有更高层次的教训与令人瞠目的现象。如前所述，富人的傲慢可以划分出许多层次。根据费劳斯特拉图斯的记载，前往高卢地区元首行在的两位使者在家乡也算得上有头有脸的人物。他们在宫廷里则什么也不是。在那次尴尬经历之后，他们或许能够学到那位加沙居民的智慧（见上文注6），更好地认清自己的地位。他们也可能会试图进一步提升自己的身份。

---

〔38〕 Art. , *Oneir.* 1. 32；Ael. Arist. , *Or.* 46. 309，Dindorf II p. 402；Dio Chrysos. , *Or.* 65. 7；另见 MacMullen（1974）195 nn. 68 and 71 f. , 其中将证据来源范围从讲希腊语的各行省扩展到了意大利。

这种努力向上爬的冲动和为此付出的、持之以恒的艰苦努力在帝国历史上可以找出成千上万个例证。尽管我们无法使用人类学的方法去对这个社会及其价值标准进行深入研究，但它留给我们的印象却带有典型的竞争型社会特征。显然，人们在为进入和留在权力中心而进行着竞争。相关例子可见以前的大行政区总长塞亚努斯和普劳提亚努斯（Plautianus）。[39] 爱比克泰德（Epictetus）描述过那些仅仅担任过较低官职者的感受。对于一名青年贵族而言，那是一场胜利："他被视为配得上保民官的荣誉"，所有周围的人都为这一好消息而欢呼，"见到他的人会拥抱他，亲吻他的眼睛或脖子；奴隶们则亲吻他的手。回到家里的时候，他看到一派灯火辉煌的景象，并登上卡皮托林山（Capitoline）去献祭。"关于身处社会金字塔上层的元老，我们拥有玛提阿尔（Martial）的相应描述：这个不知疲倦的人"从一大早起便跑遍全城，与成百上千的人行接吻礼……但对于能在尊贵的名单上增添自己的名字，或即将被派去治理努米底亚或卡帕多西亚诸部族的人而言，这样庆祝也是值得的"。[40] 帝国晚期的职位竞争尽管在形式上有所不同，

---

〔39〕　关于普劳提亚努斯，见 Dio 76. 14. 2（frg.）。大名鼎鼎的塞亚努斯无须专门介绍。

〔40〕　Epict., *Diss.* 1. 19. 17 – 25，参见 1. 10. 3, 4. 4. 2 and 3. 7. 30 f. 介绍的进入宫廷、元老院和担任行省总督的情况；类似的材料如 Columella, *Re rust.* 1 praef. 10; Mart. 12. 26. 4 – 6（Loeb transl.）；参见 Plut., *Moral.* 815A，其中强调了"领导人们（权贵们）在竞争中贪得无厌、互相攀比的本性（他指的当然是讲希腊语的世界）"；Walton（1929）55 观察到了"贵族对于元老身份的极度狂热"，而新人们则进行着更低级的、地方层面的竞争。

腐败与罗马帝国的衰落

却仍旧愈演愈烈；而教会内部的新的升迁机会又展现在世人眼前，其奖赏、劳苦和竞争激烈程度与世俗世界不相上下。[41]关于宗教领域竞争的细节材料尤其丰富。这些资料还可以帮助我们理解宫廷阴谋和皇帝角色的实质，我在本章末尾处还会回到这个话题上来；不过，即便在皇宫之外，反映4—5世纪血腥权力斗争的例子也已相当丰富。在412年追随亚历山大里亚

---

〔41〕 或许为关于争取教会内部升迁机会所展开的激烈竞争的第一份重要证据是塞尔狄卡（Serdica）的第7条教规关于"我们（一些教士）的胡搅蛮缠和无理要求"的规定（参见 Hefele（1907 – 09）1, 2 p. 782），"因为许多主教总在皇帝侍从或禁卫军营地附近转悠，尤其是来自阿非利加的主教们。"主教们必须抑制他们"想从小地方调到大城市的贪念"，等等。另一份重要史料是 *Collectio Avellana*，如 1. 5 – 7 and 2. 109，其年代已延伸到了5世纪；但我们在教会史家那里也能够找到许多信息，如 Soz., *H. E.* 3. 1（*PG* 67. 1033B, 337年）提到了一批主教在皇帝宠信的君士坦丁堡长老支持下反对另一派的事情，那位长老"是皇后和侍奉皇后起居的宦官们的好友"；4. 16 提到了主教们依赖于"内务长攸西比乌斯"和许多"自身很有影响，同时也在争取攸西比乌斯支持"的人物。4. 23（*PG* 67. 1185B）讲到阿瑞米努姆（Ariminum）和塞琉凯亚（Seleuceia）两次大公会议后，一批主教"笼络了宫廷中的要人们，让他们支持自己的观点，并将这些看法传播给宫中的其他大人物"。Soc., *H. E.* 2. 37（*PG* 67. 304, 359年）提到，日耳曼尼凯亚（Germaniceia）的主教获得了安条克的主教职位，"因为他有侍奉皇帝起居的要人作为靠山"；以及 6. 5（*PG* 67. 673C f., 399年），其中讲到特奥菲鲁斯阴谋串通"一些身边的人和一些远在天边的人（他们仍可以进行口诛笔伐）"去对付约翰，因为他由于无法为自己的执事伊西多尔（Isidore）谋得君士坦丁堡主教职务而对约翰怀恨在心（斗争结局见 *PG* 67. 697B，约翰成功地让自己的执事当上了以弗所主教）。MacMullen（1984）160 f. 收集了大量关于宗教领域派系斗争的其他史料。

主教左右的数百名保镖反映了帝国晚期出现的权力变化。[42]

当然，"脸面"最终要靠暴力支持。如果没有某种物质力量的强制作用，有产者们的颐指气使、耀武扬威、前呼后拥、富可敌国及对穷人的为所欲为早晚是要受到挑战的。富人也总是不得不去面对这种挑战。诚然，与较为太平的早期帝国相比，晚期罗马帝国境内动用武力的现象确实更加频繁；但任何时代的有产者队伍中都会充斥着一批好勇斗狠的家伙，喜欢借助自己的奴隶或门客，用拳头解决问题，以此来作为维持自己权力的工具。

在试图理解罗马帝国境内的劳苦大众为何会对少数人俯首帖耳的时候，我会关注他们经常受到的轻慢和痛苦经历。其中有些是很可怕的。罗马大户人家的宅邸犹如一座阴森的城堡，除成群的奴隶外，有些住宅还设置了自己的家丁。[43] 这还是1世纪时的情况——我们无须征引关于共和晚期私家军队与街头械斗的大量证据了。在2世纪的雅典——那是一座文化重镇和与世无争的大学城，但还是有人对它加以记述——一些学习修辞学的大学生派出奴隶袭击一位他们不喜欢的当地市民，并将后者殴打致死（当然，这一类故事在4世纪中期以后就更常

---

[42] Wickham（1983）xvii n. 17，在一场斗争激烈的主教选举中，西里尔（Cyril）帮助自己的舅父特奥菲鲁斯取得了胜利，因此安排卫士保护是必要的。参见同时期君士坦丁堡显要们雇佣保镖的做法，Seeck（1910－23）6.412。

[43] Tac., *Ann.* 15.69, and Epict., *Diss.* 1.30，"那些拥有武士的人"；参见1世纪斯塔提利乌斯家族的家兵（*armigeri*），*DE* s. v. "Armiger"。

见了）。城市领袖、修辞学家和偶然成为巨富的赫罗德斯·阿提库斯（Herodes Atticus）拥有数座豪宅，其中坐落于郊区的一座便设有塔楼。[44] 当时在郊区和乡间肯定有很多同样固若金汤的富人宅邸（尽管它们并不一定是用来抵御围攻的），因为我们听说在 2 世纪 20—50 年代发生过有人被劫持到这些宅邸，并像奴隶一样被私自拘押的事情。[45] 众所周知（如果不是随处可见的话），4 世纪的一些乡村住宅就是为应付战争而建造的，尽管其内部可能十分舒适。这一类建筑在潘诺尼亚尤其众多，在默西亚也很常见；它们在高卢地区相对稀少，但在中部、西部和北部都有分布；此类建筑在西班牙确实是罕见的。[46] 考古发掘和马赛克画作中最著名的一些例子来自北非；它们在叙利亚的数量最少，仅出现在行省边界地区。而此类建筑中唯一一座被详细描述过的是金口约翰一位友人的庄园，位

---

〔44〕 Philostr. , *Vit. soph.* 588 and 560.

〔45〕 *Dig.* 22.3.20（尤利亚努斯）；更典型的当然还有晚出的材料 Philostorg. , *H. E.* 9.6, p. 118 Bidez – Winkelmann（365 年）和下文注 93 中列出的其他文本。*Dig.* 11.4.1.2（乌比安）表明，如果想要在权贵土地上搜查可能存在的逃亡者或被绑架者的话，人们必须获得专门的许可。

〔46〕 Lengyel and Radan（1980）114 f. , 156, and 315 f. , 另见上文，第一章注 54；Dremsizova – Nelcinova（1969）2.510 发现保加利亚境内的 17 座罗马庄园中有四座拥有武装，它们建于 3 世纪初（p. 512），于一个世纪之后被毁。另见上文，第一章注 74。Leday（1980）77 研究了保护大型高卢庄园繁华部分的厚重城墙，它们"可能"建于 4 世纪；Percival（1976）175 f. 研究了潘诺尼亚行省境内加伦河与摩泽尔河流域的武装庄园；MacMullen（1963）讨论了法国、德国境内的典型遗址；Picard（1975）102 n. 15 对法国境内武装庄园证据的估计有些不足；关于西班牙（Liedena），见上文第 1 章注 97 与 Blazquez（1964）98。

于卡帕多西亚的凯撒里亚城外 5 英里处。[47] 约翰的这位富有的庇护者（她在许多地方拥有庄园）安排他住在这里，同时命令管家：如果哪个教士胆敢侮辱或攻击约翰的话，必须向约翰提供全方位的保护；此外，她"还调集自己各处地产上的农民到这里来抵挡教士"；最后，"（她还）请我住进她自己的一处储存补给品的避难所、一处难以攻取的要塞（kastel-lon）"。城乡地区的要人就是利用这一类令人望而生畏的宅邸来维护自己的尊荣的。

在晚期帝国，此类建筑可能是为防范劫匪而建的。劫匪可能确实是首要原因，但并非唯一的原因；因为许久以前，就在金口约翰避难所不远处，曾有十分富裕的两兄弟各自率领家丁进行过一场私人战争；[48] 在埃及，从罗马统治时代之前直到 4 世纪之后，对乡间武装暴力的抱怨声从未平息过。而在奥古斯丁时代，一位大片土地的租佃者（并非小农）"因对自己的领主心存忌惮，逃进了希波当地的教堂"。几天后，就在教堂

---

　〔47〕　关于阿非利加，见 MacMullen（1963）143 - 46；Wilson（1981）175 对材料的意义估计不足；还有 Thirion（1957）235 f. and Pl. Ⅳ, 4；关于叙利亚，见 MacMullen（1963）146 and Petit（1955）380；关于卡帕多西亚，见 Joh. Chrysos. *Ep. ad Olympias* 14. 3（*PG* 52. 615）。

　〔48〕　Greg. Nyss. , *Vita Greg. Thaumaturg.* , *PG* 46. 9269，每个兄弟都有自己手下的家兵，他们无疑是农民；Teja（1974）46 研究了 Greg. Nyss. 的一些文本，如 *PG* 44. 1121 B - C，其中描述了富人在其土地边界地带的仇怨纠纷："它们经常会导致龃龉、流血和仇杀"（我们应注意"经常"［pol-lakis］这个字眼）。他接下去描述了自己生活的那部分世界里的乡村械斗。

门口，此人被率领雇佣兵的领主朋友劫持了。如何才能解救他呢？[49] 即便帝国时代这些事件和参与者的相关记载十分稀少，现存的几个案例已足以让我们归纳出下面这个简单事实：在专横举止和华丽外表的背后，有产阶级随时准备着用武力来支持自己的言辞，在法外之地尤其如此。自然地，必须采取这种手段的场合是极其罕见的。上述几个事例已足够威慑弱小的挑战者。即便棋逢对手，双方也会彼此心存忌惮。他们像其他类型的竞争者一样，眼巴巴地望着一棵大树的顶端，一头麋鹿正在树边挂蹭它的犄角；一只黑熊正在弓腰敲打树干；还有一头刚在岸边泥地里打过滚的野猪正在树上摩擦自己的后背。这些野兽之间剑拔弩张的敌意几乎是不可避免的。

庇护金口约翰的那位女主人是拥有许多地产和大批（可能成千上万）附庸的地主阶级的一个代表。依附关系的形式千差万别。根据罗马帝国欧洲部分西北部行省地区的考古发掘和其他地区更为明确的史料证据来看，个体权贵对整个村庄的绝对权力似乎是存在的，它构成了整个帝国的基本特征。西塞罗提到过拥有农庄和草场（*vici et prata*）的富人；稍后的斯特拉波则声称，一些意大利村庄"已成私家财产"。我们在多瑙

---

〔49〕 MacMullen（1974）8–12；PAmh. 142（4 世纪）请求省长奥古斯塔姆尼卡（Augustamnica）保护自己免受多年以来同一家族对其土地的踩躏与入侵："他们想用棍棒和刀剑杀死我，并嘲笑我的束手无策与无可奈何"；Aug., *Ep.* 115（致基尔塔〔Cirta〕主教）担心受害者的性命，也担心"万一金钱的力量盖过了行省总督的权威"。"尽管这位行省总督的正直是声名远扬的"，但毕竟"受害者的对头富可敌国"。

河流域诸行省中找到了这方面的零星证据，在北非则发现了大量材料。它们在叙利亚和小亚细亚显然非常普遍，而在埃及等地的"皇家地产"上最为集中。它们代表着有产者对穷人最骇人听闻的统治方式——也是我在本章中试图予以说明的。与此相比，国家的统治显然是相对次要的。[50]

但最常见的控制方式是通过地产所有者廉价购买分散的土地，并在可能的情况下把它们联结起来组成大地产的形式实现

---

〔50〕　关于各地区的村庄，见 MacMullen（1974）38 f. 及相关注释，Cic., *Att.* 1. 4 可补充意大利的情况；关于潘诺尼亚，我们有卡拉曼提修姆（Caramantesium）的农场与庄园，我视之为一处有主的田地和大型居住区，见 Barkoczi et al.（1954 – 57）324 no. 337, 198 或 211 年（p. 266）；关于叙利亚，见 Joh. Chrysos., *Homil.* 59 in cap. XXXIII *Genes.* 1（*PG* 54. 514）提及了村庄买卖的情况；Theodoret., *Rel. hist.* 14（*PG* 82. 1413A）讲到 4 世纪权贵、安条克的勒托伊乌斯（Letoius）拥有附近的一座村庄（*kome*）；Prentice（1908）69 研究了被称为"（某人）领地"（*epoikia*〔*tou deinou*〕）的村庄；Jalabert（1909）733 f. 举出了现代社会中的类似例子；关于小亚细亚，Teja（1974）35 举出了尼萨的格里高利（Gregory of Nyssa）关于"这座村庄属于我"的说法（*PG* 46. 784B）为证，以及 Greg. Naz. in *Ep.* 57 and 79；关于埃及的佩尔基西斯（Perkeesis）等地，见 Parassoglou（1978）55 and passim, and Lewuillon – Blume（1979）183 f., 相关的术语为 *epoikion*（领地）（Parassoglou 的著作没有提及该术语，但指出与皇家占有的村庄类似的私人村庄成了 4 世纪出现的一个新现象）；关于阿非利加，见 Vitruv., *De arch.* 7. 3. 25，其中提到了马西尼萨（Massinissa）之子拥有的村庄。到了帝国晚期，教会也可以拥有整座村庄。相关例子见 MacMullen（1980a）28。

的。各个时代的各类作家都记载过这种向大地产制转变的过程；[51] 但毫无疑问，小地产仍旧存在，并在托斯卡尼南部、努米底亚南部、叙利亚东部的考古发掘和关于努米底亚、意大利、埃及、卡帕多西亚等地的文献记载中得到了证实。[52] 学者们一直相信，在数百年的罗马帝国史上存在着一场逐步推进的土地兼并运动。我认为他们是正确的，因为这方面的材料要远远多于反面证据，并且在若干例子中是十分明确的。但对于我的研究而言，这一结论产生不了多少影响。真正重要、且易被发现的——往往也是能够得到证明的——是分散的有产者对众多民众的控制。无论他们在哪里拥有土地，他们都拥有依赖于自己的佃户：在 2 世纪，罗马周边优质农场的领主是一些大贵族；雅典周边优质农场的领主则是修建塔楼的赫罗德斯·阿

---

〔51〕 除 MacMullen（1974）6 n. 2 中列出的参考书目外，还可补充 Gaudernet（1966）中来自希多尼乌斯（Sidonius）的证据，以及 Teja（1974）45 中来自 Greg. Naz. 的若干条材料（PG 35. 957C and 961A and 37. 858）；此外还有意大利南部地区积累的大量明确证据，见 Champlin（1980）16，其中举出了 323 年的一条铭文材料作为证据。

〔52〕 见上文，第一章注 28 以下（意大利）和注 118（叙利亚）；Fentress（1979）211 and 213 f. 讨论了努米底亚（那里的大部分遗址直到 4—5 世纪时仍有人居住）；MacMullen（1974）95 f. 研究了基尔塔附近的拉姆斯巴（Lamsba）、意大利和埃及；A. H. M. Jones（1964）778 – 81 中引用的史料并不充分。具体而言，他的材料基本继承了自己的旧作 A. H. M. Jones（1953），但后者已被取代，并在许多方面被 Bowman（1985）155 所修正。鲍曼（Bowman）指出，3 世纪中叶的小村庄和 4 世纪中叶的较大村庄约 2% 的人口占有着三分之一以上的土地。也就是说，当时的土地占有结构其实没有发生什么变化，只是帝国晚期的数据排除了（p. 148）70% 由村民占有的（在富人和穷人之间的分配比例尚不得而知，p. 151）、过去属于公有的土地而已。因此，现存证据并不能支持土地所有权在不断集中的看法。

提库斯；弗里吉亚奥尔麦拉（Ormela）一带的领主则是人脉广泛的福斯提娜·乌米狄娅·科尼菲齐娅（Faustina Ummidia Cornificia）。[53] 当然，了解富人产业体分布情况的机会是可遇而不可求的；但上述几个罕见的例子却十分符合同时代人对世家大族影响力的整体概括。我很快就要讨论这方面的情况。

正如我们所料，小城镇中心的领袖会在周边地区购买他们想要的东西，借以巩固他们的领导权。凭借好运与辛劳、更主要的是依靠联姻，他们的财富还可以进一步增加。随后，在更遥远的地方进行投资。他们的儿女则有希望找到富有的配偶，从而将整座城镇或整块地区收归己有。这样一来，产业和领导权就可以进一步扩大。一家之长或他的儿子可能会移居罗马、迦太基、亚历山大里亚等大城市。例如，亚历山大里亚有产者

---

[53]　Setälä（1977）223；Day（1942）236 列举了阿提库斯在阿提卡许多地区及优卑亚（Euboea）、科林斯、拉丁姆和埃及占有的许多土地；另见 Ramsay（1895–97）1. 287–92 及 PIR^2 F203；同时期东部（希腊和小亚细亚）贵族也拥有类似的地产，尽管它们更加分散，见 Halfmann（1979）54–56, 66 f., and 114（夸德拉图斯［Quadrati］、普兰奇乌斯［Plancii］、卡尔普尼乌斯［Calpurnii］等家族，包括它们在阿非利加和意大利拥有的海外地产）和 Mitchell（1980）1071 f.。

的触手遍布了整个尼罗河谷。[54] 通过财产所有权建立起来的权力模式便是如此。

一个家族越是庞大，它在历史上留下一笔的机会就越多。在帝国晚期，叙玛库斯在意大利和毛里塔尼亚都拥有产业；他的儿子娶了在西西里和意大利南部拥有土地的家族的女儿。毛里塔尼亚的地产迫使他必须要在380年前去守卫陷入危机的城市凯撒里亚。其他元老也在北非的塔伽斯特等地置有地产。他的朋友马塞卢斯（Marcellus）在高卢、同时也在西班牙拥有土地。阿奎塔尼亚（Aquitania）的大地主麦罗皮乌斯·庞提乌斯·保利努斯（Meropius Pontius Paulinus）也在芬迪（Fundi）拥有土地（他在381年担任坎佩尼亚行省总督的时候就可以经营这些产业）；"阿尼奇乌斯（Anicius）家族的翘楚"佩特洛尼乌斯·普罗布斯（Petronius Probus）的地产在伊达拉里亚

---

〔54〕 Turner（1952）85 研究了1—3世纪奥克西林库斯（Oxyrhynchus）那些不仅拥有地产，而且担任官职并提供公共资助的富人；M. Drew - Bear（1984）316 f. 研究了那里和其他城镇中的类似现象；MacMullen（1974）20 f. 研究了1世纪的地产；Fikhman（1975）784 and 788 f. 研究了3世纪尼罗河两岸亚历山大里亚公民的房产。比我的概述更加翔实的作品如 Zajac（1978）70 f. 研究了在索尔瓦（Solva）等地拥有房产的诺里库姆境内克勒亚（Celeia）的若干家族；Corbier（1982）689 - 91 研究了将提比卡（Thibica）并入布拉·雷吉亚（Bulla Regia）的陪嫁土地，及3世纪同希波、诺里库姆和乌提卡相关的其他姻亲联系；Bertrandy（1973/74）195 f. 研究了在阿非利加拥有家族宅邸，并在居所数英里外拥有土地的大贵族；情况类似的还有卡西努姆（Casinum）的乌米狄乌斯（Ummidii）家族，他们早在1世纪已迁居罗马，但仍旧维持着同家乡的联系，参见 Syme（1968）73 and 76。但我们了解这种土地占有现象的途径一般都是某人对聚居区中心的资助。见下文，注78以下。

（Etruria），但还通过自己的妻子在亚细亚行省拥有大片产业；巴希尔的家族通过他的母亲至少在三个东方行省（无疑包括卡帕多西亚及其毗邻省份）拥有土地；安条克的雅姆布里库斯（Imblichus）在叙利亚和巴勒斯坦持有地产，他的族人则控制着叙利亚行省的其他一些偏远土地。总主教们的地产同样是面积巨大、分布广泛的。我们可以猜想，主要城市里的其他教会领袖们的情况也是一样的。[55] 即便我们随机遇到的这些著名姓氏与官职也可以反映漫长的地产购置史所导致的土地所有权分布的多样性；这种格局可以保证帝国乃至行省贵族都可以在每份菜肴里分一杯羹。

一方面，个人代表大大小小权力网络的枢纽；另一方面，他们拥有的全部姻亲关系则提供了更加宽广的背景。姻亲关系和财富共同构成了取得官职的保障。父亲帮助儿子、兄弟之间互助、叔叔帮助侄子担任地方或国家官职的具体例子都可以证

---

[55] 关于叙玛库斯的财产，见 Stroheker（1948）34；Mattews（1975）24 and 27；Cracco Ruggini（1982/83）478 f. n. 4，496 and 514 n. 52，其中将西西里地区一批地产的年代上推到 3 世纪和 4 世纪初；Overbeck（1973）41 和 Lepelley（1979－81）1. 320 f. 补充了阿非利加地区同罗马贵族的其他联系；Matthews（1975）73 and 149 研究了马塞卢斯（Marcellus），Matthews（1975）26 和 *PLRE* I Proba 3 研究了普罗布斯（Probus）；关于奥索尼乌斯在高卢南部、北部的许多地产，见 Loyen（1960）125 f. ；关于巴希尔母亲的地产，见 Greg. Nyss.，*Vita S. Macrinae*（*PG* 46. 965A）；关于安条克尼（Anti-ochene）的贵族，见 Liebeschuetz（1972）42 n. 2；关于元老产业不断扩展的宏观概括，见 Amm. 14. 6. 10，*CJ* 12. 1. 4（346/49），and *CT* 11. 22. 2（385年）。关于教会地产，除 *Liber Pontificalis* 及相关讨论（如 C. Pietri [1978] 319 f. and 322 f. ）中提供的醒目证据外，见 Hefele（1869－90）1. 580，塞尔狄卡大公会议第 12 条决议对于许多城市主教地产的描述。

明这种联盟关系的存在。相关的材料俯拾皆是，且很多是人们
耳熟能详的，所以我们只需点到为止。[56] 而指出尽管亲戚们
按常理应当忠于彼此的利益，但在现实中往往并非如此的做法
或许也是多此一举。支持他人的最坚决表态就是小普林尼的那
句话——"我把他的亲人当作自己的亲戚"；而在陈述应当帮
助某人的理由时，你只需指出他是"极其尊贵的提奥多尔
（Theodore）的亲戚"，后者因此也应当会出手相助。[57] 人类
历史上有些挥之不去的东西；它们与文化和历史进程无关，而
是人这个物种身上固有的元素。历史学家是不能忘记这个显而
易见的事实的。人类学家的相关看法是正确的："一个人会狂

---

〔56〕 关于地方官员的生涯，见 *CIL* 2.5232 in Mackie (1983) 69 或 *IRT*
595 (4 世纪)；更多材料见 Meiggs (1960) 180 n. 2，尽管它错误地将未满年
限的儿童的越级升迁视为一种"危险的征兆"。关于中央朝廷里的官宦生
涯，见 A. R. Birley (1982) 247 f.，Syme (1977) 44，Syme (1968) 89，其中
提及了一个儿子在担任行省总督的父亲手下任军事保民官的情况；另见 *IGR*
3.500 Ⅲ，lines 11 f.。一些证据暗示，神职生涯中也存在着家族垄断的现
象，如 Duchesne (1924) 3.58 对阿塔纳修斯（Athanasius）继承者的分析；
此外还有尼萨主教职位的父子继承与君士坦丁堡主教职务的兄弟继承现象，
见 Soz.，*H. E.* 6.19 (*PG* 67.721 C f.)，或 412—419 年君士坦丁堡主教人选
中的叔父（舅父）接替侄子（外甥）（*PG* 7.7.749C），或父亲接替儿子
(7.12.757C)。然而，我本人不是教会史家，我所介绍的材料只是我偶然发
现的。

〔57〕 Plin.，*Ep.* 10.87，*necessitudines eius inter meas numero*（我把他的亲
人视为自己的）；POxy. 3366 (253/60) lines 24 f.，韦伯芗认为维特利乌斯
（Vitellius）的姻亲必然会对自己怀有敌意，见 Tac. *Hist.* 2.98 and 4.49.1。
但事实证明，这种看法是错误的。另参见 Herodian 3.2.1 and 3.2.3。尼格
尔（Niger）十分信赖埃米利亚努斯（Aemilianus），尽管后者是阿尔比努斯
（Albinus）的亲戚。

热地在意自己、他的家族和亲戚们的声望。事实上，所有这些声誉都是合而为一的……亲人众多这一点本身便是一种荣耀；因为在其他条件相同的情况下，他会有更大的机会在所到之处得到关注、帮助和信息渠道。"[58]

　　这一规律对男子和女子是同样适用的。基于李锡尼娅·弗拉维拉（Licinnia Flavilla）墓碑上列出的冗长族谱铭文，我重构了她的家族谱系（图 15）。[59] 许多其他文字材料还可以对此加以补充。我们很容易就可以让族谱中的姓名总数翻上一番。然而，我在此挑选的只是那些我们对其有一定了解的人物，或是那些作为与其他人物的中间纽带的名字。我们对其中一些人的了解仅限于此人担任过国家宗教祭司；但这个头衔对于此人在行省中的地位及其政治野心来说是至关重要的。步入骑士阶层（更不消说元老阶层）是件大事，对于这个在帝国境内一直受人冷落的地区而言尤其如此。靠近族谱中心位置的奥普拉摩阿斯（Opramoas）反映了取得这一地位的捷径：通过投资公共工程和捐赠事业来引起世人的注意。然而，他的自我包装并未大获全胜。尤利乌斯·安东尼（Julius Antonius）多少更幸运些——他和吕西亚克（Lyciarch）都当上了骑士；而另一位吕西亚克的姐妹麦提娅·托勒麦丝（Mettia Ptole-mais）则嫁给了安东尼·庇护统治时期的一位执政官。向左看过去，你会找到一些更加显赫的名字——2 世纪的亚洲地区总

〔58〕　Campbell（1964）39.

〔59〕　MacMullen（1986a）441 n. 24 解释了该谱系。

督、执政官和图谋篡位者（阿维狄乌斯·卡西乌斯［Avidius Cassius］）；以及 3 世纪时期的一位元首。与这个大人物的亲属联姻的李锡尼娅虽然只住在奥诺纳达（Oenoanada）这个小地方，却仍旧可以在吕奇亚（Lycia）境内的广大区域、甚至更加遥远的地区站稳脚跟。

　　我还没有见到帝国境内更加宽广、在更可靠的基础上重构的姻亲关系网。然而，幸而有非文字文献史料，我们可以重构出一两份详细程度仅次于此的帝国时期族谱。[60] 它们非常值得关注；因为这些材料不但可以补充关于意大利贵族阶层的相当引人注目、但难以连缀补全的证据，而且还反映了一些富有活力的新模式。在安东尼·庇护统治时期，卡里亚的斯特拉冬尼凯亚（Stratoniceia）出现了一位名叫希耶罗克勒斯（Hiero-cles）的人物，被誉为"元首之友、故乡之友、城市赤子"

---

　　[60]　见 Cousin（1904）26 对希耶罗克勒斯（Hierocles）的分析，以及 Laumonier（1958）260。更多材料见 Laumonier（1958）247 f.，及 270 – 87 对斯特拉冬尼凯亚（Stratoniceia）的玛库斯·森普罗尼奥斯·克莱门司（M. Sempronios Clemens）的研究，我从中可以建立起（多少具备一定可能性）该家族与 3 世纪十来个人物名字之间的关联。较早研究成果如 BCH 1937，288 and 293；晚近成果如 M. C. Sahin（1981）114，67，76，89 f，99，118，126，144 f.，201，以及 pp. 154 f. 中与 p. 74 中谱系相关的两串名字；缺略更多的、关于比提尼亚境内普鲁萨的提图斯·斯塔提利乌斯·卡尔普尼亚努斯·法杜斯（T. Statilius Calpurnianus Fadus）家族中的幸运儿和后裔谱系，见 Dörner（1952）21 no. 19，LeBas – Wadd. 5.1178，PIR[1] 3. 377，127 = IGR 3. 58，and Väisänen（1976）131。关于埃及，Packman（1976）450 提供了一个很好的样本，其中包含了七个世代和一位亚历山大里亚的议员与高官，以及赫摩波利斯（Hermopolis）及奥克西林库斯的地方官员。最后，Corbier（1982）690，692，and 712 介绍了阿非利加多达六个世代内的若干亲族集团。

= AMMIA

LICINNIUS = LICINNIA
MOUSAEUS CNEIL.RA

Q.SOSIUS
SENECIO
(cos.II 107)

C. IULIUS
DEMOSTHENES
(proc. Stceliae under
Trajan; Lyciarch)

LICINNIA = C. LICINNIUS MARCIUS
FLAVILLA THOANTIANLS FRONTO
(city envey to Trajan)

CLAUDIUS
ORESTES
(v.c.)

SOSSIA = Q POMPEIUS
POLLA FALCO
(procos. Aslae;
vir corusularis)

TTIUS
ENAEUS
rciarch)

LICINNIUS = LICINNIA
THOANTIANUS MAXIMA

CLAUDIUS
IULIANUS
(v.c.)

CLAU METTIA
ELEONIS

METTIA
ANDROBIUS
(Lyciarch 150)

METTIA
PTOLEMAIS
(married a consul)

CLAUDIUS ORESTES
(v.s.)

Q. VILIUS
TITIANUS

AELIUS = LICINNIA
ARISTODEMUS FLAVILLA

Q. POMPEIUS
SOSIUS
PRISCUS
(cos. 169)

T
METTLA
ANDROBIANA
(a

CLAUDIA = C. IULIUS
VILIA HELIODORUS
PROCULA (archiereus 140/1)

Q VILIUS
TITIANUS
QUADRATU
(leg pr.pr.vici
procos. Achaear)

. CLAUDIUS CLEMENS
LICINNIANUS
(cos. under Commodus)

M. PONTIUS = POMPEIA
LAELIANUS SOSIA
(cos.163) PALCONILLA

IUS OPTATUS

（见附录 B），他是当地一处重要圣所的祭司，曾担任派到元首那里去的使节，进贡一件价值 25 万第纳尔的礼品。这个数目是极其巨大的。长期以来，祭司职务一直为少数几个家族——地方精英所垄断。他们在 1—2 世纪的四个世代中已成为一个姻亲集团。在 3 世纪期间，他们组成的这个大家族被一个新的强势家族所取代。4 世纪初，一位祭司可以在节日期间的 34 天内向市民和路过的皇帝军队分发橄榄油，并在一个干旱的年头将农产品价格大幅提升。正如劳默尼尔（Laumonier）所说，这种能力证实了"大规模农业资本主义经济的存在"。它还证实了私人对国家行为的大力支持——他们在 2—3 世纪不断向行军中的皇家部队提供补给。[61] 类似的姿态当然会为馈赠者赢得"元首之友"的头衔。但这一行为的原动力并非伟大的罗马爱国主义，而是提高自身地位与声名的个人野心。

　　这种野心并未在帝国境内大部分地区留下明显证据。西班牙的皇室崇拜等现象似乎暗示了这一点；但在现存史料中，赫罗德斯·阿提库斯和奥普拉摩阿斯这样的人物只出现在讲希腊语的东部地区。因此，为了谨慎起见，在试图构建整个罗马世界的权力结构图景时，我们必须对各个地区逐一进行考查。在某些方面，我们可以证实地区性差异的存在——这也提醒我们不能轻易进行笼统的概括。由于祭司可能会主持节庆期间与日常的神明崇拜仪式（与元首崇拜截然有别），这一职务很可能

---

〔61〕 Laumonier（1958）288；关于对行军穿越小亚细亚和叙利亚的部队的食品馈赠，见 MacMullen（1985）70。

会成为竞相角逐的目标。它代表着显赫的地位，有时候还意味着更多。一位睿智或得到神明保佑的阿非利加行省总督，"据说曾凭借凯勒斯提斯（Cealestis，行省首府）神庙发布的神谕逃过了诸多劫难"。[62] "如果能够当上阿波罗高级祭司，你将成为本城的头面人物，祭司的选举将由你布置安排。各种引导代表团觐见行省总督和使团朝见元首的任务都将由你负责。"[63] 只有在斯特拉冬尼凯亚、阿塔勒亚（Attaleia）、阿佛洛狄西亚斯、以弗所和米利都等地，主要的祭司职务才被几大望族所把持，被视为他们世代相袭的专利。[64] 而在其他地方，神明的侍奉者与慷慨的捐赠者完全不同，只是一些默默无闻的普通人，有时就是不折不扣的仆役而已。

另一方面，声名与影响力的等级性是可以得到广泛证明的。在罗马帝国式的经济与社会体系中，它无疑是普遍存在

---

〔62〕 SHA *Pertinax* 4.2，参见 Macrinus 3.1，其中证明了另一位行省总督也拥有同样的权力；总督在这种场合下咨询卜官是一种惯例。这个故事（并非其作者）似乎是可信的。参见 Suet., *Vesp.* 7.1 f. 中韦伯芗对神宠的利用。

〔63〕 *Vita S. Theodoti* 26, trans. Mitchell (1982) 109 n. 87，分析了安库拉的祭司职务；但多数地方的祭司并不具备如此巨大的影响力。见 MacMullen (1981) 42 - 44, 66 f., and 98 f.。

〔64〕 关于斯特拉冬尼凯亚、帕纳玛拉（Panamara）和拉吉纳（Lagina）等地的世袭祭司职位，见注 60 中引用的权威成果和 Balland (1981) 168 and passim；关于爱奥尼亚和卡里亚的情况，见 Picard (1922) 214 and 241；另见 *IGR* 4.1169；还应关注 Menander Rhet. p. 100 Russell - Wilson，其中描述了"祭司家族、活跃的公民组织和民众"组成的欢迎行省总督队伍。我们需要注意区分对神明的敬奉和对神明的谢恩。后者是贵族们出于虔敬之心而给予的；但捐建神庙比捐建其他任何建筑都更能宣扬出资人的荣耀。

的。上等人的身份通常是靠出身获得的，而不是争取来的。我们在小亚细亚或希腊很容易找到公文中出现"体育官氏族"、"行政官氏族"、"议事员氏族"、"第一公民氏族"等说法；但即便在贝内文托，一位职业行会（*collegium*）的庇护人也是"从父辈、祖父辈、曾祖父辈乃至祖先时代起就一直担任此角色的"[65]。诚然，在尊贵程度的竞争中，人们必然要不断变换自吹自擂的方式，以便让从前富有、如今式微的老牌贵族压倒新贵，或让财富势均力敌的两者中的一方通过吹嘘自己显赫地位的古老而胜出一筹。即便考虑到这些因素，我们仍需承认，世家大族确实可以世世代代扮演着同一角色，并且这种在一座城市或一个地区内令旁人习以为常的角色扮演正是其实力的构成要素之一。如果你的祖父曾对一个人点头哈腰，你的儿子们又不得不为他效劳的话，你当然是不敢轻易挑战他的权威的。

我们至少应当在此援引一个藐视世家大族尊严的例子，那

---

〔65〕 Levy（1899）265，其中正确地指出"存在某种官吏阶级"；另见下文附录 B 中关于"头等家族"的内容；还有 Balland（1981）238 关于"（行省层面上的）统治阶级"的论述，它高居与小亚细亚各城市组成的联合议事会之上。关于帝国西部显要地位的继承现象，见 Clemente（1972）171（Beneventum；参见该行省的一条类似铭文，Clemente（1972）185 and *CIL* 9. 1684 = *ILS* 6503 来自城市主要行会和赞助人的纪念物［*ab avo et maioribus collegii et civitatis patronus*］），以及 Barbieri（1971）297 n. 1 对许多意大利或阿非利加文字史料中对赞助人祖先（*ab origine*, *ab atavis* 等）的赞美；关于描述一位阿非利加行政领导人的类似措辞，见 Lepelley（1979 – 81）2.455 n. 51；还有关于 3 世纪埃及（亚历山大里亚或奥克西林库斯）官员或议事员阶层的许多例子，见 M. Drew – Bear（1984）316。

是非常有趣的，尽管有些令人错愕。它发生在公元 70 年意大利北部的塞纳城（Sena）。一位罗马元老惹恼了当地的民众（也许是地方官员），结果当地的官吏殴打了他。并且，"当他站在那里的时候，人们故意哭泣、哀叹，举着他祖先的肖像游街"，仿佛是在参加一位贵族的葬礼一样。在讽刺挖苦的场合之外缺乏幽默感的塔西佗并不觉得这是好玩的事情（*Hist.* 4.45）。由于闹事者同时还侮辱了元老院，他们被押解到罗马，并受到了惩罚。

到了帝国晚期，社会秩序可能多少有一点废弛；也可能当时出现了新的进身之阶。但家族纽带依然作为一种维持自身地位的常见、重要的手段而存在着。我们看到，大行政区总长安特米乌斯（Anthemius）的家人在 4 世纪末至 5 世纪期间耀武扬威，成为众人唾骂的对象；我们还看到了奥索尼乌斯的惊人崛起，之后他马上就带着自己年逾九旬的老父亲、许多远近亲戚，甚至叙玛库斯的兄弟一道鸡犬升天。至于叙玛库斯，他利用同两位笔友（他们也是奥索尼乌斯的朋友）之间言辞精巧的通信，为自己的兄弟骗取了阿非利加行省教区牧师的职务。这一职位非常有用：[66] 该家族在阿非利加拥有大量地产。阿米亚努斯·马塞里努斯（Ammianus Maecellinus）附带提及了大量父子、兄弟或其他亲戚间相互提携、官官相护的事例。在社会最顶层，4—6 世纪期间，最高军事将领与皇室之间存在

---

〔66〕 Keil（1942）185 ff.，and Matthews（1975）69–73 及这部出色著作的其他部分提供了大量类似材料。更多的资料见下文，注 79。

着清晰可辨的联系，构成了像哈布斯堡家族（Hapsburgs）那样十分壮观的谱系[67] 由于此时神职人员的阶级来源与世俗官员已开始趋同（都来自城镇议员及更高的社会阶层），它们同样反映了与亲族关系一致的合作模式。大城市里的主教一职：（关于他们的记载更加完整）似乎跟以前的大行政区总长和其他高级行政长官职务一样，多半都是在亲族间传递的。这个问题值得更深入的研究，但我恐怕胜任不了这一任务。

当然，任何一种联系网络都有其自然形成的中心。图15中的一些人就是这样的中心人物，李锡尼娅是最突出的代表。她的根基在吕奇亚，奥普拉摩阿斯也是一样。其他类型的材料也可以被用来构建这幅场景。贝鲁努姆（Bellunum）那个弹丸之地的一份铭文里提到了一位地方上的著名人物，其妻子作为庇护人受到了"全城民众"的拥戴。我们可以找到上千个这样的小例子。其次，我们还拥有一座北非城市中关于普莱埃努斯（Pullaienus）家族的铭文，其中一些发现于城外数英里处的乡间，普莱埃努斯家族在那里拥有土地与释奴；当地至今还

---

　〔67〕　如 Amm. 26.10.1 and 7, and 30.5.11；关于亲属们通力合作的例子，见 28.6.8（雷米吉乌斯［Remigius］和罗马努斯［Romanus］）and 27.5.2 and 9.2（其中罗马努斯指望一位血亲［affinis］和一位姻亲［affinitas］）；类似的合作关系见 Philostorg., *H. E.* 9.6, p. 118 Bidez = Winkelmann；关于仇敌将父子视为一体对手的例子，见 Zos. 4.52；对堂表亲戚的赞美见 Synes., *Ep.* 75 and 118, in Tomlin（1979）262；关于公元400年左右相互包庇的三兄弟，见 Stroheker（1948）175, 193, and 207, and *PLRE* I Minervius 2, Florentinus 2, and Protadius1；200多个姓名（Nubel, Bauto, Gallia, Placidia, 等等）之间的关系见 Demandt（1980），p. 618 折页中的谱系表。教会领袖的人选似乎也符合类似的模式（见上文，注56）。

腐败与罗马帝国的衰落

残存着一处宏伟的、连接着庭院马车道的大门遗址，可以让我们想象整处房产有多么宏大气派。再次，来自同一行省其他地区的安提斯提乌斯家族（Antistii）也留下了自己的痕迹：一座小镇里有他们的附庸，距此 20 公里外有他们的大地产；该家族在罗马同样置办了产业，并在那里担任过执政官。塔西佗也提及过一个类似的家族，它定居在伊斯特里亚（Istria）："那里古老的克拉苏家族（Crassi）仍旧保有着他们的依附者、土地和人口。"[68] 此外，在潘诺尼亚的波托维奥（Poetovio），多名城市官员印证了瓦勒里乌斯家族的强势地位，他们几乎垄断了一切——市政官、监察官（五年一任）、祭司长，并大批升入骑士阶层。他们的商业活动也留下了线索；但这个家族的富有和显赫在 3 世纪终结了。西西里利吕拜乌姆（Lilybaeum）的提提亚努斯家族（Titiani）则延续了更久，直到公元 250 年的时候还在自己的家乡挥金如土。布瑞斯奇亚（Brescia）的诺尼乌斯（Nonii）家族除了拥有元老和执政官女婿外，还在自己的地盘周边（贝尔加莫［Bergamo］、维罗纳等地）和以弗所留下了活动痕迹。他们是布瑞斯齐亚一个全城行会的庇护

---

〔68〕 *AE* 1976，67 no. 250（Bellunum）；Merlin and Poinssot（1908）14 f.，参见另一座规模已知的阿非利加宅邸，见 Peyras（1975）187；Bertrandy（1973/74）199 f. 关于安提斯提乌斯家族（Antistii）的记载；Tac. *Hist.* 2.72 对克拉苏家族的记载；另见上文，注 53 以下。

人。[69] 就铭文提供的信息来看，他们没有担任过本地行政官职。也许他们很早就已做大、向外拓展自己的势力了。[70] 在通常情况下，真正意义上的成功一方面会为这个家族开拓更加广阔的发展空间，另一方面并不破坏故土和本家族间的亲密依赖关系。

上文提到的诺尼乌斯家族成功地在本乡之外站稳了脚跟，并留下了自己的痕迹。前面引用过的两个名字也是这方面的例子：雅典的赫罗德斯·阿提库斯和吕奇亚罗狄亚波利斯（Rhodiapolis）的奥普拉摩阿斯。关于前者，费劳斯特拉图斯提起过旁人对他的一次挑衅：一名赫罗德斯的控告者当着他的面夸耀自己对一座意大利城市的捐赠；这位雅典人则反唇相讥，声称自己在帝国境内的任何一个行省都做过同样的事情。他的说法差不多是可信的。我们碰巧也知道阿提库斯的捐赠名单上的几座城市。他在其中一座城市里斥资 400 万德拉克玛建造了一条水渠，其遗迹至今依旧存在。至于奥普拉摩阿斯，我们可以轻而易举地在十几座城市里找到关于他的资金捐赠的文

---

〔69〕 Alföldy（1964/65）137 f. and 142 f. and Cracco Ruggini（1982/83）496. 布瑞斯齐亚的诺尼乌斯家族（Nonii）在文献记录的丰富程度方面不亚于他们。见 Garzetti（1977）175 - 85 passim。他们与著名程度仅次于自己的布瑞克西亚（Brixian）家族通婚。

〔70〕 Garzetti（1977）185；但参见 Halfmann（1979）34 and Eck（1980）310，两部作品都发现高贵家族（元老级别或更高）会继续把持本乡官职。埃克（Eck 的列表）（pp. 286 - 309）收录了 200 多个同时担任元老和本地方赞助人或官吏的人物——这个样本的规模是很可观的——哈弗曼（Halfmann）的样本则包含了来自波加蒙、雅典、尼萨或以弗所的许多元老。

腐败与罗马帝国的衰落

字记载；如果他确实无出其右的话，跟他在财富、野心和地方上的统治力等方面不相上下的人物肯定也是存在的，只不过他们的相关证据更为缺乏而已。[71] 在多座城市里担任城镇议员的现象也十分常见。作为回报，这些荣誉议事员需要作出某种实质性的贡献。这对于他们来说非常划算；因为他们通过这笔投资赢得了广泛的声望与影响力。[72] 由于社会中这些本能的

---

〔71〕 Philostr., *Vit soph.* 555 f.；Graindor（1930）32，35，68（Canusi-um），以及研究马拉松（Marathon）、德尔斐、科林斯等地建筑的第十章；关于奥普拉摩阿斯，见 Broughton（1938）780（不够前沿）；3 世纪帝国东部的类似人物有埃格纳修斯·维克托·洛里亚努斯（Egnatius Victor Lollianus，in Dietz〔1980〕149 - 54）和阿西尼乌斯·尼科玛库斯·尤利亚努斯（Asinius Nicomachus Julianus，in Dietz〔1980〕88 f.）。更早的例子如 Phi-lostr., *Vit soph.* 531 f. 中的波勒莫（Polemo）、Picard（1922）241 中的埃莉娅·勒维拉（Aelia Laevilla）及 Halfmann（1979）171 中的披索多鲁斯（Pythodorus）；关于对一位资助者的描述意识到其野心的材料，见 Oliver（1941）74 f. 中纪念铭文的第 34 行："各城市竞相表示对他的爱戴。"

〔72〕 在意大利：骑士卢奇乌斯·李锡尼乌斯（L. Licinius）是几座城市的资助者，同时也是另一座城市的行政长官，见 Gasperini（1978）442；*CIL* 10. 1795 = *ILS* 1401，其主人公进行过许多捐赠，但还在另一座城市中"担任过各种职务"；*CIL* 5. 5126 = *ILS* 2722；*CIL* 11. 5992，一位受人在两个不同的城镇任职；概括性的研究见 Devijver（1980）3. 1153 - 59 中按地理分布的数据图，其中与骑士建立联系的城镇中有 40% 位于意大利境内。在阿非利加，迦太基的官吏们也会在其他地方任职，见 Gascou（1982）140 f.，Leglay（1961 - 66）1. 212 - 14，and *PIR*² Iulius 279；关于达尔马提亚，见 *CIL* 3. 2026 = *ILS* 7162；在比提尼亚，Pliny, *Ep.* 10. 114. 3 指出："每座城市里"都会有几个身为外地公民的元老；关于叙利亚，见 *CIL* 14. 4624；关于埃及，见 Bowman（1971）58；对使用希腊语的东部诸行省的整体研究见 Quass（1982）208。关于一个人何以能够在多座城市中获得显要名声，我们可以参考一个小男孩在一份铭文中被同时作为齐比拉（Cibyra）和奥伊诺安达（Oenoanda）两城公民而受到尊奉的例子（Lang〔1981〕53）。

冲动持续在这些野心勃勃的交往行为中发挥作用，我们几乎可以在任何极其简略的史料中辨认出它们的存在，何况有些材料本身就对它们进行了详细的说明。

由于我的兴趣主要在于政府之外的事务，我并不打算在这里追述有产者是如何对行省地方官以上级别的职务孜孜以求的。然而，这条分界线在某种程度上是人为划出来的。许多男子追求直接为元首效劳的文武职务所带来的酬报，并将之同地方性的义务结合在一起。事实上，担任帝国公职是可以给地方上带来好处的；除贪污腐败外，罗马帝国的为官之道原本就为公开或私下里偏袒自己的家乡留下了很大余地。一个人对自己的朋友和附庸施惠原本就是天经地义的。这一传统由来已久。早在共和时期，"寡头们的尊荣已促使他们将自己担任的职务视为个人荣誉，而非公共'使命'或责任。"[73] 相应地，即便在为自己辩护的谨慎发言中，强调下面的偏袒态度也是安全无害的——"这是出于他对故土深沉的爱"，"他是自己家乡的造福者"，等等。一座城市或村庄可以邀请一位官员担任自己的庇护人。这在铭文材料中可以找到上百个例子。[74] 而各地区也特别希望同治理本省的本地人才之间的天然联系能够为自己所用。而对于这样的人来说，帮老乡一把乃是天经地义的事情。

从戴克里先的时代起，帝国官僚机构的规模急剧膨胀，于是帝国各座城市里的帝国官员数目也随之不断增加。主人与这些临时居留者可以结成攻守同盟，在后者原本就是当地人、只是暂时担任着国家公职的情况下尤其容易出现这种局面。我们可以举出一些令人吃惊的例子：在罗马帝国晚期的安条克，至少有1500名官员常年居住在那里，为行省总督、东方的王侯和军队统帅效劳；在迦太基，有400人和300人分别为行省总督和行政区长官效劳，而被宗教捐赠所等帝国机构雇佣的人员还有更多；即便在规模不大的城市蒂姆伽德，尽管居住在当地

---

〔74〕 引自 *CIL* 8. 23963 and 25515. *CIL* 5. 7881（3 世纪中期，滨海阿尔卑斯山区）是另一个好例子：行省总督会在荒年出手相救。Harmand（1957）285 整理了各种定居点的 670 位资助者，其中有 199 人的地位依赖于其职务（包括律师）；他似乎还遗漏了其他材料，如 *CIL* 8. 9002 = *PIR*^{2} Flavius 366, *IGLS* 1258，and Dörner（1952）12 no. 11，以及其他在哈曼德（Harmand）之后才得到认可的证据。可见这一现象是司空见惯的。它还广泛扩展到公共事务管理者（*curatores rei publicae*）阶层，见 Duthoy（1979）230 f. 以及地位较低的凡俗维持者和本地服务人员，见 Mocsy（1970）107 f. 。

的多为本地人，担任几种官职的外来人员也至少有 70 人之多。[75] 在埃及赫摩波利斯（Hermopolis）4 世纪中期的税收清单上，只有少数人才会被记录下他们的身份与职业；但在这些金匠、神庙祭司、神职人员中的精英群体内，退役或服役的士兵与帝国官员占据着压倒性的优势。他们姓名前面的头衔往往十分古怪：如 abaltes = ab actis, abrebis = a breviis, oph = officialis, apo bph = ex beneficianus, 等等。[76] 从史料相对丰富的地区（如 4 世纪的安条克）的历史进程看，这些官方代表经常被人提及，他们大兴土木、神气活现、挥金如土、特立独行。

罗马呈现出的图景与之相似，尽管只有对贸易行会的庇护反映了这方面的情况。但这方面的信息可以进行比较，因此是非常有用的。到了 4 世纪，行会往往会推举内部最成功的成员或它们所能接触到的外部贵人——城镇议员、退伍军官、骑士

---

〔75〕 Petit（1955）379 and 383（我认为其中关于帝国东西部之间泾渭分明的看法是错误的，pp. 376 - 79）；Liebeschuetz（1972）59；*CT* 1. 12. 6（398）and 1. 15. 5（365 年）提及了总督和副总督的情况，以及 6. 35. 3（352 年）中提的"各城市中由慷慨施舍者担任的官员"；Chastagnol（1978）33 f. 补充了副总督、前任总督、谷物供应官和补给官的情况。还应注意 Lepelley（1979 - 81）2. 462 and 466 f.，"这些人物中的大部分都出现在了蒂姆伽德城镇议员家族和其他显要人物的名单上。"

〔76〕 PFlor. 71（如 lines 31, 35, 60, 509, 529 等），其中的职业区分很少，另见 PGiess. 117（约 350 年）。见 MacMullen（1963）109。对典型形象的描述见 PThead. 8（306 年）或 21（318 年），以及 PRendel Harris 94（4 世纪后期）中提及的四位船主：一位是城镇议员，一位是爵爷文秘，一位是主教的儿子，还有一位是教会长老。

腐败与罗马帝国的衰落

甚至元老——担任自己的庇护人。但到了后来，行会的庇护者通常都是直接管理该项贸易的官员。[77] 变化的原因显而易见：帝国后期的政府可以更多地干涉商业事务，从而导致一名官员可以大权独揽，更方便地施加恩惠。就像喜剧《艾俄兰斯》(*Iolanthe*) 中的那位重臣一样，一旦有人与他意见相左，他总要说服此人，并通知其附庸谈话结果说："成了！成了！我的努力获得了成功。"但正如我们在后面将会看到的那样，这并不只是玩笑话而已。事实上，一位当时的人扼要地向我们讲述了那些"高贵、强大、可怕、活跃的人物，他们借助某种权威统治着那些最大的城市"；除城市外，整个地区的全体居民也都接受这些集权贵、要人与朝廷命官于一身的人物仲裁："他们本是军事将领，却拥有令人生畏的暴君权力；他们应该是城市的守卫者和领袖，却时常越权并破坏法度。"[78] 这个不受行政体制束缚的政府从此呈现出了前所未有的、令人不安的宽泛一面。

传统意义上的有产阶级并未消失。在 4 世纪 60 年代的蒂姆伽德，四分之一以上的贵族仍能将自己的高贵世系追溯到一个半世纪之前。这是非常有趣的现象。罗马的世家大族自然会宣称自己的祖系更加悠久和显赫——这些说法至少是部分可信的。在东方，仰仗着自己古老姓氏方面的证据，贵族对初出茅

---

〔77〕　相关例子见 *CIL* 6. 1759 = *ILS* 1272（公元 389 年）；进一步的研究见 Clemente（1972）209 and 226，作为行会庇护人的"新官僚机构已完全取代了从前的行省官员"。

〔78〕　Firm. Maternus, *Mathesis*, in MacMullen（1971）113 f.

庐的新人报以轻蔑的口吻。[79] 他们否定的那种尊贵是突然间的声名鹊起，不是逐步积累起来的声望。他们的说法是正确的。正是帝国的官僚制度、特别委任和高官们的偏袒才会让某人一夜成名——如果不是一夜，可能也就需要十年左右的奋斗，或一代人的光景。[80] 当时有人说：“当父亲们敦促儿子

---

〔79〕　关于蒂姆伽德，见 Lepelley（1979－81）2.468 f.；关于罗马贵族身份，见 Stroheker（1948）10－12，其中对贵族们的说法进行了转述与质疑。他选择的例子是叙玛库斯家族；但 Cameron（1970）17 f. 认为这种显要地位至少可追溯到 3 世纪中期，并将之同之前的急剧转折进行了比较。“在卡拉卡拉的时代，很少有人能将自己的元老祖先世系上溯到一两个世代以上的。” Talbert（1984）31. A. R. Birley 曾致信提醒我说，4 世纪贵族之间的若干联系可追溯到 2 世纪晚期的显要人物那里：如阿尼奇乌斯家族（Anicii）可追溯到约 198 年的一位执政官，阿尼尼乌斯·阿努利努斯（Annius Anullinus）或许同 199 年获得执政官等级地位的一个人有关，而年代更早的昆图斯·阿拉狄乌斯·鲁菲努斯（Q. Aradius Rufinus）则是一位君士坦丁堡贵族的祖先，见 A. R. Birley（1967）83；但我找到的、关于这方面情况的最出色讨论是 F. Jacques（1986）83－90，其中主要关注的对象时 3 世纪中期至 4 世纪初担任元老的贵族。他认为，贵族身份的延续性在这个漫长时期内的表现和 193—217 年相仿。在 282—312 年记载较详细的元老中，43% 来自 260 年的元老家族。关于更为古老家族的轻蔑嘲笑，见 Liban., Or. 2.35, and Greg. Naz. in Teja（1974）8，此人攻击了那些文书（grammata）造就的贵族，如父母虽为贵族，但祖父辈却是默默无闻的人物。

〔80〕　Amm. 28.1.5 f.，君士坦提乌斯时期总督手下的一名书记员把自己的儿子送进学校，后者可以通过担任律师而最终成为行省总督，并继续向上爬；Liban., Or. 4.25 记载了一个村民从看门人做起，最终当上行省总督，并使自己的儿子步入执政官等级的故事；另见 Joh. Chrysos., Adv. oppugnatores vitae monast. 3.5（PG 47.557）。关于本书中引用的这一段落，参见 Aug., Conf. 6.11（18），其中希望能够通过修辞学训练获取其他荣誉（aliquis honor）：“此外我还能指望什么呢？我有很多影响力巨大的朋友。如果我一直致力于此的话，至少可以混到行省总督的职位上。”

们刻苦读书时，他们往往会说：'看看那个出身低微的家伙，他的父母地位低贱，但他凭借演说术获得了权力，当上了高官，积累了财富，迎娶了贵妇，修建了豪宅，成了众人敬畏的人物。'"在西班牙和高卢，晋升主要是通过服军役实现的——但并不必然如此；在东方，它主要是通过担任行政或宗教职务完成的。[81] 由于证据匮乏，我们无法断言帝国晚期的社会是否是更加开放、流动性更强的；但正如我在前面指出过的那样，这个时代的升迁之路显然是有所不同的。无论有产者、权贵、富人和望族，是退休军官、城市十人委员会成员、主教、省长，还是仅仅与重要官吏建立了私交的庶人，他们行使权力的方式也是全新的。

在帝国早期，无论在地方还是中央，最能反映权力延续性的是铭文证据。这一现象很好理解，并且它本身也是很有趣的。人们清楚知道权力的存在，因为任何掌握权力的人都会将这一事实昭告天下，并借此进一步增加自己的权力。当时的宣传媒介包括喊话和宣读文告的行政传令官、各种可见的标志与

〔81〕 见 Blazquez（1964）111 f.，其中包括琉卡狄乌斯（Leucadius）的例子，相关内容见 PLRE II（塔拉科）；关于高卢，见 Stroheker（1948）12，18 f.（奥索尼乌斯和特里尔家族），and 36 f.（无官者同当官的权贵之间的纽带联系）；另见 A. R. Birley（1981）2 and 35. 关于利巴尼乌斯身边的新贵，见 Petit（1955）384："他们需要为国效力，否则就什么都不是。"具体例子见 p. 385；Liebeschuetz（1972）179 and 184 f. 的结论与之类似；另见 Schouler（1973）80. John Chrysostom，In I Cor.（PG 62.250）清楚地知道社会上对通过教会发迹的某位新贵的成见，其祖父是漂洗工，他自己现在则身穿绸缎，住着豪宅。参见 Amm. 22.11.4，亚历山大里亚的乔治也出身于漂洗工家庭。

符号（如尊贵座位或葬礼上的祖先肖像队列）；但也有公共建筑墙壁、石碑、雕像基座、入城主干道两侧私人墓穴（人们借此来通过对父亲、祖父及其他先祖的尊奉抬高自己）坟头上刻写的文字。而正是后一种媒介才有可能留存至今。我们已经引述了一两个例子。然而，自我标榜总归不如对他人的赞美那样令人信服。被赞美者的地位越高，这些言辞就越有价值，接受赞美的人也会希望能将它们公告天下。因此，大量铭文的内容都是对显要人物性格、业绩的详述和赞美。

世人对这些材料的关注反映了他们对这些文字内容的重视程度。一种类似的材料——庇护者名录（*tabula patronatus*）证明了这一点。该名录用铜板制作，悬挂在私人住宅中最显眼的墙壁上。它看上去仿佛是个人与行省公民集体之间订立的契约：其中具体标注了日期与双方的关系，详细列出了头衔与权威，可能还需要记载"签订契约"的场合（如是在一方的代理人拜访另一方期间签订的）。一位名副其实的要人会在自己的中厅里悬挂许多这样的牌匾；其中有一些属于他的祖先，但这些规定通过继承关系继续有效。它们向观众展示的是其拥有者提供保护和帮助的能力，这是对其权力的肯定。君士坦丁时代的一位元老和阿非利加某行省总督在罗马凯利乌斯山上的住宅中挂着至少五块这样的牌匾。[82] 毫无疑问，他还拥有其他贸易、手工业行会送来的、反映对自己和本家族忠诚情感的牌匾。作为被保护者，它们的地位当然低于整座城市，但它们也可以通过自己的忠诚不贰而得到重视，并且它们在城市生活中的地位很可能非常重要（有时是半官方的）。在 224 年伊达拉里亚地区的一处住宅里，一块尺寸为 70×48 厘米的牌匾被放在一个较大的房间内展示，其文字内容宣布该住宅的女主人是当地建筑工匠行会（该行会几乎在任何意大利城镇里都是规模最大的组织）选出的庇护人。她的家世、品德与恩惠在牌匾中得到了赞美；行会成员还承诺为她修建一座铜像，"以便将她对我们的诚挚友谊和我们对她的热烈拥护昭告天下"。这

---

〔82〕 整体性的研究见 Harmand（1957）332 – 44，前沿成果见 Nicols（1980）537，539 f. and passim。他集中研究了西班牙、阿非利加和意大利的30 组记载较完备的关系样本，其形式各不相同。*AE* 1962 no. 287 宣称一位前大法官级别的财务官对贝提卡境内穆尼古亚（Munigua）的元老院和人民提供了帮助，并接受了他们的效忠与服从；*AE* 1941，79（公元 75 年）宣布，毛里塔尼亚境内巴纳萨（Banasa）地区的公民推举某人为自己的解放者和庇护者，而那位庇护者则接受他们为自己的被保护人（一份双向的文件）；*CIL* 8. 8837 具体记载了一位前大法官级别的副将同意保护他们（图普苏克图［Tupsuctu］民众）的情况；*CIL* 6. 1685 = *ILS* 6111a 记载了被保护城镇的使团在罗马等待庇护者的情形。这位要人住在凯利乌斯山（mons Caelius）上。

正是要点所在：这件事应当让所有人知晓。[83]

　　这类史料带有西地中海世界和拉丁文化的显著特点，在某种意义上也是罗马式的。当我们在东方的希腊铭文中看到类似的庇护人时，这些材料会直接转写相应的拉丁文术语，似乎它们所反映的关系对于东方居民而言是有些陌生的。无论如何，它们在希腊文中是没有精确的对应词的（尽管它们所包含的保护—依附关系对于那个世界而言并不陌生）。[84] 与拉丁铭文相比，希腊语铭文保存了更完整的文本与套路，使得我们可以较为清晰地看到另外一种认可权力的方式——礼赞的言辞与意愿。同样，这些事物也不是某一地区的专利，只不过在希腊和小亚细亚保留下来了更加丰富的证据而已。此外，与被保护人进献的牌匾一样，它们得以大量保存的原因在于它们是被公之于众的。

　　要不是蒙受恩惠的人专门运作此事，元首亲手写下的信件

---

　　〔83〕　见上文中提及的贝内文托铭文，注65；CIL 2.2211（348年，科尔多瓦 [Corduba]），被保护工匠们奉献的一块方碑；2.5812，手艺平平的16名男子和5名女子将一块谢恩方形铜碑献给了自己的庇护人；还有 CIL 11.2702 = ILS 7217（224年），相关研究见 Waltzing（1895–1900）1.427 f. 更多信息见 Waltzing（1895–1900）353 对担任许多不同行会庇护者的个人的研究；Budischovsky（1977）117 分析了 CIL 5.2071 中一幅图的内在逻辑：其中的马匹代表着奔走在经商旅行道路上的行会成员们的庇护者。
　　〔84〕　人们使用一套十分典型的术语来描述一位名叫普布利乌斯·李锡尼乌斯·克拉苏·尤尼亚努斯（Publius Licinnius Crassus Junianus）的人物："救星、造福者与庇护者"（soter kai euergetes kai patron），见 Radet（1890）232。他因对尼萨人民的"善意、功德与造福"而受到纪念。其他关于男女庇护人的例子见 MacMullen（1986a）437–39。

如何能够到地方官吏的手中，并被铭刻在石板上呢？富贵一生的奥普拉摩阿斯可以证明2世纪中期存在着这样的事情，稍晚的赫罗德斯·阿提库斯是另一个例子；而在更早的年代里，一位名叫弗拉维乌斯·阿基普斯（Flavius Archippus）的人在为自己辩护时诠释了这些信件的魔力。在面临指控的情况下，阿基普斯曾"向图密善请过愿，而图密善所写的信（被普鲁萨民众投票通过的法令）证实了他的品格……此外还有他写给图拉真的书信和图拉真父亲的法令与信件，所有这些文件都证明图密善曾赐予他恩惠"；而这一点就足以洗刷他的名声，了结这起诉讼纠纷。[85] 大致与奥普拉摩阿斯同时、以演说术闻名于世的埃利乌斯·阿里斯泰德（Aelius Aristides）曾被任命

---

〔85〕 关于奥普拉摩阿斯的年代及出版的宫廷通信文件，见 Heberdey（1897）63；Ritterling（1920 – 24）44 f.；Jameson（1980）846 f.；and *TAM* 2 no. 905 X H（来自哈德良）and passim. 关于赫罗德斯·阿提库斯，见 Philostr., *Vit. soph.* 562 and 565，赫罗德斯本人出版了马可·奥勒留的书信。关于其他接收者，见 Walton（1929）55；*IGR* 3. 228；Rigsby（1979）401 and 404；*Die Inschriften von Ephesos* 5（1980）35 – 37 nos. 1491 – 93 研究了铭刻在以弗所城镇议事会门楣上的安东尼·庇护书信，书信的内容是对一位当地显要的赞美，可能是应贵族本人、或以弗所议事会、或亚细亚行省议事会的要求刻上去的；Mouterde and Poidebard（1931）106 f. 讨论了一位帕尔米拉显要，此人"得到了哈德良与安东尼·庇护书信的充分肯定"；Millar（1977）115, 217, and 470 补充了其他来自帝国东部的铭文材料；来自西部行省的材料见 *ILT* 1514，其中简单地提到一个人受到了元首马可·奥勒留的器重；还有人十分珍视一位元首在演说中对自己的赞美，在自己的墓志铭中引用了其字句，*ILS* 986 = *CIL* 14. 3608；来自帝国晚期的材料见 Swift and Oliver（1962）247 f. and 259 f. Plin., *Ep.* 10. 58（trans. Radice）引述了对阿基普斯（Archippus）的赞词。他是一个令人生畏的危险人物（Plin., *Ep.* 10. 81. 2 f.）。

为其家乡斯米尔纳的十人委员会成员，该职务十分光荣，但负担也很重。凭借之前不久的好运，他跟阿基普斯一样得到了元首的亲笔信函；为了免除这一负担，他复制了这封信，将它跟一包裹文件放在一起交给了行省总督。与此同时，行省总督也收到了阿里斯泰德及其友人们写来的求助信。在阿里斯泰德的恳请下，手握重权的波加蒙人鲁菲努斯（Rufinus of Perga-mon）、公元142年的名年执政官也用拉丁文（代表官方权威的语言）写下了批示："其中除了对其他事务的回顾和建议外，还暗示行省总督，如果不免除我的负担的话，他将来可能会遇到麻烦。"这种充满了恐吓意味的、胡萝卜加大棒的手段发挥了作用，阿里斯泰德的任命被取消了。[86]

以上便是书信所能发挥的巨大作用。我们很容易设想它们的效果，因为世人一直在寻求、书写和收到这样的信件，并借此对一个人的品行进行裁决。这和今天没什么两样。但我们还应进一步认识今天和古代世界在这方面的显著差异。

"我认为，在附庸与王侯之间最细微的恭顺与宠爱迹象中存在着世人无不珍视与渴望的东西——爱与荣誉。"宠臣弗隆托（Fronto）如是说。在他之后很久的朱利安写道："或许收到元首写来信件的庶民会认为这是值得吹嘘的事情；他们会拿着这些信给那些没有这种经历的人看，就像毫无品位的俗人戴

---

〔86〕　Ael. Arist., *Or.* 50.75, 83 f.（已被引用），and 87。关于鲁菲努斯在当地的重要性，见 Oblemutz (1940) 138 f. Fronto, *Ad amicos* 2.8 p. 199 Naber 提供了阿里斯泰德请求要人们写给法官的书信模式的范例。关于另一个例子——小普林尼一封信中含而不露的威胁，见 MacMullen (1986b) 518。

上了戒指一样洋洋得意。"[87] 如果你跟这样高贵的人物没有交集,一名年执政官或哪怕一位行省总督写来的信件也是值得拿出来炫耀的。对你有所耳闻的行省总督会四处传阅元首写给你的信,或亲自写信向你家乡的城市议事会称赞你的表现;而你在大多数情况下正是通过公共生活中的捐赠行为而引起总督的注意的。你家乡的城市议事会也会代表你写信,赞美你是何等出类拔萃。这些信件将得到回复,而回复的内容会被铭刻在石板上。[88] 在西班牙,一个城镇议事会将某位叔父或舅父对当事人的赞美作为证据,它的分量并不会因为两人之间的亲属关系而打折扣,因为称赞者是位一丝不苟的人物、执法如山的法官,所有人都"渴望甚至乞求得到他的帮助"[89] 如果书信内容不便公开的话,在铭文中宣称某人得到位高权重人物赏识的

---

〔87〕 见 Fronto, *Ep. ad Verum* 2.8 p. 136 Naber,参见 Epict., *Diss.* 2.14.18,"你还缺少什么呢?……元首认识你,你在罗马有许多朋友";此外,还有铭文中出现的"皇帝认识的"(*sebastognostos*)这个荣誉头衔,见 Millar(1977)472 n. 48,甚至"神圣的哈德良的客人"(*hospes divi Hadriani*)也是一种尊称,见 *CIL* 11.5632 = *ILS* 2735(意大利);以及 Julian, *Ep.* 40(68),已引用。

〔88〕 见上文,注85;*TAM* 2.3, p. 328 f. no. 905 col. IC - D, II G, III A, IV B, esp. VIII 30 f.,等等。(奥普拉摩阿斯);*IGR* 4.1381;Groag(1939)107,公元120年第二次当选执政官的人物的宾客;Oliver(1953)963 f.;M. C. Sahin(1981)139 no. 266,来自财务官和"许多元老"的赞美书信;还有 Cantineau(1936)278 and Gawlikowski(1973)26 对一份铭文残篇的研究,其中表明帕尔米拉曾反复向阿维狄乌斯·卡西乌斯(Avidius Cassius)赞美某人。

〔89〕 *CIL* 2.1282(Salpensa)提供了对"恳切请求与支持"(*enixum sollicitum etiam suffragium*)的目击证据,Pflaum(1966)334 f. 确定了其中侄子或外甥的具体身份。

做法也不是毫无用处的。[90] 或许他还曾在自己家中宴请过他们。这是比应邀赴宴更加难得的殊荣（见上文，原书第64页以下）。

3. 权力的运作方式：通过威吓

到目前为止，我已经讨论了权贵们的形象、举止、居住地点与生活方式，以及他们拥有（或希望拥有）的声望。但我还要动态地考查他们究竟能做些什么。他们可以行善，也可以作恶；能够拔刀相助，也能伤天害理；二者互为表里。尊荣同时体现在这两种要素中，因为二者都是权力的必然功用，同样受到人们的重视（如果不是同时受到鼓吹的话）。无论如何，有些行为确实是被公开宣扬的——将邻居的房屋夷为平地，随后再重建起来。经由这种方式，那位富于责任感的巨头才可以理直气壮地声称："我懂得并且能够回击冒犯和提供补偿。"[91]

我将从力量对比最悬殊的人际关系中所反映的伤害对方能力展开讨论，也就是无地少地农民与大地主之间的关系。由于城市居民不大留意乡间事务，而乡村也并不奉行城市的文明规范，因此在乡村相对容易出现野蛮行为。或许我们最熟悉的史料是詹姆斯（James）书信（5.1和4）中提出的警告："接下来，我要警告那些拥有巨大产业的人……你们拒付为自己收割

---

[90] M. C. Sahin，前引文（注88）；*IGR* 3.513；另见前文注87 对主人哈德良的提及。

[91] Dio 58. 22. 2 f.，该场景发生在提比略统治的意大利；更多信息见 MacMullen（1986b）517。

庄稼的雇工工钱，他们正在吵嚷着反对你们，并且这些收割者的哭诉已经上达天听。"这两封信的写作年代大概是在2世纪初；与此同时，小普林尼也描述了他的一位邻居是如何处置自己一处地产上拖欠地租的佃农的：他卖光了这些人的生产资料，从而"预支了他们将来的血汗"。这些佃农在来年将没有种子或牲畜可用了。在意大利（不一定是在乡村地区），我们听到了一名自己女儿被富家子弟强暴的佃农的哀叹："我们哪里有勇气向那个人索取赔偿呢？如果我的女儿非要杀了那个身居城市领导要职的年轻人的话，我们这些穷苦人如何能承受得起随之而来的打击报复呢？"[92] 同样可能属于城市暴力行为，但更可能发生在乡间的是罗马法学家提到的一个案例——有人出于对强买者的畏惧，用对方唱一首歌的代价变卖了自己的土地——买方可能拥有令人胆寒的私刑监狱。[93] 这种勒索与恐吓的行为（它们直到帝国晚期还是国家立法制止的对象）在4世纪的一些文献中有所反映。

根据巴希尔的记载，一些权贵在兴起的同时也带来了严重

---

〔92〕 Plin., *Ep.* 3. 19. 6；Ps. - Quintilian, *Decl.* 301 p. 187，其年代可能同昆体良的真实写作时间相近。

〔93〕 *Dig.* 39. 6. 3（Paul），4. 6. 9（Callistratus），and 48. 19. 28. 7（Callistratus），见 Wacke（1980）600 f.；这些段落与 *Dig.* 22. 3. 20, *Didascalia Apostolorum* p. 158 ed. R. H. Connolly 都提及了"把他人关进监狱里的富人"，以及 *CT* 9. 11. 1（388）中提到的乡村地区存在私刑的情况；另见 Wacke（1980）580 on *CT* 12. 3. 1（386）其中涉及了通过恫吓购买土地或奴隶的现象；*CJ* 2. 19. 11（326）证明强买强卖的压力可以来自于政府官员；还有 *CJ* 11. 59. 10（398 年）和 *CT* 13. 11. 9 提到的乡村权贵"凭借权势霸占了最肥美的田地"，逼迫穷人们在较差的土地上劳作和纳税（Syria）。

的贪欲：

> 这样的人从不考虑时间与空间，不会列队等候；而是像一团烈火一样，抓住并吞噬一切……那些手握重权的人产生于有能力进一步作恶的人物；他们会不断把旁人变为奴隶，任凭幸存下来的、自己之前的牺牲品摆布。他们的滔天罪恶增添了这些人的财富；那些从前被他们伤害的人现在不得不为虎作伥，变为他们的帮凶。哪个邻居或同僚不会拜倒在他脚下呢？没有人能够抵挡这位富人的力量，一切都要在他的统治面前低头和战栗。任何受过他伤害的人都在盘算着如何避免更坏的遭遇，而不是在法庭上控诉此人从前的罪行。富人驱赶着耕牛、收获着不属于自己的收成。如果你胆敢抗议，就会遭到毒打；如果你再抱怨，法庭就会送给你一张指控你攻击他人的传票，你将遭到逮捕、锒铛入狱。那些受人指使的告密者狡猾无比，完全有能力置你于死地。[94]

---

〔94〕 Basil, *Homil. in divites* 5（*PG* 31. 293 – 96）；参见 Basil, *Ep.* 18，"不要畏惧权贵的威胁"，参见 Liban. , *Or.* 47. 2 中提及的那些"利用他人的不幸取得成功的人"；类似的人物形象见 John Chrysos. , *Quod qui seipsum non laedit* 9（*PG* 52. 469）："有人会说，财富可以帮助拥有它的人获取荣誉，但也容易招惹来仇敌的报复。"利巴尼乌斯回忆说（*Or.* 55. 15），自己不在的时候，他寡居的母亲遭到了骚扰，"大家辛辛苦苦得来的许多土地都丢失了"，参见 Liebeschuetz（1972）43，而（*Ep.* 1380，前引文）大行政区总长赫尔皮狄乌斯（Helpidius）曾以自己的女儿获赠一处乡间地产为条件，向某人提供鼎力支持。另一个例子见 Liebeschuetz（1972）200 and *PLRE* I Aristophanes，其中一位年轻人在希腊的土地被担任官职、比自己年长的亲戚夺去，他和自己的管家被迫逃往外省。更早的类似例子见 MacMullen（1974）6 f. 。

腐败与罗马帝国的衰落

巴希尔所描绘的、冷酷无比的作恶者形象显然反映了他有时会在卡帕多西亚目睹的场景。他毕竟是在公众面前布道。他的听众或他们身处的世界显然目睹过他所讲述的事情。并且，它也同金口约翰对安条克周边地区的描述相吻合。

约翰最传神的一段描述是在他宣讲玛窦福音时作出的：

> 有谁比那些地主更富于压迫性呢？看看他们是如何对待自己那些可怜的佃户吧：他们比野蛮人还要更加凶残。他们向那些终生饱受饥饿和劳苦折磨的农夫征课难以忍受的、无休无止的沉重赋税，摊派压迫性的劳役负担。他们把农夫的身体视为牛马，甚至像对待石料一样肆无忌惮地使用。这些农夫几乎没有任何喘息之机，在丰年和荒年都不得歇息。地主们驱使农夫在寒冷的冬季和大雨里劳动；农夫们甚至无法保证充足的睡眠。但这些人回到家里的时候却两手空空，甚至还拖欠着无力缴纳的税款。此外，折磨与殴打、勒索与劳役对这些人而言比饥饿更加可怕。谁能讲清地主的管家究竟用了多少手段，利用农夫牟利、之后又欺骗了他们呢？管家为自己的葡萄酒生意而征用农夫的劳力；虽然被迫为管家把葡萄酒装瓶（这种强制劳动其实是非法的），农夫却得不到任何葡萄酒产品，而只能领取一点微薄的工资。更有甚者，管家还向佃户们放高利贷，其利息之高是连异教的法律也不曾允许过的；他们向一个亲自为管家的谷仓、葡萄酒店劳动的、拖家带口的成

年男子索要的利息不是12%，而是50%。[95]

与巴希尔不同的是，金口约翰的描述对象是一切地主，尽管他们不可能都是青面獠牙的。基于同样的理由，关于较早的地主—佃农关系中残酷剥削现象的、不那么详细且富于戏剧性的记载也要留下相当大的余地，因为毕竟还存在着小普林尼这样的温和地主。我们的观点部分来自对人类天性的信心，部分来自方便和现实的考虑。如果地主们真的对自己的佃户竭泽而渔的话，到头来也是会妨碍自身目标的实现的。但无论如何，我在这里的目的并不是要对这种虐待进行量化，而是要证明这一现象的存在——因此之故，每名自耕农或佃农出于谨慎起见，都会为了避免更糟糕的结果而寻求自己认识的、最重要的当地权贵的庇护。当代人购买保险其实也是基于同样的考虑：我们并不认为自己身边充满了巨大风险，而是认为一旦这样的风险降临，单凭自己的家产是无法应对此类变故的。

农民对大地主的依附不是绝对的，并且在发生争执时，正义也并不总是站在他们一边。他们有时也会殴打甚至杀害地主

---

〔95〕 Joh. Chrysos., *Homil. in Mt* 61.3（*PG* 58.591f.），trans. Stevens（1966）123 f. 我将译文中的"橄榄"改正为"葡萄酒"。关于 5 世纪初埃及乡村富人对穷人进行的压迫与勒索的类似记载，见 Barns（1964）158。更多的细节见于纸草材料，如 PCair, Isidor. 78（324）讲述了权贵对当地百姓的压迫；叙利亚的类似例子见 Theodoret, *Ep. Sirm.* 23 为在饥荒年头遭受压迫的佃农们的辩护。

派去收租的人。[96] 一些佃农笨手笨脚、不留余财、游手好闲，地主收回承包给他们的土地乃是理所当然的事情。小普林尼经营自己的地产时遇到的困难就很能说明问题。事实上，也许正是地主支持农民们渡过了难关，或在其他方面改善了他们的生活。但那也只能进一步印证农民的依附地位。他们用自己的田地或林地提供的、源源不断的微薄礼品反映了这一点——一巢蜂蜜、一只兔子，等等。[97] 接受者会将占有这些礼物视为一种权利。"我看到一个穷人被索取他无力提供的东西，并因为某位要人的餐桌上缺少葡萄酒而锒铛入狱。"安布罗斯如是说。[98]

无论通过礼物或田租哪种形式，帝国晚期的有产者经常会

---

〔96〕 *Mt* 21. 33 – 40；参见 Sperber（1971）253 n. 3 对 4 世纪初（或中叶）税吏被杀事件的研究；以及 Liban. , *Or.* 47.7 f.（同样是税收、而非地租问题）。

〔97〕 见 MacMullen（1974a）260 n. 25 and Staerman and Trofimova（1975）63 f. n. 1 举出的、关于对村庄、农舍庇护的例子；还应注意地主向第三方慷慨调拨自己的佃农作为劳动力（显然是无偿的）的情况，*IGR* 4.808（Hierapolis）；以及一位地主的看法，即如果他在遇到困难时向诸神献祭的话，他的佃户也必须这样做（Cypr. *Ep.* 55〔51〕.13.2）。关于佃户献给地主的礼品，见 MacMullen（1974）114, Kolendo（1979）403 f. , and Veyne（1981）245；关于晚期罗马埃及的农民对贷款和生产工具的依赖性，见 Fikhman（1975）789 and Keenan（1981）480 f. ；关于安条克周边的同样做法，见 Liban. , *Or.* 47.19。

〔98〕 *De Nabuthe* 5.21（尽管安布罗斯在这里指的可能是拖欠的地租，并非常规的献礼）。参见该世纪早期的材料 Lact. , *Div. Inst.* 6.18.10，富人不应接受穷人的献礼（因为这是习俗中的强制要素）；更晚的材料见 Percival（1969）611 对一份 6 世纪文献及其他类似材料的研究，其结果表明："赠礼……不再是一种出于自愿的行为……而是地主所要求的一项权利。"

残酷压迫无产者；而后者唯一的生存方式便是将自己的安危托付给一位强有力的朋友。利巴尼乌斯经常被人引用的第 47 篇演说词便反映了这种意图，其中的保护人是驻扎在当地的部队指挥官；彼得·布朗（Peter Brown）则已证明，同样可以成为农民跟自己的压迫者（包括税吏）之间的调解人。这种来自某位修道院长、隐修士或能行神迹的主教的调解在东西方行省中都是存在的。[99]

利巴尼乌斯在我们前面提到的那篇演说（47.2）中声称自己的话将会引起"有权有势者的敌意，我估计他们会恼羞成怒，伺机向我报复"。根据我们之前描述过的时代背景，以及古代对等相报的伦理原则（更不消说权贵们的强盗逻辑），这位演说家的确有理由畏惧对手们可能采取的行动。他们毕竟是武人。由于这些人获得了掌握武力的特别许可，他们可以成为手无寸铁的农民或贵族十分重要的保护人。这些武将能够在预计将有犯罪暴力出没的地方担任保镖。在帝国晚期，他们经常驻扎在城里或周边地区（见附录 C）。人们相应地也就更容易得到他们的帮助。但即便在更早的年代里，他们有时也会被

---

[99] 见 Brown（1971）84 f.，还应补充 Hier., *Vita Hilarionis* 15.7，其中反映了村民对一位苦行者的尊敬；关于这份材料的可靠性，见 Mohrmann（1975）xli - xliii；更多材料见 Callinicus, *Vita S. Hypati* 4.6 对支持色雷斯农民的一位圣徒的记载；以及 Constantius, *Vita S. Germani* 4.19 and 24; ibid. 20 叙述了这位圣徒神奇地"团结"了一批执拗者的情况，可资比较的材料见 MacMullen（1980a）29 n. 25。

借调来帮助或保护搜寻逃亡奴隶的奴隶主。[100]

利巴尼乌斯提到的另外两点也有助于我们理解当时的权力关系。其一，当时的人们会捏造一些指控来进行私人报复。结果是帝国当局不断前往被告的产业上调查取证，迫使他为保全这些地产而心力交瘁。另外一点也跟诉讼有关。利巴尼乌斯说，人们经常会伪造自己遭到恐吓或袭击的证据，随后跑到行省总督那里去申诉。"弱者经常会在强者手中遭到这样的待遇……残酷的主人们惯用这些伎俩。"农民们对此是毫无反抗能力的。"如果他们之前还没见识过这种勒索手段的话，一两句话就可以让他们明白一切。一名士兵随即前往农场，手持镣铐；这些农民便被逮捕和投进大牢。"[101] 可见，凭借与法庭主席及其下级官吏的私交，或通过贿赂（甚至仅仅是愚弄）他们来利用司法力量，乃是有产者动用自己伤害他人权力的最常用手段。我在前面已经举出过这方面的几个例子了（注93，94，98）。

推崇罗马帝国的人会看到这一现象的积极方面——法外的权力毕竟采取了一种文明方式，即通过法庭诉讼来进行报复或恫吓。也就是说，他们毕竟在"遵守游戏规则"，承认法律权

---

〔100〕 见上文，注9，*Dig.* 11.4.2, and Lucian, *Alex.* 55 中较早的例子。另见上文，注42，Athanas. , *Apol. c. Arianos* 29（*PG* 25.2978），*Apol. de fuga* 6（*PG* 25.625B）and 24（673D），or *Hist. Arianorum* 59（*PG* 25.764C），所有材料都表明士兵介入了主教间的派系暴力冲突。

〔101〕 Liban. , *Or.* 55.11, in Liebeschuetz（1972）200；*Or.* 45.3 and 5, 参见 MacMullen（1974）6 f. 中埃利乌斯·阿里斯泰德所描述的情形；以及 *Or.* 47.12 f. , 利用司法逮捕、拘押权力进行的勒索。

威，并且没有采用暴力的、原始的我行我素的做法。反对意见则会质疑说，如果法庭已堕落成了实现个人目的的工具，那么法律的尊严何在呢？如果我们比较一下罗马法学的伟大框架体系——它在体系性和高度上、在精细性与逻辑性等方面确实都堪称伟大——与现实生活中的司法实践的话，二者之间的差距可谓一览无余。法官可能会受贿（我将在下一章中探讨这方面的可能性）；更糟糕的情况是，法官本身是诚实的，但他对自身的法律与社会职责有着特殊的理解方式。他在进行裁决时拥有很大的自由度，因为诉讼双方都在他面前陈述了案情。他不能拒绝接受任何一方出示的证据。但与其说这位法官尊奉法律体系和职业操守，还不如说他更信奉自己为之服务的那个阶级的普遍价值观；而陪审员们也来自（或差不多来自）这个阶级，并以同样的方式履行着自己的职责。在庭审中，法官与陪审员的道德准则宽容上流社会里的各种潜规则、互相包庇的行为和自身尊荣的表达方式，但他们不宽容傲慢无礼——也就是地位下贱者的合法权利。他们会对此坚决说不。是与非都要屈从于现实——也就是屈从于等级（见上文，注3）。所有这一切都会露骨地反映在法庭陈述环节最开始的问题中。法官会问："你的社会地位如何"（*cuius condicionis*）？并且法官还要衡量他的辩护人的分量——也就是他们的尊荣。[102] 随着审讯的进一步深入，在某些关键场合将会出现两人一对一当面对质的情况；只要知道对方的社会身份（也就是等级），他们就可以确保自己的判断不会出现严重偏差。

我们拥有的另外两份相当可靠的法庭证词反映了地位较高被告的举止，那是与法官们的裁决方式相适应的。其中之一是2世纪时对阿普列乌斯（Apuleius）的审讯，他在自我辩护时显然试图把自己塑造成一个富裕的和有教养的人物。显然，他认为这会对自己有利。另一个案例——在亚历山大里亚对菲勒阿斯（Phileas）的庭审——发生于对基督教的迫害时期。尽管菲勒阿斯担任着本城的行政官职，他却是一位基督教主教；因此，他起初受到了狱卒们的折磨。然而，省长随后亲自审讯了他，并表现出了更多的耐心和开释他的意愿："你不能表现得理智点儿吗？……我已对你的兄弟开恩（beneficium，他直接

---

〔102〕 见上文，注3，普林尼和叙玛库斯的观点。参见2世纪后期（？）波加蒙的 Martyrium（Acta）S. Carpi 3.1（Musurillo（1972）30 中的拉丁文校订版本）：你是位要人吗（principalis es）？参见 Franchi de' Cavalieri（1935）50，the Passio SS. Dativi et al. 5；Dig. 22.5.3.1（卡利斯特拉图斯［Callistratus］），一名法官在评估证人可靠性的时候先要调查他的尊贵程度（cuius dignitatis）和口碑（cuius existimationis），参见 CT 11.39.3（334年）；Rea（1976）461 f. 讨论了造就一位凭借其社会等级而拥有法律特权的贵妇（matrona stolata）的、无法明确界定的条件；还有 Garnsey（1970）passim。值得注意的材料还有 Dig. 1.16.9.4（Ulpian）：法官应当牢记，"小人物"有时根本不敢冒险对簿公堂，因为他们没有足够的支持者，其朋友们不会热心相助，并且本身也没有身居要职；48.2.16，在若干名控诉人中，正式提出诉讼的资格应由他们的尊贵地位来决定；以及 1.18.6.2，表明为地位低下者辩护的人可能会受到对方权贵的裁赃陷害。

使用了这个拉丁术语）。希望你也能礼尚往来。……如果你只是个被迫求饶的乡巴佬的话，我是不会宽恕你的。但既然你的财产足以为自己乃至全城谋得福利，我会为此而善待你，乐于作出让步。"就在此时，菲勒阿斯兄弟请到法庭上的律师打断了审讯，"陪审员们和城中的官吏们也恳求省长对他（菲勒阿斯）手下留情。"[103] 当时的法庭就是对富有的官员们如此照顾。受到指控的普通基督徒是没有这样的待遇的，关于他们审讯的其他卷宗明白无疑地反映了这一点。

埃利乌斯·阿里斯泰德在对罗马的颂词中宣称，在上告元首的时候，"小人物与大人物、无名鼠辈与社会名流、穷人与富人、低贱者与高贵者几乎是完全平等的。"[104] 但这一法律程序与我们已经看到的情景之间并无严重矛盾。因为元首毕竟是元首。在全体臣民面前，他是一个高高在上的独特角色，其职权得到了明确规定（往往还被加上详尽的说明），可以不受约束地进行司法裁决。他确实能够管理一切臣民，以至于曾同阿里斯泰德通信的安东尼·庇护甚至会受理奴隶对主人的起诉。奴隶们只需跑到元首的塑像面前，就能获得这样的关照。当一个当时默默无闻的犹太人被作为作奸犯科者逮捕时，他

---

〔103〕　关于阿普列乌斯试图证明自己良好社会信誉的段落，见 Mac-Mullen（1986c）165；关于菲勒阿斯（Phileas），见 Musurillo（1972）340 and 342（sections 11 f.）提供的、易于使用的法令希腊文校订本，参见 p. 348 中的拉丁文校订本，其中省长说过"关于我对你的看重"（*memento quod te honoraverim*）一类的话。Pietersma（1984）64 f. 出示了新版希腊文残篇与更为人熟知的希腊文、拉丁文文本之间的细微差别。

〔104〕　Ael. Arist. , *Or.* 50. 39.

（也就是圣保罗［Saint Paul］）可以要求改换一个审判地点，也就是到尼禄面前去受审。在罗马帝国史上，一直存在着越过本行省和其他级别的法官，直接向元首上诉的例子；这一习俗在戴克里先统治时期依然存在，即便到了君士坦丁时代也时有发生。它在司法体系臻于成熟的时期变成了一项司法程序，也就是说，法官们有义务将重大案件直接报告给元首。由于心怀善念、精力充沛、平易近人，安东尼·庇护为阿里斯泰德的赞美词写了一篇答复。他的做法并不出格。根据小普林尼《书信集》卷十中他就任行省总督之后几年内与元首的书信往来和费尔古斯·米拉尔（Fergus Millar）整理的更早与更晚的材料来看，大部分元首确实在努力承担着法官的职责。[105]

但元首们治理的帝国是非常巨大的；古代条件下的信息交流缓慢而艰难，而他们每天可利用的时间也不比常人更多。因此，正像我们看到的那样，在处理自己遇到的困难时，阿里斯泰德从未想过要去向安东尼·庇护求情。相反，他会选择一些地位低于元首、自己能够驾驭的要人去进行沟通，认为他们也

---

〔105〕 见 Millar（1977）10.332, and 476 对奴隶和下等人面见元首机会的分析；更多材料见 Huchthausen（1974）252 and 255；Millar（1977）335, 475, 544, and 546 研究了迟至戴克里先和君士坦丁时代的面见元首请命情况，还应补充 Greg. Naz., *Or.* 5.21（*PG* 35.689），其中朱利安肯于倾听普通农民诉说那些"人们确实可以向统治者恳求的事情"。但朱利安的屈尊姿态是被大书特书的和非同寻常的。关于上告元首的程序，见 Millar（1977）512－16；在 3 世纪初，重要案件是必须上报元首的，Millar（1977）330 f.。关于元首试图通过威慑保护弱者免受勒索的证据，见 *Dig.* 3.1.5 and *CT* 1.22.2（334），"他们因他人的权势而战栗"（*cum alicuius potentiam perhorrescunt*）。

比法官更指望得上，并且他的看法也是正确的（我们将在后面提到他关于法官们贪赃枉法的看法）。元首直接或间接过问的案件毕竟仅占帝国法律诉讼的一小部分。

我们能够猜到阿里斯泰德为何能够胜诉。法官受到了一位拥有巨大影响力的人物的公开威胁。他感到惶恐不安。这种外部施压是必要的，因为阿里斯泰德的对手强烈反对第一份对他有利的裁决。早先那些支持他的信件帮助阿里斯泰德赢得了很多东西，但这些成果面临毁于一旦的危险。这时，另一封来自法官亲戚与挚友的信送到了。作为锦上添花的手段，阿里斯泰德亲自拜访了前执政官鲁菲努斯，以便让他施加前文中提到过的压力。[106] 这样一位重量级人物还不能吓倒法官吗？答案是毫无疑问的。在同一地区相隔不远的年代里，另一位文人琉善（Lucian）讨论了针对谋杀他的企图的一起诉讼可能出现的判决结果："当时担任比提尼亚和本都行省总督的阿维图斯（Avitus，公元165年）阻拦了我，恳请甚至哀求我放弃起诉，因为他无法违抗前执政官鲁提利亚努斯（Rutilianus）想要偏袒被告的意愿。因此，他说，自己即便发现琉善的敌人罪行累累，也无法对他进行惩罚。"[107]

西塞罗在自己最早的一篇辩护词中公开提到了支持行凶者的局外人："他们权势滔天，其数目和党羽足以恫吓任何人，

〔106〕 见上文，注86；Ael. Arist., *Or.* 50.79 f. p.445 f. Keil, 84 p.446, and 87 p.447。

〔107〕 Lucian, *Alex.* 57.

腐败与罗马帝国的衰落

无论他们是否参与这场诉讼。"这批人会联合起来压迫一个地位比他们低贱得多的人；哪怕此人的妻女遭到了强暴，他也没有勇气与施暴者对簿公堂。我们前文中引述的那篇演说词揭示了这种力量对比悬殊的现实。[108] 数百年后，同样的恫吓手段仍旧困扰着帝国政府：一道法令宣布，任何人都不应因为仇敌阻挠或畏惧仇敌后台权势而失去接触法庭的机会，法律"不应当让任何人有理由畏惧这样的审判：由于有权有势的对手的威胁，他每前进一步都会感到芒刺在背"。[109] 这段材料中有一部分是关于罗马和大法官的法令的，但另一部分描述的则是行省的图景——尽管没有具体指出是哪里。同样宏观的概括还有塔西佗对一位克里特著名人物的评价："像行省权贵们经常会遇到的情况一样，此人受到种种指控，因为权贵们正是通过伤害低微的人才积聚大量财富的。"也就是说，他们在崛起过

---

〔108〕 Cic., *Pro Quinctio* 22.72；见上文注，92。

〔109〕 *Dig.* 3.1.4 (Ulpian，但属于对旧有法律的追溯)；*CJ* 2.13 (14).1，Claudius II 对长年累月的抱怨和穷人经常（注意是"经常"〔saepe〕）被权贵欺压这一事实的回应；*CJ* 9.9.23.1 (290年) 鼓励对那些盗用其庇护人名义进行敲诈勒索的骗子进行起诉；*Dig.* 4.2.23.1 被 Wacke (1980) 589 f. 确定为325或331年的法令，并根据其中"*cognito…minabatur*"的用语提出存在着后人加工的可能；但具体情景的实质是一目了然的。关于晚期的类似例子，见 *CT* 1.22.1 (334年)；较早的例子见 Tac., *Dial.* 10，其中指出同权贵作对是需要勇气的，而小普林尼（*Ep.* 1.5.15）也指出，提起诉讼时必须慎之又慎，因为他们起诉的对象雷古鲁斯是个"恶霸（*dyskathairentos*）"；因为他拥有金钱、党羽和强大后台，令人生畏；这一切使得他很有势力，尽管并不招人喜欢"。最令人惊奇的证据之一来自 Seneca, *Ep. ad Lucilium* 2.14.3 f.，其中将人类对物质损害的恐惧归结为三类：贫困、疾病和权势："那些凭借权势横行一方的人物也是令人生畏的；在这三者中，最令我们胆寒的莫过于其他人物巨大权力了。"

程中不可避免要四面树敌，而那些敌人也会处心积虑地谋划如何让他们垮台。普鲁塔克同样指出，那些"显贵达人"在自己的城市里往往遭人忌恨，而法庭则是表达这些情绪的舞台之一。他所指的城市似乎并不仅限于希腊本土境内。最后，在同一时期，小普林尼也讨论过他在比提尼亚和本都行省听说过或亲自主持的几项审判，其中原告的首要动机显然是个人复仇或其他与法律无关的目的。[110] 其中之一牵涉到普鲁萨的地方名流弗拉维乌斯·阿尔基普斯（Flavius Archippus），此人通过自己的党羽指控金口狄奥（一块硬骨头）犯有贪污公款和严重叛国的罪行。前一项指控可以同当事人自己的演说词联系起来，反映了狄奥在承担城市翻新改建工程时的如履薄冰。我们需要牢记的是，刑事案件的审讯往往肇始于法官从某人（也就是告密者）那里得来的信息。在没有设置公共检察官的情况下，政府也很难限制告密人的活动，这便为滥用法律打开了方便之门。

即便在贤君圣主统治时期，叛国罪的指控也是令人胆寒的。即便是普通的民事审判，如果对手不屈不挠（无论他是否真的有理）的话，也可以旷日持久，消耗大量时间与金钱。

---

〔110〕 Tac., *Ann.* 15. 20; Plut., *Moralia* 815 A – B, "贪得无厌、彼此争雄"的权贵利用律师和法庭来彼此伤害；另见 Plin., *Ep.* 10. 56, 110, 114 and 58. 1 and 81. 2 f. 对弗拉维乌斯·阿基普斯（Flavius Archippus）的描述。关于此人的活动，若干补充信息见 MacMullen (1986a) 440；关于 10. 56 中的第一个案例，见 Wells (1984) 149 的评价："我们的印象是，罗马的法律已被用来了结私人恩怨。"这一现象也出现在十分遥远、与本书主题已不相关的时代里，见 Cic., *Paradox.* 6. 46。

腐败与罗马帝国的衰落

例如，130 年之后不久在埃及法庭正式立案的德鲁西拉（Drusilla）案就是如此。它是关于 118 年一笔未曾偿还的贷款。地方官吏和诉讼当事人走马灯式地提出一系列动议与否决意见，有些人甚至在漫长的庭审期间辞世了，但这桩案件硬是拖到 147 年或 148 年才最终了结。诸如此类的拖延不决会使任何时代的法律变成一种滑稽的折磨。帝国晚期的攸纳皮乌斯（Eunapius）一针见血地指出："拖延等于是在为虎作伥。"[111]因此，无论胜诉与否，提起诉讼都可以成为一种惩罚敌人、保护朋友、恐吓遭受虐待或欺骗的受害者的有效手段。

然而，只有到了帝国晚期，这些可能性才得到充分实现。这主要归咎于（或归功于）法官们的日趋严厉。我会在后面讨论这一主题，但我现在可以举一个例子来生动地说明，法庭上的威胁如何可以凭借惩罚的严厉性而直接压倒对手的。相关记载来自 5 世纪初：[112]

> 当时，迦太基有位名叫弗洛伦提乌斯（Florentius）的地方财政官。由于财政官负责处理时有发生的财产诉讼问题，他们有时会与自己所效劳的权贵和顶头上司发生顶

---

〔111〕 关于德鲁西拉的案子，见 Witt（1977）66 - 68；另一起旷日持久的诉讼，79 - 85，第 3 起案件发生在弗里吉亚，但证据仅为残篇，见 T. Drew - Bear（1978）20. 参见 Mart. 7. 65，一场长达 20 年的诉讼；较晚的材料见 *Sirmond*. 1（333 年），其中宽慰了那些"陷在旷日持久、几乎遥遥无期的官司中无力自拔的可怜者"；Amm. 30. 4. 18 f. and Liban. ，*Or*. 45. 18 评论了审判中的一拖再拖和讨价还价；Eunap. frg. 16 指出朱利安统治时期的司法程序大为改观，变得雷厉风行起来。

〔112〕 Anon. ，*De miraculis S. Stephani*. 2. 5（*PL* 41. 851 f. ）.

撞。此人触怒了行省总督，面临着脑袋搬家的危险。行省总督突然下令逮捕弗洛伦提乌斯。结果，他所在的官署马上顺从地把他交出了，他被当众逮捕，带到了行省总督的房间里。旁观者无不惊恐万分；出于兔死狐悲的心态，他们同情自己的这位同僚，为他的安危捏一把汗。与此同时，总督一看到这个触怒自己的可怜虫，马上拍案而起，用可怖的、充满威胁意味的腔调表达了自己的愤怒；他的质问吓得这位财政官魂飞魄散。他惊恐万状，完全丧失了理智，根本无言以对……财政官就站在那里，生死未卜，被讯问官（也是上刑者）包围着，胆战心惊地等待着那位大权在握的长官的发落……

在这幅场景中，我们首先应当注意的是偶然的目击者（"旁观者"）对他们的所见所闻做出的反应。在一个愤怒与强权大行其道的社会里，起诉或威胁起诉乃是一种威力巨大的武器。其次，我想着重指出的是，原告一方并非私人，而是一名官员，这类例子在帝国晚期的记载中开始大量出现。无论对于他还是对于他的幕后主使而言，原告权威的增强也就意味着伤害他人能力的增强。我所关注的还是消极的方面。

另一个相对简短的例子来自一二十年之前的拉文纳，那里一切路过市中心的行人都会注意到"挤在监狱里等待用刑或处决的犯人……这群人是被宫廷里各种各样的权贵们定罪的"。[113] 同样，这里值得注意的现象是官员们在以之前几个

---

〔113〕 Constantius, *Vita S. Germani* 7.36, *diversae palatii potestates.*

腐败与罗马帝国的衰落

世纪里从未有过的规模和严厉程度动用着他们的权威。他们的所有受害者应当都是受审后被定罪的。

在深知定罪几率很大的情况下，诬告者（sycophants 一词的本义）可以十分有效地开展他们的工作。君士坦丁在即位之初曾徒劳地猛烈抨击他们，宣称他们因其"可憎的破坏行径"而成为"世人的祸害"。他针对告密者的严厉法令，此后被一再重申和强化，使用的字眼语气也越来越重（如告密者被称为"全人类的公敌"）[114] 然而，在公共检察官实际上还不存在的情况下，告密者仍是政府的一件不可或缺的工具。他们的活动甚至还受到鼓励，因为法律承诺让告密者分享被他们扳倒的被告充公财产中的一部分。朱利安在安条克的时候曾试图限制他们的活动，但毫无悬念地失败了。无论如何，利巴尼乌斯曾向提奥多西详细描述过，地位低下的公民有时会伪造伤痕，撕破衣服，随后跑到行省总督面前去控告某人违法攻击了自己。利巴尼乌斯补充说："这是权贵对待弱者、富人对待穷人、精英对待民众的惯用手段，他们希望自己的指控能够得到充分的证据支持。元老和城镇议员就是这样对待他们的……对你宣誓效忠的管理者和行省总督的差役也是这样对待不肯满足

---

[114] *CT* 10. 10 passim, e. g. 10. 10. 2（312/319）or 10（365），两段材料都已被引述；类似史料见 10. 10. 12. 2（380 年）；and 9. 37. 3（382 年）and 3. 39. 1（383 年）－3（398 年）。

他们一切心血来潮想法的手工业者的。"[115] 通过"告密者"的作用，法庭与监狱成了官吏控制、欺侮民众，并迫使他们成为顺从自己的工具；他们勒索来的还不仅仅是顺从，因为行省总督和其他拥有司法权力的官员也会利用这种权力中饱私囊。[116]

他们还会借此来宣泄私愤或实现其他种种个人目的。阿米亚努斯报道说，当一位皇帝偶然经过伽拉提亚地区时，当地民众"近乎疯狂地检举自己的仇敌犯有严重叛国的罪行"。而在帝国境内一个情况截然不同的地区，奥古斯丁写给一位意大利省长的信件表明，世人普遍相信这位省长曾授意玛里努斯（Marinus）勋爵诬告自己的一两个私敌参与了最近的谋反事件。那位勋爵"当时的权力是很大的。因此，他进行诬告的条件也十分便利。找到一个听从自己摆布的证人（只要许诺他可以安然无恙）本是小菜一碟。那是该时代得到普遍许可的行为，其结果是任何人都可能因为一个证人的证词而被定罪

〔115〕 Julian, *Misop.* 344A; Liban., *Or.* 45.3 f.（386年——Loeb 译，改动之处只有 *ton dynatoteron*，其含义并非"有影响力的"）；对此加以强调的段落见 Joh. Chrysos., *In Ioannem* 82.4（*PG* 59.446）："尽管这些断案的家伙名为法官，他们实际上却是一批匪徒和凶手；所有参与诉讼和出庭作证的人都会发现数以千计的错误、骗局、偷盗和阴谋。"他还补充了（*In ep. ad Rom.* 11.6, *PG* 60.491）打官司过程中的许多实实在在的风险：如遭受折磨或囚禁。

〔116〕 见上文，注94，Eunap. frg. 63，以及下一章中的许多材料。

处死，而原告一方却无须承担任何风险"。[117] 还有两位主教在他们各自身处的行省为我们提供了关于这些仇怨的证据。其一是昔兰尼（那里向来以"告密者活动猖獗"著称）的叙尼修斯（Synesius），他在一起关于敲诈勒索的诉讼中攻击自己的朋友与亲戚；其二是居住在叙利亚东北部的提奥多里特（Theodoret），他声称当地人民最畏惧的是"法官、保民官、法吏、侍从和税吏；如果一个人生活穷苦的话，他的恐惧还会加倍"。提奥多里克的评价反映了罗马帝国晚期司法界的暗无天日。当然，富人一方面通过自身的影响力，一方面通过雇用干练的律师，可以更好地保护自己。利巴尼乌斯曾自诩道："我教会了青年人（他的修辞学学生）如何在受到侵害时以牙还牙。"显然，他指的是告密行为，而非广场上指名道姓的肆意谩骂。[118]

　　奥古斯丁叙述的（他自己显然也信以为真）对意大利省长罪行的普遍怀疑其实仅仅基于捕风捉影式的证据。人们知道该省长同被捕者之间有些过节。那么，根据当时的社会风气来

---

〔117〕 Amm. 22.9.8 and Aug., *Ep.* 151.4，赫拉克利亚努斯（Heraclianus）413 年反叛之后一年，以及 *PLRE* II Marinus 1。但那位总督最后遭到了罢黜。

〔118〕 Synes., *Ep.* 118 (*PG* 66.1497C) and 130 (1561B)；Theodoret, *Ep.* 11 (434 年，参见 *PLRE* II Titus 2) and 36 (32)，见前引文；以及 Liban., *Ep.* 211.1（公元 360 年），同见前引文；利巴尼乌斯本人也是致命的法庭诉讼中的攻击目标。见 Norman (1954) 46 f.。在同一世纪里的埃及（Palladius, Hist. Laus. 3.1 f. and 38.5, in Bougatsos and Batistatos pp. 48 f. and 212，或 R.T. Mayer, pp. 50 and 135 的英文翻译），我们有理由认为，当时的人们有可能通过贿赂法官和行省总督的方式来利用其权威对付私敌。

推断，省长显然是在进行打击报复。此外，他还亲自前去拜访那位勋爵，与他相处甚欢，"并同他进行秘密交涉……由于两人的亲密关系和持续进行的这种私下交谈，相关的谣言更是传得满城风雨"。上述是 414 年迦太基的情况。二十五年前，利巴尼乌斯也是以同样方式非议安条克的行省总督密友们的：他们聚集在总督的审判室里，坐在他房间里的长凳上，同总督低声耳语，甚至打扰总督的午睡。[119] 由于其引起的相关议论，这种亲密关系（或哪怕是其表象）是值得争取的。能够左右官员决策的名声本身便是一种权力，它并不是虚无缥缈的。

同弗隆托或阿里斯泰德一样（见前文，注 86），利巴尼乌斯也曾向法官写过很多替诉讼当事人说话或争取使囚徒得到开释的信件。他认为自己的努力会有效果，在有些情况下显然也的确如此。叙尼修斯、奥古斯丁、巴希尔、叙玛库斯和其他许多人都写过这样的信。[120] 写过此类求情信的经历几乎成了拥有一定权力的标志。帝国晚期的法律条文提供了关于当时现实状况的清楚证据，其数量要多于元首制时期的相关材料。这些

[119]　Liban., *Or.* 52. 4 – 6.

[120]　Liebeschuetz (1972) 192；Synes., Ep. 42 (*PG* 66. 1365B) 及其他书信，见 Tomlin (1979) 262；Aug., *Ep.* 115；Basil, *Ep.* 86，请求对自己的朋友们加以照顾，这方面的出色研究见 Treucker (1981) 405 f.，其中讨论了巴希尔德尔干涉与斡旋的范围，包括在一起案件中向三人求助的例子（p. 408）。关于帝国西部与巴希尔地位近似的人物，见 Symm., *Ep.* 1. 69 f.，74, and 77；2. 14 and 81；3. 35 f.；4. 68；5. 54；9. 129（这些都是 4 世纪 70 – 80 年代的情况），以及 Matthews (1975) 191 on *Ep.* 3. 36 to Ambrose。关于代表一人向多人求助的情况，见 *Ep.* 3. 49 or 3. 73 with 4. 67。

腐败与罗马帝国的衰落

条文谴责了那些凭借私人关系操纵庭审结果的"权贵"。一位皇帝说道："我们注意到，由于对手拥有权贵的头衔和元老的特权，许多人在力量对比悬殊的诉讼中是没有任何获胜希望的。为了不使诉讼当事人的恫吓导致对这些名号和头衔的僭取"，这种习俗遭到了禁止。但这些禁令毫无作用——相关法令不得不被一再重申。[121]

屈从于这些压力的法官有时会得到丰厚酬报。由于他愿意配合，这位法官可能会得到物质答谢，也可能会在未来有难的时候得到相应的报答。当然，在一些场合下，这种压力只不过是一种虚假恫吓；但在另外一些情况下，法官是有充足理由畏惧那些凌驾于自身权威之上的力量与影响的。在这项对各种形式的伤害力量的逐一研究中，我最后要来谈论一下对政府本身的伤害力量。这是帝国晚期出现的一个大问题，构成了对当时国家与私人公民关系的有趣注脚。相关例子来自于384年审讯一桩非法财产扣押案件的罗马市长叙玛库斯的叙述。尽管有法庭的命令，一个名叫斯奇尔修斯（Scirtius）的人还是被奥吕布里乌斯（Olybrius）赶出了他自己的土地——后者是前执政官、前大行政区总长，连此人的代理人都是元老级别的人物。

---

〔121〕 关于较早的法律，见上文，注102；关于晚期法律，见 *CJ* 2.14（15）.1（400）。甚至有过僭用皇帝名号的现象，2.15（16）.1（408年），400年的法令不得不在416年加以重申（*CT* 4.4.5.2），其中特别强调了谎称自己得到私人权贵支持的现象。Wacke（1980）583 将之同 Aug., *Ep.* 96.2 进行了比较，后者提到了一位弄虚作假的主教将自己的地产归于权贵名下以避税的情况。

地产上的佃农都被劫持到了奥吕布里乌斯的庄园里，以防他们提供证据；与此同时，奥吕布里乌斯还反诬斯奇尔修斯已把土地转让给了自己的儿子们（如果这一点得到认可的话，再去夺取这些土地就要容易得多了）。[122] 叙玛库斯在独自面对这样一个位高权重、咄咄逼人的对手时确实感到束手无策。

这种对合法权威的践踏是令人瞠目结舌的——更令人吃惊的是，提奥多西大帝居然不得不提醒东部行省中的权贵们必须接受法庭的传讯；格拉提安则在十年前（378 年或 379 年）向自己在罗马的代理人抗议道，法官作出的决议必须得到鼎力支持。他说："谁都无须担心他们的普通权威受到权贵和张狂者的削弱和瓦解。"[123] 我们在同时期叙玛库斯的另一份报告中同样看到了这种对时弊的承认，其中写道："据说家乡为伊庇鲁斯（Epirus）的瓦勒里亚努斯（Valerianus）藐视皇帝敕令、严格制定的法律、社会共奉的良好信仰或法官的声望。他首先被一位低级别元老传唤至大法官面前受审，结果他逃避了该级别官员的传唤，违抗了更高权威的指令。随后，在接到行省总督的传讯时，老奸巨猾的他同样逃脱了法律的约束。现在，尽管此人同时受到民事和刑事两方面的指控，他仍旧像个反贼一样抗拒着指令"，并杀害了一位特别钦差（agens in rebus），刺

---

〔122〕 Symm., *Rel.* 28.2, 5, and 7 f. 关于对其子孙及这位官员权威的更加猛烈、更富戏剧性的攻击手段，见 *Ep.* 29.3 in the *Coll. Avellana*（*CSEL* 35 p. 75, A. D. 419）or 32.3（ibid. 79）。

〔123〕 *CT* 9.1.17（390）；*Coll. Avellana* 13（*CSEL* 35 p. 54）。晚期史料往往来自总主教选举悬而未决期间罗马教会各派系对皇家命令的长期蔑视。

伤了另一位。由于自身资源有限，叙玛库斯将此事报告了皇帝，"因为只有陛下才能对最高贵等级的恶行作出适宜的惩罚"。[124] 能够让如此尊贵的高官束手无策，甚至连宫廷权威的介入也变得无济于事，这些权贵的确不是浪得虚名。

此类现象并非仅仅发生在叙玛库斯生活的那个世纪。我们再来看看大名鼎鼎的法学家盖约（Gaius）。他讨论了"控告另一行省居民或权贵"的特别困难。大部分个人影响的网络都有其地理空间上的局限，正如它们都以某人的故乡及周边地产为地理中心一样。他在那里是"最有权势的人"，可以最大限度地保护自己；权贵们掌握的正是这样的权力。但无论他们身居何处，他们永远居于某种势力关系网的中心。盖约接下去说："我们是无法同权贵（potentior，意指拥有巨大财富和影响力的人物）相匹敌的。"他说的表面看来是一句废话。事实上，他说的"我们"另有深意，指的是法律本身。盖约等于是在承认，有一类人物——我们这些普通诉讼人对他们耳熟能详——是法律无法制约的。这类人甚至拥有了属于自己的、经

---

〔124〕 *Rel.* 31（384 年）. 注意 *Ep.* 9.40 论述"如何同贵族和望族打交道"时表现出的谨慎和畏惧；关于在光天化日之下公然蔑视权威，从市长马车上绑架走一位目击证人（并且使用案件当事人为帮凶！）的报道，见 *Rel.* 23.4 ff. , 7.11 and 14；关于这些混乱事件的记载中对侮辱和丢脸的特别强调，见 23.8 f. 。他在总结部分（前引书 15）里恳请皇帝维护自身应有的权威，并将之托付给叙玛库斯。

常被法学家提及的专门头衔。[125] 另一位与盖约齐名的法学家朱利亚努斯（Julianus）曾举出这样一个案例：“有一个命令自己麾下奴隶阻挠邻居打水的人拒绝与任何人见面，于是他就不能被起诉。”不能被起诉！[126] 这一案例的背景是在乡间，与盖约提出的案例情况相似；如上所述（原书第84—86页），权势（potestas）在远离城市的地方更容易发挥作用。但这也没有关系：它们说明法律和政府在帝国境内的某些地区压根是不存在的。或者我们也可以说，在那些地方存在着另一种政府，它按照自己的意志去处置权力的根本源泉——地产（元老、骑士、城镇议员或任何“有权有势的人物”都是靠地产养活的）。要想挑战国家权威的话，只要摆出亡命之徒的架势来就够了。用一位犹太教拉比的话来讲：“就像有人对邻居说，自己不会被绳之以法，因为某某是他的后台，会保护他。”这条来自巴勒斯坦的证据与来自埃及的材料基本上是能够彼此印证的。朱利亚努斯和盖约并不仅仅是在空谈理论。[127]

这段引述把我们带到了3世纪后期。我们在这个时代里发

---

〔125〕 *Dig.* 4.7.3.1 f. 讨论了两位相邻地产所有者之间的诉讼。关于《学说汇纂》中 *potentior* 一词的用法，见 Wecke（1980）passim，其中的讨论非常精彩。我在自己读到的文献中没有发现 *potentior*, *potentes* 和 *dynatoi* 等术语之间存在着任何含义差别，尽管由于周围社会环境的差异，这些词汇所描述的对象的确在发生着变化。

〔126〕 *Dig.* 8.5.18.

〔127〕 Sperber（1978）128，一份3世纪末或4世纪初的文献。参见一位地位较低妇女的庇护者对法令的多次藐视，in PCair. Isidor. 63（296年）；更多恶劣例子见 PCair. Isidor. 69（310年）。

腐败与罗马帝国的衰落

现了一种新形式：由帝国官职衍生出来的权势。埃及特亚德尔菲亚（Theadelphia）地区的一位女子抱怨道，在她的丈夫去世、自己无人保护的情况下，叙利昂（Syrion）手下的牧人们抢走了她的一群绵羊。当地法官命令他们物归原主。女子的律师也抗议道："看看叙利昂的所作所为吧！他在抗拒您和省长大人的命令。为此，您应当召他当庭对质。"我们会觉得这个问题似曾相识：又是接到传讯后拒不服从的情况。但这里的情节又增添了一个新插曲："叙利昂的律师说，'叙利昂已被派去处理与财政有关的紧急事务，他一旦回来，就会进行答复。'"[128] 也许如此吧。

几份纸草文献、一条《塔木德》（Talmud）残篇、一份无名氏汇编的教会通信集、叙玛库斯、《罗马民法大全》（*Corpus Iuris*）、三行我马上就要提及的教会法规构成了被视为理所当然的罗马帝国日常生活状况的零星知识，它们被想当然地视为历史真相。然而，帝国东部行省地区（比其他地区的可能性更大）未来肯定还会出土更丰富的细节材料。此外，3 世纪的法学家在讨论不受节制的权力时，并未具体说明他们针对的是哪一地区。4 世纪 20 年代的君士坦丁在嘱咐其代理人要留意一些权贵"会压倒弱小且地位低下的法官"时也没有这样做；他又补充说："如果某些权贵肆无忌惮、行省总督又对他们无

---

[128] PThead. 15 (280/1).

可奈何的话",他们应当将此事禀报皇帝。[129] 此后的大量立法表明,城乡权贵藐视税吏和朝廷官员被迫代替去职的城镇议员治理城市的现象屡见不鲜。通过这些法律,我们又回到了4世纪后期和叙玛库斯生活的时代——也就是对这种粗暴地无视法律现象的讨论开始的时代。384 年,提奥多西颁布了一项关于政府在诸行省征收各类产品的法令(它曾引起过叙玛库斯不小的抱怨)。"权贵(也就是大地产所有者)也在这项征收的对象范围之内;但政府只需鼓励他们缴纳,不应逼迫过甚。"这条证据明确反映了当时政府权威的匮乏。[130] 面对权贵和他们的为非作歹,教会也在 400 年召开的托莱多(Tole-do)大公会议上承认各主教的地位是不平等的;5 世纪中期多瑙河流域行省中一位不堪生活重负的逃亡者回忆道:"触犯法律的权贵不会受到任何惩罚。"[131] 这正是生活在几个世代前

---

[129] *CT* 1. 15. 1(325 年),1. 16. 4(328 年),Gaudemet and Wecke 注意到了这两条史料;更多关于权贵的材料见 12. 1. 6(318/319 年),相关解释见 Nov. Maj. 7. 1 praef.,关于城镇议员迎娶世家大族的女奴,以便获得主人保护的评论;关于庇护城镇议员的更多材料,见 12. 1. 50(362 年),76(371 年),and 146(395 年);13. 1. 15(386 年)and 1. 3. 1. 21(418 年)记载了权贵保护税吏免受商人伤害的情况。

[130] *CT* 11. 15. 2(384 年). 关于"富有"和"权势"之间显而易见的等价关系,另见 Robert(1946)33 对 3 世纪希腊语文献中 *dynamis*(权势)= 财富的分析。

[131] Mansi(1759)3. 1000,Toledo can. 11:"如果哪个权贵侵吞了教士、穷人或修士的财产,又在被主教召唤至听证会时抗命不从的话",他就应当被开除教籍;还有 Priscus frg. 8 Müller – Dindorf,Doblehofer(1955)44 and Blockley(1983)2. 268 f.(Priscus frg. 12)引起了人们这条材料的注意——Doblehofer 提供了译文,Blockley 同时提供了原文和译文。

的犹太教拉比说过的话。

在我们追溯的这一发展历程中，十分引人注目的是有产者中一个小集团的崛起——他们拥有巨大的财富，可被恰如其分地称作大地产所有者（possessores）。但这批人又是特殊的地主。他们不仅拥有雄厚的财力，还拥有使自己凌驾于法律之上的独特本领。地方权威、当地法官、行省总督、首都市长乃至皇帝本人都奈何不了他们。他们没有也不可能拥兵自重，也向来无法抵御猛烈的围攻。只要有人带着 50 个兵士前往，就能把他们擒拿归案。但从未有人胆敢这样做过，因为那个时代的社会法则不允许此类行为。他们可以伸手剥削或伤害自己的邻人，随后堂而皇之地安然脱身，并拒绝妥协。没有任何证据表明，元首图拉真统治期间的罗马帝国内存在着这样一批人物；一个世纪之后，这样的人也犹如凤毛麟角。只有帝国权力模式与结构的深刻变化才能解释他们的崭露头角。但那是我在下一章里才会研究的题目。

4. 权力的运作方式：通过恩宠

我现在将要探讨使有产者得以控制周围民众的积极诱因。这一最具吸引力的方面是了解古代史的人们耳熟能详的。我们仅凭常识性的知识就足以勾勒出其轮廓。

毫无疑问，财富是最初的起点。所有人都渴求金钱，而有产者恰恰拥有大量金钱。地产无疑是某种特殊的财富，附庸们不大可能从中捞到什么油水，除非主人把土地遗赠给他们。然

而，有产者无疑可以提供金钱或赚取、储存、积累或节省金钱
的机会。在帝国晚期，他们的干预使得自己的许多被保护人得
以免税。尽管动用这些权力的直接证据相当稀少，[132] 但我们
似乎没有什么特别的理由去否认这种权力运作的存在，或怀疑
将来肯定还会发现大量证据的预测。我们拥有的史料尽管不愿
承认，但还是印证了这一显而易见的事实。然而，值得注意的

---

〔132〕　除了为小普林尼所称道的（如 *Ep.* 1. 19 and 6. 25. 3）、偶尔提供
的小恩小惠外，地方官员似乎还可以控制商业利润（Plut.，*Moralia* 809 A，
or Liban.，*Ep.* 318，公元 357 年），这使得地方权贵的地位变得愈发举足轻
重；权贵们的请求也能够压低购买价格（Plin.，*Ep.* 1. 24. 1）。Kopecek
（1974）299 通过分析 Basil，*Ep.* 74 表明，有权有势的朋友能够帮助一个人
挽回由于政策变化而在土地投资中遭到的损失。有产者的帮助可以使得商
业旅行和交往变得更加便利，参见 Mouterde and Poidebard（1931）106 f. and
Liebeschuetz（1972）18；有产者的商业网络与他们的地产分布一样广泛（见
上文注 52—58），这一点已为大量考古证据和更多的文献资料所证实。关于
共和晚期的情况，见 Yeo（1951 - 52）336，D'Arms（1981）154 - 68 关于帝
国早期意大利元老的研究；关于两个家族和他们的陶瓶，见 Buchi（1973）
568（以及其他类似例子，573 f.），and Halfmann（1979）55，以及 MacMullen
（1986a）435 n. 3 and 440 nn. 18 and 20 中提供的扼要砖石、陶瓶信息。关于
阿非利加贵族家族大批运输的橄榄和油料，见 Di Vita（1985）149，151，and
154。我提供的证据还只是浮光掠影式的。贵人的压力可以使收税变得更加
容易；见 Plin.，*Ep.* 6. 8. 3 and *CT* 2. 13. 1（422 年）；这些人自己也可以提供
巨额贷款，见 Philostr.，*Vit. soph.* 549 with Oliver（1953）967，Sperber
（1978）120 f. 分析了巴勒斯坦农民经常负债累累的现象；Mozek（1985）314
研究了庞培城的贷款水平；Aug.，*Ep.* 268. 1 提及了一个穷困潦倒、欠款到
期的债务人。关于为减税而进行的干预，见 Aug.，*Ep.* 96. 2 oe 268. 1，The-
odoret.，*Ep.* 18 and 33（29）and *Ep. Sirm.* 45 and 47，巴希尔的许多书信见
Forlin Patrucco（1973）300 f. and Kopecek（1974）301；关于对宗教仪式活动
的干涉，见 Liban.，*Ep.* 293。但利巴尼乌斯的大量书信都是为了争取照顾而
写的，参见 A. H. M. Jones（1964）392。

情况是，人们在庞培城内富人家中发现的金银少得可怜；这并非因为主人携带着它们逃跑了，而是由于主人始终在以放贷的形式让他们的资本源源不断地流动着。通过诸如此类的、易于设想的手段，富人就可以引诱穷苦或贪婪的同胞为自己效劳。

众所周知和显而易见的是，除大批身处经济依附地位的个人之外，公民集体（特别是行会，但也包括宗教团体和其他组织）乃至整座城市也会陷入同样的状态。这种依附关系在好日子——宴饮娱乐等花销巨大的场合——与坏年头里都会持续发展。在"物价飞涨的时代"或类似场合下，人们指望富人可以帮助解决食物、礼品短缺的问题。富人承担了不少宗教事务开销，以及大部分公共建筑与道路、排水系统翻修等个别城市改造工程的费用。这些都是众所周知的。我们可以逐一举出例子来证明（或许还可以详细阐释）这些关系的存在。通常性情温和的安东尼·庇护将自己家乡重要建筑的捐赠者的地位擢升到"大部分公众人物"之上，后者仅仅"投资节庆、分发施舍、设置竞技奖品，以便在最短的时间内声名鹊起"。[133] "声名鹊起"一词一针见血地指出了这类投资的目的。值得注意的事实还有："富有"一词往往被用来赞美公民领袖们的作为；如上所述，他们经常会在民众怂恿下承担原本不该由自己负责的开销。[134] 尽管这些富人会得到民众的感谢，

---

〔133〕 *Inschrifen von Ephesos* 5（1980）35 f. no. 1491.

〔134〕 Robert（1965）224 及上文注 130，关于权力等于财富的看法；关于 *polytelos* 等变体，见上文注 24、26 关于被迫做出的慷慨姿态的论述。

他们却并不总是能够得到爱戴。诚然，也并非所有富人都配得上民众的爱戴；但令人生畏并不妨碍他们取得权力，往往还能起到积极的推动作用。[135]

除了自己的钱财外，大城市里的显要公民还能争取到皇帝的投资。通常情况下，他们取得成功的方式是找到皇帝，恳求他减轻城市上交的税款，免除对城市财产的课税，批准城市自行征税，或赏赐一些额外的恩惠。除金钱外，他们同样追求其他的荣誉：城市的一些头衔和某种特权。觐见皇帝的使节职务非同小可，需要任职者拥有大量财富和雄辩口才。我们知道许多大人物担任过这样的使节，如赫罗德斯·阿提库斯、法沃里努斯（Favorinus）或波勒莫（Polemo）等演说家和圣徒（日耳曼努斯［Germanus］）；但也有昆图斯·科奈里乌斯·佐西莫斯（Quintus Cornelius Zosimus）这样的释奴，因为他要去为阿尔勒斯周边的一个普通村庄请命。在安东尼·庇护统治时期，此人"客居罗马多年，并自费在行省总督面前替我们仗义执言，终于使我们得到了恩惠"。还有一位来自以弗所的使节与当地的造福者一路追着元首塞普提米乌斯·塞维鲁到了不

---

[135]　见上文注，3 与 109 以下.；Graindor（1930）76 n. 2 研究了赫罗德斯·阿提库斯的残忍（*saevitia*）与贪婪（*avaritia*）。

列颠！[136] 为了维系帝国政府与地方之间的责任纽带，地方上的居民必须付出巨大的努力；其中大部分努力都是由有产者和权贵们在分文不取的情况下付出的。元首的副将们、行省总督、督察官和其他从罗马派到地方上的官员依旧存在。元首会同他们继续保持联系。但这还是不够的。对于这位富有四海、皇恩浩荡的庇护人而言，直接向他求助肯定是会让一位运气不错的使节不虚此行的；因此，使节们会耐心等待时机、陈述他们的要求，并祈祷神明的保佑。

对于有产者而言，跟手中金钱同样有用的是他们所拥有的姻亲关系。他们之所以能让各地方的人顺从自己，显然是由于他们的名号、亲戚和产业遍布天下。323 年亚历山大里亚的财务官维塔利斯（Vitalis）用潦草的字迹涂抹了两份内容相同的文件，它们是写给自己两个熟人的介绍信。其中写给腓尼基行省总督的那一封信中写道，维塔利斯知道这位收信人向来与人

〔136〕 *IGR* 4. 1431（Polemo）and Dio 69. 3. 6（Favorinus），以及 Menander Rhetor p. 180 Russell－Wilson 关于使节应如何讲话的建议；Constantius，*Vita S. Germani* 4. 19 and 24；*CIL* 12. 594（佐西姆斯）；以及 Keil（1956）3——那只是以弗所众多荣誉使团中的一个。参见 *TAM* 5，1，no. 687，一个使团于公元 39 年前往日耳曼和不列颠；其他多次进行的出使活动见 *IGR* 4. 914，1060，and 1169，and *AE* 1916 no. 120 = *AE* 1969/70 no. 592。关于使节获得的减税特权，见 Malal. 12 p. 313；*CIL* 2. 1956（Cartima in Baetica）；*AE* 1916 no. 42（Volubilis）；*IGR* 4. 181；and Gascou（1982）140 f. 。关于地方致谢公告中对使团重要作用的强调，见 Laumonier（1958）260，朝廷一次便赏赐了 25 万第纳尔；*IG* 5，1，1432，lines 30 ff. ；*ILAfr* 21 and 634；*CIL* 2. 4055（为了使团在行省议事会中的成功而向女神潘特娅·图特拉［Panthea Tutela］谢恩）；Lepelley（1979－81）2. 369；and Themist.，*Or.* 3. 其他证据的选编见 Millar（1977）375－85 and Kaya（1985）54 f. 。

为善，相信他也会乐于为随身携带介绍信的这位国家公仆提供方便。这样一来，那位官吏就可以带着信件上路了；他在抵达腓尼基后应当能够获得帮助和更多的介绍信，也许还会在食宿方面得到款待。[137] 这种安排与被介绍人是否担任公职无关，并且它也不代表什么特殊含义，因为这些信件的内容是千篇一律的——生活中的需要总会反复出现。因此，巴希尔写的一些信件并未明确标出被介绍人和收信人，以便应急日常琐事所需——请减免某处教会地产的税额，请接待某位要人的重要随从，等等。在需要的时候，他便可以迅速把名字填上去。

但如果你的旅行目的地比腓尼基还要遥远的话，你就需要其他房舍收容你过夜。从全亚洲聚集到库兹库斯集市上的商人清楚自己可以在何处得到招待与帮助，并会集体向那里的女主人表达谢意。[138] 如果你从吕奇亚千里迢迢地来到科林斯，无论你是来办私事还是作为家乡使节前去觐见皇帝，尤妮娅·特奥多拉（Junia Theodora）都会慷慨地表示欢迎并解囊相助；更重要的是，她还能"争取到大部分行省总督的友谊"，从而帮助这些客人得到照顾。米拉（Myra）、帕塔拉（Patara）和特尔麦索斯（Telmessos）等城市都曾献给她表示谢意的铭文。其他一些类似铭文则分别感谢一位波加蒙的朋友——"许多重大事务中的城市造福者，行省总督们所尊敬的人"；德尔斐

---

〔137〕　关于 *PRyl.* 623 and *PLat. Argent.* 1，见 Moscadi（1970）89 and 101 and Cotton（1981）40–44. 参见巴希尔的套用信函，*Ep.* 305 and 385。

〔138〕　*IGR* 4. 144.

（Delphi）的一位"在行省总督心目中分量很重"的人；米利都的另一位"为了家乡的利益而动用自己与行省总督亲善关系"的人物；以及受到类似赞扬的盖约·李锡尼乌斯·托安提亚努斯（Gaius Licinnius Thoantianus）、"行省总督和督察官的贵客（*xenos*）和朋友"。最后一位把我们带回到了吕奇亚的奥伊诺安达（Oenoanda）和上文图 15 中的庞大姻亲网络。[139]

为了理解罗马政府的运作方式，我们首要的任务是找到并衡量处于政府之外，但跟它有着千丝万缕联系的权力关系。盖约·李锡尼乌斯·托安提亚努斯努力结交的、屈指可数的元首制时期元首代理人——"行省总督和督察官"，竭尽全力也只能解决今天被我们视为"政府问题"的很小一部分，因为他们的总人数不超过数百人。即便算上他们的扈从与书吏，他们也会被罗马帝国内的茫茫人海所淹没（我们不妨假定帝国居民的总人数为 6000 万）。近几个世纪以来西方世界的情况是何等不同啊！但对古代世界任何领域进行研究的历史学家对此都心知肚明。官方权力的控制（直接通过指令或间接通过行政文件或法律实现）在今天无处不在，而从前在大部分地区都是不存在的。因此，在对不那么"文明开化"的民族的治理中，政府和自身外部的权力必须彼此合作；后者发挥的作用其

---

〔139〕 Robert（1960）326 - 28，还有更多来自特麦苏斯（Termessus）的文献（TAM 2. 668，参见 *PIR*[2] C558）。来自科林斯的最重要材料见 Pallas, Charitonidis, and Venencle（1959）498 - 500。他们将年代确定为克劳狄乌斯统治时期。关于共和晚期希腊贵族与罗马官员影响力之大的铭文证据，见 T. Drew - Bear（1972）453。

实更大。二者通过姻亲关系网和通信、债务和恩惠而实现了这种合作；盖约·李锡尼乌斯·托安提亚努斯便身处其中。

鲁西荣（Roussillon）地方长官致朗格多克（Langue-doc）地方长官，1676年4月25日：[140]

阁下：

我听说您想知道巴赞（Bazin）和莱斯涅（Laisné）二位先生——去年冬天我曾安排他们在纳旁监督火炮铸造工作——是谁。由于他们在一定程度上依附于我，接受我的保护，我比任何人都更有资格在您面前为他们进行辩护。因此，请允许我告诉您，巴赞先生是位火炮制造商，常年同我的家族打交道；而莱斯涅先生则是我兄弟负责的火炮制造局的一名职员。您由此可以看出，这两个人完全依附于我。如果他们做了什么违背您意志的事情，我会勒令他们向您支付一切赔偿……但愿我有资格代表克拉维尔（Claviers）和德·圣普利瓦（de St. Privat）两位先生谦卑地向您提出恳求。他们是我的一位亲密绅士朋友的连襟。我对此事的来龙去脉一无所知，但我希望正直善良的您将会看在我的面子上尽力帮助他们。如果您告诉他们，我曾为他们向您美言过的话，我将不胜感激。

在古代世界里，正是这种沟通将两种权力结构结合在一起。任何读过小普林尼书信的人都会意识到这一点。为皇帝效

---

[140] *Archives Nationales*（Paris）H 1696, fol. 67. 文本及译文见 W. H. Beik through T. W. Perry。

劳是一件了不起的事情，其本身便值得受到尊敬。这种敬意还会推广到帮助此人获得任命的那些权力与关系的拥有者身上。因此，阿奎利亚的一名元老提到自己出人头地的儿子时说："在被光荣地封为骑士后，他将自己获得的影响力与权力毫无保留地用于扶持和美化他的故土，认为能为家乡造福使自己成为了世上最幸福的人。"[141]　凭借手中的职权，你可以获得更多的利益，操纵更多的决策与人事任免，拜访更有权势的人家。通过尤妮娅或托安提亚努斯等主人，你可以"遥控"远在天边的吕奇亚。任满离职后，你仍然拥有自己的关系网，并可通过给其他掌权者写信来左右公共事务。

尤妮娅·特奥多拉甚至决定用自己获得的那些推荐信作为陪葬。对她而言，这些信件的重要性非同小可。奥普拉摩阿斯则把自己在二十五年内获得的推荐信进行了编年式的整理，这些文字刻在石头上长达数米。弗拉维乌斯·阿基普斯可以随手掏出推荐信来向攻击自己的人炫耀。许多磨损严重的这类书信肯定是被其地位较低、缺乏底气的主人常年带在身边的，在这个重视身份地位的世界里，这些文字材料就是他们尊荣的证明。

如果想获得更多的推荐信，你可以主动索取。"当世人得知利巴尼乌斯的一位朋友官居要职后，他收到了不可胜计的、向自己索取推荐信的请求。向他求助的并不仅仅是私人旅客，

---

〔141〕　*CIL* 5. 875 ＝ *ILS* 1347（105 年）。荣誉使团最近为本城改善了税收状况。

连一位刚刚走马上任的总督也请求他为自己向行省中的达官显要写推荐信。"[142] 后者要求得到推荐的目的在于提高自己的行政办事效率，可能也是为了个人的飞黄腾达。父母官的责任为他在这个从前缺乏根基的地区发展势力提供了绝佳的机遇；例如，这一身份使得他有机会应邀担任某座城镇或某个商业、手工业协会的保护人。我们在前面描述了那位骑士官员同自己家乡的联系，另外一些内容浅显易懂的推荐信反映了邻居、亲戚、朋友和老乡们希望一位官运亨通的熟人能为他们做到的事情：他应当分享自己的权力。[143] 可以进一步说明这一问题的大量材料见于上文注 73—78 中。

特别有用的人物是皇帝的贴身侍臣——哪怕是终日匍匐在

---

〔142〕 Liebschuetz（1972）18. 参见奥古斯丁对 420 年前后一位阿非利加总督所说的话："每当有人希望我能够向您引荐他们，以便得到您的厚待与保护（fides）的时候……"——可见这类请求一直都是存在的（Ep. 206）。参见 103 年前后的一个早期例子：哈德良长城一线刚刚上任的一位军官给认识行省总督的一个朋友写了一封便笺，请他"帮我结交几个朋友。这样一来，凭借您的恩惠，我在任期间就能一切顺利"。见 Bowman and Thomas（1983）127 f. ; ibid. 106 f.，提到了另一封为军官写的推荐信。

〔143〕 Dio Chrysos.，Or. 45.3，其中宣称自己只是在用同涅尔瓦之间的友谊来帮助家乡；Dio 73.12.2，康茂德（Commodus）的一名管家动用自己的巨大权力造福了其家乡尼科米底亚；Tac.，Hist. 2.98 记载了瓦勒里乌斯·菲斯图斯（Valerius Festus）、阿非利加的军团副将和维特里乌斯（Vitellius）的亲戚，此人"奖掖了家乡行省的学术"，而勒普奇斯（Lepcis）则在 376 年选择担任阿非利加行省总督的奥索尼乌斯（Ausonius）之子为庇护人（IRT 526）。

皇帝脚下的按摩师或负责护理玉体的宫廷医生。[144] 马可·奥勒留的老师、来自基尔塔的弗隆托自然会被这座重要城市推举为自己的保护人。他谢绝了，但同时推荐了其他人选，声称他们"目前都在法庭里身居要职"。显然，与行省城市相关的许多问题是在首都的法庭上处理的。[145]

　　同样，许多行政职务升迁或执政官任命的决议也是在首都作出的。在 2 世纪，元首平均每个月大概要任命二三十名这样的候选人。我无法统计出具体的数字，只知道它在逐年增加。在决策时，元首自然要听取其他人——这些人的声望和重要地位是举世公认的（他们对此也并不讳言）——的建议。而这些人又会从下面推荐者提出的人选中作出选择。无论口头交流在这种压力中究竟占据多大分量，留存至今的证据肯定只有书面材料。其中最突出的当然是小普林尼的书信；但我们还听说，修辞学家亚历山大"帮助自己的许多学生取得了各种荣誉头衔……他终生致力于为自己的亲戚、朋友、家乡和城市谋求利益"；利巴尼乌斯也为他在安条克的学生做过同样的事

---

　　[144]　Keil and Maresch (1960) 95，一位 3 世纪的元首朋友和主席团成员的雕像在当地被竖立了起来；Tac., *Ann.* 12.61 记载道，一位来自科斯岛（Cos）的医生则为当地争取到了减免赋税的恩惠。

　　[145]　Ifie (1976) 39；Fronto, *Ad M. Caes.* 5.43 p. 86 Naber, *ILT* 1514 则解释了在罗马拥有一位帮手（*advocatus*）的用处。

情。[146] 小普林尼也揭示过军职任命过程中出现的一些偶然意外和复杂局面。你首先要照顾自己的附庸，其次要争取让自己的朋友们担任官职；这些人又会去为自己的朋友争取某个职位；最终拍板的官员则很可能对当选者姓名之外的情况一无所知。但这没有关系，他毕竟已经积累起了日后可资利用的人脉关系，当初任命自己的那位恩主也是一样。[147] 如果某个当选者日后铸下大错，你完全可以去向他们的保护人（就像上文中出现的那位鲁西荣地方长官那样）问责。

权贵代表某人进行的重要干涉活动被称为恩惠（*beneficia*）。小普林尼曾用这个字眼去描述军事保民官的职责。这一术语也可以解释行政官吏耳熟能详的（因为他们在乡村地区警务与人口统计活动中十分常见）一种军队职务——*beneficiarius consularis*。希腊文中的"*charis*"一词与*beneficium*含义近似，但前者包含多种义项，很难说是后者的同义词——因此，这个拉丁术语在后来的希腊语（如尼西亚大公会议法令）和希伯来语文献中是被直接转写的。与西部行省一样，东部行省在同罗马人的早期接触中也被迫接受了一套与自身截然不同的、反映价值观的术语及其特定含义。根据这套价值体系，人们必须牢记自己接受的恩惠，并及时报答恩主。这项伦理准则

---

〔146〕　如Plin., *Ep.* 2.9.3，"我的力挺"（*suffragio meo*）；他在推荐别人时要以自己的尊荣为担保，见2.9.1；4.4.2；and 6.25.3；Ael. Arist., *Or.* 32（12）.15关于亚历山大及其重要推荐的说法；以及Liebeschuetz（1972）179 and 193 f.。

〔147〕　关于普林尼提供的材料，见MacMullen（1986b）521 f.。

的独特之处当然不在于要求礼尚往来——那是一切时代中的一切人物共同奉行的法则，而在于对等交换的严格性。这是一个可以上升到荣誉、人格完整性与信用的问题。毫无疑问，恺撒通过安排奴隶整理自己的恩惠记录，让跟自己打交道的高卢部族首领认识到了罗马人在这方面的一丝不苟；之前的阿奇利乌斯·格拉布里奥（Acilius Glabrio）也曾让埃托利亚人（Aetolians）明白了何为罗马式的忠诚（*fides*）。几百年后，普鲁塔克仍对居于主导地位的拉丁文化在这方面展示出的独特性予以关注。[148] 在他所生活的时代，世人已经认清了这一点，因为同罗马人打交道的地方精英已经获得了罗马公民权。至少在这层意义上，罗马帝国是一个完整的世界，奉行着单一的伦理体系。

上文中提及的小普林尼关于军职任命的书信（*Ep.* 2.13）在很大程度上反映了当时的现实。信件开头写道："正如你真心实意地想得到我的帮助一样，在我乐意为之效劳的人物中也

---

〔148〕 关于所欠恩惠及其他类似义务的共和背景，Wistrand（1941）22 ff. 进行了重要的澄清；但相关的研究书目可以列出一长串。原始材料如 Plut., *Moralia* 814C："罗马人在政治立场方面是对朋友们极其忠诚的。"更早的材料参见 Polyb. 20.9.11 f.（公元前191年）关于 *pistis* = *fides* 的说法，以及（20.10.6）埃托利亚人的抗议：罗马的方式"既不正义，又不合乎希腊传统（当然如此！）"。关于恺撒的恩惠备忘录，以及该主题下的其他问题（没有更多的引文），见 MacMullen（1986b）520 f.，可补充的材料如 Suet., *Iul.* 23.2，其中恺撒要求拿到政治义务的书面契约；另见 *ILS* 1792 = *CIL* 6.1884 with 6.8627，一位帮助图拉真整理恩惠记录的奴隶，以及上文注142，其中这个词被用于私人求助的场合。关于尼西亚大公会议决议（can. 12）中的恩惠（*benephikia*），见 Hefele（1907–09）1, 1, 591。

没有比你更尊贵的了。"小普林尼选用的字句带有一种威严的和程式化的口吻。西塞罗、小普林尼的其他文字和马可·奥勒留都知道并认可把恩惠形容成金钱债务的比喻。奥古斯丁在《忏悔录》（*Confessions*，6.10.16）用了一个程度很强的字眼——"仰人鼻息者"（obstricti）来描述受惠于人者的地位。利巴尼乌斯（*Or.* 63.8 and 17）则记录了那些施恩望报而未遂者的震怒。只有小塞涅卡这样的哲学家才会自觉地把这件事提升到纯粹的道德高度上去讨论。那种做法无疑低估了恩惠所要求义务的严肃性。鲁西荣地方长官这样的人物在替人请命时，这些人完全清楚，他们是在用自己的尊荣担保此人将来的得体举止（还是小普林尼提供的材料）。因此，你首先必须强调的是此人的可靠、忠诚、清白和对自己的爱戴。西塞罗、小塞涅卡和弗隆托都是这样做的。另见小普林尼的话（*Ep.* 2.13.9）："那些蒙我恩惠的人将为此而得到最为理想的庇护，如果他从前是个知恩图报的人，我就更有理由认为他配得上这样的扶持了。"因此，对官吏的效忠网络可以拓展到新的生活领域中的新人身上。他们将在未来的某个时刻对你俯首听命。按照拉丁语的说法，他们欠了你的恩典（gratia），也就是说你潜在拥有了指挥他们的权利。在任何语言的语境下，这种权利都构成一种权力。

学者们讨论过一个同帝国职官升迁密切相关（但并不仅限于此）的问题：他们获得犒赏的原因究竟是自己劳苦功高，还是仅仅因为他们受到了偏袒呢？两方面的因素显然都是存在的。争取职务的当事人和他们的朋友会强调自己凭借晋升的常规流程应当得到这一职位；而推荐或任命他们的人则会夸说当事人的出众能力。另一方面，除了汗牛充栋的推荐证据外，同时代人有时也会露骨地指出，离开了自己的帮助，是没有人能够在官场上平步青云的。[149] 为了调和这两种极端，我们最好不要走进在"功绩"和"关系"中二者必择其一的死胡同，而应当思考"功绩"应如何界定的问题。如果说前一个问题是有意义的话，我们就等于默认了古往今来的统治模式都是一样的。但真实情况并非如此；至少我们可以说，古代统治模式所关注的、交织在一切的重点问题与现代是大不相同的：前者考虑更多的是如何巩固个人权力，而非如何履行基本的行政、司法职能。这一事实在之前对"恩惠—义务"（*beneficia/officia*）、"恩典—忠诚"（*gratia/fides*）等关系的讨论中被忽视了。因此，角逐官职者的"功绩"本身就包含了荣誉感和责任感等方面的要求。

作为证据，我们可以举出小普林尼等高官对欠人恩惠的高度重视，资历尚浅、地位低下、正在向上攀爬的人在这方面自然更要如履薄冰了。高官拥有巨大的影响力（*suffragium*），并可以借此爬到督察官的高位。他们把自己的保护人捧到天上，

---

〔149〕 MacMullen（1986b）520 提供了一些阅读书目。关于与之略有差别的行政官职情况，见 Dio. 79. 22. 2 对年长者所受尊重和晋升优先权的描述。反面的证据认为升迁机会完全依赖于推荐与擢拔，见 MacMullen（1971）106 对演说家生涯的描写，以及 Plin., *Ep.* 6. 23. 5。关于对专门技能的要求，见 MacMullen（1976）238 n. 32，补充证据见 Philostr., *Vit. soph.* 621。

在大庭广众之下宣传这样的论调，而且并不在乎自己的吹捧其实已经离题万里。[150] 与此同时，这位保护人正在忙于给自己的朋友和熟人写信，告诉他们这位被保护人忠诚可靠，值得帮助；[151] 或更具体地诉说自己这位被保护人的地位低下、家境困难、宗教职责繁重、债台高筑、失业赋闲等苦处。跟在 2 世纪一样，我们在 4—5 世纪也很容易发现此类干涉行为——事实上还要更加容易，因为我们能够看到的史料相对丰富一些。我们拥有更多的书信集，其中当然包含了权贵之间的通信；教会史家们提供的证据也很有用。其中一则史料讲述了格隆提乌斯（Gerontius）的情况，此人原本是安布罗斯手下的助祭，后来（从 399 年起）当上了尼科米底亚（一座大城市和之前的首都）的主教，因为他认识君士坦丁堡的所有要人。其中最重要的人物（也是他的直接任命者）是凯撒里亚的主教，"他之所以授予格隆提乌斯这一职务，是因为后者曾在宫廷里担任主教儿子的保护人和招待者，帮助他赢得了理想的晋升机会。"这种相互提携是权力的核心，构成了攫取权力的首要动

----

〔150〕 *ILS* 8977 = *ILAlg.* 468（Thibilis，164 年），"基于他本身所显示的恩惠"（*ob insgnem eius benivolentiam in se*），以及 MacMullen（1986b）523 f. 所收集的其他证据；Eck（1982）147 f. and 150；以及 Saller（1982）9 f.，12，53（Martial 3.95 夸耀了来自提图斯和图密善的奖赏），and 57. 但我对一些史料的解读结果与萨勒（Saller）有所不同。

〔151〕 例如，Plin.，*Ep.* 10. 86 A–B and 87；Fronto，*Ad Amicos.* 1. 6 p. 178 Naber（165 年）希望被举荐者"能用自己的推荐（*suffragia*）来报答推荐你的人"；A. R. Birley（1981）87（在哈德良长城上找到的图拉真统治前期书信）；Cotton（1981）7 f.，12，and 15；较晚的材料如 Amm. 15.5.3 和叙玛库斯的十余封信件，如 3. 67 or 3. 72。

力，并且这种做法在当时并不可耻。因此，在写于 398 或 399 年的一封并不对任何人保密的信件中，地位高贵的叙玛库斯向某个名叫朗吉尼亚努斯（Longinianus）的人祝贺他获得了宫廷里的高级职位，并接着写道："您的位高权重泽被四海，赐予世人特别的恩惠；您的业绩已赢得最高贵的人物的友谊，愿您能够凭借自己的光辉行为扬名立万。"这等于是说，担任官职的真正目的不过是以私人庇护者的身份博得声誉，只不过换了一套冠冕堂皇的说法而已。[152] 而被叙玛库斯视为理所当然的做法也完全合乎小普林尼时代的权力伦理学（见上文，原书第 80 页以下和第 141 页）。

　　我在上文中描述了权力消极作恶与积极为善的两个方面。现在我则要描述一个将二者结合起来的事例作为总结。两位当事人的社会地位难分伯仲；但故事的讲述者——阿普列乌斯更为年长，碰巧认识居住在迦太基附近的行省总督阿维图斯（Avitus）；他的对手则是自己的继子、初出茅庐的庞提亚努斯（Pontianus）。两人在一场家庭诉讼中对簿公堂。阿普列乌斯动用了自己的权力，于是庞提亚努斯只得扑到阿普列乌斯的脚下，亲吻他的手，以便争取自己母亲与继父的宽恕。"他态度

---

〔152〕 关于弗隆托的干预，见 Champlin（1980）69 f.；另见上文，注 86 和注 119 以下对庭审案例的研究；更多材料见 POxy. 1424（318 年）；Greg. Naz., Ep. 9（PG 37.36, 372 年）；Symm., Ep. 1.64, 5.66, 9.11（399 年）or 138 f.；Ambros., Ep. 54（PL 16.1167）；Synes., Ep. 18（PG 66.1353B）, 59（1404A）, or 75（1441A – B）；and Aug., Ep. 206；关于格隆提乌斯（Gerontius），见 Soz., H. E. 8.6（PG 67.1529C – 1532A）。叙玛库斯言论的引用出处为他本人的 Ep. 7.94。

谦卑地恳求我替他向元老洛里亚努斯·阿维图斯（Lollianus Avitus，不久以前，我曾推荐他接受修辞学的入门训练）求情，因为他在几天前发现我写信告知了洛里亚努斯事情的具体经过（即这位继子在法庭上的恶劣表现）。我同样答应了他。于是，他便带着我的信前往迦太基，住在当地附近、任期已满的行省总督洛里亚努斯·阿维图斯正在等待自己继任者的到来。阿维图斯读了我的信，天性仁厚的他夸奖庞提亚努斯能够浪子回头，并委托他把回信捎给我。"因此，几句恰到好处的揭发和有意无意的走漏风声便足以让一位青年跪地求饶。同样，这也是他步入名利场之前首先必须汲取的教训。[153]

5. 权贵与政府

倘若有产者、权贵与财主——一言以蔽之，一切有头有脸的人物——能够对地位低于自己的民众施加这么多恩惠、制造这么多祸害的话，地位低下的人们当然有理由去寻求上层人物的庇护。3 世纪下半叶的一位犹太教拉比十分生动地提出了警告。他设想"一个拥有庇护者的人遭到仇敌的追捕，一直被追到庇护者庭院的大门口。当他还在哭求着想要进去的时候，

---

〔153〕 Apul. . *Apol.* 94. 1 – 5；关于一封成功平息了一位重要人物怨气的调解书信，见 Plin. , *Ep.* 9. 21. 1（求情者同样进行了苦苦哀求），或 Symm. , *Ep.* 5. 41。

仇敌便挥剑杀死了他。"[154] 这是巴勒斯坦的情况。但本书前文注释（43—49 和 93—99）中散见的零星信息也可以佐证这幅图景的可信性。它们反映了暴力横行的场面。其中碰巧有一批相当丰富的信息是关于 1 世纪的意大利的；它们证实了爱比克泰德对这个世界中智者想法的描述："他会对自己说：'天下居然有这么多土匪、暴君、风波、困境与美好事物的丧失。哪里才是人的避风港呢？他如何能在旅行中不遭到抢劫？他如何能够找到友善可靠的旅伴？他应当投靠谁呢？富人还是行省总督？'"

可见，生活在那个世界里的人至少会偶尔面对可怕的人身安全威胁。他们需要担心财产损失——他们的土地可能会被飞扬跋扈的邻居侵吞，后者私自挪动了土地界标，并在法庭上颠倒黑白。这种情况在史料中是可以找到例证的。他可以收买需要的证人。此外，如前所述，有产者也可以提供这样或那样的恩惠。这些恩典是无穷无尽的。诗人可以拥有最高贵的听众，从他们手中得到丰厚赏赐。贺拉斯和玛提阿尔（Martial）都得到了一座农场作为犒赏。玛提阿尔的庇护者有塞涅卡父子、昆体良（Quintilian）、阿奈乌斯·麦拉（Annaeus Mela）、卡尔普尼乌斯·皮索（Calpurnius Piso）、帕特尼乌斯（Parthenius，图密善的管家）等人。庇护人当然是多多益善的——除非他们

---

〔154〕 Sperber（1971）234；Epict., *Diss.* 4.1.92 f.，我随后引用了 Loeb 版的译文；许多很能说明问题的、关于 1 世纪意大利危机的轶事见 Friedländer（1922）355。

彼此不和。如果出现那样的情况，除了祈祷上苍便再无他法。[155] 如果他们自己垮台的话，你也毫无办法，最多只能注意避免自己重蹈覆辙而已。[156]

有产者们会互相提携，以便让自己原本算不上坎坷的人生道路变得更加平坦。如果他们立志想要出人头地，他们同样需要这种支持，并且是在更加紧迫的情形下。埃利乌斯·阿里斯泰德就曾参与过此类活动。关于那些在社会下层抓紧救命稻草的小人物，我们拥有的细节信息是极其稀少的。一位名叫洛里亚努斯的奋斗史提供了这方面的例子。他是一座埃及城镇里的公共学校教师，感到自己领取的报酬过于低微。于是，他决定向共治（253—260 年）的瓦勒里安（Valerian）和伽利埃努斯（Gallienus）要求获得一座果园，其租赁费足以填补他的收入不足。他准备好了一批文件，其中一些证明了这类请求有先例可循；另一些则记录了要求的具体内容；还有一些信件是写给外省某位不知姓名的大人物的，"此人认识执政官们，通常情况下做事十分干练（尽管洛里亚努斯此前两次托他办事都未

---

〔155〕 关于玛提阿尔，见 Rouland（1979）511 n. 70；关于为众多庇护者的和谐相处而向诸神谢恩的例子，见 Albertini（1943）378；关于我们偶然知道的、拥有两个以上庇护人的被保护者，见 *CIL* 4. 7275 and 7279, in Franklin（1980）106 f. and *Dig.* 38. 1. 8 pr. 奥古斯都时期的拉贝奥（Labeo）。

〔156〕 Dio 79（78）. 11. 2 表明，庇护人的倒台可能会连累到自己的被保护人。关于尊贵的庇护人身临险境时，其朋友或附庸便急忙同他（她）划清界限的最早暗示见 Dio. 58. 9. 1. 塞亚努斯遭到了抛弃；后来的阿格里皮娜（Agrippina）和其他尼禄震怒下的牺牲品的情况大概也是如此，见 63. 17. 4；参见后来的材料：Amm. 15. 5. 8 对 355 年希尔瓦努斯（Silvanus）的记载。

能如愿)。"洛里亚努斯写道:"兄弟,如果你将为我写的信件寄给助理(optio)阿摩尼亚努斯(Ammonianus),你很容易就能同那些从皇宫里来到亚历山大里亚的廷臣取得联系。……这是你的权力能够办得到的事情,你拥有足够的影响力。"这个负责反馈信息的助理跟另一种低级军职一样,会把洛里亚努斯的包裹送出埃及。[157] 整个过程会耗费钱财和长达几个月的时间,并且在当时尚未取得效果。但请愿者却不顾一切地继续坚持着。

我们还知道对另一位中等地位人物的庇护是如何操作的:提图斯·森尼乌斯·索勒姆尼斯(Titus Sennius Sollemnis),是"铁矿收入账目的管理者。高卢地区的三个行省史无前例地在此人的家乡为他竖立了纪念碑。自由城市维杜卡塞斯(Viducasses)的议事会提供了场所。"一块石头(大理石雕像基座)的前方和左右都刻有大段与此人相关的铭文。[158] 正面铭文宣称索勒姆尼斯是"卢戈杜嫩西斯高卢(Gallia Lugdunensis)行省总督克劳狄乌斯·保利努斯(Claudius Paulinus)的被保护人,后者用黄金和其他更为贵重的赠礼酬报了他作为军人的劳苦;他还是该省总督、大行政区总长埃狄尼乌斯·尤利亚努斯(Aedinius Julianus)最信赖的被保护人,正如基座侧面铭刻的信件所反映的那样。"这封信是尤利亚努斯写给一位督察官和副行省总督的,其中回忆道:

---

〔157〕 Parsons (1976) 412 – 17, 421, and 437.

〔158〕 *CIL* 13. 3162,相关研究见 Pflaum (1948) 7 – 9 and 31 – 52 passim。

当我在卢戈杜嫩西斯高卢担任五人委员会成员时，我注意到几个优秀的人才，其中之一便是来自维杜卡塞斯的祭司索勒姆尼斯；我对此人的生活节制与光明磊落肃然起敬。此外，当一小撮人认为自己遭到了我的前任克劳狄乌斯·保利努斯的不公待遇（真正的原因其实是他们擅离职守），试图教唆他人在高卢诸行省联合议事会里攻击他，并营造出保利努斯在高卢遭到千夫所指的虚假声势时，我的索勒姆尼斯抵制了他们的提议。他要求这些人好自为之，因为他和其他人在被自己的城市任命为会议代表的时候，并未接到指控保利努斯的指示；相反，他所在的城市还曾颂扬过保利努斯。听到他所陈述的理由后，所有人都放弃了这项指控。于是，我对此人愈发器重。由于信赖我的善意，他跑到罗马来见我，恳请得到我的举荐。希望您能支持他的请求。

石头的另一侧铭刻着另一封保利努斯所写的信，信中列数了他赠给索勒姆尼斯的军饷和其他丰厚礼品。这种馈赠甚至早在索勒姆尼斯服军役之前就已经开始了。索勒姆尼斯家乡的议事会显然向他索取了这些信函，而索勒姆尼斯本人当然也乐于分享这些能够给自己脸上贴金的文件。然而，这些材料的价值在于能够反映这些推荐信如何可以在恰当的时机里被需要的人获取。通过220年的高卢地区议事会，他从一座默默无闻的小镇里脱颖而出。像寓言中的小老鼠一样，他拯救了陷入敌人罗网的大狮子。于是，一位朝廷命官欠下了他的人情。三年之后，他前去求见自己和保利努斯共同的庇护人，后者当时已经位极人臣。来自这位大行政区总长的推荐是价值千金的。

小老鼠能够帮助大狮子的机会当然是十分罕见的。老鼠通常只能任凭命运的摆布。因此，当穷人、来自小地方或卑微家族的人物积极地支持某位权贵的时候，可以想见，他们所扮演的角色通常是非常不起眼的：仅仅是欢呼者而已。他们在公开朗诵文学作品的场合欢呼，他们通过欢呼来支持某位帝国官职的候选人或行省议事会对某位成员的荣誉表彰。我此后不久还要重提后一种场景。[159] 我们已经描述过拥立城镇议员、主教或皇帝时使用的欢呼口号，以及权贵与造福者被欢呼为城市的救星、建造者、赤子或衣食父母时的场景（见上文注10）。

巴罗亚（J. C. Baroja）写道："效劳与保护乃是维系庇护关系的两条互补纽带。一方面，庇护者通过吸纳被保护人而提高自己的声望；另一方面，被保护人也能够分享恩主的荣耀……形式上的亲属关系及其术语被用来巩固与描述这套体系。教父（*padrino*）、恩公（*apadrinar*）和义父（*compadre*）等术语所反映的内容要远远超过其字面含义。常言说得好，先得找到教父教母，才有资格受洗（*El que tiene padrinos se bautize*）。在生存斗争中，最后的成功其实是以实力为基础的。这种斗争的实质与其说是保护自己的权利免遭势均力敌的对手侵害，不如说是

---

〔159〕 Rouland（1979）516，特别注意 Plin., *Ep.* 2. 14. 4 and 9；另见下午，原书114—116页。

力争得到权贵的庇护。"[160]

现代社会中的这个可资参照的例子与3世纪高卢或2世纪小亚细亚的社会关系别无二致。正如巴罗亚所关注的某些依附关系结构一样，我们可以概括出古代条件下足以影响全局的两个首要条件：首先是帝国社会经济等级两极分化的严重程度，它导致了民众在面对少数富人时的弱势与依附地位；其次是政府控制范围的局限性。罗马帝国并非人类学家研究的"无国家社会"。[161] 如果帝国动用它的武装力量去对付手无寸铁的民众的话（几位狗急跳墙的暴君，如卡拉卡拉和提奥多西干出过这样的事情），其后果将是决定性的。同样，在任何时代，皇帝的权威都是高于一切的。然而，军队与皇帝干预现实生活的情况十分罕见，对地方上的日常劳动生活产生不了多大影响。任何和平状态（你可以称之为"罗马统治下的和平"，但这一点无关紧要）都是对有产者有利的，因为和平局面有利于他们联合起来保护自己的人身与财产安全。亲属与庇护关系、卑微与高贵的朋友提供了政府所不能给予的东西——必要的效劳与保护。

---

〔160〕 Baroja（1965）58. 在试图生动、精确地展示自己描述的这张权力关系网时，我发现现代史学界的相关成果不如人类学的研究那么有用，如 Silverman（1965）172 – 84 对 1865 – 1945 年意大利中部社会的研究；以及 Boissevain（1966）18 – 33 对现代西西里的研究。

〔161〕 见 Gluckman（1965）第三章"无国家的社会"，passim. 罗伯特·哈姆斯（Robert Harms）帮助本书作者取得了这一参考文献。格鲁克曼（Gluckman）注意到，各种社会可以"通过其成员彼此孤立的效忠关系得到整合，利用相互交织的人际关系"建立稳定。

腐败与罗马帝国的衰落

这些资源和对它们的争夺构成了古代世界的基本特征；用人类学的术语来讲，它们是"结构性的"要素。可以证明这一点的是，这些要素在我所研究的这个时间段内从未中断过。相关证据参见发生在西班牙的、彼此相隔四百余年的两幕场景：其一，恺撒在卡塔戈纳（Cartagena）看到"许多人聚集在那里，有些在他面前争讼，有些前来办理与自己的城市有关的事务，有些则向他要求论功行赏"。他们之所以聚集到恺撒面前，是因为恺撒当时已经十分伟大。当时恺撒的伟大还感染了一位随行的亲戚——还在孩提时代的渥大维（Octavius）。"受到严重指控、寻求帮助的撒古丁人（Saguntines）也向他寻求庇护。恺撒接见了他们。由于他们的公开陈词有理有据，恺撒便取消了对他们的指控，打发他们欢天喜地地回家去了；他们回去后向所有人赞美恺撒，称他为自己的救星。从此以后，人们争相前去寻求恺撒的支持。在一般情况下，恺撒都会帮助他们，使一些人免受指控，另一些人获得赏赐，还有一些人得到升迁。"[162] 第二幕发生在4世纪60年代的伽里奇亚（Galicia）——提奥多西年轻时的居住地。后来的一位赞美皇帝的作家提醒他说："您曾在那里通过各种恩惠赢得了来自各个阶层、年龄段与城市的人们的支持。您通过关怀、建议和资助帮助了自己的朋友和那些远在外地、无力料理自己事务的人。"[163] 在西班牙历史上各个时期中普遍存在的现象同样存

---

〔162〕 Nicolaus of Damascus, *FHG* 2A, F 127 XII.

〔163〕 *Paneg. lat.* 12（2）.9.3.

在于其他行省中。

应当注意的是，在这些政府之外的权力发挥作用的场合，传统意义上的政府其实并未置身事外。对各城市中这些权力的描述无疑是与特定的市政状况、税收状况分不开的；对诉讼的记载暗示了某种法律体系的存在，而对升迁的记载则反映了官职阶梯的情况。诉讼、生意和财产都迫使我们去思考与它们并存的文明世界的权威。因此，一味贬低社会内部国家影响力的观点是站不住脚的。

然而，我们还需进一步对此加以探讨。当我们读到，塞亚努斯一方面不想过早地功高震主，引起提比略猜忌，另一方面又担心"赶走堵在自己家门口请愿的民众将会毁掉自己的权力"时，[164] 我们当然要追问，民众是将他视为大行政区总长还是私人庇护者加以拥戴。答案当然是二者兼而有之。由于他身居高位（像上文中讲到的埃狄尼乌斯·尤利亚努斯一样），所以才是一位更好的庇护人。可见，政府扮演的角色在一定程度上更接近于奴仆，而非主子。不止一次担任过大行政区总长的佩特洛尼乌斯·普罗布斯（Petronius Probus）在4世纪60—70年代担任着（或担任过）许多其他官职，"直到晚年还通过自己攫取的财富和受人怂恿而谋求到的一系列官职而掌握着巨大权力"。阿米亚努斯接着写道，其原因是他那些贪得无厌的亲戚"在公共事务中需要仰仗这位庇护者，以便安然无恙地完成自己的许多罪行"。从不间断的公共职权使得普罗布斯成

---

[164] Tac., *Ann.* 4.41.1.

了一个无所不能的人物。克劳狄安（Claudian）说他的名字到
处被人提起："他没有把自己的钱财藏在昏黑的地窖里，而是
挥金如土，去向不计其数的人施行恩惠。"[165] 那么，他手中
的职权究竟是一件用来管理全社会的独立工具，还是仅仅作为
其个人权力的延伸呢？在任何历史时期里，这两种特征都是并
存的；但其搭配比例却因时间与地点的变化而有所不同。

一些从未担任过官职的人却在政府权力的树立过程中作出
过贡献。尽管他们在幕后扮演的角色难以确定，他们的支持作
用却是实实在在的。在整部罗马帝国史中，这个群体中最重要
的一个类别——妇女都占据着一席之地；从 3 世纪起，教会人
士也加了进来；按照有些学者对"官职"的定义，我们还得
把奴隶和释奴（帝国晚期，尤其是阉人）包括在内。他们的
权力范围与其代言人的情况有关；但许多影响力巨大的妇女借
以影响皇帝与高官的手段并非婚姻，而是赤裸裸的野心与强势

---

〔165〕 Amm. 27. 11. 2 f.，修补意见见 Matthews（1975）11 and 12 n. 3，
Claudian，*Pan. dictus Probino et Olybrio*，lines 32 f. and 42 f.；特别能说明问题
的说法见 Amm. 30. 2. 11，其中提到某人"对卸任后的官员不屑一顾"，也
就是说，个人权力可能会在官衔取消后一落千丈；上文注 73，139 和 141，
以及下一章中更多的材料都反映了以权谋私包庇他人的现象。较早的例子
见 Plin.，Ep. 10. 87，一个从前长期服役的老兵退伍后又再度出山，目的是
为了辅佐自己的险要朋友，以换取这位朋友支持他儿子的升迁。关于精疲
力竭的重要庇护人对自己必须承担义务的抱怨，参见 Plin.，*Ep.* 3. 1. 12 and
4. 23. 3（但不作为也是一种罪过）和 Dio Chrysos.，*Or.* 66. 12 f.；或许更能
说明问题的是 Plut.，*Moral.* 823B 中的行政长官形象——他的家门必须永远
敞开，他的声音一直在元老院和广场中回响，他的双手永远在跟别人做着
权力交易。

性格。最臭名昭著的例子发生于克劳狄乌斯一世统治时期
（许多作家对此都有所提及），当时的大量政策与重要决策
"并非出自元首本人，而是他的妻子和释奴们的主意"。[166] 帝
国早期的卡里古拉、克劳狄乌斯与尼禄等坏元首们由于不问政
事，导致自己身边的人有机会掌握权力。他们的故交、姐妹和
娈童们可以轻而易举地要求并得到恩惠。此后，直到君士坦提
乌斯统治时期，史料中都未曾记载过帝国政治决策权旁落的现
象。从那时起，在关于宫廷事务的各种详细记载中，我们都很
容易找到臣子们为贯彻自己的意志而向皇帝施加的一系列压力
（不仅仅是简单的请求，传统术语会称之为"阴谋"）。354 年
王子伽鲁斯（Gallus）的倒台就是一个例子，但同时期及此后

---

[166] 关于克劳狄乌斯，见 Suet. , *Claud*. 25. 5 and Dio 62（61）. 12. 3，
参见 Dio. 40. 60. 4，恺撒在公元前 60—50 年"培植了许多自由人和凭借主人
拥有势力的奴隶；于是许多骑士和元老都来投奔他"。关于妇女政治权力的
材料收集于 MacMullen（1986a）434 f. and 440 f. ；关于主教的材料，见 Mac-
Mullen（1980a）27 f. 和上文注 41，这种影响大到了主教们已不愿参与纯粹
的教会政治活动的地步。

的例子还有很多。[167] 在伽鲁斯身处的时代，宫廷生活已培养了比元首制时期多得多的帝国官员。显而易见的是，到了君士坦提乌斯统治时期，他们及自己的贵妇更多的是用自己的官衔而非世系、财富或元老身份去界定自身的荣耀与权力。驱使他们步入宫廷的主要动力——野心，现在又鼓动着廷臣们在更狭小的空间和更稀缺的犒赏机会下彼此竞争，其中决定性因素是他们从皇帝那里进行索取的能力。

控制皇帝对帝国的认识是至关重要的，这使得他陷入了永无休止的斗争中。只要他还在试图冲破隔离自己与臣民的沉默与谎言，廷臣们就要想方设法将他孤立起来。他们取得了巨大成功，我们在下一章中还要讨论这一主题。现在我只能列举一个事实，对此稍加论述。它与皇帝对个别请愿的批复（或不如说是批注，实际上是皇帝在呈递上来的请愿书页下空白处写

---

〔167〕 除阿米亚努斯对伽鲁斯的记载外，见 Julian, *Ep. ad Athen.* 272D; Philostorg. , *H. E.* 3. 28 p. 53 f. Bidez, 4. 1, pp. 56–58, and 4. 8, p. 62, 其中提到安库拉的巴希尔（Basil of Ancyra）和其他主教都参与了围绕伽鲁斯展开的阴谋，甚至到了他被杀后还在插手此事；Soc. , *H. E.* 2. 34; Soc. , *H. E.* 4. 7; and Zos. 2. 55. 2 f. 试图毁灭朱利安的活动与此类似；除阿米亚努斯的记载（相当完备）外，另见 Julian, Ep. ad Athen. 282C; 还有其他阴谋置人于死地的小团体，如 Athanas. , *Hist. Arian*, 6 (*PG* 25. 701A) and 59 (764C); Eunap. frg. 71 (*FHG* 4. 45), 396 年；Zos. 4. 2. 1 and 3 and 4. 52（关于大行政区总长塔提亚努斯 [Tatianus] 和他的儿子普罗库鲁斯 [Proculus] 的垮台）；另见前文注 41 中引用的史料。参见尼禄在希腊轻而易举地把三位大将和贵族——多米提乌斯·科尔布罗（Domitius Corbulo）和苏尔庇奇乌斯·斯克里波尼乌斯兄弟（Sulpicii Scribonii）——召到身边，把他们全部处死了（Dio. 55. 10a. 1）。这种做法并不会引起震动或造成问题。在我看来，它同帝国晚期权力运作机制间形成的鲜明对比是很能说明问题的。

的简要备忘录）有关。它们具备法律效力，可以冲破委任与官僚机构的层层封锁，使皇帝能够同自己的臣民建立直接联系。即便是那些终日躲在茅舍里担惊受怕的小人物也能够、并且确实利用过这种高效的请愿方式。到了 2 世纪上半叶，经历了许多世代之后，它们逐渐为人熟知，皇帝也开始定期地和频繁地进行批复。然而，到了戴克里先统治时期，这些请愿书的数目迅速减少，很快便消失了。并没有什么新的形式来替代它们。后来发生的事情便可想而知了。[168]

阿米亚努斯在记载君士坦提乌斯统治时期的史事时扼要叙述过这种隔绝的后果。一位官员被控犯有重罪，传唤至首都，解除了职务，并且"在廷臣的阻挠下无法面见皇帝"。他费了九牛二虎之力才得以突破廷臣们的封锁，闯进了宗教会议的会场，使事情的真相得以上达天听。[169] 当然，恐怕只有千分之一孤注一掷的人才会采取这种极端行为。在通常情况下，权贵

---

〔168〕 关于书面答复（rescripta，rescriptiones，subscriptiones），见 Huchthausen（1979）8 f. 及注释；Honoré（1981）17 and 23；以及恰好能够说明问题的 FIRA² 2. 472 = Fragmenta Vaticana 39，年代不详，其中提到了恐怖（terror）与农舍（casula）。我发现，在梵蒂冈保存的大量元首批复样本中，只有九份是在戴克里先时代之后书写的。

〔169〕 Amm. 16. 8. 7 记载了皇家法庭的抵制。参见 30. 4. 1 对 4 世纪 70 年代史事的记载，当时瓦伦斯（Valens）的朋友和近臣联合起来阻止他亲自断案；因为如果像朱利安统治时期那样，"无辜者又有机会自由地为自己辩护"的话，那将损害权贵的利益。另见 Philostrorg.，H. E. 4. 8，p. 62 and 4. 10，p. 63 Bidez - Winkelmann，君士坦提乌斯宠信的一些主教在皇帝本人毫不知情的情况下遭到了逮捕和流放，他在日后发现此事时"惊诧莫名"。更多讨论见下文，原书第 146—148 页。

们（potentes，阿米亚努斯指的是那些当道的权臣）能够按照对他们有利的方式向皇帝奏事，将其至高无上的生杀予夺之权导往合乎自己心意的方向。

然而，我探讨的主题是权贵，不是君主。我只在试图将之同佩特洛尼乌斯·普罗布斯等重臣或优西比乌斯、优特罗皮乌斯（Eutropius）等宫廷宦官的权力进行比较的时候才会提到皇帝的权力。我甚至对省长、宫廷内务总管（cubicularii）等帝国合法官吏也不感兴趣，关注的仅仅是他们在宫廷里从皇帝手中窃取的权力。

在任何时代，皇帝都必然要从精英集团中挑选自己最重要的一批助手。但在这个事实中其实包含着矛盾和引起冲突的潜在因素。这种潜在的可能性其实很少会转化为现实，因为没有人能够通盘掌控过多的权力。然而，我们很容易辨认出两个值得强调的要点。首先，皇帝在帝国内掌握着比其他任何人都更为丰富的优质资源，并且这一基本事实是人所共知的，它驱使世人为了纯粹的物质利益去为皇帝效劳。而那些最得力的臣子也确实得到了任命、提拔和金钱、土地、宅邸等方面的赏赐——在非常时期，这些赏赐来自于对皇帝仇敌财产的充公没收。关于皇帝丰厚赏赐的证据不胜枚举，并且来自许多君主的统治时期，说明这是一种约定俗成的做法。简言之，忠心耿耿的人是能够获得回报的。[170]

另一方面，我们也很容易发现和指认担任要职的高贵人物。显然，这是一种受到推崇的罗马式美德：忠诚和这个词所代表含义——特别是对恩惠赐予者需要承担的义务（*officia*）。当弗隆托被任命为阿非利加行省总督后，他起用好友来帮助自己，就像从前安东尼·庇护曾起用过自己一样："我十分了解亲友们的忠诚不贰（*fides*）和洁身自好（*integritas*）。"他接着

---

[170] 关于将元首视为一切精英衣食父母的观念——"我们受惠于他，并将恩泽传播给自己的朋友们"，见 Plin., *Ep.* 3.20.12，尽管他讲的并不完全是物质层面的事情。关于通过赠予执政官、督察官、军事保民官等头衔来换取对方忠诚的做法，见 Tac., *Hist.* 4.39, Dio 65.2.2, and Amm. 21.12.24，其他文献材料见 Eck (1982) 147 f. and MacMullen (1985) 69；关于皇帝随时赐给贵族臣子们的珠宝、盘子、衣物等礼品，见 MacMullen (1962) 159-64，可补充的材料还有很多，如 Noll (1974) 223 f. and 228-38 or Millar (1977) 135-48。关于对低级军官与大贵族的土地赏赐和戴克里先后诸帝因这些赠予而产生的无尽烦恼，见 PSI 928 (192/212) 或 PPrinceton 119 (4 世纪初)；许多法令，如 *CT* 10.8.4 (346、353 年), 11.20.1 (363 年), and 10.10.1-8 (君士坦丁统治初年及之后，相关解释见 10.10.15 [380 年]) 都抱怨道："陛下为贪婪无度者对充公土地的追求所迫，不得不批准一些原本不应被准许的请求"；Amm. 16.8.11, 18.4.3, 29.1.43, and 31.14.3 (宫廷里的请求者)；Liban., *Or.* 20.39; and MacMullen (1976a) 20 f.。关于个别元首对朋友的慷慨赏赐，见 Tac., *Ann.* 13.18 (尼禄); Suet., *Galba* 15.2; *Corp. agrimensorum Romanorum*, ed. Thulin, 1.96 and Tac., *Dial.* 8.3 关于韦伯芗的描述; Suet., *Domit.* 9.2; Champlin (1980) 24, 对弗隆托的馈赠; Setälä (1977) 125 and Herodian 3.10.6 记载了对普劳提亚努斯的馈赠；关于君士坦丁，见 Julian, *Caes.* 335B, Amm. 16.8.12, Zos. 2.38.1, 特别见 Eutrop., *Brev.* 10.7.2；关于君士坦提乌斯，见 Liban., *Ep.* 828；关于朱利安，见 Philostorg., *H.E.* 9.4 p. 117 Bidez-Winkelmann and Liban., *Ep.* 1316；关于提奥多西，见 Zos. 4.29.3。

列举了几个名字，其中包括从毛里塔尼亚调来的尤利乌斯·塞内克斯（Julius Senex），"我可以仰仗的不仅是他的忠诚勤勉，还有他的勇猛善战。"值得注意的是，在这里忠诚居于第一位，技能特长其实是次要的。[171] 我们并不是说弗隆托或元首们永远都能做到知人善任。然而，这套注重德行的用人方式必然是行之有效的；因为在公元前31—公元235年这个漫长时期内，尽管元首们有的穷凶极恶、有的治国有方（后一类元首在位的时间更久些），这套体制都以惊人的生命力延续了下来。在此后的半个世纪里，帝国遭受了一连串意外变故，许多元首也遭到了自己信赖和任命的臣子的背叛。我们手头拥有的证据过于稀少，不足以解释究竟是哪里出了问题（言之有理的猜测当然是很容易作出的）。在四帝共治重建了稳定、君士坦丁的统治恢复了繁荣之后，旧有的模式开始重新成功地运转起来。

奥古斯都的自述用"不可胜计"（*innumerabilis*）来描述（可以说并未夸大其词）自己馈赠给萧条城市、未能达到财产标准底限的元老和"单独资助朋友们"（*amici*）的钱财。"朋友"同样是尼禄、伽尔巴、韦伯芗、塞普提米乌斯·塞维鲁和君士坦丁慷慨（或过度、可耻）花销的主要对象。那么，这些元首的友谊中难道就没有任何真有价值的东西吗？小普林

---

〔171〕 Fronto, *Ad Ant. Pium*：8，p. 169 Naber；见上文，注27和140—144。我们看到把这种气质特别归在元首名下的做法，如 Dio. 77. 16. 1：塞普提米乌斯·塞维鲁"从不忘记自己的朋友，对仇敌则睚眦必报（*barytatos*）"。

尼和塔西佗可以列举出这样一批人，他们可以放弃增加财富或担任官职的机会，只要让他们加入韦伯芗或图拉真的朋友圈就可以心满意足。[172] 但还存在着更加广泛的支持者圈子，其中的成员仅仅凭借支持元首就可以获得赏赐——"凭借他们的美德与功劳"，君士坦丁如是说。[173] 而在接受赏赐与荣誉后，他们还会继续忠诚地为自己的恩主效劳。

荣誉和利益是皇帝同权贵关系中的典型元素，非常适合我在后文中展开专门的讨论。事实上，他们依附于元首的方式和伦理依据跟他们同自己的附庸形成的支持——依附关系是别无二致的。但最终建立起来的并非是简单的、传统罗马模式的帝国庇护关系网。为了解释奥古斯都如何在罗马共和国内部建立起一个帝国，普雷麦斯坦（Anton von Premerstein）早已提出过这种模型；但它遭到了否定。保罗·维因（Paul Veyne）一针见血地指出："尽管普雷麦斯坦持这种观点，但罗马帝国并非由庇护关系搭建起来的巨大网络，因为它的幅员过于辽阔。"[174] 然而，帝国境内的 6000 万居民无须全部自视为皇帝的依附者。只要皇帝还能够得到其最重要的下属——军团统帅、行省总督、大行政区总长等人与多数元老、行省权贵的效忠就够了。埃利乌斯·阿里斯泰德在其《致罗马》中写道："天南海北的权贵们都在为你守卫着他们的母邦。"他当时心

---

〔172〕　Tac., *Dial.* 8. 3；Plin., *Ep.* 4. 24. 3.

〔173〕　*CT* 10. 1. 1（315 年）.

〔174〕　Premerstein（1937）53 and chap. Ⅱ passim 讨论了伟大的民众领袖渥大维；Veyne（1976）591；类似研究见 Rouland（1979）506 f. 。

里想到的正是这批人。无论他们自己手下拥有多少附庸，这些人与此同时都还欠着目前与自己地位近似、或家世更为古老的一些曾在他们发迹之前出手相助过的权贵们的恩情。拥有权势的男男女女无不身处姻亲关系与依附关系的纽带中；这些关系是多多益善的。而皇帝本身掌握的关系则是"不可胜计"的。

　　另一种不同于普雷麦斯坦的模式研究了在帝国境内发动起义或叛乱的模式。这是一个非常重要的问题。它反映了形成阶段的统治权力及其各要素被整合起来的过程。军队的忠诚需要用贿赂收买；如果有可能的话，之前军队中的统领关系也能派上用场。这些都是显而易见的常识。更加有趣和富于启示性的是对官场之外的有产者和权贵系统的、蓄谋已久的拉拢——这项工作非常危险，但却是必要的。而我们之所以能够看出拉拢的必要性，也恰恰是因为人们不顾一切危险也要去做这件事情。阿维狄乌斯·卡西乌斯试探过赫罗德斯·阿提库斯。在大城市中（在谋反这件事上适用于一切大大小小的城市），谨慎的议案一定要得到城中巨头的首肯。[175] 如果他们手中没有一

---

　　〔175〕　见 Tac., *Hist.* 1.57，其中提到"除主要殖民地与军事据点外，科隆居民、特雷维里人（Treveri）和林谷涅人（Lingones）"等更广泛的地区也支持维特里乌斯；其他材料见 MacMullen（1985）69－72，可资补充的还有 Philostr., *Vit. soph.* 596，其中报道说，一名 2 世纪居住在罗马的智者指控供奉狄奥尼索斯（Dionysus）的艺术家们喜好滋事（按我的理解应该是在剧场里）；此外还有担任诺拉朱庇特和罗马女神圣所庇护者的城市领袖波利乌斯·尤利乌斯·克莱门提亚努斯（Pollius Iulius Clementianus），*CIL* 10.1256，以及普特奥利村庄与街区的协作关系和联合行动。见 Camodeca（1977）68，76，and 78。

兵一卒的话，那也不是问题。统治并不仅仅是依靠武力建立起来的。它需要广泛而深入的、一直下达城市民众的效忠感情。[176] 而这种效忠只有通过地方贵族才能建立起来。他们在当地是无人不晓的；他们庇护着一些规模庞大的、充满自信的、半官方的和组织严密的协会，如某种工艺、崇拜仪式、移民飞地或丧葬保险合同签订者的协会。他们的亲戚、债务人和地产周边邻居会对这些地方贵族唯命是从。我们无须在此回顾造就权贵的各种权力。一旦加入起义或叛乱队伍，他们便有能力拉拢帕尔米拉、里昂、尼科米底亚、卡普亚甚至半个行省卷入叛乱。[177]

一旦某个政权成功建立起来了，它就要着手消灭这些巨大势力。帝国176年通过一道法令，"禁止任何人在自己本省担任行省总督"。许多年后，各种帝国高级官吏都不得在本省任职。[178] 这些禁令都是旨在遏制非政府权威的势力的。

帝国统治的稳定性并非完全依赖地方城镇与行省精英的协调。众所周知，它的基础要宽广得多。除了前文提及的直接向皇帝请愿（见上文，注168）的方式外，还存在着一种遍布帝国各个角落的皇帝崇拜。与此相联系着的是（或许也可能是独

---

〔176〕　MacMullen（1985）69 and 73.

〔177〕　Ibid. n. 14，另见下文附录B，其中研究了那些被称作某行省或某地区"首席公民"的人；还有对瓦勒里亚努斯·阿西亚提库斯（Valerianus Asiaticus）在高卢拥有巨大势力的解释："他出生在维也纳，并有大批拥有权势的亲戚作为后盾"（Tac., Ann. 11.1），参见上文注57和65以下。

〔178〕　Dio. 72. 31. 1 and CT 8. 8. 4（386年）。

立存在的），皇帝雕像的分布同样广泛。[179] 新皇帝的登基要在每座城市的中心广场上由传令官高声宣布，当地民众还必须组织游行加以庆祝。例如，塞维鲁领导的波斯战争结束后，皇帝的捷报便通过书信形式被送往东方诸城市，并通过大量钱币得到了宣传。[180] 我们在法律和其他行政命令的颁布中可以找到意识形态宣传的内容（无论其宣传场合是否恰当）；进行类似宣传的还有不计其数的、宣扬皇恩浩荡的公告。所有这些公开宣传的思想与形象都可以绕开权贵的居中协调（他们掌握着与稳定、接纳、合法性相关的无限权力），使个人直接与皇帝建立起联系。也许事实当真如此。

但我们需要对这幅图景进行批判式的审视。如果我们撇开那些论王政的演说词（它们是何其无聊乏味啊！），忽略那些同样毫无"营养"的颂词的话，我们会惊奇地发现，帝国臣民对皇帝的关注事实上极其有限。例外当然是存在的。尼禄就很喜欢出风头。他母亲遭到的谋杀和尼禄本人声名狼藉的生活方式造就了罗马城内四处张贴的讽刺诗和新版西比尔预言中的冷酷言辞。盖约·卡里古拉的登基则引起了意大利喜爱他的民众的关注；而他不久后的身染重疾则造成了人们的相应焦虑。

---

〔179〕 Fronto, *Ad M. Caes.* 4. 12. 4；Zos. 2. 12. 1；and Amm. 16. 10. 9 f. 都反映了当时随处可见的肖像。关于肖像的广泛分布规律，见 Stuart（1939）601 f. and MacMullen（1976）45，及第 2 章（"Propaganda"）passim，讨论了帝国公开性的其他方面。关于元首登基时的公告，见 Sijpesteijn（1971）188 f. and Herz（1978）1189 – 92。

〔180〕 Reynolds（1982）111，124，and 127 对塞维鲁自吹自擂书信的研究。

它甚至引起了远在亚历山大里亚的民众的注意。斐洛（Philo）的相关记载声称，天南海北的所有人都为元首的健康感到忧虑，并强调了人们对这位恶劣统治者的早先好感和日后残酷现实之间的巨大反差。[181] 在罗马城内，人们有时会在剧场里、街道上看到元首，因此他是一个有血有肉的活人。群众会向他们欢呼；在日后的东部首都里，民众则会在皇帝画像经过时行跪拜礼。[182] 在皇帝被推翻或拥立的场合下或多或少地扮演过活跃角色的"罗马人民（或类似术语）"的形象是毁誉参半的。为数不少的宫廷（或了解宫廷情况、时而应邀或为公务进宫的权贵宅邸）商品、服务供应商能够得到关于皇室的消息，并将之传播开来。可以想见，在占全国总人口1%的首都居民中，他们的政治敏感性是很高的。

在首都以外的其他地方，偶尔也会有人对皇帝们品头论足，传说皇帝将要出访周边地区，或具有这样那样的性格。共

---

[181] 关于尼禄，见 Suet. , *Nero* 39. 2, Dio 62. 18. 4, and MacMullen (1966) 145 f. ; 关于盖约，见 Suet. , *Caligula* 13, and Philo, *Leg.* 15 – 21, 其文本经过了精心加工，并且其修辞手法又在 Liban. , *Or.* 15. 46 对朱利安之死的评价中得到了再现，因此我对其历史可靠性表示怀疑。关于青年君主可能引发的民众狂热情绪，见 Versnel（1981）545 and 548 f. 。读者可参见《战争与和平》第 2 部第 8 章中的罗斯托夫（Rostov）和沙皇。

[182] Herodian 26. 13; Philostorg. , *H. E.* 2. 17. 18 和安布罗斯时代西部首都中向皇帝雕像行跪拜礼的例子，见 Alföldi（1934）77 f. 。

腐败与罗马帝国的衰落

治君主之间的和谐相处有时会在外省城市中得到赞颂。[183] 世人（至少是有产者）关注并模仿了哈德良的胡子。受到关注的还有哈德良的短发、韦伯芗的朴素膳食和马可·奥勒留的食谱。

另一方面，这些有产者正是我所寻找的承上启下的人物；在我看来，他们对政权的辅助作用是十分巨大的。其中一些人是皇权的重要支持者。这当然是事实——但也有些人认为皇帝的排场和自吹自擂滑稽可笑（见上文，注 10）。如果我们从民众中除去那些同政府有着直接或间接联系的人物（他们正是本章关注的焦点），我们会发现剩下的那些人在城市街道或广场上"同路人闲谈，聆听一些无稽之谈，关注'皇帝或其他大人物'的趣闻轶事"。金口狄奥轻蔑地说道。爱比克泰德则问道："民众不是一直对诽谤皇帝乐此不疲吗？"还有："这些衣不蔽体、寅吃卯粮的家伙坐在广场上和酒馆里，对皇帝、高官和权贵品头论足。他们想象自己正在治理朝政和领兵打仗"（这一幕场景出现在安布罗斯生活时代的米兰）。最后："普罗

---

〔183〕 POxy. 2725（公元 71 年）；Galen, *De libris propriis* 1（Ⅱ, p. 98 Mueller），记载了马可·奥勒留登基的消息传播到波加蒙的情况；以及 Ael. Arist., *Or.* 27.23－40，公元 166 年对库兹库斯（Cyzicus）所说的话。参见一名臣民心目中图密善的鲜明形象，见 Philostr., *Vita Apollonii* 7.28（但这部作品并非上乘的史料）。关于对皇帝举止风格的模仿，见 Tac., *Ann.* 3.55.4 关于模仿韦伯芗简朴生活方式的记载，以及 Millar（1977）112 n. 22 引述的盖伦文本。但盖伦的结论多少有些玩世不恭："有钱人们模仿元首的生活方式是件妙不可言的事情，哪怕仅仅装装样子也是好的。"

· 252 ·

大众（*hoi polloi*）压根儿就不知道皇帝和将领们的姓名。"[184]
而下图中以拙劣笔法绘制的皇帝肖像也与一切伟大艺术品中的
理想化皇帝形象构成了强烈反差（图16）。[185] 它被从某个边
疆省份的中心区域运到北部，表现的是两位皇帝组织捕猎野猪
的场景。这幅图画的艺术风格是令人侧目的。

　　作为行政体系中的首要环节，皇帝与另外三个组成部分——
行省议事会、城镇议事会和罗马人民——紧密联系在一起。所有
这些要素都已得到了广泛研究。我的兴趣仅在于它们能在多大程
度上维持上下交流渠道的畅通，从而保证皇帝们的意志能够贯彻
到臣民，而后者的真实愿望也能被不加扭曲地得到表达和听取。

　　作为三者中分量最重的政府机构，行省议事会已经进入过
我们的视野（见上文，注158）。220年卢戈杜嫩西斯高卢召
开的一次会议对服务于元首的一名官吏进行了评价。这似乎是
历次行省议事会的一项主要议题。在这种情况下，经常会有一
批代表商量好要采取联合行动，以扳倒某位仇敌。塔西佗还记
载道，一位克里特贵族"经常宣称，他自己有资格决定是否

---

　　[184]　Dio Chrysos. , *Or.* 20. 3；Epict. , *Diss.* 3. 4. 7；Ambros. , *De elia et
ieiunio* 41；以及 Theodoret. , *Graec. affect. curatio* 8. 67（*PG* 83. 1033A）。提奥
多西则进一步发挥了原有的通行借口，将它发展成为一项特许条款："如果
有人不懂礼法，认为可以用粗鲁放肆的言论攻击陛下，并且是在酒后吐露
狂言的话，那么他对陛下统治的这个时代的批评言论是应当得到宽容的。"
（*CT* 9. 4. 1，393年）

　　[185]　Vago and Bona（1976）185，240，and Pl. 20，来自因特奇萨（In-
tercisa）的一块带有涂鸦画面和铭文的瓦片，看到的人"一定会把它理解成
一种讽刺挖苦"。

图 16　涂鸦中的共治四帝

要向行省总督表示感谢"。于是，行省议事会的这项特权一度
被收回了。另一方面，行省总督们也会向议事会施加压力，要
求它们通过颂扬性的法令来歌颂自己。因此，早在奥古斯都在
位时期，国家已经明文规定，在行省总督去职 60 天之前不得
发布这样的法令。这样一来，总督对投票的直接操纵也被制止

了（尽管间接的操纵仍会存在）。[186] 到了 3 世纪初，法学家们已经意识到，行省总督仍能与地方权贵联手，通过他们赢得行省议事会对自己的赞许，无论这些总督事实上有多么残忍或腐败。城市之间永远存在着竞争关系。因此，在这件头等大事——公共场合下对行省总督的歌颂，政府内外的要人们是能够按照自己的个人利益操纵公共事务的。如果局面每况愈下，抱怨的声音一直传到了元老院的话，权贵们仍有办法对此加以补救。来自一座意大利北部城镇的案例说明了这一点。一位当地的律师在前往首都办理法律事务时回忆起了自己从前同见多识广的朋友们的谈话，明白了事情是如何运作的。他根本无法扳倒自己的对手——一位在元老院里为自己的"影响力、声名与尊荣"进行辩护的元老。如果原告直接面见皇帝的话，也许他可以多几分胜算。但他必须首先能够抵达皇帝的宫廷。除了可以预见的时间消耗外，亚历山大·塞维鲁还发现自己的比提尼亚臣民经常受到自己手下行省总督和督察官们的强行阻挠，根本无法前往宫廷。

通过使节，行省议事会的抱怨源源不断地传到首都。例如，直到 433 年，提奥多西二世仍在鼓励他们这样做。阿米亚努斯指出，至少在特瑞波利斯（Tripolis），议事会是按照既定

---

〔186〕 Tac., *Ann.* 15.20 and 22（公元 62 年）；Dio 56.25.6（公元 11 年），Brunt（1961）216 n. 82c 怀疑这条法律是否在后来仍旧有效；Liban., *Or.* 15.74 提到了行省总督恫吓某个城市代表的事情。我接下来引用了 Millar（1977）388–93，包括《学说汇纂》的文本；以及 Brunt（1961）213–19 和书中引用的 Plin. *Ep.* 5.13.2。

日程举行的。会上提出的请愿如果不是"放肆无礼"或"毫无意义"的话（皇帝们对这些形容词的尺度把握是非常重要的），它们都会被君主听取。[187] 大量史料向我们透露了迦太基行省议事会的情况。在公民大会举行之前，传令官会在广场上高声念出行省总督的名字，群众则用呼喊声来表示他们的支持或反对（他们无疑会使用整齐划一的口号——见上文，注 24 以下）；"如果他们的口号是发自内心的，而不是受某个庇护人指使而口是心非的话，陛下（君士坦丁）便会认真听取他们的意见。"[188] 这道程序的目的在于考核官员们究竟是如何以皇帝的名义治理一方的；但其中对庇护关系的提及表明，这些措施未必是行之有效的。

帝国各城市中民众的喧嚣几乎淹没了城镇议员们的声音。蹊跷的是，我们对作为行政机构的城镇议事会几乎一无所知。我们完全不清楚它们的内部议事流程（不同城市间肯定会存

---

〔187〕 *CJ* 1.51.9（433 年），对行省总督的抱怨；Amm. 28.6.7；*CJ* 2.12.21（315 年）and *CT* 8.4.2（315 年）对阿非利加事务的规定；*CT* 12.12.3 and 12.12.9.1 对上诉活动表示了有所保留的欢迎，引自 Deininger（1965）186，补充材料见 *TAM* 2 no. 785（312 年）和进一步的讨论，pp. 183-85。在我看来，他对 *CT* 2.30.1 的引述和由此认为该制度"再度复兴"的看法是错误的。

〔188〕 Lepelley（1979-81）2.42 n. 121 关注了 Quodvultdeus, *Liber de promissionibus*, App. *Gloria sanctorum*（*Sources chrétiennes* 102, pp. 664 f.），"每年都要安排一个这样的日子……：法官们来到广场上当面听取民众的意见"。参见君士坦丁向行省官吏发布的命令，*CJ* 1.40.3（331 年），并参见 *CT* 11.7.20（412 年）对迦太基事务的规定：群众要通过欢呼的方式对官员任命提出反馈意见。

在差异）、它们的投票方式、权威评判标准（年长者优先?），以及全体大会召开时的典型议程。只有普鲁萨的金口狄奥的记载表明，城镇议事会内部可能存在着矛盾与派系；而像佩特拉（Petra）城镇议事会官方备忘录（其中记录了他们关于指派法律监护人的请求）这样的文件也是难得一见的。[189] 宗教仪式的流程肯定要占据城镇议事会大把的时间；但它对于个体公民与整座城市而言都是至关重要的。铭文材料中还会时常提及关于荣誉头衔授予和将某处公共空间用于竖立纪念碑的议案的投票。这种做法肯定在当时是司空见惯的，因为投票结果往往只被缩写成四个字母："l. d. d. d."（地点已被指定，议事会的决议）。但我们很难从中发现任何政治观念——关于真实权力运作情况的看法，才是我重点关注的。

他们的很多事务是同公民大会协同办理的。城镇议事会独立作出决议，确定行政官员或公共荣誉头衔的候选人名单，节庆活动或使节派遣等方面的安排；随后，他们把决议交给聚集在议事大厅门口处的民众。但民众对此进行投票表决的场合是

---

[189] Dio Chrysos., *Or.* 45.7；Polotsky（1962）260，备忘录用希腊文撰写，但其中借用了拉丁文术语 *akta*。

很少的，而且越来越少，取而代之的是欢呼通过。[190] 在非常时期，帝国政府将城镇议事会和地方官吏视为整座城市，不仅要求他们提供帮助，有时还会以不忠的罪名对他们进行处决或惩罚。[191] 因此，我们有理由认为，寡头或财阀政治乃是帝国境内地方政府采用的主要统治模式。但野心勃勃的铁腕个人和城市民众（有时是对个人行为作出的回应）也会不时对之进行干扰与挑战。

正如阿巴胡（Abbahu）拉比在巴勒斯坦的凯撒里亚所指出的，即便不担任任何官职的公民也有可能位居人上。事实上，他可能就是官吏们的主子。在这层意义上，我们可以说赫罗德斯·阿提库斯曾长期统治过雅典。附录 B 收集了其他证明存在着官府体系之外权威（它们是实实在在存在着的，甚至可以说是代表官方的——因为政府有时会邀请他们来参与某些公共事务）的例子。例如，有些城市会推举城中最为德高望重的公民担任使节，却并不授予他们任何正式官职。他们仅

---

〔190〕 最出色的概述见 Liebenam （1900）238 – 50 and passim and A. H. M. Jones (1966) 171, 174 f. , and 182 f. 。Loeb 版编者 H. L. Crosby 指出了 Dio Chrysos. , *Or*. 49. 14 f. 的含义。与民众在选举中扮演的活跃角色相关的文献还有很多，如 *CIL* 14. 375 and 2410 （157 年），一个选举官吏的委员会（*comitia magistratuum creandorum causa*）刚刚成立；*CIG* 2. 3162；*Dig.* 49. 1. 12 (Ulpian)，完全由民众组织的选举要求任命他们的人，而行省总督错误地对此表示默许；以及来自 Bulla Regia 的 *AE* 1952 no. 154 和 *CT* 12. 5. 1 （326 年），其他材料见 Kotula （1980）137 and 146 （但他对 Bulla Regia 史料解读的思路有些跳跃）。

〔191〕 例如 Dio. 74. 14. 1；Liebeschuetz （1972）' 103；and Antioch （387 年），上引书 105。

仅是富裕公民（protoi）或头等公民（principes）而已。普鲁塔克在他更为熟悉的希腊语世界里遇到过"一个有名的富人，他曾经嘲弄、取消过市政官员，称其为穷光蛋，凭借自己的高贵地位把他们贬低得一无是处"。他的说法符合生活在两个世纪之后的费尔米库斯·玛特努斯（Firmicus Maternus）笔下的权贵形象——"那些领袖和头等公民，那些举足轻重、权势滔天、令人生畏、活力无限的人物，他们凭借某种权威主宰着一些十分庞大的城市"。也就是说，他们取得了帝国的某种正式任命。在那个时代，他指的可能是市政主管们，其中很多人都是从地方贵族中选出来的。在费尔米库斯写作的时代，君士坦丁在其立法中注意到了一些城镇议员因自身的弱小而去寻求某些权贵的庇护。[192] 所有这些各种各样的描述与事例似乎表明，在一些其权力基础完全处于城市之外的傲慢权贵面前，城镇议员这个团体的力量是极其弱小的。

当城镇议会减员开始萎缩的时候，它的弱点开始变得更加明显起来。我们在上文中曾提到过城镇议会减员这一众所周知

---

[192] Plut., *Moralia* 817A 在提及权贵（*hoi protoi*）时将他们的对手统统归为民众（*hoi elattones and idiotai*）；以及 Firm. Maternus in MacMullen（1971）113。关于在本乡或周边地区任职的督察官，见 Duthoy（1979）234，参见 225（230 个库里亚［*curia*］中的 78 个），以及 Lepelley（1979–81）1.169；关于寻求庇护的城镇议员，较早的材料见 *CT* 12.1.6，参见上文，注129。

的现象。[193] 因此，认为皇帝们可以通过城市官吏、议事会从远方遥控治下城市的看法是把历史过度简单化了；并且这种认识对于3—4世纪的帝国历史而言显得尤其失真。

让我们回到对一整套联系中央政府同民众的机构的讨论上来：在行省议事会和城镇议事会之后应该是所谓的"公民大会"。与城镇议事会不同的是，公民大会的运作模式是允许旁人观摩的。尽管对真实或幻想的听众表示的可否进行描述乃是一种修辞学惯例，但金口狄奥生活时期普鲁萨的公民大会上确实出现过群情激奋的时刻。我们不仅可以找到许多表明民众与城镇议事会共同参与事务决策的铭文证据，还能不时从中发现一些特定的词汇，说明民众表示支持的欢呼声是嘈杂刺耳的。[194] 洪亮的呼声表达了真实的情感。意识到这一点的赞助者有时出手会更加阔绰；演讲者有时会改变他们的措辞或举止，或在其他方面作出让步。类似的例子来自亚细亚行省境内

---

〔193〕 见上文，第一章注155—65；Clemente（1972）226；Chastagnol（1978）37 f.；Lepelley（1979－81）1. 255 f. and 278提到了"城镇议会的失血过多问题"；Libanius, esp. *Or.* 48－49；and Kopecek（1974a）336 f.。

〔194〕 Dio Chrysos., *Or.* 40. 29 and 48. 1 f.；C. P. Jones（1978）95－103 passim；Liebenam（1900）248 note 1对民众请愿（*expostulante populo*）等问题进行了研究；参见 *IGR* 3. 739 Ⅱ 5, Ⅷ 30, 等等, *epiboetai*（喊声响亮者）；关于帝国晚期的歌唱形式，见 *IRT* 565和上文注24－26以及许多表明民众参与了决策的赞美性铭文，如 *petente ordine et populo*（应官员和民众的请求）, *ex consensu populi*（民众一致同意）, *suffragio populi*（民众提议）, 等等, 见 *CIL* 2. 3364, *AE* 1953 no. 21, *IRT* 568, and Mackie（1983）43 and 170 n. 1。

的提拉（Tira），也来自西西里和阿非利加。[195]

　　担任城镇议员或行政官员的地方精英当然往往是傲慢自负、盛气凌人、特立独行的，作为个体的老百姓当然是无力与他们抗衡的；但如果民众团结起来的话，形势就有可能发生逆转。起义的导火索往往是有产者的傲慢，那比他们的贪欲更加令人无法忍受。[196] 他们的同类中也会存在着仇敌，后者会利用民众的敌意组织示威，挑起抗议，从而扳倒自己的对手。[197]关于有产者或权贵圈子内部奉行的竞争伦理准则，我们在前文中已展示过大量证据。制造有产者和穷人之间对立的敌意，在某一天聚集在宫廷请愿大厅里的民众同皇帝戴克里先与马克西米安之间的对话中，得到了鲜明的反映："皇帝们在宗教会议上说：'我们不能把城镇议员的儿子们丢给一群野兽。'当民众发出呐喊声时，他们再次重复了这一立场：'民众的胡说八道是不值得倾听的；因为他们在要求豁免罪人或惩治良善时所

---

　　[195]　见上文，注 26；*CIL* 10.7295 ＝ *ILS* 5055，Bivona（1970）50 认为其年代为 2 世纪；Colin（1965）331 f. 认为 2—3 世纪里昂、斯米尔纳等地城市民众的要求具有准法律效力。关于 5 世纪后期群众的呐喊（*ekboeseis*）收到预期效果的例子，见 Grégoire（1922）1. 32 no. 1008 引述的、来自以弗所的有趣铭文。

　　[196]　关于城镇议员们的勒索与贪污，见 Dio Chrysos.，*Or.* 48.4－8；Plut.，*Moralia* 809A；Tac.，*Ann.* 13.58；晚期材料见 Lepelley（1979－81）1. 144。

　　[197]　在安条克，谢恩和赐予荣誉的投票是可以收买的，它们掌握在一大批游手好闲的人手里。见 Pack（1935）63 and Liebeschuetz（1972）212－14，参见上文，注 188。但我认为这些材料并不十分相关，因为它们并不完全是由权贵操纵着的。古代晚期的剧院和其他公共场所充斥着各种各样的民众呐喊声。

说的那一套是毫无根据的。'"〔198〕 尽管我们已无从得知足以解释这些言论的具体语境，但这种傲慢言辞带有上层阶级评价下层时的典型腔调（见上文，注 2 以下）；而皇帝们所面对的显然也正是一群要向统治阶级清算血债的民众。

6. 私人权力何以能够大行其道

在前面的三节里，我主要关注了少数人在无须政府权威的情况下从民众那里获得的效忠。这些人中有的根本不担任官员；另一些人虽然担任着官职，却并不是依靠它们才令旁人俯首帖耳的。在帝国境内的日常生活中，大部分决策是由他们，而非法律、皇帝及其代表所左右的。此外，这些决策十分重要，关系到人们的财产、出行、生涯选择，以及农业、商业、信贷活动的顺利开展，有时甚至关系到当事人的身家性命。它们经常会演变为帝国或地方政府的决策，尽管人们往往会想当然地认为，压力的传递方向应当是自上而下的。但黄金时代——"好元首们"在位期间名副其实的黄金时代——的罗马帝国在市政服务和官僚队伍规模方面都是非常有限的，一些

〔198〕 见上文，注 192，关于有产者之间的仇怨毁掉穷人的例子；Wistrand（1981）105 f. 研究了一份十分罕见的 1 世纪意大利铭文，其中记载了一位庇护者被同胞从自己的城市驱逐的经过，可与外省的一些事件相参照；Philostr., *Vit. soph.* 559 提及了谴责赫罗德斯的雅典议事会；Schouler（1973）114 研究了 Liban., *Or.* 25.44 等文本；我自己引述了 *CJ* 9.47.12，但这篇文献的文本和相关背景是晦暗不明的。

市政职责干脆让士兵们包办代替。因此，元首制时期的统治者完成某项任务时的人手总是匮乏的。而世家大族和富有权贵却拥有更广阔的活动空间。

在描述这些权贵的时候，我注意不让他们显得比实际上更加与世无争、大公无私、逆来顺受。事实上，他们的形象酷似那位骄傲自满、野心勃勃、令人生畏的圣吉米纳诺（San Gimignano）。他们仅占城乡人口的1%，而周围的其他人所拥有的土地、衣物、尊严、食物、金钱和安全却比他们少得多，而穷人攫取这些资源的愿望相应地也更为迫切。有产者之间的攀比和他们与无产者之间的反差都蕴含着引发矛盾的、必须得到控制的潜在因素。为了生存下去，任何一个社会都必然要去面对这种不平等和敌意。罗马人的解决办法是将依附关系仪式化和道德化，从而实现人际关系的稳定。

最为人熟知的仪式是弱者对强者的效忠。它的历史早在共和国时代就开始了；但效忠关系的后续发展——找到可靠的庇护人，建立相互义务关系，并将这种协约铭刻在庇护人宅邸大厅中悬挂着的牌匾上——则是整个西部帝国生活的一部分。即便没有庇护人名录（*tabulae patronatus*），种种心照不宣的要求也足以印证这种关系的好处。东部诸行省中的情况也是一样，普鲁塔克在其论地方行政管理的文章中对其进行了笼统介绍，并使用了直接转写自拉丁文"恩惠"的术语。[199] 附庸需要利用庇护人的力量。他们对此毫无怀疑。他们需要保全自己和满

---

〔199〕　见上文，注103以下和148。

足许多其他方面的要求；为此，他们通常总是寻求来自社会上层的庇护，而非同等级成员的帮助。因此，对本等级成员的忠诚感和阶级意识在罗马帝国中从未发展起来。[200] 单枪匹马的个人是容易驾驭的；庇护者则凭借对他们担负的责任而享受着荣耀。

一个人在社会中的地位越高，人们就越是有求于他，而他欠下的人情就越少。但将社会上层阶级成员们联结起来、使他们彼此承担义务的纽带被称作友谊，而非依附关系。他们之间彼此联系的错综复杂则使得研究者很难把他们整齐划一地归入教皇党（Guelphs）或皇帝党（Ghibellines）、自由派或保守派。星罗棋布的地产、盘根错节的姻亲关系和错综复杂的庇护关系交织在更合乎逻辑的联盟关系之上。其结果是构成了一张牢不可破的关系网和一种安全保障体系。任何读过小普林尼关于百人团会议上或元老院里舞弊案审讯书信的人都会意识到阻碍定罪的"官官相卫"（小普林尼自己也注意到了元老间的纵容包庇）现象。[201] 阿非利加行省总督佩提纳克斯（Pertinax）提供了一个相关案例：他早年曾判定一位在任的低级官员犯有贪污罪；直到自己后来当上皇帝后，他才应受害者同乡的恳

---

〔200〕 关于对这一点的发挥，见 MacMullen（1974）123 f. 及下文第四章各处。

〔201〕 Plin. *Ep.* 9. 13. 21 f.（trans. Radice），and Suet., Domit. 8. 1，"百人法庭徇私枉法的判决"（*ambitiosae centumvirorum sententiae*）。参见 Dio. 74. 15. 4 中关于佩提纳克斯（Pertinax）的故事和 79（78）. 11. 2 关于奇洛（Cilo）救助玛克里努斯（Macrinus）事件的记载。

求，对此人进行了提拔。人们往往还注意到，皇帝的谋臣往往
能够成为几朝元老，无论政局如何变幻，他们总能保住自己几
乎半官方的历任皇帝"朋友"头衔。[202] 他们之所以能够做到
这一点，并不是因为这些人如同现代官僚，是负责替历任领导
人搭建领导班子的专业人士，而是因为这些人总有朋友在新政
权内部替他们说话。即便在残酷内斗的大洗牌时期，失败方的
主要支持者也能很快转投胜利者麾下，继续他们的官宦生涯。
他们从前施加的实在恩惠、他们获得或求来的推荐信、他们从
前的荣誉、忠诚树立起来的良好信誉都可以确保他们日后的地
位安然无虞。[203] 直到帝国晚期，每个人为自己设计的相互庇
护网把所有人联系在一起。这张网曾为作恶多端的罗马努斯爵
爷（Count Romanus）提供了避风港。这名罪犯需要做的只是
为自己找到适宜的法庭与法官。[204] 然而，在他生活的时代，
一种全新的伦理体系已经在很大程度上改变了关系网的面貌。
我将在下一章里继续探讨这一主题。

---

　　[202]　Veyne（1976）743 n. 117 及引用文献；对某个具体转折阶段的分
析。见 Dietz（1980）292, 296, and 316；当然，这种在乱世中屹立不倒的现
象也存在着例外，如 Herodian, 8. 5. 9。

　　[203]　相关例子见 MacMullen（1985）75 f. 。关于帝国晚期的情况，见
Wardman（1984）226 n. 28。

　　[204]　Amm. 28. 6. 8；关于审判地点的重要性，其他例子见 28. 1. 9, 22,
26, and 27, 以及 Sulpitius Severus, *Chron.* 2. 47 –49（*PL* 20. 156A –157C）。
但后一个例子与 Amm. 28. 1. 27 强调的显然只是贿赂问题（可能成立的例子
还有 15. 2. 10 和 16. 6. 3，其中的宦官与管家密谋救出一个遭到指控的人，其
原因不详；还有 15. 13. 2，其中"穷人被判定有罪"，而"犯下愚蠢罪行的
教唆者虽然丢失了地产，却被无罪开释——因为他们是富人"）。

腐败与罗马帝国的衰落

在帝国早期，上下之间或地位相近同僚间的依附纽带提供了一种稳定的、有弹性的、适合进一步扩展的权力结构。它可以经受坏元首们多年的摧残；糟糕透顶的元首在被推翻时，这套结构的大部分仍是完好的。色雷斯人马克西米努斯（Maximinus）于235年启动的、走马灯式的元首轮换落入了军队的控制，之后建立起来的政权（马克西米努斯亲自目睹了它的诞生）与图拉真时代已经大不相同。与此同时，政府其他部分仍在有条不紊地进行着自己的工作，至少从现存史料中看是这样。

我们可以通过上千个场合（尽管相关信息可能相当简略）观察政府权力的运作，其媒介包括文献材料、铭文、纸草，甚至包括一些东方的城市铸币。我们在此列举几条证据就够了。一位城市长老在帕弗利亚的一座城镇里率众逮捕基督徒。那并不是因为拥有该头衔的人就有资格做这件事，只是因为他想这样做，并且没有官职的地方精英和皇帝任命的副将、省长都是可以承担这些政府职能的。相似地，有一道官方法令[205]要求在意大利对孤儿进行抚养；一些私人也会在意大利和诸行省做同样的事情。一行省的资助者之一是永不疲倦的奥普拉摩阿斯（见上文，图14）。行省总督沃科尼乌斯·撒克萨（Voconius

---

〔205〕 关于德西亚（Decia，？）迫害运动中的一位"穷人之父"（pater poleos），见 *Acta S. Canon.*2；关于为孤儿设立的私人基金，见 Plin. *Ep.* 7.18.2 和 Balland（1980）92 对奥普拉摩阿斯捐赠活动的研究。参见 *TAM* 2 no. 905 X G，沃科尼乌斯·萨克萨（Voconius Saxa）致米拉官员与民众的信。

Saxa）写道："我之所以赞扬奥普拉摩阿斯，并不仅仅是因为你们（帕弗利亚境内米拉城的居民）提到的、他为你们的家乡所做的那么多贡献，更是因为他的深谋远虑。"简言之，他所做的事情正是沃科尼乌斯·撒克萨无暇顾及的本职工作。可见，名义上与实际上的政府其实是无法区分开来的。

我们再来看看各个时代的帝国军队前往边疆或返程途中所受到的食宿款待。我们这方面获得的大量信息主要来自于铭文。[206] 这些开销的数目巨大令人瞠目结舌。各地方对内战中的不同力量提供物质支持。这些资助不是无偿的，而是会在胜利后获得预期的回报。但这一现象可以证明地方权贵的组织能力。[207] 或许这方面最具说服力的例子是令地方权贵终日忙碌的仲裁与判决工作。小普林尼数次提到了这项职责，相应的地点一般都位于乡村。然而，在城镇里（甚至包括首都），权贵们的豪宅都需要预留巨大的空间，"因为他们的宅邸经常被用作公共集会或私人诉讼与仲裁的场所"。[208]

---

〔206〕 相关文本被收集在 MacMullen（1985）70 n. 11 中，补充材料见 Mitchell（1983）142 中提到的其他谷物馈赠。

〔207〕 Tac. , *Hist.* , 1. 57 and 3. 43. 1.

〔208〕 Plin. , *Ep.* 5. 14. 8, 7. 30, and 9. 15. 1；许多其他关于仲裁和宣判的例子，见 MacMullen（1974）39 f. 及注释，以及来自乡村场景的许多补充材料：*IGR* 4. 1237；S. Sahin（1978）51 f. （3 世纪的材料）。Claudiopolis; Nemesianus, *Bucolica* 1. 52 f. （也许只是权宜之计或文学修辞——但乡村的生活方式又何尝改变过呢！）；以及 Liban. , *Or.* 47. 19 对各地通行习俗的概括。关于流动到吕奇亚境内米拉萨的法官们，见 LeBas – Wadd. 349 – 58 为最后一段文献所作的注疏；关于罗马元老的住宅，见 Vitruv. 6. 5. 2，引自 Talbert（1984）56。

腐败与罗马帝国的衰落

　　通过这些仲裁活动（其中一些其实是法庭委托给地方权贵审理的），我们从私人领域进入了公共领域。这一过渡是毫无迹象的。因为我们根本无法确定，权贵和富人为本乡提供的各种服务与捐赠究竟是属于私人范畴的还是公共范畴的。二者之间的区别同样难以察觉。这些服务与捐赠同地方宗教祭祀活动之间，以及宗教活动与行政事务之间的界限又在哪里呢？活跃在不同空间内和分界线两侧的实际上是同一批人。国家政府借助依附关系任用了皇帝麾下最忘我的一批仆人——与此同时，他们当然也会利用自己的职权去播施恩惠，壮大自己的附庸队伍。而在政府之外，这种情感则可以确保地方领袖们对身边的皇帝代表的效忠，因为他们希望能为自己预先找好一位能够派得上用场的庇护人。正是这种赏赐与欠下的恩惠交织而成的关系网，使得区区数百人构成的帝国行政体系有能力统治整个帝国。

第三章　权　力　交　易

1. 导　　言

　　数百年间，罗马史研究中关注的核心人物是西塞罗，最受欢迎的也是他的作品。西塞罗是其读者们心目中的英雄，同时也为他们提供了一批引人注目的、作为英雄对立面的人物形象。在这位演说家大量的法庭辩护中，在一定意义上也是他演说生涯的开始，出现的第一位人物是西西里的行省总督盖约·维勒斯（Gaius Verres）。在对此人三年任职经历和行政活动的详细描述中，西塞罗展示出了无与伦比的才能与活力。维勒斯展示出了无以复加的残忍与贪欲。因此，文艺复兴以来的中学生们（更不消说专业学者们）都对这个罗马恶棍耳熟能详，并将其形象同十几个伟大的罗马爱国者对立起来。

　　由于西塞罗提供的铁证，维勒斯臭名昭著的品质已毋庸置疑。关于他的历史地位，学者们有许多话可说，这些言论更多

腐败与罗马帝国的衰落

的是关于首都本身的生活与法律，而非关于行省治理的。[1]
为了取得更大的影响力，他需要更长的活动时间和更广泛的势
力范围；简言之，他需要更加广阔的空间。即便如此，人们还
是要提出疑问：在普遍按照维勒斯的风格进行治理的情况下，
罗马的海外帝国究竟有没有可能通过调整而发扬光大。这种反
思要求我们将对滥用权力的研究具体量化，不能仅仅对之进行
耸人听闻的、抹黑式的笼统描述。但不管怎样，这种做法究竟
能造成什么本质区别呢？担任官职的罪人、睚眦必报的可怕惩
罚、利益交换后的狼狈为奸和故意忽略某些一直陷在行政手续
迷雾中的重要文件的做法不是一直都有吗？

让我们来到 19 世纪 80 年代，当时有个名叫路易—卢卡斯
（Louis–Lucas）的人出版了一部两卷本的著作《对权力买卖
现象的研究》（*Etude sur la vénalité des charges*）。这是学术史上
的一部标新立异、离经叛道的作品。很能反映该书特征的一个
例子是，书中用 3000 余行注释去支持一段仅占 60 行的正文。
思路清晰连贯的正文如同鲸鱼的小眼睛，照亮了支撑自己的庞
大身躯。毫无疑问，没有人会去阅读这样一本书。在罗马人那
里，权力买卖这个题材一直无人问津，直到一百年之后，才有
一两篇渊博的文章对此加以讨论。现在，人们开始对这个问题

---

〔1〕 除维勒斯所受审讯对罗马陪审团人员构成的影响外，他还通过对
图斯库斯大街（Vicus Tuscus）的精心装饰而在罗马留下了印记。见 Palmer
（1978/80）116 f. ，134，and passim。

产生了兴趣。〔2〕声称这一主题值得研究已经算不得新鲜了。我们知道，在一定程度上，国家公仆对权力的滥用——也就是说使之背离社会授予这种权力时的初衷——可以改变历史。因此，它是值得认真研究的。

在对诸如此类的，韦伯、埃利亚斯或维因所研究的历史社会学题目进行的研究中（见上文，第二章注1），范围是我们首先要加以考虑的因素。在统治者暴怒、勾心斗角的权贵、颁布整套法典及其他重大情况之下，小人物的渺小行为很少是值得研究的，除非它们极其频繁，构成了导致重要事件无法完成（或不可避免）的社会背景。我们必须有能力从浩如烟海的琐事中辨认并抽取出传统、习俗、惯例和规矩；或挑选出那些能够明确反映惯例和规矩的琐事。这一切都有赖于细节材料的帮助，同时也可以说明路易—卢卡斯的书为何要采用如此失调的比例结构了。

---

〔2〕路易—卢卡斯关于"腐败"的论述可能是最早的相关学术论述。在他使用的语境下，这一术语的所指范围既包括国家公职的买卖，也包括利用官职权力的私人行为。我对二者没有加以区分，因为人们之所以要在前一环节中投资，正是为了在后一环节中把钱收回来。这两种行为都是历史悠久的，Salmon（1967）22 f. 对它们的历史一直追溯到17世纪。我本人对罗马的腐败这一题材的兴趣始于二十多年前发表的一项学术成果（1962年）；同时还有两部出色的著作（我的介绍不免挂一漏万）：Monks（1957）和 Brunt（1961）；随后则有 Wolfgang Schuller 于 1975、1977、1980 和 1982 年发表的文章，以及他在 1979 年主持召开的、关于古代腐败问题的学术会议；另外还有下文中提及的 Liebs, Hahn, Veyne 等人的相关著作。Schuller（1977）对相关书目进行了梳理，其中涉及了许多历史时期与国家，直到他所研究的现当代（p. 378）中从当今社会的报纸与民众现实生活中抽取的例子（p. 385）。

我已对本章的主题进行了界定：我所关注的乃是对政府权力的滥用（misdirection）。所谓"滥用"包括两方面的内容：其一是掌握权力者的立场；其二是监督者和反对者的姿态。自然地，监督者必然是同时代的人，不是我们自己。当我们对过去妄加评论时，我们就不能准确地理解它。一旦观察到历史人物之间的分歧时，我们就或许能理解这些不同行为导致的各种后果，对它们进行比较，也许还能最终判断谁的做法是消极的或有悖常理的。西塞罗在举例论证时反对对臣民进行恐怖统治和贪婪盘剥的行省政治。他预设听众必然会同意自己的看法，并举出他们一致认可的法律条文规定。这些法律反映了当时的规矩。它们同时也要求行省保持顺从，那正是维勒斯权力的基础。因此，认为维勒斯滥用职权的看法并非不合时宜；但我们没有充足的证据表明国家因此受到了损害。

2. 元首制时期公职的私家化

在西塞罗和维勒斯的时代存在着若干官僚集团。最低级的官吏被称为十夫长（decuriae），因为从前最小的军事单位是十人一组。他们在长官手下干脏活累活，如捎信跑腿，传递口令，宣读文告，付款记账等等。这些通常是奴隶的工作；而在几百年间，十夫长的职务也一直是由奴隶（严格说来是被释奴隶）和自由人共同担任的。除了国家发给他们的薪俸（由他们侍奉的长官支付）外，他们还有希望获得额外收入（commoda）。根据一份公元前44年颁布的模范表彰名单，在罗马为老兵们建立的新城市中，扈从、传令兵、会议组织员和职员每年获得的津贴从 300—1200 塞斯特斯不等，而当时体力劳动者每天的工钱大概是 3 塞斯特斯。因此，辅佐行政长官的四个等级的平均工资跟挖沟者的收入大抵相当。然而，一旦担任这些职务的小吏们打算洗手不干，或他们的继任者出售这些职位的话，总有人乐意省吃俭用攒下钱来购买这些头衔。它是一笔价值不菲的财产。到了帝国时期，由于意大利的铭文证据极多，关于那里城镇议员（decuriae）的信息也相应地十分丰富；当时，这些城镇议员似乎是一些凭借其公共服务获得地方荣誉的人物。有些人进入了骑士阶层（其财产底限要求是 40 万塞斯特斯）。无须赘言，单凭薪俸的话，无论任职多少年和如何省吃俭用，城镇议员都是无法积攒下达到这一阶层财产要求的财富的。那么，他们是如何做到这一点的？答案只能是额外收入。维勒斯手下的职员从他管理着的一个账户中抽取了4%，拿走的总数就高达 130 万塞斯特斯。当然，这只是传言而已。事实上，对于城镇议员这个信息少得可怜的群体来说，传言在其历史中的地位是非常突出的。西西里的回扣是得到了行省总督批准的。[3] 这说明其他行省总督也会给出类似的批准。实际上，为了解释世人对城镇议员职务趋之若鹜和他们日后富可敌国的那些现象，我们必须假设，他们当时也有很大的机会从自己的职务中牟利。

　　在行政长官役吏的整体形象中，有一些含糊不清的地方。他们是一批声名狼藉的人，出身低微且经常贪赃枉法。一些人完全是白手起家，费尽九牛二虎之力才买通了一条仕途；另一些人则是释奴，对自己侍奉的主人俯首帖耳。但另一方面，他们也能成为维勒斯等官员的心腹乃至合作者。他们可以变成富

---

　　〔3〕　*FIRA*² 1.132 研究了公元前 81 年左右一位财务官的书吏们的报酬领取方式；该书 180 研究了官员助手们领取的薪俸；Cic., Ⅱ *Verr.* 3.182 提及了书吏们的微薄收入；3.184 提到了攒钱购买官职的现象和 4% 的回扣额度（在维勒斯的例子中，当事人为取得许可而花费了 130 万塞斯特斯）；*Dig.* 31.1.22 (Celsus) 讨论了职务交接过程中的额外费用问题，4.4.3.7，19.1.522，31.1.22，31.1.49.1 和 32.1.11.16 都提及了职务的购买与遗赠，以及释奴担任官职的现象；Mommsen（1887 – 88）1.334 f. and 3.450 note 3；Marchi（1906）291 – 94 汇集了相关法律条文；A. H. M. Jones（1949）41 评价道："我怀疑西塞罗在高举双手、对 4% 的回扣额度表示震惊的时候有些装腔作势……这种回扣形式即便严格说来是非法的，在当时一定也极其普遍，因为维勒斯敢于堂而皇之地把它列在自己的账目表里。"Jones 还提到了 2 世纪关于城镇议员们的风言风语，以及他们在公元前 1—公元 1 世纪享有的崇高社会声望。另参见 Veyne（1981）351，认为在《学说汇纂》中单指文职官员的 *militia* 一词一定是为了"十夫长"们的缘故才改变了最初含义的；Liebs（1978）159 和 *FIRA*² 2.522；Purcell（1983）127 ff.，其中 132 n. 34 整理了关于谣言问题的资料，并在 134 – 36 和 150 – 54 中网罗了下层官吏获得骑士身份等荣誉的信息；但他显然（139）完全没有弄清这些人的财富来源。关于他们手握大笔钱财的情况，他提及了（130 n. 21）一位财务官信使（*viator quaestorius*）墓上展示的巨大钱袋，见 *CIL* 6.1932。

人（不管其财富从何而来），从而使自己在罗马世界里受到尊敬（尽管他们未必真的可敬）。他们逐渐控制了某个圈子统治权和组织，拥有了自己的集会场所和剧场里的固定座位。这些低级助手的专属座位尤其值得注意：它构成了一种垄断，尽管具体数目无从断定（至多只有几十个，不会达到上百个）。这些头衔如同今天纽约城里的出租车标识一样被转手买卖着，并准许其主人以固定价格向公众提供服务。2世纪初的法学家指出，围绕这些头衔归属而展开的争论已经相当常见，并且他们还会保护合法的购买者和任职者。城镇议员的财富与地位从根本上取决于他们为私人利益而动用的公共权威。

为了证明这种观念是如何为世人所接受的，我们不妨来看看法学家保罗遇到的一个关于行政权力的微妙问题："某位当事人担任着行省公职，并以通行的利率向公众提供贷款。然而，根据惯例，对于逾期未还者也应当课以更高的税率……这样问题就来了：多收的那笔惩罚性的税款究竟应算作公款还是算作当事人的收益呢？我的看法是，即使对债务人的税率是当事人自己提出的，这部分利息也应当作为当局按惯例所提供的贷款利息而上交公共财库。"事实并未如此，回扣、劳务费或创收者按照惯例提取的4%分成都流进了担任公职者的腰包。[4]

起初，关于如何进行管理的观念按照人们所能设想的最自然方式发展着。共和末年的官员们并未将仕途视为一种生涯。他们可能会担任财务官，卸任后就再也不当官了；但他们也可

---

〔4〕 *Dig.* 22. 11. 11.

腐败与罗马帝国的衰落

能在时隔几年后出任大法官（可能是执政官），或之后再前往某个行省担任一年的行省总督。他们会从首都的宅邸里带着自己视为有用的奴隶。后来，国家也开始乐意出资雇佣十夫长中的两三位这样的助手。而主仆之间也可能会形成西塞罗和他的奴隶玛库斯·图里乌斯·泰洛（Marcus Tullius Tiro）之间的那种亲密关系。

泰洛可以买到自己的自由。众所周知，相当多的罗马奴隶也的确这样做了。尽管他们没有任何薪俸，也不可能用节日期间主人家庭赏赐给他们的微薄礼物换取赎身的巨大款项。不过，他们可以向各种商人、主人的被保护人和求助者，以及前来拜访的客人乞讨钱财。我们可以说他们收取了小费。[5] 释奴们在买下城镇议员头衔后还可以继续收取小费。他们没有理由为此感到羞耻。奴隶的这套伦理同样适用于传令官、会议组织员、扈从和职员等以更正式方式侍奉担任行省总督等职务的贵族的差吏们。在地位最高的贵族家族中，也就是变成奥古斯都的渥大维及其继承人那里，赏赐的习惯还在继续，有时候甚至到了令人瞠目结舌的程度。例如，跟维勒斯一样，伽尔巴

---

〔5〕 Juv. 3. 188 f., *praestare tributa clientes cogimur et cultis augere peculia servis*（我们这些门客不得不缴纳额外费用，以增添奴隶手中的积蓄），其他资料见 MacMullen（1974）197 n. 78。关于晚期帝国，最令人吃惊的文献是 Amm. 14.6.15。这种行为的司空见惯反映在一条晚近材料中："如果您帮忙安排一下见面时间，我们会出一笔好价钱。"收钱的一方是位理发师，他的服务对象是大名鼎鼎的商业巨头艾柯卡（Iacocca），而出钱的人则是某大型出版集团的高级职员，打算请艾柯卡写一部商业性的自传作品。相关评论见 *New York Times*，9/13/87，Section 7，p. 54。

"准许他的朋友和释奴馈赠或变卖自己的任何东西"〔6〕这是
个人喜好的问题。另一位主人和元首就不能容忍这种行为。一
则趣闻声称，韦伯芗在接见一位被推荐给自己的财务管理员竞
聘者时，不仅从此人口中套出了他许诺在事成之后给推荐人好
处的情况，还打听到了具体数额。可见，他像维勒斯一样准许
提取回扣（4%？），而且并不怪罪乐意出钱的竞聘者。

　　这是一个表面上温情脉脉、一团和气、礼尚往来的世界。小
普林尼在给朋友的信中写道："感谢您送来的这些鸫鸟，可惜我
身在劳伦图姆（Laurentum），镇上实在没有什么配得上拿来回馈
的像样东西；由于天气恶劣，我也没法弄到一些鱼送给您。"〔7〕

---

　　〔6〕　Suet., *Galba* 15.2, cf. Tac. *Hist.* 1.7；更多材料见 Suet., *Domit.*
9.2 或 *Vesp.* 23.2 关于元首从即将就任的财务管理员口中得知他许诺给推荐
人的价码的记载；以及 Claud. 28 对大规模收益的"准许"，参见 Dio
60.17.8。

　　〔7〕　Plin., *Ep.* 5.2.1（Loeb transl.）；Mart. 13.51, Bk. 13 and 7.78,
10.94 等处；Bowman and Thomas（1983）136 研究了一封写于 100 年前后的
书信，其中提到"一位朋友送给我 50 只牡蛎"；SHA *Had.* 17.3 对哈德良的
记载；晚期史料见 Julian, *Ep.* 40（68）对某人赠送银碗和金奖章的感谢；
Soc., *H.E.* 6.2（*PG* 67.664）记载了 388 年的亚历山大里亚主教向竞选神
职的两位候选人分别赠送小礼品，以便确保自己能够获得胜出者的友谊的
事情；Liebeschuetz（1972）84 n.7 记载了利巴尼乌斯接受自己学生的父母
送来礼品之事，具体礼品包括葡萄酒、衣服和一匹马；Theodoret., *Ep. Sir-
mond.* 13 中说，葡萄酒和蜂蜜已收到，已回信致谢；Symm., *Ep.* 5.20 and
4.15（后者更能说明问题）提到了一位执政官的朋友圈期待这位官员馈赠
他们的重要礼物；Gerontius, *Vita Melaniae*（希腊文），11 记载了 404 年带给
皇帝姐妹的礼品，以及"送给忠诚太监和官员的其他饰品、戒指、银子和
丝绸衣服"（拉丁文本略有不同）。作为回报，塞琳娜（Serena, ibid. 13）
命令"她的主要太监们陪着他们（麦拉尼亚［Melania］等访客）回家，但
他们和其他官廷人员对这些人献上的礼品都分文不取"（拉丁文本）。

玛提阿尔则对一位朋友写道："一束玫瑰或繁茂的甘松香也许会让你喜欢，但我更想要一只鸫鸟。"这两句只是他一百多首在收到或馈赠这类小礼品时写下的短诗之一。这种小诗世代流传着，在朋友和同事间一直传播到 5 世纪，它并不是专门以要求恩惠为目的的。我们在前文中将之视为乡村生活的特征（上文，第二章注 98，佃户向地主贡献的礼物）。这种给予是自愿的，但也是约定俗成的礼节。

事实上，旨在博取好感和影响具体决策的两种送礼行为之间的界限是很难划定的；而在双方的社会等级存在高下之分的情况下，这个难题就会被进一步复杂化。地主在生活中是不会真心拿农民当朋友的。双方对此都心照不宣。然而，他的决定可以深刻影响农民的生活。当农民来到地主家中赠送礼物时，这个道理是赠予者和接受者都心知肚明的。

格麦鲁斯（Gemellus）在给儿子的信中提到，一个新上任的埃及地方行政区首长（*strategi*）助手"送给我 15 加仑橄榄油和一些鱼，好像我们要重用他"。真相是一目了然的。它无疑也可以解释格麦鲁斯另一封信中所下的指示："去狄奥尼西亚斯（Dionysias）找播种者普西亚塔斯（Psiathas）……替我们买一些在伊西斯节用的、按惯例送给老朋友、特别是行政区首长的礼物。"还有两条类似的记载，第一条的意思有些模棱两可，但第二条可以对其进行解释。第一条史料是爱比克泰德对罗马精英所讲的话。他设想："有人早上起来后四下环顾，寻找某个皇室成员去打招呼，也寻找另一些可以走过去说几句恭维话、送些礼品的要人。"这可以是一种自愿的、不带功利目的的行为习惯。但爱比克泰德随后质问道："你如何判断应当亲吻谁的手……应当把礼物送给谁呢?"[8] 归根结底,礼物总是有目的的。最后,我们来看看乌尔比安的概述中征引的格言:[9]

> 行省总督无须拒收一切礼物(*xenia*),而应把握合适的尺度;他无须粗暴地拒绝一切,也不可贪婪无度。神圣的(塞普提米乌斯)塞维鲁和元首安东尼(卡拉卡拉)在一封信中优雅地阐释了这方面的准则,其中写道:"关于礼物,来听听陛下的看法:古语说的好:'*oute panta*,*oute pantote*,*oute para panton*'(不可什么都收,不可何时都收,不可谁的都收)。"因为两袖清风者未免过于不近人情;但四处伸手、照单全收的做法也是受人鄙视的。国家规定,行省总督和其他官员不得收受或购买除自身薪俸外的任何东西。这条规定并不包括象征性的小礼品,指的是那些超出日常饮食需要外的贿赂;不过,如果礼物的价值达到了一定规模,接收它们也是违规的。

如同家仆或差役们希望获得、并或多或少总能收到的额外

---

〔8〕 PFay, 117 (108) and 118 (110); Epict., *Diss.* 4.6.31 and 3.7.31.

〔9〕 *Dig.* 1.16.6.3, 最后一句的大意又在 1.18.18 引述的公民决议中得到了重申; *CT* 11.11.1 (368、370、373 年) 中表达的观点更为尖锐,其抨击目标是公职人员、尤其是那些"有能力进行恫吓"(*qui possunt esse terribiles*) 的政府高官,要求他们以后不得再"勒索礼品(*xenia*) 或类似的小额馈赠(*munuscula*)。由于长期以来约定俗成的结果,它们已成为通例(*canonica*)"。

赏赐一样，送礼行为也总是在友善的表示和行贿受贿的边界两侧摇摆。前者是被准许的礼貌行为，后者则是被法律禁止的过失举动。然而，跨越这条界限且不为人所察觉乃是非常简单的事情。在极其自然的场合与趋势下，过分的礼物赠予行为仿佛变成了掌权者手中权力的一部分和依附者应尽的义务。即便富于荣誉感的人也有可能不知不觉地犯下错误。

　　小普林尼发现，自己的当事人尤利乌斯·巴苏斯（Julius Bassus）就是这样的人。巴苏斯在卸任行省总督后遭到了元老院的弹劾，这是因为，用小普林尼这位辩护律师的话说，巴苏斯"天真地、毫无防备地以老友身份（因为他从前也担任过该省份的财务官）从行省居民那里拿了东西。控告者称之为偷抢来的赃物，但他称之为礼物"（munuscula）。这个术语乃是拉丁文中 xenia 的对应词，尽管后者也直接作为外来词而在拉丁文中被使用。[10] 巴苏斯毫不隐瞒自己的罪行——如果那确实是罪行的话。他之前已向元首提及这些礼物，有时候还对一些送礼者进行过回赠。但我们可以猜到，他声称微不足道的那些礼品其实是数量巨大、价值连城的。律师花了好几天的工夫才凭借自己的三寸不烂之舌让他摆脱了官司，但元老们此后仍然没有对他越过的模糊界限进行明确规定。

---

〔10〕 Plin., *Ep.* 4.9.6 f.；关于术语 *munuscula*，见上文，注 9 和下文，注 13。

　　小普林尼还从一位朋友那里收到过一封附有海枣礼品的书信。[11] 写信的人请求他不要再为西班牙南部那些被索取赔偿的人的案子进行辩护了。这起案件与巴苏斯遇到的官司似乎非常相似。小普林尼的回信对这件小礼物表示了感谢，并表达了自己对这位朋友的忠心和对对方良好判断力的赞美。这封信是精心措辞的，正如一个力求占据道德制高点的作家通常的做法那样。他只能保证自己不会直接为被告们出庭辩护而已。那些海枣则是"极好的"。然而，他认为要求一位律师袒护的要求是不合情理的，因此这封回信中充斥的只是一些一团和气的空话而已。

　　需要介绍的背景就是这些。我的目的是为了表明，在帝国时代的生活方式中，这些现象已成为通例。我们很容易发现它们，因为当时的人们对此根本不加掩饰，甚至在法庭上公开为它们辩护（如果它们真的犯得着对簿公堂的话）。我们看到，有些人确实会对这样的行为侧目而视，但非所有的人都会这样做。有些人更加一丝不苟；另一些人则根本不打算遮掩自己的可耻或非法活动，因为他们压根儿就不觉得这些事情是可耻的。行省总督巴苏斯就是个恰当的例子，维勒斯则是另一个——他在担任公职后从公款中为自己的手下预留了4%的份额。社会中有许多小圈子，它们彼此间或多或少存在着差异，

---

　　〔11〕 *Ep.* 1. 7. 2 and 6. 注意其中对本有可能发挥作用的贿赂行为的戏谑说法：*mercede qua posse corrumpi*（我几乎已被收买了）。可见小普林尼完全清楚这种行为是不道德的。

持有不同的是非观。能够洞察这些差异的只有在不同圈子之间穿行的旅者，无知的他们会像出国的游客或商人那样询问在这个国度要不要给小费、给多少小费和向何种服务提供小费。在纽约，只有十分之一的法官才会给自己的朋友，或朋友的朋友定下交通违规的罪名；搬运、变卖坍塌房屋建筑材料的做法在有些地方属于"偷窃"，而在纽约则仅仅属于"破坏行为"。尽管屡遭禁止，却始终不会遭到起诉。习惯的力量总能占据上风。[12]

我们来看看罗马的一位年纪轻轻的保民官，他对为某集团（位于意大利北方城镇维森提亚［Vicetia］）服务的一位权势巨大的律师的所作所为进行了调查。这名律师向其当事人收取

---

〔12〕 关于纽约州的交通罚款单问题，见 *New York Times*，7/18/82，参见8/12/83："也许每八个法官中就有一人犯过这种错误。"芝加哥附近库克镇（Cook County）的法官洛克伍德（Lockwood）这样评价自己的同事们。关于"破坏行为"，见 *New York Tines*，4/25/82，根据当地执法部门负责人的说法，这种行为"无法定罪"，因为"承包商长期纵容这种做法"；参见4/20/85，纽约调查委员会的主要顾问说，"腐败似乎是建筑行业中的常态"，它的盛行导致了10%～15%的额外经济成本损耗（Newsweek，8/2/82）；或里根执政期间的基本状况：在他任总统的1980—1986年，一百多位政府官员"遭到刑事指控，因违反道德或涉嫌渎职而被免职"；参见 L. H. Lapham，*Harper's Magazine*，1987年2月，p. 9，补充了参议员巴姆佩斯（Bumpers）对司法部长以权谋私事件发表的中肯看法："我严重怀疑世上会有哪个政府拥有这么多灰溜溜地滚下台去的官员。"参见莫斯科批准移民所开出的高价（高达官方价格的15倍），HarPer's *Magazine* 2/27/82，以及在印度国有厂矿谋职或进入医学院所需的不菲费用，见 *The Indian Express*（New Delhi），11/1/81（头版）and 12/11/81. 而在日本，"希望找到廉洁自律的政治家的想法就像在蔬菜店里找鱼一样荒谬。"这是司法部长亲口所说的话，见 *New York Times*，11/6/83。

双倍的费用。这位保民官抱怨道："法律咨询可以出售，上诉行为可以收买，法律顾问们串通一气，律师们从罗马公民身上源源不断地榨取高额利润，并因此而自鸣得意。"是的，他们当真会在律师界的宴饮场合自吹自擂。小普林尼在报道元老院里的一场争论时自诩在法律事务中从未接受过"私下约定、厚礼、馈赠或哪怕款待"。这些都属于腐败行为，因为在为朋友或被保护人出庭辩护时收钱的行为是极不妥当的——在帝国早期完全是非法的。辩护人应当是出于荣誉感才承担这项义务的。就这条规定而言，让我们想象一下西塞罗心照不宣的自我标榜吧！他和其他呼风唤雨的著名律师们都是通过光荣劳动致富的。此后不久，法律终于同现实步调一致了——一定数额的出庭辩护费被合法化了，只要不做得过于明目张胆即可。[13]于是这两套伦理体系之间的差异不再显得那么突兀了。

我们再来看看对各地区道德状况复杂性的评价：一位埃及总督声称，自己对公元 68 年强迫农民缴纳的、未经政府批准的税款感到震惊。二十年前，他的前任也在法令中表示，自己从前对这类事情是闻所未闻的："在此之前，我就不断听说，有些贪婪成性、无法无天的人滥用自己的权力，征收或骗取非

---

〔13〕　Plin. , *Ep.* 5. 13. 6 and 8；Carcopino（1951）1. 89 – 91 研究了西塞罗把贿赂大事化小，改称"小额馈赠"（*munuscula*）的做法，以及可以通过此类行为获得巨大利润的一般性证据；以及 Crook（1967）90 f；还有 Pani（1986）317 f. and passim，其中引用了对禁止法庭演说家收费行为的《辛奇乌斯法案》的辩护（Tac. , *Ann.* 11. 6，公元 47 年）：*ne fidem quidem integram manere ubi magnitudo quaestuum spectetur*（如果人们只关注收费金额多少的时候，他们的信用是没有保障的）。

法的捐税……因此我命令这些士兵、骑士、后勤兵、百夫长、军团长们”等收手。而年轻的小普林尼在奉命阅读某支军队的记录时也对其中流露出的“巨大贪欲和玩世不恭”感到错愕。[14]

这条史料把我们最后带到了军队里。一位新兵进入了一个新世界。他在家书中写道：“我希望进入步兵大队，但这里一切都需要钱；你必须要能够自力更生，否则推荐信是毫无用处的。”这倒是个新发现，与行政事务中的情况截然不同（见上文，第二章）。老兵们就不会那么大惊小怪：例如，奥托（Otho）曾许诺，“士兵休年假的费用将由国库支付。”也就是说，当时的士兵还是有休年假的权利的，但他们只有通过自掏腰包贿赂百夫长才能获得这一权利。他们对这笔支出的抱怨已经持续了半个多世纪。因此，它已变成一种习惯（consuetudo），维特里乌斯同样认可了前任元首的做法。完全禁止这种

---

〔14〕 Chalon（1964）50 f. , lines 46 ff. 研究了从上埃及到亚历山大里亚周边地区巧立名目征收的新税款；Chalon（208 n. 15）援引了 *CJ* 4.62.1（Septimius Severus）：*non temere permittenda est novorum vectigalium exactio*（不得再征收新的税目）；*IGR* 1.1262 = *OGIS* 665 = Lewis（1954）153 是一条颁布于公元 48 或 49 年的、旨在抨击“卑鄙无耻的”（*anaidos*）、通过虚报差旅费和开销账目“明目张胆地挪用公款”的官员们。另见 Plin., *Ep.* 7.31.

行为几乎是不可能的。[15] 我们听说，它甚至曾经通过体罚的手段强制推行过。"十分富有的私人公民忍受了种种苦役与折磨，直到最后出钱赎买自由为止。"此后，他就可以无限期地远离军队，向自己的父老乡亲勒索钱财，以便筹集下一次休假的费用。一位仁慈元首规定的这笔费用是何等妙不可言啊！

我们已完成了这次蜻蜓点水式的考察，看到了首都、意大利其他地区和尤利乌斯·巴苏斯一度治理过的比提尼亚等行省的律师和法庭状况；元首宫中和维勒斯等总督府中的仆役；还有税吏（具体而言是军事税目的征课者）、军团与辅军——总的说来，我们得到的印象基本不出意料之外（令人意外的可能只有奸猾之徒居然可以为所欲为并逍遥法外）。公元前204年颁布的《辛奇乌斯法案》（Lex Cincia）禁止任何庭审律师收取钱财。这条法令从未被正式废止，但日益受到忽视。官员差役的额外收入和军官对士卒勒索的费用都可以得到容忍。所有这些约定俗成的做法在日后都变成了或许得到了最高国家权威认可的合法权利。但在此期间，许多对律师、官僚与士兵行事风格不甚了解的人，还会在跟他们打交道时，坚持对这些人而言并不适用、但在自己眼中乃是放之四海而皆准的道德准则。

---

[15] PMich. VIII 468 援引了本·琼森（Jonson）的《皆大欢喜》（Every Man in His Humor）（2，5，50 f.）："……孩子，金钱比爵爷的信有用多了。"另见前引文 Tac., Hist. 1.46 f. 和 58: vacationes centurionibus ex fisco numerat（他用国库的钱替［士兵们］向百夫长请假）。参见 Ann. 1.17，士兵们有时需要付钱给"残暴的百夫长们以获得假期"（saevitia centurionum et vacationes munerum）；另见 1.35，日耳曼军团的士兵们因鞭笞（verbera）和请假贿金（pretia vacationum）而苦不堪言；以及 Dig. 48.11.6.2。

他们还需要学习很多东西。

　　然而，需要我们加以界定的东西同样众多。如前所述，界定范围是非常重要的。通过对范围的确定，我们可以确定并剔除与自己的研究不相干的东西，并把真正具有史学价值的材料保存下来。对于讲希腊语的诸行省的地方官员而言，一个专门用来描述他们过失的术语（skepe）反映了一种模式；而相关用法的长期沿用则更能说明问题。它意味着保护某人免于承担相当一部分公共负担，这种保护是通过贿赂负责安排这些职责的人而实现的。但这类俚语也表达了一定的羞耻感，反映了惯于委婉表达这些意思的传统道德标准。在元首制阶段的大部分时期里，无论是在地方政府[16]还是在帝国政府中（至少在行省中如此），关于低级官员贪污、勒索的史料都非常稀少。[17]

_____

　　[16]　见 Turner（1968）144 and Lewis（1966）509 – 11 对从托勒密时代到公元 4 世纪"过失"（skepe）一词用法的研究；参见西部史料中 *FIRA*² 1. 295（Beatica，公元 176 或 178 年）中的"缺陷"（*laniena*）或"不端"（*epi*﹣ or *diaseismos*），如 *POxy.* 2664（248 或 249 年），其中元首宣称埃及全境之内的诉讼人都"饱受不端的勒索行为之苦（*episeismos*）"。关于地方官员贪赃枉法行为的证据在 3 世纪中期之前不算丰富，见 *OGIS* 527 关于约 100 年希拉波利斯（Hierapolis）当地执吏勒索当地村民的记载；*SEG* 4. 516 揭露了公元 45 年多位以弗所行政官员对城市、神庙公款的挪用；Fant（1981）243 研究了该城在 2 世纪出现的公款挪用现象；Dio Chrysos., *Or.* 43. 10；Plut., *Moralia* 809 A；*Dig.* 48. 11. 6. 2；另见上文，第二章，注 196；4 世纪的情况，见 Petit（1955）262 and Lepelley（1979 – 81）1. 44。

　　[17]　*Dig.* 48. 20. 6 反映了从哈德良到乌尔比安的时代实行的严格控制。到了后来，官僚体系内部开始收取固定费用。见 Chastagnol（1978）85。财务小吏们惯于采用某些非法方式进行权力交易，具体做法不详。图密善对他们实行了大赦。见 Suet., Domit. 9. 3 以及 Gruen（1974）255 对《克罗狄乌斯法案》（*Lex Clodia*）的研究。

如果我们听不到当时人的持续抱怨的话，难道原因就仅仅在于现存史料的匮乏吗？恐怕并非如此。至少在某些间断性的时期内，官员的任职表现是世人密切关注的对象。在克劳狄乌斯一世统治时期，吕奇亚和亚历山大里亚等地确实存在着记录造假的现象，但行省总督进行了干预，纠正了这种错误。事实上，总督们在自己的得力助手那里可能会遇到更多的类似麻烦，因为他们无法下定决心对后者的行为加以约束。[18] 元首委派的督察官也拥有足够高贵的社会地位，可以有恃无恐地冒滥用职权的风险。然而，在 3 世纪以前，我们手头拥有的、关于他们具体所作所为的报道实在少得可怜。[19]

无论在哪里，税吏（该称谓几乎就是罪人的代名词）似乎都已充分利用并僭越了自己的职权。他们需要得到警告：不可像维勒斯的手下那样，在冠冕堂皇的借口之下不断提出新的

---

〔18〕 Philo, *Flacc.* 1.30 – 34 和 Brunt（1975）135 and 140；参见 Bean（1962）4 – 6，其中提及了特罗斯（Tlos）的一条关于"涂改、私自增添行政文件内容"的行省总督法令，根据其规定，犯罪的奴隶仆役们不仅要被鞭笞，还会被钉死在十字架上。关于副将们屡禁不止的贪污与勒索，见 Dio 73.11.3 and Ael. Arist., *Or.* 50.85。

〔19〕 Tac., *Agr.* 15.2 and *Ann.* 16.17，在尼禄统治时期，麦拉（Mela）"相信掌管皇室账目是比担任行省总督更快捷的生财之道"。这一表述让我们看到了上层统治阶级的罪恶。我们还在其他地方听说过皇家财产管理员以权谋私的例子：如 Frontinus, *De aquis* 9 and *CJ* 11.67（66）.1 对 393 年情况的描述。Herodian 7.42 将 3 世纪 20 年代的一些皇家财产管理员和类似的财务官吏称为"罕见的正派人"。

非分要求。[20] 我们没有什么好办法去量化他们积累的非法额外收入，因此也就无法断定，公元250年时税吏滥用职权的现象是否比奥古斯都统治时期更加严重。

可以确定的是，士兵是那个时代中最活跃的掠夺者。施洗者约翰（John the Baptist）在回答完税吏之后又回答了士兵们的问题。他们问道："我们又该怎样做呢？"约翰回答说："不要恐吓、胁迫任何人；满足于你们自己的军饷。"实际情况并非如此。士兵深深地陷入了同民众各种形式的交往中，特别是扮演了逼迫缴纳或直接收取税款的活跃角色。跟行政职务中的对应角色一样，他们也巧立名目，为自己对民众的剥削找到了冠冕堂皇的借口。他们的借口更为动听，因为有些兵士得到了合法授权，负责为军团获取给养、前往行省执行公务或临时充任行省总督的手下而居住在城市里。因此，他们可以索要船只、车马、饮食、住宿，可以使用地方上的热水浴室，正如一份犹太史料略显夸张地挖苦的那样："他们（罗马人）把军营

---

〔20〕 Lk 3. 12 f. and Philo, *Leg.* 199 叙述了犹太地区的情况；参见 Lucian, *Menippus* 11；Tac., *Agr* 19. 4 and *Ann.* 13. 51；Chalon（1964）50 f.；POxy. 58（288）；以及通行于某地区的巧立名目现象，见 MacMullen（1976）253 n. 67。

设置在小镇上，为的是索取当地人的贿赂。"[21] 类似对兵民关系的抱怨来自小亚细亚、叙利亚、色雷斯、默西亚、日耳曼、不列颠等诸多地区，来自埃及的材料尤其详细。我们已经看到，在公元14年，有人向罗马当局报告说，一些官员强迫自己的手下向周边居民征收钱财，以便向"凶恶的百夫长们"交保护费（见上文，注15）。德尔图良（Tertullian）宣称，军队的勒索是基督徒面对的两大祸害之一——另一个是犹太人。他的依据乃是北非地区的生活经历，其根源则是影响他本人与其基督徒同胞生活的法律盲区。在那里负责抓捕罪犯的士兵们习惯性地在收受贿赂后不作为或保持沉默，就像他们在东方诸行省的大迫害时期所做的那样。[22] 他们也习惯性地滥用权威来征募新兵。《学说汇纂》中的宏观概括可以在不列颠、日耳

---

〔21〕　Tac., *Hist.* 4.14.5 借奇维利斯（Civilis）之口描述了来到辅军中的区长官和百夫长"找出各种借口吞吃贿赂"（*varia praedandi vocabula*）的行为；另见被 Brunt（1975）125 n. 15 引述的 PSI 446（133/7 年）和 POxy. 1100（206）。后者提到了军需官（military *kolletiones*）；根据 *TAM* 5, 1, 154 and 419 的说法，他们跟粮秣官（*frumentarii*）同因进行非法征课（*eispraxeis*）而臭名昭著；另见 no. 611，其中二者因为惯常（*ta eiothota*）对各村庄进行勒索而成了众矢之的。关于军需官要求热水浴服务的情况，见 Mac-Mullen（1963）87 f.，以及本书第4章中更为丰富的材料；关于2世纪犹太地区麦吉拉特·塔阿尼特（Megillat Ta'anit）的诉苦，见 Applebaum（1977）395。根据 Malal. 12, p. 307 Bonn（p. 375 Stauffenberg），在戴克里先统治时期，针对安条克的一条法令揭示了军官向士兵勒索口粮现象的存在。

〔22〕　Tert., *Apol.* 7.3 and *Ad Scap.* 5 记载了士兵们对基督徒的勒索；他的 *De fuga* 12.1 f. 表明，遭受迫害者完全有可能通过花钱而免于被捕。东方的情况见 Euseb., *H. E.* 9.9a.7 对312年埃及省长的描述，对313年情况的整体概括见 9.10.8。

曼和北非等地找到具体的对应例子。[23]

这种掠夺成性的军人形象在元首制时期的各个地区与时代都有所反映,公元270年出现在下日耳曼的史料尤为详细。在那里:

> 士兵们密谋在科隆发动暴乱,(觊觎王位的高卢人维克托里努斯〔Victorinus〕)被杀死了。军中财务员(*actuarii*)的势力极为强大,甚至可以挑起全军对图谋不轨者的敌意;因为他们一直是(在那个时代尤其如此)一批邪恶歹毒、贪赃枉法、老奸巨猾、结党营私、贪婪无度的家伙,天生擅长欺诈和掩饰。他们控制着(军队的)食品供应,从而成了军需供应商和农民财产的灾星;他们还擅长在恰到好处的场合送礼,利用对方的愚蠢与资源为自己积累财富。[24]

上文中描述的这种军队是无政府状态下巧取豪夺行径的缩影,它具有重大的历史意义,是我们必须加以考察的。这些财务员的行为不仅影响到科隆周边的所有乡村地区,他们还被视为皇帝的拥立者。通过利用某些关系链条操纵中间人的腐败行

---

〔23〕 见 *Dig.* 48.11.6.2 对2世纪中期情况的描述;Dio 72.4.1(172/3年)记载了一名百夫长收钱放人的举动——他声称此人为招募来的兵士,不是俘虏;Tac., *Ann.* 14.18 同样提到了在昔兰尼募兵时出现的贪赃枉法和徇私舞弊行为;以及 *Hist.* 4.14.2 所描述的日耳曼地区情况和 *Agr.* 15.2 f.。到了3世纪后期,将自己从初始名单中除名的贿金已可以直接交给行省总督,并像其他约定俗成的交易一样明码标价,尽管这种贪污行为(*concussio*)仍旧构成犯罪(*crimen*)。见 Huchthausen(1973)28 中引述的 *CJ* 4.7.3(290年);Veget. 1.7 同样发现了当时编制名单时的腐败现象。

〔24〕 Aur. Vict., *Caes.* 33.13 p. 110 Pilchmayr.

为，他们可以人为制造物资短缺，从而触发一些变故，毁掉某个皇帝，将另一个人推上宝座。事实上，这并不是什么新发明。早在244年，高尔迪安三世（Gordian Ⅲ）就被这样一场物资短缺毁掉了。[25] 但当时的情况有所不同：运作此事的只是一位不忠的官员，而非某个全军官僚机构共同参与的密谋。科隆暴动发生几年后，这幅场景又以新的形式再度出现。普罗布斯（Probus）被自己的部下扳倒了。他们的哗变并非由于没有得到口粮，而是没有拿到报酬。这个问题早就值得认真关注，但优秀的行省总督从前是能够确保"军官们约束部下不去抢劫，尽管无法给他们发放军饷"。[26] 到了3世纪后期，既定的勒索模式已经具备了影响大批人或整个行政区域的潜在能力。

简言之，我们可以从罗马历史上的一个下午清晰地看到军队的发展趋势。卡拉卡拉正在观看竞技场中的赛事。群众呼喊着反对他支持的车手，这使得他恼羞成怒。于是，这位凶暴的元首命令自己的卫兵"逮捕并杀死那些辱骂车手的观众"。然而，士兵们无法分辨哪些人进行了辱骂，"便无情地杀死了他

---

〔25〕　关于244年的情况，见 Zos. 1. 18 f. , Zonaras, *Epit. hist.* 12 p. 130 Dindorf, and SHA *Gordiani* 29. 2 f. ；另参见晚期史料：4世纪50年代的一些军队会因为军需不足而发动哗变，见 Amm. 15. 5. 29，16. 11. 13, and 17. 9. 3 f. ；在14. 10. 3 f. （354年），大行政区总长鲁菲努斯由一条试图将他杀害或废黜的"狡猾阴谋"而陷入巨大的危险。当时东部边疆出现的物资短缺现象似乎是由于力不从心、而非有人不忠的缘故。见 Vogler（1979）68 n. 292 对 Liban. , *Ep.* 21 的研究。

〔26〕　关于一名优秀行省总督需要保持的警觉，见 Philo, *Flacc.* , 5；关于普罗布斯属下的叛乱，见 Malal. 12 p. 302。

们捉到的所有人，或在抢走观众的一切随身财产后放他一条生路，仿佛是收取了赎金一样"。后一种做法是值得关注的。根据其他各种材料，我们可以断定这是一种自然而然的做法。[27]因为士兵们也会在收受贿赂后让遭受迫害的基督徒逃脱，或向他们看守的男女囚徒提供优待。[28] 他们一有机会就会出卖自己的职权。但直到 3 世纪（可能是在 270 年之后），这种趋势才具备了重要的历史意义。

我们看到，小普林尼（见上文，原书第 101 页）曾友好地安排过某个行省驻军中的军团长人选——他的一位朋友已被指定为该行省的总督。这并非什么可耻或有必要隐瞒的事情。这里也没有什么金钱交易。百夫长和低级军职的人选任命情况就大不相同了。这些职务的买卖不断被人们提起，并被视为应受谴责的事情。这些人事权同样掌握在行省总督手里，对军团士兵（辅助部队无此资格）公民权的授予也是如此。公民权

---

〔27〕 Herodian 4. 6. 4.

〔28〕 *Passio S. Perpetuae* 36 记载了士兵们在迦太基的贪污行为，参见 Soz. , *H. E.* 4. 24 （*PG* 67. 489C）描述的 360 年东方情况；Philostr. , *Vita Apolloni* 7. 36 and Liban. , *Or.* 33. 30 and 45. 10 （386 年）；Pack （1935）79 引用了金口约翰的材料，但其中提到的狱卒可能不是军人；另见 *Dig.* 48. 20. 6. 2。

有时候也是直接买卖的。[29] 最后，我们在上一章里看到，行省总督或将领可能会对军中新来的人加以照顾，受宠的老兵在被起用时也会得到这样的待遇。可见，军队中的惯例与行政圈子类似；更确切地说，这两套伦理系统存在着交集，但在另外一些方面，入伍后的新兵会对军中的粗野做法感到瞠目结舌。

　　我再从军队回到司法体系。由于自然而然的原因，关于受贿陪审团和法官的故事很容易吸引人们的眼球。它们都成了大新闻：最恶劣的例子如行省总督将一位骑士和他的朋友流放（价格为 30 万塞斯特斯），以及将另一位骑士鞭笞、送到矿里服苦役并最终在狱中秘密杀害（价格为 70 万塞斯特斯）。[30]这些故事能够证明什么呢？元首会亲自主持这些特别的审讯。

---

〔29〕 关于买卖升迁机会和取得额外收入的材料，见 Cic. , *De lege Manilia* 37 and *In Pisonem* 88；Tac. , *Hist.* , 1. 52；*Dig.* 48. 11. 6. 2；以及 SHA *Pertinax* 9. 6。关于购买公民权的现象，见 Acts 22. 27（其中没有明言究竟是通过推荐人还是总督完成的）；关于集体赠送或收取的礼物，见上文，第二章注 158；关于集体赠送的小礼物（*sportula/commoda*），参见 Speidel（1983）282 – 85 对 Suet. , *Nero* 32 和一份 3 世纪铭文的研究；SHA *Had.* 17. 2 和该作者撰写的其他段落揭露了行贿入伍现象的存在；相关证据可能还包括 *Dig.* 34. 4. 23，如果学者们对条文的解释正确的话（一位老兵从自己担任首席百夫长的额外津贴收入中［*ex ratione primipili commodorum*］拿出超过 30 万塞斯特斯作为遗赠）。其他解释将"额外收入"视为最初非法的收入或首席百夫长在筹集军需过程中克扣的部分，但我认为它们不太可信。见上文注 3 对"额外收入"（*commoda*）一词用法的讨论。

〔30〕 Plin. , *Ep.* 2. 11. 2, 8, and 10；Dio 58. 24. 3 列举了其他例子：一名前行省总督和他的妻子于公元 34 年因贪污罪而被处决；另见 61. 33. 6, 66. 14. 3 等处，以及 Brunt（1961）passim 对相关案例的细心收集；图密善对这些行为进行了严格监督与惩罚（Suet. , *Domit.* 82, 与 *Galba* 15. 2 所描述的放纵局面相对应）。

腐败与罗马帝国的衰落

他们的众所周知表明，罗马之前还没见识过类似的情况。奥古斯都、提比略和图密善都对法庭的诚信进行过十分严格的约束。他们的影响十分巨大吗？塔西佗的评论是很能说明问题的。他在描述提比略参加大法官们组织的庭审时总结道："由于他的干预，许多案件被定性为阴谋和权贵们的教唆而定了罪；不过，尽管他维护了公道，自由却受到了损害。"[31] 这是多么典型的罗马贵族自由观！罗马贵族居然会公开反对不偏不倚的公正执法。然而，这并不值得大惊小怪（见上文，第二章，原书第 87—95 页）。但它也同样不能容忍贿赂得来的不公正，这种不公在整个帝国时期都受到了公开谴责。例如，普罗佩提乌斯宣称："如今，忠诚的品质业已泯灭，所有的人无不崇拜金钱，黄金败坏了信仰，权利可以任意买卖，法律已沦为钱财的奴仆。要不了多久，我们的羞耻观念中就再也不会有法律的位置了。"一个世代之后，卢奇乌斯·卡尔普尼乌斯·皮索（Lucius Calpurnius Piso）宣布自己将选择遁世，因为他厌恶这个世界中的"贿选行为、司法腐败和耀武扬威的迫害者"（这句话是当着提比略的面说的）。[32] 尼禄统治时期的佩特洛尼乌斯（Petronius）和下一个世纪中的阿普列乌斯（Apuleius）绝望地问道："在金钱统治一切、穷人四处碰壁的地方，法律还有何用呢？""这群最下贱的法庭猪猡和衣冠楚

---

〔31〕 Tac., *Ann.* 1.75.1, *libertas corrumpebatur*（自由已遭破坏）；参见 Suet., *Tib.* 33.2。

〔32〕 Propert., *Eleg.* 3.13.47 f.（公元前 30—20 年），以及 Tac., *Ann.* 2.32（公元 16 年）；cf. Petron., *Sat.* 14 and Apul., *Met.* 10.33。

楚的秃鹫——可以说当今的法官们都是这类货色——当然要对自己做出的决议自吹自擂,这有什么大惊小怪的呢?"而比阿普列乌斯还晚一个世纪的库普里安(Cyprian)看到,当时的司法体系中只有腐败了:律师们尔虞我诈,法官们收受贿赂后判案定罪,证人们则弄虚作假。"没有人尊重法律,也没有人敬畏法官,因为能够收买的东西就没有什么可怕的。"[33]

　　然而,所有这些证据都有难以令人信服之处:它们或许太富于修辞色彩了。同样,这些论调都在标榜正义、谴责罪恶,但世人更普遍的态度或许是偶尔对错误持宽容态度。为了更好地把握民众对社会现实的真正看法,我们需要考虑其他一些不那么明显的观点。首先,爱比克泰德设计了一些日常生活情境下可能会出现的两难道德问题:有人想要夺取他人在东方行省中的一块土地。他会对自己说:"这件事可以干得滴水不漏、无人察觉……因为我们在罗马拥有达官贵妇等强大的朋友,而希腊人则十分懒散,不会有人冒险专程为此跑到罗马来告状。"[34] 他虚构的正是塔西佗喜欢的社会环境。尽管勤政的提比略百般阻挠,这种模式似乎还是在现实生活中占了上风。

　　但庇护与依附关系是一回事,接受最高出价则是另一回事。我们接下来需要审视一下埃利乌斯·阿里斯泰德的例子,以便更好地理解当时的实际情况。如前一章所述,他被卷入了一场斗争激烈、非同小可的官司。在诉讼最为剑拔弩张的时

---

〔33〕 Cypr., *Ep.* I ad Donat. 10 (*CSEL* 3, 1, p. 11).

〔34〕 Epict., *Diss.* 3.7.11 – 13 关于权贵的论述。

刻，阿里斯泰德得到了来自神明的鼓励："我梦见自己对行省总督的一名手下讲了这些事情……当他听完事情的来龙去脉后，他承诺帮我撤销判决和进行改判，并命令我支付约500德拉克玛的费用。醒来后，我一方面更高兴了，因为它似乎预示着某种希望……但另一方面，我又觉得这个说法跟拒绝其实没有两样。因为谁能用区区500德拉克玛买通如此重要的官司呢？"〔35〕简言之，他很容易接受判决结果需要用金钱收买的情况，但其价格必须是合乎常规的。毫无疑问，阿里斯泰德对法庭的办事方式是非常熟悉的。

我们再来听听3世纪初法学家保罗的说法。他举出这样一个例子：甲方给了乙方一笔钱，要求乙方改变一项司法裁定的结果。如果乙方未能完成其托付，甲方可以把乙方告上法庭吗？保罗的答案是否定的，因为甲方没有这样做的权利。可是，如果不是开玩笑的话，现代的法学家会讨论这样的问题吗？这种事情真的会在法庭上被提及吗？〔36〕

最后，我们再来听听职业修辞学家米南德的声音，他写过一本指导在各种场合下使用不同演说样式的手册。如果一位新的行省总督前来就任，你负责致欢迎辞的话，你应当预言在他的任期内，"没有人会被不公地关押或惩罚；富人不会受到偏袒，穷人也不会受到冤枉。"相反，他将以"高贵的品格"处理行政事务，在审判时"倾听各方意见、尺度一致、不可腐

---

〔35〕 Ael. Arist. , *Or.* 50 (*Sacred Tales* 4)).81 (Keil 2 p. 445, trans. Bauer).
〔36〕 *Dig.* 12. 5. 3, cf. 12. 7. 5 (Papinian).

蚀……对贫富一视同仁"。[37] 这样的话定然能够万无一失地取悦那位大人。它们适合任何时代、任何地方的掌权者。但在它们真正被人使用着的这个世界中，人们无法杜绝买通法官的现象，毫无保护的民众也不敢发出抱怨。相反，民众只有通过权贵才能间接地让自己的苦难为人所知；只有在歌功颂德的时候，他们才有机会直接面对那个寄生在自己身上的

---

〔37〕　Menander Rhet. pp. 97 and 167 Russell – Wilson, Pack（1935）81 认为其中所记内容"既表达了一种要求，同时也是对事实的记载"；参见 *SEG* 8.527（公元 22/3 年）对一位廉洁（*adoradoketos*）执法的埃及将领的赞美；Robert（1948）38 – 40 and 108 f. 对一套较晚才出现的、从 3 世纪中期沿用到 6 世纪的希腊铭文赞美言辞进行了分析："这些礼赞式铭文对行省总督公平正直、表里如一的赞美是同文献和法律文本中对行省法庭的腐败与行省总督的舞弊与谎言的抱怨、控诉声彼此对应的。"罗伯特（Robert）列举了许多可以同西方拉丁世界相对应的文本。见 Brunt（1961）222："最能证实官场上尔虞我诈风气盛行的材料恰恰是文献与铭文材料中对个别官员的'纯洁无瑕'（*innocentia*）与'廉洁自律'（*abstinentia*）等品质进行赞美的频繁程度。"相关例子如"无与伦比的廉洁自律"（*singularis abstinentia*），出现于 *CIL* 14.170 = *ILS* 1433（公元 247 或 248 年）对本都（奥斯提亚）督察官的赞美和 Suet.，*Otho* 3.2 对一位行省总督的描述中；*CIL* 5.7881 赞美了一位行省总督的表里如一（239 年）；2.4113，塔拉科的一位极其廉洁自律、执法如山的副将（3 世纪 60 年代）；13.1900 = *ILS* 7025；Tac.，*Agr.* 9.4；Plin.，*Ep.* 7.31.3；Hadas（1929）373 探讨了拉比犹太教作品对罗马司法体系的看法，如"我将审判重要案件，并发现每个当事人都罪孽深重。如果给我一个钱袋，当你被带上法庭时，我就会改换一套证词"，见 Avi – Yonah（1976）129 中整理的拉比犹太教作品对 3—4 世纪的类似评论；晚期材料另见 Aug, *Conf.* 6.10，其中赞美了一位庭吏令人惊异的出淤泥而不染（*mirabili continentia ceteris*），而其他人都喜好金钱胜过荣誉；写于 4 世纪中期的 *IRT* 565 称赞了一位阿非利加行省总督"超凡脱俗的廉洁自律"；4 世纪后期的 *Institutio Traiani* 总结说："如果哪位行省总督能够约束自己不去勒索施暴的话，那的确是件值得肯定的事情。"见 Callu（1984）224 and 232，以及下文注 97。

政府。法官会得到当众赞美，铭文镌刻的荣誉法令称赞他的铁面无私和两袖清风（*adorodoketos*）。他是一个恪尽职守、出类拔萃的官员，享有正直的美誉。我们还注意到，这种赞美在 3 世纪中期后变得更为常见。米南德是在帝国晚期进行写作的。差不多同时（或几个世代之内）的拉比犹太教作品隐喻直接把法官比作进行敲诈勒索的工具：他们奉行的规则是拿钱换命。

因此，我们对法庭上证人提供证词的可信度必须要打一些折扣；因为各种证据共同反映的结果是很难推翻的。它们表明，在是非曲直不是过于明显的情况下，使了钱的诉讼方在任何时代都很有机会获得自己想要的审判结果；他成功的机会在帝国晚期（如公元 250 年之后）还会大大增加。我们应当强调，除了金钱的直接力量外，发挥作用的还有只有富人才拥有的影响力与人脉。我们在前一章中已经考察过了。

正如维勒斯的表现所清晰反映的那样，行省总督几乎可以在其治理的省份内不受惩罚地为所欲为。维勒斯本人的下场其实只是个特例。在帝国时期，跟维勒斯阶级地位相近的贵族组成的官僚集团一般会保护本阶级成员免受严厉惩罚。他们会将罪行视为谣言，并试图防止相关传闻被公开。因此，只有总督治下行省的本地臣民才会讲真话。偶尔会有人抛出这样的言论，[38] 揭露官员们的非法课税、收钱包庇和其他敛财之道。

---

〔38〕 Jos. *B. J.* 2.273, 278 f., and 287 f.；Philo, *Leg.* 199；and Brunt (1961) 208 – 16.

然而，在大多数情况下，对买卖权力行为、庇护关系的盛行和元首本人的普遍谴责主导道德合力，似乎总能够压制这些呼声。在上述三种因素中，第一种显然是最重要的。从逻辑上讲，遭到反对的才会受到镇压。除了这一显而易见的道理外，检举人在控诉统治阶级成员罪行时总显得力不从心，很难提出有效的指控。因此，只有这个阶级本身的道德约束力才有足够分量去要求其成员履行符合自己身份的职责，反对他们的不当行为，甚至将他们从本阶级中除名。

对于奴仆而言，世人对他们原本就没有多高的期望。小偷小摸、撒谎欺骗等行为原本就是奴仆们的天性，在男女主人凭个人喜好在家中订下的规矩界限内，它们都是可以得到容忍的。这条规律同样适用于皇室家庭的仆役（通常被称为 *Caesariani*）。[39] 他们像元首一样拥有独一无二的权力和影响力。据说曾有一个人为了谋得皇家财务管理员（*dispensatior*）的职位，承诺拿出 100 万塞斯特斯的巨款；另外一名皇家财务管理员在出行时要随时带着 16 名奴隶（而这两个人自己也是奴隶，

---

〔39〕　关于皇室家庭仆役的恶名（*Caesariani*，它也被直接转写成希腊文），见 Dio 6017.5 f.。关于他们贩卖罗马公民权的记载；另见 69.7.4 和 79（78）.12.6 关于他们在玛克里努斯（Macrinus）手下暂时有所收敛的描述；以及下文注 79。根据记载，伽尔巴统治时期的皇家奴隶是一群恶棍（Tac.，*Hist.* 1.7）；但元首们之前就已经对他们有所约束，参见 Suet.，*Aug.* 67.2，and Dio 57.10.4。关于皇家财务管理员，见上文注 6，Plin.，*N. H.* 33.145，*ILS* 1514 = *CIL* 6.5197，and Suet.，*Otho* 5.2，with O. Hirschfeld （1905）463 n. 5。到了 3 世纪中叶，传统上由释奴担任的皇室家庭仆役改由自由人担任（头衔不变）并接受军事化管理。见 Weaver（1972）26 n. 3。

可见他们是多么能够聚敛财富）。还有一位皇家财务管理员拥有老普林尼知道的世上最大银盘，重达 250 磅。元首的奴隶在被释放后继续因其活动猖獗而臭名昭著；尽管他们已经成了自由人，但他们继续偷盗、抢劫和乞讨。[40]

在帝国早期的几位元首统治时期，皇家奴隶与释奴们同样变卖着他们通过主人获得的影响力。只要你肯出价，他们就会为你美言几句，帮助你（或自称帮助了你）赢得各种恩宠与官职任命。[41] 在尼禄统治时期，贵族向官吏提供金钱和皇室庇护，但需要有其他贵族作为推荐者。[42] 但在较为正常的时代里，这种支持的提供是相当自由的，除非其中包含着某些不成文的义务要求。我们已在上一章讨论过所有这些内容了。

从地方官署开列税收清单到在罗马挑选下一年的执政官，各种政府行为都是可以收买的；但并非每位官员都能收买。相反，尽管罗马帝国内存在着罪恶和应受谴责的行为（任何形成过自身规范的社会概莫能外），但这些规范和统治实践之间仍然保持着平衡。如果不是这样的话，二者中总有一方要做出

---

〔40〕 Dio 78（77）.21.2 记载了特奥克里图斯（Theocritus）的情况，此人在卡拉卡拉统治时期担任过军队将领和高卢省长。

〔41〕 如 Dio 60.17.8, 65（66）.14.3, and 72（73）.12.3；Suet., *Vesp.* 23.2；另见上文，注 5。

〔42〕 Columella, *Res rust.* 1 praef. 10；Suet., *Otho* 2.2；Tac., *Ann.* 14.50；and Suet., *Vesp.* 4.7. Ibid. 16.2，韦伯芗的表现如同向自己提出建议的推荐人，因此实际上是在直接卖官。Tertullian, Apol. 39.4 声称他那个时代的荣誉不是通过功绩、而是凭借贿赂（*non testimonia sed pretio*）得到的，但他指的可能是阿非利加诸城市中的高级荣誉职务（*summa honoraria*）。

改变。一定会有新的规范或政府机构对举世公认的那套准则予以认可。即便在司法体系中，腐败成风的现象也并非不可容忍，因为权贵们仍旧可以行使自己的权力，只不过需要花费一部分钱财而已；而弱者则可以恳求强者保护自己，或梦想自己的请愿能在元首那里讨得真正的公道。差役和高官们所尊奉的伦理体系之间的差异也只有在转型期才会构成麻烦，那时的元首奴隶与释奴已拥有跟贵族相当的财富和权力，却不接受同样的道德约束。克劳狄乌斯和尼禄统治时期就是这样。但这些糟糕的时代总会过去。此后，大批精英人物开始为国效劳，他们明白做元首手下的臣子是跟担任私人管家不同的，无论他是如何富可敌国。出身骑士的督察官的任期和职权得到了扩展。在塞普提米乌斯·塞维鲁统治时期，改变的速度开始加快。国家设立了若干新行省。到了此时，行省总督们显然已开始将麾下的士兵视为自己的个人助手与侍从。随着元首的侍从不再从奴仆中挑选，行省总督们也采取了同样的做法。总之，有产者长期甚至终生从政的模式已经初见端倪了。[43]

在整幅统治图景中，我们必须认识到存在着多种伦理体系。大户人家里把客人剩下的酒喝掉或卖掉的奴隶并不认为自己犯了罪。这确实算不上大错，法律和主妇也不会对此提出异议。如果他把一瓶未开封的酒卖给朋友，以便为刚刚订下的一大车酒腾出位置的话，那也没有关系——他第一次这么做的时

---

〔43〕　关于士兵承担行政职务的现象，见 *Dig.* 1.16.4.1（Ulpian），MacMullen（1963）67 f., and Pflaum（1974）6 and 33。

腐败与罗马帝国的衰落

候便是这样。如果他又做了第二次，那就变成了得到认可的权利。但严格说来，他的主妇毕竟因此蒙受了损失。相似地，军中的一名士兵连续获得升迁，满心以为自己最终可以凭借功劳升任百夫长，结果该职位却被新任将领的被保护人夺走了，[44]他会认为自己遭到了抢劫。但他的长官不会这样认为——在小普林尼的时代，他们的军衔任命就像发放慈善舞会的多余门票一样。按照他们的伦理标准，这种做法是完全合情合理的。

与这种传统价值观对立的还有其他集团所提出的一些伦理体系。其一是要求在服兵役期间有资格获得额外收入。最初提出这类观点的是下级军官。它逐渐扩大到了军队和平民必须共同住在一起的无主土地上。另一种价值观是将某些行政职务视为房屋一样的私产，可以占有、变卖、遗赠甚至租赁（因为这些工作是有固定津贴的）。占据这些职位的人则对物主承担义务（*iure militiae*）。[45] 至少到了 3 世纪初，这些为数不多、但相当重要的、背离传统的原则开始得到法律的认可。到了 3 世纪后期，正如我们在科隆看到的那样，它们已在经济生活中占据了重要地位，并在政治生活中扮演着更为重要的角色，甚至能把元首维克托里努斯拉下马。本书下一节的任务就是追踪这些原则在帝国晚期的发展历程。

---

〔44〕 Tac. , *Ann.* 2. 55（公元 18 年）；参见 Suet. , *De grammat.* 24, and E. Birley（1963/64）22—24 关于直接任命非军人担任百夫长的习俗的研究。
〔45〕 *Dig.* 4. 4. 3. 7（Ulpian）；另见上文，注 3 以下。

3. 帝国晚期增加重要公职额外收益的发展趋势

我们首先来看看这个时代的几点发展变化，它们对于勒索和受贿而言是很有好处的。它们是政府采用的高层次暴力、法律的模棱两可、法规和官吏职能的繁复和专横，以及元首受到的蒙蔽。为了讨论这些主题，我们不妨先把整个罗马帝国浓缩成前文中提到的那座罗马竞技场，卡拉卡拉正在派出卫队逮捕放肆无礼的平民。士兵们抓住这个机会进行勒索："拿钱换命"——跟拦路劫匪用手枪抵着被劫者头部时所说的如出一辙。但卫兵们身处的环境可是截然不同的。他们是法律体系之内的人。他们之所以有能力大赚一笔，是因为他们手中的行政权力突然增加了——这两种力量几乎就是一码事。在那一刹那，他们获得了动用刀剑的权利（ius gladii），也就是对民众处以极刑的合法权利。现在，作为减轻对手中平民处罚的交换筹码，他们可以漫天要价。如果各种政策都变得严苛起来，那么就会在全帝国境内产生类似的效应。

这一类现象其实是可以观察到的，在文献中也有很丰富的记载；但对具体材料的解读并不是件有趣的事情。[46] 然而，它毕竟构成了导致衰落的众多发展趋势之一，是同我们的价值观与帝国早期的规矩（后者可能更加切题）背道而驰的。因为，当内战以共和国的灭亡而告终，新建立的法治希望并确实

---

〔46〕　关于之后的情况，见 MacMullen（1986c）。

需要得到人民的默许时，新政权确实推行并维护了对官方暴力的限制，这种努力并非浅尝辄止。

起初，统治规则对奴隶的保护极其有限。即便作为无辜的证人，他们也经常受到拷打讯问。他们有时竟会被拷打致死，当然那并非惯例。当他们自己受到指控并被定罪后，他们通常会受到肉体折磨，因为囚禁和罚金对他们来说都毫无意义；因此，他们会尝到钉十字架、火刑、被野兽吞噬等死法，或受到或轻或重的殴打。根据行省总督的意见，未获得罗马公民权的自由人也可能会受到类似的惩罚。

至于几个社会阶层中的公民如何逐步丧失了免于遭受某些残酷处置的权利（至少是只在犯下严重罪行时才接受这些刑罚的特权），那与我的研究无关。在卡拉卡拉进行统治和那次竞技场表演发生的时期，罗马公民（除了行省议事员和更高的等级）遭到暴力侵犯的可能性只比奴隶略少一点。他们也可能遭到刑讯逼供，尽管按照法律，他们是不可以被殴打或折磨致死的。他们可能遭到处决的罪名名单越拉越长，最后包括了纵火、抢劫神庙或越狱等行为。这种稳步的演变趋势该如何解释呢？

首先，我们必须将之同反对、减缓这些趋势的想法对照：公民们在目睹同胞的痛苦时会产生兔死狐悲之感；他们有自己的尊严，自认为高出那些野蛮的、麻木不仁的人群一等；以及那些令人畏惧、忌恨的人们在生活中和政治上付出的代价。不出我们所料，所有这些现象都可以得到印证。那是人性的固有成分。据此，2 世纪后期或 3 世纪的官员们也会有同样的想法；但随着官员们逐渐淡出了自己一度掌控的环境，这种心理感受也逐渐减弱了。托克维尔（Toqueville）对美国的深刻评论经常被人引用："当人与人之间的差别逐渐缩小时，他们就越来越能够忍耐自己遭受的苦难，人们的权利意识也随之被削弱了。"的确如此，但相反的情况也是存在的。它适用于仁慈正直、恪尽职守的本都总督小普林尼。当时他身在科莫（Como）和自己的邻居 1500 英里之外，身处阿玛斯特里斯（Amastris）或赫拉克勒亚（Heraclea）的狭窄街道与古怪神祇之间，追忆着罗马的宏伟壮丽，无怪乎他会将殖民地居民视为低劣之徒。同样不足为奇的是，行省总督也可能会忘记法律的要旨，认为自己正身处于一群奴隶之间——并做出自己在科莫的邻里之间从未想过的事情。

除此之外，当帝国早期的官吏认为自己只不过暂时告别了私人生活，并且他们的权威不仅依赖于其官衔，同样也来自于自身的显赫声名的话，他们就不大可能会野蛮地滥用自己的权威。但当官衔建立起了自己的荣誉、赏赐与升迁体系，日益显著地左右着官员们的决策、影响着他们的一生时，当他所代表的帝国权威逐渐膨胀，被奉若神明时，他就不会再对桀骜不驯的臣民心慈手软。[47] 他们被迫这样做。一切派得上用场的力量都会被动用。我对这种变化过程的重构就是这样。

---

〔47〕 相关例子见 Amm. 27.7.7，瓦伦提尼安"专横地把下毒的罪行同叛国阴谋混为一谈"，使得讯问和折磨变得更加严酷；关于更早的其他例子，见 Bauman（1980）202。

腐败与罗马帝国的衰落

当然，在一切时代都有可怕的高压惩戒和公开展示的酷刑折磨。由于它们很容易刺激世人的想象力，因而尼禄统治时期、特别是基督徒烈士殉难时代的场景经常会受到后人的追忆。在尼禄统治时期前后的刑事诉讼中，元首越来越多地成为受害方；对迫害基督徒之法律基础的现代解释也是如此（但并不准确）。但后一种推理中至少有一点是正确的：它看到了皇权辐射出了一种捉摸不定的、阴森可怕的神圣不可侵犯性，并投射下了一些叛国罪行的阴影——这些错误原本是无足轻重的。

这种现象显然是史无前例的。但从 278 年起出现了一种现象，即高级官吏可以把违抗其法令的行为界定为严重罪行（该法令与水利工程有关）。到了 300 年，税吏的玩忽职守也被定为重罪。[48] 在小普林尼的时代，法律中规定的重罪只有16 项；到了 200 年前后，这个数目增加了十来项，而在 300 年时又增加了十余项。过去使用刀剑的简单处决方式也不断被更为野蛮（*ad bestias*）的刑罚——钉十字架和火刑所取代。到了 300 年，我们在皇帝针对作恶者的法令中听到了一种新调子——又是关于可怜的基督徒的——他们应当得到慈悲、人道和温和的待遇：只应被打断一条腿，挖出一只眼。我要强调，这些话并不是针对情绪失控的官员虐待个别冒犯者的情况而讲的。它们是通过常规渠道发布的正式命令，适用于皇帝治下的

---

〔48〕 PBeatty Panop. 2 line 235 and MacMullen（1986c）155；ibid. 149 and 154 f. 对重罪数量的研究。

所有地区。[49]

在衔接 3 世纪与 4 世纪的四帝共治时期，我们看到了一个不折不扣的野蛮时代。反映其特征的并不只有对基督徒的迫害。第一位基督徒元首宣称："贪婪成性的行政官吏们必须马上收手。我要求他们必须收手；如果抗命不从的话，等待他们的下场将是问斩。"对于参与诱奸幼女罪行的监护人，"他们将受到的惩罚是，其用来作恶的嘴和喉咙将被灌进熔铅。"在君士坦丁治下，如果占卜者进入了私宅，如果有人损坏钱币、偷情通奸、信奉异端，或犯下 12 种新规定的大罪（其中的六种是行政性的）中的任何两种，他就将身首异处或上火刑柱。[50] 强奸犯、弑亲犯和拐卖儿童者将在大庭广众之下以复杂的、惨绝人寰的方式处决。

公开示众的环节是必不可少的。由于无法克服粗糙行政体制所造成的种种障碍，由于自身治理的是一个交通与交流极为不便的世界，任何古代的暴政都必须通过口耳相传的方式来保证臣民的服从。关于暴行的传闻会不胫而走。流言蜚语可以像今天工厂里或公交车上播放的国家电台播音一样广为流传，至少在消息本身足够惊人的情况下是这样。毫无疑问，一旦你听说损坏钱币会受到怎样的重罚，你一定对此刻骨铭心。相关公告所使用的语言本身就带有教训的意味。除了前面引述的君士

---

〔49〕 Euseb., *H. E.* 8. 12. 8 – 10（308 年）。

〔50〕 *CT* 1. 16. 7（331 年）and 9. 24. 1（326 年）；关于重罪的数量问题，见 MacMullen（1986c）157，补充材料见 *CT* 10. 4. 1（326 年？）。

坦丁时代的例子外，我们再来听听他的儿子在提起犯罪的督察官时所用的腔调吧："监狱将吞噬那些被定罪的恶棍，酷刑将把他们撕成碎片，复仇之剑将毁掉他们。"[51]

人们谈论的东西很多，能够看到的还要更多。身犯重罪、不善言辞的家伙早已被用作道德教育的反面素材；正如一位世人所说的那样，他们在罗马竞技场中的死法"为清白无辜者带来了欢笑"。他们偶尔会被钉在十字架上，高悬在人们日常生活中的必经之地——如意大利的驿路旁或某座巴勒斯坦城镇的近郊。他们也会受到肉体虐待，以便公众引以为戒。塞维鲁统治时期的一位律师记载道："许多人都同意把那些恶贯满盈的土匪绑在其惯常作恶地点的木桩上，直到他们咽气为止。"[52] 这种景象显然是司空见惯的。4 世纪初的一位目击者声称，"每天都有许多土匪死在十字架上"。到了 4 世纪末，当时的人们对在各行省间传送展示的几个面目全非的阴森头颅进行过评论。它们从前是尤格尼乌斯（Eugenius）、鲁菲努斯（Rufinus）、盖纳斯（Gainas）和君士坦提乌斯三世（还有施

---

〔51〕 *CT* 2. 1. 1（349 年），trans. Pharr，*tormenta dilacerent*，等等。君士坦提乌斯二世酷爱此类语言。

〔52〕 *Dig.* 48. 19. 28. 15；对刑罚的类似描述见 *CT* 9. 32. 1（409 年）；关于该时代普遍状况的更多证据见 MacMullen（1986c）159 f. 。

洗者约翰的人头）。[53]　当这个时期里的一名统治者竟然将一位妇女野马分尸，并当着父母的面将儿童斩首的时候，我们很难评价这究竟是一个野蛮世界、还是晚期古典时代了。[54]

除了公开示众的斩断肢体、活活烧死、钉十字架等死刑越来越多外，残酷的肉刑也成了民众在任何一座大城市的闹市区司空见惯的场景。行刑的地点一般位于广场上，通常紧靠广场的大型宫殿里或公共柱廊中——一切进行审讯的场所。当时的一位观察者称它们为常设的刑讯室。另一位观察者展示了一系列生动的、在他看来显然无法容忍的公开鞭笞场景。人们将这种刑罚戏称为"凯旋式"——受刑者被牵引着游街示众，将他们伤痕累累的后背展示给市民同胞。基督徒烈士们的"行传"从2世纪后期开始反复描述类似的场面，但人们在广场上看到的受刑者并不仅限于基督徒。所有人都有可能遭受同样的酷刑。"长枪、刀剑、刽子手、撕扯用的钩子、拉伸用的刑架、熊熊燃烧的烈火和其他针对犯人肢体的酷刑都已准

---

〔53〕　Lact., *Div. Inst.* 5.3（*PL* 6.557A）提到了303年的比提尼亚，参见 *PLRE* I s. v Hierocles 4；关于面目全非的头颅见 Zos. 4.58.5；Philostorg., *H. E.* 11.3；Zos. 5.22.3；*Consularia Constantinopolitana* a. 411（*MGH AA* 9.246）；and Soz., *H. E.* 7.7.21（378年），参见更早的例子：Amm. 26.10.6（365年普罗柯比乌斯［Procopius］的头颅）and 29.5.42（374年）。

〔54〕　Jordanes, *Getica* 24（4世纪70年代），但同 SHA *Aurelian* 7.4 并不矛盾，而跟 Soz., *H. E.* 6.8（*PG* 67.1313C）更为接近（根据后者的记载，普罗柯比乌斯是被压弯的树分尸而死的）；关于那些孩子们的死亡，见 Claudian, *In Rufin.* 1.246 f.，参见塔提亚努斯（Tatianus 5）遭受的折磨，*PLRE* I s. v.（引用了 *Chron. pasch.* 393）。

备停当。"[55]

哲罗姆描述了不久前在意大利北部城镇维尔克雷（Ver-cellae）目睹的场景。一名与奸夫一道忍受了非人折磨的女子因通奸罪被拉出去处决，于是"全城居民都冲出去看热闹——以至于城门被围得水泄不通，你会以为整座城市正在移民"。当然，这种司法酷刑之所以要安排在公共场所举行，就是为了供民众观看的。根据若干细节来看，当时的人们并非对这些景象无动于衷。他们自己也害怕上十字架——怎么会不怕呢？他们宁愿自杀，也不肯去面对最后讯问时的酷刑。他们对高位避之唯恐不及，害怕这些职务有朝一日会让自己犯下重罪。[56] 在前文（第二章，注 112）引述过的那次审讯中，当被告不得不面对一位令人望而生畏的法官时，"旁观者无不惊恐万分；出于兔死狐悲的心态，他们同情自己的这位同僚，为他的安危捏一把汗"。正如我们预料的那样，人们对当时的现状了如指掌，可以毫无障碍地扮演在这出恐怖剧中属于自己的角色，在权贵的震怒面前惊恐万分。

到了帝国晚期，这种暴力受到了越来越多的纵容。缺少但渴望分享权力的人对此艳羡不已，而那些行使这种刑罚的官吏

---

〔55〕 叙尼修斯和利巴尼乌斯见 MacMullen（1986c）159 f.，以及其他类似场景。关于 3 世纪中叶阿非利加行省的情况，见 Cypr.，*Ep.* I *ad Donat.* 10（*CSEL* 3，1，p. 11）。

〔56〕 关于哲罗姆的描述（其对象显然是瓦伦提尼安统治时期），见 Hier.，*Ep.* 1. 33 f. and 7（*PL* 22. 327）；关于其他线索，见 MacMullen（1971）107；Amm. 15. 3. 10，28. 6. 27，and 30. 2. 12（全部为自杀的例子）；以及 Liebeschuetz（1972）166 中的利巴尼乌斯。

则是理直气壮的。为何君士坦提乌斯认为他年轻的亲戚朱利安没有能力担任重要职务呢？朱利安说："因为我是个温和、有节制的人。"这是一种古怪的"缺陷"，因为这些品质正是小塞涅卡、小普林尼和埃利乌斯·阿里斯泰德经常用来赞美从前元首的。为何君士坦丁的统治被认为"失之于"宽仁（尽管这个说法或许有些滑稽可笑）呢？为何有位首都市长"因为优柔寡断和与世无争而受到轻视"，而另一位市长尽管"天性和善"，却要"为了维护权威而摆出刻薄寡恩、滥施刑罚的姿态"呢？为何有位特伦特的斐斯提努斯（Festinus of Trent）原本以"生性仁慈、遵纪守法"而著称，却要为了升迁而改变自己的职业形象呢？斐斯提努斯做出改变的原因在于，他观察到自己的保护人是通过"毁灭各种好人"的方式才爬上升迁的阶梯的；"当他看到这个无尺寸之功的家伙是如何凭借邪恶的杀戮而平步青云、爬上省长的高位时，他也燃起了同样的野心并加以效仿。他像演员一样迅速更换了面具，活力十足地大开杀戒。"为了最终澄清这一点，我们的史料来源阿米亚努斯为我们描述了另一个演员式的人物——"他在凶残的伪装背后吞吃贿赂"。[57]

---

〔57〕 关于这种嫉妒，见星象向幸运儿显示的命运征兆，那些人成了"指挥千军万马的、耀武扬威的大将"（Firm. Matern. , *Math.* 3. 4. 13），"视察时令繁华城市与行省胆战心惊的、生杀予夺的高官"（3. 4. 2）；好运使得人们变成了"令人望而生畏的权贵"（*potentes maxime terribiles periculosi*），等等。相关史料见 MacMullen（1971）111 and 114. 关于本书中引用的朱利安评价等内容，见 Julian, *Ep. ad Ath.* 278C; Euseb., *Vita Const.* 4. 31（GCS 1. 129）；Amm. 28. 1. 44, 15. 7. 1, 29. 2. 22, and 31. 10. 21。注意可怕的马克西穆斯等人，见下文，注 101。

腐败与罗马帝国的衰落

在阿米亚努斯如此令人吃惊地总结其主题前后不久，一道帝国敕令也反映了同样的形势转折。霍诺里乌斯提醒自己的廷臣说，要保护那些凭借自身社会地位而免于受到肉体虐待的群体免受"法官震怒及其腐朽爪牙恐怖政策的祸害"。[58] 法官、特别是刑讯逼供者经常无视因犯们名义上拥有的豁免权。"收买"（venalis）可以解释他们的残酷；"恐怖"则是牟取暴利的秘诀。尽管元首制时代的权贵经常被描述成望而生畏的人物（并且也确实名副其实），帝国晚期的官吏却更符合这一形象。[59] 尽管盖约·维勒斯也曾在西西里使用过钉十字架和其他恐怖手段进行敲诈勒索，但他的做法是不被认可的。对于他所代表的政府而言，这种做法并不普遍。因此，上述那些受到

---

〔58〕 *CT* 9.35.6（399），trans. Pharr，*venalis exigentium terror*，对意大利和阿非利加的大行政区总长所讲的话。

〔59〕 关于较早的可怕权贵，见第二章注 9，94，109 和 168。后来权贵的例子如 *CT* 11.11.1（368 年；370 年；373 年），禁止"有能力进行恫吓的"（*qui possunt esse terribles*）总督属吏和地方官员们收受礼品（*xenia*）；3.6.1（380 年）提到有行省总督凭借恐吓手段强行安排了一门亲事；*CJ* 12.60（61）.1（395 年）提到的"军人制造的恐怖"（*militaris terror*）；Symm. *Rel.* 26.6 提到了一名罗马市政官员恐吓一位建筑专家的事情；利巴尼乌斯经常提及行省总督在城镇议员中间制造的恐怖等内容，参见 Petit（1955）258，285，and 287 n. 5 and Hahn（1982）192 n. 37。但一直还存在着当时还没有担任公职的权贵：如罗马的一名元老（Aug.，*Conf.* 6.10.16），犹太的一名"富可敌国、极为严酷"（*polla ischysantos plouto te kai austeria*）的主教（Epiphanius，*Panarion* 30.5〔GCS 25.340〕——"严酷"一词的本义是同"野蛮"（*omotes*）相联系着的，Stephanus s. v.），以及 *CT* 1.22.2（334 年），其中提到弱势的诉讼人"受到任何人（其中当然包括官员）的恐吓时"都会心惊胆战。我还要提及维勒斯动用十字架酷刑的例子（Cic.，Ⅱ *Verr.* 5.162 ff. and Ⅱ 5 passim）。

鼓励的、逐渐成为罗马世界象征的残暴统治是跟维勒斯的举止截然不同的。那是一个时代的作风，不是属于某个人的；并且它也被用来谋取非分的利益。

正像卡拉卡拉在竞技场中放出的卫兵一样，帝国晚期的士兵和官吏们收到的指示尽管措辞严厉，却并不明确。这给进一步牟利打开了方便之门。从 4 世纪初的君士坦丁到 5 世纪初的提奥多西二世的历代皇帝都喜欢用堆砌形容词的文风来阐明其法令的目的。他们有些时候会由于义愤填膺而吼叫起来（见上文，原书第 140—141 页）。但吼叫并不能使法令易于执行，并且这种文学风格也不大适合法律条文。它们的目的在于绘声绘色，并非清晰明白；可以做到详尽无余，却不能保证准确无误。例如，在从前那些伟大的法学家踌躇再三、认真解释关键字眼具体含义的地方，后来的人们却把他们的意图隐藏在堆砌的辞藻和云山雾罩的表达方式之中。[60] 事实证明，这种谜语

---

〔60〕 *Dig.* 27.1.6.2，其中莫德斯提努斯（Modestinus）试图使安东尼·庇护（Antoninus Pius）关于"大城市"和"小城市"的模糊概念明确化；43.12.1.1 解释了"河流"（*flumen*）与"小溪"（*rivus*）之间的差别；47.8.4.2 – 3 界定了"人群"（*turba*）；47.9.1.2 界定了"火灾"（*incendium*），等等。参见 MacMullen（1962）369 n. 20 收集的、法学权威对术语模糊性进行指正的例子；上引书 passim 论述了帝国官僚主义的总体风格，尤其是法律条文中堆砌繁文赘语、大量使用近义词和词意不通的现象。参见 371 n. 27 对 Jolowicz and Schulz 的引用。另外注意最近的成果 Bauman（1980）180 所研究的"似乎充斥在罗马帝国晚期刑法体系中的杂乱无章"和"堆砌修辞学辞藻（我们的第一印象如此）所导致的言不达意、无法准确传达皇帝法律思想的弊病"。他接下去引述了 Biondi 的类似发现（刑法中的"糊涂账"〔caotica〕）。

是常人乃至天才也无法猜透的。但皇帝们不管这套。他们另有用意。"由于陛下希望消弭法学家们（prudentes）彼此之间永无休止的争论，陛下命令取消对其天才的赞美，因为他们与其说是在纠正他，不如说是在误导他。"君士坦丁如是说。让一切夸夸其谈的学问都见鬼去吧！随后，一旦获得了自由，皇帝便可以在其敕令的开篇处向繁复的法律术语开刀："既然陛下已经清除了那些冗长空洞的废话……"[61] 这种在古典晚期十分典型的、自觉的反智倾向只能制造混乱，只有或多或少采用专制手腕的官员才能应付这种乱象；它也会导致官员与律师可以在诉讼中联手把水搅浑。欠税逾期未交的"有钱人"必须偿付五倍的罚金。那么，多"有钱"的人才适用于这种处罚呢？法令没有给出任何明确的答案。诸如此类的例子可谓俯拾皆是。[62]

这种模棱两可的权威使得法律的执行者于无形中增加了手中的权力。其增加的幅度是非常可观的，同时代人的评论也反映了这一点："无论一个人的天才是高是低，有谁敢声称自己能够读懂法律呢？""法律知识几乎已被它本身的自相矛盾毁掉了。""至高无上的陛下啊，您在神恩保佑下保卫了海内外的安全，但国内还有一件事务需要您的纠正：您需要扭转扭曲

---

〔61〕 *CT* 1.4.1（321 年；324 年）；*CJ* 6.9.9（339 年）；参见 *CT* 1.2.3. 关于那个时代典型的反智倾向，见 MacMullen（1972）12 ff. 。

〔62〕 *CT* 11.1.27（400 年；405 年）；11.7.4；等等。更多例证见上文注 60 和下文，注 73。

的法律诉讼，并凭借您的圣明决断修改法律中的矛盾之处。"[63] 最后，一条抱怨有助于我们解释这种混乱："他们（统治者们）日复一日制定并颁布的法令不计其数"，于是后来居上的立法便取代了之前的规矩。[64] 只要我们翻阅一下厚重的查士丁尼法典，就可以感受到立法活动频率的变化，其中戴克里先时期的立法数目与之前八十年里的总和旗鼓相当。始于君士坦丁时代的提奥多西法典可以进一步加强我们的这一印象。在帝国晚期，与对民事诉讼具体案件的批复相比，关于法律总则、公法和刑法的条文数目有了显著增加。[65] 立法数量的提高助长了法律体系内部的模糊与矛盾，从而使得各级别的法律解释者相应增加了权力。

像卡拉卡拉的卫兵一样，帝国晚期执法者的数目也在增加。转瞬之间，他们就遍布各地（或者可能只是看似如此，因为真正的人数变化和现存史料在不同时代里的分布不均同时产生了影响）。毫无疑问，在史料匮乏的 3 世纪，许多日后发展的源头都被错误地追溯到了戴克里先统治时期。关于他统治时期的资料是相对丰富的，但那也确实是一个迅速进行广泛革

---

〔63〕 见 Conrat（1907）290 所记载的、哲罗姆等作家对法学知识（*iuris scientia*）的论述；Amm. 30. 4. 11 对法学纷争（*legum discidia*）的说明；以及 anon. *De rebus bellicis* 21. 1——这篇短文中最引人注目的后记部分。

〔64〕 Midrash Tehillim, trans. W. G. Braude（1959）2. 175，材料来自帝国晚期，但具体年代无从确定；MacMullen（1976）253 n. 74 引述了类似的抱怨；以及法理上的含混不清，如 *CT* 16. 5. 25（385 年）直接同 27（395 年 6 月或 12 月）构成矛盾；11. 22. 2（385 年）的规定与 3（387 年）是截然相反的。

〔65〕 MacMullen（1976）94 f. and Honoré（1981）16 and 32.

新的时代。最重要的是，他重新设计了皇权。为了实行四帝共治，他必须将政府若干机构的数目增加三倍，要么将原来的班子一分为四，要么就得重新组建三套人马，或采用某种折中方案。于是官吏的数目急剧增加，设置了一些全新的官职。更值得注意的是，原来的行省被进行了更细的划分，每个新行省都有自己的总督和一套班子。这个过程一直持续到了 4 世纪，尽管后来的影响不如之前那么大。

　　如果我们将后来的情况同卡拉卡拉统治时期的行省数目进行一下比较的话，就能够认识到这种整体性变化的重要性——行省数目在一个世纪内翻了一番。一些新的机构（如部门总署）自身日后又进一步分化了。罗马帝国晚期的行政史中包含着太多的调整与细节信息，我们无须在此赘述。然而，有一个总数是很能说明问题的；帝国晚期行政官吏的总数大概为 3 万—3.5 万人，这个数目在卡拉卡拉统治时期可能只有 300 人。[66]

----

　　〔66〕　我采用的行省数目引自 Dietz（1980）348，认为在卡拉卡拉统治时期的行省总数为 64 个；以及 Eadie（1967）156 - 68，认为 4 世纪后期的行省数目（不断波动）为 120 个左右。关于提奥多西一世治下部门总长（*magistri officiorum*）人数的增加，见 Zos. 4.27.2。关于罗马帝国晚期统治模式这一主题，见 A. H. M. Jones（1964）chap. XVI；关于总数达到 32000 人的粗略统计，见 MacMullen（1964b）311；另一份认为"略高于 30000 人"的、同样粗略的统计见 A. H. M. Jones（1966a）211。学术界普遍认为，公职人员数目猛增的始作俑者是戴克里先。如 Callu（1984）246 提出的观点。至于我所说的职业公务人员，在城镇议员中有约 100 人（见上文注 3），还要加上皇家督察官（他们在卡拉卡拉统治时期的人数在 173 人至 182 人之间，见 Pflaum〔1974〕43，尽管近年来有人认为这两个数目估计得过低）。因此，我估算出的总人数为 300 人左右。

也就是说，这个数字整整增加了 100 倍！当然，这种比较需要考虑到不同时代条件的变化。帝国早期的统治大量使用了奴隶，并且（至少元首们如此）也广泛使用了释奴。在某种意义上，我们可以称之为专职行政人员，因为他们毕生都在从事这项工作。无论这支队伍在其鼎盛时期的总数究竟达到了多少人，他们是不能不算数的。当他们的人数从 3 世纪中期开始减少时（见上文，注 39），他们逐渐被士兵所取代；由于许多士兵也会毕生担任职员与行政职务，他们也是不能不算数的。需要计算在内的还有元老们——他们会从一个高级职位跳到另一个高位上，有些人会连续几年担任公职，等等。

但我们应牢记为何会提出这些量化统计的问题。我们的目的在于衡量帝国晚期职业官吏的分量与规模，并将之同帝国早期的情况进行比较；由此我们可以发现一套与社会普遍信奉的传统价值观相对立的伦理体系。这一事实看起来是很有趣的。我们已看到，差役和助手们（十夫长和后来的城镇议员）是如何将他们最初通过勒索得来的钱财转化为合法收入的，军官们如何使自己起初的临时任务得到了法律承认。这两个集团都发展出了一种权利与身份意识，可以借此向受到自己权威控制的人索取好处。

根据在每个行省总督手下担任行政职务的军官数目，我们很容易评估军人在帝国行政体系中的分量与规模——帝国早期的相关数字是 50 多人。这个数字逐渐增加。他们扮演着差役和维护治安的工作，对公民社会产生着非常显著的影响，尽管现存的大多数文献材料对此不感兴趣（但铭文和基督教会

腐败与罗马帝国的衰落

"行传"是两个例外)。此外还有岗哨官（stationarii）和粮秣官（frumentarii）等，他们的人数不足 1000，但肯定有几百人。他们总是居住在自己顶头上司——行省总督、督察官或副将——总署所在的城市里，如伦敦、里昂、迦太基或毛里塔尼亚的凯撒利亚（Caesarea in Mauretania）。[67] 士兵们也会在阿帕梅亚（Apamaea）或安库拉（Ancyra）过冬。他们的营房不会只在一个区里，而是随意地散布于各条街巷。如果他们的营帐靠近塞弗里斯（Sepphoris）这样的城市，或刺激了劳里亚库姆（Lauriacum）这样由村庄或随军聚落发展而来的城市的繁荣的话，这些军人很容易受到城市需求与好处的吸引。此外，众所周知，帝国东部有一些固定用于部队驻扎的城镇。在有细节可考的例了中，兵士们在一半的情况下住在郊区（埃麦萨［Emessa］、阿帕梅亚、塞弗里斯、耶路撒冷），在另一半的情况下直接住在城里（杜拉［Dura］、萨摩萨塔［Samosata］、佐格玛［Zeugma］），并且没有专门划出军队驻扎区。幼发拉底河畔的杜拉可以让我们十分具体地看到城市友好吸纳士兵的现象。在元首制时期，此类驻军的总数是相当可观的。然而，在罗马帝国寿命过半之际，一位见多识广的演说家概括说，并没有多少部队集体驻扎在城里。相反，他们的营帐往往是独立的。他的说法相当准确：里昂或拉姆拜西斯（Lambaesis）的

---

〔67〕 关于岗哨官，见附录 C 中的"以弗所"、"斯米尔纳"条目，及 MacMullen（1963）55 f.，59 f.，and 62 f.；关于担任行省总督属吏的士兵数目，见上引书，注 66 以下；关于驻扎在行政中心的部队的证据，见附录 C 中的"伦敦"等条目。

大部分驻军都住在城外的斜坡上或要塞中。

然而，与前面引述的、埃利乌斯·阿里斯泰德的言论形成鲜明对比的是，本书附录 C 中列举的证据（包括 4—5 世纪作家们进行的总体概括）表明，在他们生活的时代，情况发生了很大变化。尽管戍边部队（limitanei）仍旧存在，尽管我们偶尔会发现戴克里先或瓦伦提尼安统治时期位于河畔或沙漠边缘的要塞，但大部分军队都在大大小小的城市中心消失了。在埃及、小亚细亚和色雷斯，至少到了 4 世纪中期，我们都还没有理由认为这种要塞已不复常见；法兰西北部地区的情况也与之类似。当然，我们的知识存在着许多盲点，无法获得精确的量化信息。"在人口超过 5000 人的定居点中，50% 以上拥有常驻军。"我们永远无法贸然得出这样的结论，但也无从否定此类说法。毕竟存在着法兰西南部和阿非利加行省（Africa Proconsularis）等极少军队驻扎的广袤地区。不过，帝国晚期史料给我们的一般印象是，当时的军队往往是骑在老百姓头上作威作福的。

显然，这一结论是符合卡拉卡拉时期的那场竞技场大屠杀的。在那场屠杀中，卫兵们与生俱来的贪欲赤裸裸地表露了出来，因为刀剑出鞘的他们距受害者仅有一步之遥——这幅场景令我们想起了萧伯纳对婚姻的定义："它融合了最强烈的诱惑与最宝贵的机遇。"现在，驻扎民众身旁的可不再是五万卫兵了，而是五倍于此的军队。无怪乎佐西穆斯在描述君士坦丁在这方面推行的改革时宣称，这等于是"把各座城市断送在武人手里"。

腐败与罗马帝国的衰落

在有利于勒索的大背景中，我要指出的最后一个因素是元首受到的蒙蔽。至少在理论上讲，他是不会从政府中蔓延的腐败之风中得到任何好处的——如果国家权威可以被他的臣仆独立变卖的话，这种权威就不再归他所有了。但既然无人胆敢挑战他的统治权，他只要拥有知情权，就足以维持奥古斯都时代元首拥有的权威。那样一来，他就能够惩罚和限制窃取权力的行为。

奥古斯都曾把受贿泄露其机密信件内容的秘书打断了腿；当一位年轻亲王夭折后，由于他的仆人"继续在行省中傲慢、贪婪地上蹿下跳"（苏埃托尼乌斯语），奥古斯都把他们装进盛有重物的袋子，沉到河里去了。[68] 显然，他这些举动的前提是他洞悉一切；毫无疑问，世人也能够理解他的决心。相反，到了4世纪60—70年代，帝国又迎来了一位气质相仿的元首。他决心要遏制腐败之风，阿米亚努斯也为此而称赞了他——但随后笔锋一转，记载了这位元首麾下不可侵犯的大行政区总长普罗布斯犯下的累累罪行，此人之后又反复担任这一要职。此后，阿米亚努斯又讲述了阿非利加总督、恶人罗马努斯的故事。此人仗着那位元首统治期间自己的亲戚在朝中为自己说话而多次转危为安。[69] 那么，是什么阻挠了这位元首的

---

〔68〕 Suet., *Aug.* 67. 2.

〔69〕 Amm. 30.9.3, 瓦伦提尼安"在安排高官人选时非常细心。在他统治期间，没有唯利是图之辈掌管哪个行省，也没有出现卖官鬻爵的现象"；30.5.4 - 7，"事实上，闭目塞听的瓦伦提尼安完全不知道"普罗布斯的所作所为；以及29.5.2，包庇罗马努斯的"部门总长雷米吉乌斯，他的亲戚和朋友"。

意志呢？

"四五个人聚集在一起，想出了一些愚弄皇帝的点子，他们专拣皇帝喜欢的话讲。深居简出的皇帝本人根本不知道事实真相。他知道的只是这些人告诉自己的事情。他指定的行省总督所任非人，而被他解除职务的封疆大吏其实是值得信赖的。还有什么可说的呢？正如戴克里先从前声称的那样，即便是一位善良、审慎的杰出皇帝也是要被出卖的。"这段分析是帝国末年一位目光敏锐（尽管可能有点言过其实）的作家写下的。他的话很容易得到证实。[70]

我们可以再来看看阿卡狄乌斯（Arcadius）与霍诺里乌斯的统治，那是罗马法律体系最腐败的时期，他们各自麾下的大行政区总长都借此大发横财，"但皇帝们对此一无所知。相反，他们在发布敕令时仍对鲁菲努斯和斯提利科言听计从"[71]。如果有人打算宽恕这套制度本身，而把问题归咎于两位皇帝的年轻的话，让他先来思考一下瓦伦斯（Valens）的类似命运吧，他也因为对自己的政府所知甚少而陷于不幸；在全然无知的情况下，"他为日益猖獗的掠夺打开了方便之门。同为一丘之貉的法官和律师沆瀣一气，把小人物的利益出卖给

〔70〕　SHA Aurelian 43. 3 f.；参见与好元首们相反的材料，Ant. Pius 11. 1 或 Severus Alex. 36. 2 f.。

〔71〕　Zos. 5. 1. 3；参见提奥多西二世对皇家圣库管理员假冒自己名义颁布的行政法令的谴责："有人鬼鬼祟祟地隐瞒真相，从陛下手中骗得了一份回复"（CT 10. 20. 18，436 年）；他还坦承"有人从圣明的小瓦伦提尼安手中骗取了这道错误的法令"。关于类似欺骗行为的更多材料，见下文注 126—128。

将领或权臣。这样一来，他们自己就可以获得财富或官职"。[72] 皇帝为何能够容忍这些现象呢？因为他听信了近臣们的劝说，后者告诉他"私人诉讼一类的琐事是不劳圣上躬亲过问的"。

或许我们还可以回到更早的时代，去看看一位充满活力、聪敏过人的皇帝——君士坦提乌斯二世。根据记载，他"吃惊且痛苦地发现"，一名主教假借自己的名义放逐、甚至绑架了其他主教。还有一次，他给安条克教会组织写信说，之前在那里任职的教士攸多克西乌斯（Eudoxius）"并不是朕派来的人，希望大家不要产生这样的误解。朕绝不会青睐这样的家伙；如果他们跟其他人共同设计了这个骗局的话，他们在其他事务中显然也会极尽欺瞒之能事"。他所说的"其他人"肯定包括宫廷太监们；根据史料记载，他们合谋将一个不称职的人推上了枢机主教的位置。[73] 君士坦提乌斯不得不一再指出，

---

〔72〕 Amm. 30. 4. 2，瓦伦斯的失误之处在于他在试图保护权贵的"朋友们"（30. 4. 1）劝说下，不再亲自旁听法庭审讯。注意368年特米斯提乌斯（8. 139 Dindorf）提出的尖锐问题："你是否管教好了下属官吏？他们是否仍能秘密受贿或提高税额呢？"

〔73〕 Philostorg. , H. E. 4. 8, p. 62 Bidez - Winkelman，安库拉的巴希尔（Basil of Ancyra）的阴谋成功得逞，因为君士坦提乌斯"最信任（皇室家族中）的妇女们"，结果在真相大白后震惊不已（4. 10 p. 63）；参见4. 1 p. 58，有人从他手中骗取了一道行刑命令，并且后来在皇帝不知情的情况下违抗了他纠正之前决议的新指令；还有 Soz. , H. E. 4. 12 and 14（PG 67. 1141B and 1148B，前引文），参见 Liban. , Or. 18. 132 对皇家秘书的评论："他们无论想要干什么，都会声称那是皇帝的旨意。"还有二十年后颁布的 CT 1. 3. 1（383年）："如果有人宣称自己奉了陛下的密诏，不认识他的人们都不要相信他的话，除非他能出示白纸黑字予以证明。"（trans. Pharr）

在修改法律的过程中，载入法典的一些法令是错误的和非法颁布的，它们僭用了皇帝的亲笔签名。例如，"有人伪造奏议上呈给皇帝，从而骗取了朕的专门批复。"[74] 但我们不应据此认定他是一个昏君。在《提奥多西法典》中，类似的澄清始于法典涉及的第一位皇帝君士坦丁，不间断地延续到其中的最后一位皇帝提奥多西二世。

　　帝国晚期的统治者对现实事务的直接了解显然变得越来越贫乏，这使得他们容易在宫廷内受到愚弄，并在宫廷之外被人假冒名义。所有胆敢冒名顶替皇帝的人都相信，皇帝永远也不会察觉他们的欺诈行为；而除了跟他们直接打交道的上下级内部人士外，其他臣民确实也不大可能会发现这个秘密。我们之前已经说过，戴克里先统治时期对私人请愿的批复数量急剧减少。它们很快就彻底消失了。来自各城市使团的数目也在锐减，来自行省议事会的使团也一样。[75] 宫廷的繁文缛节、皇帝的尊贵头衔和皇宫的幽深布局共同阻碍着皇帝与外界的接触。一批奴仆簇拥着皇帝的宝座，使自己变成了宝座的主人：

---

　　[74] *CT* 12.1.33（342 年，trans. Pharr），参见 12.1.37（344 年），8.7.3（349 年），以及 316—445 年颁布的 70 余条其他法令都证实了彼此矛盾的皇帝批复的存在；Noethlichs（1981）50－55 对这些材料进行了汇编。关于自觉否定前代法律的批复（*rescripta contra ius elicita*, cf. *exoratus*, *CJ* 11.71.5.1, 429 年）的汇编见 Löhken（1982）40 note 53。

　　[75] 见上文，chap. 2 at notes 105, 136, 168, and 187 f.。关于来自行省的使团，见 CT 4.10.1，8.5.63，等等（数量很少）；A. H. M. Jones（1964）356；Millar（1977）393 f. 认为其中存在着一成不变的延续性，但我对此不敢苟同；另见 Sartori（1981）404。

其中最典型的是部门总长，此外还有宦官和皇家秘书们。[76]
那是一个与马可·奥勒留统治的时代截然不同的世界，奥勒留
"那位理智、审慎的统治者保持着同臣民之间的联系，接待各
种前来找他的人，禁止卫兵把他们遇见的人吓走"。[77]

4. 罗马帝国晚期政府的私家化程度

　　辨别和描述诱使官吏们假公济私的变化是一回事，评估其
后果的严重程度则是另一回事，并且更加困难。例如，我们幸
运地拥有了关于帝国晚期立法活动的资料，但由于这些法令固
有的体裁特征，它们势必会给人这样一种印象，即政府一直不
停地在犯错；这些数目庞大的法律条文也很容易使我们陷入迷
失，无从辨别那个时代的规矩与惯例。我们不可想当然地假
设，所有受到谴责的罪行都是司空见惯的。只有在我们看到这
些行为获得了完全或部分的合法性时，我们才能断言它们是普
遍存在的——至少我们可以说它们已压倒法律。在本章后文，
我将集中关注这样的场合，以及我能确认的、可以印证道德风
尚史变迁的其他类型的史料证据。

---

　　[76]　Clauss（1980）69 f. 探讨了部门总长扮演的关键角色，其作用即
便在不得不跟大行政区总长分权后仍是不可低估的。因为"法庭上的当事
人必须跟各部门打交道，趟过阴谋遍布的泥潭……因此，部门总长的帮助
对于打赢官司而言是举足轻重的"。关于皇家秘书，见上文，注73；关于太
监，见上文，第二章注41 和注204，及本章下文，注130 以下。

　　[77]　Herodian 1. 2. 4.

在帝国晚期，皇帝的仆人一律被称作军队（*militia*）中的军官（*milites*），无论他们具体担任的是文职还是武职；他们都要佩戴官员绶带（*cingulum* 或 *zone*）。[78] 这些术语表明，在这个群体中占据主导地位的是军人。这一点是不可避免的，因为他们在人数上占据优势。数百年来，军人和文官一直在两方面参与着行政管理事务——担任行省总督的属官，并负责征税；因此，相当一部分行政职责就是由地方上的军队承担的。当士兵和释奴、城镇议员们联手之后，二者变得密不可分，很难具体区分他们在晚期罗马帝国政府中的贡献。无论如何，双方显然对彼此都相当了解。当他们从史料匮乏的 3 世纪危机时期的混沌中钻出来时，二者的生活方式已经别无二致了。

那么，我们应该如何描述这一现象呢？最权威的评论者——皇帝本人对他们进行过很多性格刻画。君士坦丁的父亲君士坦提乌斯一世警告自己的臣民要躲避"劫掠成性、阴险狠毒的恺撒仆役（当时指的是皇家财库的管理员们）的无边罪恶"；君士坦丁本人也提到过"督察官与恺撒仆役令人生畏的傲慢……恺撒仆役与督察官的贪婪成性"，并声称"那些人（恺撒仆役）的狡诈成性（*consuetudo fraudium*）通常（他用的

---

〔78〕 MacMullen（1963）49 f. 对职务（*militia*）的研究；Noethlichs（1981）22 and n. 108；补充材料见尼西亚大公会议决议第 12 条，见 Hefele（1907 - 09）1, 1. p. 591，拉丁文和希腊文中的 *zone* 一词是通用的，希腊文词汇另见 Liban., *Ep.* 1222（363 年），*Or.* 18. 134，以及 Petit（1955）74 中的其他段落。

字眼是'通常'！[79]）会毁掉一切规矩"。在塞维鲁统治时期，恺撒仆役们的贪污行为已到了无法无天的地步（见上文，注39）。一个多世纪之后，既无法约束又无法罢免这批人的皇帝拥有的到底是怎样一种权力呢？历任皇帝对此无可奈何的暴跳如雷比阿谀皇帝的各种希腊文、拉丁文颂词合在一起更能反映帝国时期的权力实质。

到了下一个时代，爱讲冷笑话的君士坦提乌斯二世描述了另一类统治骨干——他的特别事务助理。其中一人过于急切地渴望得到他的薪俸。皇帝评价道："特别事务助理们更善于偷鸡摸狗，不擅长光明正大地接受"；他在一条法令中补充说："根本不可能完全抑制他们的贪欲"——能让他们的盘剥适可

---

〔79〕 *CIL* 3. 12134, lines 11 f. , 305 或 306 年, *praedationum immoderata Caesarianorum nequitia et scelesta*（凶恶放肆的皇室奴仆们无节制的劫掠）（后面的文本已脱落）; 3. 13569 = *Inscr. Cret.* I xviii 189（pp. 229 f.），同样残缺不全，蒙森认为它"显然创作于君士坦丁时代"；以及 *CT* 10. 1. 5. 1（326 年），参见 10. 8. 2（319 年），其中专门提到了皇室奴仆们的诈术（*fraudes Caesarianorum*），以及 *CJ* 10. 1. 5（285—293 年）提及的一名皇室奴仆的恶行：非法霸占遭迫害者的财产。A. H. M. Jones（1964）564 f. 认为他们在四帝共治时代仍为皇家释奴与奴隶。相关证据是间接的，而学界普遍认为他们社会地位的变化是在一个世代之前完成的。见上文，注39。

而止就不错了！[80] 在瓦伦提尼安治下，利巴尼乌斯发表了一篇演说，其中对特别事务助理的描述更加详细："那些人不去承担自己在家乡城市中的义务，逃避城镇议事会和日常城市生活中的责任，却跻身特别事务助理之列，买下了调查员的官职……这批人会隐瞒奉承者送给他们的赃物；他们还以侮辱皇帝的罪名惩治商人，其目的并不是要制伏他们，而是为了勒索保护费。"利巴尼乌斯接下去详细描述了他们如何利用叛国、鸡奸、巫术等罪名去进行敲诈勒索，同真正的造假者狼狈为奸的；"他们一旦想起某个行省，马上就去算计自己能从那里勒索到多少钱财。"在被朱利安略加裁汰之后，担任这一职务的总人数仍有 1000 余人。

指控者又将自己颤抖的手指指向其他目标："一些官吏长期以来拥有的特殊职权（*officia*）应当被取消，因为他们可以假借官府政令的名义攫取私利……""因为高级官吏拥有的这类特殊职权总是对行省臣民有害的……""税吏们（*tabularii*）习以为常的欺诈手段"；"负责将审讯记录交给诉讼人的庭吏

---

〔80〕 Amm. 16.5.11（356 年）和 *CT* 6.29.5（359 年），*quoniam avaritiae occurre paene iam non potest*（几乎无法抵制他们的贪欲），要求他们在提供每辆公费马车时只得收取一个金币；参见效法他们的权威与惯例进行勒索的行为，*CT* 6.29.6（381 年）and 12（415 年）；以及 Aurel. *Vict. Caes.* 39.44 对业已撤销的粮秣官（*frumentarii*）的诅咒，"而如今（4 世纪 70 年代）负责这些事务的官吏们仍旧做着同样的事情（*quorum nunc agentes rerum simillimi sunt*）。"A. H. M. Jones（1964）追溯了其历史。参见他为 *agentes* 和 *curiosi* 所作的索引（二者实际上是一回事）。我还能举出 Liban., *Or.* 18.135 f., trans. Loeb 中的例子：*agentes = angelliaphoroi = peuthenes*。

难以满足的贪欲";"行政助理（*apparitores*）十恶不赦的贪婪诈术";以及军需官"为满足其贪欲而时常从皇帝臣民那里夺走的生活必需品"。[81] 从君士坦丁到提奥多西二世的历任皇帝都在通过其颁布的法令说话，并且在发言时无法压抑心中的愤怒或导致这种愤怒的根源——自己的手下对其权威"根深蒂固的"、"持续不断的"、"反反复复的"和"司空见惯的"滥用。他们的判断遵循着传统的伦理标准，利巴尼乌斯和那些时代的其他观察者也奉行同样的准则；但它在政府的现实运作中是没有地位的。掌管着现实的乃是行政助理、地方议员、税吏和其他官员。

19 世纪的沙皇曾沮丧地喊道："俄国是由 1 万个官吏统治着的。"

进一步反映罗马皇帝虚弱本质的是他们多次向未受法律认可的通行规矩让步。在上文引述过的例子中，法律准许特别事务助理在向出差的官吏提供每辆公家马车时收取一个索里达（*solidus*，每个索里达可以支付一个人好几个月的生活开销）。正如利巴尼乌斯所说的那样，城镇议员们的目标并不仅仅在于摆脱自己的阶层和职责，他们还希望被任命为特别事务助理。但这样的机会不是可以白白获得的。首先，他必须得到宫廷卫队（*schola*）的支持（日后进一步的升迁也是如此）。这是法

---

〔81〕 *CT* 6.4.21.3（372 年），14.4.3（362 年；363 年），11.1.11（365），1.16.7（331 年），9.40.14（385 年），and 7.4.35（423 年）. *CT* 8.1.4（334 年）劈头便写道："*vorax et fraudulentium numerariorum propositum*"（数不胜数的暴行与欺诈），诸如此类的其他例子俯拾皆是。

律明文规定的，同时还规范了选举流程：卫队中的年长者要在公开会议上提出推荐人选。[82] 显然，为了得到他们的认可，使钱是必不可少的。宫廷卫队的成员们不仅收钱，还通过 364 或 365 年的一道法令把它合法化了；到了后来，所有特别事务助理的头目——部门总长属下的所有官僚机构都获得了同样的权利。[83] 正如西塞罗时代的十夫长一样，部门总长麾下的各机构头目也可以把自己的职位传给他们的儿子，那是得到法律保护的流程；同样，行省总督麾下各机构的头目也有权利在退休时指定自己的继任者：他们甚至可以出售这些职务，尽管只能卖给其助手。[84] 当然，严格说来，任命高级官吏的权力是把持在皇帝手里的，低级官吏的任命权则属于部门总长或行政区长，但在现实生活中，那是地位更低的推荐者（suffragator）的权利。

小普林尼或弗隆托进行的那种"推荐"逐渐变成了"有

---

〔82〕 *CT* 6.27.4（382 年），参见 1.9.1.1（359 年），在推荐过程中并不特别强调年长者优先的原则。

〔83〕 *CT* 6.24.3（364 年；365 年）提及了对皇家卫士（*protectores*）与家仆（*domestici*）的任命（每个部门的头目会收到 5—10 个索里达的小费〔*sportulae*〕）；*CJ* 12.19.7.2（443/4 年）；以及 Collot（1965）194 and 212.

〔84〕 *CT* 6.27.8.2（396 年）；以及 8.4.10.1（365 年），其中可能涉及到征税权利的交易，参见 Giardina（1977）76–79。

偿推荐",这一点在 338 年的法律用语中得到了确认。[85] 当然,法律对惯例的反映是滞后的。到了 362 年,人们早已超越了这个阶段,开始理直气壮地公开要求法庭保护他们花钱买来的推荐。这种观念表明,卖官鬻爵的现象早已不再是什么秘密了。三十年后,人们已经开始为此起草契约,并在契约中注明将用乡村或城市的住宅作为报酬,这一细节也反映了这种买卖活动的规模。[86] 在帝国立法中,这类证据与理直气壮地要求宽容这种做法的材料混杂在了一起。

到了 4 世纪 60 年代,这种被称为"古老传统"的非法官职买卖合法化了——如果罗马帝国某市长的下级仅仅接受了这

---

〔85〕 为了证明这种转型,Ste. Croix(1954)39 举出了 *CJ* 12.32.1 (317 年?)为例;但他还需要证明其中的推荐(*suffragium*)是腐败行为(*venale*)。上引书 n. 6 举出了 *CT* 11.30.6(316 年)来表明该术语具备了"新的含义";但这个看法是错误的。而 n. 7 举出的 *CT* 6.22.2 反而不如同年(338 年)的材料 12.1.25 能够说明问题。其中一份文献里的"买来的头衔"变成了另一份中的"通过推荐获得升迁"。参见 *CJ* 4.3.1(394 年)中相似的措辞。Veyne(1981)344 发现,至少从君士坦丁统治时期起,购买社会身份与官职的行为已"完全合法化了"。但我认为他用来支撑自己观点的 *CT* 12.1.27(339 年)其实是一条反面证据:买来的社会身份并不具备合法效力,参见 12.1.26(338 年)或其他文献。

〔86〕 *CT* 2.29.1(362 年)and 2.29.2.2 f.(394 年)关注了"城乡地区的产业"(*praedia rustica vel urbana*)。关于皇帝同这种风气斗争的历史,见 Collot(1965)192, 197, and 209 – 11 and Liebs(1978)170 f., 但后者引用的一些证据似乎并不相关(*CT* 12.1.4, 12.1.20, and 1.32.1)或年代错误(*CT* 6.38, Seeck 定为 317 年;而 *PLRE* I s. v. Valerianus 15 则确定为 312 或 337 年,"可能为"330 年)。如果要再引用 Lyd., *De mag.* 3.67.1 关于某些明显早于 550 年的史料证据的话,我可能就要远远超出本书计划中的时间下限了。

一职务，并没有主动要求它，这种职权交接就是合法的；到了
358 年，总督已可以向下级收取钱财，但不可超过君士坦丁时
代的标准。大概档案记录可以告诉当时的人们具体的数额究竟
是多少。据说，尽管敲诈者借皇家权威的名义漫天要价，但法
律还是规定，出售亚历山大里亚负责将谷物装船运往罗马的官
职时抽取的好处不得超过 1%；但更加贪婪的念头最终占据了
上风，386 年的法令批准了达到此前限额双倍的回扣额度。[87]
类似"传统惯例"的说法出现在了本书前面引述过的一些材
料中；另外一些从立法者的立场出发去界定该问题的文本也使
用了这些字眼。可见，当时存在着一种持续的压力，迫使政府
行为越过从前规定好的界限，去收取费用、炮制收费名目、广
泛接受私家化的治理原则。[88] 皇帝们对此是无力抗拒的。

　　362 年或 363 年，努米底亚蒂姆伽德的一座公共建筑上展
示了一份很符合这一精神的、供打算或已经进行诉讼活动的人

---

　　[87] *CT* 1.31.2（368 年；370 年）向罗马市长提及了 *titulo aliquid lu-celli minusculi*（某些你可能会称之为小钱的收益），规定它们从此以后全凭自愿缴纳；8.4.6（358 年）提到了朱利安治下首席百夫长向长官缴纳的一笔额外费用，参见 8.4.9（368 年；370 年）and 8.4.27（422 年）提及的首席百夫长向长官们提供的费用；根据 12.6.3（349 年），参见 10.1.11（367 年），辩护律师收取的 1% 费用日后（12.6.2，386 年）几乎翻了一番。参见 14.4.4（367 年），收税人可以像专职税吏那样提取 1%～2% 的利润；6.31.1（365 年、368 年、370 年、373 年）表明，官衙马夫在审核马匹质量时只能从合格马匹所缴纳的马匹税中抽取 1 索里达。
　　[88] 大量约定俗成的回扣例子如 *CT* 6.30.11（386 年），*solennia ultra modum*（超过规定的限度）；可能很早的文献 8.4.2（315 年），禁止征收 *ultra modum*（超过规定［合理?］限度）的税款；以及显然很晚的 *SEG* 9.356（501 年）= Goodchild（1953）74。

们使用的价格列表。它在全省四处公布，刻在铜板上的原文则张贴在首都。它公开且正式地认可了一度属于非法范畴，但已实行了几个世纪的惯例：诉讼当事人必须在开庭审判之际向行省总督的属吏头目支付数额固定的一笔费用（commoda）；如果案件不需要庭吏或传唤人奔波 1 英里以上的话，当事人需要交出 5 蒲式耳小麦或等价的金钱；否则的话，他至少要交出 7 蒲式耳，里程每增加 1 英里，还需另外支付 2 蒲式耳（海外奔波的费用则是每英里 100 蒲式耳小麦）；属吏头目的主要助手可以获得一半的份额（铜板原文第 23—25 行）。在不同类型的案件中，法庭律师（scholastici）分别可以拿到 5 蒲式耳（第 26—29 行）、10 蒲式耳或 15 蒲式耳小麦的报酬；低级庭吏（exceptores）可以分别拿到 5 蒲式耳、12 蒲式耳或 20 蒲式耳；公证人（libellensis）可以获得 2 蒲式耳；由于某些法庭审讯需要不少于 4 名或 6 名高级庭吏的参与，因此这方面的开支是无从节省的。[89] 即便在荒年，1 蒲式耳小麦的价格也不超过 0.1 索里达（正常年份的价格则是每蒲式耳 0.025 索里达），因此努米底亚地区索要的这笔费用还是一个小农能够负担得起的；然而，收受者积少成多所获得的收入则会相当可观。而以同

---

〔89〕 Mommsen（1884）629 ff. 对官职与社会等级的关系（636 f.）、额外收入（sportulae, 639 f.）和担任公职的花销（642 f.）进行了很有价值的梳理；相关文献还有 CIL 8.17896 = Bruns, Fontes[7] 103 = FIRA[2] 1.331 f., A. H. M. Jones（1949）51 f. 对此曾略加提及，Chastagnol（1978）76–78 and 82 f. 则进行了详细研究。关于小麦价格，见上引书 83 n. 20 and A. H. M. Jones（1964）445 f.。

样名义非法征收的诉讼费已积累了数百年了（见上文，注3）。

随着时间的推移，其他一些非法行为也由于皇帝们试图给它们设定一个限度而为我们所知。正如在努米底亚出差的额外费用（每英里 2 蒲式耳小麦）一样，对意大利边远地区的财务官、大法官任命也必须提供不再被禁止的旅行费用（也就是说，372 年颁布的禁令在一个世代之后被取消了，见上文注81）；[90] "这种惯例应以每匹马 2 索里达为限"，作为向在阿非利加收取马匹通行费的小吏提供的礼物（sportulae）；而在帝国东部省份中，军团长自己收取小费（在当地称之为 stilla-turae 或 "薄礼"）后会准许纳税者拖欠支付军需品，这种"酬劳"必须按照市场价格以现钱支付。这些军团长利用拆东墙补西墙的办法，干着吃里扒外的勾当。[91] 这是 406 年发生的事情。到了下一年，有人发现行省总督和军团长"以接受馈赠的形式夺走了士兵们赖以生存的口粮"，他们拿取的比应得的更多（donatio quam merentur），这些赃款也要按市场价用现金支付。我喜欢"应得的"（merentur）这个说法。在 412 年的东部边疆，法律还在禁止行省总督向地方居民索要燃料费和热水浴费的扰民做法；但到了 5 世纪末，这些款项已经如同蒂姆伽德的价格列表一样堂而皇之地在大理石板上公示，并按季度向行省总督支付了；其中的一部分用宠物名字 paramythia

---

[90] CT 6.4.27（395 年）。

[91] CT 11.7.3（399 年，401 年）对阿非利加教区的情况进行了描述；7.4.28.1（406 年）的文本需要修正，我认为，对其中 resistentes species 的最佳解释可参见上文注 4，但 Krueger and Pharr 的看法有所不同。

命名。我在上文中已提到过委婉语，将之视为邪恶向美德提供的补偿。[92] 然而，这些年代很晚的材料已将我带到了本研究涉及的时间范围之外。

这些公开化与合法化的举措反映了皇帝们和为他们效劳的、心高志大的大行政区总长、部门总长们在遏制腐败斗争中的孤立无援。通过这些斗争，我们也可以发现甚至量化违法的腐败行为。然而，那些载入法典的、皇帝公开承认整治失败的腐败现象只是帝国行政体系腐败汪洋里的沧海一粟。如何能对总量进行统计呢？我们能否直接使用法典中的另一类证据，假定其中一切提及腐败可能性的材料都反映了当时普遍存在的现象呢？显然，被禁止的行为并不一定就是普遍存在的。在面对这些问题并试图对腐败现象出现的概率进行更准确的统计时，最好的办法或许是对法律条文弃之不用，而选取那些同时代人进行的概述或足以反映潜在底限的个案。我们应当能够利用二者获得某种宏观的印象。

---

〔92〕 *CT* 7.4.29（407 年）；以及来自巴勒斯坦地区的相关铭文。关于后者，见 Abel（1909）90 ff. 中的文本、注疏和译文（p. 103），但其中的年代断定有些过早（104）；Littman, Magie, and Stuart（1910）24 – 41, esp. 34（*paramythia = solatium*），参见托勒密时代的敕令，*CIG* 5187，以及 p. 35 对支付方式的讨论；以及 Alt（1921）5 – 12. 参见内容与年代都很接近的一份利比亚铭文，见 A. H. M. Jones（1968）293 对 *SEG* 9.356 的分析，巴勒斯坦地区支付长官的限度是士兵薪水的 12%（第 4 节称之为"感谢费"[*hyper tes kaloumenes eumenias*]）；详细分析见 Goodchild（1953）74 f.；以及 Casson（1952）54 – 58 中有趣的 Colt 纸草残篇，其中的支付费用被称作 *epiklasmos*（恳求费）。关于相关的委婉说法，见本书前文中对 *sportulae, munusculi, lucellum* 等术语的分析，以及 MacMullen（1962）367。

宏观概述方面的材料是极其丰富的，它们足以证明，刚刚摆脱3世纪危机的罗马世界又陷入了更加广泛的古老罪恶中。同时代人对这些罪恶的描述无疑反映了他们的相关评价。

强势的叙马库斯在4世纪90年代描述了意大利的税收状况。这个问题属于老生常谈："记述四处劫掠的意大利财务官的诡计是件令人痛心的事情……赤裸裸的恃强凌弱一下子就能把弱者打倒；较顽强的人也会在咬文嚼字式的法庭诉讼中遭到种种勒索。"[93] 保利努斯（Paulinus）及其传记主人公安布罗斯恰好生活在叙马库斯进行写作的年代。根据保利努斯的回忆，安布罗斯对身处的米兰廷臣圈子及其周边环境的评价是非常悲观的：认为那里的贪污腐败现象每况愈下："它在官吏身上表现得最为明显……一切都是明码标价的，它起初造成了全意大利的种种罪恶，随后则导致了普遍的衰落。"他举出了斯提利科的一位副手作为例子："据说此人频繁地伪造任命保民官的信函，以至于世人以为他是专操此业的"；他在至少一篇布道词举出了本书前面引用过的《路加福音》（3:14）文本（见上文，原书第130页）。施洗者约翰告诫士兵们说："不要恐吓、胁迫任何人；满足于你们自己的军饷。"

同样是在意大利的西北角，一位年代稍晚的主教马克西穆斯也向他的听众举出了这段文本：

---

〔93〕 Symm., *Ep.* 5.63.2（写给皇家圣库管理员）；参见 Paulin., *Vita Ambros.* 41（*PL* 14.41B）and 43（42B）。后一篇文献参见 *CT* 8.11.1（364年）对以小费名义征收的非法税款（*a tenuioribus sportulae specie*）的规定。

腐败与罗马帝国的衰落

　　许多兄弟佩戴着官府颁发的绶带，因而不得不为官府效劳；另一些则间接受到了官府的任用。在犯下严重罪行时，他们最常用的辩解借口是他们在为帝国效劳；如果其错误无可辩驳的话，他们也会抱怨说，他们从事的工作本身就是坏的——因此应受指责的不是他们的意志，而是职位（*militia*）本身。这样一来，他们就把一切问题都归咎于自己的官职。其实帝国官职本身并不是罪过，但它因其勒索行为而变成了罪恶；为国效劳也不是错误，从中牟利才是真正的错。后者才是真正应当受到谴责的。因此，如果这些人的行为只是为了满足衣食之需，那就是在领取自己应得的俸禄；反之，如果他们是为了获取私人花销，那就是在进行劫掠。

当他们受到酗酒、抢劫或谋杀等罪名的指控时，他们会说："我本是尘世中人，吃的是皇粮，我能怎么办呢？我又没有自称为修士或神甫！"但他们需要遵循的并不是修院教规，只是道德规范而已。主教接下去引述了《路加福音》中关于税收的论述，并谴责了士兵们的恃强凌弱："他们把劫掠来的赃物称之为外快（*commoda*）。"[94]

---

〔94〕　对《路加福音》相关段落的引用见 Ambros., *In Luc.* 2.77 (*CSEL* 32.83) and Max. Taur., *Sermo* 26.103 (*CC Ser. Lat.* 23；其年代约为 400 年左右 (p. xxxiii)；参见 Symm., *Ep.* 2.52.2 (383 年)："士兵们的劫掠是我们在奥斯提亚产业的负担"（地方性问题?）以及 9.10.2 (394 年，写给罗马或阿非利加长官的信) 抱怨了城镇议事会中的十巨头私自摊派募兵税的做法和"负责募兵的官吏向我的人索要注册费，但拿不出任何官方证据来表明确实存在着这样一项收费"的现象。

在 400 年（或许正是马克西穆斯发表那篇布道之年）召
开的托莱多（Toledo）大公会议上，决议中的第 8 条宣称：
"任何在受洗后担任官职，身穿军装或身披绶带的人即便否认
自己犯下过其他罪行，也不得在担任教士时升任助祭。"[95]
为什么不行呢？两年后在罗马举行的一次主教集会给出了答
案："众所周知，一个已经成为基督徒、却仍旧担任世俗官职
的人可以利用自己的职务之便。谁能够监督他呢？谁又能够否
认，当他目睹尘世的珠光宝气、又受到贪财欲望的刺激后，他
有可能无法自持而走上暴力与不公的道路呢？"在帝国西部教
会看来，官衔与道德在根本上是无法兼容的。我们手头确切无
疑的证据表明，二者奉行的伦理标准相去甚远。

马克西穆斯继续他的布道。他将话题从意大利城乡地区的
士兵转移到法庭上。他告诫人们不要作伪证（neque calumnian
faciatis，路加如是说）。马克西穆斯总结道："但如今邪恶之风
已甚嚣尘上，以至于法律可以买卖，政令腐败不堪，司法审判
中的猫腻已经司空见惯（ex consuetudine）。"

然而，即便这位证人当时站在教堂讲坛之上，他提供的孤
证也需得到其他材料的检验，因为他试图概括的是当时司法体
系的整体面貌。后世作家佐西穆斯在记载这段历史时描述了斯
提利科对法庭的控制，在他的操纵下，诉讼中唯一的胜利者只

---

〔95〕 Mansi（1759－1927）3.1000，参见我引用的罗马大公会议第 10 条
决议（p.1137）和第 4 条决议（1136）。关于这次大公会议的召开时间
（400 年），见 Hefele（1869－78）2.264，其依据是这些决议是对高卢地区主
教们问题的答复。这一事实使得相关讨论更加富有意义。

腐败与罗马帝国的衰落

有金钱。[96] 在这个时代，我们还听说了罗马的一个法官顾问，"因不收贿赂而被同时代人视为奇迹"，尽管确曾有人向他行贿（一位"希望进行通融、动用关系而不惜触犯法律"的元老）。在更早的时代，4世纪70年代的皇帝格拉提安（Gratian）或4世纪60年代的叙马库斯都曾将罗马的司法审判描述成腐败不堪或对权贵姑息纵容的一套体系。[97]

我们最后再来看看意大利的情况：383年，一个西班牙使团为教会事务而前往米兰宫廷，当地主教安布罗斯由于宗教观点相左而拒绝出手相助；但他们最终找到了合适人选，花费重金从部门总长手中要来了皇帝的新批复，从而推翻了之前的判决，收回了自己的教堂。[98] 这条材料既可以证明当时皇权高于教权的事实，也反映了当时集中在宫廷中的圣职买卖现象。

---

〔96〕 Zos. 5. 1. 1 f.（392年），勒索的方式既包括威胁提起诉讼，也包括通过贿赂影响决议。

〔97〕 Aug., *Conf.* 6. 10. 16 对时任皇家圣库管理员助手的阿吕皮乌斯（Alypius）的描述（见上文注37，及其他类似例子）；参见 Eunap., *Vit. soph.* 490 在形容357年一位省长时采用的类似措辞："全希腊都被他震惊了，因为人们听说……他竟然不受贿。"关于叙马库斯的观点，见他的 *Or.* 4. 6（376年）对瓦伦提尼安统治时期 *humani sanguinis auctiones*（收受贿赂而草菅人命）的记载；另见 *Coll. Avellana* 1. 6（*CSEL* 35 p. 3），达玛苏斯（Damasus）在366年"收买了城市法官维文修斯和省长尤利亚努斯"（*redimens iudicem urbis Viventium et praefectum Julianum*）（见 *PLRE* I s. v. Julianus 16），以及 13. 7（*CSEL* 35 p. 56）提到的一位藐视权威的为非作歹者，他"利用了法官们的不作为，后者由于私心偏袒而无视皇帝的命令"，等等。

〔98〕 Sulp. Sev., *Chron.* 2. 48. 5（*PL* 20. 156 f.）是如此评价一批访问米兰的语法学家的：*largiendo et ambiendo…ita corrupto Macedonio…*（他们试图恳求和游说……那位腐化堕落的马其顿尼乌斯）。

在下文中，我们还可以看到来自君士坦丁堡的更多材料。

一个名叫帕拉狄乌斯（Palladius）的保民官和公证员于367年从米兰前往迦太基。他奉命前去调查对阿非利加军事首长罗马努斯消极腐败（"如果你不拿钱，我就坐视不管"）罪名的指控。由于罗马努斯的不作为，特里波利塔尼亚（Tribolitania）的农耕区最近几年在不设防的情况下反复遭到游牧部落的侵袭。他早已安排自己的心腹做好了对付调查的准备；当帕拉狄乌斯突然抵达阿非利加首都驻地，随身带着一张要求支付费用的清单（类似的清单日后被记录在石刻铭文中，见上文，注92）时，这些人支付了这笔钱财。幕后回扣的数额十分巨大。帕拉狄乌斯收下了钱，因为他只是个头脑简单的军人。随后，他在原告城市的两位长官的指引下展开了调查。在准备向皇帝起草报告表示支持这项指控时，罗马努斯威胁他要透露帕拉狄乌斯收取回扣的消息。帕拉狄乌斯知道，一旦走漏了风声，自己将会受到重罚；因此，他改变了写给皇帝报告的措辞，声称这些指控完全是捏造的。于是罗马努斯转危为安，皇帝则下令割掉了陪同帕拉狄乌斯视察受害地区的那两位地方长官的舌头。[99]

如上所述，罗马努斯在米兰有位姻亲——部门总长雷米吉乌斯（Remigius）。此人在这个场合及日后多次保护了罗马努

---

[99] 罗马努斯的故事见 Ammianus（28.6.17 – 20 等处，以及 Zos. 4.16.3），这些材料反复被研究这一时期的学者们重述，但有时也遭到质疑。由于它们彼此间并无矛盾之处，并且也符合那个时代的普遍状况，我不认为有什么理由去否定它们。

斯，并因此而获得了丰厚报酬。[100] 他阻碍了一些弹劾罗马努斯的奏章上达圣听，把它们剔除出去，声称它们是“不值得日理万机的皇帝过目的无用琐事”。读者应当记得（上文注72），通过这种冠冕堂皇的搪塞方式，人们也对皇帝瓦伦斯隐瞒了许多真相。广义上说，无法无天的劫掠永远需要盟友们的配合。劫掠者需要自己的助手，也需要法庭上大人物的包庇和各种其他帮助。除雷米吉乌斯和自己在迦太基的下属外，罗马努斯的盟友还有一位阿非利加部落酋长和一位“与他坐地分赃的”韦森提乌斯（Vincentius），以及其他日后被一并处决的共犯。类似的共谋线索不胜枚举，此外还有税吏和臭名昭著的、负责汇总税款的官吏（actuarii）的制度性联盟——这些既有横向的，也有上下级之间的纵向联盟。[101]

---

〔100〕 见上文，第 2 章注 67；Amm. 27.9.2；28.6.8，*Remigius rapinarum particeps*（雷米吉乌斯参与了劫掠）；以及 29.5.2，他封锁了法庭报告的内容。

〔101〕 关于罗马努斯组织的联盟，见 Amm. 29.5.2，6，and 50；另外一张类似的关系网由一名大行政区总长、一名前公共事务管理员、一名大宗货物运输管理员和一名前簿记长组成，四人中有二人是“大行政区总长的心腹”，见 Amm. 15.5.4；此外还有 15.5.22 中由盟友、近亲（*propinqui*）与家人（*familiares*）共同构成的关系网（尽管他们并没有什么结党营私的图谋）；以及 Liban.，*Or.* 18.84，其中提到的弗洛伦提乌斯（Florentius，10，*PLRE* I）本是一名贪赃枉法的高卢官员的共犯（*homotechnos*），却被指派受理对自己同伙的指控。关于法典中经常提及的、同等级间的平行联盟，见 *CT* 8.1.14 f. and *CJ* 9.27.1（382 年）；关于上下级之间的联盟关系，见 *CT* 9.27.3；382 年（380 年）伊苏里亚（Isauria）行省官府的劫掠行为被归咎于地方长官（dux）、他的家仆（*domesticus*）、他手下的将官（*manipularius*）和副手（*minister*），Noethlichs（1981）191 也提及了此事；更多材料见 *CT* 11.30.29，34；58.1；12.1.85. 以及 Liban.，*Or.* 18.133。

军事行动所揭示的、罗马帝国晚期北非地区的社会特征在奥古斯丁的评论中也有所反映。他提醒听众注意自己的野心："你想担任法官，却缺乏相应的资历，那么你就会去行贿。也许你希望自己能对社会有用，于是就要去买下一个能够派得上用场的法官头衔。"他以写实风格描述的这幅场景符合自己早年在意大利追求进身之阶的经历，当时他打算迎娶一位富有女子，以便积攒足够的钱财去买下一个法官职位。[102] 当他转而讨论当时在法律界通行的伦理准则时，他的腔调变得义正词严起来："法官不应受贿而改变公正的判决，证人也不应收钱而歪曲事实。"但在法官和诉讼人之下，"还有一些职务较低，吃完原告吃被告的家伙——如发布和执行司法任务的庭吏。他们必须返还自己由于过分贪心而收受的东西。如果送给他们的礼物合乎规矩，他们则无须归还；相反，人们还会批评那些破坏规矩，要求归还这些财物的诉讼人，而不会责备按照惯例接受礼品的庭吏。"这些关于惯例合理标准的描述是令人惊讶的。奥古斯丁接着写道："许多要人都会被此类额外收益（*commoda*）争取或拉拢。"他最后总结道，这些人最终将发财致富（就像我们看到的那些升入骑士阶层的城镇议员一样），

---

〔102〕 MacMullen（1986d）339 f. ；以及我之后用来描述法庭勒索行为的材料（Aug. , *Ep.* 153. 23 f.）。关于奥古斯丁提出的、关于勒索得来的财物可以具有积极用途的看法，参见 Soc. , *H. E.* 4. 27（*PG* 67. 1200C）关于军队财务管理员如何能在君士坦提乌斯二世统治时期"聚敛大量财富"，并在卸任之后用这笔钱来周济穷人的记载。因此，同一个人是有可能通过破费而从一种伦理体系进入另一种的。

此后便可以"仗义疏财,施舍穷人"。

可见,奥古斯丁其实在道义上相当赞同收取额外报酬的做法(即便有固定收入的官吏同样可以获得此类报酬)。如果不是这样的话,那倒反而要让我们大吃一惊了:早在半个世纪以前,一份相关价目表已在毗邻行省的首府公开张贴了出来。毫无疑问,奥古斯丁也在自己行省的首府看到过类似的价目清单。我们在上文中已看到过努米底亚的收费标准,其规定的数额似乎并不具备勒索性质,即便向法律顾问支付的数额也不算过分。当然,禁止向被保护人收费的《辛奇乌斯法案》早已名存实亡。可是,法律规定的限度还不足以满足那些顾问的欲望,[103] 古老的统治模式正在步步退却。

到了4—5世纪,"马屁精"像从前一样邪恶地利用着北非和其他行省的法庭,但现在的情况有了些许可以察觉的变化。到了这个时代,无中生有的指控几乎都是以获得经济实惠为目的的,而它们在元首制时期则更多地作为进行报复或恫吓

---

〔103〕 *CT* 8. 10. 2(344 年)关于阿非利加律师们的记载;以及 2. 10. 3（325 年）and 4（326 年）与其他材料;另见 Chastagnol（1979）226 ff. and（1980）220 – 224。

的工具。[104] 来自东部诸行省的证据比西部更加丰富，并且集中于365—390年。这种差异仅仅是由现存史料的分布不均而偶然形成的。事实上，其中一些材料会把我们带到其他时代，那些时代过于晚近，已经超出了本书的研究范围。我们在这些史料中也不难找到专横傲慢、贪婪成性的法官形象——他们的存在早就不是什么新鲜事了。在记载最终做到罗马市长和高卢省长职位的马克西米努斯的崛起与仕途时，阿米亚努斯展示了自己笔下最典型、最令人胆寒的一个人物形象。"人们经常听到这个禽兽心肠的匪徒扬言道，只要他乐意，可以把任何人拉下水。"他在阴森的气氛中展开活动，甚至让元首都感受到了这种氛围；那种场合（如平定叛乱或挫败阴谋之后）永远是

---

〔104〕 Synes., *Ep.* 67（*PG* 66.1428B）讲述了一些低级教士打的官司，他们"并不是为了维护自己的权利，却在收集军官贪赃枉法的证据"；Amm. 22.6.1 则报道了"埃及人不断利用法庭诉讼或威胁对簿公堂的手段从富人手中勒索钱财"的情况。我们看到，日后帝国东部行省也流行着同样的风气；根据 Eunap. frg. 87, p.269（约425年？），人们通过诉讼用"死刑和财产充公要挟富人"，于是富人只得花钱息事宁人，"穷人就只能忍受刑罚的皮肉之苦了"。参见 Liban., *Or.* 33.38 f.，其中讲述了386年的叙利亚行省总督，在他的女婿、兄弟、母亲及其医生的影响（或出手相助的姿态影响）下，一个被告"向他的女婿提供了现金，通过他求到了总督的岳父，再通过种种拜访和权钱交易，把法庭判决的黑白彻底颠倒了"。这幅图景符合 Joh. Chrysos., *In Joann. homil.* 82.4（*PG* 59.446）作出的概括："进行判决的人徒有法官之名，却在行土匪凶犯之实"，等等。Amm. 30.4.21 对东部行省较早时期的记载证实了这一点，同样可以作为佐证的还有440年之前几十年间默西亚行省的情况（in Priscus frg. 8, lines 44 f. = frg. 11.2 p.268 Blockley〔1983〕）：富人随时能够从法官及其副手那里收买判决结果。

最适合法官进行敲诈勒索的时刻。[105]

　　当然，诱使世人去角逐行省总督职位的首要因素是利益；但除此之外，他们也必须凑钱来偿还在买官之际帮助过自己的债主们。在这方面，阿米亚努斯同样提供了有用的证据。他在概括法官们（即行省总督们）的举止时说："他们用高价买下了公职，随后像负债累累的债务人一样，不分贫富地向每一个人搜刮钱财。"我将在下文中引述关于债务人困境的其他证据（注134和140）。

　　诉讼人需要上下打点。这一点在362年或363年努米底亚的价格列表上反映得很明显；331年向各行省颁布的一条有趣法令同样可以说明这个事实。这道法令把诉讼过程分解为若干阶段，对每个阶段中类似勒索的行为都提出了抗议。首先是"见到法官时的见面礼"；接着是通过主要属吏被正式引见给法官的费用；再接下来是在主要属吏的助手那里登记时给的"小费（concussiones，或希腊文里的 episeismos 与 kataseismos，跟英语中的对应词同源）"；之后还要给值勤看守们小费——"百夫长和其他官员会要一点钱，有时索要很多"；还有要为

---

〔105〕　Amm. 28. 1. 38（前引文），and 28. 1. 34 对敲诈行为的记载；参见 26. 10. 9 - 14：法庭只是敲诈勒索的工具，另见 355 年伽鲁斯遭受迫害前夕的情况：Amm. 15. 2. 9 and 15. 13. 1，或 19. 12. 1（359 年）——但这些情况其实并不新鲜：见 Dio 62. 28. 4（公元 65 年）。精简城镇议员队伍的政策也可以创造有利于勒索的条件，见 Amm. 22. 9. 12（东方的情况，公元 362 年）。我还可以举出 30. 4. 21，同样是对帝国东部法庭的评论。

“利欲熏心的”庭审组织者搬运相关卷宗出的辛苦费。[106] 这两份相隔一个世代的文献不仅清晰地展示了在司法体系中占据主导的伦理观念的一以贯之，同时也表明它是不可抗拒的：首先，它不受外部因素的控制；其次，在遇到阻力时，它仍旧可以在同传统伦理观的分庭抗礼中维护自己的权利。

我们已经在通过某部门年长成员的多数票获得晋升机会的场合（上文注82处）见识过了这种权力微妙平衡的格局。这些部门如同今天的企业集团或俱乐部。每个新进部门的人无疑都要学会尊敬其传统。他们像企业集团一样分红（*emolumenta ceteraque conpendia*——这个冗长的词汇反映了某种不被传统所认可的观念）。我们可以推断，各种军队单位也遵循着类似的集团管理模式；因为当其中一位成员去世之后，剩下的人会瓜分他未动用的给养；如果他没有留下遗嘱的话，他的产业就将归其战友共同所有。[107] 当我们看到一批差吏聚在一起开会（可能在听取差吏头目的助手高声宣读上次集会的备忘录与他们的财政报告），并对某个成员的错误进行指责时，我们很容

---

〔106〕 *CT* 1.16.7，从有所警觉到法令颁布。参见 1.16.6（331 年）抨击了那些在收受贿金之前不肯与诉讼人见面的行省总督；1.16.9（364 年）and 10（364 年；365 年），审讯必须允许旁听；4 世纪前期与后期法律文献之外的、关于法官退居幕后现象的证据，见 MacMullen（1976）246 n. 10。

〔107〕 *CT* 8.9.2（382 年）讨论了报酬问题；关于罚金，见 11.30.8（319 年）and *CJ* 10.20.1；Schuller（1982）205 and Noethlichs（1981）32；关于军队单位的配合方式与表现，见 *CT* 14.17.8（380 年），*CJ* 6.62.3（349 年），以及十分有趣的 CPR V 13（395 年或 396 年），其中的埃及军事长官通知奥克西林库斯的要塞将领说，他的副官们已经向自己提交了填补等级空缺的人选名单（*schola catafractariorum*）。

腐败与罗马帝国的衰落

易理解，对他们而言，这些东西要比来自远在天边的皇帝的命令更为重要。他们当然不会认为自己是一批罪犯。

但我已经背离了自己的初衷——运用法律条文之外的证据去解释帝国境内各地区腐败行为的习以为常。我的研究从意大利开始，重点研究了西班牙和高卢，之后进入阿非利加、昔兰尼加和埃及。我引用的三位作家——利巴尼乌斯、阿米亚努斯和金口约翰——提到了安条克。因此，我将从安条克继续这项调查。

安条克是座行省首府。它是管理帝国东部边疆的总枢纽，也是全帝国的四大城市（与罗马、亚历山大里亚和迦太基并列）或五大城市（再加上君士坦丁堡）之一。在 4 世纪中的数十年内，它还担任过帝国首都，因为君士坦提乌斯二世、朱利安和瓦伦斯都曾定居在那里。那里是帝国东部大行政区总长、军长（Master of Soldiers）和叙利亚行省总督的固定居所，他们手下的仆役总数可能要超过 1500 人——还不算皇帝率领廷臣和卫队居住在那里时宫廷周围簇拥的如云官吏。跟米兰一样，这些城市常住人口之外的不速之客一方面为安条克带来了福利，另一方面也带来了祸害。阿米亚努斯回忆道："同为一丘之貉的法官和律师沆瀣一气，把小人物的利益出卖给将领或权臣。这样一来，他们自己就可以获得财富或官职。"[108]

---

〔108〕 Amm. 30.4.2；参见 22.10.5 中描述的场景：一名诉讼人在看到自己的对手时感到的惊惧——她以为那不过是个普通人物，结果却发现他在上法庭时戴着前宫廷人员才有的绶带。

利巴尼乌斯在各种场合——节庆期间、私人聚会上甚至是公共浴池里——提到贿赂。他还不厌其烦地描述了一个精于世故的米克西德姆斯（Mixidemus）是如何运用世人习以为常的手段攫取利益的。[109] 最重要的还不是认识当权者，而是要让世人知道自己认识他们。那么，从弗隆托的时代到我们在上一章中描述的其他人的生活年代究竟发生了什么变化呢？正如其他权力的追求者与运用者一样，利巴尼乌斯也在培植自己的权力。事实上，他骄矜地描述了自己是如何挤掉竞争对手，获得了行省总督的重视的；他每天晚上都会去拜访总督，同他促膝长谈；或捎去反映民众苦难与需求的便笺，同这位重要朋友讨论。而利巴尼乌斯提出的大部分事务最后都按照他本人心意的方式处理了。他表现得如同一位受人尊敬、事业成功的庇护人。这并不新鲜。然而，他接着说："这激怒了我的对手，因为许多人在没有获得报酬的情况下获得了这些福利。事实上，之所以有那么多人希望获得我的帮助，正是因为它不像肉类和蔬菜那样明码标价。"真正的区别就在于此。这在帝国晚期是非常典型的；显然，利巴尼乌斯是谴责、鄙夷这种做法的。"肉类和蔬菜！"

米克西德姆斯，这个利巴尼乌斯出于谨慎而采用化名的家伙是新时代的产物。作为一个获得了前行省总督头衔的人

---

[109] Liban. , *Or.* 51.7 – 9 and 49.26 and 30；关于米克西德姆斯，见 *Or.* 31.10 – 15；关于利巴尼乌斯本人对行省总督的影响，见 *Or.* 1.108 f. ，引自 Norman 译本，另见 Norman（1954）46。

（*honoratus*），他为那些不善言辞的原告和被告辩护，并操纵证人以获取巨大利益：他通过买通法官提前获得了一些小道消息，随后出售这些秘密以换取"金银、布匹、奴隶、马匹或各种能够满足口腹之欲的东西"；通过买下某个村庄里出售的临时份地，他就可以凭借地主的身份插手村子事务，并通过威逼恫吓获得决定当地税款分配及额度的权力。这一切都是他勾结其他官吏和军官而实现的。他变得家财万贯。利巴尼乌斯则对此愤愤不平。[110]

利巴尼乌斯还因为一件直接损害其切身利益的事情而发火——他的权利受到自己领地之外农民的侵犯。关于这一主题的第 47 篇演说词经常受到学界的讨论，因为它十分鲜明地反映了帝国晚期出现的新型权力模式。它的焦点是以武力为后盾的外来势力（*dynamis*）对乡村的入侵。士兵们入驻村庄，帮助在幕后指使他们的高级军官们以保护费的形式攫取了当地的所有剩余财富，同时唆使村民们拒交合法征收的租金与税款。这样一来，利巴尼乌斯就无法从一处祖传的、由整个村子构成的地产征收到任何东西。当他逮捕了桀骜不驯的农民后，行省总督屈从于军官的命令，作出了不利于利巴尼乌斯的判决。于是他的农民们返回了家园，并在路上嘲笑着失败者利巴尼乌

---

〔110〕 Liban. , *Or.* 39. 10 – 14；Liebeschuetz（1972）199. 某些等级的官员接受礼物一定是非法的（如 *CT* 11.11.1），无论这种行为是如何普遍，或当事人是否出钱购买了这些礼品（指的是他们用不合常理的低价购置产业或昂贵物品的行为，参见 8.15.1 – 7，334—397 年）。因此米克西德姆斯的行为必然是恶劣的。

斯。利巴尼乌斯明确指出（如 Liban., *Or.* 47.10 and 17），类似的局面及其自然结局并不仅仅出现于安条克周边的农场里，而是具有普遍性。他指的至少是全叙利亚，也许还包括他所了解的毗邻省份。无论如何，他所描述的、这起变故的受益者是人数众多的和地位显赫的；他们攫取的利益也极其可观（47.29 以下）。

无论是否带有讽刺意味，利巴尼乌斯设想有人试图为"那些点铁成金的米达斯们（Midases）"（米达斯，古希腊传说中，点石成金的人物。——译者）说话，从而讨好他们。不能剥夺士兵从农民手中得来的利益，否则他们的士气就会受到影响![111] 显然，他们将这种收益视为自己的权利。他们欺骗安条克居民的传统是在几个世代中逐步建立起来的。一个世纪前，戴克里先已经发现军队欺骗军需补给者的情况。而在利巴尼乌斯发表演说之后不久，金口约翰所描述的士兵已成为一群"每天无恶不作、骂骂咧咧、肝火旺盛、趁火打劫的豺狼……他们随身劫掠、搜刮，进行虚假的控告和交易……他们由于贪婪而犯下的罪行已经完全压倒了美德与秩序；在他们怒火中烧的时候，他们压根儿不把自己遭到的任何指控放在眼里"。也就是说，他们并不感到羞耻；他们尊奉的是另一套截

---

[111] *Or.* 47.31，"那些想要点石成金的米达斯们（Midases）"；47.26："如果将领们被禁止获取这项收入的话，他们就会丧失积极性。"Liebeschuetz（1972）204 正确地指出："那是将领得到认可的（哪怕在严格意义上是非法的）收入的一部分。"（作者只是顺便提及了这一点，他的真正评论对象是 17.26）。

腐败与罗马帝国的衰落

然不同的伦理标准。[112]

我们从这个行省继续向北方前进。我们听到纳兹安祖斯的格里高利（Gregory of Nazianzus）同样向听众提起了安布罗斯和马克西穆斯引用过的、关于士兵敲诈勒索的《路加福音》3:12—14。他把这段话用在了供养军队的征税员头上。奥古斯丁在阿非利加布道时也提到了这种情况。根据叙尼修斯（Synesius）的描述，在阿非利加，一位总督在各城市间不断调动自己的军队，以便向这些城市勒索钱财：市民受到士兵的骚扰越甚，就越乐意拿出一大笔钱来打发部队尽早开拔。[113]因此，军队入驻很自然会被视作敌军占领；正如我们强调的那样，在帝国晚期，军队的存在是普遍的、常规的和无孔不

---

〔112〕 关于戴克里先（288 年？）试图维持士兵与军需官之间交易公平的史料，见 Malal. 12 p. 307 Bonn（p. 73 Stauffenberg）；较晚的材料见 Joh. Chrysos. , *Homil. in Mt* 61. 2（*PG* 58. 590 f. ，参见 *In ep.* 1 *ad Cor.* 43. 4），它证实了利巴尼乌斯连篇累牍所描述的安条克驻守百人队（*enkathemenos lochos*）的管理方式：它清除了军营周边的肉店和其他一切军需供应点，甚至不发给士兵钱财（*Or.* 46. 13）。

〔113〕 Greg. Naz. , *Or.* 19. 11 f.（*PG* 35. 1056A – 1057A）提到了"令人生厌的物资征收单和开拔费"（*ho to hemeteron phoron apographeus* and *exisotes*）；参见 Themistius, *Or.* 8 p. 171 Schenkl 对"城市驻军司空见惯的贪婪"进行了描述；Aug. , *Sermo* 302. 15 用"……压迫穷人的士兵们"来称呼那些经常或固定驻扎在希波的军队；Synes. , *Ep.* 129（*PG* 66. 1512B），305 年的利比亚军事首长"没有把军队调动到最有利的军事地形处，而是把它们驻扎在最适合进行劫掠的地区"，于是居住在南方的部落将这个消息传递给了真正的蛮族，后者随即入侵。Amm. 27. 9. 1 指责了 4 世纪 60 年代阿非利加行省"军队的懈怠和攫取他人财产时的贪婪"，以及那些当时驻扎在君士坦丁堡的士兵们的贪婪，见 22. 4. 7；参见 *CT* 7. 9. 1 – 2（340 年），那是若干条针对驻扎在平民中的部队的无休止劫掠的禁令之一。

入的。

此外，士兵们拿取财物的做法在一定程度上是合法的。他们需要的并非只是栖身之所。他们需要食品和其他补给品；至少在埃及，这些东西是被列入常规的物资征收列表的。所有人都知道（或自以为知道）税收的首要用途：那就是维持军队。行省或城镇负责收税的官吏与军队征税员间的默契合作反映了这一事实。因此，当一个身穿制服的不速之客突然跳出来索要一蒲式耳小麦或一坛葡萄酒的时候，你是很难说他没有这样做的权利的。

瓦伦提尼安三世描述过一批在西部行省巡视的税收检察官。他们的日常工作可以清晰表明，合法税收与非法勒索之间的界限是何其模糊——至少勒索者是很容易打扮成合法税吏的模样的。[114]

> 当这样一位检察官来到某个人心惶惶的行省，身边簇拥着一批诬告者和高官时，他会感到志得意满。他要求行省总督派人进行协助；他还会要求地方上的各种组织加入自己的工作。有了这么多人手和官员壮胆，恐怕就能够勒索到贪欲向往的东西。为了让自己引人注目，这位来访者发布并反复重申与各种各样的税目有关的可怕命令。他查阅了大量毫无头绪的备忘录账目；这类人越是干练，不懂欺诈为何物的人就越是不能理解他们在干什么。他们索要因年深日久而遗失的税收回执单，但心地善良、确信自己

---

〔114〕　*Nov. Val.* 1.3.2（450 年）。

分文不欠的人根本想不到要保留那些票据……与他合谋的朝廷官员鼓励他这样做，宫廷使者吵吵嚷嚷地加入了攻击行列，无情的士兵们要求马上动手。

可见在那些时代里司空见惯的这一类连锁反应中，"谄媚者"负责提出指控，地方税吏、皇帝钦差和行省总督属下的法庭都是参与者，而推波助澜、制造恐怖的则是军人。

士兵一方面代表着盘踞、寄生在手无寸铁的民众头上的祸害，另一方面自身又要任凭长官摆布。利巴尼乌斯说："有人盘剥自己的下属，有人贪污了死去兵士的给养配额，利用死者的名义损公肥私。这些赃款的数额都很巨大，但跟长官从军士手中夺取的金子相比简直是小巫见大巫。于是士卒一贫如洗、士气低落、衣衫褴褛。被克扣的往往是用来填饱肚子的口粮，于是这些士兵只能拖着奄奄一息的躯体投入战斗。"他接下去又列举了更多的勒索例子，[115] 其内容与叙尼修斯的报道大同小异：城镇议事会必须筹够款项，才能买通当地驻军，让他们不再为非作歹。叙尼修斯反复列举过昔兰尼加地方官员从事欺诈勒索的例子——在4世纪60年代的默西亚各地区同样司空见惯。特米斯提乌斯（Themistius）提及过这些事情。"城市会被驻军毁于一旦"是个历史悠久的修辞学命题，但它的起源主要来自于对文献记载的照搬，不是眼见为实的可靠证据。在这幅图景中有一些全新的、到了罗马帝国晚期才出现的元素得到了舆论的默许，也就是军官利用不存在的部队的军饷和补

---

〔115〕 Liban., *Or.* 47.31–33, 其最终的实行方式可能是某种日后逐步合法化的现象的例子之一："有些收费尚未被批准，但城镇议事会已在征收"，并声称那是自己的权利。更多材料见 Liban., *Or.* 2.37："我知道士兵们的处境……他们忍饥挨饿、瑟瑟发抖、身无分文，因为那些道貌岸然的士官和将领通过克扣军需和军饷，把他们变成了穷光蛋，自己却大发横财。"Asterius Amasenus, *Or.* 4（*PG* 40.221C, 约400年）也提及了"大批"军官克扣军需的现象，这在当时已经司空见惯；利巴尼乌斯在 *Or.* 2.40 中讲述了提奥多西手下军官的贪婪，并在 *Or.* 18.82 中提及了他们于4世纪50年代在高卢的勒索行径。更有甚者，Synesius, *Ep.* 131 记载说，5世纪初的一名骑兵指挥官甚至变卖了部下的坐骑；他还两度（*Constitutio* or *Catastasis* [*PG* 66.1576D] and *Ep.* 62 [1405D]）使用了同一标签——"军官们的贪婪"。Themistius, *Or.* 10 p. 207 Schenkl 描述道，在369年的多瑙河边疆一线，"要塞长官和百夫长已成为商人和奴隶贩子，什么工作也不做，成天忙着买进卖出；他们还减少了要塞的数量，以便他们（军官们）可以贪污空缺岗位的应领军饷"；还有 *Or.* 8 p. 174（368年）：当军令严明的皇帝视事时，"再也没有假冒的士兵名字出现在记录簿上了"，也不复存在整支军队单元完全出自虚构的现象了。最后，Zos. 5.46.5 声称将领们克扣部下给养的行为乃是一种惯例，而非个别现象；5.10.1（约395年）则记载道，一个人"被授予了一项便于敛财的肥缺，担任了一支部队的将官"。我们可以举出许多法令来证实这些图景的真实性，如 *CT* 7.4.29, 7.9.3 or 8.5.21。

给、或与此对应的钱财中饱私囊。相反，从塔西佗的时代起就开始为获得准假或避免虐待而支付的贿金似乎一直没有被百夫长职位以上的官员们收取。从利巴尼乌斯的时代起，上层人物开始成为规矩最严重的破坏者。

我们意外地在一名埃及本地居民写给阿比涅乌斯（Abinnaeus）麾下中队的便笺中发现了军官收受贿金的现象。这位居民被派遣到一个村子里招募新兵；如果他招不到人，当地居民就需要出钱抵付。征兵向来是进行勒索的传统借口；但这些特别款项并不太可观：尽管对乡村警卫进行了催逼，收上来的却只有区区西索里达和一些银子。但那没有关系，执行任务者已经尽力了。"上帝作证，我们的努力不是为了自己获益，而是为了大人。我希望大人的事业总能事事顺遂，但我们也希望您能获得一点点回报。那对所有人和上帝都有好处。"[116]

370 年左右，一位爱国者给皇帝上了一份冗长的奏折（几乎可以被视为一本小书），建议进行若干项迫在眉睫的改革。其中一些是军事事务，另一些是行政事务。他在其中一段里表达了一个非常有趣的观点，反映了自己对那个时代的整体印象。它看到了"行省总督——纳税人的死敌——可耻的贪婪；尽管他们因自己担任的官职而受人尊敬，他们还以为本省作出贡献的企业家自居"。他的措辞让我们想起了利巴尼乌斯所说的"肉

---

〔116〕　Bell（1962）87 f.（4 世纪 40 年代）。关于募兵时的勒索行为，见上文，注 23；帝国晚期的情况见 CT 7.18.7 关于追捕开小差士兵们的规定；Synes., Ep. 79（PG 66.1445A），"从征兵税中得来的钱"；Veget., De re milit. 1.7；and MacMullen（1976）212。

类和蔬菜"。更一针见血的还有特米斯提乌斯的说法：军官们都
是"商人"（注115），对其行为的指控集中于他们把公共权力
视为商业活动中私人筹码的做法。这位小册子作者接下去又描
述了行省总督们：

> 他们更富于压迫性，因为这些人本应给民众带来慰
> 藉，结果却成了邪恶的源泉。他们好像嫌自己的罪孽还不
> 够深重，每个人都派出税吏去进行同样的破坏活动。这些
> 人巧取豪夺，榨干了纳税人拥有的一切资源。如果只是自
> 身犯罪的话，他们根本得不到世人特别的注意。他们不是
> 在竭尽全力地钻一切税收条款的空子吗？哪位纳税人在上
> 交税款时不曾遭到过盘剥呢？因为那些负责征兵的、购买
> 马匹或口粮的、甚至签订契约的人都是常规的牟利和勒索
> 对象。但如果正直的人……[117]

随后，这位作者陷入了对更为正直的古老时代的追忆。他
跟与自己同时代的特米斯提乌斯在言论上如出一辙，这一点十
分令人惊奇。显然，两人观察的是同一个世界；但特米斯提乌
斯主要关注的不是政府，而是"税吏的残暴行径、税目记录
员的狡诈奸猾和城市驻军的贪得无厌"。他随后向皇帝瓦伦斯
表示祝贺，因为他驾驭了（或许是这位演说家认为瓦伦斯应
当驾驭？）"财务官员，他们再也不能在统计账目时摆出一副
比将领们还要高傲的样子；这个国家也不再听凭他们的手指尖

---

[117]　Anon. *De rebus bell.* 4.1；年代确定见 E. A. Thompson (1952) 1 f. 。

腐败与罗马帝国的衰落

摆布"。[118]

　　我们还剩下一个独特的腐败领域有待考察：官职的任命。这是一切问题的核心；因为没有职权的腐败分子就不具备满足自身需求所必须的权威。按照我对整个帝国的巡礼路线——从帝国西部首都米兰和意大利沿逆时针方向前进，依次通过阿非利加、昔兰尼加、埃及，尤其是叙利亚的安条克，我现在也应该观察一下帝国东部的首都了——皇帝在的时候，安条克当然是一座都城；但在其他场合下担任这一使命的则是君士坦丁堡。理论上讲，官职的任命都是需要得到皇帝首肯的。

　　因此，在341年的埃及，之前的庇护人和骑兵队长阿比涅乌斯发现了仅几个月（或几年）里背着他本人和皇帝所发生的事情，便马上向宫廷求助。情况似乎是，好几个人分别从君士坦提乌斯二世手中获得了之前赐予阿比涅乌斯的部队指挥权，亚历山大里亚的埃及总督也倾向于把职权授予阿比涅乌斯

---

　　[118] Themist. , *Or.* 8. 114a, p. 171 Schenkl and 114c, p. 172（368 年）；参见 Paulinus of Nola，*Ep.* 25. 5（约 400 年），其中对一位高卢军官写道："既然正直的品质使得您在征收常规税款的时候都极其宽容，您为何还要过问充斥着您所深恶痛绝的暴力行径的军饷分发事务呢？"（trans. P. G. Walsh）另外一条一般性的概括或估计（Nov. Maj. 7. 1）发表于 440 年期间："宫廷的勒索行径是无孔不入的，时常引起世人对他们累累罪行的怨言"，等等；在君士坦丁时代与 440 年，载入《提奥多西法典》的许多法令都提到了勒索税款的现象，如 11. 7. 1（313 年）对这一过程中收取额外费用（*concussio*）现象的约束；8. 4. 2（315 年），非法勒索的额外收入；8. 10. 2（344 年），索要的其他额外款项；12. 6. 27（400 年），侵吞公款现象；以及 11. 7. 9（412 年），对逾期欠款的非法罚金。参见 Schuller（1975）11 n. 26，其中引用了许多很好的材料；以及 Lepelley（1983）150 f. 专门研究了阿非利加行省的情况。

这些对手中的一个。阿比涅乌斯写信向君士坦提乌斯表示抗议，揭露了显而易见的真相：对他本人的任命尽管拖延了许久，但毕竟是他通过功绩挣来的，并且是皇帝亲自批准的。他的对手们无疑也拿到了委任状；但那是通过行贿收买推荐的方式获得的。他的抗议收到了效果：其部队指挥权得到了确认，但仅仅维持了两年多一点，因为埃及总督随后撤了他的职。由于无法保住自己在亚历山大里亚的职位，阿比涅乌斯只得于345 年 2 月再度前往首都求助。[119]

他随身带着阿尔西诺伊（Arsinoë）议事会主席的一封信："由于你打算进宫觐见圣上，我授权并准许你以我的名义向陛下请求任命我为税吏，由我承担此行产生的一切费用，请信任我。"[120] 这份文件是相当正式的，显然是一份契约。我们可以很有把握地断定，写信者所指的费用并非交通费。另一份相关文件向我们透露了更多信息。因为第二天，阿比涅乌斯又收到了另外一个人的委托书（我们不清楚他的箱子里带着多少份这样的委托书），那是一位老兵代表自己的儿子对他的委托。它同样以契约的形式写就，其中甚至引用了宣布采用行贿手段的诉讼为非法的法令。"凭借这份文书，我授权你帮助我

---

〔119〕　Bell（1962）11 f. and 34 f. ；关于另一个重复任命的例子——首先任命了一位合法候选人，之后又通过"陛下近来的皇恩浩荡"（*recens maiestatis vestrae beneficium*）非法任命了第二位人选，见 Symm., *Rel.* 22；以及阿比奈乌斯（Abinnaeus）使用的字眼 *suffragium*，见上文，注85。最后前一位争取官复原职的努力获得了成功。见 Rémondon（1965）133。

〔120〕　Bell（1962）119 f.

的儿子谋求这个升迁机会……我普拉斯（Plas）在上帝面前保证，对于你为此支付的一切，我都将不失信用地进行偿还。"[121] 两份文件合在一起可以表明，当时的一位普通城镇议员对行政体系下与军队中进行任命的一般流程是了如指掌的。在我们举出的这个例子中，三位当事人都已人过中年，拥有丰富的生活阅历。他们了解并善于运用法律；他们的头脑也十分灵活，对法律武器的效果心怀疑虑。但他们可都是体面人物！——事实上，他们现在打算运用的请托方式正是其中一人之前抗议过的。他们只是接收了两套伦理体系。在首都，阿比涅乌斯会找到自己现在还不认识的人，并向他们付钱。对他来说这是纯粹的商业事务；而另外两位请托的人则是行贿者。而买到官职的人有时还会把同一个职位倒卖给好几个人，从而狂捞一笔。让那些买家在省里厮打去吧。

　　一个世代之后，巴希尔以同样体面的方式给一位主教写信，后者曾请求他帮助一个名叫乔治（George）的人。乔治是一名城镇议员。像大多数同类一样，他也希望能跳出火坑。巴希尔写道："请告诉我他需要什么样的职位或任命（*axioma*），我们肯定要费一番周折，因为我们需要一些拥有权势的朋友们出手相助，他们可能会自愿帮忙，也可能会索要些许报酬，但

---

〔121〕　上引书，注 121 以下，使用了 Bell 对 *e ti d' an des eis logon tes autes promotionos* 的翻译（笔者要在此表达自己的歉意，由于没有使用希腊字母排印，这里转写的具体字句很难看得清楚）。Liebs（1978）173 看出了这封信与另一封都是以行贿为目的的。

上帝将会帮助我们。"[122] 众所周知，正如阿比涅乌斯那些执着的共犯一样，暂时向官吏购买权力的行为也是违法的。但巴希尔却信心十足地请求上帝佑助；奥古斯丁也是一样。购买官职的伦理已经深入人心，只不过法律规定还落后于时代。这也就是说，皇帝们已丧失（或差不多丧失）了权力。

　　这一点尤其可以为乔治提供正当性理由。城镇议员所承担的责任是导致巴希尔写作时代连篇累牍的立法活动、舆论关注甚至铤而走险举动的焦点问题。我们可以通过利巴尼乌斯认识到这一点，后者像巴希尔一样反复撰写帮助友人摆脱城镇议员身份的书信。但他却在演说中呼吁城镇议员忠于自己的阻止，认为逃避责任是可耻的。不管里利巴尼乌斯用什么手段来解释自己行为的前后不一，皇帝们的态度却更为一以贯之。在整部《提奥多西法典》中，直到法典颁布的 438 年和在此之后补入的法令，解除城镇议员的职责一直被作为一项十分宝贵的赏赐，只有在其职位上长期为家乡城市或统治者立下过汗马功劳的城镇议员才能获得此种殊荣；而禁止无功之徒获得这种赏赐

---

〔122〕　Basil, *Ep.* 190，Kopecek（1974）327 认为乔治在自己担任主教期间就开始想巴希尔提出这一请求了。

的法令则被反复强调。[123] 因此，城镇议员擅离职守的行为会受到高度重视，甚至被视为弥天大祸——我们将在下一章中对此进行讨论。目前，我关注的只是这种通过贿赂逃避岗位责任的行为在多大程度上被 4 世纪初以来的人们视为天经地义。这一过程是皇帝们无从控制的。

除法典之外，许多类型的史料都记载过通过贿赂获得军事、行政职务任命的行为或相关论述，如尼西亚大公会议的决议、向朱利安讲话的一位拉丁演说家、无名氏所作的《诸恺

---

〔123〕 许多权威著作都研究过议事会成员的不幸处境及其结果。近年来的讨论如 Veyne (1981a) 339 f. and 343 f. 。关于买来的官职不具备合法性的证据，见 *CT* 12. 1. 26 (338 年) 或 6. 22. 1 (321 年；324 年)，其中提到了有偿的推荐行为 (*suffragium, data pecunia*)，或 6. 22. 2 (338 年)，等等，见 Veyne 书中引文。后两条文献都涉及到专门为解除城镇议员职务而贿买的许可状 (*codicilli*)。Veyne 讨论了与后一条引文有关的问题：人们如何能在颁发许可状的行为中发觉腐败的痕迹呢？一条年代较早的法令 (*CT* 12. 1. 27, 见上文，注85) 对于我们理解这个问题是很重要的。它是写给阿非利加行省总督的，其中宣称"你抱怨光荣的迦太基议事会规模太小，城镇议员的人数也太少，并且这些人都是可耻地败光家底后才买来了这个本不合乎自己社会地位的徽章的" (trans. Pharr)；参见更早的材料 *CT* 12. 1. 5 (317年)，其中谴责了通过贿买要人的推荐 (*suffragium comparatum egriagiatus*)，"获得骑士身份 (具有豁免权)"的逃避行为。较晚的材料包括 12. 1. 25 (338年)："通过购买来的尊荣与推荐机会 (*empta dignitas* and *suffragia*)，地方议事会中的城镇议员已严重不足"；学者们还引述了许多其他例子，如 Noethlichs (1981) 90–95. Liban. , *Or.* 48. 11 补充了一位安条克城镇议员的故事，他变卖"家族产业"后购买了公职 (*arche*)，"随后通过以权谋私的手段收回了本钱。"参见 *Or.* 18. 134 f. 中记载的类似做法：通过买官摆脱自己的城镇议员身份。更多的材料见 *Or.* 28. 22，不惜倾家荡产也要逃离城镇议事会这个火坑的例子，被 Hahn (1982) 179 f. 所引用，Hahn 评价说，当时的人们都默许这种摆脱城镇议员身份的方式。

撒传节编》(*Epitome of the Caesars' Lives*)、阿米亚努斯的很多记载、诗人克劳狄安(Claudian)和哲学家兼史学家攸纳皮乌斯(Eunapius)。我们没有什么理由断言,所有这些人都抱有偏见,或听信了谣传。不,他们所描述的是同一个世界,那里是天下乌鸦一般黑的;毫无疑问,身居高位的官员们会在不同地区间奔走往来,于是将这种不良风气传播到了帝国的各个角落。我们在从尼西亚大公会议召开(325年)到《提奥多西法典》颁布的一百年间(这个时段范围已足够说明问题)可以看到这种效果。438年之后的相关材料更是俯拾皆是。[124] 然而,不同时代之间毕竟存在着差异。腐败逐渐成为通例,并通过惯例和习俗成为了正当、无可指责的事物。皇帝们自己也卖

〔124〕 Hefele (1907 – 09) 1, 1, p. 591 can. 12 of Nicaea 对那些重新信奉多神教的基督徒的评论,他们"通过贿赂与请托重新取得了官职",从而重新拥有了自己的绶带 (*zonai* = *cingula*);*Paneg. Lat.* 11 (3).15.5, 17.3, 18.6, 21.1,以及 21.4 对购买行省总督、执政官等高级官职的惯例的描述,相关讨论见 Collot (1965) 197 and Liebs (1978) 174 – 76;*Epit. de Caes.* 41.24,引自 Liebs (1978) 172;Amm. 18.5.5 f. 对某位萨比尼亚努斯 (Sabinianus) 购买高级军官职位的行为进行了写实式的描绘;22.7.6 叙述了 365 年在东方大量贿买文武官职的现象;以及 30.4.21,法官职位通常需要花大价钱购买;Claudian, *In Rufin.* 1.179 f.;Eunap. frg. 87 (*FHG* 4.52 f. = Blockley [1983] frg. 72.1) 在叙述 420 年前后史事的时候说,多瑙河下游地区和东部的行省官职,如总督或副总督都是可以买来的:"它们相当公开地通过生意人进行交易,就像市场上的一切其他商品一样"——并且所有人都指望能在任职期间大捞一笔,好填平买官所造成的经济亏空。在法典中存在着从 *CT* 6.38.1 (317 年) 到 6.29.11 (414 年) 和 *CJ* 12.19.7 (443/4 年) 的一系列证据。其中最后一道法令将升迁的价格列表放在圣匣 (*sacra scrinia*) 里,参见 Collor (1965) 213. 相关书目见 Schuller (1975) 10 n. 21 and Liebs (1978) 160 n. 7。

官鬻爵，如提奥多西大帝（可能还有 4 世纪末的其他皇帝们）。无论如何，人们普遍相信他们在经营这种生意。更晚的证据同样并不匮乏。[125]

至于皇帝究竟在多大程度上会在明令禁止的幌子下效法这种出卖官职的勾当，我们是很难进行统计的。恐怕连他自己也很难算得清楚。他不会留下收取钱财的证据。可信的是，他确实像我们听说的那样，通过售卖官职换取了钱财；但他的举动是通过中间人完成的。这样一来，如果他的臣仆染指了部分或全部款项，皇帝恐怕也无从察觉。我们还看到，有时会出现皇帝中意的人选被废除的重复任命情况。这样一来，皇帝就只能气冲冲地喊叫起来：不要理会我之前的命令，忘记我最近签署

<hr>

〔125〕 Zos. 4. 28. 3，提奥多西"四处贩卖总督头衔，根本不考虑候选人的声誉和道德品质"，以及（4. 29. 1）"他们公开扬言，自己无论如何总得把买官时的花费赚回来"。另见较晚的材料 Procop. , *Anecdota* 21. 9 – 13，对查士丁尼统治时期的做法进行了详细描述。苏埃托尼乌斯在其《韦伯芗传》（16. 2）中声称这位元首贩卖官职和荣誉头衔；这可能是事实，尽管对那位元首悭吝品质的渲染肯定杜撰了一些荒诞无稽的轶事。我认为，对安东尼·庇护的类似指控也应当被视为 4 世纪才出现的评价与观念。包含这一指控的轶事见 Gen. R. 77. 6，参见 Ravenna（1978）547。类似材料如 SHA *Commod.* 14. 6："他出卖行省与行政职务，并将收入同买家对半分成。"这类的史料讲述的其实是其撰述时代的情况。

的法律或信函，因为我没有批准假借我的签名进行的那些任命。[126] 可见，帝国的权威本身并未丧失，只不过皇帝失去了对它的控制，日益堕落到了同自己的臣子争夺权力的地步。于是，人们就在无视皇帝意志的情况下作出决议，争取到宫廷中两三位盟友的支持，草拟好法令，交给漫不经心的元首签署。[127] 例如，我们不清楚君士坦提乌斯二世是否知道（或知情的他如何能够制止）任命一个年老但富有的文人萨比尼亚努斯（Sabinianus）担任帝国东部骑兵总指挥的事情。他得到了几位权贵的推荐——当然给了他们好处。当此人后来在阿米达（Amida）紧急求援时未能发兵相救，坐等该城镇落入波斯

---

〔126〕 见上文，注119；另见注74对 Noethlichs（1981）50 – 55 的强调。有用的材料如 *CT* 2.6.1，参见 12.1.10（325 年）；虚假的任命见 *CT* 8.7.2（326 年）and 12.1.17（329 年）；伪造的皇家恩赐职责豁免状见 14.4.1（334年）；"依靠骗取陛下的许诺而获得皇家手谕的人"不得免除城镇议员的责任，见 12.1.33（342 年）；较晚的材料经常提及使用欺瞒（*per obreptionem*，1.9.2.1，385 或 386 年）、诱骗（*elicitum*，*CJ* 10.20.1，400 年）、假冒圣上指令（*ex colore sacrae iussionis*，*CT* 12.1.102，383 年）、秘密请托（*clandestina supplicatione*，*CT* 12.6.27.2，400 年）、非法取得的许可（*elicitum damnabili subreptione*［Mommsen］*rescriptum*（*CT* 11.1.20，385 年））、伪造许可状（*CT* 11.7.13，399 或 400 年）等手段的骗局。

〔127〕 关于皇帝漫不经心的签字确认，见上文注72和74以下；另见 Liban.，*Or.* 18.132："无论他们（官吏们）想要干什么，他们都宣称那是陛下的意思，这样一来就没有人能奈何得了他们"；更有力的证据见 Keith Hopkins，*JRS* 68（1978）181，其中举出了特奥法尼斯（Theophanes）对提奥多西二世的描述：他经常签署自己连一眼都没有看过的文件；参见 SHA *Carus* 16.8 对皇帝卡鲁斯不负责任地草草签署文件情况的记载。

人之手后保护了他免受审讯。[128] 然而，这一系列因果链条最好还是留到下一章去讲，因为我将在第四章中分析本书前面所描述的这些现象的后果。

只有到了这一时期的尾声阶段，宫廷中的权力游戏才开始吸引我的注意。因此，金钱与现代契约中所说的"其他利益因素"几乎变成了一种交流形式。公主可以毫无缘由地向自己宠幸的来访者赏赐银子，来访者则会带给她"名贵的装饰、水晶器皿和许多其他珍宝……并向公主的宠臣、阉奴和内侍赠送贵重的丝绸"。这是臣子拜访帝国东部首都时的情景，但同样的礼节也适用于西方。[129] 这些馈赠一方面类似于之前流行的"礼物"（*xenia*），另一方面，它们也与其他目的性更强的赠品混杂在一起，反映了埃皮法尼乌斯（Epiphanius）对君士坦丁堡主教马克西米安所讲的"有偿恩惠"。而用拉丁文术语"*Benedicta*"或"*benedictiones*"翻译希腊文字眼"*eulogiai*"的

---

〔128〕　Amm. 18. 5. 5（359 年或 360 年），18. 6. 1 and 7，18. 7. 7，19. 3. 1，and 20. 2. 3 对此人愚蠢无能性格的刻画，只有他的前任和部门总长替他掩饰过失，因为他们不想得罪太监总管优西比乌斯（Eusebius）。优西比乌斯很可能是从这项任命中获利最多的人。阿米亚努斯的记载没有其他材料可资参证。

〔129〕　Constantius, *Vita Germani* 4. 24：436 年前后居住在阿尔勒斯的大行政区总长赠给主教的礼物；参见 Borius（1965）169，以及 Constantius, *Vita Germani* 7. 35：皇后在欢迎主教来到拉文纳时馈赠的银器；*Vita S. Melaniae* 11 p. 9 Rampolla，见 Batiffol（1919）175，其中记载了贪婪成性的马拉妮娅（Malania）于 404 年拜访霍诺里乌斯姐妹时的情况，见上文，注 7。参见"Mark the Deacon", *Life of Porphyry* 40，优多克西娅（Eudoxia）向主教提供了银子，但他日后把这笔财宝分发给了宫廷侍卫。这份史料也介绍了一些拜占庭早期的习俗，但该文献本身是伪造的（MacMullen［1984］86 f.）。

做法则进一步丰富了委婉表述这些在道德上十分暧昧的事务的
词汇。[130]

但我们应当再补充几句：埃皮法尼乌斯是亚历山大里亚的
副主教，他报道了圣西里尔（Saint Cyril）在君士坦丁堡的代
理人攸罗吉乌斯（Eulogius）的所作所为。410 年，西里尔与
奈思托里乌斯（Nestorius）在以弗所因信仰分歧而发生了争
吵。根据在那里举行的基督教大公会议的决议，提奥多西二世
撤除了两人的圣职，并放逐了他们。但放逐和免职并未强制执
行。因此，西里尔得以擅自从亚历山大里亚的圣库中取走了半
吨多的黄金和其他不可胜计的财物，并借此赎回了自己的职位
与相应权力。他提供的东西包括地毯、窗帘、帷幔、垫子、桌
布、椅子和长凳——但最重要的则是现金。这些都是当事人老
老实实交代的。[131] 收买的对象包括省长的妻子和助手、部门
总长、皇帝及其姐妹宫廷总管手下的一些男女侍从；特别打点
的人有攸克莉娅（Eucheria）的大管家保罗及其助手（domes-
tici）；还有财务官、部门总长、皇帝大管家克律索瑞特斯
（Chrysoretes）的助手——克律索瑞特斯本人则拿了大头：200
磅黄金。但这封信的作者却在背后询问首都主教，希望能安排

---

[130] Batiffol (1919) 156 f.

[131] Schwartz (1914–40) 1, 4, 223, lines 28 ff. (*Collectio Casinensis*,
从多种希腊文史料被译成拉丁文)；关于以弗所议事会的一些带有偏袒性的
报告和西里尔的反应，见 Batiffol (1919) 154 f., A. H. M. Jones (1964) 214
f. and 364 f., and Wickham (1983) xxiv f.；关于那封信件，见上引书 xliv and
62；关于贿赂款项，见 66 n. 8 and Batiffol (1919) 169–73。

腐败与罗马帝国的衰落

另外一个人来接替克律索瑞特斯。这份名单的惊人之处在于，书信作者对影响决策的关键人物了如指掌。发挥作用的不仅仅是包括皇帝在内的高官们的权威——那也是他们下级属吏的财产，后者的建议权在行贿过程中的"估价"约为他们上级的四分之一，妇女和家仆们的干预作用显然也十分重要。[132] 要人们就是这样集体把主要官职的权力、他们的显要地位或有分量的建议权出卖给竞争中占据优势地位的一方的。

在讲述类似的故事时，金口约翰的传记作者帕拉狄乌斯是相当实事求是的。他提及的东西往往也可以在其他史料中找到证据。在罗马和君士坦丁堡，皇帝对主教选举的干预（有些时期是直接任命）是显而易见的。关于君士坦丁堡的情况，索佐门（Sozomen）和苏格拉底（Socrates）提供了足够多的证据；关于罗马的情况见《阿维拉纳汇编》（*Colletio Avellana*）（尽管该书的拉丁文版从未被翻译过，因此一直不为人知）。帕拉狄乌斯自然对现实状况非常清楚，在追溯 4 世纪初的情况时他写道："它发生于特奥斐鲁斯（Theophilus，时任亚历山大里亚主教）手下的一批教士在君士坦丁堡从履新官员手中预

---

〔132〕 Palladius, *Dialog.* 16 p. 25 Coleman – Norton 记载道，在金口约翰和亚历山大里亚主教特奥斐鲁斯（Theophilus）发生龃龉时，"皇帝宫廷中只有两三个人支持特奥斐鲁斯一派，派出武装力量加入了这场斗争；此外还有三个女子（除了那些臭名昭著的人物外）——三名寡妇，身边簇拥着大批男子——这些灵魂已经万劫不复的人通过劫掠他人而万劫不复"（约405 年）。

订在埃及教区的升迁机会的时期。"[133] 在东部行省中购买主教职位的现象屡见不鲜，这是不曾迷信教会乃是世外桃源的人们都能料想到的。主教们有时也会进行勒索；帕拉狄乌斯随即描述了亚细亚教区内规模巨大的主教职务批发市场。身为卖主的以弗所主教当时担任着某位高官的乡间地产管家，借助此人的庇护而免于被调查。但随着时间的推移，真相终于大白于天下。买主们只是希望通过担任圣职能够摆脱城镇议员的义务束缚；他们为此不惜倾家荡产，有的还变卖了妻子的财产。隐情被发现后，他们承认自己希望能够继续担任这些职务，只要求返还自己买官时所出的钱财。他们是何等厚颜无耻啊！这批人被罢黜了。但他们几年后又回到了原来的位子上。[134]

---

〔133〕 Pallad. , *Dial. de vita S. Joh. Chrysos.* 24 f. p. 41 Coleman – Norton，402 年；特奥斐鲁斯收买了一些控告者（显然是教士），见上引书 9 p. 10；阿卡狄乌斯向一名书记员提供了钱财，以便收买金口约翰的一名支持者，见 15 p. 23（406 年）；安条克的主教"身居大城市，手中掌握着官职，将它们拿来售卖"，这些官职如主教和其他教士头衔，见上引书 53 p. 94；关于公元 370 年左右卡帕多西亚境内小城镇与乡村主教出售圣职的现象（他们将贿金称为"虔诚的贡献"），见 Basil, *Ep.* 53 对 *Acts* 8：20 的引用："愿你们和你们的钱一同灭亡"；在瓦伦斯治下的 373 年，"（亚历山大里亚的）主教职位像某些世俗等级一样，是可以用金钱购买的"，见 Theodoret. , *H. E.* 4. 19（*PG* 82. 1169） = 4. 22. 9（*GCS* p. 252）；关于洗礼的交易，见 Aug. , *Ep.* 66. 1（对一名多诺替派教徒的嘲讽），并明确见于 Theodoret. , *H. E.* 1. 3（*PG* 82. 899A）对"贩卖基督教义（*Christemporia*）"的阿里乌斯（Arius）的控告；408 年的一名主教利用迫害异端的做法来进行勒索，见 Soc. , *H. E.* 7. 3（*PG* 67. 744A），参见上文，注 103；以及 Derrett（1981）414 nn. 46 f. 中关于买卖主教职位的一些书目，更多例证见 MacMullen（1986d）339 f. 。

〔134〕 Pallad. , *Dial.* 48 p. 84（400 年）to 51 p. 91。

腐败与罗马帝国的衰落

正如那个时代的许多司空见惯、在光天化日下发生的事情一样,买卖圣职其实也是非法的。除了《圣经》给这种行为定下的罪名外,历次大公会议的决议也反复予以谴责。引起我们对帕拉狄乌斯所描述的这种现象兴趣的是对这种行为的两种相反相成的评价:它是一种错误,但又不算什么错误。因此才会出现那六位被抓住的亚细亚主教的不思悔改的、甚至心有不甘的反应。他们使我们对那个时代所奉行的观念有了更加深刻的认识。

奥古斯丁在评价一起类似事件时的态度也是这样的:一位主教为了避税,将自己的土地隐藏在教会名下(尽管这样一来他还要私下缴纳一大笔钱)。出于基督徒的虔诚,让我们原谅他吧。奥古斯丁如是说。哲罗姆同样接受一种违背某种伦理准则的做法:他认为为合法纳妾而购买从前婚姻证明的行为是无可指责的。[135] 毋庸置疑的是,行贿意味着暗地里把钱财交给某位官吏,后者会跟自己的助手一起瓜分这笔钱。今天的人们也在饭店里做着同样的事情,只不过小费是在桌面上光明正大地支付的。对于古人而言,收这种钱也不过相当于拿了小费而已,它是完全无害的。

---

〔135〕 Aug., *Ep.* 96.2,奥古斯丁向之求助的那位主教住在他"用一小笔钱,假借教会名义买来的"土地上,并将这块地借记在一名当地权贵名下;参见 *CT* 16.2.15(359年;360年)对利用自己的免税特权兼并他人土地的教士们的约束。关于纳妾的情况,见 Hier., *Ep.* 69.5(*PL* 22.658 f.):丈夫们也许会试图为她们争取"贵妇"(*matronae stolatae*)的社会地位,但倘若"贫穷使他们无力获得皇帝手谕的话",他们就只能缔结教会法所批准的婚姻,无法得到世俗法律的认可。

5. 对公职权力私家化的评价

在比较塞涅卡时代与拉克坦提乌斯时代帝国官场上通行的伦理体系，或比较马可·奥勒留时代与提奥多西二世时代的时候，我们整整跨越了二百余年。在低级官吏中，我没有看到什么显著的变化。毫无疑问，帝国晚期伦理的表现方式有所不同。它们的体系更加严密、内涵更为清晰，并已积累了更加悠久的传统和更加广泛的社会认可度，从而拥有了坚实的基础。然而，士兵们仍会抢劫寄宿主人的银币，宫廷门卫仍会索要通过费，行省总督的属吏仍会对诉讼人狮子大开口——他们的表现同元首制时期的对应角色并无二致。就我们所知的情况而言，他们仍跟以前一样，显然是认可自己的表现的。

行省总督本人如同过去收受贿赂的法官，尽管他的受贿不那么频繁和明目张胆，并且无疑是通过手下的中间人完成的。当埃利乌斯·阿里斯泰德设想审判过程时（见上文，注35），他脑海中的受贿者不是法官，而是庭吏。法官也许会在事后拿走赃款的大部分，也许他分文不取。或许在首都和行省通行的观点，即在早先更为严格的元首治下同样可以通过行贿赢得官司的看法有时代表着一种误解；因为应当承担责任的是庭吏，不是法官。显然，掌管司法体系的那些人也会厉声指斥出卖判决结果的行径。那么，他们能够做到言行合一吗？小普林尼的当事人尤利乌斯·巴苏斯遇到的麻烦或许可以提供大部分答案的线索。他承认律师那些冠冕堂皇的话是"有道理的"，但声称自己并不认为这些意见行得通，更不会为此改变自己的决定。而提出这些责难的人可能会对金钱的价值持不同看法，并从另外的角度来看待这些问题。

我之所以要强调这些感觉和观念的因素，那是因为，如果人们并不认可行贿受贿行为的话，这种模式就无法得到理解。我无法设想世上的每个人都希望并能够破坏身处其中的社会圈子的规矩；但我能够设想，他会在进入另一个圈子时变换自己奉行的伦理准则。也就是说，如果他在参军后发现战友们都在干这样的事，他就会跟他们同流合污。城镇议员们也一样，他们拥有自己的规矩。[136] 正如那些不思悔改的罪人向主教马克西穆斯所说的那样（见上文，注94）——我的是非观是建立在我的职务角色基础上的，我本来就不是个教士。可见，不同的伦理体系是可以在一个社会中并存的。

公元250年之后不久，当时的人们已经可以明确地感觉到发生的变化（见上文，注37）。这些变化在随后的几十年间加速发展着。那是关于敛财行为（无论是抢劫、胁迫还是通过承诺配合）在程度和普遍性等方面的深入发展。这种变化不仅出现在法庭上，在军队里也有所反映（见上文，注24以下）；我们也已研究过可能导致这些现象的原因（它也有助于确定其年代）。这种趋势是在加速发展着的。帝国官吏（无论

---

〔136〕 Noethlichs（1981）210 认为，很显然，"在这样的官僚主义作风笼罩下，多劳多得的原则是无从谈起的。"参见更有价值的讨论：pp. 13 and 109。

是文官还是武官）都比之前的时代更普遍地同私人打交道，为他们服务；而"多次"也是一个几乎可以大致量化的字眼。例如，法律诉讼的数量翻了一番多；驻扎在城市、乡镇里的军人数目增加了5—10倍；与3世纪中期相比，4世纪中期居住在行省首府的中央政府官吏数量的增幅至少也与此相当。除此之外，官员们不得不违背那些"有道理的"教训，以便获得大量他们迫切需要的东西，其中第一条无疑就是保护自己免受暴力侵害。这种侵害（无论是蓄谋已久还是无心为之）造成的伤痛是广为人知的。然而，从戴克里先的时代起，不同圈子的成员间打交道的机会成倍地增加。皇帝发布了更多复杂的、影响臣民生活的法令，并且没有谁试图把这些法令整理得易于理解或哪怕是前后一致。其结果是，法律在很大程度上被忽视了，[137] 并让人觉得这些规定是可以通过贿赂加以变通的，并且在很多情况下也确实如此。

同时代人会强调某个职业圈子的拜金性质。像杂货店老板一样，官吏会利用自己的绶带来贩卖执行权与豁免权，就像贩卖"肉类与蔬菜"一样；他们会评估每位顾客的财力如何，开出价码，并算计自己要在任上为这位顾客提供多少服务才能偿付对方给予的报酬。[138] 这种思路所蕴含的观念是：官职是

---

〔137〕 关于法律规定名存实亡的抱怨，见 Liban., *Or.* 47.36 f., and Symm., *Ep.* 9.116；明显的例子见 Petit (1955) 34, Teucker (1961) 104, and MacMullen (1964) 50–53。

〔138〕 见上文，nn. 110, 115, and 125；Pallad., *Dial.* 48 p.84 Coleman – Norton；以及 Liban., *Or.* 18.135, 政府里的差吏都是商贩（*kapeloi*）。

腐败与罗马帝国的衰落

一种可以拿钱买卖的东西，因此也就是任职者的私有财产。沃尔夫冈·舒勒（Wolfgang Schuller）早已看到了这一点，并轻而易举地利用共和国时期十夫长的例子对此进行了提练概括；[139] 但同样的观念也适用于高级军衔。4 世纪后，当购买重要官职的竞争开始变得十分激烈时，行贿者可能需要通过借债来支付贿金。这样一来，他所购买的权力就在二重意义上被"私家化"了，购买它的既有行贿者本人的收入，也有债主提供的款项。[140]

对于帝国晚期小吏收取的小额贿金，同时代人的评论是很宽容的，或至少没有提出多少抱怨。这并不是问题所在。利巴尼乌斯则被卷入了规模更大的纠纷中——他宣称在自己、他的农民和当地军事首领的三角关系中受到了剥削。但这也没有关系。利巴尼乌斯说道："因为现在的情况是主人代表劳动者向权贵提供好处，而不是劳动者与主人作对；前者还可以维护有产者世界的稳固，后者则会破坏（有产者）的安全感，动摇

---

〔139〕 Salvian, *De gub. dei* 5.17 提到了监督税收工作的、掠夺成性的官吏（还不是其中那些地位较高的，而是最下等的小吏）通过贩卖头衔来谋取私利（*qui fiscalis debiti titulos faciunt quaestus esse privatos*）的现象。另注意 Schuller (1975) 17："一种从国家法律与国家公职人员群体内部产生的、令人惊异的私有观念"；更多材料见 18 f. and idem (1982) 202 f.。

〔140〕 跟亚细亚的主教职务一样，奥古斯丁追求的行省总督职务也是需要妻子嫁妆的。利巴尼乌斯等作家经常会提到借债行贿以获得求见要人机会的行为；但只有利巴尼乌斯（*Or.* 4.21）看到，一名行省总督（389 年）可能会成为"债主们的奴隶"。

他们的根基。"他接下来论述了维护既定等级秩序的必要性。[141] 因此，他决定满足当地那位军事首领的要求——向他支付"保护费"。他所不能容忍的乃是庇护—依附关系的瓦解，因为他长期以来对那个村庄的控制正是以此为基础的。

有产者的世界是源远流长的。我已在上一章中描述了它的权力结构。你知道自己在哪里，自己是谁，自己明天将成为什么——这正是利巴尼乌斯所讲的"*taxis*"（"社会角色"或"既定秩序"）蕴含的意味。相反，在这样一个世界里，权贵们由于受贿而提供的帮助是建立不了任何秩序的。它只会消解一切纽带：再也不存在什么义务与荣誉，"在所有人都唯利是图的地方，忠诚（*fides*）是无法立足的。"（见上文，注12）每一笔行贿都是独立存在的。在行贿发生前后，双方是两不相欠的。因此，它并不包含长期的、体制性的必然性。只有与物欲搭边的关系才能在这种模式下得到发展。无论在这个新世界还是之前的旧世界，贪欲和私利都拥有巨大的市场；但罗马式的荣誉却是只能存在于旧世界（尽管它的许多特征一直流传到了帝国晚期）中的。

利巴尼乌斯和一切殷实地主的境遇也适用于罗马皇帝们。像利巴尼乌斯一样，他们由于同样的原因失去了对村庄的控制（同时丧失的还有城镇乃至整个帝国），因为贿赂的力量压倒

---

〔141〕 Liban., *Or.* 47.22 对"既定秩序（*taxis*）"的维护——洛布版译文："在前一种情况下（业主自己支付了勒索款项），有产者的地位能够得到巩固；而在后一种情况下（佃户付钱），佃户们的忠诚感会受到损害，溃烂就会蔓延开来。"

了他们自己的政治统治。事实上，统治权已经不再属于他们了。相反，权力属于那些出钱买下了官吏职权的人。国家公职赋予了一个人发号施令、提出要求的权利。如果官员收受了贿赂，按照自己的意志去发布命令和进行索取的话，那么国家和君主的一部分权力就被私家化了。皇帝便因此遭受了损失。在帝国境内，权力（也就是臣民的服从）的总量是固定的，但它已变得分散、不稳定和不可捉摸。于是，帝国的国力已经再也无法集中了。

任何读过《提奥多西法典》和《查士丁尼法典》（可能还有《职官表》[Notitia Dignitatum]）的人都会认为，他看到的是比任何古人亲眼目睹的世界都更为精致、理性的政治体系。后人也经常认为它是真实存在过的。[142] 这是多么严重的谬误啊！毫无疑问，四帝共治时期的皇帝们野心勃勃地想要建设的是这样一个世界；凶恶的瓦伦提尼安也有过同样的想法。提奥多西大帝竭尽个人所能，与时弊进行了顽强的斗争。但我们可以毫不夸张地说，在他在位时期，罗马帝国实际上是由 1 万名官吏统治着的。

---

[142] 关于这种在我看来大错特错的观点，我可以举出一位重要权威的看法（André Chastagnol [1976] 8）。他在谈到 364—395 年这段强人当政时期时写道："罗马帝国的秩序是通过至高的皇权、结构巧妙的行省行政体系和精确严密的税收体制而得到维护的。"此类观点在不同时代的相关著作中俯拾皆是。

第四章　政府私家化的代价

1. 军事力量的削弱

上文的分析似乎证明，某种将官职"私家化"的观念在帝国晚期变得更为盛行，更加深刻地影响了很多人的生活；如果这些变化的影响范围的确十分广泛，如果它们所引发的连锁反应导致了社会行为习惯的前后反差和当时人的怨声载道，那么，这些现象和帝国的衰落之间真的存在联系吗？

这个天真的问题蕴含着一个假设，即确实存在着某种被称为"衰落"的单一现象。然而，在本书开头处，我已反对过这种观点。相反，我详细区分了构成帝国历史的各种趋势。随着时间的推移，有些风俗变得不再流行，甚至完全消失了：法学思想、色情诗和阿雷提努姆陶器都是如此。有些在一些地区发生了变化，在另一些地区却依然如故：如小农经济或蔬菜栽培。另外一些要素则似乎在2—5世纪间几乎没有发生变化：

腐败与罗马帝国的衰落

如奴隶制甚至帝国境内人部分地区的繁荣局面。只有在北方和西方，由于罗马统治下的和平经常受到破坏，那里的景象才会有所不同。在那些地区，由于帝国在维护安全方面日益力不从心，萧条的局面随之而来。首先，城市中心与它们的贸易伙伴（其他中心或周边乡村）之间的商业纽带被切断了；其次，乡村地区和财富相对集中的庄园走向了萧条。更严重的是，帝国的许多大面积疆土都遭到了永久性的废弃，留给了外部的敌人。我认为，最后一点正是"衰落"的典型反映。

但即便我解释了对这个术语的理解，问题依旧存在：安全的丧失及其后果同帝国权力结构的演变过程之间究竟存在着何种联系呢？

我们或许可以通过一句反问来回答这个问题。假使我们接受前一章关于皇帝臣仆们普遍奉行的行为模式与责任感的研究结果的话，那么帝国晚期的文武官员们又怎么可能像在帝国早期那样，有效地协调中央政府的意志同到处盛行着的种种私人权力间的关系呢？

当然，这个问题本身并没有提出什么见解，更没有举出任何证据。但它提供了一种可能会有用的比较模式。我的计划是对帝国早期与晚期的军事行动效率进行比较；因为无论在什么情况下，国土安全总是一切国家得以维系的前提。那是国家首要的事务与存在基础。并且国防包含着诸多要素——战略布局、募兵、课税、武装队伍、设施建设与交通保障——并不是单凭一支军队就能解决问题的。从宫廷发出的指令必须能够通过一连串权力链条一直传递到那不勒斯湾的一百名鞋匠、卡帕多西亚的一百名拥有牛车的农夫那里。作为中间环节，大地产所有者要代表佃户接受市政官员的指示，正如普通军人必须服从士官一样；督察官手下的账目管理员必须计算清楚军队需要的大麦与靴子总量，就像乡村书吏需要做好打谷场的统计工作一样。在每一个衔接环节，最初的指令都必须原原本本地传递下去。否则一切努力就会变得毫无意义。因此，一支武装起来准备投入战斗的军队需要得到多方面的支持，因此，对不同时代军队情况的比较应当是很能说明问题的。

值得注意的是，在帝国早期，驻扎在莱茵河流域的士兵可以使用从意大利运来的皮革，享有合乎他们胃口的、来自西班牙南部的地中海食品[1] 后勤学知识告诉我们，这需要数百英里范围内许多人的参与，这项工作要比军营里进行的制造活动或由米兰或安条克的军械厂和皮革厂生产临时军需的任务艰巨得多。后一项活动即便在 4 世纪时还在进行着。在进行大规模战役的筹备时，罗马帝国有时提前几年就开始大面积兴建食品

---

[1] Gansser – Burkhardt (1942) 98 f. and 102 研究了在文多尼萨（Vindonissa）发现的皮革；Parker (1973) 366 研究了从贝提卡（Baetica）运至美因茨（Mainz）的产品；其他运往军营的军需品如陶器和金属制品。Bishop (1985) 13 详细梳理了军队自己生产军用器械的相关证据，并声称（我认为是大错特错的）城市对军队的贡献"微乎其微"；但参见 MacMullen (1960) 25 f.，补充论述见 Hatt (1953) 235, Speidel (1981) 408, and PBeatty Panop. 1, lines 343 f.。

贮藏仓库。[2] 道路建设也可能提前几年就开始未雨绸缪了，塞维鲁家族统治期间就是如此。我们在图拉真对达西亚人发动的第一次战争中也能特别清晰地看到这一点。除了下令建造横跨多瑙河的桥梁与桥头堡外，他还建造了一条设计巧妙的、附在之前无法通航的铁门峡（Iron Gates）侧壁上通到谷底的曳船道；还有多条运河，其中一条长达数公里，此后沿用了几个世纪之久。到了帝国晚期，甚至到了4世纪60年代，这条河流沿岸还会偶尔进行军事设施的建设。但日后那些成就的复杂和精巧程度却是不可与前者同日而语的。[3]

在每场达西亚战争中，图拉真都集结了数十万军队。那些前期的建设活动正是为了保障它们的给养和运输。当部队已经各就各位，但还要等待几个月才能发起攻击时，它们的给养就

---

〔2〕 关于多个军事单位共用库房的例子，见距美因茨60公里处的一个军营，那里有为德鲁苏斯（Drusus）所发动的战役所贮藏的军需设施。见 Schönberger（1976）24-26，50，and 253；Manning（1974）63 and 68 研究了1世纪50年代用于准备威尔士（Wales）战役的一个类似遗址。参见为达西亚战役提前许久积累起来的军需品，见 Vulpe（1960）325 and 328 f. and Sasel（1973）80 f. and 84；Strobel（1984）159-61；and Kondic（1984）149 对绕过铁门峡的图拉真运河末端要塞的研究。另参见卡拉卡拉为对付阿拉曼人而预先修建的桥梁和道路，见 Gottlieb and Kuhoff（1984）22 n. 2 and 232 f.。

〔3〕 如瓦伦提尼安统治时期，见 Alföldi（1952）48 f. and Garbsch（1967）74-77；Theophanes，*Chron. anno* 318（*PG* 108.113）and 320（116）关于君士坦丁修建桥梁的记载。

需要由驳船来提供。我们不清楚，该职责是由哪些行省承担的。[4] 与此同时，其他地段的边疆也不能给别的敌人留下可乘之机；帝国边防并未由于拆了东墙补西墙而出现新的危机；因此，即便一场小规模战役也必须从相当分散的各处集结军力，并预留好这些部队进行调动的时间。在某种意义上，罗马共和国面临的问题要更简单些，因为她自己的和敌人的兵力都集中在一处。这些条件（以及罗马的组织才能和公民的顺从）使得腓力比（Philippi）战场上的双方都能集结起与图拉真的部队规模相当的力量；而在之前的几个世纪里同样有大规模兵力集结的例子。[5] 而在帝国时代的历次内战中，战斗的规模从来都是相当有限的：在197年的里昂，战场上阿尔比努斯和塞普提米乌斯·塞维鲁的兵力合计只有15万人。在应对一场

〔4〕　Gostar (1979) 122 认为每场战争投入了 8.6 万—9 万人；Strobel (1984) 153 f. 认为两场战争一共集结了 20 万人。当时通行的做法是从散布在各地的部队中征集作战力量。例如，3 世纪从叙利亚前往毛里塔尼亚的一支小股远征军（244 年）中包括了来自上下潘诺尼亚、上下日耳曼，以及西班牙、不列颠和下默西亚的兵力；297 年的另一次远征军则抽调了意大利、日耳曼、阿奎利亚、下默西亚和埃及的部队。见 Seston (1946) 119 and Rachet (1970) 196 f. and 199 f. 。

〔5〕　关于腓力比战役，见 App., *B. C.* 4.108，其中提供的总兵力（根据我的计算）约为 21.8 万人。Brunt (1971) 335 认为总人数为 20 万人，其中有（p. 489）"约 19 万名军团兵……投入了腓力比战役"。在此之前，马略曾统率过数目巨大的兵力，坎尼（Cannae）战役的情况更是尽人皆知。除现代学者以军团数目为基础进行的估算外，值得注意的还有马略的敌人在公元前 102 或 101 年中的伤亡人数（Vell. 2.12.4 f.；Livy, *Epit.* 68；Florus 1.38），其中报道最低人数为 6.5 万人，最高则为 20 万人（另有 9 万人被马略麾下的区区 3.2 万人俘虏）；在坎尼的牺牲人数为 7.5 万人（Polyb. 3.117）。

腐败与罗马帝国的衰落

具有起义性质的对外战争时，提比略在几个月内集结了 10 万人。这些数字在元首制时期已经登峰造极了。[6]

如果把军队的规模视作帝国实力标志的话，我们看到，在帝国后期（至少到 363 年为止），集结庞大军队的做法仍旧是可行的。但它需要两位皇帝花费几年的时间进行筹备：先是君士坦提乌斯二世为发动波斯战争而集结兵力，随后则是朱利安为发动反抗君士坦提乌斯的起义而扩军备战。双方集合的军队总数可能达到了 6.5 万人；但我们应当注意的是，其中大部分兵士都来自蛮族。[7] 6 世纪史学家佐西默斯认为双方投入的总兵力不少于 8.3 万人；不过，就我们可以核实的部分而言，

〔6〕 Dio 76.6.1，Boon（1972）47 对此进行了正确的解读，并引述了持同样看法的 Wuilleumier。Graham（1978）626 f. 重复了这一看法，显然不知道自己的发现已被人捷足先登。Plut.，*Galba* 4.3 提供了另一套统计数据：文德克斯（Vindex）麾下有 10 万人；但这是夸大其词的说法。更可信的是 Vell. 2.113.1 对公元 6 年提比略军队规模的报道：10 个军团、84 个辅军单位、1 万名来自罗伊麦塔尔克斯（Rhoemetalces）的老兵和盟军。

〔7〕 Amm. 23.3.5 特别指出，3 万精兵（*lecti*）的数目"略低于"朱利安统领的军队主力的总人数（25.7.2）。考虑到众所周知的美索不达米亚战争中的补给难度，也很难设想朱利安会带领更为庞大的军队入侵。但君士坦提乌斯之前曾更为大张旗鼓地集结兵力，其中不仅有他向驻守高卢的朱利安索要的精兵，还从其他地方征调部队（Amm. 20.8.1，360 年，哥特雇佣兵，参见 23.2.7 and Zos. 3.25.6）。Zos. 3.12 提到过朱利安手下的 1.8 万人 +（3.13）6.5 万人，但 Piganiol（1972）158 n. 3 和其他学者们并不接受这种说法；Piganiol 想把统计结果从 65000 + 18000 = 83000 改为 65000 - 18000 = 47000。但原始史料并不是这个意思。关于蛮族在总兵力中占据的比例，见附录 A Ⅱ 4。

他的记载是不足为凭的；因此我们不应轻信他所提供的证据[8]。最后，12 世纪的佐纳拉斯（Zonaras）利用某种不为我们所知的史料描述了一场集结起来的 8 万人对驻扎在穆萨（Mursa）的马格嫩提乌斯部下 3 万人的征伐。这些数字和最后的阵亡人数（5.4 万人）在我看来都是不可信的[9]。而到了后世，无论多么紧急的军情都无法集合起这样巨大的军队，并且军队中的蛮族逐渐在人数上占据了主导地位。

　　认为罗马军队的最高数量可以成为政府能力晴雨表的看法并非无可争议或无懈可击。我们所依据的根本证据——同时代人进行的数据统计肯定是将蛮族首领的部下、各军团人数和其他部队数目叠加后计算出来的。那么，其中每一部分的人数统计能有多准确呢？蛮族首领应当清楚他们带到战场上的人数，

---

　　[8]　关于佐西默斯所提供数据不可靠的例子，见他对伽里埃努斯（Galienus）统治时期哥特侵略者人数的报道（不计海军已达到 32 万人之多）；朱利安在斯特拉斯堡（Strasbourg）杀死了 6 万蛮族（3.3.3，瓦勒修斯［Valesius］为了文意通顺而特地把"万"［myriadon］改成了"千"［chiliadon］），而斯提利科几乎将 40 万人"赶尽杀绝"（5.26.3 f.，参见 Marcellus, *Chron.* 2.68 中提供的数字 20 万人，注见 *PLRE* 2）；以及 6.8.2 中把 40000 误写成了 4000，可通过 Soz., *H.E.* 9.8.6 加以改正，参见 Kaegi（1968）17. Zos. 2.15.1 f. and 2.22.1 f. 记载了君士坦丁在 312 年率领 9.8 万名远征军前去迎战 Maxentius 的 18.8 万人，以及在 322 年派出 14 万人对抗李锡尼乌斯的 15 万人的情况。Hoffmann（1969 – 71）1.199 and 2.73 and 76 直接无视了这些数字，但接受了 Anon. Vales. 5.16 中所说的君士坦丁在 316 年率 2 万人抵挡李锡尼乌斯的 3.5 万人的说法。

　　[9]　Zos. 13.8（3.198 Dindorf）. 同样不可靠的说法如赫拉克利安（Heraclian）侵略军中的 5 万人于 413 年战死在奥克里库鲁姆（Ocriculum）的材料，Hydatius, *Chron.* 56（MGH AA 11 p. 118）. 参见 Kotula（1977）258 n.3，"显然是夸大其词"。

并会把相关数目一五一十地报告给皇帝，让我们姑且相信他们会这样做吧。至于军团，连曾长期服役的精英人物阿米亚努斯·马塞利努斯（Ammianus Marcellinus）也完全不关心他们的规模或"军团"这个术语本身，甚至会把它跟"小分队"（*vexillationes*）混为一谈。他对其他军队编制术语的使用同样含混不清，如 turma 和 ala，就像希腊作家笔下的 *tagma*，*taxis* 或 *arithmos* 一样。如果对这些军事编制名称和大致人数的统计粗心大意的话，最后叠加出来的总数是难以令人信服的。[10]然而，从 *tagma*（士兵纵队）等使用得很宽泛的术语中，我们还是能够感觉到，帝国晚期独立活动的军事单位编制人数是很少的。他们大概只有几百人，很少超过千人。而在较早的时代里，类似的军事编制人数有时是 600 人、1000 人或 5000 人。[11] 阿米亚努斯也确实将帝国晚期的军力同早先的部队进行过比较——他声称 357 年的斯特拉斯堡战役可以同布匿战争相提并论。但当时朱利安统率的兵力只有 1.3 万人，而对抗汉尼拔的罗马将领指挥的人数却超过朱利安许多倍。同样，尽管阿米亚努斯极力渲染蛮族的"强大兵力"和"人多势众"，他们却能被 300 名罗马轻装步兵打得落荒而逃。他把区区两个军

〔10〕　关于军事术语的滥用，见 MacMullen（1980b）458 n. 32。

〔11〕　Zos. 5.45.1，5 个 *tagmata*（Ridley 和 *PLRE* 2 译为"军团"）的总数为 6000 人；但（6.8.2）六个 *tagmata* 的总人数又可以是 4000 人；还应注意，为每个军团伤病员提供的补给品数量很少（只有两车，见 *CT* 8.5.11，360 年）。关于小规模军事单位的更多信息，见 MacMullen（1980）457 f. and（1984）474 f.。

团（无疑只有一两千人）称为"一支强大的战斗力量"。[12]
既然像他这样一位负责任的作家有时候也难免夸大其词，那么
我们在使用其他关于罗马军事史的材料时自然更要慎之又慎。
在后面的讨论中，我们还能发现更多的证据，表明罗马军事史
上的战斗规模变得越来越小。

除拉克坦提乌斯、佐西默斯、吕杜斯（Lydus）和阿伽西

---

〔12〕　Amm. 18. 2. 8（359 年）：*barbara multitudo… viribus magnis*（大批
勇气过人的蛮族），参见 18. 2. 11；以及 29. 6. 13，两个军团的精兵猛将（*val-
ida proeliis manus*）。关于用布匿战争作为大规模军事行动标杆的做法，见阿
米亚努斯的同时代人 Pacatus, *Pan. lat.* 12（2）. 32. 1。关于朱利安的兵力，
见 Amm. 16. 12. 2：他以 1. 3 万人去应对敌军的 3. 5 万人（16. 12. 26）。关于
为扭转阿米亚努斯笔下的惨败颓势而集结巨大兵力（其实只有 12 个军团，
约 1. 2 万人），由亚美尼亚军事长官率领前去收复扫罗马科斯（Sauromaces）
的情况，见 Amm. 27. 12. 16。后来，到了 397 年或 398 年，前去征讨吉尔多
（Gildo）的整支远征军统共只有 5000 人，并且还是费了九牛二虎之力才招
募的。见 Claudian, *Bell. Gild.* 421 - 23 and Oros. 7. 36. 6，相关分析见 Cle-
mente（1968）148 - 50，A. H. M. Jones 研究了募兵问题；参见 374 年对吉尔
多兄弟菲尔姆斯的 5000 名远征军（Amm. 29. 5. 29，他在 29. 5. 39 and 48 中
强调了这支队伍规模之小）。同样，400 年的战斗规模似乎也非常有限：因
为一群没有正规武装的君士坦丁堡暴民从房顶上和巷子里发动的袭击就消
灭了盖纳斯（Gainas）军队的五分之一（Synes., *De prov.* 2. 2, *PG*
66. 1264），Bury（1923）134 n. 1 认为他率领的全军总数应当远远少于 3 万
人，Wolfram（1979）177 认为这个数字可能为 1. 4 万人（比 Zos. 5. 19. 4 所
说的 700 人翻了一番）。在西方，新都拉文纳在 409 年几乎被区区 6000 人围
攻（Zos. 5. 45. 1）；而 410 年围攻拉文纳的军队只有 4000 人（Zos. 6. 8. 2）。

腐败与罗马帝国的衰落

阿斯（Agathias）等人提供的浮夸数字外，[13] 学者们还经常使用编于 5 世纪初的《军防表》中的军队编制名册，来佐证帝国晚期的罗马军队共计 65 万人左右（或"纸面上的人数"——许多当代学术权威如是说）的说法。但他们不得不懊恼地承认的一点是：这个数字甚至算不上文学修辞中的夸张手法，而是赤裸裸的谎言。当每支部队的指挥官将士兵花名册上交到帝国军部，供军需官和负责军饷调拨的财政官员参考时，其中显示的人数总和必然与事实情况相去甚远。这是势所必然的：因为指挥官会编造花名册，以便把大笔钱财塞进自己的腰包（见上文，第 3 章注 114）。这是尽人皆知的惯例。这样一来，即便当时消息最为灵通的人士也很难估算军队的总人数。即便当时有人为了捐赠等目的而对士兵人头数、而非军事单位的数目进行过统计，这个数字也必然会超过实际数目（至于究竟超出了 5% 还是 15%，我们就不得而知了）。同样，也没有任何人能够断言一名士兵究竟是否在坚守岗位——他可

---

〔13〕 MacMullen（1980b）455 and 460. 关于文献史料和《军防表》所反映的帝国军队总人数，A. H. M. Jones（1964）680 - 84 提出了与我相左的观点。关于《军防表》的不可靠，见 Clemente（1968）18，20 n. 21，and 30 - 54（如 p. 39 指出的阿非利加戍边部队中的重复统计），这些分析在这份从 5 世纪（pp. 57 f.）一直上溯到戴克里先时代之前的资料汇编中发现了许多错误和蹊跷之处。F. Lot 恰如其分地评价了它所展示的虚幻图景："其中提供的数字……是想象出来的。"见 Lot, Pfister, and Ganshof（1928）19 f., and A. R. Birley，引于 MacMullen（1980）456 n. 18；上引书 459 f. n. 37 指出，Piganiol, Segrè 和 A. H. M. Jones 都称晚期罗马帝国的兵力是"纸面上的"，也就是说，他们都无法调和史料中提供的军队数目和自己在某些具体历史场景中形成的印象之间的巨大反差。

能会擅自离开部队三年，跑到别的地方去了。

作为理解罗马历史的手段而言，即便世上真的存在对罗马军队总人数的精准统计，它其实也没有多大用处。当然，跟消费者等非军事角色一样，士兵的历史作用也是很重要的；但他们的主要任务是作战。如果他们没有战斗力的话，那么无论军队总数是多是少，它都无法对历史进程产生影响。因此，我们应当把注意力转移到同时代人对军队活动效率的评价上；关于这一主题，除下文展示的那些具体情景下的记载外，还有大量一般性的评述。我们听说，当时的常备军缺乏纪律、活力和勇气。它唯一突出的地方仅在于"进行劫掠的贪欲"。这是阿米亚努斯的说法，他对帝国东西部的战争场景见多识广，并在描述战友的时候总是表现出轻蔑和不耐烦的态度。[14] 同时代的其他许多评论者也抨击士兵（以及他们的长官）的临阵脱逃、装备低劣、烂醉如泥、操练不足、纪律涣散——军官的罪状还

---

〔14〕 *Militaris socordia et aliena invadendi cupiditas*（军队的怠惰和劫掠他人的贪欲，27.9.1），*intemperantia militis, quae dispendiis gravibus saepe rem Romanam afflixit*（士兵们的纪律涣散经常使罗马人的国家付出沉重代价，29.4.6），*torpente praesentium militum manu*（被驻扎在那里的士兵折磨得奄奄一息，16.2.1），*luxuque adiumento militari marcente*（士兵们的养尊处优使得他们提供的援助如同杯水车薪，27.9.6），在十年之内，帝国东部的驻军都是由一批"庸碌无能、好逸恶劳的士兵"（*iners et umbratilis miles*）构成的（18.6.2），是一群"毫无斗志的懦夫"（*enerves et timidi*）。Demandt（1965）28–32 收集了上述（还有更多）相关材料。

腐败与罗马帝国的衰落

包括生活的奢侈腐化。[15] 韦格修斯（Vegetius）、克劳狄安、叙马库斯、安布罗斯和《奥古斯都后诸恺撒传》的作者在这方面的异口同声已经令人惊异，但我们还需补充特米斯提乌斯、叙尼修斯和利巴尼乌斯等人更为声色俱厉的控诉（我们在上一章中已大量引用过这些材料）。利巴尼乌斯尽管试图为自己认识的一些依靠微薄军饷和劫掠收入养活妻儿的士兵开脱，但还是只能对他们的行为予以谴责。在他生活的时代，士兵同妻子住在一起乃是司空见惯的事情。[16] 如果军队驻扎在城里的话，他们自然就拥有了这样的便利条件。但即便在荒郊野外的要塞中，军官们有时也会对自己的生活区进行改造，以便容

---

〔15〕 Liban. *Or.* 2.38，当时的士兵们"缺少军事操练……和战场上司空见惯的劳苦体验，……在战斗中，敌人只要大喝一声，他们就会吓得作鸟兽散"；Claud., *In Eutrop.* 2.580 ff.，斯提利科手下士兵的懈怠与将领的变节相得益彰，致使他们极易溃逃——Cameron（1970）375 收集了其他类似材料。另见 Veget., *De re milit.* 1.20 关于装备缺乏的评述和 2.3 关于通过恩宠（*ambitio et gratia*）决定军职升迁所带来的恶果的议论；还有 PAbinnaeus 28, line 14 and Liban., *Or.* 47.6 对士兵酗酒行为的描述；另见 SHA *Tac.* 2.4，士兵们大多嗜酒如命（*plerumque temulenti*），并且是交易中的白痴；Ambros., *De elia* 46 提到了军官们的奢侈宴会；Symm., *Ep.* 6.73 and 7.38 声称士兵毫无价值；此外还有 Eugip., *Vita Severini* 20.1 对晚期潘诺尼亚边疆情况的评述。特别参见 Abinnaeus 资料集中提供的大量证据，见 Rémondon（1965）136，其中包括一位熟谙军中情况的人所写的信，此人希望出钱让自己的一位年轻亲戚永远离开军队，好住在自己的农场周围帮忙做事。参见上文，第三章注 116。

〔16〕 关于已婚士兵，见 Liban., *Or.* 2.39，更多材料见 MacMullen（1963）127，其中还很容易补充更多的考古证据，如 Gomolka（1968）208, 210, and 232 对军队阵地上发现的妇女器物的研究，以及为日耳曼盟军陪葬的类似物件，见 Hawkes（1974）387 and 393。

纳女子和儿童居住（尽管他们的隐私空间相应地要小一些）。

　　如果士兵们兼务农事，他们的战斗效率还会进一步下降。我们不太清楚这一现象的普遍程度。为了更好地说明问题，我们不妨按照从后向前的年代次序来分析现存史料，从 443 年的一项法令开始。在那一年，当局要求戍边部队牢记"从前"安排给他们的耕作土地任务[17]。因此，这条史料表明，士兵们自给自足的屯田方式至少在 5 世纪初已开始实行了。在 4 世

---

　　[17]　*CJ* 11.60 (59).3 = *Nov. Theod.* 24.4，指令是发给负责管理从色雷斯到利比亚的土地的部门主管的，其中讨论了从前的安排（*ex prisca dispositione*，*antiquitus*）所确立的方案。关于这条法令的指示对象，见 *PLRE* 2 s. v. Nomos 1. MacMullen（1963）chap. 1 详细列出了关于屯田兵的史料，Mazza（1970）454–60 对之进行了概括，并罗列了其他学者的相关评论。对 Mazza 引用材料的补充见 Mann（1963）150，该作者否认在 400 年之前存在着关于屯田兵的任何证据；反对意见见 *R. E.* Suppl. 11（1968）s. v. Limitanei，其中 A. R. Neumann（col. 878 f.）总结道，自戴克里先时代之后，"大部分戍边部队已不再作战，于是自然而然地演变成了定居在那里的屯田兵。"两种分歧意见的争议焦点之一在于哪些证据是可信的（这在 Mazza，p. 458 中反映得很明显）。担任猎官的士兵或长期使用的农具的出现就可以被视为农业已在当地确立的标志吗？相关的考古材料已尽人皆知，Gonolka（1968）225 又补充了一个边疆岗哨拥有自己的农业生产工具的例子。争议的另一点在于是否应把全体戍边部队都视为屯田兵。我并不同意这种做法，而是继续坚持自己从前的观点（1963, p. 18），即直到 400 年之后，"至少戍边部队中的一部分（其实显然应该是大部分）仍是国家供养的全职常备军"，但另外一些部队已经开始扮演兵农合一的角色了。他们的发展模式应当跟佃农类似，是在几个世代内在日益扩展的区域内建立起来的。同样，我认为罗马帝国士兵务农的行为也是一个渐进的发展过程，在不同的时代对不同的边疆地区产生着影响。提供较新证据的只有 Di Vita（1967）passim 对特里波利塔尼亚的研究成果，特别见 71–81 and 97——但 Trousset（1974）passim, esp. 38, 130 f., 145, and 152 仍旧坚持采用传统模式去描述这一边疆地区的面貌。

腐败与罗马帝国的衰落

纪，埋在许多北部、西北部边疆省份岗哨废墟中的工具表明，住在那里的人长期从事着农业生产（无论那是否是有组织的或上级交派的任务）；《奥古斯都后诸恺撒传》的作者则声称（58.4 以下），3 世纪的塞维鲁·亚历山大曾安排边疆驻军在麾下将领新征服的土地上务农。这些土地包括在特里波利塔尼亚征服的领土——考古学家确实在那里的内陆地区发现了一系列武装起来的农场。如果那里的居民确实是军人的话，我们手头的相关资料确实有理由用后来才出现的术语 *limitanei*（戍边部队）来称呼他们；如果不是那样的话，我们就无法在这样早的年代里找到这种兵农合一的屯田兵了。但这个问题的主要意义不在于咬文嚼字，而在于实际情况。我们可以看到某种职能混合的稳步发展趋势。但在 3 世纪早期，这种做法显然导致了士兵战斗力的低下。因此，国家禁止军人在他们驻扎的地方购置土地，"以免他们操心土地而忽视了军人职责"。[18] 这样的乡间部队跟城市驻军一样毫无用处。根据考古发掘成果看，到了 3 世纪末期，这种干扰因素已经扩展到大量北部边疆军事据点。从 443 年的法令看，三四个世代之后，同样的做法已经在帝国东部流行开来。当然，在同一时代的帝国西部，边疆地区的土地与军事据点已经遭到大面积蹂躏，因为那里的驻军在保卫帝国时已经力不从心了。

无论是驻扎在边疆岗哨里自耕谋生，还是驻扎在供养自己的聚落旁，无论他们身处城市还是乡村，帝国晚期的常备军都

---

〔18〕 *Dig.*, 49. 16. 13. 1 (Macer).

具备两个共同特征：他们在战争中的地位不断贬值；而由于他们能够就地获得给养，他们的军需开销不断下降。[19] 这两个特征之间必然存在着联系：正是为了省钱，3 世纪后的帝国军队才会化整为零，变成小股部队驻扎在天然的生产或交换中心；这个浅显的经济学道理是今人和古人都心知肚明的。阿米亚努斯（16.4.1）向读者解释道，高卢的军队单位"分散到各城镇中去了，以便更容易地取得给养"。他们不复居住在营帐里，而是像平民一样生活；奉命驻守要塞或小城市的他们已不知演习与操练为何物，根本无法保家卫国。为了节省军需开支，国家付出了高昂的代价。

在同时代人对当时常备军战斗力的评价中，有一些已在上文中列出（注 15），另一些在不同背景下发表的言论见下文。它们一律是否定性的。但最可怕的否定来自于这样一个事实：从 312 年起，为罗马取得胜利的军人大多来自帝国境外——他们是凯尔特人、日耳曼人、匈人、萨拉森人和哥特人。没有哪位将领还想招募纯正的罗马人。到了 4 世纪中叶，罗马的精锐作战力量（不包括那些身穿军装、毫无用处的酒囊饭袋）中有一半兵源是外来的。一个世代后，蛮族士兵已占据了大多数。众所周知，到了 4 世纪末，决定帝国国运的内战或在小亚细亚、希腊、巴尔干半岛与意大利展开的苦斗都是由蛮族将领率领着麾下的蛮族军队进行的。数以万计的蛮族已经在罗马帝国境内永久性地定居了下来。罗马本身的陷落完全是一场内部

---

〔19〕　关于晚期罗马驻军经费的节省，见 MacMullen（1984a）576。

事件。

我们在此只是对帝国军事史进行了简要勾勒，详细内容见附录 A Ⅱ。其他学者经常会提取出一些主要线索，并辨别出帝国晚期（即戴克里先统治时代之后）呈现出的一些特有趋势。[20] 然而，对于我的研究目的而言，仅仅概括出军队的一般特征是不够的——纸面上的数目、日益深入地参与民间生活与相关事务、严重依赖外来移民维持其战斗力等现象还说明不了问题。我必须说明，这些现象是如何由上一章中所描述的那些变化趋势引起的。

但是，并没有哪位皇帝在日记中为我们留下他"已无法约束营帐中的军团士兵，因为通过层层官吏和经手人的腐败行为，他们的补给线已受到严重破坏"等文本证据；也从未有人把士兵通过行贿取得休假资格或免于操练视为常备军定居在城市里或军队被迫在莱茵河、多瑙河以北寻找优秀兵源的直接原因。如果说那些最有能力承担税收重担的人可以买到豁免权的话，现存史料却从未告诉我们军饷支出的重要性。因此，我们只能根据具体的情势去理解，在政府中盛行的腐败之风是如何可以通过种种方式系统性地削弱国家的防卫力量的。

---

〔20〕 附录 A；以及最近 Hoffmann（1969－70）1. 138 f. and 2. 48 n. 67 进行的总结，他强调了四帝共治时期蛮族应征入伍的新特征。注意他对 "Gallicani（身在高卢，但并无居住权的蛮族，上引书 1. 145 以下）"的讨论。

2. 领土沦丧：逐个案例的分析

如果我们把注意力从军队的一般特征转移到具体军事行动的一些时刻，我们会发现，自己手头掌握的相关史料更能说明问题；我们可以按照年代顺序对它们进行排列，以证明防御体系的变化对战局产生的影响。

第一场败仗发生于 260 年左右的莱茵河、多瑙河上游之中间地带;[21] 第二场发生于 275 年左右的达西亚地区（图 17，2);[22] 第三场发生于 3 世纪 80 年代的毛里塔尼亚·廷基塔纳

---

[21] 那里早先的，更为绵长的边界线已为世人熟知，如 Roeren（1960）Abb. 1, p. 266 对页；Schönberger（1969）fig. 10, p. 176 对页；或 Petrikovits（1971）p. 218 对页。河中三角洲（从前的德库玛特田地 [*Agri Decumates*]）曾于 256 年被从入侵者手中夺回（Wightman [1985] 193），随后又于 260 年前后永久性地丧失了。参见 S. Johnson（1983）74，其中引述了 *Pan. lat.* 8（5）.10.2；另见 Schönberger（1969）179；以及 Petrikovits（1971）178。关于 260 年之后的边境线，最好的参考资料见 Garbsch（1970）Abb. 2。

[22] 关于该行省领土完整时的边界，见 Gudea（1979）172。关于领土沦丧的具体时间，S. Johnson（1983）74 认为是在 270 年；但传统看法认为是 275 年，如 Bodor（1973）38。

（Mauretania Tingitana，图 17，3）；[23] 帝国东部边疆仅有的永久性领土损失[24]构成了第四个案例：298 年埃及的领土损失——该行省境内菲勒（Philae）以南的地区被遗弃给当地土著居民，以便建立一个军事上的缓冲国。[25] 然而，从尼罗河谷到阿特拉斯山脉（the Atlas mountains），沙漠与内地的边界是很难确定和得到解释的。这里有努米底亚境内神秘的、战略意义并不突出的福萨图姆（Fossatum）和毛里塔尼亚·恺撒里恩西斯（Mauretania Caesariensis）境内更加难以解释的新前哨（*nova praetentura*）；在其他地段，这条边界由一系列道路构

---

〔23〕 关于该行省之前的边界，见 Courtois（1955）66 and 82 或 Février（1982）383 fig. A 6；该行省的面积后来萎缩了，见 Courtois（1955）66 或 Rachet（1970）Carte XV。但 Rachet，p. 258 认为当时的城市中心还不应当、并且事实上也没有被完全废弃。关于罗马人的撤退时间，Warmington（1954）2，Euzennat（1967）199，Rebuffat（1982）509 认为年代应在 280 年前后，Euzennat（1984）391 认为时间有可能是 290 年；S. Johnson（1983）223 认为时间"不晚于 290 年前后"；Gozalbes（1980）125 利用钱币证据指出，罗马人的撤退"很可能是在 284 年"。Shaw（1987）86 n. 4 提供了关于罗马撤退史料的实用汇编。

〔24〕 在帝国晚期，波斯与罗马在亚美尼亚和美索不达米亚北部地区进行过反复拉锯，但罗马并未全面撤退；罗马帝国放弃了对一些地区的行政管理，但并未明确交出领土主权。见 Bowersock（1983）143 f.。关于晚期，最近的一本详细论述该问题的作品是 Shahid（1984），但在我看来，这部作品无法令人满意：4 世纪初的阿拉伯—罗马和约晚期是杜撰的；书中反复提到的"乌姆鲁勒·盖斯（Imru' al‐Qays）的变节"（如 p. 58）完全是虚构出来的；在我们掌握的史料中，最早的相关和约是在瓦伦斯统治时期签订的（根据苏格拉底的记载）。

〔25〕 Olympiodorus frg. 37，从普瑞玛（Prima）撤退到费雷（Philae），五天的行程（约 100 英里？）；Munier（1938）40；Rostovzeff（1957）737；and Skeat（1964）xii。

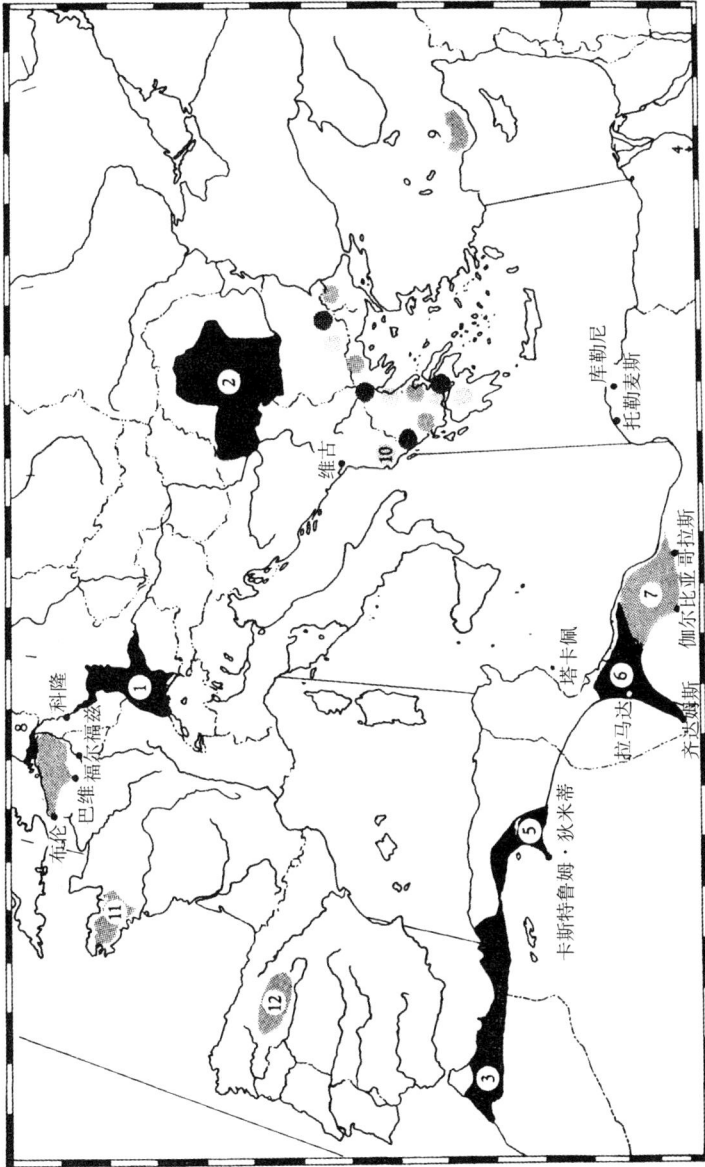

图17　帝国领土的丧失：公元260—400年

成，有时还包括武装起来的农场和多少陷入孤立的、有驻兵把守的前哨；这些据点的位置是参差不齐的，没有整齐划一地构成一条线。[26] 这是由南部缓冲地带的本质特征所决定的——罗马帝国从未一劳永逸地从当地土著手中夺取这些地盘，也从未决定将它们统统放弃。在整个帝国晚期，努米底亚南部和总督辖区一线绵延千余公里的核心地区在归属权方面几乎没有发生什么变化（图 17，5）；在西边，毛里塔尼亚境内相对较短的斯提芬西斯（Sitifensis）至恺撒里恩西斯一线则在 3 世纪后期（戴克里先统治前后）被逐步蚕食。[27] 在东侧，罗马的势力从塔卡佩（Tacapae，东西向与南北向海岸线的交汇点）以南的沙漠地区向沿海的特里波利塔尼亚境内三座城市（萨布拉塔［Sabratha］、奥亚［Oea］、大勒普奇斯［Lepcis Magna］）退却。这里同样包含着一些谜团。迄今为止的考古证据尚不足以帮助我们判定，罗马帝国究竟是仅仅在 3 世纪后期放弃了半沙漠地区的一些突前据点（Ghadames = Cidamus，Bu Njem = Golas，and Gheriat = Garbia；图 17，6 - 7），还是将勒普奇斯以

---

〔26〕 除巴拉德兹（Baradez）上校及其后继者所发掘的著名沟渠外，G. D. B. Jones and Mattingly（1980）也提供了一些新材料，见 Gascou（1982）242 and p. 238 对页的 Carte 1 对塞维鲁统治时期新增领土（*nova praetentura*）的展示；另见 Euzennat（1977）537；Rebuffat（1982）508 对南部边境的总体面貌与性质进行了出色描述；上引书 509 研究了 238 年对努米底亚孤立岗哨狄米蒂（Dimmidi）的放弃。Rachet（1970）Carte XV 对努米底亚南部的描述还有待修正。

〔27〕 Warmington（1954）29 f. and 70；Courtois（1955）66，两幅地图存在着矛盾之处，但同 Rachet（1970）232 - 53 and Cartes XIV - XV 中的内容基本一致（参见前注）。现有的相关证据还远远不是决定性的。

南 150—175 公里一线南侧的其他土地也一并放弃了。这场争论所纠结的核心问题可能根本就不存在。那些土地在 4 世纪时一直是有人居住的，当地设置了防御工事的农庄也有人把守着。[28] 但那些居民是为自己守卫着这些地盘，还是在为"罗马"镇守边疆呢？这些与当时人的动机与观念相关的问题是不能仅靠考古材料加以说明的，还需要文献证据。幸运的是，我们还有阿米亚努斯，我接下来就要谈论他所提供的证据。

但请容许我先来进行一番小结：在我们上面考察的百余年间，帝国的边界不断后退，这其中肯定包含着某些衰落的迹象，但它们对我来说意义不大。因为在 260—300 年发生的一切可以（也必须）通过内战和同时发动的外敌入侵、军费开

---

〔28〕 迄今为止，对该地区的奠基性研究成果仍为 Goodchild and Ward Perkins（1949）。就他们提供的证据而言，今人还可以补充另外两个遗址的材料，其中最重要的是灰色区域南部边界的 Bir ed - Dredir；但 Courtois（1955）77 不认为该遗址存在于 4 世纪，并且没有在当地铭文中发现任何罗马特征；他认为，戴克里先和君士坦丁统治时期的特里波利塔尼亚行省已经龟缩到滨海地区（pp. 77 f.）。Goodchild and Ward Perkins（1949）95 虽然没有那么极端，但同样认为，"如果没有对边疆治理的忽视甚至主动放弃的话，363 年的大规模侵略……几乎是不可能发生的。"甚至连 Di Vita（1967）97 f. 也小心翼翼地提起了这个话题。那么，帝国究竟能在多大程度上占领和有效控制在灰色区域中的各地区呢？Buck（1985）188 认为，"罗马统治的终结"和滨海城市遭遇的劫难的确是存在的；尽管如此，"虽然罗马帝国政权的统治结束了"，这些被遗弃地区的生活却一如既往，继续完成基督教化，甚至建立了保卫自己的武装。反对意见见 Di Vita（1967）94 f.，Rebuffat（1977）411 - 13，and Février（1982）379 fig. A 1. 罗马帝国对基达姆斯—哥拉斯—伽比亚（Cidamus - Golas - Garbia）的放弃则是毫无争议的：见 Goodchild and Ward Perkins（1949）85，Courtois（1955）73，and Rebuffat（1982）509。

支的陡增，以及"3 世纪危机"中的其他现象来解释。而在此之后直到 4 世纪 60 年代，至少在北非地区，我们对帝国边界的情况知之甚少，无法对其进行深入分析。我们至多也只能说，北非领土的沦丧是逐步发生的，帝国势力在这个元首们漠不关心的地区慢慢地被削弱着。

随后，奥斯托里亚人（Austoriani）于 363 年从特里波利塔尼亚的半干旱地区杀出，洗劫了勒普奇斯周边的富庶农耕区。他们在撤退前掠走了大量财物和农业人口。勒普奇斯一带的居民急忙向北非驻军的最高首脑——罗马努斯长官求救。然而，带兵赶来的罗马努斯却拒绝采取任何行动，要求当地人必须首先向自己提供大量物资给养和用于运输的骆驼。刚刚被洗劫一空的勒普奇斯周边居民无力满足他的要求。于是，罗马努斯扬长而去，返回了自己的官邸；奥斯托里亚人则在听到这个振奋人心的消息后再度对当地进行了洗劫。这次，强盗的手一直伸到了奥亚，可能还劫掠了萨布拉塔。此后不久，他们又发动了第三次劫掠。根据阿米亚努斯的叙述，他们几乎是畅行无阻的，因此我们很难相信在地图（图 17，7）上的灰色区域驻扎着任何罗马边防军队。阿米亚努斯在叙述中仅仅提到了罗马努斯麾下的军队，他用的语调是充满嘲讽意味的："疯狂的野蛮人烧杀抢掠无数，那应归咎于士兵们的袖手旁观和要挟民众索取财物的贪婪。但长官罗马努斯才是罪魁祸首。"[29] 可见，阿米亚努斯显然将蛮族的肆无忌惮同帝国守卫者的腐败联系了起来。正如我们在上一章看到的那样，这股腐败之风侵蚀了罗马努斯手下的军官，并传染了他在宫廷中的顶头上司；因此，罗马在特里波利塔尼亚诸城市以南的领土沦丧完全是腐败导致的恶果。

而在此前不久的帝国北方边疆战事中，凡是史料记载比较详细的战役（也就是阿米亚努斯记载的 4 世纪 50 年代中期以后的战史）都能反映出类似的防务废弛迹象。我们看到，在那个时代非常典型的一幕场景中，希尔瓦努斯（Silvanus）遭到宫廷中阴谋家的恶语中伤，被怀疑犯有叛国罪。皇帝派钦差（*agens in rebus*）阿波德米乌斯（Apodemius）前去当着指控者的面（以便能够更加稳妥地制伏嫌疑人）逮捕希尔瓦努斯。但这个阿波德米乌斯"抵达高卢后，不计后果地篡改了旨意；

---

〔29〕 引自 Amm. 27.9.1. 关于当时和之后罗马努斯的表现，见第二章注 98—100；关于奥斯托里亚人的劫掠，见 Amm. 28.6.2 – 10 and 13 – 15，注意他提出指责的背景：*barbari, fiducia sublati praeteriorum*（蛮族因从前的经历而收获了信心）…（28.6.10）。他将被踩蹒的地区泛称为"行省"（*provincia*）（28.6.19），这表明该行省的领土基本仅限于沿海地区。Demandt (1968) passim 梳理了年代顺序。Di Vita (1967) 94 为了使得整个 4 世纪罗马帝国坚守特里波利塔尼亚边疆（*limens Tripolitanus*）的假设能够自圆其说，设想进行劫掠的部落沿边境向东兜了一个大圈子，沿着海岸对勒普奇斯发动了偷袭。他们能够这样得手一次已经是难以想象的了（还要带着战利品返回），而要反复进行两三次这样的军事行动更是不可思议的事情，况且阿米亚努斯对这些战斗一无所知。*IRT* 475 and 565 提供了更多的一些信息。见 Courtois (1955) 78 and Lepelley (1979 – 81) 2.339 and 359. 考古证据表明，萨布拉塔在当时也遭到了破坏。见 Daniels (1983) 17.

他既没有同希尔瓦努斯见面，也没有召后者前来。相反，他召集了当地的财库管理员（rationales），开始疯狂地迫害大将希尔瓦努斯的被保护人和仆役，好像此人已经被宣告为公敌、判处死刑一样".[30] 由于他如此无视法度、极尽盘剥之能事，无怪乎当时的高卢遭到蛮族的肆意蹂躏，化为一片焦土——"在完全孤立无援的情况下"，阿米亚努斯如是说（15.5.2，与罗马努斯的例子何其相似！）；而猛将希尔瓦努斯起初正是为了主持防务而被调任高卢的。当他最终被逮捕和处决后，该行省的防务仍旧是一团糟。

这一任务落到了皇帝年轻的亲戚朱利安肩上。他接收的已经是个残缺不全的行省——瓦尔河（Waal）与莱茵河之间的巴塔维亚岛（Batavian Island）已被放弃（图17，8），莱茵河右岸的一块领土也在之前某个年代沦陷了。此外，瓦尔河以南的领土（托克桑德里亚［Toxandria，大致相当于今天的比利时］）已被蛮族定居者占据（约340或341年），朱利安通过一纸约定确认了他们的定居权。但他们并不能帮助维护"罗马统治下的和平"——这一点可从罗马对贝尔吉边界（limes Belgicus，从蛮族居住区后方沿连接科隆与布伦［Boulogue］，途经通格尔［Tongres］、巴维［Bavai］、图尔奈和卡塞尔等地

---

〔30〕 Amm. 15.5.8 and passim. "像仇敌一样地虐待他们"（hostili tumore vexabat）的具体含义应是勒索行为；根据我们对文中提到的"财务官吏"（rationales）的认识来看，这是很明显的；"充公的财产"（proscripti）一词在许多法律条文中也会这样使用，最好的例子来自阿米亚努斯本人（28.2.13）。

的驿道延伸的边防线）的驻守看出：所有坚固要塞的背后都有其他军事据点予以支持，如菲尔福兹（Furfooz，见地图）、阿拉斯（Arras）、亚眠或沙隆（Châlons）等。[31] 所有这些地区都已成为（并将继续充当）日益增多的割据势力（foederati）混战的永久性战场。

关于罗马在这一地区的撤退，同样只有阿米亚努斯提供的信息是有用的。他提到了354年集结在沙隆的部队的状态。他们因为迟迟得不到"维持生计所必需的"补给而怒不可遏，以至于他们的长官已"命悬一线"。这一局面是那位长官的仇人为了搞垮他而"设计出来的狡计"。相似地，朱利安在接手高卢军队后也得不到充足的军饷与补给供应。这一危机在358年达到了登峰造极的程度，并且直到360年朱利安在巴黎向将士们发表讲话时仍旧让他骨鲠在喉。[32] 拿不到应得酬劳，士

---

〔31〕 关于罗马帝国鼎盛时期该地区所达到的最大疆域，见 Willems（1981）26 fig. 6；关于4世纪的边界线，见 Bogaers（1967）101；Bogaers（1968）155 fig. 2；Chevallier（1975）207 对某些具体遗址进行了分析（如61 f.）；以及 Mertens（1977）64. 关于莱茵河下游边疆地区有一两座要塞持续被占据的证据尚不充分。关于撒利克法兰克人（Salian Frankish）对托克桑德里亚（Toxandria）的占领，见 Demougeot（1953）8，Günther（1975）346 fig. 30 and pp. 347 f.，Demougeot（1969－79）2.100. Wightman（1978）242－45 with fig. 1, p. 242, and Wightman（1985）209；关于边境线背后的武装据点，见 Chevallier（1975）passim，以及更新的专题研究，如 Bayard and Massy（1982）23 and 26 及下文附录 A II 3.

〔32〕 Amm. 14.10.3 f.，15.5.29，17.9.6 and 20.8.8，以及 CJ（如12.38）与 CT（如7.4）其他4世纪后半段关于军队补给困难的丰富材料；更多材料见上文第三章，如注87、91，特别是注24（关于早在270年发生的、与355年的情况如出一辙的事件）。

腐败与罗马帝国的衰落

兵们是不会作战的。根据上一章的分析，很显然，税务官和军需官的伪造账目、补给品发放中间环节的非法克扣，以及军官们私自挪用与贩卖军粮和其他补给品的行为造成了严重的军需短缺。因此，这些约定俗成的做法可以解释4世纪50年代及此前帝国西北边疆防务废弛的原因。其他内部原因则恐怕很难通过史料被保存下来。

所谓"贝尔吉边界"和特里波利塔尼亚的界线勾勒出了两条罗马帝国的"内部疆界"，界限以外的领土正在被大片放弃或失去控制。至于我的地图上的两块灰色区域究竟属不属于罗马帝国的领土，那只是个分类标准问题，与历史真相无关。但还有一些其他情况需要我们加以考虑。以群山密布著称的伊苏里亚是罗马世界中的一个狂野蛮荒、无法无天的地区；被恰如其分地称作"西里西亚荒野"。[33] 3世纪60年代，一个土匪头子在这里自立为草头王；到了70年代，当地居民对西侧的帕弗利亚和吕奇亚进行了数次劫掠。他们一度控制了克雷莫纳城（Cremna）。但他们最终被赶回了老家。从此以后，直到4世纪50年代中期，史料中都没有留下他们活动的记载。当他们在史书中再度出现时，这批人的身份已经发生了质的变化。一位4世纪作家宣称，他们已被视为"蛮族"。从此以

---

〔33〕 关于西里西亚荒野（即伊苏里亚，Cilicia Tracheia = Isauria）的边界，见 *RE s. v.* Isauria（Ruge，1916）col. 2056；以及 Stein（1959）的地图（vol. 2，标题为"公元390年的罗马帝国"）；以及 Calder and Bean（1958）。

后，他们的势力范围边界成了"国界线"。[34] 阿米亚努斯提供的史料使我们有机会近距离观察他们：这批匪徒再度蹂躏了西南方向的帕弗利亚，攻击了东南方向上的行省首府和北方的皮希狄亚（Pisidia）和吕考尼亚（Lycaonia）。当地的一些铭文（其中居然有一条是用拉丁文撰写的！）记载了将领劳里奇乌斯（Lauricius）的功绩，他"攻克了一座长期落入匪徒手中的要塞，它曾给本省制造过无穷祸害"。类似的还有对赫麦奥斯（Hermaios）的赞美："这位高贵的匪徒克星——愿他保卫我们的城市！愿这位清剿匪徒的长官保卫我们的城市！愿这位为城市雪耻的长官保卫她！愿这位经常为城市雪耻的长官留下来！愿这位提供军需的长官留下来！"这座名称不详的城市是毗邻伊苏里亚、易受攻击的吕奇亚行省境内的一个小型定居点；铭文的撰写时间大概在劳里奇乌斯铭文之后五年左右；文本内容则符合城镇议事会中的欢呼措辞，因此我们认为，它必然跟其他大量同类铭文一样，都是被速记下来并转交负责当地防务的军官过目，以表示对他的认可的。[35] 那里当然需要岗

---

〔34〕　引自 SHA *Triginta tyr.* 26.6，原文接下去写道："尽管他们的国家位于罗马帝国的领土内部，它却被类似于国境线的新型防线——'势力分界线（*limes*）封锁着'。"Amm. 14.2.13 提到了"对伊苏里亚进行全面封锁的军队"（*milites omne latus Isauriae defendentes assueti*），也就是说，那里有一条包围蛮族聚居区的环形分界线，并且这种局面早在 354 年之前许久已开始"长期（*diu quidem*）"存在。其他史料见 A. H. M. Jones (1971) 212 f.。

〔35〕　*ILS* 740 = *CIL* 3.6733，参见 *PLRE* 1 s. v. Lauricius；以及 Harrison (1980) 114 对距特麦苏斯（Termessus）西南 35 英里一处山顶铭文（361/7 年）的研究。

腐败与罗马帝国的衰落

哨和驻军——尽管伊苏里亚位于帝国境内，它仍旧是一个毗邻的敌国。那里也当然存在军需补给的困难，并使保卫这座"城市"（其实只是一个小小的、有城墙保护的山头定居点，今名奥瓦奇克〔Ovacik〕）的要塞濒临绝境。这就是曾经无限风光、令人肃然起敬的"罗马治下和平"如今沦落到的狼狈境地。

到了这个时代，尽管伊苏里亚人为数寥寥，却已经成为东方难以遏制的一支强大力量。其原因与罗马与波斯交界处的情况类似，都是由罗马防务的虚弱造成的："罗马将领们忙着搜刮民脂民膏"，听凭敌人"肆无忌惮地蹂躏我们的国土"；"没有人挺身而出对他们说不"，"士兵们早已因为沉溺于懒散的生活方式而变得怠惰不堪"。[36] 理论上讲，罗马边防部队的人数并不少，"各处要塞均有重兵把守"；但他们并不英勇善战，而是宁愿固守自己的城池，甚至在萧墙之内你争我夺。由于这一流弊难以革除，帝国政府增派了三员大将，分别驻守在帕弗利亚、皮希狄亚和吕考尼亚三个行省，对伊苏里亚形成了

---

〔36〕 Amm. 15. 13. 4 对 356 年波斯人劫掠的记载；27. 9. 6 对 368 年伊苏里亚人劫掠的记载："当时的形势已无可救药，因为士兵们的养尊处优使得他们提供的援助如同杯水车薪"（nullis arcentibus, luxu adiumento militari marcente），因此将领劳里奇乌斯不得不借助于"数量有限的准军事力量，世人称之为追击民兵"（semermes pauci, quos diogmitas appellant），就像日后叙尼修斯的做法一样。关于较早的劫掠行为，见 Amm. 14. 2. 1 – 20；关于370 年（？）前后发生的劫掠，见 Eunap. frg. 45（FHG 4. 33）；关于当时的军事部署，见 A. H. M. Jones（1964）57, 101, 192, and 609, and Rougé（1966b）303 – 10。

包围之势。尽管如此，到了5世纪，伊苏里亚人还在毫无顾忌地进行更大规模的、持续数年之久的劫掠；他们向东侵入了西里西亚，甚至直抵塞浦路斯和本都（Pontus）！他们还入侵过伽拉提亚，并向东进入波斯境内；他们向南侵入巴勒斯坦，使耶路撒冷陷入恐慌，其他居民聚居区手忙脚乱地搭建城墙。[37]最耻辱的岁月是404—406年。伊苏里亚投入任何一场战斗的兵力最多也只有几千人，而他们的对手则是整个东方的罗马驻军——让那些想根据《军防表》复原历史的人继续做白日梦去吧！——但后者仍旧力不从心。这是为什么呢？让我们来看看最理想的史料对当时统筹战局的将领的描述吧：正如我们能够料到的那样，此人自己便是蛮族出身——大将阿巴扎奇乌斯（Arbazacius）。他起初奉命驰援各处庄园与村庄（因为城市一般都有高墙保护），成功地把劫掠者赶回了山间老巢。"他本可以轻而易举地、一劳永逸地歼灭他们，从而使各座城市永享太平，"佐西默斯如是说。但结果却事与愿违，由于贪图财富和财富带来的乐趣，此人"向伊苏里亚人'勒索'了一部分他们劫掠来的赃物"，于是放松了对他们的穷追猛打，并通过

---

〔37〕 Eunap. frg. 86（*FHG* 4.51，尼布尔［Niebuhr］确定的年代为404年）；Philostorg., *H. E.* 11.8, p. 139 Bidez；Soz., *H. E.* 8.25（*PG* 67.1580 C f.）；Hier., *Ep.* 114.1（*PL* 22.934, 405年）；*CT* 9.35.7（408），伊苏里亚人遭到了惩罚，但修士叙麦昂（Symeon Stylites）时期的叙利亚内陆地区仍旧需要城市要塞来对付他们，参见 Brown (1971) 84 n. 46（叙麦昂卒于459年前后，这一事实可以说明他生前叙利亚要塞的年代）。关于404—406年大规模劫掠的更多材料，见 Rougé (1966b) 298–300。

跟宫廷中的要人分赃而免于被追究责任。[38] 因此，他的情况与罗马努斯是极为相似的。

不过，伊苏里亚人的故事已经把我带得太远了。我现在要回到早先的防务问题上来，分析一下君士坦提乌斯对申请进入帝国的蛮族的回复（359 年）："在贪欲和周围廷臣们阿谀逢迎之声的驱使下，皇帝批准他们全体定居在帝国境内。廷臣们反复声称，如果与这些蛮族建立和谐的外交关系，实现普遍和平的话，皇帝将从臣民人口的增多中获得好处，并能够取得更为强大的兵源供应——因为他治下的那些行省肯定是乐意出钱招募这些蛮族去打仗的（这种念头有时会成为罗马帝国的祸根）。"[39] 我们自然会从阿米亚努斯插入的这段描述中联想到十七年后（376 年）的情景。阿米亚努斯告诉我们，当大批哥特人同样请求获准在帝国境内定居时，"油嘴滑舌的阿谀者极力赞扬皇帝的好运，因为机缘突然把这样宝贵的兵源给他送上门来了；此外，除了每个行省逐年提供的兵源，国库也能增加

---

〔38〕 Zos. 5. 25，trans. Ridley；参见 Zos. 5. 15. 5 对永无休止的伊苏里亚人劫掠行径的记载；另见 *PLRE* 2 s. v. Arbazacius。

〔39〕 Amm. 19. 11. 7.

一大笔收入"[40]。这笔收入得以存在的前提是：帝国近年来已允许各行省在征兵时缴纳征兵税，以代替实实在在的兵源。但这种新的征兵方式成了一种灾难。它本身倒不是一个坏主意——只是执行该政策的官吏们乐得利用它来进行变本加厉的勒索。瓦伦斯曾为此大发雷霆："朕认为在征兵时向免征地区敲诈一大笔钱的行径是不可容忍的，外来移民为免于征兵而遭到的盘剥尤为严重。"教会史家苏格拉底也提到了这一现象（4.34）。根据他的记载，皇帝在376年"对行省各个村庄原本都应承担的兵役进行明码标价"。像阿米亚努斯一样，苏格拉底也在这段记载后补充了一句阴郁的评论："这一变革乃是罗马帝国日后许多灾难的肇端。"

　　从376年作出这个致命决定的背景来看，皇帝对钱财的需求是显而易见的；发挥作用的还有征收各种税目时的勒索习

---

〔40〕　Amm. 31.4.4, trans. Rolfe；参见 Eunap. frg. 42, p. 238；瓦伦斯之所以接纳哥特人，是将他们视为"罗马军事实力的强大援军"；另见 Soc. *H. E.* 4.34（*PG* 67.553B f.），瓦伦斯"在这件事（接纳高卢人）上认为自己走了好运，因为他相信自己得到了一支可以用来御敌的、物美价廉的军队；他还希望，这些蛮族在担任边疆卫士时会比罗马人更加令人生畏"；参见370年准许萨克森人（Saxons）"在服兵役的条件下取得居住权（*habiles ad militiam*）"，Amm. 28.5.4；更多材料见 Amm. 30.6.1，瓦伦斯在375年同夸迪人讨论如何让他们提供兵源的事情；30.2.6，瓦伦斯于377或378年为准备对波斯作战而"火速向哥特人征兵"；31.10.17，帝国于公元378年向归顺的勒提亚人（Lentienses）征兵；370年的法令（*CT* 7.13.2）削减了征兵指标（蛮族必须提供兵源，不得用交钱顶替）的负担；还有375年的法令（*CT* 7.13.7），其中将这项税收的重担从负责募兵的执吏那里转移到了每位居民的财产中，因为新的负担是用金钱而非壮丁（*corpora*）支付的（7.13.7.1，见本书相关引文）。

惯。于是，哥特人获准渡过了多瑙河，罗马人正在对岸等着迎接他们；从这一行为中获利最多的乃是色雷斯的军事长官卢皮奇努斯（Lupicinus）和第二默西亚（Moesia Secunda，或斯基泰［Scythia］）行省总督马克西穆斯。[41]

> 他们巧取豪夺的贪欲乃是我们一切厄运的根源。我姑且不提这两个人（或得到他们授意的其他人）出于恶意而对那些当时还无可指责的新来居民的暴行；但有一件耸人听闻的恶行是不得不提的：即便让两个家伙审判自己，他们也无法找到为自己开脱的借口。当蛮族在渡河后面临缺乏食物的困境时，那两个天怒人怨的家伙提出了一种恬不知耻的交易方案：他们用一条狗交换一名奴隶，被送来的奴隶中甚至还有部落酋长的儿子。

其他作家也提到过别的罗马吸血鬼。他们从新来的移民手中掠夺商品和私有财产，但带走最多的则是人——男子、女子和儿童，这些人被掠走后贩卖为奴，送到乡间田地或富人宅邸里做苦力。

这场剥削主要是在 377 年而非 376 年进行的。忍无可忍的受压迫者终于在 377 年揭竿而起。他们兵分几路，在色雷斯

---

〔41〕 Amm. 31.4.10 f，，见本书引文（trans. Rolfe）；Eunap. frg. 42；Iordan.，*Getica* 26；Zos. 4.20；以及 Oros.，*Hist. adv. pagan.* 7.33.11："由于将领马克西穆斯令人无法忍受的贪婪，在饥饿和不公的压迫下，他们（哥特人）揭竿而起，在击败瓦伦斯的军队后在色雷斯全境散布开来。"（*deinde propter intolerabilem avaritiam Maximi ducis fame et iniuriis adacti in arma surgentes，victo Valentis exercitu，per Thraciam sese …fuderunt*）

境内往来冲突，时分时合；他们有时遭到罗马军队的抵抗，有时则没有。[42] 378 年，他们终于在亚得里亚堡（Hadrianople）遭遇了临时集结起一支军队从叙利亚赶来的皇帝瓦伦斯本人。尽管哥特人并不急于开战，他们也不会错过这样的绝佳战机。在这场战斗中，皇帝和他的主力部队被消灭了。

亚得里亚堡战役使得我们能够对当时帝国的行政与军事活动效率进行仔细观察，特别是可以提供一些进行粗略量化统计的材料。我们获得的数据首先是一名罗马将领塞巴斯提亚努斯（Sebastianus）率领的 2000 人；这位将领曾在大战之前数周内对哥特人发起过有效攻击，在多次零星战斗中轻而易举地击败过他们。当皇帝现身后，他又率领更少的部队取得了进一步的胜利，迫使敌军统帅为麾下化整为零进行劫掠的部下感到担心。[43] 其次，罗马人的"小股（显然只有几百人）"萨拉森骑兵在小规模战斗中占尽上风，以至于哥特人"打算折回多瑙河对岸去臣服于匈人，以免被萨拉森人全歼"。[44] 无论这两种力量对比的描述能够说明别的什么问题，它们至少合乎皇

〔42〕 Amm. 31.8.6, *nullo vetante*, *impune*（未受阻拦和惩罚）；Eunap., frg. 42（*FHG* 4.32）："由于没有善战的军队抵御他们，这批人多势众的家伙在那些手无寸铁、毫无保护的人们眼中就显得尤为可怖。"另见 Wolfram（1977）235 and 238 f., and Wolfram（1979）140 f. and 144。

〔43〕 Amm. 31.11.2–5; Zos. 4.23.

〔44〕 Zos. 4.22.2.

帝本人对敌情的掌握：他估计哥特人全军只有万余人左右。[45]
但根据战役的结果来看，哥特人的武装力量显然要高于这个数
目（可能达到了 1.5 万人），而瓦伦斯投入的兵力可能有 2 万

---

〔45〕　Amm. 31.12.3——它符合下面的事实：在两军对垒之际，一波
投枪的打击就能使哥特人陷入恐慌，跪地求饶。另见 Lot 的看法，in Lot,
Pfister, and Ganshof（1928）13，他认为哥特人总数为 1 万人的说法是准确
的；关于当时的情形与背景，见 Wolfram（1977）241；关于瓦伦斯的军队规
模，Wolfram（1979）69 认为是 3 万—4 万人，Demougeot（1969 – 79）2.144
认为是 2 万—2.7 万人，Bernardi（1965）158 认为是 1.3 万人或更少，之前的
学者、如 Delbrück 和 Schmidt 也倾向于较保守的估计；相反观点见 Stein
（1959）518 f. n. 189，支持最高的估计数目："至少有 3 万人，可能达到 4
万人。"他举出的证据是战斗中阵亡了 35 位"没有具体安排职责的军团长
和众多将领"（tribuni vacantes et numerorum rectores，Amm. 31.13.18）；但这
条材料并不能支持他采用的阵亡人数计算公式。在仅有的一场可以比较军
官与士兵牺牲比例的战役中，这个比率是 1:60（Amm. 16.26.63）。据此估
算出的亚得里亚堡战役阵亡人数应为 35×60 = 2100 人，也就是说折损人数
超过 10%，确实已是相当严重的损失了；Stein 还举出了其他数字，其中之
一已在上文中分析过了（注 12；Amm. 27.12.16）；但在我看来，它们还不
足以支撑作者的结论。他本可以提出的最佳例子是格拉提安（Gratian）于
377 年在斯特拉斯堡屠杀"3 万余名阿拉曼人"的例子，但那也只是"人们
传说如此"（narrantur, Oros., Hist. adv. pagan. 7.33.8）。见 Hier., Chron.
a. 239 = 377；Iordan., Rom. 312；较晚的材料见 Riese（1892）325；Amm.
31.10.5："有人为了逢迎皇帝而夸大其词，声称那场战役中杀死的敌军有 4
万或 7 万人"——可见阿米亚努斯是不信任这些统计数字的。Hoffmann
（1969 – 70）1.444 中认为瓦伦斯东部帝国的 7 万—8 万有效兵力中折损了 3
万—4 万人的看法是以《军防表》为基础的。他根据军事单位推算罗马兵
力损失的做法没有被后人所认可（12—16 个军事单位，其中 9 个为军团，
p. 457；即？9×1000 + ？7×500 = 不超过 12500［？］人），而投入亚得里亚
堡战役的总兵力应当比损失人数"多出数倍"。然而，我们找不到合适的办
法去证明，日后不见了的军事单位都是在 378 年被消灭的，而不是在此之
后甚至之前（如 377 年）。

人。他已竭尽所能——在那个年代里，其他重要军事行动中集结的总兵力大概也就是这个水平（见上文，注12）。当然，皇帝可以向西部求援。事实上，西部也确实提供了无条件的支援。但在那支增援部队抵达亚得里亚堡之前，其中相当一部分都因为同莱茵河、多瑙河上游蛮族入侵者（阿拉曼人［Alamans］、阿兰人［Alans］等）进行频繁战斗而耽搁了行程，而另一支队伍中的大部分士兵在行军途中抛弃了自己的将领里科麦尔（Richomer）逃跑了[46] 我们已经看到，驻扎在多瑙河下游的军团在这场大战前后都是毫无战斗力的；但一般认为，罗马帝国在多瑙河流域的总兵力达到了 20 万人之多。[47]

我无须试图进一步从匮乏的史料中搜索其他数据或统计方式。我的目的只是要证明这支军队数量的庞大，仅此而已。因此，瓦伦斯应当能够集结起来的强大军队与他实际上手头兵力的拮据之间的反差是令人吃惊的。这种反差的原因无疑在于叙尼修斯、特米斯提乌斯、利巴尼乌斯、阿米亚努斯、韦格修斯

---

〔46〕　Amm. 31. 7. 4；31. 10. 6；and 31. 11. 6.

〔47〕　见上文，注42；在亚得里亚堡战役之后，哥特人可以自由地进行流动。见 Theodoret., *Hist. relig.*（*PG* 82. 1372A），结果哥特人"肆无忌惮地蹂躏了从多瑙河到普罗庞提斯（Propontis）"，以及 Eunap. frg. 50（*FHG* 4. 36）= frg. 47. 1, pp. 70 f. Blockley. Blockley（p. 142）认为具体年代为379 或 380 年。关于部队人数，A. H. M. Jones（1964）1445 暴露了自己是如何根据《军防表》中的虚构数字评估 378 年惨败的影响的，并提供了计算多瑙河流域总兵力的相关数据（p. 1448）：9. 4 万名非军团编制的士兵 + 15. 9 万名军团兵 =25. 3 万名。Demougeot（1969－79）2. 183 对这个数字略作了删减。

腐败与罗马帝国的衰落

和法典材料所描述的军队忍饥挨饿、士卒随意开小差、装备匮乏等军事缺陷，[48] 而这些弱点又源自于我们在前一章中所描述的政府作风问题。帝国晚期"机动兵力"（一些现代著作虚构的"军事力量"［force de frappe］）。在君士坦丁时代，驻扎在内地散布着的城市中；此后，它们是很难被调动、集结在一起的。

战而胜之的哥特人从亚得里亚堡出发进行新的劫掠，很快又与其他内迁的蛮族部落汇合在一起。他们几乎没有再遇到什么抵抗。事实上，一位同时代人声称他们在行军时"更像是跳舞，不像是要去打仗；他们对罗马帝国的士兵极尽取笑之能事。他们的一名领袖很奇怪罗马的军人何以会如此恬不知耻：他们在战斗中只能像绵羊一样引颈受戮，却仍吹嘘自己要赢取胜利，可又窝在自己驻守的街区里不敢露头"。[49] 到了380年，一些蛮族部落与罗马帝国签署了和约，成为后者的盟友。他们获得了默西亚和潘诺尼亚的土地，条件是他们在必要时需应征入伍。根据382年10月3日的另一份和约，其他部族可以在本民族的法律和统治者管理下生活在色雷斯一部分区域内。他们已经在罗马帝国境内建立了一个名副其实的哥特王

---

〔48〕 见上文，注14，以及第三章注115。

〔49〕 Joh. Chrysos., *Ad viduam iuniorem* 4（*PG* 48.605）.

国。[50] 从 388 年的情况看，两份和约都生效了——当时提奥多西对自己的竞争对手马克西穆斯进行了征伐，其部队中就有大批这样的蛮族士兵。当他们返回帝国东部后，一批色雷斯境内的哥特人和散兵游勇于 391 年投奔到身在马其顿的青年阿拉里克（Alaric）麾下；但他们的这种破坏和约行为和随后进行的劫掠在当年就终结了。到了 394 年，色雷斯的哥特人再度构成了帝国军队的主力，奉命前去平定西方的另一名谋逆者尤格尼乌斯（Eugenius）。但到了下一年，随着提奥多西的驾崩，382 年的和约也成了一纸空文。声称自己应得的军饷和津贴遭到拖欠的色雷斯哥特人再度投到阿拉里克麾下。这次哥特人全部卷入了叛乱。他们推举阿拉里克为国王，想借助他在罗马帝国境内建立一个国中国，并为此开始进行迁徙（图 17，10）。他们一直流动了三年。395 年，斯提利科曾率军在帖撒利（Thessaly）对他们进行了零星抵抗；但罗马军队随后撤退，使得阿拉里克得以前往南方过冬。而当"阿拉里克率领蛮族通过温泉关（Thermopylae）"时，那里的要塞没有进行任何抵抗，让他"像在赛车跑道上或牧马的平原上一样畅通无阻地穿过"（攸纳皮乌斯如是说）。[51] 直到 397 年，哥特人一直悠

---

〔50〕　关于 380 年的定居风波，见 Piganiol（1972）244，Demougeot（1974）146 f.，Demougeot（1969－79）2. 148 and 152，and Wolfram（1979）155. 关于 382 年的和约，Piganiol（1972）151 f. 认为它"完全可以被视为标志着罗马帝国终结的事件"。另见 Wolfram（1979）156 f.，其中认为该和约建立了"一个自治的哥特国家"。

〔51〕　Eunap. fig. 65（同样见于 *Vit. soph.* 476）；Zos. 5. 5. 3，参见 *PLRE* I s. v. Gerontius 6，Demougeot（1969－79）2. 165，and Wolfram（1979）166 f.。

腐败与罗马帝国的衰落

然自得地在希腊获取各种补给；之后，他们在伯罗奔尼撒中部的弗洛伊（Pholoë）遭到前来征讨的敌军挑战，但最终还是得以全身而退，回到了伊庇鲁斯，于当年秋天同帝国政府重新签订了和约：阿拉里克获得了伊吕利库姆（Illyricum）全境的军事指挥权，他的追随者则得到了自己需要的土地。在此后的四年中，哥特人不仅在那些土地上定居，还对当地居民进行正式课税，取得给养。[52]

我们在上面概述的这些事件导致了帝国境内的一部分地区脱离了国家的有效控制。根据我的地图所使用的图例，它们被画成了灰色地带；但这个区域其实是流动的——它开始于东部首都以西的某点，先是向南移动，随后折返向北，一路烧杀抢掠、无法无天，最后落脚于伊庇鲁斯。后来，它又开始移动起来。我将会在一两页的篇幅后继续讲述哥特人的活动。

但我们有理由暂时不谈这些情况，先来看看同一时期在其他地区出现的损失与灰色区域。哈德良长城以北的不列颠已被放弃；4世纪后期的阿摩里卡（Armorica，图17，11）已非数以千计的戍边部队不能收拾，并被当时的罗马人视为敌人的领土。[53] 西班牙西北部地区也是如此（图17，12）。史料中对

---

〔52〕 古代史料见 Iordan., *Getica* 29. 146 f.；进一步研究见 Demougeot（1969－79）2. 167 and Wolfram（1979）167 f. and 178.。

〔53〕 关于放弃哈德良长城以北不列颠地区的情况还存在着许多争议，见 Mann（1974）531；S. Johnson（1982）123；and Arnold（1984）7；关于阿摩里卡（Armorica），见上文，第一章注 67；Joannes Antiochenus frg. 201（p. 50 in C. D. Gordon 译本）：在提奥多西二世统治时期"与罗马人为敌的阿摩里卡人"；以及 Demougeot（1975）1098。

398 年要塞驻军（*burgarii*）的一般性介绍与杜罗河（Duero）
上游河谷地带散布的众多坟墓恰好吻合；那里陪葬的武器和其
他物品表明有日耳曼武士移居当地。他们理应属于驻边蛮族
（*laeti*），而他们所抵御的敌人正是住在半岛西北部滨海低矮群
山里的匪徒。[54] 早先在勒昂（León）、尤利奥布里加（Iulio-
briga）和半岛西北部其他地区的军事岗哨仍旧被军队驻守着，
并没有发生类似的变化，这一点可能是非常重要的。但无论如
何，4 世纪后期对当地主要道路与城市的大规模武装保护显然
表明，半岛上的这一地区已从几百年前罗马征服所带来的文明
进步状态中倒退回去了。

　　在达尔马提亚（Dalmatia）长达 200 公里的南海岸上分布

---

　　[54]　*CT* 7. 14. 1. 关于要塞驻军（*burgarii*），Le Roux（1982）397 n. 54
在霍诺里乌斯写给潘诺尼亚行省的书信中也发现了城市要塞的影子——相
关研究另见 Demougeot（1956）and A. H. M. Jones（1964）1106。关于陪葬的
武器，见 Le Roux（1982）393 with n. 37（其中所引用的考古报告显然把这
些葬礼的年代确定为 4 世纪，而非 5 世纪），以及 S. Johnson（1983）221 and
240。另注意 Zos. 6. 5. 1，其中提到了在 409 年抗议被从他们常年（*kata to
synethes*）驻守的比利牛斯山隘口调离的西班牙驻军。可见这些部队在 409
年之前许久就已经驻守在那里了。一些著作（如 Blazquez［1964］171）曾
用《军防表》中西班牙部分对戍边部队的提及来证明帝国晚期是设有边防
的；但 Gorges（1979）53 n. 66，Arce（1980）593 ff.，Le Roux（1982）393，
and S. Johnson（1983）221 不同意这种看法。我认为，Le Roux（1982）394
f. 正确地区分了一条并不存在的军事边界和一个驻防区。但《军防表》的
确可以证明，409 年之后的军队布防体系是存在的。见 Arce（1980）604 f.。
关于驻兵位置，见 Demougeot（1956）40，Le Roux（1982）393，and S. Johnson
（1983）240。

着维古（Vigu）等六座罗马要塞。[55] 与潘诺尼亚内陆地区分散的军事据点一样，它们显然也是对当地暴力横行局面的回应——今天比利时境内的类似建筑遗址（特别是在科隆至巴维的驿路沿线）和不列颠境内的要塞防线也是如此。[56] 后者沿着从伦敦向北延伸的惠特灵大道（Watling Street）分布，随后转向西边（罗克塞特［Wroxeter］）或东北方向（布拉夫［Brough］）。"到了4世纪中前期，这些边疆背后的设防道路

---

〔55〕 Dr. Stephan Johnson 曾善意地提醒我注意 Praschniker and Schober（1919）12 and 99 中对尼克斯克（Niksic）和维古（Vigu）布局和遗址的描述。虽然他并未排除这些遗址和多克勒亚（Doclea）可能属于晚期罗马帝国的可能性，但认为当地的其他遗址（普雷扎［Preza］、佩特雷拉［Petrejla］和埃尔巴桑［Elbassan］）不大可能是罗马的。维也纳当地的考古学家们由于手头缺少可资比较的外部材料，更容易不假思索地把这些遗址算在罗马帝国晚期内（特别见 pp. 54 f.）。这些遗址让我们想起了4世纪最后二十年里潘诺尼亚境内（边境以西50—85公里处）的波诺尼亚（Bononia）、奥纳格里努姆（Onagrinum）和科纳库姆（Cornacum）等用要塞保护起来的城镇。见 Eadie（1982）29 f. and 42，其中对《军防表》的使用非常谨慎；关于4世纪90年代潘诺尼亚治安的失控，见 Bury（1923）1. 167 and Stein（1959）229 and 250. "各城镇被封锁的年份"（*Clausa tot annis / oppida*），见 Claud., *De cons. Stil.*, 2. 193 f.，反映了整个行省遭到围攻的情况。

〔56〕 Welsby（1982）151 and S. Johnson（1983）36，后者在相关地图中标出了哈德良长城以南100英里的罗马要塞密集区（共18座），其中包括《军防表》中举出名字的里布切斯特（Ribchester）、兰开斯特（Lancaster）、顿卡斯特（Doncaster）和皮尔斯布里奇（Piercebridge），以及一些名字虽没有在史料中出现，却在4世纪70年代监视着顿卡斯特以南地区的要塞，还有四座位于威尔士境内。更多信息见 p. 118 对惠特灵大道沿线布防情况的介绍；Hobley（1983）80 的地图 D 标出了4世纪末分布在沃罗克斯特—曼克特—伦敦（Wroxeter – to – Mancetter – to – London）一线两条岔路旁的要塞（*burgi*）。我引用了他的相关史料的分析结论。

网已关系到不列颠和西北诸行省的生死存亡。"它们为何如此
重要？因为，如果没有高墙和士兵保护，旅行者就将面临巨大
的危险。也许他们已经不得不面对这样的风险，因为士兵们如
今都龟缩在壁垒里面。他们会听凭那些仍旧信赖罗马治下和平
的平民在各处防御据点之间急匆匆地奔走，穿越那些日益变得
无法无天的地段。西班牙、不列颠、达尔马提亚、潘诺尼亚和
比利时呈现出的这些可怕场景让我们想起 325 年之后在这些地
区与叙利亚、毛里塔尼亚出现的那些武装起来的私人别墅。[57]
这些地区在我的地图上其实也完全可以涂成灰色。即便不这样
做的话，帝国晚期的版图也已经支离破碎了。

　　罗马治下的和平在 386 年之后的小亚细亚西部地区维持得
更好些，因为政府将一些战败的蛮族安置在各城镇中负责戍卫
工作。他们是格伦图吉人（Greuthungi）和哥特人的混血后
裔。但十二年后，大将特瑞比吉尔德（Tribigild）利用手中对
弗里吉亚军队的指挥权，率领他们发动叛乱，四处劫掠。他们
首先攻击了爱奥尼亚沿海地区，随后穿过皮希狄亚来到南海
岸，抵达帕弗利亚境内的塞尔格（Selge）一带，途中几乎没
有遭到任何抵抗。根据佐西默斯的记载，他们逐一洗劫了沿途
的城市、定居点和要塞，"因为那里没有罗马人的蛮族盟友"
站出来抵挡他们。只有蛮族才知道怎么打仗。然而，塞尔格的
一位当地贵族率领自己的奴隶和佃农们对特瑞比吉尔德进行了
伏击，用投石器给他们造成了惨重损失，迫使大部分叛军落荒

---

〔57〕　MacMullen（1963）142 and 145–47；上文第一章，注 71—76。

而逃。他们当时可能被歼灭。但另外一条通往山里的逃生路线
"被统领罗马盟军的弗洛伦提乌斯（Florentius）把守着……特
瑞比吉尔德和麾下的 300 人爬上这条通道，用一大笔钱向弗洛
伦提乌斯和他的部下买了一条生路，成功逃脱".[58] 他们藏
身地区的治安受到了严重破坏，从而更容易被伊苏里亚人偷袭
得手。我已在前几页中交代过后者的攻击了。我还将叙述
（附录 A Ⅱ 9）特瑞比吉尔德如何同野心勃勃的盖纳斯（Gain-
as）联手，后者又如何在 5 世纪初迫使罗马皇帝同自己议和，
从而获得了独立任用和罢免高级官吏的权力。然而，我提起特
瑞比吉尔德与盖纳斯的真正目的在于展示通过他们的反叛暴露
出的晚期帝国制度性缺陷：其中最显而易见的是罗马军队战斗
力的低下——他们甚至比不上同自己联盟的某些蛮族部队；其
次是皇帝手下官吏的腐败。他们很难抵制诱惑，不去利用自己
的权威谋取私利。

阿拉里克在 5 世纪初取得的一系列胜利充分证明了第一个
弱点的存在。看到罗马西部的主将斯提利科已前往雷提亚处理
紧急军务，阿拉里克于 401 年离开了自己在伊庇鲁斯的大本
营。"他穿过潘诺尼亚诸行省……从希尔米乌姆的左侧绕过，
进入了意大利，好像穿过了一片不设防的无人区。"[59] 阿拉
里克试图围攻米兰，但在年底前被迫撤围。但他的出现导致帝

---

〔58〕　Zos. 5. 15 f. , 5. 18, and 5. 25. 2；更多细节见 Soc. , *H. E.* 6. 6 (*PG*
67. 676B f.)，Philostorg. , *H. E.* 11. 8 pp. 138 f. Bidez – Winkelmann, Wolfram
(1979) 176 f. , 及下文附录 A Ⅱ 9。

〔59〕　Iordan. , *Getica* 29. 147.

国宫廷永久性地迁到了拉文纳。到了次年春天，他在都灵以东约 30 英里处的波勒提亚（Pollentia）同斯提利科交手，结果不分胜负。[60] 两军的第三次遭遇发生在维罗纳，结果同样没有任何一方占据明显上风：因为损失惨重的阿拉里克离开了意大利，但得到了他梦寐以求的东西——伊吕利库姆全境的军事总指挥职务。他还在潘诺尼亚控制了大片土地，以便安置新的哥特人据点。[61]

在 400—402 年，帝国东西部的皇帝都已堕落到被迫同蛮族叛将讨价还价的地步；但乌尔狄斯（Uldis）和他率领的匈人又给雷提亚、诺里库姆和整个多瑙河下游地区制造了新的麻烦。高卢首府和大行政区总长驻地被迫从特里尔转移到阿尔勒斯。这一变动相当于投降，就像帝国宫廷从米兰迁到拉文纳一样。因此，我们并不意外地在奥罗修斯（Orosius, 7.40.3）的记载中看到，407 年的蛮族入侵者同样"像醉汉一样手舞足蹈地穿过高卢地区"；而根据佐西默斯的记载（5.37.2），于 408 年再度入侵意大利的阿拉里克"如同度假一般"，悠然自得地

---

〔60〕 Wolfram (1979) 180："这场战役胜负未分"；Matthews (1975) 274："战斗本身没有分出胜负"；Garuti (1979) 76 f. 对相关材料进行了梳理：卡西奥多鲁斯（Cassiodorus）和约达尼斯称阿拉里克为胜利者，普罗斯佩尔（Prosper）认为战局胜负未分，而克劳狄安（Claudian）、普罗登提乌斯（Prodentius）和伽鲁提（Garuti）本人都称斯提利科为胜利者。值得注意的是，斯提利科在战斗中不得不依靠从不列颠、莱茵河与雷提亚集结起来的蛮族部队（Claud., *De bello Goth.* 414 – 22 and 568 f.）。关于维罗纳战役，见 Garuti (1979) 81 – 89 and Wolfram (1979) 181。

〔61〕 *RE* Suppl. 9 s. v. Pannonia (A. Mocsy, 1962) col. 580.

腐败与罗马帝国的衰落

一直推进到波诺尼亚（Bononia）。当时的西方出现了另一名皇帝，此人滑稽可笑地自称君士坦丁大帝；此人率军撤出了不列颠及其主要军事据点，把那里留给了罗马的敌人。他手下的将领、驻守在西班牙的格伦提乌斯（Gerontius）于409年勾结蛮族入侵者（后者先期已经进入半岛接应，一路上遇到的抵抗只有武装了手下奴隶、佃农的地主两兄弟，但他们的阻击以失败告终）发动了叛乱。

在这些年里，同时代人对帝国自卫努力的详细描述仅见于叙尼修斯的书信。他是昔兰尼的一位贵族，最后当上了昔兰尼加境内托勒麦斯（Ptolemais）的主教。[62] 从他年方弱冠时起，南方的奥斯托里亚人开始对整个行省进行着几乎持续不断的劫掠，一直延续到他去世的413年（或更晚的时期）。他在抵抗运动中扮演着重要角色。他首先在昔兰尼投入了抵抗，随后又在主教驻节地继续领导这一运动。[63] 作为他的帮手，随着当

---

〔62〕 The *Oxford Dictionary of the Christian Church*（1974）1332 认为叙尼修斯在托勒麦斯的主教任期约在 410—441 年，这个观点是可以接受的。*Der Klein Pauly* 5（1975）453 认为他是 410—413 年的昔兰尼主教；Lacombrade（1951）更愿意相信他是 411 年的托勒麦斯主教；而 Bregman（1982）同样认为他是托勒麦斯的主教，但（p. viii）将他的任职期限确定在 410—414（？）年。这是因为学者们对叙尼修斯作品中提及人物的年代判断存在分歧；例如，Fitzgerald（1930）2. 478 和 Lacombrade（1951）230 便对其作品中的"利比亚军事长官"（*dux Libyarum*）阿努修斯的任职时间判断存在分歧，分别将之确定为 410 年和 411 年。

〔63〕 关于奥斯托里亚人，见 Courtois（1955）103，其中引用了 Philostorg., *H. E.*, 11. 8 p. 138 Bidez - Winkelmann（"玛兹克人〔Mazices〕和奥克索里亚人〔Auxoriani〕"）and *IRT* 480（408/23）；Donaldson（1985）176 认为铭文的年代在 413 年前后。

地军事长官人选的变化，他们派来的军队有时能够发挥作用（如 411 年的阿努修斯［Anysius］就是一位杰出将领），有时则只会帮倒忙；然而，在所有部队中，得到叙尼修斯盛赞的却是一支罗马人的同盟军——它仅由 40 名匈人士兵组成。他们是整支军队（总人数已不得而知，因为《军防表》中的相关部分已散佚）中唯一具备战斗力的部分。我们只知道，利比亚军事长官指挥的军事单位名单在全帝国中是最长的。总数可能并不重要，因为"罗马"士兵根本不能打仗。幸运的是，敌人的攻击规模也不大。这些"该死的游牧部落"（叙尼修斯这样称呼他们）在一次入侵时只派出了 1000 人。但他们的劫掠却收获颇丰——夺走了 5000 头骆驼。[64]

由于这些游牧者没有铠甲，不懂攻城战术——他们不过是一群不开化的赤贫者，但同时也是欲壑难填的亡命之徒——并且战场上的一群民兵就可以把他们打得落花流水，因此我们很难解释他们何以会造成那样巨大的威胁。但有决心抵抗他们的人（如主教和副主教）却少之又少。因此，御敌的责任重担就落在了帝国的正规军肩上——叙尼修斯对他们的情况了如指掌，并对此进行了记载。数以千计的士兵驻扎在各座城市中，并不断给他们的东道主找麻烦。叙尼修斯称之为"和平年代里的战争，它比蛮族发动的战争为害更甚，其根源在于军队的

---

〔64〕 相关数字键 Synes., *Catastasis* Ⅱ（*PG* 66. 1576B）——其中还提到了"该死的游牧部落"（1569A）和那 5000 头骆驼（1569D）——以及 *Ep.* 78，见 Lacombrade（1961）230 and A. H. M. Jones（1968）292。关于教士们的自助，见 MacMullen（1963）138 - 40。

纪律涣散和军官们的贪得无厌"。只有一位难得一见的军事长官（412 年的马塞利努斯）才会"谴责这些早已被视为合法的巧取豪夺。只有他既不盘剥富人，又不欺凌穷人"。——与他形成鲜明对比的则是那些把部队调来调去，一心只盘算着如何勒索钱财的其他指挥官。[65]

于是叙尼修斯陷入了绝望："潘塔波利斯（Pentapolis）已经完了。她的末日已至，并且她是被人谋杀的。"[66] 这些凶手让我们想起不久之后闯入北非的、更加可怕的敌人——汪达尔人。奥古斯丁提供的材料可以为我们解释，汪达尔人是如何在 429 年闲庭信步般地走进了他们的新王国。在汪达尔人入侵之前一两年，他曾写信向阿非利加的最高军事长官提出过质问："您何时才能约束麾下那么多其贪欲遭人耻笑、其野蛮令人生畏的士兵呢？我不是要您迎合这些贪恋尘世物欲的家伙的全部欲望（因为那是根本不可能的），但您何时才会为了避免玉石俱焚而多少满足一下他们的要求呢？……我该如何评价那

---

〔65〕 Synes., *Ep.* 62（*PG* 66.1405D and 1408A），对贪婪的字句完全相同的控诉重复于 *Catastasis* II（*PG* 66.1576D）。注意 *Ep.* 78（*PG* 66.1444A f.）中对这些匈人战士（Hunnigardae）和薪饷待遇更低、毫无用处（"打仗需要的是借得上力的帮手，不是一大堆凑数的名字"）的普通士兵（*hoi enchorioi*）截然不同的评价。

〔66〕 *Catastasis* II（*PG* 66.1569D），Fitzgerald（1930）2.477 的译文使用了"被谋杀（assassinated）"一词。

些阿非利加蛮族在未遇任何抵抗的情况下对行省造成的戕害呢?"[67] 奥古斯丁的质问反映了罗马军队抵御努米底亚部族劫掠不力的情况,他显然将之归咎于腐败军队纪律涣散的痼疾。结果,当不久以后西班牙的敌人打来的时候,军事长官所能依靠的只有这样一批兵痞。他自然只能一败涂地(谣言传说他是苦苦哀求自己的部下走上战场的)。按照帝国晚期的典型模式,他陷入了政敌们的圈套,只得绞尽脑汁四处求援。汪达尔王国就这样在北非建立起来了。

任何对现代学术界关于古代世界终结原因的种种解读的人都会被叙尼修斯对自己行省的绝望评价("她被谋杀了")感到惊异。但安德烈·皮伽尼奥尔(André Piganiol)在其探讨罗马帝国灭亡原因的最著名(至少是最引人入胜的)作品中正是使用了这个字眼(第一章,注179):"罗马文明并不是在战争中死去的。她之前已经被暗杀了。"皮伽尼奥尔的结论(他的"基督教帝国"史结尾处在讨论广义上的"日耳曼人"时写下的这些话)其实也是在他之前或之后的许多学者用更为平实的语言提出过的。我们完全可以把它称之为学术界的共识。当然,导致罗马帝国解体的核心事件是406年年底六个部族联合渡过冰封的莱茵河的行动。他们中的主力是汪达尔人和阿兰人;混杂在队伍里的还有苏埃比人(Suebi)、格皮德人

---

〔67〕　Aug., *Ep.* 220.6,写给阿非利加军事长官(*comes domesticorum et Africae*)的信。参见 *PLRE* 2 s. v. Bonifatius 3,奥古斯丁的书信创作年代为427年或429年;关于此人的命运,见上引书和 Prosp. Tiro. a. 427。关于对这些事件的清晰概述,见 Bury (1923) 1. 245 f.。

（Gepids）和夸迪人（Quadi）；勃艮第人（Burgundians）也在两三年后具备了足够的规模，建立了自己的王国。前一年中拉达盖苏斯（Radagaisus）对雷提亚发动的入侵虽然被击退了，却把守军调离了边疆地区。于是罗马的国土再次遭到了蹂躏。但这支迅速占领日耳曼、高卢和西班牙的、势不可挡的劲旅的规模究竟多大呢？按照皮伽尼奥尔的判断，他们的兵力一定是无比庞大的。然而，既然我们在昔兰尼加看到，一小撮"该死的游牧部落"已足以在那里烧杀抢掠，那么，同样的情况也完全可能会发生在帝国境内的其他地区。

事实上，现代的权威学术著作普遍反对古代史料中一味夸大罗马敌人兵力的倾向。拉达盖苏斯的兵力"被分别统计为40万人、20万人或10万人以上……值得注意的是，其中最低的数值（奥古斯丁提供）恰恰是用来证明规模庞大的军队更具战斗力的"；并且拉达盖苏斯率领的东哥特人不久就被斯提

利科领军的一小股部队全歼了。[68] 史料中记载的 429 年渡海
前往阿非利加的汪达尔人数目为 8 万人，其中包含着成年男
女、儿童和奴隶；根据这条资料和其他相关考虑，我们有理由
判断，这一时期（如 4 世纪 70 年代到 5 世纪 60 年代）蛮族聚
落的规模大致为每个部落几万人，也许最多不超过十万，其中

---

〔68〕　Bury（1923）1. 104 and 167 note 3 总结道："我们可以假定，入侵
者的人数不超过 5 万人。"见 Seeck（1910 - 23）5. 375 f. 及其注释中引用的
史料，以及 Stein（1959）249 and Courcelle（1964）39 n. 2，两位学者都舍弃
了现存史料中过高的数字。注意 Oros., *Hist. adv. pagan.* 7. 37. 4 中关于
"带领着"（*ferunt*）20 万人的说法，这个数字在 Marcellus, Chron. 2. 68 中
再度出现，但在 Zos. 5. 26. 3 中变成了 40 万；Olympiodorus frg. 9（*FHG* 4 p.
59）认为拉达盖苏斯的游牧队伍中拥有 1. 2 万多位王公。Zos. 5. 26. 4 认为
斯提利科当时率领着 30 个纵队（*arithmoi*），相当于 1. 2 万—1. 3 万人，还
有数目不少于此的辅助部队（他从匈人和阿兰人那里集结来的同盟军）；因
此，集合在费苏雷（Faesulae＝Fiesole）的两股部队总人数可以达到 2 万—
2. 3 万人。关于 406 或 407 年的入侵兵力，见 Riese（1892）345，其中引用了
Fredegar, *Chron.* 2. 60（406 年）；以及 A. H. M. Jones（1964）1107；E. A.
Thompson（1982）129 估计应有"两万余人"。关于蛮族几乎畅通无阻地进
入西班牙的情况，见 Demougeot（1969 - 79）2. 447；关于在盖萨里克（Gai-
seric）率领下于 429 年渡海进入阿非利加的汪达尔人数目，相对可靠的记载
见 Victor of Vita, *Hist. persecut. Vand.* 1. 1（*CSEL* 7. 3）；较不可信的叙述见
Hydat. 74 and Procopius, *Bell. Vandal.* 1. 5. 19，见 Seeck（1910 - 21）6. 416，
其中主张接受较大的数目。这种观点是不大可信的。关于总数 8 万人，其
中 1 万—1. 5 万人为战士的观点，见 Lot in Lot, Pfister, and Ganshof（1928）
12 and 56 n. 10，以及 Courtois（1955）162，其中引用了 Delbrück 等学术前辈
的成果；另见 Blazquez（1983）2. 76 f.，其中估计 468 年前后西班牙半岛的
蛮族总人数在 7 万或 8 万—20 万人之间。参见 E. A. Thompson（1982）158，
其中估计西班牙境内的苏埃比人为 2 万—2. 5 万人。

至多只有四分之一能够投入战斗。[69] 并且他们也不尽是伟大的战士（匈人除外），只不过战斗力比罗马正规军要强一些。[70] 叙尼修斯描述的南方局部地区情况似乎同样适用于帝国北方、西北方的普遍局面；因此，蛮族的入侵之所以构成了空前威胁，并不是因为蛮族人多势众、勇猛无比，而是由于帝国的防务过于虚弱。

3. 不同层次上的帝国权力失控

尽管我们只能通过一些粗略的记载进行远距离的观察，但帝国晚期的历史中记载的失败显然远远多于胜利。这恰好合乎"晚期"的含义：罗马帝国已经气数将尽了。我们拥有的史料很少明确告诉我们，这些失败的根源究竟是什么。但细节信息偶尔也会浮现在我们面前。在罗马城陷落前的半个世纪里，罗马军队的规模是很小的：参加亚得里亚堡战役的军队可能有 2 万人，而 406 年集结在费苏雷（Faesulae）的正规军则不到 1.5 万人（还有一些紧急调来的蛮族同盟军）；在其他一些重要战役中，投入战场的帝国军队有时只有 4000 人、5000 人或

---

〔69〕 见上文注 45 中 376 年哥特人的情况；另见 Piganiol（1972）185；Goffart（1980）4 f.；Wolfram（1981）315；and E. A. Thompson（1982）155。

〔70〕 夸迪人和萨尔玛提亚人在攻城战中毫无用处（Amm. 29.6.12），哥特人也是一样（31.8.1），并且还对投石器一无所知（31.15.12）；另注意，Oros., *Hist. adv. pagan.* 7.38.1 将全体汪达尔人（*gens Vandalorum*）都描述成"不善战的人"（*inbellis*）。

6000 人。我们经常看到，整块战场、整个聚居区乃至整个行
省会被帝国轻易地放弃掉；但史料并未告诉我们这背后的原因
或战略布局究竟是什么。3 世纪的达西亚和部分其他北方边界
缓冲区，以及从 3 世纪到 4 世纪中期的部分南方边界缓冲区都
相继沦陷；到了 5 世纪初，更多的阿非利加领土（特别是未经
一战就拱手让出的大西洋至努米底亚边界一线）和高卢大部、
日耳曼与西班牙全境（只有西班牙的临时武装［还不是正规
军］抵抗过几天）也落入敌手。[71] 在这两个时间点之间（约
350—400 年）是一段史料相对丰富的时期，我们看到特里波
利塔尼亚未经抵抗就陷落了（上文注 29）；高卢地区"孤立无
援"（注 30）；靠波斯边境的驻军或已撤退，或是无所作为
（注 36）；同样，在 4 世纪 70 年代的色雷斯，"没有人挺身而
出，对入侵者说不"，"我们的士兵……拒绝投入战斗"（注
42、49）；在 4 世纪 90 年代的巴尔干半岛（注 51）、小亚细亚
（注 58）和意大利北部，入侵者"没有遇到一星半点儿的抵
抗"（注 59）。这些战局的后续事件又把我们带到了 401 年和
408 年。在分析上述这些年份中的形势时，我引述的是约达尼
斯（Jordanes）和佐西默斯对阿拉里克在亚平宁半岛周边行军
活动的记载。类似地，高卢入侵者在 406 年也没有遇到任何抵
抗。我引用的材料来自奥罗修斯。同时代人或此后几个世代内
的作家们对将领和士兵们的无所作为进行过痛心疾首的批评。

---

〔71〕　关于西班牙，见 Blazquez（1974 - 75）312 and Courtois（1955）
164；ibid. 42 and 164 对高卢的描述。

腐败与罗马帝国的衰落

像我们一样，他们也阅读过盖约·马略、尤利乌斯·恺撒和圣主图拉真等军事天才的英雄事迹。在从前的那些时代，罗马曾经是拥有军队的。

当我们在帝国当局无力进行动员和各地区望风而降的现象背后苦苦探究原因时，我们找到了关于叙利亚、色雷斯或昔兰尼加的士兵们渴望一战，但因胆怯和无力御敌（除非他们不久前已同蛮族媾和）而作罢的零星记载；有时候，他们是奉长官之命撤退的。在后一种情况下，应当承担责任的乃是罗马努斯那样的将领（如高卢的阿波德米乌斯、伊苏里亚一带臭名昭著的大将阿巴扎奇乌斯等将领和后来的弗洛伦提乌斯，以及叙尼修斯在埃及和库勒奈卡遇到的类似军官）。我们可以解释这些将领的行为：他们在乎的是以权谋私，不是保家卫国。他们会把军队驻扎在最适合搜刮民脂民膏的地方，或像将领卢皮奇努斯和总督马克西穆斯那样，向饱受战乱之苦的人进行勒索。帝国晚期的这类人物可谓不胜枚举。

关于兵源匮乏的问题存在着几种解释。我在上文中举出过经常克扣军饷、缺乏衣食和武器等例子；[72] 此外，还有对士兵不务正业（经商或务农，取决于他们的驻地是在城市还是乡村）的纵容甚至鼓励；以及忽视操练和纪律散漫（军士酗酒和犯罪都是这方面的明显证据）；还有请假逾期不归的现象——它导致了罗马帝国晚期军队的主要弊病之一：花名册的

---

〔72〕 见上文注32和其他可以参证之处，以及第三章注115，其中提到了一些装备匮乏、无法作战、只能滥竽充数的部队。

虚报人数。由于当时的人们反复目睹过这些现象的存在，我们可以认为它们在所有常备军中是通行的。蛮族的情况与此截然不同。然而，他们在4世纪50年代数目还不够多，而在半个世纪后又变得不再可靠，因此无法成为帝国危难处境下力挽狂澜的决定性力量。因此罗马帝国建立的安宁秩序在边疆和内地都遭到了瓦解；内地最贫瘠的土地落入了土匪强盗的手里。

我们可以清晰地看到，帝国晚期的高级军官对自己的职责定位与两三个世纪前的前辈截然不同。他们已经有权分享自己负责的事物所产生的收益，或从自己的下级手中进行索取；他们动用自己手中的权威来分一杯羹，可能的话还要多贪多占。叙尼修斯所说的"和平年代里的战争，它比蛮族发动的战争为害更甚，其根源在于军队的纪律涣散和军官们的贪得无厌"就是这个意思；佐西默斯在哀叹大批军队驻扎在城里"祸害城市"时指的也是这些现象。[73] 尽管低级或非正式的军官所奉行的军营伦理观念早已把勒索行为视为正当，但直到3世纪才出现了整支部队乃至全军（当然也包括指挥它们的高级军官）只顾私利、不管战事的现象。我由此联想到了270年发生在下日耳曼的事件，或多年以后提奥多西在把步兵总指挥与骑兵总指挥的权力分配给五名任职者时发表的无奈评论："其中的每个人都不考虑自己所占的权力份额，而是像从前只有两人

─────────

〔73〕 Synes., *Catastasis* (*PG* 66.1576D)；Zos. 2.34.1 f.，以及上文第三章各相关处，特别见注95以下及注111—118。

腐败与罗马帝国的衰落

任职时那样疯狂地从军需品中提取回扣。"[74] 大量证据表明，帝国晚期军事将领们的工作重心发生了转移，他们关注的已经是传统军人职责之外的其他东西了。

历史发展的恶果自然随之而来。其中一些证据是不容置疑的。敌人看到"我们的"军队在数量或状态上根本没有做好战斗准备，便信心满满地发动了攻击；我们最可靠的史料（阿米亚努斯、叙尼修斯和奥古斯丁）都曾专门把一场败仗归咎于军中盛行的腐败之风。还有，罗马帝国的一位附庸王侯菲尔姆斯（Firmus）受到了盘剥，"由于对罗马军队的贪婪与傲慢忍无可忍"而发动了叛乱，迫使皇帝从潘诺尼亚和默西亚调兵到阿非利加来对付他；于是夸迪人和萨尔玛提亚人（Sarmatians）轻而易举地突破了罗马空虚的边疆防线。[75] 以上便是浅层次意义上罗马帝国权力丧失的证据。

到目前为止，我还没有分析之前提出的一个命题：一支军队的集结与投入战斗只有在各方团结一心的情况下才能实现。政府必须招募士兵，向他们提供装备、补给和军饷——这一切都有赖于公民的配合。最重要的一点是，政府必须给出具体的军事行动指示——也就是说，中央政府必须准确判断国家的需要，并给出明确的、能够确保得到执行的指令。为了打赢一场战争，宫廷和元老院的作用跟军队一样，都是不可或缺的。

---

〔74〕　Chap. 3 notes 24 f. and Zos. 4. 27. 3.

〔75〕　Amm. 30. 7. 10 and Zos. 4. 16. 3 f. ，主要的勒索行为来自那位永远不肯安分守己的将领罗马努斯。

　　关于宫廷，我们在前一章中收集的大量材料可以证明，提供给皇帝们的建议与信息是何等容易受到贿赂行为的扭曲，而皇帝们却必须依据这些信息进行统治。而他们的意图同样会受到阻挠或扭曲。[76] 我们可举出萨比尼亚努斯（Sabinianus）的故事为例。这个富可敌国的人渴望着权势与荣耀，而贪得无厌的掌权太监则决定收受他的贿赂。与此同时，他们还可以顺便打压另一个他们不喜欢的人——乌尔斯奇努斯（Ursicinus）。通过他们的建议，乌尔斯奇努斯被免去了东方骑兵总指挥的职务，萨比尼亚努斯则取而代之。尽管萨比尼亚努斯为取得任命而缴纳的费用令宫廷权贵们大发横财，这一事件在其他方面却是一场灾难。阿米亚努斯称他为"一个饱读诗书、家道殷实的老家伙，但压根不是打仗的料"；此人"身体臃肿、个头矮小、胆小如鼠，即便在参加舞会时也会可耻地表现出局促不安，更不消说要去面对战场上的金戈铁马了"。当他接到任命的时候，波斯人还只是在闲谈中偶尔会提到对罗马用兵的想法；但当他们听说接替乌尔斯奇努斯的是这样一个草包后，马上开始积极备战。他们闪电般地侵入罗马的疆域；但当时萨比尼亚努斯正在埃德萨（Edessa）过着养尊处优的日子，不愿意离开那里去解救遭到攻击的城市与地区。于是阿米达遭到围攻，城陷被毁。翌年，当帝国政府对这次损失和萨比尼亚努斯应负的责任进行调查时，负责此事的官吏碍于最初保举萨比尼

---

　　〔76〕　见上文，第三章注 70 以下、98 以下，119—122 和 126—133。我在注 128 中特别关注了萨比尼亚努斯的经历。

腐败与罗马帝国的衰落

亚努斯的一名太监的面子，对萨比尼亚努斯网开一面。显然，皇帝君士坦提乌斯二世对整个事件的来龙去脉几乎一无所知。与此同时，帝国的一部分领土已经沦丧了。

安条克对军务的处理方式就是这样。西部宫廷的表现也如出一辙。倘若大将罗马努斯没有在 4 世纪 60 年代通过行贿而免于被追究丢失奥亚、勒普奇斯和萨布拉塔一带领土的罪责的话，他根本没有机会在 4 世纪 70 年代继续指挥军队，并把菲尔姆斯逼上了造反的道路；而那场叛变又意外地引起了日耳曼地区的连锁反应。[77] 笔者在前面已经概述过事情的始末。此外，还有一个同罗马努斯截然相反，但同样能说明问题的例子，它同大将塞巴斯提亚努斯有关。此人并非罗马努斯那样的恶徒；对他而言，"钱财的用途只在于把自己用铠甲武装起来"；他由于"自己谴责财富的言论而被视为奇人"。塞巴斯提亚努斯是一位真正的将才，对属下十分关爱；他是一位有进取心的军官，品行堪称楷模，具备军事领袖的各种素质，因而在君士坦提乌斯二世、朱利安和瓦伦提尼安在位期间一直被委以重任。但在瓦伦提尼安驾崩后，塞巴斯提亚努斯的政敌终于

---

〔77〕 见上文，第二章注 98—100、第三章注 68 及本章注 29、75。

有机会把他除掉了，因为"贫困使得他任人摆布，容易收拾"。[78] 这段记载的含义是很好理解的：皇帝是无法一直对自己最优秀的臣仆委以重任的，因为权力只有通过收买才能得到，通过反复的收买才能长期维持下去。

我们再来看看地方议事会和它们的表现。作为仅次于宫廷的下一级权力机构和衔接帝国政府意志和地方上的指令执行的中间环节，城镇议事会的作用是非同小可的。它们负责的一项重要任务是征税。城镇议员们不仅要监督税款的摊派和实际征收，还要用自己的财产对应收税额进行担保。现在，政府、军队和一切组织的活动都以税收为基础；如果城镇议事会能够人员齐整、正常运转的话，地方向中央支付税款的能力其实是很强的。然而，令人遗憾的是，这两个条件都不具备。其原因是众所周知的，已在上文中探讨过了。[79] 它们在经济方面是畸形的，因为只有少数议员（十巨头［principales, dekaprotoi］）对自己的地位表示满意，而维持这种地位的基础则是他们可以把种种麻烦和负担转嫁给那些相对贫困、人微言轻的多数议员

---

〔78〕 *PLRE* 1 s. v. Sebastianus 2；Zos. 4. 23. 5 指责说，是皇帝偏信嫉贤妒能的太监才导致塞巴斯提亚努斯被解职；另见 Eunap. frg. 47 = 44. 3 Blockley (1983)，我在本书里引用了其中的译文。塞巴斯提亚努斯曾在363—378 年担任大将军，随后担任了瓦伦斯麾下的步兵总指挥和 378 年哥特战事的总指挥。与塞巴斯提亚努斯遭遇近似的还有一代将才乌尔斯奇努斯（Urscinus），他沦为了宫廷阴谋的牺牲品，因为"只有此人不肯同流合污，没有定期向一位炙手可热的侍臣行贿"（Amm. 18. 4. 3）。此外还有别的一些类似例子。

〔79〕 见上文，第一章注 149 以下，164 以下和 168 以下，以及第三章注 122—124。

头上；后者则努力逃到剥削较轻、伤害较少的其他社会等级中去，致使城镇议员的队伍日渐萎缩。皇帝及其近臣们都知道并且理解这两个问题。从 4 世纪初直到 6 世纪，皇帝们不断通过和重申纠正这两项流弊的法令。然而，人们很容易逃避这些法令的约束（尽管这样做难免要付出代价）。只要使钱使对了方向，法律的强制作用就会被销蚀于无形。在史学解释的下一层面中，这种违法乱纪现象的根源在于帝国政府的官吏无法抵制巨额贿赂的诱惑。我们在上文中看到，的确有中央官吏收受了城镇议员提供的贿赂，其后果直到 313 年还引起严重关注。

就帝国境内各城市里的情况而言，这种行为的恶劣影响可以通过某些方式得到抵消或缓解；因为按照捐赠城市公共建设的古老传统，官吏们通过勒索或腐败得来的钱财会被大量投资在土木建筑、娱乐活动、宗教崇拜或其他社会主流价值观所支持的活动上。但这些捐赠者代表着一个新兴的贵族群体。他们是在日益膨胀的官僚队伍中率先找到栖身之处的弄潮儿。这个集团为生活、政治与经济发展提供了动力。[80] 当这些官吏们利用职务之便自肥之际，从前为国家作出过贡献的阶层和群体正在陷入贫困。

---

〔80〕 见 Hahn（1982）185 对地方议事会内部（或上层）精英（*principales*）的研究，这些人可以对其他成员颐指气使；另见 Petit（1955）362：
"官职乃是提升社会等级的助力器，这种唯一有效的手段被野心家所操纵，以便他能够迅速爬上平步青云的阶梯。"（p. 371 中给出的大部分例子〔无论是文官还是武将〕都是关于大地产所有者的，他们构成了"一个新的贵族集团和向上爬的、不断自肥的阶层"）。更多引述和讨论见 Thébert（1983）104 对阿非利加地区的研究和本书前文，第二章注 75—81。

上述的那些"阶层"是由与巨头们相对应的、不那么显赫的城镇议员们构成的。我说的那些一道陷入困境的"群体"则是指各种行会（collegiati）。其中有一些（它们同我现在讨论的主题密切相关）是为军队服务的，负责生产武器与制服。有些人则在帝国经营的铸币厂里生产支付军饷的货币。其他人则承担着各种公共服务职能，如面包师、磨坊主、为两座首都居民运输救济粮的船主、采石与采矿的工人、维持国家运输体系的车夫与赶骡人、泥瓦匠与建筑工人（他们也身兼消防队员的角色），等等。4 世纪以降的一系列详细立法规定了这些职业的从事者对国家付有的义务。无论他们生产什么或提供何种服务，其劳动成果中都有一部分是属于国家的，就像税收一样。[81] 只要还没有破产，他们就要在户口簿上登记姓名，生活在自己的固定住处，培养儿子们子承父业，甚至在行会内部逃婚。国家对他们进行了种种严格限制，以便把他们固定在那些有用的岗位与行业中。但他们还是会逃跑。当我们撇开纸面上的法律条文，进入历史上真实的生活场景时，我们看到，自由选择职业和自由搬迁的行为被视作是理所应当的。"如果你命令儿子去学一门手艺，但他却待在家里，或跑到别的地方打发时光去了，那么为师者难道不应当规劝他吗？难道他不会对你说：'你同我签订了注明具体时间期限的合同。如果那个孩子在此期间没有和我们在一起，而是跑到别的地方去了。我们

---

〔81〕 MacMullen（1976）chap7。

如何能把他视为自己的学生呢?'"[82] 为了解释这段文字中假设出现的情况,我们只需援引城镇议员逃避职责的例子就够了。行贿是解决问题的关键。如果说有些行会成员和其他劳动者确实受到了法律约束的话,那是因为他们出不起赎买自由的价钱。

一方面,生活在本书所研究的这个时代的人们有时间去适应变化后的新世界与新的伦理观念,并且也能够接受发生在身边的种种现象(其中有些行为正是他们自己做出来的);另一方面,我们也听到了他们发出的抗议声音。散见于上一章中的大量例子证明了两套行为准则的并存:它们分别对官吏的腐败行为予以谴责和全盘接受。[83] 根据同样的标准,不可腐蚀的人会受到特别的赞许,被描述成一个不折不扣的奇迹——这是

---

〔82〕 Joh. Chrysos., In Ioann. homil. 58.5 (*PG* 59.321);MacMullen (1964) 51 f. 补充了其他史料,如 Optat. 5.7 (p. 135 Ziwsa):"在今天,所有想要料理自己的葡萄园的人都会出价雇用一个人替他干活。"(这说明乡下人是可以自由选择职业的)以及 Callinicus, *Vita S.*, *Hypatii* praef. 8 (公元400 年后),其中写道,色雷斯的年轻人可以自由选择职业,尽管他们理应子承父业。Ceran (1970) 199 收集了大量在帝国晚期可以自由选择职业的例子。令人失望的是,埃及纸草材料无法明确回答这样一个问题:这方面的立法是否限制了社会流动性呢?或许能够说明问题的事实在于:300 年后的社会状况同之前相比并无显著变化。见 Keenan (1975) 241 and 248,但其中提供的证据几乎都是 450 年之后的。

〔83〕 见上文,第三章注 24、33、45、79—81、93—95、109 及 117,其中引述的史料都对腐败行为做出了否定的评价;此外还可补充更多材料,如 Symmn., *Or.* 4.6 (376 年),其中表达了对出卖判决结果的腐败法官的恐惧(售卖人血的家伙, *humani sanguinis auctiones*)。

一种可悲的默认，说明腐败已不再是例外，而是业已变为
常态。[84]

　　当时的人们甚至已经意识到，腐败风气的盛行已经对全帝
国造成了损害。在于390年前后写给皇帝的信中，利巴尼乌斯
描述道，驻扎在乡村的士兵们全都"收受贿赂"，贩卖军官们
保护农民免交租金与税款的权力。将领本人当然要从这笔收益
中提取可观的回扣。蒙受损失的则是必须设法填补税收亏空的
城镇议员们。"这样一来，议员们因这种巧妙的欺诈手段而蒙
受了损失；城市由于城镇议员的损失而遭受厄运；军队同样会
因为城市的厄运而受到伤害……一言以蔽之，这种保护行为只
有我们的仇敌才愿意看到。"[85]

　　利巴尼乌斯对当时政治统治伦理准则引出的因果链条的出
色理解和他对全帝国所面临风险的预感在那个时代的确是罕见
的。这是自然而然的事情。要求一个人从自己身处的小圈子里
跳出来，高屋建瓴地观察这些行为对其他事物产生的影响；观
察社会各部分、各机构间唇亡齿寒的彼此联系，并预测这些做
法必然带来的历史影响——谁能具备这样的眼光呢？谁又有兴
趣去进行这样的观察呢？尽管战争与政治是风云变幻的，行为

---

　　[84]　德行已如同凤毛麟角（*thaumastos*），见上文，注78引述的攸纳
皮乌斯言论；更多材料见第三章注97：诚实无欺的人堪称奇迹；以及Rob-
ert提供的铭文证据，第三章注37；肯定性的言论见攸纳皮乌斯对阿尔波伽
斯特（Arbogast）的评价："他坚持不懈地同钱财进行斗争（*pros chremata*）"
（frg. 53, *FHG* 4. 37）。
　　[85]　Liban., *Or.* 47. 4 – 9 and 10（前引文）。

腐败与罗马帝国的衰落

习惯与道德风尚的演变却是不易察觉的和平淡无奇的。它们的发展趋势很难被世人所觉察。例如，对在任或前任官员高价向敌国非法出售武器的指控几乎是毫无意义的（就像我写的东西一样），这些打开了一半的诉状被积压在堆积如山的卷宗里；因为某位当权的主要执法者（他本人最近也在接受关于自己以权谋私指控的调查）在核查这些指控时工作效率十分低下。这只是一个谣言，但也是全世界都在关注着的历史。事实上，谣言是很能揭示政府内部各个部分与圈子之间的内在联系的。[86] 难道那种做法如今已成了我们的日常习惯（consuetudo），标志着我们衰落的开始吗？答案当然是否定的。但在看到伟大的罗马帝国的意志消解在无法遏制的私人（4世纪的注疏者称之为"商人"［mercatores］或"商贩"［kapeloi］）图谋中时，难道我们不会情不自禁地去思索其中是否存在着值得引以为戒之处吗？

---

〔86〕 我指的是塞考德（Secord）将军、上校诺斯（North）和司法部长梅兹（Meese）。史书中的类似例子在多年以后自然会被人渐渐淡忘，但史学家们则会自然而然地不时想起它们。见上文，第三章注2、12。关于这些身披绶带（cingulum）者的嘴脸，见 New York Times, 11/27/87, E26版社论："为一己私利而毁灭国家的行径居然会被这些以权谋私者称之为'我们为之奋斗的事业'"——参见上文，第三章注115以下。

附录 A 4 世纪为罗马皇帝效劳的蛮族

I . 蛮族军官（见 *PLRE* I – II 与 WAAS［1965］10）

缩 略 表

· = 阿米亚努斯之外的史料	a. = 军事单位
A = 阿拉曼	c. = 元帅
F = 法兰克人	m. = 军事长官
G = 哥特人	ped. = 步兵
p = 异教徒	eq. = 骑兵
	r. m. = 军事
	tr. = 军团长

pF 阿波伽斯特斯（Arbogastes，？保托［Bauto?］之子，里科莫尔［Richomer］的侄子/外甥），c. r. m. 380；m. milit. 388—394（"皇帝瓦伦提尼安二世几乎对他唯命是从，将全部军务都交给了这位臣子……"［图尔的格雷戈里]）；394 年自杀。

腐败与罗马帝国的衰落

A A 阿吉罗（Agilo），tr. stabuli 354；tr. gentilium et scut. 354
－360；m. ped.（E）360－362；365—366 年担任要职（成
为 365—366 年大行政区总长阿拉克西乌斯［Araxius］的
女婿）。

˙G 阿利卡（Alica），324 年李锡尼乌斯军中的部落首领。
阿尔及尔杜斯（Algildus），c. r. m. 361。

G 阿林泰乌斯（Arintheus［Flavius］），agens vice tr. 355；m.
eq. 363；m. ped. 366－378；cos. 372。

˙ 巴库里乌斯（Bacurius），伊贝里人（Iberi）国王，tr.
sagittariorum 378，dux Palaest. 378，378—394 年内某个时
期的 c. domesticorum；m. milit. 394。

pF 保托，m. milit.（帝国西部）380—385；cos. 385；他的女
儿优多克西娅（Eudoxia）嫁给了阿卡狄乌斯。

F 波尼图斯（Bonitus），316—324 年君士坦丁手下的官员／
将领。
巴普（Bappo），praef. ubi Romae 372。

˙ 布特里库斯（Buthericus），m. eq.（Illyr.）390。

˙F? 查罗保德斯（Charobaudes），m. utriusque militiae（帝国西
部）408。

F 查里埃托（Charietto），m. milit.（帝国西部）408。

F 查里埃托（Charietto），日耳曼流亡者，355—358 年自愿
追随朱利安，c. per utramque Germaniam 365。
克瑞提奥（Cretio），c. r. m.（Afr.）349－61（其子为玛索

奇奥［Masaucio］）。

'A 克罗库斯（Crocus），306 年帝国西部部队首领。

Dagalaifus，c. domesticorum（帝国西部）361 – 63；m. ped. 364 – 66；cos. 366。

pG 弗拉维塔（Fravitta），4 世纪 80 年代为提奥多西效力，m. milit. per Or. 395 – 400，cos. 401。

弗里格里杜斯（Frigeridus），377 年之前（367 年之前？）军事领袖（瓦勒里安［Valerian］统治时期？），c. r. m. 377（Illyr.）。

?F 弗洛法奥德斯（Fullofaudes），367 年军事首长（Brit.）。

'G 盖纳斯（Gainas），c. r. m. 395 – 99。

・ 盖索（Gaiso），m. milit. 351？

伽尔杜（Gildo，柏柏尔人首领），373 年服役，c. et m. utriusque militiae Afr. 386 – 98。

戈莫阿里乌斯（Gomoarius），tr. scholae scutariorum 350，m. eq. 360—361，365—366 年军官（茂鲁斯兄弟［Maurus］）。

・ 赫勒比库斯（Hellebichus），m. pedit. Or. 387。

霍米斯达斯（［H］ormisdas），波斯亲王，324 年移居罗马帝国，4 世纪 50 年代骑兵军官，c. 362 – 363。

霍米斯达斯，上述波斯亲王之子，procos. Asiae 365 – 66，c. r. m. 380。

・ 雅努阿里乌斯（Ianuarius），303 年潘诺尼亚行省军事首长。

· 伊莫（Immo），c. r. m. 361。

A 拉提努斯（Latinus），c. domesticorum 354。

F 鲁托（Lutto），c. 355。

玛凯麦乌斯（Machamaeus，茂鲁斯兄弟），363 年部队指挥官。

玛格嫩修斯（Magnentius [Flavius]），tr. Iov. et Herculi，禁卫军首领，c. r. m. in 340s（W）。

F 玛拉里库斯（Malarichus），tr. gentilium 355，被任命为 m. eq. 363，但拒绝担任。

F 玛洛鲍德斯（Mallobaudes），tr. scholae a. 354–55，rex Francorum et c. domesticorum 378。

· 玛库斯（弗拉维乌斯），生于达西亚，君士坦提乌斯时期在 vex. Fesianesa 任职，后来成为禁卫军首领。

玛索奇奥（克瑞提奥之子），365 年帝国西部宫廷禁卫军首领。

F 茂狄奥（Maudio），c. 355。

茂鲁斯（玛凯麦乌斯兄弟），tr. 363，363 年后的腓尼基军事首长。

?F 麦罗鲍德斯（Merobaudes），363 年军官，m. ped.（帝国西部）375–88；cos. 377，Ⅱ 383；被提名于 388 年第 3 次担任执政官；387 年自杀。

ᵀF 麦罗鲍德斯，384 年埃及军事首长。

G 莫达勒斯（Modares），m. eq. per Thracias，m. mil. 382。

G 穆德里库斯（Munderichus），哥特首领，376 年流亡，376
　　年之后阿拉伯地区边境军事首长。

　　纳尼埃努斯（Nannienus），c. r. m. 370（帝国西部），c.
　　（utriusque Germaniae?）378，m. mil. 387 – 88。

　　奈克塔里杜斯（Nectaridus），c. Brit. 367。

　　奈维塔（Nevitta），日耳曼流亡者，358 年帝国西部骑兵
　　长官；m. eq. 361 – 64；cos. 362。

pF 里科麦瑞斯（Richomeres），c. domesticorum（帝国西部）
　　377 – 78，亚得里亚堡战役幸存者；m. mil.（帝国东部）
　　383；cos. et m. utriusque militiae（帝国东部）388 – 93。

? 雷米吉乌斯（生于美因茨），numerarius 355；m. offic.
　　（帝国西部）367 – 73；374 年前后自杀。

· 鲁莫里杜斯（Rumoridus），m. mil. 384（帝国西部）。

·G 萨鲁斯（Sarus），rex Gothorum，m. utriusque militiae
　　（Gaul）407。

F 希尔瓦努斯（Silvanus），tr. scholae a. 351；m. ped. 352 –
　　55；c. et m. eq. et ped. 353。

· 斯提利科（汪达尔人），m. mil. 394 – 408（帝国西部），
　　cos. 400，Ⅱ 405。

· 苏巴玛奇乌斯（Subarmachius），c. domesticorum（科尔奇
　　斯部分地区），395/399。

　　特奥莱弗斯（Theolaifus），c. r. m. 361。

A 瓦多玛里乌斯，rex Alamannorum by 354（ – 361）；被俘；
　　361—366 年腓尼基军事首长；371 年军事指挥官。

腐败与罗马帝国的衰落

- 瓦里奥（Vallio），m. eq. per Gall. 383。

  维克托（Victor，萨马提亚人），c. r. m. 362 – 63；m. eq. 363 – 79；cos. 369；亚得里亚堡战役的幸存者；娶了阿拉伯王后马维娅（Mavia）的女儿。

  维塔里亚努斯（Vitalianus），364 年宫廷禁卫军首领，m. eq. per Illyr. 380。

  阿布狄吉尔杜斯（Abdigildus），tr. 359。

  阿利索（Aliso），tr.（帝国东部）365。

  拜诺鲍德斯（Bainobaudes），tr. scut. 354。

  拜诺鲍德斯，tr. Cornutorum。

A 巴尔科鲍德斯，tr. a. 366（帝国西部）。

F 巴普，tr.（帝国西部）355。

  巴卡尔巴（Barchalba），tr.（帝国东部）366。

  巴兹麦瑞斯（Barzimeres），tr. scutariorum（帝国东部）374 – 77。

  比特里杜斯（Bitheridus），tr. 372（帝国西部）。

- 达格里杜斯（Dagridus），tr.（帝国西部）4 世纪后期。

?F 福劳玛里乌斯（Fraomarius），被立为 rex Bucinobantium，随后担任 tr. numeri Alamannorum 372。

- 伽布索（Gabso），宫廷禁卫军首领（帝国西部），4 世纪后期。

  盖奥鲁斯（Gaiolus，［Flavius］），tr. Quintanorum（Eg.）398。

A 哈里奥鲍德斯（Hariobaudes），tr. 359。

A 霍塔里乌斯（Hortarius），外来将领，tr. 373（帝国西部）。

莱普索（Laipso），tr. Cornutorum 357。

拉尼奥盖苏斯（Laniogaisus），tr. 355（350 年已开始服役，帝国西部）。

玛卡里杜斯（Marcaridus），tr. Iov.（约 390 年前后）。

麦莫里杜斯（Memoridus），tr. 363（帝国东部）。

奈莫塔（Nemota），tr.（帝国东部）363。

奈斯提卡（Nestica），tr. scutariorum 358（帝国西部）。

A　斯库狄罗（Scudilo），351 年军官，tr. scutariorum 354。

塞尼奥库斯（Seniauchus），tr. 355（帝国西部）。

辛图拉（Sintula），tr. stabuli 360（帝国西部）。

F　特图麦瑞斯（Teutomeres），354 年帝国东部宫廷禁卫军首领。

斯提利科之父（汪达尔人，姓名不详），帝国东部骑兵将领。

II. 日益增加的蛮族部队单位

1. 尽管帝国晚期的人们经常提到军队和军事单位，但他们很少提到来自帝国境内的士兵（公民这个字眼在当时已毫无意义，但我们可以称这批人为罗马帝国的"本地居民"（n-atives））。相反，我们却可以找到许多从异族中招募士兵的例子，他们有些是根据本民族同罗马帝国的条约应征入伍，有的则是以个人名义作为志愿兵或雇佣兵替罗马帝国作战。

2. 我们从君士坦丁时代讲起：克罗库斯（Crocus，或 Ero-

cus？）在他登上帝位过程中所扮演的重要角色是众所周知的；同样重要的还有 311 或 312 年君士坦丁远征军中的蛮族，他们帮助君士坦丁将自己的势力范围扩展到全意大利（Zos. 2.15.1）。他们在罗马凯旋门上的雕塑中受到特别的尊重，包括科努提人（Cornuti）和其他民族（Alföldi［1959］174 认为他们是凯尔特人）。另参见 Hoffmann（1969－70）135。君士坦丁还用一批专门的宫廷卫队（*scholae palatinae*）取代了之前从大法官等级中挑选的卫队，并经常在军事上对这些卫队成员委以重任。这队精兵主要由日耳曼人构成，一直维持到 6 世纪。见 R. Frank（1969）62 f. and passim and Demougeot（1969－79）2.77。李锡尼乌斯同样在对君士坦丁作战时招募过哥特辅军（Anon. *Vales.* 5.27）。当君士坦丁击败李锡尼乌斯，并迁都东方时，他通过王子君士坦提乌斯的胜利获得了一支 4 万人的西哥特军队，安排他们以盟军（*foederati*）身份守卫君士坦丁堡。Dagron（1975）35 n. 7 认为哥特和约签订于 324 或 330 年，Pigarniol（1972）158 n. 3，Chrysos（1973）52 f.，and Wolfram（1975）262 则认为是在 332 年。Anon. *Vales.* 6.31 and Eutrop. 10.7 提到了哥特人的战败；Euseb.，Vita Const. 4.5 提到了皇帝提供给哥特人的津贴；Amm. 21.10.8 则提到了君士坦丁对蛮族的大力提拔，以至于他们"甚至拥有了'法西斯'束棒和执政官头衔"。阿塔纳里克（Athanaric）之父、哥特国王奥里克（Aoric，姓名为 Wolfram［1975］264 f. 考证）的雕像被安放在君士坦丁堡元老院的前厅里（Themist.，*Or.* 15.191A）。可见，随着时间的推移，在君士坦丁治下确立的依赖蛮族传统变得越来越突出（如上文附录 A 第一部分中蛮族将领们的个人履历所反映的那样），现代学者们已对这一趋势进行了宏观概括，如 Schutz（1985）162。Hoffmann（1969 – 70）1.137 指出，日后从蛮族中招募辅军的惯例在君士坦丁统治时期已出现了，而军团则是由罗马帝国境内的本地人组成的；而在 4 世纪变得日益明显的一个趋势是：新招募或扩充的军事单位多为辅军，而非军团（139 f.）。在霍诺里乌斯统治时期新建的 27 个军事单位中，只有三个是正规军团。

3. 在 350 或 351 年，玛格嫩修斯在集结作战兵力时主要依靠的是蛮族（Julian, *Or.* 1.34D and 2.56A f.；Hoffmann［1969 – 70］1.144），君士坦提乌斯同样向蛮族求助，向他们许诺土地和自由，要求他们前去平定高卢等行省的叛乱（Liban., *Or.* 18.33 f.）。在打败玛格嫩修斯后不久（注意 Amm. 17.8.3 中的"olim"一词），君士坦提乌斯便把蛮族安置在帝国境内的托克桑德里亚（Toxandria）各地，负责防卫莱茵河下游地区。他们是法兰克人，可能是萨利亚人（Salian）。见 Demougeot（1969 – 79）2.78 n. 218 and 93. 358 年，朱利安确认了他们在该地区的居住区（p. 100），并从他们和生活在莱茵河下游的其他日耳曼人中招募军队。见 Zos. 3.8.1 and Demougeot 2.102 and 119, Piganiol（1972）245, Günther（1975）347, and Hoffmann（1969 – 70）1.146 f.。同样是在 358 年（和 370 年时一样），战败的萨克森人（Saxons）也向罗马军队提供了兵源（Bartholomew［1984］169）；而在另一条边境线上，战败的利米根特人（Limigantes）承诺每年向罗马提供自己最健壮的青年作为兵源（Amm. 17.3.3）。

4. 在集结兵力准备攻打波斯，并感到自己需要蛮族军队的支援时，君士坦提乌斯要求朱利安向自己提供这样的队伍。朱利安担心如果把自己麾下的蛮族部队送往东方的话，他们的遭遇将会"妨碍那些不断投奔我们的蛮族志愿兵前来增援，因为他们参军的约定条件"是只在本地区作战（Amm. 20.4.4 f.）。但他还是屈从了。九个军事单位（显然多由日耳曼人构成）被送往东方（Julian, *Ad Ath.* 280D）。"两个玛格嫩提亚（Magenentian）军团"（Amm. 19.5.2；Hoffmann [1969 – 70] 2.153）已在前线——尽管他们被编入了军团，但他们仍为蛮族。他们"最近被从高卢调来"。阿米亚努斯称赞了他们的勇气，还赞美了"皇家射手（the Royal Archers），一个由自由蛮族组成的骑兵分队，他们的气力和勇武鹤立鸡群"，见 Amida（18.9.3 and 19.5.2）。此后，当朱利安和君士坦提乌斯之间剑拔弩张时，后者曾向哥特人求援（20.8.1），而朱利安日后又利用他们去攻打波斯（Amm. 23.2.7；Zos. 3.25.6）。萨拉森人也在他的队伍中服役（Amm. 23.5.1，参见 26.5.10），以及埃鲁利人（Eruli, 25.10.9）。他的军队主力为日耳曼人（Demougeot [1969 – 79] 2.101）。在瓦伦提尼安和瓦伦斯统治时期尝试叛乱的普罗柯比乌斯也曾向哥特人求援（Eunap. frg. 37, *FHG* 4.28）。而哥特人也确实按照和约的要求派出了援兵（尽管派错了地方）。

5. 在不列颠，从 369 年起，蛮族部队开始负责当地防务，并被招募到大陆上执行军事任务。相关证据见《军防表》和考古报告（Frere［1967］352 and 359）。后者中的证据史料包括这些定居武士专用的带扣（墓葬出土）；以及在男性死者陪葬品中发现的武器和铠甲。从这个时代起，人们在比利时和法国北部、以及美因茨—科斯泰姆（Mainz - Kostheim）地区发现了大片的墓地——显然是沿莱茵河边境分布的。见 Hawkes and Dunning（1961）5 - 17；Hawkes（1974）390 - 93；and Günther（1975）347 and 350 f.。Reece（1980）80 and Welsby（1982）159 - 62 等研究成果质疑或反对过早地把这些不列颠人等同于文献史料中从 3、4 世纪之交起经常提到的"驻边蛮族"；Arnold（1984）26 f. 为此修正了自己的叙述体系。由于驻边蛮族在历史上的出现早于这些典型的武士墓（Waffengräber）几个世代，因此我们最好还是留有余地，把后者暂且称为"盟军"（foederati）。就文字史料对他们的称呼来看，他们是辅军、异族和同盟者；他们是日耳曼人，尤以阿拉曼人和法兰克人居多，根据和约的规定向罗马承担军事义务。他们当中的一些正在试图进入罗马帝国定居，另外一些则打算返回他们在自由的日耳曼地区的家园。在经常被学者们引用的比利时福尔福兹墓地，70% 的男性坟墓为武士墓，那里的定居点为日耳曼人驻守的一座小型要塞。见上文图 17，及最近的研究成果 Böhme（1978）24 f.，30, 32, 35 ff. and 38。在大陆上，莱茵河北岸的部族显然继续被征募；相关例子如 4 世纪 70 年代的勒提亚人（Lentienses）：罗马帝国经常从他们中间招募志愿兵，并在击败他们后强迫该部族定期提供兵源（Amm. 31.10.3 and 17，参见 30.6.1 的夸迪人和 Zos. 4.12.1 对十年之前情况

的记载）；但瓦伦提尼安也招募过其他部族，见 Demougeot
(1969 – 79) 2. 119。

6. 在多瑙河下游沿岸地区，376 年入迁浪潮后的蛮族自然
成了征兵对象，其中以哥特人为主，但还有其他民族。他们在
波斯战争中贡献颇多（377 或 378 年，Amm. 30. 2. 6）；379 年
的战事也是如此（Piganiol［1972］232 and Wolfram［1979］
154）；若干年后，格拉提安将阿兰人招募进自己的军队（Zos.
4. 35. 2），并将"草原民族"（Greuthungi）安置在多瑙河上游
地区（Zos. 4. 34. 2 f.）。可能同这些安置有关的史料（它至少
可以证明 380 年之后建立的盟军的存在）是在卡努图姆（Car-
nutum）、瓦勒里亚（Valeria）东部和多瑙河下游边疆地区发
现的新型陶器（Grünewald［1980］29 – 31）；当时类似的定居
点还有潘诺尼亚境内边疆及内陆地区的匈人墓葬。这些匈人和
哥特人、阿兰人日后被用来镇压玛格努斯·马克西穆斯
（Magnus Maximus）发动的叛乱：他们先是在 383 年负责封锁
此人在阿尔卑斯山区的通道，随后又于 388 年在西斯奇亚
（Siscia）和阿奎勒亚（Aquileia）同他交手。见 Paneg. vet. 12
(2). 32. 3 f., Lengyel and Radan (1980) 117 and Demougeot
(1974) 150。

7. 在安布罗斯日后追述（*Ep.* 24. 8，*PL* 16. 1036C）的、
发生于 384 年的一场有趣谈话中，帝国西部的皇帝马克西穆斯
愤怒地宣称："你和保图（Bauto）欺骗了我——保图想在幼
主（*puer*）背后操纵国政，甚至还派遣蛮族来攻打我，仿佛我
的手头已无兵可用，但还有数以万计的蛮族领取我的军饷

（*annonae*），为我作战……"复原这段讲话的历史背景（在特里尔所讲，当时这位主教正作为瓦伦提尼安二世的宫廷使节前往那里，因而亲耳听到了这番话）其实并不重要。重要的是双方都在极力吹嘘自己麾下的蛮族部队有多么强大。安布罗斯在继续引述这段对话时提到了"你用蛮族辅军威胁罗马帝国"和"你打算带着境外部队（*turmae translimitanee*）攻打意大利……"的时刻。当然，最终的结局是马克西穆斯被提奥多西集结起来的大批蛮族军队击败了——这支队伍主要由哥特人组成，但其中也有战败后得到提奥多西麾下将领们饶恕的草原民族（Zos. 4. 38. 1 f. and 39. 1－5；Hoffmann［1969－79］1. 476 f. ）。其中一些（Zos. 4. 45. 3）打算出卖他，在阴谋败露后被处死了；但（Ambros. , *Ep.* 40. 22；Wolfram［1979］159）其他人则在 388 年西斯奇亚大捷中扮演了重要角色。

8. 在对付另一名起兵者尤格尼乌斯（Eugenius）时，皇帝提奥多西集结了一支兵力相当强大的远征军——其中可能有一多半是由蛮族联军组成的。现存史料对此事着墨甚多：Oros. 7. 35 19；Zos. 4. 58. 2 f. ；Iord. , *Getica* 28；Soc. , H. E. 5. 25（*PG* 67. 652B）；and Wolfram（1979）162, Lengyel and Radan（1980）118, Dermougeot（1969－79）2. 158 f. , Demougeot（1974）150, and Cameron（1970）164。根据和约中的记载，这些队伍中包括各自领袖（如盖纳斯和阿拉里克）手下的蛮族部队。相似地，支持尤格尼乌斯的阿尔波伽斯特（Arbogast）也不仅集结了边疆上的现有部队，还征调了许多蛮族部落和帝国以西、以北地区的兵力（Oros. 7. 35. 11）。内战导致了边疆防务空虚，需要补充大量新兵源；帝国西部的军事统帅斯提利科通过与蛮族签订和约的方式提供了这些盟军（*foederati*：De-mougeot［1953］7 and 11）。与此同时，在 395 或 396 年，斯提利科也需要为应付对大权虎视眈眈的阿拉里克而筹集兵力（Cameron［1970］375）。阿拉里克在 397 年如愿以偿，当上了伊吕利库姆全境的军事长官。"最能反映 380 年之后的罗马帝国已无力抵抗蛮族的迹象在于：397 年的日耳曼联军居然能在拥有罗马官职的国王统治下，在帝国境内定居下来"（Demou-geot［1969 – 79］2. 168 f. ；Matthews［1975］272）。

9. 但或许另有一事可同这一帝国的耻辱标志相提并论。不久之后，由于另一名不肯善罢甘休、野心勃勃的蛮族首领盖纳斯"把帝国境内的所有哥特人集中到一起，并安排自己的亲戚指挥各级军队"（Soc., *H. E.* 6. 6, *PG* 67. 676B），在错综复杂的局势作用下，盖纳斯在查尔西顿（Chalcedon）附近会晤了皇帝阿卡狄乌斯（上引书 677A）。"皇帝与蛮族……在教堂里宣誓彼此将开诚布公。"——也就是说，他们现在已经可以平起平坐。而在即将到来的 5 世纪头十年中，这种均势显然又发生了变化。现在，蛮族可以最后拍板了。尽管阿拉里克控制着局面，但帝国权威仍在招募蛮族士兵，争取到了哥特人萨鲁斯（Sarus, 410 年；Olympiodorus frg. 3［*FHG* 4. 58］）、罗多盖苏斯（Rodogaisus）等首领（frg. 9, 4. 59；Zos. 5. 26. 5）、多瑙河上游诸部落（401 或 402 年；Claudian, *De bello Goth.* 400 f.），以及 409 年匈人（Zos. 5. 50. 1）的支持；同年，角逐帝位的君士坦丁三世也争取到了莱茵河对岸法兰克人和阿拉曼人的支持（Soc.，*H. E.* 9. 13，*PG* 67. 1621C；Demougeot ［1953］25）。到了此刻，从任何军事意义上讲，罗马帝国都已不再是一个主权国家；阿拉里克——一位帝国的高级将领和罗马帝国境内生人（他于 379 年前后出生在普克岛 ［island of Peuce］ 这个身份颇有任何意义。　［Demougeot〈1969 – 79〉2. 157 n. 98］）——对帝国古都的攻陷已不复具备任何侵略意味。他和他的部下本身就是罗马军队的一部分，并且已经服役了数十年之久。

附录 B　"领 导 者"

　　像在其他国家中的情况一样，罗马帝国官方与非官方的权力之间的界限其实并没有多少意义。我们可以说，有些人拥有的权力是同行省总督、两人委员会成员等职务的权力截然有别、但又唇齿相依的；这些头衔并不是通过选举或委任而得到的，但他们却在自己的圈子里拥有举世公认的发号施令权。若干尊称反映了这种政府之外的权力；它们跟政府体系内的"行省总督"、"两人委员会成员"所拥有的权力是彼此对应的。这些术语一方面证明了依附、顺从关系结构的存在，另一方面也是权力本身的反映。它们也证明了私人权力比公共权力更加广泛、显著的社会现实。在元首制时期，与地方"领导人"构成的权力网络相比，政府或国家的存在几乎可以忽略不计。即便在政府内部，非官方的权力也在悄无声息地发展着，直到它们的存在最终被认可。

　　Princeps 一词在帝国时代之前指的是部族（经常等同于"城邦"［*civitas*］）首领，这种用法与我的研究无关。相关例

子如：Caes., *B. C.* 2. 19；*B. G.* 1. 30, 4. 11, 5. 3, 5. 54；4. 6, *principes Galliae*, cf. Tac., *Ann.* 11. 23. 1, *primores Galliae*；Tac., *Agr.* 12. 1（不列颠）；*AE* 1953, 78 – 80, 公元 173 或 175、180 和 200 年, 巴奎特斯人（Baquates）的酋长们, 参见 Bénabou（1976）458 f. or Fentress（1979）47, 阿非利加行省中的 *principes gentium*；甚至在 4 世纪的毛里塔尼亚还存在着一批 *priores principes civitatum*（城市主要首脑）, 组织着一个模式与罗马迥异的 *decemprimi*（十头）议事会, Lepelley（1979 – 81）1. 126 f. 提到了后来的 *viri primarii*, ibid. 1. 204；还有铭文中反复出现的西班牙部落 *princeps*, 如 *Inscr. Lat. España Rom.* 5630 or 6393, 参见 Albertos Firmet（1975）32 f.；此外, *AE* 1915, 75 提到了晚至 367 或 375 年的 *principales*；可能还有 Plin., *Ep.* 9. 5. 1。在西班牙, 这个始于罗马征服之前的词义维持了几个世纪之久, 它在伊吕利库姆也沿用到了征服后的几个世代, 参见 Rendic – Miocevic（1980）23 f.。同样的情况可能还包括下默西亚的卡皮达瓦（Capidava）, 见 *CIL* 3. 12491 中的 loci princeps et quinquennalis territorii Capidvensis。

　　Princeps 还可以指"那些地区"的一位饱受尊敬的居民（如马其顿, 见 Caes., *B. C.* 3. 34, and Tac., *Ann.* 3. 38. 2（公元 21 年）；关于马耳他（Malta）, 见 *Acta apost.* 28. 7 and *IGR* 1. 512；关于科西嘉岛（Corsica）, 见 Tac., *Hist.* 2. 16；关于叙利亚, 见 Plin., *Ep.* 1. 10. 8；关于本都（Pontus）, 见 Lucian, *Alex.* 45）。与 *AE* 1956, 178（塞维鲁王朝时期）的相关注疏看法不同的是, 我认为马其顿的 *ho protos tes eparcheias* 指的是马

其顿的一位显要人物，不是某位行省祭司。参见类似的表述方式，如 *proteuontes kata ten eparchian*（亚细亚行省），Strabo 14. 1. 42，以及 420 年左右高卢的 *primus regionis*，见 Constantius，*Vita S. Germani* 5. 26。

在城市中，*principales*，*princeps*，*primates* 或希腊语中所说的 *protoi* 或 *proteuontes* 的权力虽然没有得到官方认可，却是得到其同胞或记载者承认的。一般性的陈述如 Firm. Matern.，*Math.* 3. 10. 7，3. 12. 4，等等；或 Dio 52. 19. 3。罗马的例子如 Ps. – Quint.，*Decl.* 301 p. 187 Ritter，Cic.，*De domo sua* 42，Columella，*Res rust.* 1 praef. 1，Epict，*Diss.* 1. 30（*hoi hyperechontes*），Augustus，*Res gestae* 12，Tac.，*Ann.* 1. 8. 1 and 1. 36（*senatus et primores* ——可见后者是独立于元老院之外的），以及 Sen.，*Benef.* 2. 27. 2（*princeps civitatis et pecunia et gratia*）。同样的情况还见于普特奥利（Tac.，*Ann.* 13. 48）、阿尔提努姆（Altinum，Plin.，*Ep.* 3. 2. 2）、庞培城（Pompeii，被驱逐的著名元老和大批角斗士的豢养者阿勒乌斯·尼吉狄乌斯·麦乌斯 [Alleius Nigidius Maius]，见 Moeller [1973] 519 f.）、贝内文托（Beneventum，2 世纪的一位 *eques vir principalis*，见 *CIL* 9. 1540）、巴勒莫（Palermo，*ILS* 2938）、阿文提库姆（Aventicum，Tac.，*Hist.* 1. 68）等北方城市、日耳曼（上引书 1. 57）、特拉勒斯（Tralles，Cic.，*Pro Flacco* 23. 54 and 24. 58）等东部城市、爱奥尼亚与本都城镇（Lucian，*De salt.* 79）、村庄（*CJ* 11. 54（53）. 2. 1，468 年之后）、伽马拉（Gamala，Jos.，*Vita* 185）、伽利利（Galilee，Jos.，*Vita* 220）、卡顿达（Cadyanda，

IGR 3.513：*proteuon tou ethnous*）、格 拉 萨（Gerasa，*IGR* 1.375）、托米（Tomi，*IGR* 1.630）、伊德贝苏斯（Idebessus，*IGR* 1.649）、赫拉克勒亚（一位公民被尊称为"以弗所与〔全〕希腊的第一号人物"，*IGR* 1.798，参见 *IGR* 3.173：一个安库拉人"在全希腊首屈一指"）、帕弗利亚（参见 Bean and Mitford〔1970〕44）、皮希狄亚的安条克（Acta. apost. 13.50 and 17.4）、各希腊城市（Apul.，*Met.* 2.22 or Plut.，*Moralia* 815A）、吕奇亚的布邦（Bubon, Schindler〔1972〕32 no. 8 and 13 = *IGR* 3.464）、博格拉（Pogla, Bérard〔1892〕425）、吕奇亚（经常见于对奥普拉摩阿斯的颂词，如罗狄亚波利斯〔Rhodiapolis〕的铭文，*IGR* 3.739）、恺撒里亚（Basil，*Ep.* 281）、卡里亚（Rader〔1980〕233）、吕考尼亚诸城市（Robert〔1965〕212，其中作为例证举出的人物不仅是 *genous tou proteuontos*，还是 *tes protes taxeos*；另见 Reinach〔1906〕94，125，and 141 对阿佛洛狄西亚斯〔Aphorodisias〕*genous protou* 的研究）、弗里吉亚的特米索尼乌姆（Themisonium，那里的一位罗马军官"在各方面都在本城和本省中首屈一指"，*IGR* 1.882）、本都的新恺撒里亚（Neocaesarea, Greg. Nyss.，*Vita Greg.* Thaumat.，*PG* 46.921B）、叙利亚诸城市（Amm. 14.7.1）、库鲁斯（Cyrrhus, Theodoret.，*Ep.* 47 和 175 年的 mod. Salihiyeh, Cumont〔1923〕221 和阿拉多斯〔Arados〕沿海地区，Clem.，*Homil.* 12.24）。Ste. Croix (1981) 531 收集了更多小亚细亚铭文中关于"第一等级（*taxis* 或 *tagma*）"人物的记载，认为这些字眼具有特定含义，代表着某种官职。但我

认为这是一种误解。事实上，我之所以要写下这一冗长段落，就是为了表明当时对显要公民的明确尊奉乃是一种普遍现象，是不受正式官方规定的制约的。塞涅卡的话很好地概括了其实质："富有与声望"。前者是文献在描述一个人尊贵地位时往往会提及的条件；而家道殷实、世代为官的门第优势也往往会得到强调；此外还有符合各人的其他评判标准。来到帝国境内任何一座城市的外人只要略加打听，很快就能获悉当地头面人物的名字。

为了更具体地说明问题，我们来看一下巴勒斯坦境内恺撒里亚的阿巴胡拉比的例子。他发迹于 3 世纪末。他富可敌国、饱读诗书，深受希腊文化浸染，并且才思敏捷、仪表堂堂。他被称为"一个有身份的人"——那是上文中提到的那些希腊文、拉丁文术语在希伯来文中的对应词；他还是"人民领袖"——我们同样已经见过了对应的术语。他可以决定市场如何运作，如何买卖哪些商品，甚至哪些商贩可以免税。他在异邦人（甚至包括行省总督）面前代表本城的利益，其重要的中间人角色受到了犹太同胞的尊敬（Levine［1975］56 – 58，63，66 f.，69，and 73）——他是一位当之无愧的"第一公民"（*protopolites*）。

这个术语确实存在于该世纪内的同一地区，在亚兰文和希伯来文中被称作"公民首领"。见 Rahmani（1972）114 – 16 ＝ *SEG* 26（1976/77）387 no. 1668, and Vattioni（1977）27；此外，在毛里塔尼亚还发现了"第一公民和犹太人圣殿之父"的称呼（*AE* 1969，748）。该术语还在其他材料和语境下重复出现

（尽管次数不多）：Dionisotti（1982）104 在其制作的 300 年前后词汇表中将它作为"城镇议员"（*decurion*）的同义词；它还被用来称呼一座埃及城市中的三位市民，并在希腊出现过一次，见 Vattioni（1977）23 f.。

在阿巴胡拉比的时代前后还有一批"头等公民"（*protoi*），他们和希腊特斯皮埃（Thespiae）的官员和议事会成员一同投票授予在 169 或 170 年志愿参军、并粉碎蛮族劫掠企图的十来位青年公民特别荣誉（Plassart［1932］732 and 738 and *AE* 1971，447）。由于这一决议属于官方行为，因此我们无法确定这些头等公民是否也在某种意义上属于国家官吏。可参见 Herodian 8.7.2 中提到的代表城市出使的 *proteuontes* 和 Jos.，*Vita* 64（cf. 185 and 220）中 *protoi* 的类似使命——这些人可能并不都是官员；还有在 186 年北非地区（今赫齐尔—斯诺贝尔［Henchir‑Snobbeur]）同当地城镇议员们就一项议案进行正式的集体表决的"有产者"（*possessores*）。见 Garnsey（1970）257，其中为该词汇补充了另一个例子。

在罗马，除了地位明确无疑的 *magistri vicorum* 外，市长和皇帝们似乎还提到过负责管理个别城区的 *primates*，*maiores*，*priores regionum* 或 *proceres*。见瓦伦提尼安统治时期成书的 *Coll. Avellana* 1.3 and 13（*CSEL* 35），p. 69，*Ep.* 21.2 and 21.3；p. 75 *Ep.* 29.3；p. 77 *Ep.* 31.6；以及 p. 79 *Ep.* 32.3 f.（419 年）。在爆发动乱的情况下，连最高统治当局也不得不同他们协商，甚至恳请他们出手相助。显然，他们在事实上领导着大批公民。

腐败与罗马帝国的衰落

来自希腊特斯皮埃、巴勒斯坦恺撒里亚、罗马和其他地区的零散证据提醒我们,在任何社会中都存在着日常需要和官方资源之间的不对称性。这种需要不时会超出资源所能承受的限度;不足的部分就只能由另一个潜藏着的权力源或某种临时组织来提供。而临时组织也可能会长期存在下去,如城镇议事会中巨头们组成的小圈子。Levy(1899)264 早已注意到:"(小亚细亚各城市)委员会或机关中某些巨头统治地位的确立往往会抹杀其他成员的作用——后者往往会在前者的阴影下彻底消失。"他们在 2—3 世纪的铭文中仅仅被称作"某某某的下属"。

在这一时期,我们还可以在更加广泛的范围内,通过更加广为人知的术语"十人执行委员会"观察到同样的现象:该术语将城镇议事会中的巨头和普通成员分隔开来。我找到的最早例子来自尼禄治下(Jos., *Vita* 296)的提贝里亚斯(Tiberias)和格拉萨(*IGR* 3. 1376)。*dekaprotoi*, *decemprimi*(或狭义用法的 *primores* 与 *principales*)偶尔会被 *eikosaprotoi* 所取代。见 IGR 3. 640 and 649 in Idebessus and Arneae,其中提到的也是"十巨头";另见 Reinach(1893)165;以及 Reinach(1906)243 对"阿佛洛狄西亚斯的 200 精英"这一独特表述的研究。哈德良在克拉佐麦涅(Clazomenae)发现当地存在着权力等级——显然是城市议事会中以财产数量为基础的等级,并立法对此予以确认(*Dig.* 50. 7. 5. 5,关于 *primores*)。这一现象在卡利斯特拉图斯(Callistratus)处理 2 世纪后期材料的时候再度出现(*Dig.* 48. 19. 27. 1),他将这些"权贵"(*principales*)从

"城镇议员"（*decuriones*）的队伍中剔除了。当时，另一批"要人"已经把持了阿非利加各城市中的权力（*Martyrium Carpi* 3，其年代存在争议，参见 Musurillo［1972］xv），这一事实在希腊铭文中时常有所反映。见 Rostovtzeff（1957）706 f. n. 47，Thomas（1974）117 and Ste. Croix（1981）471 的相关评论。圣·克鲁瓦认为权贵们从 4 世纪初才开始崛起（实际上是 *primores*，他们通常可以免受刑讯，参见 Lact.，*De mort. persecut.* 21. 3）。

由于帝国政府对十头和普通城镇议员进行区分的初衷是为了收税和分配其他公共义务时的方便，这种区分自然会在政府控制趋于严格的时代、也就是戴克里先即位后变得更为重要。法典中的许多条文对 *principales* 进行了界定，或规定了他们所应承担的义务（如 *CJ* 7. 16. 41［313 或 324 年］或 *CT* 12. 1. 5［317 年］）；提到他们的还有大量铭文，其中来自阿非利加的材料尤为引人注目（如 *AE* 1975，873；*ILAfr.* 276；and *IRT* 567），但也有来自西班牙（AE 1915，75）或日耳曼（Chastagnol［1978］30 n. 36）的证据。利巴尼乌斯称他们为 *protoi*，见 Norman（1977）413 – 15；奥古斯丁则称之为 *primores*（*CSEL* 34. 43），*primates*（*Conf.* 6. 7. 11）或 *principes vel seniores*（*Ep.* 50. 1）——这些词汇似乎都是专用术语。类似的例子另见 Lepelley（1979 – 81）1. 127 and 202 – 05 and 2. 463。但我们在 302 年之后的埃及找不到它们，见 Bowman（1971）158 and 202 – 05 and J. D. Thomas（1974）68。在日后的演变中，新兴的、选择性的权威层次不断得到认可，如与"政府官员"相对应的 dynatoi（Liban., Or. 2.6 等处），在法典中俯拾皆是的 potentiores 和从 5 世纪中叶起主管阿佛洛狄西亚斯财政的"城市之父"（City Father）（Roueché［1979］173 – 85）。如前所述，后来出现的这些名目与头衔同样反映了那些时代中日常需要与政府结构之间的不对称性。当然，我所关注的对象乃是那些被政府吸纳（我们姑且这样说）之前的法律之外的、非官方的和未被认可的权力关系。

附录 C 驻扎在城市中的士兵

本节的目的是收集相关材料，以便表明有多少军队驻扎在城镇及其郊区，这一现象又如何在 300 年以后愈演愈烈。诚然，在任何时期都会有军队离开自己的固定驻地参加夏季战事，随后便就地在周边的城市中心驻扎下来。阿米亚努斯提供的材料清晰地反映了这一点（16.11.15，20.4.9，27.10.16，等等）；因此，城市可能成为他们长期驻扎的大本营（如下文中的里昂）。但我注意到了历史进程中发生的一个巨大变化：在帝国晚期，士兵同市民的交往变得日趋频繁。琼斯（A. H. M. Jones）甚至在其 1964 年发表的权威著作中（p. 631）断言：“一些规模较大的军事单位驻扎在城市里，可能还建立了永久性的军营；而 *palatini* 和 *comitatenses* 等机动部队通常都居住在城市里，只有在真正执行作战任务时才住帐篷。”令人遗憾的是，琼斯并未提供任何支持其论断的史料，因此他的观点并没有多少分量。

然而，早已将相关史料烂熟于心的琼斯肯定知道《查士丁尼法典》12.40（41）中题为 *de metatis et epidemeticis* 的部分，其中包含的多为 393 年之后半个世纪内的法律条文（关于术语 *epidemetic*，见斯特法努斯［Stephanus］对 *Nov. Just.* 134 的引证），以及《提奥多西法典》中对军队驻扎规定的类似条款（*de metatis*，*CT* 7.8）；如果说这么多法律条文都仅仅适用于城市在行军期间临时提供的便利服务的话，7.8.13（422年）则劈头写道："结束作战归来的或开赴战场的忠诚战士应住在圣城（君士坦丁堡）新城墙每个塔楼的底层房间里。"根据这一条款来看，也许这部分法令同样适用于战时与平时的驻军，并未做出专门区分。在下一节（7.9.2，340 或 342 年）里，对其驻扎地区进行勒索的违法者是包罗万象的："将军、军团长、低级教官和普通士兵"；13.3.10（370 或 373 年）则规定了可以不为"军人"提供住宿的豁免资格。由于法令中提到了开小差后四处游荡的士兵，我们有理由推测，一些军队肯定是在城市里驻扎了相当长的时期的。*CT* 7.18.6（413 年）威胁要将擅自开小差满一年的士兵连降 10 级，满二年者降 20 级，满三年降 30 级。这种对待开小差行为的态度是相当宽容的，同 Liban. *Or.* 47.5–6 中在乡间游手好闲的散兵游勇和 Noethlichs（1981）82 f. 注意到的士兵沦为土匪等现象是吻合的。然而，我关注的对象是驻扎在城市里的士兵，并不包括所有散居在军营之外的军人。

　　二者的根本区别可以通过两份文献得到诠释，其中后一条有时会被学者们提及，前一条则长期受到忽视。埃利乌斯·阿里斯泰德在写给安东尼·庇护（*Or.* 26.67）的信中祝贺这位地中海世界的统治者，因为"现在已没有多少军队分散在各行省的城市中，许多都已驻扎在乡间"。相反，佐西默斯（2.34.1 f.）则对君士坦丁持严厉批判态度，因为他"把大批军队从边疆撤回，驻扎在原本无须增援的城市里，从而……使各城市饱受军队的劫掠之苦"。佐西默斯对君士坦丁的成见及其史料的晚出可能会削弱其证据的说服力，但比他更早的特米斯提乌斯也在 368 年提到过劫掠成性的"城市驻军"（ho astikos stratiotes）（Or. 8.114a, p. 171 Schenkl）；此外，Theodoret., Ep. 2（1 p. 75 Azéma）也提到了帝国其他地区中"驻扎在城乡的士兵"；此外，还有大量细节信息可以佐证这些概括性的言论。

琐碎的证据并不需要一网打尽。我在本节中也并不打算这样做——我甚至没有参考全部自己熟知的权威著作，或根据现代作品中提供的线索去系统梳理古代史料。我没有列出《军防表》中的大量军事据点，尽管那里的士兵显然是同平民比邻而居的；因为如此连篇累牍地、机械地浪费笔墨是件费力不讨好的事情。我也剔除了某些在莱茵河、多瑙河流域早先设立的大型军营，因为占据那里部分空间的民众是日后投奔过去的难民。Petrikovits（1950）77 曾提到过他们。我的目的只是通过自己在从事其他研究的阅读过程中偶然积累起来的材料去证实自己的初步印象。我按照地理空间次序对自己找到的材料进行了编次，从意大利开始，沿逆时针方向依次列举各行省的相关史料。在同一地区内，驻军地址按字母顺序排列。

腐败与罗马帝国的衰落

意大利：

Zos. 5.35.5（408 年，参见 5.45.6）提到了"驻扎在城市里的士兵"，显然是指意大利境内的各种士兵。

阿奎利亚：见 van Berchem（1952）104 and n. 2, on *AE* 1934 no. 230，一支"阿奎勒亚境内的驻军"（*praepositus militum agentium in praetentione Aquiliae*），以及 244 年驻扎在那里的两个多瑙河军团分队；日后的驻军还有铭文中提及的三个军团与军团分队。

康科狄亚：394 年的历次战役之后，一支由 20 余个军事单位构成的庞大军队曾短期驻扎在这里，见 Hoffmann（1969 - 71）1.78, 86 and 101。

米兰：354 或 355 年军队的冬季宿营地，参见 Amm. 14.10.16；更多信息见 Grosse（1920）89 对可能在 4 世纪居住在那里的机动部队的研究，以及 King（1984）119 关于伽里埃努斯统治时期最早利用该城驻扎大规模军队的分析。

庞培城：偶然出现的证据：第 7 军团某士兵留下的涂鸦，以及一位军官的尸体。见 LeRoux（1983）67 f. and Gore（1984）572 f.。

普特奥利：塞维鲁王朝时期在城中驻扎过巡查部队，始于何时不详。见 Freis（1967）15。

罗马城：金屋（Domus Aurea）中的一幅涂鸦中（据此可知年代为 64—104 年）透露了第 7 军团另一位旅居者的信息。见 LeRoux（1983）73 f.。

提奇努姆：Zos. 5.26.4（405/6 年）提到了城中的 30 个

军事单位和其他联军；参见 5.30.4："驻扎在提奇努姆的士兵"，说明他们长期驻守于此。Tomlin（1976）189 总结道："斯提利科的军队经常在提奇努姆集结"，即便在 402 年霍诺里乌斯移居拉文纳之后也是如此。

维尔克雷：4 世纪后期的 *CIL* 5.6720 记载了城中一名骑兵的葬礼，Matthews（1975）183 n. 5 推断他来自"一座亚美尼亚驻军要塞"。

诺里库姆、雷提亚和潘诺尼亚：

在 388 年等待对马克西穆斯的开战命令时，"士兵们遍布潘诺尼亚的各座城市"，*Pan. lat.* 12（2）.32.4。若干具体城市的情况如下：

劳里亚库姆：Alföldy（1974）161，166 and 183 反映了意大利第 2 军团从 191 年起驻扎在此地和卡拉卡拉将军营西侧日益壮大起来的定居点提升为自治市的情况。

维马尼亚：Garbsch（1974）161 f. 记载了 302 或 303 年之后有平民生活在军营附近的证据。

普图伊：这个地方"长期驻扎着军队"：首先是公元 6 年前后的第 8 奥古斯都军团，之后有伽里埃努斯驻扎在那里的军团分队；图拉真赐予了当地平民"殖民地居民"头衔。见 Jordan（1985）87。

日耳曼：

Amm. 27.10.16 提到了"返回冬季宿营地的士兵"，参见

16.11.15：作战季节结束后"各自返回冬季宿营地的士兵"。他们返回的并不是营帐。Zos. 4.3.5（364年）报道说，在朱利安去世后、当地部族出现骚动迹象时，瓦伦提尼安"为莱茵河流域诸城市配备了必要的要塞（phylake）"。Roeren（1960）221根据斯特拉斯堡战役和雷根斯堡（Regensburg）战役的相关记载判断，从3世纪后期起，平民已经开始在城墙内进行自卫，因此，"平民定居点和军营之间的界线其实已经消失"。平民和军人在居住空间上的接近无疑得到了对许多著名遗址考古发掘的证实，那里的canabae和castra是相通或紧靠着的。关于莱茵河流域较新的研究书目，见Dorutiu – Boila（1972）140 n. 11。

科隆：Tac., Hist. 4.65暗示了公元70年在那里存在着军营旁边的平民聚居区（canabae）；Liban., Or. 18.46提到了朱利安于357年在那里建造的一处要塞（phroura）；当地还有4世纪驻边蛮族的墓葬，其墓主肯定是定居在那里的士兵，参见Hawkes and Dunning（1961）16。

美因茨：当地的平民定居点在250—270年修建了城墙，当时周边的部队也转移到了城墙以内，它在293或297年的时候已经成为一座正式的城市；此后，要塞遭到了废弃，在4世纪后期已被扩建后的城墙所包围。见S. Johnson（1983）137 f. and Roeren（1960）221。人们在城外发现了驻边蛮族的墓葬，其墓主肯定是士兵，参见Hawkes and Dunning（1961）5 f. and 16。

斯特拉斯堡：该遗址原为提比略时期第2军团营地；它在

克劳狄乌斯统治时期遭到废弃，改由平民占据。此后，第 7 双胞胎军团在那里一直驻扎到 160 年。军营中有图拉真时期烧制砖块的标志。该军团直到 3 世纪初才撤回，参见 234 年的 *CIL* 10. 1254。那里的平民定居点逐渐演变为城市，但当地驻军一直驻扎到 4 世纪末（证据为《军防表》中提到的 Dux Argentoratensis）。见 S. Johnson（1983）142，Hatt（1953）233，238，and 243，and Gottlieb and Kuhoff（1984）28。

特里尔：君士坦提乌斯·科洛鲁斯（Constantius Chlorus）将特里尔作为部队营地；4 世纪可能曾有一名军队将领驻守在那里，人们在城外发现了驻边蛮族的墓葬。见 Grosse（1920）89，Demougeot（1969 – 79）2.53，and Hawkes and Dunning（1961）16。

高卢：

Amm. 20.4.9 提到了朱利安的部队于 359 或 360 年在高卢（可能还有日耳曼？）驻扎（*stationes …in quibus hiemabant*）的情况，参见上文"日耳曼"条目，以及 16.4.1（356 年）的记载：轻盾兵（*scutari*）和蛮族盟军（*gentiles*）离开了桑斯（Sens），"在各城镇里从事农耕，以便更方便地获取给养。"从 3 世纪后期起，大量围墙都已被当地常驻军当作军营，不再是平民使用的城墙。Roblin（1965）370 – 91 提出的观点受到了Petrikovits（1971）188 的质疑，后者唯一的理由是这样的遗址"过于众多"，与容纳已知的、为数不多的机动部队的目的不太相符。但我们下面举出的这些证据至少可以部分消除他的怀疑。

亚眠：278 年（或之后不久），城中建起了一座军营，当地从戴克里先时期直至 4 世纪还在建造一处要塞（*numeri Ursariensium* 和 *catafractariorum*）。见 Sulpicius Severus，*Vita S. Martini* 3（*CSEL* 1 p. 113），其中提供了大致年代。见 Will（1954）142，and Bayard and Massy（1982）23 and 25。Amm. 27.6.5 描述了 367 年一位皇帝在那里向士兵们讲话的场景。

阿摩里卡：当地的一些城市在整个 4 世纪期间都拥有军事设施，参见 Galliou（1985）110。

Autun：Amm. 16.2.1 提到了那里的要塞驻军。

沙隆：Amm. 27.1.2 提到了那里的要塞驻军，并且当地在《军防表》高卢部分中被称为一处军营。但那里的围墙"与普通城墙无异"，证明驻军对于当地的城市而言是很常见的事情。参见 S. Johnson（1983）84。

第戎：该城在一份晚期史料中被称为军营，并且筑有围墙。参见 Johnson（1983）84。

瑞布兰：这座位于雷恩（Rennes）以东约 100 公里处的城市拥有"一个不大但很坚固的据点"，其形式是方墙之内的一个岗哨，上面有许多塔楼。参见 Johnson（1983）93 f. 。

里昂：作为行政首府，里昂城中定居着一些配备给行政官员当助手的士兵；此外，那里还有一支负责守卫铸币厂的常备城市卫队——如韦伯芗时期的 cohort I Flavia urbana 等，他们同迦太基和罗马的城市卫队进行换岗。Jos.，*B. J.* 2.373 提到过那里的 1200 人（两个城市卫队），Tac. *Hist.* 1.64.9 则提到了里昂的第 18 卫队，"他们通常于冬季驻守在那里。"在公元 68 年，那里出现了更多的部队，见上引书 1. 59。另见 Fabia（1918）21 – 25 and Freis（1967）14 and 29 f. 。

兰斯：Amm. 16. 2. 8（356 年）称骑兵队长居住在城中，这暗示了当地驻军的存在。

桑斯：Amm. 16. 4. 3（356 年）指出，骑兵队长的附属部队就驻扎在毗邻这座城市的军营里。见上文"高卢"词条。

图尔奈：关于城外驻边蛮族的墓葬，见 Faider – Feytmans（1951）51 f. 。

图尔：275 年前后，人们在城墙以内修建了一处兵营，参见 L. Pietri（1983）344。

维也纳：Blockley（1983）2. 85 认为 Eunap.，frg. 57. 2 中提到的要塞（*phroura*）建成于 383 年。

温迪希：贝尔吉高卢（Gallia Belgica）境内遗址，那里的老军营在 3 世纪 90 年代遭到了废弃；但在君士坦丁时代，那里肯定驻有军队，参见 Pekary（1966）9 f. 。

不列颠：

在南部的许多城镇里，从 369 年前后起开始出土驻边蛮族的陪葬品——带扣、盘子和胸针。见 Frere（1967）359，Hawkes（1974）390 f.，整体论述见 Welsby（1982）149 f. 。

亨伯河上的布拉夫：根据 *Not. Dig. Occ.* 40. 31 中提到的佩图里亚（Petuaria）军事单位来看，从前的佩图里亚在 4 世纪的时候拥有驻军。参见 Welsby（1982）149。

卡特瑞克：这处威尔士遗址拥有四帝共治时期的围墙，它们保护着一座后来被废弃的堡垒；人们在 370 年前后城市得到重建的那部分地段发现了驻边蛮族的武器和带扣。参见 Wacher（1971）170 and 172 and Welsby（1982）149 f. 。

伦敦：跟里昂一样，伦敦也是行政首府。这座城市中居住着为行政官员效劳的士兵，参见 Frere（1967）196 对来自三个军团的伦敦士兵墓碑的研究（如Ⅵ Victrix, in *RIB* 11［塞维鲁王朝时期］，该军团驻扎在约克）。见 E. Birley（1982/83）276 and A. R. Birley（1981）222。Merrifield（1983）174 f. 指出了建于 2 世纪初的一处"永久性兵营"的位置。

西班牙：

除《军防表》的记载外，西北部地区（如卢哥［Lugo］）也有常设的要塞，参见 Arce（1980）600 n. 18；但另见 *CT* 7.14.1（398 年）中提到的东北地区要塞驻军（*burgarii*），其说法与霍诺里乌斯书信中提到的城市要塞信息一致。

卡斯图罗和塔拉克：元首制时期两座城市中可能都有要塞，参见 Mackie（1983）11 and 190.

毛里塔尼亚·恺撒里恩西斯：

该行省在历史上一直需要重兵布防，其中有些兵力就布置在城市里。

阿尔布莱：被描述成一座有要塞防守的城市，Benseddik（1979）167。

恺撒里亚：作为行政中心，这座城市中居住着一些为官员服务的士兵。他们来自许多辅军单位，在大量铭文中留下了证据。关于他们存在的证据在 2 世纪中期至 3 世纪中期里最为丰富。在 3 世纪 50 年代，城中军营里驻扎着一支骑兵队（*ala*）。见 Rachet（1970），Leveau（1973）156，and Benseddik（1979）164。

拉皮杜姆：122 年，人们在拉皮杜姆为萨多鲁姆卫队（coh. Sardorum）修建了一处兵营，这支卫队很快就在当地拥有了属于自己的浴室。它很快被由蛮族和老兵混杂起来的平民定居点所包围。它在 167 年修筑了城墙，并在 208 年之前损失了自己的一部分要塞。见 Benseddik（1979）170，Rebuffat（1982）506，and Laporte（1983）258 and 261。

阿非利加总督辖区和努米底亚：

阿布图吉尼：Lepelley（1979 – 81）报道了 314 年在那里的驻军。

迦太基：在城中担任行政官员下属的部队也负责着周边乡村的警戒，其中包括一些城市卫队。见 Fabia（1918）255 and 53，Carcopino（1922）33 f. , and Freis（1967）30。

埃及：

Ball（1942）160 列举了 65 个罗马军队驻守的据点，其中已得到较充分证实的如下：

阿尔西诺伊：PAbinnaeus 28（4 世纪 40 年代）表明在在该

城里有士兵存在，BGU 316（359 年）则表明当时在城中驻扎着铁甲骑兵分队；但早在 319 年，那里已有骑兵分队存在的证据。见 Rémondon（1965）134 and 136。

巴比伦：POxy 1261（325）与 *Not. Dig. Or.* 28. 15 表明城中存在着军队。第 13 双胞胎军团于 4 世纪驻扎在那里。见 Rémondon（1965）136。

康特拉波利诺波利斯：156 年，一支骑兵卫队（coh. I Augusta praetoria Lusitanorum equitata）驻守在那里，并一直驻扎到 3 世纪。见 Whitehorn（1983）65 f. 。

卡普托斯：我们知道那里在 183 年（或更早的时候）驻有军队；另一个军事单位在 216 年驻守着那里的要塞。见 Speidel（1984）222 f. 。

狄奥尼西亚斯：除阿比涅乌斯文献集提供的史料外，见 Rémondon（1965）134 对驻扎在该城里的军队的描述。

狄奥斯波利斯：PAbinnaeus 1（341 年）表明，有一支帕提亚弓箭手分队驻扎在城中。

赫尔穆波利斯（Hermoupolis）：340 年有些摩尔轻装骑兵（*equites mauri scutarii*）驻扎在那里。见 Rémondon（1965）136。

吕科波利斯（Lycopolis）：Rémondon（1965）136 表明那里在 340 年驻有骑兵。

孟斐斯：PAbinnaeus 49（346 年）提到了长官率领下驻扎在城中的士兵；4 世纪时，第 5 马其顿军团也曾在那里驻守过。见 Rémondon（1965）136。

奥克西林库斯（Oxyrhynchus）：PColumbia 183（372 年）

写道:"第 1 马克西米安军团奉命驻守在奥克西林库斯。"

地中海东岸（阿拉伯、巴勒斯坦、叙利亚）和美索不达米亚:

Tac., *Ann.* 13.25 概括性地提到了叙利亚的军队,他们"养尊处优,全体逗留在城市里"。几个世纪后,到了戴克里先统治时期前后,考古证据表明,当地的驻军有的保护着东方边境居住在要塞里的平民,有的则驻扎在美索不达米亚和亚美尼亚较大城市（军团）或较小城市（骑兵队）的军营里。见 van Berchem（1952）27, 29, 31f.——更多细节见下面对各城市遗址的分别介绍。到了更晚的时代（接近 5 世纪中叶）,特奥多里特（Theodoret）已经可以很自然地称之为"驻扎在城市与乡间的军事单位"（*Ep.* 2）。

阿米达:Amm. 18.9.3 f.（359 年）and 19.5.2 表明该城市要塞中的驻军来自六个军团和其他骑兵队。

安条克:这座叙利亚首府的驻军很少,但其中有一支由弓箭手组成的城市卫队（383 年,参见 Liban., *Or.* 19.35, and Liebeschuetz［1972］116）。

阿帕梅亚:塞维鲁王朝时期,第 2 帕提亚军团数次居住在城里,其军营位于城墙外 2—3 公里处。见 Balty（1973）55, Rey-Coquais（1978）68, and Balty（1987）215 and 239-41。

贝扎德（Bezabde）:Amm. 20.7.1 表明,一些军团和弓箭手（legions Ⅱ Flavia, Ⅱ Armeniaca, and Ⅱ Parthica, and *sagittarii Zabdicenses*）曾出现在城中。

腐败与罗马帝国的衰落

波斯特拉（Bostra）：图拉真将第 6 铁甲军团布置在波斯特拉，后来（安东尼·庇护统治时期）驻扎在那里的还有第 3 昔兰尼军团，他们在 249 或 251 年仍在那里；第 4 玛提亚军团则于戴克里先统治时期驻扎在当地。见 Kindler（1975）146 f.，Sartre（1974）88，and Kammerer（1929）276 and 301。

恺撒里亚：1 世纪时，这座城市是 1 个骑兵队和 5 个步兵卫队的军事驻地（Broughton［1933］44），那里在 1 世纪 50 年代时拥有一支具体情况不详的部队（Jos.，*B. J.* 2. 268），在公元 67 或 68 年接纳过军团过冬（上引书 3. 412）；Acts 10：1 and 27：1 提到过居住在那里的一位百夫长。一份极其可疑的史料——乔治记载的主教波菲利（Porphyry）的荒诞传记——提到了 400 年前后城中的一名军事将领。见 Peeters（1941）211。

卡帕克特那（Caparcotna）：*ILS* 8976 表明，第 2 军团在公元 130 年驻扎于此。

库鲁斯：奥古斯都统治时期第 10 海峡军团大本营，沿用到公元 18 年，参见 Rey – Coquais（1978）67。

杜拉：最著名的军队驻扎在平民中的例子。对相关部队的扼要罗列见 Rey – Coquais（1978）68 f.。

埃麦萨：Herodian 5. 3. 9（218 年）记载道："当时有一支大军驻扎在城市旁边……将士们经常进城去神庙里敬奉神明。"

伽达拉：1 世纪后期，第 10 海峡军团驻扎在城中，见 Kammerer（1929 – 30）301。

盖拉萨：被征服后，城中居住着一些军团分队，一个骑兵单位，并在哈德良统治时期充当过骑兵卫队的冬季宿营地。见 Kraeling（1938）390 no. 30, Rey – Coquais（1978）68, and Isaac（1984）186。

耶鲁撒冷：Jos. , B. J. 2. 79 记载了公元前 4 年城中的一个军团、公元 44 年当地的一支卫队（2. 224）、1 世纪 50 年代那里的一座要塞（phroura），以及"官衙旁边"的兵营。公元 70 年，第 10 军团开始驻扎在城市南侧的山丘上，直到戴克里先时期。116 年，那里还出现过第 3 昔兰尼军团的一支分队。见 Kindler（1975）146, Kammerer（1929）300, and Geva（1984）240, 246 f. , 249, and 253。

新恺撒里亚（即 Dibsi Faraj）：戴克里先为这座幼发拉底河畔的村庄取了新名，并在那里新建了一座中心建筑；它一方面是个行政办公场所，同时也是为了"充当军队到来时的主要营地（principia）"，参见 Harper（1977）457 and 459。

尼科波利斯：4 世纪初在该城镇靠近叙利亚—西里西亚边境处的一个村庄里驻扎着军队。见 Lietzmann（1908）83 and 86。

尼斯比斯（Nisibis）：Amm. 20. 6. 9（360 年）报道说，该城市是当年大部分作战兵力的驻扎场所。

帕尔米拉：从弗拉维王朝时期起，这座城市中设立了一座罗马军事要塞。日后，奥勒里安（Aurelian）在那里布置了一个伊吕利库姆军事单位，参见 Rey – Coquais（1978）68 and 70。到了 303 年，戴克里先在城市边角处建好了一座足够容纳几千人的永久性兵营。见 Gawlikowski（1984）10 and 63 f. 。

佩特拉：罗马征服后，那里驻扎着一些军团分队，跟菲拉德尔菲亚（Philadelphia）的情况一样，参见 Isaac（1984）186。

拉发尼亚（Raphaneae）：帝国早期，第 6 铁甲军团曾驻扎于此。Jos., *B. J.* 7. 18 报道了 1 世纪 60 年代长期驻守在那里的第 12 雷霆军团，他们于公元 69 或 70 年被第 3 高卢军团所取代，后者在当地一直驻防到埃拉伽巴鲁斯（Elagabalus）统治时期。见 Mann and Jarrett（1967）63，Hellenkemper（1977）468，and Rey – Coquais（1978）67。

萨摩萨塔：在图拉真统治时期，至少从 118 年起（到何时为止不详），这座城市中设有某个军团的驻守要塞。要塞去和城市其他部分在外观上并无差别。见 Rey – Coquais（1978）67 and Hellenkemper（1977）464 and 468。

萨塔拉：某军团在此从公元 70 年一直驻扎到 5 世纪，参见 Hellenkemper（1977）468 and Mitford（1974）168。

西托波利斯（Scythopolis）：67 或 68 年有军团在此越冬（Jos., *B. J.* ）。

塞弗里斯：根据 400 年左右一份史料的描述，当城中爆发火灾时，"塞弗里斯军营中的士兵冲出来扑灭了它"；其他突发事件表明，他们会定期巡视城市，参见 Neusner（1983）xi and 175。

辛格拉：该城市于 197 年（或稍后）建成后，第 3 帕提亚军团驻扎在城中，Amm. 20. 6. 8 提到了 360 年驻扎在那里的两个军团。见 *RE* s. v. Legio 1435。

推罗：塞普提米乌斯·塞维鲁派第 3 高卢军团驻守在那里，见 Ciotti（1948）116。

佐格玛：那里有许多军团，显然有一些部队是从公元 18 年起固定在那里越冬的，他们居住的区域和平民生活区之间没有任何障碍。见 Hellenkemper（1977）464 n. 14 and 468, Rey – Coquais（1978）67, and *RE* s. v. Legio 1560。

小亚细亚：

帝国晚期一些对整个地区进行概述的材料表明，军队在各座城市里几乎无处不在。Zos. 5. 15. 2 在记载 399 年的情况时对此讲了很多；类似的材料还有 Soc., *H. E.* 66（*PG* 67. 677C）："大部分罗马军队都驻扎在城里"；根据记载，君士坦提乌斯在 361 年从东方各行省集结兵力讨伐朱利安时，征调了"分散在东方各城市中的军队"（in the Artemii Passio, p. 73 of Philostorgius' *Ecclesiastical History*, ed. Bidez – Winkel-mann）。关于这一局面的间接证据见佐西默斯的描述（5. 15. 2）：特瑞比吉尔德袭击了吕底亚、皮希狄亚和小亚细亚的各座城市，屠杀当地的民众与士兵（那些城市通常建有要塞）；Amm. 14. 2. 5 提到了伊苏里亚一带（如吕奇亚和皮希狄亚）"遍布大部分城镇里的士兵"。最后，Zos. 5. 13. 2 提到，特瑞比吉尔德接管了"驻守弗里吉亚的蛮族军事单位"（399 年，显然指的是那里的城市）。

安库拉：*IGR* 3. 173, lines 29 f. 描述了 114 或 115 年在城里过冬的图拉真部队。Ramsay（1928）181 f. 表明那里有支图

拉真手下的卫队。

查尔西顿：Zos. 1.34.3 指出，伽里埃努斯统治时期城中有座大型要塞。

以弗所：在某个无法确定的年代（2 世纪?）里，城中驻守着第 7 卫队（the VII praetorian cohort, *ILS* 2051 f.），还有一队骑兵于 223 或 224 年驻扎在那里。见 T. Drew – Bear（1984）62。

攸麦尼亚（Eumeneia）：Ramsay（1929）156 – 58 表明，3 世纪在那里驻扎着一些军事单位。

伊康：Ramsay（1928）183 f. 认为，1 世纪在那里驻扎着骑兵。

纳克利亚（Nacoleia）：399 年，特瑞比吉尔德将麾下的蛮族部队驻扎在该城中，见 Philostorgius, *H. E.* 11.8。

尼恺亚：弗洛伦提乌斯是 365 年当地的要塞指挥官（*phrourarchos*），见 Philostorgius, *H. E.* 9.5 p. 117 f. Bidez – Winkelmann。

尼科米底亚：那里在 4 世纪可能驻扎着机动部队，见 Grosse（1920）89。

塞琉凯亚：这座位于西里西亚荒野的城市在 354 年容纳了三个军团，见 Amm. 14.2.14。

斯米尔纳：212 年，一名第七卫队（the VII praetorian cohort）长官驻守于此，见 Petzl（1982）164 f.。

塔尔苏斯：373 或 374 年有个军团驻扎于此，参见 Amm. 30.1.4 and 7。

特拉佩祖斯（Trapezus）：根据 Tac., *Hist.* 3.47.5，69 年有支卫队驻扎在城市里；两个军团的分队于 2 世纪后期在当地修建了一处圣所；2 世纪末，那里开进了整整一个军团（Mitford［1974］163 and 168），在 3 世纪 50 年代（Zos. 1.33.1），该城市的"常备军"超过 10000 人。第一本都军团（I Pontica）从戴克里先时代起在那里一直驻扎到《军防表》成文的时代（即 5 世纪初），参见 *RE* s. v. Legio 1437。

色雷斯：

在帝国晚期，一些材料表明有军队广泛分布在城市里。Zos. 2.21.2 在记载 322 年历史时提到，有座无名城市（可能在默西亚境内）"拥有一处规模相当可观的要塞"；354 年的 Amm. 14.11.13 提到了"驻守道路两旁城市的士兵"，如在赫姆斯山（Mt. Haemus）脚下乌斯卡达玛（Uscadama）"周边城市里越冬"的底比斯诸军团（Theban legions，14.11.15）。379 年前后（Zos. 4.26.1, 6, and 9），那里的常备军对同样驻守在城市里的哥特人进行了大屠杀；到了 5 世纪 40 年代，色雷斯境内遍布着"驻守城乡的军事单位"，参见 Theodoret, *Ep.* 2。

贝罗亚（Beroea）："修缮贝罗亚和尼科波利斯（Nocopolis）的要塞"，Amm. 31.11.2（378 年）。

君士坦丁堡：399 年，在首都集结开拔的军队"沉迷于城市生活的安逸，没日没夜地宴饮狂欢，喜欢躺在公共浴室里晒太阳"，等等——这种陈词滥调当然包含着道德谴责的意味，但它足以证明这些军人是常年驻扎在城市里的。参见 Claudian，In Eutrop. 2. 409 f. Soc. ，*H. E.*（*PG* 67. 677C）证明该城市在当时拥有一座要塞。

默西亚：

根据 Zos. 4. 10. 4 的记载，瓦伦斯派补给船只从黑海沿多瑙河逆流而上，抵达"河流沿岸城市，以便士兵们能够方便地取得给养"，这些士兵显然驻扎在城市里，尽管他们在 373 年只对蛮族进行了象征性的抵抗（4. 16. 5）。这份史料（4. 20. 6）还提到了"负责多瑙河沿岸城市防务的士兵"。Dorutiu‒Boila（1972）141 f. 梳理了证明军营与居民区毗邻的考古证据。

尼科波利斯："修缮贝罗亚和尼科波利斯的要塞"，Amm. 31. 11. 2（378 年）。

诺维（即 Stuklen）：从公元 69 年起，第一意大利军团在该城西侧驻扎了三个世纪；3 世纪时，士兵与平民中间仅有一墙之隔。见 Chichikova（1983）11 and 15。

诺维杜努姆（Noviodunum）：在四帝共治时期，这座城市修建了城墙，也进驻了两个军团——第一朱庇特军团和第二赫拉克勒斯军团。见 G. Stefan（1955）162 f.，A. S. Stefan（1974）101 f.，and Aricescu（1980）57 f.。

伊斯库斯（Oescus）：第 5 马其顿军团在城中从公元 71 年一直驻扎到 102 年；该军团从 3 世纪 70 年代起再度常驻在城市东侧。见 Aricescu（1980）11 and Poulter（1983）77。

拉提亚里亚（Ratiaria）：275 年后，第 13 双胞胎军团驻扎在拉提亚里亚，见 Giorgetti（1983）30。

希尔米乌姆：伽勒里乌斯（Galerius）定都于此期间，这里无疑拥有驻军；考古发掘还在那里发现了四帝共治时期的军营，见 Grosse（1920）89，Demougeot（1969 – 79）2.69，and Tomlin（1976）189。阿米亚努斯记载了 361 年出现在城中的军队，特别提到了一支弓箭手卫队和两个军团（21.11.2，21.9.5，and 21.10.1）。

托米斯：在韦伯芗统治期间，城中驻有军队；史料证明，该城在 2 世纪后期之前还驻扎过各种各样的军事单位。见 Aricescu（1980）12，30，38，42，and 47（托米斯在马可·奥勒留统治时期成为自治市）。Zos. 4.40.1 提到了"驻扎在城市（托米斯）里的士兵"。

特罗斯米斯：从 107 年到 167 年，第 5 马其顿军团驻扎在当地的一个要塞中，平民定居点分布在要塞两侧，并在该军团开拔后成为了一座自治市。在戴克里先统治时期，另一个军团——第 1 朱庇特军团——驻扎在那里。见 G. Stefan（1955）162，Aricescu（1980）11，41 and 47，and Dorutiu – Boila（1972）136 f. 。

关于笔者从这份列表中得到的印象，见上文，第三章原书 145 页以下。

参 考 书 目

Abel (1909) — Abel, F. - M. , "Epigraphie grecque palestinienne, " *Revue biblique* 18 (1909) 89 – 100.

Agache(1975) — Agache, R. , "La Campagne à l'époque romaine dans les grandes plaines du Nord de la France d'après les photographies aériennes, " *Aufstieg und Niedergang der römischen Welt* II. 4 (Berlin 1975) 658 – 713.

Agache (1982) — Agache, R. , "Les Grandes Villas stéréotypiques de la Gallia Belgica. Reflet des systèmes politiques, économiques et sociaux, " *Caesarodunum* 17 (1982) 3 – 10.

Agache and Agache (1978) — Agache, R. and S. , "De la recherche des paysages de l'antiquité dans le nord de la France, " *Caesarodunum* 13 (1978) 149 – 167.

Albertini (1943) — Albertini, E. "Une Nouvelle Basilique civile à Cuicul (Djemila) , " *Comptes rendus de l'Académie des inscriptions et belles lettres* 1943, 376 – 385.

Albertos Firmat (1975) — Albertos Firmat, M. L, *Organizaciones suprafamilias en la Hispania Antigua,* Valladolid 1975.

A. Alföldi (1934) — Alföldi, A. , "Die Ausgestaltung des monarchischen Zeremoniells am römischen Kaiserhofe, " *Mitteilungen des deutschen arch. Instituts, Röm. Abt.* 49 (1934) 3 – 118.

A. Alföldi (1935) — Alföldi, A. , "Insignien und Tracht der römischen Kaiser, "*Mitteilungen des deutschen arch. Instituts, Röm. Abt.* 50 (1935) 3 – 158.

A. Alföldi (1952) — Alföldi, A. , *AConflict of Ideas in fhe Late Roman Empire. The Clash between the Senate and Valentinian I,* trans. H. Mattingly, Oxford 1952.

A. Alföldi (1959) — Alföldi, A. , "Comuti: a Teutonic contingent in the service of Constantine, " *Dumbarton Oaks Papers* 13 (1959) 171 – 179.

E. Alföldi (1969) — Alföldi, E. , "Excavations and restorations at Anemurium (Eski Anamur) 1969, " *Türk Arkeoloji Dergisi* 18, 2 (1969) 37 – 39.

Alföldi – Rosenbaum (1972) — Alföldi – Rosenbaum, M. "Matronianus, comes Isauriae: an inscription from the sea wall of Anemurium, " *Phoenix* 26 (1972) 183 – 186.

Alföldy(1964 – 65) – Alföldy, G. , "Die Valerii in Poetovio, " *Vestnik* 15 – 16 (1964 – 65) 137 – 144.

Alföldy(1974) — Alföldy, G. , *Noricum,* trans. A. R. Birley, London 1974.

腐败与罗马帝国的衰落

Alföldy (1981) — Alföldy, G. , "Die Stellung der Ritter in der Führungsschicht des Imperium Romanum, "Chiron 11 (1981) 169 –215.

Alföldy (1986) — Alföldy, G. , Die römische Gesellschaft. Ausgewählte Beiträge, Stuttgart 1986.

Alt (1921) — Alt, A. , Die griechischen Inschriften der Palaestina Tertia westlich der'Araba, Berlin 1921.

Anderson (1978) — Anderson, P. , Passages from Antiquity to Feudalism, [2] London 1978.

Applebaum(1977) — Applebaum, S. , "Judaea as a Roman province; the countryside as a political and economic factor, " Aufstieg und Niedergang der Römischen Welt II, 8 (Berlin 1977) 355 – 396.

Aragon – Launet (1974) — Aragon – Launct, P. "Montréal – du – Gers, villa gallo – romaine de Séviac, fouilles 1972 – 1973, " Bulletin de la Société arch. hist, littéraire et scientifique du Gers – Auch 75 (1974) 350 –356.

Arce(1980) — Arce, J. , "'Notitia Dignitatum' et l'armée romaine dans la dioicesis Hispanarum, " Chiron 10 (1980) 593 –608.

Arce(1982) — Arce, J. , "Merida tardorromana (284 –409 d. C.), " Homenaje a Saenz de Buruaga (Madrid 1982) 209 –226.

Aricescu (1980) — Aricescu, A. , The Army in Roman Dobrudja, trans. N. Hampartunian, Oxford 1980.

Arnold(1984) — Arnold, C. J. , Roman Britain to Saxon

England, Bloomington, Ind. 1984.

Avi – Yonah (1976) —— Avi – Yonah, M. , *The Jews of Palestine: A Political History from the Bar Kokhba War to the Arab Conquest, New York* 1976.

Bagnall (1982) —— Bagnall, R. S. , "The population of Theadelphia in the fourth century, " *Bulletin de la Société d'arch. copte* 24 (1982) 35 – 57.

Baldacci (1967 – 68) —— Baldacci, P. , "Alcuni aspetti dei commerci nei territori cisalpini, "*Atri, Centro studi e documentazione sull'Italia Romana* 1 (1967 – 68) 6 – 50.

Baldwin (1982) —— Baldwin, B. , "Literature and society in the later Roman empire, "*Literary and Artistic Patronage in Ancient Rome*, ed. B. K. Gold, Austin 1982, 67 – 83.

Ball (1942) —— Ball, J. , *Egypt in the Classical Geographers*, Cairo 1942.

Balland (1980) —— Balland, A. , "Nouveaux documents relatifs à Opramoas de Rhodiapolis, " *Actes du colloque sur la Lycie antique* , Paris 1980, 89 – 93.

Balland (1981) —— Balland, A. , *Fouilles de Xanthos VII: Inscriptions d'époque impériale du Létoon*, Paris 1981.

Baity(1973) —— Baity, J. – C. , "Apamée sur l'Oronte aux époques pré et protohistorique, hellénistique, romaine, byzantine et arabe, " *Archéologia* 60 (1973) 46 – 56.

Balty(1987) —— Balty, J. – C. , "Apamée (1986): nouvelles

données sur l'armée romaine d'Orient et les raids sassanides du mi-
lieu du IIIe siècle, " *Comptes rendus de l'Académie des inscriptions et
belles lettres* 1987, 213 – 241.

Bammer (1976 – 77) — Bammer, A. , " Ein spätantiker Tor-
bau aus Ephesos, " *Jahrbuch des oesterr. archäologischen Instituts* 51
(1976 – 77) Beiblatt 93 – 126.

Barbieri (1971) — Barbieri, G. , " Nuove iscrizioni di
Capua, " *Miscellanea greca e romana* 3 (1971) 291 – 305.

Barkoczy et al. (1954 – 57) — Barkoczy, L, et al. , *Intercisa
(Dunapentele – Sztalinvaros). Geschichte der Stadt in der Römerzeit,*
2v. , Budapest 1954 – 57.

Barns (1964) —Barns, J. , "Shenute as a historical source, "
Actes du Xe Congrès international de papyrologie... 1961, Wroclaw
1964, 151 – 159.

Baroja (1965) — Baroja, J. C. , "Honour and shame: a his-
torical account of several conflicts, " *Honour and Shame: The Values
of Mediterranean Society,* ed. J. G. Peristiany, London 1965,
79 – 137.

Barrett (1982) — Barrett, A. A. , "The Romano – British vil-
la at Barnsley Park, Gloucestershire, " *Classical Views* 26 (1982)
113 – 125.

Bartholomew (1984) — Bartholomew, P. , "Fourth – century
Saxons, "*Britannia* 15 (1984) 169 – 185.

Batiffol (1919) — Batiffol, P. , *Etudes de liturgie et d'archéol-*

ogie chrétienne, Paris 1919.

Bauman(1980) — Bauman, R. A. , "The'leges iudiciorum publicorum' and their interpretation in the Republic, Principate and later empire, " *Aufstieg und Niedergang der römischen Welt* II, 13 (Berlin 1980) 103 – 233.

Bavant(1984) — Bavant, B. , "La Ville dans le nord de l' Illyricum (Pannonie. Mésie I, Dacie et Dardane) , " *Villes et peuplement dans l' Illyricum protobyzantin. Actes du colloque. . .* 1982, Rome 1984. 245 – 287.

Bayard and Massy (1982) — Bayard, D. , and J. – L. Massy, "Amiens romain, étude sur le développement urbain du Ier siècle avant J. – C. au Ve siècle apres J. – C. , " *Revue du Nord* 64 (1982) 5 – 26.

Baynes(1943) — Baynes, N. H. , "The decline of the Roman power in Europe. Some modem explanations, " *Journal of Roman Studies* 33 (1943) 29 – 35.

Bean (1962) — Bean, G. E. , "Report on a journey in Lycia 1960, " *Anzeiger der Oesterreichis – cher Akademie der Wissenschaften* 99 (1962) 4 – 9.

Bean and Mitford (1970) — Bean, G. E. , and T. B. Mitford, *Journeys in Rough Cilicia* 1964 – 1968 (Denkschriften der Oesterreichischen Akademie der Wissenschaften 101) , Vienna 1970.

Bell (1924) — Bell, H. I. , *Jews and Christians in Egypt. The Jewish Troubles in Alexandria and the Athanasian Controversy,*

London 1924.

Bell et al. (1962) — Bell, H. I. , et al, *The Abinnaeus Archive. Papers of a Roman Army Officer in the Reign of Constantius II*, Oxford 1962.

Benabou (1976) — Benabou, M. , *La Résistance africaine à la romanisation*, Paris 1976.

Benseddik (1979) — Benseddik, N. , *Les Troupes auxiliaires dans l'armée romaine en Maurétanie Césarienne sous le Haut – Empire*, Algiers 1979.

Bérard (1892) — Bérard, V. , "Inscriptions d'Asie Mineure, "*Bulletin de correspondance hellénique* 16 (1892) 417 – 446.

Berchem (1952) — Berchem, D. van, *L'Armée romaine de Dioclétien à la réforme constantinienne*, Paris 1952.

Berenson (1954) — Berenson, B. , *The Arch of Constantine; or, The Decline of Form*, New York 1954.

Bernardi (1965) — Bernardi, A. , "The economic problems of the Roman empire at the time of its decline, "*Studia et documenta historiae et iuris* 31 (1965) 110 – 170.

Bertrandy (1973 – 74) — Bertrandy, F. , "Une Grande Famille de la confédération cirtéenne: les Antistii de Thibilis, "*Karthago* 17 (1973 – 74) 195 – 202.

Beschaouch (1966) — Beschaouch, A. , "La Mosaique de chasse découverte à Smirat en Tunisie, "*Comptes rendus de l' Académie des inscriptions et belles lettres* 1966, 134 – 157.

Beschaouch (1975) — Beschaouch, A. , " A propos de récentes découvertes épigraphiques dans le pays de Carthage, " *Comptes rendus de l'Académie des inscriptions et belles lettres* 1975, 101 – 118.

A. R, Birley (1967) — " The Roman governors of Britain, " *Epigraphische Studien* 4 (1967) 63 – 102.

A. R. Birley (1981) — Birley, A. R. , *The Fasti of Roman Britain,* Oxford 1981.

A. R. Birley (1982) — Birley, A. R. , "Notes on senators' imperial service, "*Tituli* 4 (1982) 239 – 249.

E. Birley (1963 – 64) — Birley, E. , "Promotions and transfers in the Roman army, II: The centurionate, " *Carnuntum Jahrbuch* 1963 – 64, 21 – 33.

E. Birley (1982/83) — Birley, E. , "Veterans of the Roman army in Britain and elsewhere, "*Ancient Society* 13 – 14 (1982 – 83) 265 – 276.

Biro (1974) — Biro, M. , "Roman villas, "*Acta archaeologica academiae scientiarum Hungaricae* 26 (1974) 23 – 57.

Bivona (1970) — Bivona, L, *Iscrizioni latine lapidarte del Museo di Palermo,* Palermo 1970.

Blanchet (1907) — Blanchet, A. , *Les Enceintes romaines de la Gaule,* Paris 1907.

Blazquez (1964) — Blazquez, J. M. , *Estructura economica y social de Hispania durante la anarquia militar y el bajo imperio,* Madrid 1964.

Blazquez (1974 – 75) — Blazquez, J. M. , *Ciclos y temas de la Historia España: la Romanizacion,* 2 vols. , Madrid 1974 – 75.

Blazquez (1975) — Blazquez, J. M. , *Historia social y economica de la España Romana, segunda parte: siglos III – V,* Madrid 1975.

Blazquez (1983)— Blazquez, J. M. , "Die Niederlassungen der Barbaren im Okzident und ihre sozial – ökonomischen Nebenwirkungen, " *Actes du VIIe Congrès de la F. I. E. C.* , Budapest 1983, 2. 73 – 82.

Blazquez Martinez (1982) — Blazquez Martinez, J. M. , "La economia de la Hispania Romana, " *España Roman* (218 *a. de J. C. — 414 de J. C.*). *La conquista y la exploitacion economica,* Madrid 1982, 293 – 607.

Blockley (1981 – 83)— Blockley, R. C. , *The Fragmentary Classicizing Historians of the Later Roman,* 2 vols. , Liverpool 1981 – 83.

Bodor (1973)— Bodor, A. , " Emperor Aurelian and the abandonment of Dacia, " *Dacoromania* 1 (1973) 29 – 40.

Böhme(1978) — Böhme, H. – W. , "Tombes germaniques des IVe et Ve siècles en Gaule du nord; chronologie, distribution et interprétation, " *Problèmes de chronologie relative et absolue concernant les cimetières mérovingiens d'entre Loire et Rhin. Actes du colloque... 1973,* ed M. Fleury and P. Périn, Paris 1978, 21 – 39.

Böttger(1975) —— Böttger, B. , " Die Landwirtschaft, " *Die Römer an Rhein und Donau. Zur politischen, wirtschaftlichen und sozialen Entwicklung in den römischen Provinzen an Rhein, Mosel und oberer Donau im* 3. *und* 4. *Jahrhundert,* ed. R. Günther and H. Köpstein, Vienna 1975. 138 – 88.

Bogaers (1967) —— Bogaers, J. E, "Einige opmerkingen over het Nederlandse gedeelte van de Limes van Germania Inferior (Germania Secunda) " *Berichten, Rijksdienst voor het Oudheidkundig Bodemonderzoek* 17 (1967) 99 – 114.

Bogaers (1968) —— Bogaers, J. E. , " Castra Herculis, " *Berichten, Rijksdienst voor het Oudheidkun dig Bodemondezoek* 18 (1968) 151 – 162.

Boissevain (1966) —— Boissevain, J. , "Patronage in Sicily, " *Man* 1 (1966) 18 – 33.

Bollini(1976) —— Bollini, M. , "Storia politica e sociale nell'età tardoantica, " *Storia della Emilia Romagna* 1 (1976) 299 – 306.

Boon (1972) —— Boon, G. C. , *Isca. The Roman Legionary Fortress at Caerleon, Mon.* , Cardiff 1972.

Borius (1965) —— Borius, R, *Constance de Lyon, Vie de Saint Germain*, Paris 1965.

Bowersock (1983) —— Bowersock, G. W. , *Roman Arabia*, Cambridge 1983.

Bowman (1971) —— Bowman, A. K. , *The Town Councils of Roman Egypt*, Toronto 1971.

Bowman (1985)— Bowman, A. K., "Landholding in the Hermopolite nome in the fourth century A. D., " *Journal of Roman Studies* 75 (1985) 137 – 163.

Bowman and Thomas (1983)— Bowman, A. K., and J. D. Thomas, *Vindolanda: The Writing – Tablets,* London 1983.

Braude(1959) — Braude, W. G., trans., *The Midrash on Psalms (Midrash Tehillim),* 2 vols., New Haven 1959.

Bregman (1982) — Bregman, J., *Synesius of Cyrene, Philosopher – bishop,* Berkeley 1982.

Broughton (1933) —Broughton, T. R. S., "The Roman army, " *The Beginnings of Christianity, I; The Acts of the Apostles,* Part V, ed. F. J. Foakes Jackson and K. Lake, London 1933, 427 – 445.

Broughton (1938) — Broughton, T. R. S., "Roman Asia, " *An Economic Survey of Ancient Rome,* ed T. Frank, vol. 4 , Baltimore 1938, 4. 499 – 918.

Brown (1971) — Brown, P., "The rise and function of the holy man in Late Antiquity, " *Journal of Roman Studies* 61 (1971) 80 – 101.

Brunt (1961) — Brunt, P. A., "Charges of provincial maladministration under the early Principate, " *Historia* 10 (1961) 189 – 228.

Brunt (1974) — Brunt, P. A., "Addendum III, " in A. H. M. Jones, *The* Roman *Economy,* Oxford 1974, 183 – 185.

Brunt (1975) — Brunt, P. A., "The administrators of Egypt, "*Journal of Roman Studies* 65 (1975) 124 – 147.

Buchi (1973) —Buchi, E, "Banchi di anfore romane a verona. Note sui commerci cisalpini, " *Il territorio veronese in età romana. Convegno...* 1971, Verona 1973, 531 – 650.

Buck (1985) — Buck, D. J., "Frontier processes in Roman Tripolitania, " *Town and Country in Roman Tripolitania. Papers in Honour of Olwen Hackett,* ed. D. J. Buck and D. J. Mattingly, Oxford 1985, 179 – 190.

Budischovsky (1977) —Budischovsky, M. C., "Les Cultes orientaux à Aquileia et leur diffusion en Istrie et en Vénétie, " *Antichità Altoadriatiche* 12 (Udine 1977) 99 – 122.

Bury(1923) — Bury, J. B., *History of the Later Roman Empire from the Death of Theodosius I to the Death of Justinian,* 2 vols., London 1923.

Butler (1959) – Butler, R. M., "Late Roman town walls in Gaul, " *Archaeological Journal* 116 (1959) 250.

Calder and Bean (1958) — Calder, W. M., and G. E. Bean, *A Classical Map of Asia Minor,* London 1958.

Callu (1978) — Callu, J. -P., "Le 'centenarium' et l'enrichissement monétaire au Bas – Empire, " *Ktema* 3 (1978) 301 – 316.

Callu (1979)— Callu, J. -P., "Les Monnaies romaines, " *Fouilles d'Apamée de Syrie, VIII. I: Monnaies antiques* (1966 – 71) 2, Brussels 1979, 5 – 39.

腐败与罗马帝国的衰落

腐败与罗马帝国的衰落

Callu (1980) — Callu, J. - P. , "The distribution and the role of the bronze coinage from A. D. 348 to 392, " *Imperial Revenue, Expenditure and Monetary Policy in the Fourth Century A. D. The Fifth Oxford Symposium on Coinage,* ed C. E. King, Oxford 1980, 95 – 124.

Callu (1983) — Callu, J. - P. , "La Monnaie de l'Empire romain: une numismatique quantitative, " *Bulletin de l' Assoc. Guillaume Budé* (1983) 55 – 65.

Callu (1983a) — Callu, J. - P. , "Structure des dépôts d'or au IVe siècle (312 – 392). " *Crise et redressement dans les provinces européennes de l'Empire (milieu du IIIe – milieu du IVe siècle ap. J. - C.). Actes du Colloque. . .* 1981. ed. E. Frézouls, Strasbourg 1983, 157 – 174.

Callu (1984) — Callu, J. - P. , " *Manus inermis*: le phénomène bureaucratique et l'Histoire Auguste, " *Quademi ticinesi di numismatica e antichità classiche* 13 (1984) 229 – 248.

Cameron(1970) — Cameron, A. , *Claudian,* Oxford 1970.

Camodeca (1977) — Camodeca, G. , "L'ordinamento in *regiones* e i *vid* di Puteoli, " *Puteoli* 1 (1977) 62 – 98.

Camodeca (1980 – 81) — Camodeca, G. , "Ricerche su Puteoli tardoromana (fine III – IV secolo) , " *Puteoli* 4 – 5 (1980 – 81) 59 – 128.

Campbell (1964) — Campbell, J. K. , *Honour, Family, and Patronage. A Study of Institutions and Moral Values in a Greek*

· 494 ·

Mountain Community, Oxford 1964.

Cantineau (1936) —— Cantineau, J. , "Tadmoreia," *Syria* 17 (1936) 267 – 282.

Carandini (1970) —— Carandini, A. , "Produzione agricola e produzione ceramica nell'Africa di età imperiale, " *Studi miscellanei* 15 (1970) 95 – 120.

Carandini and Settis (1979) —— Carandini, A. , and A. Settis, *Schiavi e padroni nell' Etruria romana. La villa di Settefinestre dello scavo alla mostra,* Bari 1979.

Carandini and Tatton – Brown (1980) —— Carandini, A. , and T. Tatton – Brown, "Excavations at the Roman villa of'Sette Finestre' in Etruria, 1975 – 9. First Interim Report, " *Roman Villas in Italy. Recent Excavations and Research*, ed. K. Painter, London 1980, 9 – 43.

Carandini et al. (1973) —— Carandini, A. , et al. , Ostia. *Le Terme del Nuotatore* 3, Rome 1973.

Carcopino (1922) —— Carcopino, J. , " Fermier générale ou sociétés publicaines?"*Revue des études anciennes* 24 (1922) 13 – 36.

Carcopino (1951) —— Carcopino, J. , *Cicero: The Secrets of His Correspondence*, trans. E. O. Lorimer, 2 vols. , New Haven 1951.

Casson (1952) —— Casson, L. , "The administration of Byzantine and early Arab Palestine, " *Aegyptus* 32 (1952) 54 – 60.

Catling(1986) —— Catling, H. W. , "Archaeology in Greece, 1985 – 86, " *Archaeological Reports* 32 (1986) 1 – 101.

Cavagnola (1974 – 75) — Cavagnola, B. , "Epigrafe inedite di Milano, " *Atti, Centro studi e documentazione sull' Italia romana* 6 (1974 – 75) 73 – 90.

Ceran(1970) — Ceran, W. , "Stagnation or fluctuation in early Byzantine society?" *Byzantinoslavica* 31 (1970) 192 – 203.

Chadwick (1965) — Chadwick, N. K. , "The colonization of Brittany from Celtic Britain, " *Proceedings of the British Academy* 51 (1965) 235 – 299.

Chalon(1964) — Chalon, G. , *L'Edit de Tiberius Julius Alexander. Etude historique et exégétique,* Olten 1964.

Champlin (1980) — Champlin, E. , *Fronto and Antonine Rome,* Cambridge 1980.

Champlin (1980a) — Champlin, E. , "The Volceii land – register, " *American Journal of Ancient History* 5(1980) 13 – 18.

Charanis (1967) — Charanis, P. , "Observations on the demography of the Byzantine empire, " *Proceedings of the XIIIth International Congress of Byzantine Studies. . .* 1966, Oxford 1967, 445 – 465.

Chastagnol (1976) — Chastagnol, A. , *La Fin du monde antique. De Stilicon à Justinien (Ve siècle et début du VIe), Paris* 1976.

Chastagnol (1978) — Chastagnol, A. , *L'Album municipale de Timgad,* Bonn 1978.

Chastagnol (1979) — Chastagnol, A. , "L'Empereur Julien et les avocats de Numidie, "*Antiquités africaines* 4 (1979) 225 – 235.

Chastagnol (1980) — Chastagnol, A. , " Remarques sur les

salaires et rémunérations au IVe siècle, " *Les Dévaluations à Rome 2. . .* 1978, Paris 1980, 215 –233.

Chastagnol (1981) — Chastagnol, A. , "Les *realia* d'une cité d'après l'inscription constantinienne d'Orkistos, " *Ktema* 6 (1981) 373 – 379.

Chevallier (1975) — Chevallier, R. , ed. , *Tabula Imperii Romana. Lutetia – Atuatuca – Ulpia Noviomagus,* Paris 1975.

Chichikova (1983) — Chichikova. M. , "Fouilles du camp romain et de la ville paléobyzantine de Novae (Mésie inférieur) , "*Ancient Bulgaria. Papers Presented to the International Symposium* . . . 1981, ed A. G. Poulter, 2 vols. , Nottingham 1983, 2. 11 – 18.

Chrysos (1973)— Chrysos, E. K. , "Gothia Romana. Zur Rechtslage des Föderatenlandes der Westgoten im 4. Jh. , " *Dacoromania* 1 (1973) 52 – 64.

Ciotti (1948)— Ciotti, U. , "Iscrizione di Leptis Magna, " *Bollettino, Istituto nazionale di arch. e storia dell'arte* 11 (1948) 114 – 120.

Clauss(1980) — Clauss, M. , *Der Magister Officiorum in der Spätantike (4. – 6. Jahr). Das Amt und sein Einfluss auf die kaiserliche Politik,* Munich 1980.

Clemente(1968) — Clemente, G. , *La 'Notitia Dignitatum, '* Cagliari 1968.

Clemente(1972) — Clemente, G. , "Il patronato nei collegia dell'impero romano, " *Studi classici e orientali* 21 (1972) 142 – 229.

Colin(1965) — Colin, J. , " Les Exigences de la populace paienne dans la littérature grecque chrétienne du IIe siècle, " *Revue des études grecques* 77 (1965) 330 – 335.

Collot (1965) — Collot, C. , "La Pratique et l'institution du *suffragium* au Bas – Empire, " *Revue historique des droits* 43 (1965) 185 – 221.

Comsa (1972) — Comsa, M. , "Elemente 'barbare' in zona limes ului Dunarii inferiorare in secolele al III – lea si al IV – lea, " *Pontica* 5 (1972) 223 – 234.

Conrat (1907) — Conrat, M. , "Zur Kultur des römischen Rechts in Westen des römischen Reichs im vierten und fünften Jahrhundert nach Christi, " *Mélanges Fitting*, Montpellier 1907, 1. 289 – 320.

Constans (1921) — Constans, L. A. *Arles antique*, Paris 1921.

Constans (1928) — Constans, L. A. , *Arles*, Paris 1928.

Corbier (1982) — Corbier, M. , " Les Familles clarissimes d'Afrique proconsulaire (1er – IIIe siècle), " *Tituli* 5 (1982) 685 – 754.

Corbier (1986) — Corbier, M. , "Svalutazioni, inflazione e circolazione monetaria nel III secolo, " *Società romana e impero tardoantico*, ed. A. Giardina, I: *Istituzioni, ceti, econonie*, Rome 1986, 489 – 533 and 772 – 779.

Cornell and Matthews (1982) — Cornell, T. , and J. Matthews, *Atlas of the Roman World*, London 1982.

Cotton (1981) — Cotton, H. , *Documentary Letters of Recommendation in Latin from the Roman Empire*, Königstein 1981.

Courtois(1951) — Courtois, C. , *Timgad, antique Thamuga-di, Algiers* 1951.

Courtois(1955) — Courtois, C. , *Les Vandales et l'Afrique*, Paris 1955.

Cousin (1904)— Cousin, G. , "Inscriptions du sanctuaire de Zeus Panamaros, " *Bulletin de correspondance hellénique* 28 (1904) 20 – 53, 238 – 262, and 345 – 352.

Cracco Ruggini (1961) — Cracco Ruggini, L, *Economia e società nell' Italia annonaria. Rapporti fra agricoltura e commercio dal IV al VI secolo d. C. ,* Milan 1961.

Cracco Ruggini (1963)— Cracco Ruggini, L, "Uomini senza terra e terra senza uomini nell'Italia antica, " *Quademi di sociologia rurale* 3 (1963) 20 – 42.

Cracco Ruggini (1964) — Cracco Ruggini, L. , "Vicende ru-rali dell'Italia antica dell'età tetrarchica ai Longobardi, " *Rivista storica italiana* 76 (1964) 261 – 286.

Cracco Ruggini (1965) — Cracco Ruggini, L. , "Strutture so-cioeconomiche della Spagna tardoromana, " *Athenaeum* 43 (1965) 432 – 440.

Cracco Ruggini (1978 — Cracco Ruggini, L, "Les Structures de la société et l'économie lyonnaises par rapport à la politique lo-cale et impériale, " *Les Martyres de Lyon* (177) . . . 1977, Paris 1978. 65 – 92.

Cracco Ruggini (1980) — Cracco Ruggini, L. "Progresso tecnico e manodopera in età imperiale romana, " *Tecnología, economia e società nel mondo romano. Atti del Con - vegno*. . . 1979, Como 1980, 45 - 66.

Cracco Ruggini (1982 - 83) — Cracco Ruggini, L. , "Sicilia, III/ IV secolo: il volto della non città, "*Kokalos* 28/29 (1982 - 83) 477 - 515.

Cracco Ruggini (1984) — Cracco Ruggini, L. "Milano nella circolazione monetaria del tardo impero: esigenze politiche e risposte socioeconomiche, " *La zecca di Milano. Atti del Convegno* . . . 1983, Milan 1984, 13 - 58.

Cracco Ruggini (1987) — Cracco Ruggini, L. , "Storia totale di una piccola città: Vicenza romana, *Storia di Vicenza. Il territorio. La preistoria. L'età romtrna*, Vicenza 1987, 205 - 310.

Crawford (1970) — Crawford, M. , " Money and exchange in the Roman world, " *Journal of Roman Studies* 60 (1970) 40 - 48.

Crawford (1974) — Crawford, M. H. , *Roman Republican Coinage*, 2 vols. , Cambridge 1974.

Croke (1981) — Croke, B. , "Thessalonika's early Byzantine palaces, "*Byzantion* 51 (1981) 475 - 483.

Crook (1967) — Crook, J. A. , *Law and Life of Rome*, London 1967.

Cumont (1923) — Cumont, F. , "Le Temple au gradins découvert à Salihiyeh et ses inscriptions, " *Syria* 4 (1923) 203 - 223.

Dagron (1974) — Dagron, G. , *Naissance d' une capitale. Constantinople et ses institutions de 330*.

à 451, Paris 1974.

Daniels (1983) — Daniels, C. , "Town defenses in Roman Africa: a tentative historical survey, " *Roman Urban Defences in the West*, ed. J. Maloney and B. Hobley, London 1983, 4 – 19.

D'Amis (1981) — D'Amis, J. H. , *Commerce and Social Standing in Ancient Rome*, Cambridge 1981.

Dauphin (1980) — Dauphin, C. , "Mosaic pavements as an index of prosperity, " *Levant* 12 (1980) 112 – 134.

Davis, Cherry, and Mantzourani — Davis, J. L, J. F. Cherry, and E. Mantzourani, "Anarcheological survey of the Greek island of Keos, " *National Geographic Society Research Reports* 21 (1980 – 83) 109 – 116.

Day (1942) — Day, J. , *An Economic History of Athens under Roman Domination*, New York 1942.

Decker (1913) — Decker, J. de, *Juvenalis Declamans. Etude sur la rhétorique déclamatoire dans les satires de Juvenal*, Gand 1913.

Deckers (1973) — Deckers, J. G. , "Die Wandinschrift des tetrarchischen Lagerheiligtums im Ammon – Tempel von Luxor, " *Römische Quartalschrift für christlichen Altertumskunde* 68 (1973) 1 – 34.

Degrassi (1961 – 62) — Degrassi, A. , "Il sepolcro dei Salvii e le sue iscrizioni, " *Rendiconti, Pontificia Accademia di arch.* [3] 34 (1961 – 62) 59 – 77.

腐败与罗马帝国的衰落

Deininger(1965) — Deininger, J., *Die Provinziallandtage der römischen Kaiserzeit von Augustus bus zum Ende des 3. Jh. n. Chr.*, Munich 1965.

Delage (1952) — Delage., F., "Fouilles de la 'Villa d'Antone' à Pierrebuffière (Haute – Vienne)," *Gallia* 10(1952) 1 – 30.

Demandt (1965) — Demandt, A., *Zeitkritik und Geschichtsbild im Werke Ammians*, Bonn 1965.

Demandt (1968) — Demandt, A., "Die tripolitanischen Wirren unter Valentinian I," *Byzantion* 38(1968) 333 – 363.

Demandt (1980) — Demandt, A., "Der spätrömische Militäradel," *Chiron* 10 (1980) 609 – 636.

Demandt (1984) — Demandt, A., *Der Fall Roms. Die Auflösung des römischen Reiches im Urteil der Nachwelt*, Munich 1984.

Demougeot(1953) — Demougeot, E., "Notes sur l' évacuation des troupes romaines en Alsace au début du Ve siècle," *Revue d'Alsace* 92 (1953) 7 – 28.

Demougeot(1956) — Demougeot, E., "Une Lettre de l'empereur Honorius sur l' hospitium des soldats," *Revue historique de droit français et étranger*[4] 34(1956) 25 – 49.

Demougeot (1969 – 79) — Demougeot, E., *La Formation de l'Europe et les invasions barbares*, 2 vols, Paris 1969 – 79.

Demougeot (1974) — Demougeot, E., "Modalités d' établissement des fédérés barbares de Gratien et de Théodose,"*Mélanges d'histoire anci-*

enne offerts à W. Seston, Paris 1974, 143 – 160.

Demougeot (1975) — Demougeot, E. , "La Notitia Dignitatum et l'histoire de l'Empire d'Occident au début du Ve siècle, " *Latomus* 34 (1975) 1079 – 1134.

Derrett (1981) — Derrett, J. D. M. , " Simon Mago, " *Conoscenza religiosa* 4 (1981) 397 – 414.

Devijver (1976 – 80) — Devijver, H. , *Prosopographia militiarum equestrium quae fuerunt ab Augusto ad Gallienum,* 3 vols. , Leiden 1976 – 80.

Dietz(1980) — Dietz, K. , *Senatus contra principem. Untersuchungen zur senatorischen Opposition gegen Kaiser Maximinus Thrax,* Munich 1980.

Dill(1899) — Dill, S. , *Roman* Society *in the Last Century of the Western Empire,*^2 London 1899.

Dionisotti (1982) — Dionisotti, A. C. , " From Ausonius' schooldays? A schoolbook and its relatives, " *Journal of Roman Studies* 72 *(1982)* 83 – 125.

Di Vita (1967) —Di Vita, A. , "Il 'limes' romano di Tripolitania nella sua concretezza archeologica e nella sua realtà storka, " *Libya antiqua* 1 (1967) 65 – 98.

DiVita – Evrard (1985) — DiVita – Evrard, G. , "Note sur quelques timbres d'amphores de Tripolitaine, " *Bulletin du Comité des travaux historiques* 19B (1985) 147 – 158.

Doblehofer (1955) — Doblehofer, E. , *Byzantinische Diplo-*

maten und östliche Barbaren, Graz – Cologne 1955.

Dörner (1952) — Dörner, F. K. , *Bericht über eine Reise in Bithynien (1948),* Vienna 1952.

Donaldson(1985) — Donaldson, G. H. , "The *praesides provinciae Tripolitaniae:* civil ad ministrators and military commanders, " *Town and Country in Roman Tripolitania. Papers in Honour of Olwen Hackett,* ed D. J. Buck and D. J. Mattingly, Oxford 1985, 165 – 177.

Dorutiu – Boila (1972) — Dorutiu – Boila, E. , "Castra Legionis V Macedonicae und Municipium Troesmense, " *Dada* 16 (1972) 133 – 144.

Dremsizova – Nelcinova (1969) — Dremsizova – Nelcinova, C. , "La Villa romaine en Belgarie, "*Actes du premier Congrès international des études balkaniques et Sud – Est européennes. . .* 1966, Sofia 1969, 2. 503 – 512.

M. Drew – Bear (1984) — Drew – Bear, M. , "Les Conseillers municipaux des métropoles au IIIe siècle après J. – C. , " *Chronique d'Egypte* 59 (1984) 315 – 332.

T. Drew – B ear (1972) — "Deux décrets hellénistiques d'Asie Mineure, " *Bulletin de correspon dance hellénique* 96 (1972) 435 – 471.

T. Drew – Bear (1978) — Drew – Bear, T. , *Nouvelles inscriptions de Phrygie,* Zutphen 1978.

T. Drew – Bear (1984) — Drew – Bear, T. , "Three inscriptions from Asia Minor, " *Studies Presented to Sterling Dow,* Durham

1984, 61 –69.

Drinkwater (1979) — Drinkwater, J. F. , " Gallic personal wealth, " *Chiron* 9 (1979) 237 –242.

Drinkwater (1983) — Drinkwater, J. , *Roman Gaul: The Three Provinces,* Ithaca, N. Y. 1983.

Duchesne (1912 – 24) — Duchesne, L. , *Early History of the Christian Church,* 3 vols. , New York 1912 –24.

Duncan – Jones (1965) — Duncan – Jones, R. , " An epigraphic survey of costs in Roman Italy, "*Papers of the British School at Rome* 33 (1965) 189 –306.

Duncan – Jones (1980) — Duncan – Jones. R. , "Demographic change and economic progress under the *Roman* empire, "*Tecnologia economia e società nel mondo romano. Atti del Convegno...* 1979, Como 1980, 67 – 80.

Duthoy (1979) — Duthoy, R. , "Curatores rei publicae en Occident durant le Principat. Recherches préliminaires sur l'apport des sources épigraphiques, " *Andent Society* 10 (1979) 171 –238.

Duval(1964) — Duval, N. , "Observations sur l'urbanisme tardif de Sufetula (Tunisie) , " *Cahiers de Tunisie* 12 (1964) 87 – 103.

Dyson(1978) — Dyson, S. L. , "Settlement patterns in the Ager Cosanus: The Wesleyan University Survey, 1974 – 76, " *Journal of Field Archaeology* 5 (1978) 251 –268.

Eadie (1967) — Eadie, J. W. , *The Breviarium of Festus. A Critical Edition with Historical Commentary,* London 1967.

腐败与罗马帝国的衰落

Eadie (1982) — Eadie, J. W. , "City and countryside in late Roman Pannonia, " *City, Town and Countryside in the Early Byzantine Era,* ed R. Hohlfelder, New York 1982, 25 – 42.

Eck (1980) —Eck, W. , "Die Präsenz senatorischer Familien in den Städten des Imperium Romanum bis zum späten 3. Jahrhundert, " *Studien zur antiken Sozialgeschichte. Festschrift Friedrich Vittinghoff,* ed. W. Eck et al. , Cologne – Vienna 1980, 283 – 322.

Eck (1982) — Eck, W, "Einfluss korrupter Praktiken auf das senatorisch = ritterliche Beförderungswesen in der hohen Kaiserzeit, " *Korruption im Altertum. Konstanzer Symposium* ... 1979, ed W. Schuller, Munich 1982, 135 – 151.

Engels (1972) — Engels, H. J. , "Frührömische Waffengräber aus dem Pfälzischen Rheintal, " *Arch. Korrespondenzblatt* (Mainz) 2, 2 (1972) 183 – 189.

Erim (1975) — Erim, K. T. , " Aphrodisias in Caria. The 1973 campaign, " *Türk Arkeoloji Dergisi* 22, 2(1975) 73 – 92.

Espinosa (1984) — Espinosa, U. , *Calagurris Iulia,* Logroño 1984.

Euzennat(1967) — Euzennat, M. , "Le Limes de Volubilis, " *Studien zu den Militärgrenzen Roms. Vorträge des 6. internationalen Limeskongresses in Suddeutschland,* Cologne 1967, 194 – 199.

Euzennat (1977) — Euzennat, M. , " Les recherches sur la frontière romaine d'Afrique (1974 – 1976) , " *Limes. Akten des XI Internationalen Limeskongresses...* 1976, Budapest 1977, 533 – 544.

Fabia (1918) — Fabia, P. , *La Garnison romaine de Lyon*, Lyon 1918.

Faider – Feytmans (1951) — Faider – Feytmans, G. , "Sépultures du IVe siècle à Tournai, " *Latomus* 10(1951) 29 – 52.

Faider – Feytmans and Hubaux (1950) — Faider – Feytmans, G. , and J. Hubaux, " Moulages du IVe siécle à décors virgiliens retrouvés à Trèves, " Παγκαρπεια. *Mélanges Henri Grégoire* 2, Brussels 1950, 253 – 260.

Fant(1981) — Fant, J. C. , "The choleric Roman official of Philostratus" Vitae sophistarum p. 512, L. Verginius Rufus, " *Historia* 30 (1981) 240 – 243.

Farina Busto (1973 – 74) — Farina Busto, F. , "Algunos aspectos de la circulacion monetaria en Gallicia durante el siglo IV de J. C. , " *Numisma* 23 – 24 (1973 – 74) 105 – 128.

Fellmann(1955) — Fellmann, R. , " Neue Forschungen zur Schweiz in spätrömischen Zeit, " *Historia* 4 (1955) 209 – 219.

Fentress(1979) — Fentress, E. W. B. , *Numidia and the Roman Army*, Oxford 1979.

Février (1964) — Février, P. – A. , " Notes sur le développement urbain en Afrique du Nord: les exemples comparés de Djémila et de Sétif, " *Cahiers archéologiques* 14 (1964) 1 – 47.

Février (1964a) — Février, P. – A. , *Le Développement urbain en Provence de l' époque romaine à la fin du XIVe siècle*, Paris 1964.

腐败与罗马帝国的衰落

Février (1970)— Février, P. - A., "Conditions économiques et sociales de la création artistique en Afrique à la fin de l' Antiquité," *Corsi di cultura sull' arte ravennate e bizantina* 17 (1970) 161 - 189.

Février (1980) — Février, P. - A., et al, *La Ville antique*, Paris 1980.

Février (1982)— Février, P. - A., "Urbanisation et urbanisme de l'Afrique romaine," *Aufstieg und Niedergang der römischen Welt* II, 19 (Berlin 1982) 321 - 396.

Fiches (1982) — Fiches, J. - L., "Les Transformations de l' habitat autour de Nîmes, au Haut Empire," *Villes et campagnes dans l'empire romain. Actes du Colloque...* 1980. Paris 1982, 111 - 117.

Fikhman (1975) —Fikhman, I. F., "Quelques données sur la genèse de la grande propriété foncière à Oxyrhynchus," *Le Monde grec: pensée, littérature, histoire, documents. Hommages à Claire Préaux*, ed. J. Bingen et al, Brussels 1975, 784 - 790.

Finley(1980) — Finley, M. I., *Ancient Slavery and Modern Ideology*, London 1980.

Fitz (1976) —Fitz, J., *Gorsium - Herculia*, Székesfehérvár 1976.

Fitzgerald (1930)— Fitzgerald, A., *The Essays and Hymns of Synesius of Cyrene*, 2 vols., London 1930.

Fontaine (1972) — Fontaine, J., "Valeurs antiques et valeurs chrétiennes dans la spiritualité des grands propriétaires terriens à la fin du IVe siècle occidentale," *Epektasis. Mélanges patristiques ... J. Danielou*, Paris 1972, 571 - 595.

Forlin Patrucco (1973) — Forlin Patrucco, M. , "Aspetti del fiscalismo tardo – imperiale in Cappadocia: la testimonianza di Basilio di Cesarea, " *Athenaeum* 51 (1973) 294 – 309.

Forni (1953) — Forni, G. , *Il reclutamento delle legioni da Augusto a Diocleziano,* Milan – Rome 1953.

Forni (1974) — Forni, G. , "Estrazione etnica e sociale dei soldati delle legioni nei primi tre secoli dell'impero, " *Aufstieg und Niedergang der römischen Welt* II, 1 (Berlin 1974) 339 – 391.

Foss (1975) —Foss, C. , "The fall of Sardis in 616 and the value of evidence, " *Jahrbuch der oesterreichischen Byzantinistik* 24 (1975) 11 – 22.

Foss (1976) —Foss, C. , *Byzantine and Turkish Sardis*, Cambridge 1976.

Foss(1977) — Foss, C. , "Archaeology and the ' Twenty cities' of Byzantine Asia, " *American Journal of Archaeology* 81 (1977) 469 – 486.

Foss (1979) — Foss, C. , *Ephesus after Antiquity: A Late Antique, Byzantine and Turkish City,* Cambridge 1979.

Foss and Magdalino (1977) — Foss, C. , and P. Magdalino, *The Making of the Past: Rome and Byzantium,* Oxford 1977.

Foucher (1964) — Foucher, L. , *Hadrumetum,* Paris 1964.

Franchi de' Cavalieri (1902 – 53) — Franchi de' Cavalieri. P. , *Note ageografiche,* 9 vols. , Rome 1902 – 53.

R. L. Frank (1969) — Frank, R. L. , *Scholde Palatinae.*

腐败与罗马帝国的衰落

The Palace Guards of the Later Romen Empire, Rome 1969.

T. Frank (1933 – 40) — Frank, T. , ed. , *An Economic Survey Of Ancient Rome,* 6 vols. , Baltimore 1933 – 40.

Franke(1968) — *Kleinasien zur Römerzeit. Griechisches Leben im Spiegel der Münzen,* Munich 1968.

Franklin (1980) — Franklin, J. L. , *Pompeii: The Electoral Programmata, Campaigns and Politics, A. D.* 71 – 79, *Rome* 1980.

Freis (1967) — Freis, H. , *Die cohortes urbanae,* Graz – Cologne 1967.

Frend (1952) — Frend, W. H. C. , *The Donatist Church. A Movement of Protest in Roman North Africa,* Oxford 1952.

Frend (1984) — Frend, W. H. C. , *The Rise of Christianity,* Philadelphia 1984.

Frere (1964) — Frere, S. S. , " Verulamium, three Roman cities, " *Antiquity* 38 (1964) 103 – 112.

Frere (1967) — Frere, S. S. , *Britannia, a History of Roman Britain,* Cambridge 1967.

Friedlaender (1921 – 23) — Friedlaender, L. , *Darstellungen aus der Sittengeschichte Roms in der Zeit von Augustus bis zum Ausgang der Antonine,* [10] 4 vols. Leipzig 1921 – 23.

Frier (1981) — Frier, B. W. , " Roman coinage and army pay: techniques for evaluating statistics, " *Quademi ticinesi di numismatica e antichità classiche* 10 (1981) 285 – 295.

Fülep (1985) — Fülep, F. , *Sopianae: The History of Pecs*

during the Roman Era, and the Problem of the Continuity of the Late Roman Population, Budapest 1985.

Gag nière and Granier (1963) — Gagnière, S. , and J. Granier, "L' Occupation des grottes du IIIe au Ve siècle et les invasions germaniques dans la basse vallée du Rhone, " *Provence historique* 13 (1963) 225 – 239.

Galliou (1980) — Galliou, P. , "Le Défense de l'Armorique au Bas – Empire. Essai de synthèse, " Mémoires *de la Société d'histoire et d'arch. de Bretagne* 57 (1980) 235 – 285.

Galliou (1982) — Galliou, P. , "Les Villas romaines d'Armorique, " *Caesarodunum* 17 (1982) 95 – 113.

Galliou (1985) — Galliou, P. , "Commerce et société dans l'Armorique du Bas – Empire, " *Actes du 107e Congrès national des sociétés savantes. . . 1982, Section d'arch. et d' hisioire de l' art,* Paris 1985, 105 – 119.

Galliou, Fulford, and Clément (1980) — Galliou, P. , M. Fulford, and M. Clément, " La Diffusion de la céramique à l'éponge dans le nord – ouest de l' empire romain, " *Gallia* 38 (1980) 265 – 278.

Gansser – Burckhardt (1942) — Gansser – Burckhardt, A. , *Das Leder und seine Verarbeitung im römischen Legionslager Vindonissa,* Basel 1942.

Garbsch (1967) — Garbsch, J. , "Die Burgi von Meckatz und Untersaal und die valentinian – ische Grenzbefestigung zwischen Basel undPassau, " *Bayerische Vorgeschichtsblätter* 32 (1967) 51 – 82.

Garbsch (1970) — Garbsch, J. , *Der spdtrömische Donau – Iller – Rhein Limes.* Stuttgart 1970.

Garbsch (1974) — Garbsch, J. G. , "Recent excavations at late Roman Vemania, " *International Congress of Roman Frontier Studies. . .* 1969, Cardiff 1974, 156 – 163.

Garnsey (1970) — Garnsey, P. , *Social Status and Legal Privilege in the Roman Empire*, Oxford 1970.

Garuti (1979) — Garuti, G. , *Cl. Claudiani, De bello Gothico. Edizione critica, tradizione e commente,* 2 vols. , Bologna 1979.

Garzetti (1977) — Garzetti, A. , "I Nonii di Brescia, "*Athenaeum* 55 (1977) 175 – 185.

Gascou (1982) —Gascou, J. , "Les Pagi carthaginois, " *Villes et campagnes duns l'empire romain. Actes du colloque . . .* 1980, ed P. A. Février and P. Leveau, Aix – en – Provence 1982, 139 – 176.

Gascou(1982a) — Gascou, J. , "La Politique municipale de Rome en Afrique du Nord, II: Après la mort de Septime – Sévère, " *Aufstieg und Nie dergang der römischen Welt II*, 10 (Berlin 1982) 230 – 320.

Gasperini (1978)—Gasperini, L. , " Nuova dedica onoraria di ′Forum Clodii′, " *Miscellenae greca e romana* 6 (1978) 439 – 458.

Gaudemet(1966) — Gaudemet, J. , "Les Abus des potentes au Bas – Empire, " *Irish Jurist* 1 (1966) 128 – 135.

Gawlikowski (1973) —Gawlikowski, M. , *Palmyre VI. Le*

temple palmyrénien. Etude d'épigraphie et de topographie historique, Warsaw 1973.

Gawlikowski (1984) —— Gawlikowski, M. , *Palmyre VIII. Les principia de Dioclétien, "Temple des enseignes"*, Warsaw 1984.

Geva (1984) —— Geva, H. , "The camp of the Tenth Legion in Jerusalem: an archaeological reconsideration, " *Israel Exploration Journal* 34 (1984) 239 – 254.

Gianfrotta (1981) —— Gianfrotta, P. A. , "Commerci e pirateria: prime testimonianze archeol – ogiche sottomarine, *Mélanges d'arch. et d' histoire de l' Ecole française de Rome* 93 (1981) 227 – 242.

Giardina(1977) —— Giardina, A. , *Aspetri della burocrazia nel Basso Impero,* Rome 1977.

Gilles (1974) —— Gilles, K. J. , " Kleinfunde von zwei spätrömische Höhensiedlungen bei Hontheim und Pünderich, " *Trierer Zeitschrift* 37 (1974) 99 – 122.

Gilliard (1984) —— Gilliard, F. D. , "Senatorial bishops in the fourth century, " *Harvard Theological Review* 77 (1984) 153 – 175.

Giorgetti(1983) —— Giorgetti, D. , "Ratiaria and its territory, " *Ancient Bulgaria. Papers Pre – sented to the International Symposium...* 1981, ed. A. G. Poulter, Nottingham 1983, 2. 19 – 39.

Gluckman(1965) —— Gluckman, M. , *Politics, Law and Ritual in Tribal Society,* Chicago 1965.

Goffart(1981) —— Goffart, W, *Barbarians and Romans, A. D.* 418 – 584, Princeton 1981.

腐败与罗马帝国的衰落

Goldsmith(1984) — Goldsmith, R W. , "An estimate of the size and structure of the national product of the early empire, " *Review of Income and Wealth* 30 (1984) 263 – 288.

Gomolka (1968) — Gomolka, G. , "Diekleinfunde vom Limeskastell Iatrus in Moesia Inferior, " *Klio* 50 (1968) 171 – 250.

Gonzalez(1986) — Gonzalez, J. , "The Lex Imitana: a new copy of the Flavian municipal law, " *Journal of Roman Studies* 76 (1986) 147 – 243.

Gonzalez Blanco(1980) — Gonzalez Blanco, A. , *Economia y sociedad en el Bajo Imperio*, Madrid 1980.

Gonzenbach(1961) — Gonzenbach, V. von, *Die römischen Mosaiken der Schweiz*, Basel 1961.

Gonzenbach (1965) — Gonzenbach, V. von, "Die römischen Mosaiken der Schweiz, " *La Mosaique gréco – romaine. Colloque international organisée à Paris par G. Picard et H. Stern...* 1963, Paris 1965, 245 – 253.

Goodchild(1953) — Goodchild, R. G. , "The Roman and Byzantine *limes* in Cyrenaica, " *Journal of Roman Studies* 43 (1953) 65 – 76.

Goodchild(1966 – 67) — Goodchild, R. G. , "A coin – hoard from 'Balagrae' (El – Beida), and the earthquake of A. D. 365, " *Libya antiqua* 3 – 4 (1966 – 67) 203 – 211.

Goodchild and Ward Perkins(1949) — Goodchild, R G. , and J. B. Ward Perkins. "The *Limes Tripolitanus* in the light of recent discoveries, " *Journal of Roman Studies* 39 (1949) 81 – 95.

Goodman(1980) — Goodman, M. D. , "D. Sperber, Roman Palestine 200 – 400, " *Journal of Roman Studies* 70 (1980) 235 – 236.

Gore(1984) — Gore, R. , "The dead do tell tales at Vesuvius, " *National Geographic Magazine* 165 (1984) 557 – 613.

Gorges(1979) — Gorges, J. – G. , *Les Villas Hispano – romaines. Inventaire et problématique archéologiques,* Paris 1979.

Gostar(1979) — Gostar, N. , "L' Armée romaine dans les guerres daces de Trajan (101 – 102, 105 – 106) , " *Dacia* 23 (1979) 115 – 122.

Gottlieb(1985) — Gottlieb, G. , "Das römische Augsburg, " *Antike Welt* 16, 2 (1985) 3 – 18.

Gottlieb and Kuhoff (1984) — Gottlieb, G. , and W. Kuhoff, *Quellen zur Geschichte der Alamannen. Inschriften und Münzen. Corrigenda und Addenda zu den Bänden I und II,* Heidelberg 1984.

Gozalbes (1980) — Gozalbes, E. , "Propriedad territorial y luchas sociales en la Tripolitana durante el Bajo Impero, " *Colonato y otras formas de dependencia no esclavistas. Actas del Coloquio 1978,* Oviedo 1980, 125 – 130.

Graham (1978) — Graham, A. J. , "The numbers at Lugdunum, " *Historia* 27 (1978) 625 – 630.

Graindor(1930) — Graindor, P. , *Un Milliardaire antique: Hérode Atticus et sa famille,* Cairo 1930.

Grégoire(1922) — Grégoire, H. , *Recueil des inscriptions grec-*

腐败与罗马帝国的衰落

ques chrétiennes d'Asie Mineure I, Paris 1922.

Gregory(1979) —— Gregory, T. E. , *Vox Populi. Popular Opinion and Violence in the Religious Controversies of the Fifth Century A. D.* , Columbus 1979.

Gregory(1986) —— Gregory, T. E. , "A desert island survey in the Gulf of Corinth, " *Archaeology* 39, 3 (1986) 16 – 21.

Grenier(1906) —— Grenier, A. , *Habitations gauloises et villas latines dans la cité des Médiomatrices. Etude sur le développment de la civilisation gallo – romaine dans une province gauloise*, Paris 1906.

Grenier(1931 – 34) —— Grenier, A. , *Manuel d' archéologie gallo – romaine*, 2 vols. , Paris 1931 – 34.

Griffe(1947 – 65) —— Griffe, E. , *La Gaule chrétienne à l'époque romaine*, 3 vols. , Paris 1947 – 65.

Groag(1939) —— Groag, E. , *Die römischen Reichsbeamten von Achaia bis auf Diokletian*, Vienna – Leipzig 1939.

Grosse (1920) —— Grosse, R. , *Römische Militärgeschichte von Gallienus bis zum Beginn der byzantinischen Themenverfassung*, Berlin 1920.

Gruen (1974) —— Gruen, E. , *The Last Generation of the Roman Republic*, Berkeley 1974.

Grünewald (1980) —— Grünewald, M. , "Zum spätrömischen Fundstoff im Legionslager Carnuntum, " *Die Völker an der mittleren und unteren Donau im fünften und sechsten Jahrhundert. Berichte des Symposiums. . . 1978, Stift Zwettl*, ed. H. Wolfram and F. Daim,

Vienna 1980, 29 – 31.

Gudea (1979) —— Gudea, N. , "The defensivesystem of Roman Dacia, " *Britannia* 10 (1979) 63 – 87.

Günther (1975) —— Günther, R. , "Die sozialökonomischen Verhältnisse, " *Die Römer an Rhein und Donau,* ed. R Günther and H. Köpstein, Vienna 1975, 300 – 357.

Gutwein (1981) —— Gutwein, K. C. , *Third Paelestine. A Regional Study in Byzantine Urbanization,* Washington, D. C. 1981.

Hadas(1929) —— Hadas, M. , "Roman allusions in rabbinic literature, " *Philological Quarterly* 8 (1929) 369 – 387.

Häussler (1964) —— Häussler, R. , "Vom Ursprung und Wandel des Lebensaltervergleichs, " *Hermes* 92 (1964) 313 – 341.

Hahn (1982) —— Hahn, I. , "Immunität und Korruption der Curialen in der Spätantike, " *Korruption im Altertum. Konstanter Symposium. . .* 1979, Munich 1982, 179 – 195.

Halfmann (1979) —— Halfmann, H. , *Die Senatoren aus dem östlichen Teil des Imperium Romanum bis zum Ende des* 2. *Jahrhunderts n. Chr. ,* Göttingen 1979.

Hall (1972) —— Hall, A. S. , "Valerius Valentianus, praeses of Isauria, " *Anatolian Studies* 22 (1972) 213 – 216.

Hanfmann and Mierse(1983) —— Hanfmann, G. M. A. , and W. E. Mierse, *Sardisfrom Prehistoric to Roman Times. Results of the Archaeological Exploration of Sardis,* 1958 – 1975, Cambridge 1983.

Harmand(1957) —— Harmand, L. , *Un Aspect social et politique du monde romain. Le patronat sur les collectivités publiques des origines au Bas – Empire,* Paris 1957.

Harper (1977) — Harper, R. P. , "Two excavations on the Euphrates frontier 1968 – 1974: Pagnik Öreni (eastern Turkey) 1968 – 1971, and Dibsi Faraj (northern Syria) 1972 – 1974. " *Studien zu den Militärgrenzen Roms II. Vorträge des* 10. *internationalen Limeskongresses,* Cologne – Bonn 1977, 453 – 460.

Harris (1980) — Harris, W. V. , "Roman terracotta lamps: The organization of an industry, " *Journal of Roman Studies* 70 (1980) 126 – 145.

Harris(1981) — Harris, W. V. , "The imperial rescript from Vardagate, " *Athenaeum* 59 (1981) 338 – 352.

Harrison(1980) — Harrison, R M. , "Upland settlements in early medieval Lycia, " *Actes du colloque sur la Lycie antique,* Paris 1980, 109 – 118.

Hatt(1953) — Hatt, J. – J. , " Les Fouilles de la ruelle Saint – Médard à Strasbourg, " *Gallia* 11 (1953) 225 – 248.

Hauschild and Schlunk (1961) — Hauschild, T. , and H. Schlunk, "Vorbericht über die Arbeiten im Centcelles, " *Madrider Mitteilungen* 2 (1961) 119 – 182.

Hawkes (1974) — Hawkes, S. , "Some recent finds of late Roman buckles, " *Brittannia* 5 (1974) 386 – 393.

Hawkes and Dunning(1965) — Hawkes, S. C. , and G. C. Dunning, "Soldiers and settlers in Britain, fourth to fifth century, " *Medie-*

val Archaeology 5 (1970) 1 – 70.

Heberdey(1897) — Heberdey, R. , *Opramoas. Inschriften vom Hereon zu Rhodiapolis, Vienna* 1897.

Hefele(1869 – 78) — Hefele, C. J. , *Histoire des conciles d'après les documents originaux,* 12 vols. , Paris 1869 – 78.

Hefele(1907 – 09) — Hefele, C. J. , *Histoire des conciles d'après les documents originaux, nouvelle traduction française faite sur la deuxième édition allemande,* vols. 1 – 3, Paris 1907 – 09.

Hellenkemper (1977) — Hellenkemper, H. , " Der Limes am nordsyrischen Euphrat. Bericht zu einer archäologischen Landesaufnahme, " *Studien zu den Militärgrenzen Roms II. Vorträge des IO. internationalen Limeskongresses,* Cologne – Bonn 1977, 461 – 471.

Hess (1958) — Hess, H. , *The Canons of the Council of Sardica A. D.* 343, Oxford 1958.

O. Hirschfeld (1905) — Hirschfeld, O. , Die kaiserlichen Verwaltungsbeamten bis auf Diocletian, [2] Berlin 1905.

Y. Hirschfeld (1985) — Hirschfeld, Y. *Archaeological Survey of Israel. Map of Herodium* (108/2) 17 – 11, Jerusalem 1985.

Hobley (1983) — Hobley, B. , "Roman urban defences: a review of research in Britain, " *Roman Urban Defences in the West,* ed. J. Maloney and B. Hobley, London 1983, 78 – 84.

Hoddinott(1975) — Hoddinott, R. F. , *Bulgaria in Antiquity. An Archeological Introduction,* London 1975.

Hoffmann(1969 – 70) — Hoffmann, *Das spätrömische Bewegung-*

sheer und die Notifia Dignitatum, 2 vols. , Düsseldorf 1969 – 70.

Honoré(1981) —— Honoré, T. , *Emperors and Lawyers*, London 1981.

Hopkins (1978) —— Hopkins, K. , " Economic growth and towns in classical antiquity, " *Towns in Society. Essays in Economic History and Historical Sociology*, ed. P. A. Abrams and E. A. Wrigley, Cambridge 1978, 35 – 77.

Hopkins(1980) —— Hopkins, K. , "Taxes and trade in the Roman empire (200 B. C. – A. D. 400) , " *Journal of Roman Studies* 70 (1980) 101 – 125.

Huchthausen(1973) —— Huchthausen, L. , "Soldaten des 3. Jahrhunderts u. Z. als Korrespon – denten der kaiserlichen Kanzlei, " *Altertumswissenschaft mit Zukunft. Dem Wirken W. Hartkes gewidmet*, Berlin 1973, 19 – 51.

Huchthausen (1974) —— Huchthausen, L. , " Kaiserliche Rechtsauskünfte an Sklaven und in ihrer Freiheit bedrohte Personen aus dem Codex Iustinianus, " *Wissenschaftliche Zeitschrift der Universität Rostock* 23 (1974) 252 – 257.

Huchthausen (1979) —— Huchthausen, L. , " ′ Thrakerreskripte′ aus dem Codex Iustinianus, " *Acta Universitatis Nicolai Copernici (Historia)* 13 (1979) 7 – 20.

Huschke (1847) —— Huschke, H. , *Ueber den Census und die Steuerverfassung der frühem römischen Kaiserzeit*, Berlin 1847.

Ifie(1976) —— Ifie, J. E, "The Romano – African municipal

aristocracy and the imperial government under the Principate, "*Museum Africum* 5 (1976) 36 – 58.

Isaac(1984) — Isaac, B. , "Bandits in Judaea and Arabia, " *Harvard Studies in Classical Philology* 88(1984) 171 – 203.

F. Jacques(1986) — Jacques, F. , "L'ordine senatorio attraverso la crisi del Ⅲ secolo, " *Società romana e impero tardoantico, I:Istituzioni, cete, economie,* ed. A. Giardina, Rome 1986, 80 – 225 and 650 – 664.

J. Jacques(1981) — Jacques, J. , "Volontariat et compétition dans les carrières municipales durant le Haut – Empire, " *Ktema* 6 (1981) 261 – 270.

Jalabert(1909) — Jalabert, L. , "Deux missions archéologiques américaines en Syrie, " *Mélanges de l'Université St. Joseph* 3 (1909) 713 – 744.

Jameson(1980) — Jameson, S. , "The Lycian League: Some problems in its administration, " *Aufstieg und Niedergang der römischen Welt II*, 7 (Berlin 1980) 832 – 855.

A. C. Johnson (1951) — Johnson, A. C. , *Egypt and the Roman Empire*, Ann Arbor 1951.

S. Johnson (1980) — Johnson, S. , *Later Roman Britain*, London 1980.

S. Johnson (1983) — Johnson, S. , *Late Roman Fortifications*, Totowa, N. J. 1983.

A. H. M. Jones (1931) — Jones, A. H. M. , "The urbanization of the Ituraean principality, " *Journal of Roman Studies* 21 (1931) 265 – 275.

A. H. M. Jones (1931a) — Jones, A. H. M. , "The urbanization of Palestine, " *Journal of Roman Studies* 21 (1931) 78 – 85.

A. H. M. Jones(1949) — Jones, A. H. M. , "The Roman civil service (clerical and sub – clerical grades) , " *Journal of Roman Studies* 39 (1949) 38 – 55.

A. H. M. Jones(1953) —Jones, A. H. M. , "Census records of the later Roman empire, " *Journal of Roman Studies* 43 (1953) 49 – 64.

A. H. M. Jones(1964) — Jones, A. H. M. , *The Later Roman Empire, 284 – 602. A Social, Economic and Administrative Survey*, 2 vols. , Norman, Okla. 1964.

A. H. M(1966) — A. II. M. Jones, *The Greek City from Alexander to Justinian*, Oxford 1966.

A. H. M. Jones (1966a) — Jones, A. H. M. , *The Decline of the Ancient World,* London 1966.

A. H. M. Jones (1968) — Jones, A. H. M. , "Frontier defence in Byzantine Libya, "*Libya in History. Historical Conference* ... 1968, University of Libya, Benghazi 1968, 289 –297.

A. H. M. Jones (1970) — Jones, A. H. M. , " Rome, " *Troisième Conférence internationale d' histoire économique, Munich* 1965, Paris 1970, 81 – 104.

A. H. M. Jones(1971) — Jones, A. H. M. , *The Cities of*

the Eastern Roman Provinces. ² Oxford 1971.

A. H. M. Jones (1974) — Jones, A. H. M. , *The Roman Economy. Studies in Ancient Economic and Administrative History,* ed. P. A. Brunt, Oxford 1974.

C. P. Jones(1978) — Jones, C. P. , *The Roman World of Dio Chrysostom,* Cambridge 1978.

G. D. B. Jones and Mattingly (1980) — Jones, G. D. B. , and D. J. Mattingly, "Fourth – century manning of the 'Fossatum Africae', " *Britannia* 10 (1980) 323 – 326.

Jordan et al. (1985) — Jordan, D. R. , et al. , "A Greek metrical epitaph from Poetovio for a soldier from Bithynia, " *Zeitschrift für Papyrologie und Epigraphik* 60 (1985) 85 – 89.

Jullian (1908 – 1926) — Jullian, C. , *Histoire de la Gaule,* 8 vols. , Paris 1908 – 26.

Kadar (1969) — Kadar, Z. , "Lineamenti dell'arte della Pannonia nell'epoca dell'antichità tarda e paleocristiana, " *Corsi di cultura sull'arte ravennate e bizantina* 16 (1969) 179 – 202.

Kaegi (1968) — Kaegi, W. E. , *Byzantium and the Decline of Rome,* Princeton 1968.

Kähler (1963) — Kähler, H. , *Rome and Her Empire,* London 1963.

Kammerer (1929 – 30) — Kammerer, A. , *Pétra et la Nabatène; l'Arabie Pétrée et les arabes du nord dans leur rapports avec la Syrie et la Palestine,* Paris 1929 – 30.

腐败与罗马帝国的衰落

Kandier (1980) — Kandier, M. , "Archäologische Beobacht-
ungen zur Baugeschichte des Legionslagers Carnuntum am Ausgang
der Antike, " *Die Völker an der mittleren und unteren Donau im
fünften und sechsten Jahrhundert. Berichte des Symposions*. . . 1978,
Stift Zwettl, ed. H. Wolfram and F. Daim, Vienna 1980, 83 – 92.

Kaya (1985) — Kaya, D. , " The sanctuary of the god Eu-
rymedon at Tymbriada in Pisidia, " *Anatolian Studies* 35
(1985) 39 – 55.

Keenan(1975) — Keenan, J. G. , "On law and society in late
Roman Egypt, " *Zeitschrift für Papyrologie und Epigraphik* 17
(1975) 237 – 250.

Keenan (1981) — Keenan, J. G. , "On villages and polis in
Byzantine Egypt, " *Proceedings of the XVIth International Congress
of Papyrology*, Chicago 1981, 479 – 485.

Keil (1942) — Keil, J. , "Die Familie der Prätorianerpräfekten
Anthemius, " *Anzeiger der oesterrechischen Akademie der Wissenschaften*
79 (1942) 185 – 203.

Keil (1956) — Keil, J. , *Ein ephesischer Anwalt des* 3. *Jahr-
hunderts durchreist das Imperium Romanum*, Munich 1956.

Keil and Maresch (1960) — Keil, J. , and G. Maresch,
"Epigraphische Nachlese zu Miltners Ausgrabungsberichten aus
Ephesos, "*Jahrbuch des oesterreichischen arch. Institut* 45 (1960)
Beibl. 75 – 100.

Keller and Rupp (1983) — Keller, D. R. , and D. W. Rupp,

Archaeological Survey in the Mediterranean Area, Oxford 1983.

Kempf (1900) — Kempf, J. G. , "Romanorum sermonis castrensis reliquiae, " *Jahrbuch für das klassischen Altertum* Suppl. 26, Leipzig 1900.

Kenrick (1985) — Kenrick, P. M. , "The historical development of Sabratha, " *Town and Country* in *Roman Tripolitania. Papers in Honour of Olwen Hackett,* ed. D. J. Buck and D. J. Mattingly, Oxford 1985, 1 – 12.

Kindler(1975) — Kindler, A. , "Two coins of the Third Legion Cyrenaica struck under Antoninus Pius, " *Israel Exploration Fund* 25 (1975) 144 – 147.

Kiss(1965) — Kiss, A. , "Mosaiques de Pannonie, " *La Mosaique gréco – romaine...* 1963, Paris 1965, 297 – 301.

Koeppel(1980) — Koeppel, G. M. , "A military *itinerarium* on the Column of Trajan: Scene L, " *Mitteilungen des deutschen archäologischen Instituts, römische Abteilung* 87 (1980) 301 – 306.

Kolendo (1979) — Kolendo, J. , " Le Problème du développement du colonat en Afrique sous le Haut – Empire, " *Terre et paysans dépendants dans les sociétés antiques... Colloque...* 1974, Paris 1979, 391 – 439.

Kolendo(1981) — Kolendo, J. , "La Répartition des places aux spectacles et le stratification sociale dans l'empire romain. A propos des inscriptions sur les gradins des amphithéâtres, " *Ktema* 6 (1981) 301 – 315.

腐败与罗马帝国的衰落

Kolendo and Kotula(1977) — Kolendo, J. , and T. Kotula, "Centres et périphéries de la civilisation antique: en Afrique du nord, phénomène urbain, " *Reports of the XIVth International Congress of Historical Sciences [1975]*, New York 1977, 639 – 651.

Kondic(1984) — Kondic, V. , "Les Formes des fortifications protobyzantines dans la région des Portes de Fer, " *Villes et peuplement dans l' Illyricum protobyantin. Actes du colloque...* 1982, Rome 1984, 131 – 161.

Kopecek(1974) — Kopecek, T. A. , "The Cappadocian Fathers and civic patriotism, " *Church History* 43 (1974) 293 – 303.

Kopecek (1974a)— Kopecek, T. A. , "Curial displacement and flight in later fourth century Cappadocia, " *Historia* 23 (1974) 319 – 342.

Komemann(1970) — Kornemann, E. , "Das Problem des Untergangs der antiken Welt, " *Der Untergang des römischen Reiches*, ed. K. Christ, Darmstadt 1970, 201 – 227 (= *Vergangenheit und Gegenwart* 12 [1922] 193 – 202 and 241 – 254) .

Kotula (1968) — Kotula, T. , *Les Curies municipales en Afrique romaine.* Wroctaw 1968.

Kotula(1977) — Kotula, T. , "Le Fond africain de la révolte d'Héraclien en 413, " *Antiquités africaines* 11 (1977) 257 – 266.

Kotula(1980) — Kotula, T. , "Les Curies africaines: origine et composition. ' Retractio', " *Eos* 68 (1980) 133 – 146.

Kotula(1982) — Kotula, T. , *Les Principales d'Afrique. Etude sur l'élite municipale nord – africaine au Bas – Empire romain*, Wroclaw 1982.

Kraeling(1938) — Kraeling, C. H. , ed. , *Gerasa, City of the Decapolis*, New Haven 1938.

Krautheimer(1965) — Krautheimer, R. , *Early Christian and Byantine Architecture*, Har – mondsworth 1965.

Krautheimer(1983) — Krautheimer, R, *Three Christian Capitals. Topography and Politics*, Berkeley 1983.

Labrousse(1978) — Labrousse, M. , "Toulouse antique" and "Les temps obscurs (IVe – XIe siècle) , " *Histoire de Toulouse*, ed P. Wolff, Toulouse 1974, 1 –42 and 43 –66.

Lacombrade(1951) — Lacombrade, P. , *Synésios de Cyrène*, Paris 1951.

Lallemand(1964) — Lallemand, P. , *L'Administration civile de l'Egypte del'avènement de Dioclétien â la création du diocèse (284 – 382)*, Brussels 1964.

Langhammer (1973) — Langhammer, W. , *Die rechtliche und soziale Stellung der Magistratus Municipales und der Decuriones in den Übergangsphase der Städte von sich selbstverwaltenden Gemeinden zu Vollugsorganen des spätantiken Zwangsstaates (2. –4. Jahrhundert der römischen Kaiserzeit)*, Wiesbaden 1973.

Lantier (1953) — Lantier, R. , "Recherches archéologiques en Gaule en 1951, " *Gallia* 11 (1953) 167 –362.

Lanyi(1969) — Lanyi, V. , "The coinage of Valentinian I in

Siscia, " *Acta archaeologica academiae scientiarum Hungaricae* 21 (1969) 33 – 46.

Laporte(1983) — Laporte, J. P. , "Rapidum: le camp et la ville, " *Bulletin de la Société des antiquaires de France* 1983, 253 – 267.

Lassus(1947) — Lassus, J. , *Sanctuaires chrétiens de Syrie. Essai sur la genèse, la forme et l' usage liturgique des édifices du culte chrétien, en Syrie, du IIIe siècle â la conquète musulmane,* Paris 1947.

Lassus(1965) — Lassus, J. , "Edifices du culte autour de la basilique, " *Actes du Congrès international d' archéologie chrétienne...* 1962, Rome 1965, 581 – 610.

Laum(1914) — Laum, B. , *Stiftungen in der griechischen und römischen Antike. Ein Beitrag ur antiken Kulturgeschichte,* 2 vols. , Leipzig – Berlin 1914.

Laumonier (1958) — Laumonier, A. , *Les Cultes indigènes en Carie,* Paris 1958.

Leday(1972) — Leday, A. , "Fouilles de sauvetage de la villa du Châtelier (Commune de Levet – 18) , " *Revue arch. du Centre* 11 (1972) 207 – 221.

Leday(1980) — Leday, A. , *La Campagne à l'époque romaine dans le centre de la Gaule. Villas, vici et sanctuaires des Bituriges Cubi,* Oxford 1980.

LeGlay(1961 – 66) — LeGlay, M. , *Saturne africain, monu-*

ments, *I: Afrique proconsulaire; II, Numidie, Maurétanies*, 2 vols. , Paris 1961 – 66.

Lengyel and Radan(1980) — Lengyel, A. , and G. T. B. Radan, eds. , *The Archaeology of Roman Pannonia*, Lexington, Ky. 1980.

Lepelley(1979 – 81) — Lepelley, C. , *Les Cités de l'Afrique romaine au Bas – Empire*, 2 vols. , Paris 1979 – 81.

Lepelley(1981) — Lepelley, C. , "La Carrière municipale dans l'Afrique romaine sous l'Empire tardif, " *Ktema* 6 (1981) 333 – 347.

Lepelley (1981a) — Lepelley, C. , "La Crise de l'Afrique romaine au début du Ve siècle, d'après les letters nouvellement découvertes de Saint Augustin, " *Comptes rendus de l'Académie des inscriptions et belles lettres* 1981, 445 – 463.

Lepelley(1983) — Lepelley, C. , "Quot curiales, tot tyranni. L'Image du décurion oppresseur au Bas – Empire, " *Crise et redressement dans les provinces européennes de l'Empire. . . Actes du Colloque de Strasbourg. . .* 1981, Strasbourg 1983, 143 – 156.

LeRoux(1982) — LeRoux, P. , *L'Armée romaine et l'organisation des provinces ibériques d'Auguste â l'invasion de* 409, Paris 1982.

LeRoux(1983) — LeRoux, P. , "L'Armée romaine au quotidien: deux graffiti légionnaires de Pompeii et Rome, " *Epigraphica* 45 (1983) 65 – 77.

Leschi(1953) — Leschi, L. , *Djemila. antique Cuicul*, Algiers 1953.

Leveau(1972) — Leveau, P. , "Paysanneries antiques du pays Beni – Menacer, " *Bulletin arch, du Comité des travaux historiques*[2] 8B (1972) 3 – 26.

Leveau(1973) — Leveau, P. "L'aile II des Thraces, la tribu des Mazices et les praefecti gentis en Afrique du Nord, " *Antiquités africaines* 7 (1973) 153 – 192.

Leveau(1982) — Leveau, P. , "Une ville et ses campagnes: l'exemple de Caesarea de Maurétanie, " *Villes et campagnes dans l'empire. Actes du Colloque...* 1980, ed. P. A. Février and P. Leveau, Aix – en – Provence 1982, 77 – 90.

Leveau(1984) — Leveau, P. , *Caesarea de Maurétanie. Une ville romaine et ses campagnes*, Paris 1984.

Levick(1967) — Levick, B. , *Roman Colonies in Southern Asia Minor*, Oxford 1967.

Levine(1975) — Levine, L. I. , "R. Abbahu of Caesarea, " *Christianity, Judaism and Other Greco – Roman Cults: Studies for Morton Smith at Sixty*, Leiden 1975, 3. 56 – 76.

Lévy(1895) — Lévy, I. , "Etudes sur la vie municipale de l'Asie Mineure sous les Antonins, " *Revue des études grecques* 8 (1895) 203 – 250.

Lévy(1899) — Lévy, I. , "Etudes sur la vie municipale de l'Asie Mineure sous les Antonins, " *Revue des études grecques* 12 (1899) 255 – 289.

Lévy(1901) — Lévy, I. , "Etudes sur la vie municipale de l' Asie Mineure sous les Antonins, " *Revue des études grecques* 14 (1901) 350 – 371.

Lewis(1954) — Lewis, N. , "On officiai corruption in Roman Egypt. The edict of Vergilius Capito, " *Proceedings of the American Philosophical Society* 98 (1954) 153 – 158.

Lewis(1966) — Lewis, N. , "Exemption from liturgy in Roman Egypt, " *Atti dell'XI Congresso internazionale di papirologia...* 1965, Milan 1966, 508 – 541.

Lewis(1983) — Lewis, N. , *Life in Egypt under Roman Rule*, Oxford 1983.

Lewuillon – Blume(1979) — Lewuillon – Blume, M. , "Problè mes de la terre au IVe siècle ap. J. – C. , " *Actes du XVIe Congrès international de payrologie*, Brussels 1979, 4. 177 – 185.

Liebenam (1900) — Liebenam, W. , *Städteverwaltung im römischen Kaiserreiche*, Leipzig 1900.

Liebeschuetz (1972) — Liebeschuetz, J. H. W. , *Antioch: City and Imperial Administration* in the *Later Roman Empire*, Oxford 1972.

Liebeschuetz (1977) — Liebeschuetz, [J. H.] W. , "Epi graphic evidence on the Christianization of the Syria, " *Limes. Ak ten des XI Internationalen Limeskongresses...* 1976, ed. J. Fitz, Budapest 1977. 485 – 508.

Liebeschuetz (1979) — Liebeschuetz, W, "Problems arising

from the conversion of Syria, " *The Churches in Town and Country-side. Papers Read at the* 17th... *and* 18th... *Meeting of the Ecclesiastical History Society*, ed. D. Baker, Oxford 1979, 17 - 24.

Liebs (1978) — Liebs, D. , " Ämterpatronage in der spätantike, " *Zeitschrift für Rechtsgeschichte* 95 (1978) 158 - 186.

Lietzmann (1908) — Lietzmann, H. , *Das Leben des heiligen Symeon Stylites*, Leipzig 1908.

Ling(1981) — Ling, R. , "Building Mkl at Oenoanda, " *Anatolian Studies* 31 (1981) 31 - 53.

Littmann, Magie, and Stuart (1910) — Littmann, E. , D. Magie, and D. R. Stuart, *Southern Hauran (Publications of the Princeton University Archaeological Expedition to Syria in* 1904 - 1905 *and* 1909, *Division III, Greek and Latin Inscriptions in Syrai, Section A, Southern Syria, Part* 2), Leiden 1910.

Löhken (1982) — Löhken, H. , *Ordines dignitatum. Untersuchungen zur formalen Konstituierung der spätantiken Führungsschicht*, Cologne - Vienna 1982.

Lot, Pfister, and Ganshof (1928) — Lot, F. , C. Pfister, and F. L. Ganshof, *Histoire du moyen âge I: Les destinées de l'empire en Occident de* 395 *à* 888, Paris 1928.

Louis - Lucas (1883) — Louis - Lucas, P. , *Etude sur la vénalité des charges et fonctions publiques et sur celle des offices ministériels depuis l'antiquité romaine jusqu'à nos jours*, 2 vols. , Paris 1883.

Loyen(1960) — Loyen, A., "Bourg – sur – Gironde et les villas d'Ausone, " *Revue des études anciennes* 62 (1960) 113 – 126.

Lutz (1974) — Lutz, M., "Le Domaine gallo – romain de Saint – Ulrich et sa grande villa, " *Le pays Lorrain* 55 (1974) 15 – 30.

McKay(1975) — McKay, A. G., *Houses, Villas and Palaces in the Roman World*, London 1975.

MacKendrick(1980) — MacKendrick, P., *The North African Stones Speak*, Chapel Hill, N. C. 1980.

Mackie(1983) — Mackie, N., *Local Administration in Roman Spain A. D.* 14 – 212, Oxford 1983.

MacMullen(1960) — MacMullen, R., "Inscriptions on Roman armor and the supply of arms in the Roman empire, " *American Journal of* Archaeology 64 (1960) 23 – 40.

MacMullen (1962) — MacMullen, R., " Roman bureaucratese, " *Traditio* 18 (1962) 364 – 378.

MacMullen (1962a) — MacMullen, R., "The emperor's largesses, " *Latomus* 21 (1962) 159 – 166.

MacMullen(1963) — MacMullen, R., *Soldier and Civilian in the Later Roman Empire*, Cambridge 1963.

MacMullen (1963a) — MacMullen, R, "Barbarian enclaves in the northern Roman empire, " *Antiquité* classique 32 (1963) 552 – 561.

MacMullen(1964) — MacMullen, R., "Social mobility and the Theodosian Code, " *Journal of Roman Studies* 54 (1964) 49 – 53.

MacMullen (1964a) — MacMullen, R. , "Some pictures in Ammianus Marcellinus, " *Art Bulletin* 46 (1964) 435 – 455.

MacMullen (1964b) — MacMullen, R, "Imperial bureaucrats in the Roman provinces, " *Harvard Studies in Classical Philology* 68 (1964) 305 – 316.

MacMullen(1966) — MacMullen, R. , *Enemies of the Roman Order. Treason, Unrest, and Alienation in the Empire*, Cambridge 1966.

MacMullen(1968) — MacMullen, R. , "Rural Romanization, " *Phoenix* 22 (1968) 337 – 341.

MacMullen(1971) — MacMullen, R. , "Social history in astrology, " *Ancient Society* 2 (1971) 105 – 116.

MacMullen(1972) — MacMullen, R. , "Sfiducia nell'intelletto nel quarto secolo, " *Rivista storica italiana* 84 (1972) 5 – 16.

MacMullen(1974) — MacMullen, R. , *Roman Social Relations*, New Haven 1974.

MacMullen (1974a) — MacMullen, R. , " Peasants, during the Principate, " *Aufstieg und Niedergang der römischen Welt II*, 1 (Berlin 1974) 253 – 261.

MacMullen(1976) — MacMullen, R, *Roman Government's Response to Crisis, A. D.* 235 – 337, New Haven 1976.

MacMullen (1976a) — MacMullen, R, "Two notes on imperial properties, " *Athenaeum* 54 (1976) 19 – 36.

MacMullen(1977) — MacMullen, R. , "Barbarian influence on Rome before the Great Invasions, " *Reports, XIV International Con-*

gress of the Historical Sciences. . . 1975, New York 1977, 702 – 712.

MacMullen(1980) — MacMullen, R, "Roman elite motivation: three questions, " *Past and Present* 88 (1980) 3 – 16.

MacMullen (1980a) — MacMullen, R. , " The role of the Christian bishop in ancient society, " *Protocol of the Thirty – fifth Colloquy: The Role of the Christian Bishop in Ancient Society. . .* 1979 (Center for Hermeneutical Studies) , Berkeley 1980, 25 – 29.

MacMullen (1980b) — MacMullen, R. , " How big was the Roman army?" *Klio* 62 (1980) 451 – 460.

MacMullen(1981) — MacMullen, R. , *Paganism in the Roman Empire,* New Haven 1981.

MacMullen(1982) — MacMullen, R. , "The epigraphic habit in the Roman empire, " *American Journal of Philology* 103 (1982) 233 – 246.

MacMullen(1984) — MacMullen, R. , *Christianizing the Roman Empire,* New Haven 1984.

MacMullen (1984a) — MacMullen, R, "The Roman emperors' army costs, " *Latomus* 43 (1984) 571 – 580.

MacMullen(1985) — MacMullen, R. , "How to revolt in the Roman empire, " *Rivista storica dell'antichità* (1985) 67 – 76.

MacMullen(1986) — MacMullen, R, "Frequency of inscriptions in Roman Lydia, " *Zeitschrift für Papyrologie und Epigraphik* 65 (1986) 237 – 238.

MacMullen (1986a) — MacMullen, R. , " Women's power in

the Principate, " *Klio* 68 (1986) 434 – 443.

MacMullen (1986b)— MacMullen, R. , "Personal power in the Roman empire, " *American Journal of Philology* 107 (1986) 512 – 524.

MacMullen (1986c)— MacMullen, R. , "Judicial savagery in the Roman empire, " *Chiron* 16 (1986) 43 – 62.

MacMullen (1986d)— MacMullen, R, "What difference did Christianity make?" *Historia* 35(1986) 322 – 343.

MacMullen(1987) — MacMullen, R, "Late Roman slavery, " *Historia* 36 (1987) 359 – 382.

MacMullen (1987a)— MacMullen, R, "Tax pressure in the Roman empire, " *Latomus* 46(1987) 733 – 49.

Majewski(1963) — Majewski, K. , "Exploration archéologique de Novae, Bulgarie, " *Latomus* 22 (1963) 504 – 506.

Malcus(1967) — Malcus, B. , *Die Prokonsuln von Asien von Diokletian bis Theodosius II,* Lund 1967.

Malherbe(1977) — Malherbe, A. J. , ed. , *The Cynic Epistles. A Study Edition,* Missoula, Mont, 1977.

Mann(1963) — Mann, J. C. , "The role of the frontier zones in army recruitment, " *Acta et dissertationes archaeologicae V Congressus intemationalis limitis Romani studiosorum. . .* 1961, Zagreb 1963.

Mann(1983) — Mann, J. C. , *Legionary Recruitment and Veteran Settlement during the Principate,* London 1983.

Mann and Jarrett(1967) — Mann, J. C. , and M. G. Jarrett, "The division of Britain, " *Journal of Roman Studies* 57 (1967) 61 –64.

Manning(1974) — Manning, W. , "Excavations in the Roman fortress at Usk, Monmouth – shire, " *Roman Frontier Studies* 1969. *Eighth International Congress of Limesforschung,* Cardiff 1974, 61 – 69.

Mansel (1959) — Mansel, A. M. , " Die Grabbauten von Side, Pamphylien, " *Archäologische Anzeiger* 1959, 364 – 402.

Mansel (1965) — Mansel, A. , "Villes mortes d'Asie Mineure occidentale, " *Corsi di cultura sull'arte ravennate ebizantina* 12 (1965) 495 – 540.

Mansi (1759 – 1927) — Mansi, G. D. , *Sacrorum conciliorum. nova et amplissima collectio,* Florence 1759 – 1927.

Marchi(1906) — Marchi, A. , "I testi delle pandette relativi alla vendita e al legato delia militia. "*Archivio giuridico* 76 (1906) 291 – 304.

Marcillet – Jaubert — (1979) Marcillet – Jaubert, J. , "Coloni loci legum maiorum, " *Epigraphica* 41 (1979) 66 – 72.

Martin(1976) — Martin, R. , *Palladius, Traité d'agriculture I: Livres I et II,* Paris 1976.

Matijasic (1982)— Matijasic, R, "Roman rural architecture in the territory of Colonia Iulia Pola, " *American Joumal of Archaeology* 86 (1982) 53 – 64.

Matthews (1975) — Matthews, J. , *Western Aristocracies and*

Imperial Court A. D. 364 – 425, Oxford 1975.

Mazza(1970) — Mazza, M. , *Lotte sociali e restauraione autorità nel 3 secolo d. C. ,* Catania 1970.

Mazzarino (1951) — Mazzarino, S. , *Aspetti sociali del quarto secolo. Ricerche di storia tardo romano,* Rome 1951.

Mazzarino(1966) — Mazzarino, S. , *The End of the Ancient World,* trans. G. Holmes, New York 1966.

Meiggs(1960) — Meiggs, R, *Roman Ostia,* Oxford 1960.

Merlin and Poinssot(1908) — Merlin, A. , and L. Poinssot, "Les Inscriptions d'Uchi Majus d'après les recherches du Capitaine Gondouin, " *Notes et documents publiés par la* Direction *des antiquités et arts (du Gouvernement Tunisien)* 2 (1908) 3 – 128.

Merrifield (1983) — Merrifield, R. , *London,* City *of the Romans,* London 1983.

Mertens (1977) — Mertens, J. , "Quelques considérations sur le limes Belgicus, " *Limes. Akten des XI. internationalen Limeskongresses...* 1976, Budapest 1977, 63 – 71.

Metcalf(1984) — Metcalf, D. , "The mint of Thessalonica in the early Byzantine period, " *Villes et peuplement dans l'Illyricum protobyzantin. Actes du colloque...* 1982, Rome 1984, 111 – 128.

Metzler and Zimmer (1982) — Metzler, J. , and J. Zimmer, "Editernach: une villa romaine de Luxembourg, " *Archéologia* 168 (1982) 38 – 50.

Mickwitz (1935) — Mickwitz, G. , s. v. "Inflation, " *RE*

suppl. VI, Stuttgart 1935, 127 - 133.

Mikulcic (1974) — Mikulcic, I. , " Über die grosse der spätantiken Städte in Makedonien, " *Ziva antike* 24 (1974) 191 - 212.

Millett (1982) — Millett, M. , "Town and country: a review of some material evidence, " *The Romano - British Countryside. Studies in Rural Settlement and Economy*, ed. D. Miles, Oxford 1982, 421 - 431.

Mitchell(1977) — Mitchell, S. , "Inscriptions of Ancyra, " *Anatolian Studies* 27 (1977) 63 - 103.

Mitchell (1980) — Mitchell, S. , "Population and the land in Roman Galatia, " *Aufstieg und Niedergang der römischen Welt* II, 7 (Berlin 1980) 1053 - 1081.

Mitchell (1982) — Mitchell, S. , "The Life of Saint Theodotus of Ancyra, " *Anatolian Studies* 32 (1982) 93 - 113.

Mitchell (1983) — Mitchell, S. , "The Balkans, Anatolia, and Roman armies across Asia Minor, " *Armies and Frontiers in Roman and Byantine Anatolia. . . Colloquium*, London 1983, 131 - 150.

Mitchell (1984 - 85) — Mitchell, S. , "Archaeology in Asia Minor 1979 - 84. " *Archaeological Reports* 31 (1984 - 85) 70 - 105.

Mitford (1974) — Mitford, T. B. , "Some inscriptions from the Cappadocian *limes*, " *Journal of Roman Studies* 64 (1974) 160 - 175.

Mocsy(1970) — Mocsy, A. , *Gesellschaft und Romanisation in der römischen Provin Moesia Superior*, Amsterdam 1970.

Mocsy (1971) — Mocsy, A. , "L. Varady, *Das letzte Jahrhun-*

dert Pannoniens, " Acta arch, academiae scientiarum Hungaricae 23 (1971) 347 – 360.

Mocsy (1974) — Mocsy, A., *Pannonia and Upper Moesia. A History of the Middle Danube Provinces of the Roman Empire*, transl. S. Frere, London 1974.

Moeller(1973) — Moeller, W. O., "Gnaeus Nigidius Maius, princeps coloniae, " *Latomus* 32 (1973) 515 – 520.

Mohrmann(1975) — Mohrmann, C., *Vita di Martino et al. (Vite dei Santi* 4), Milan 1975.

Momigliano(1978) — Momigliano, A., "After Gibbon's Decline and Fall, " *Annali delia Scuola normale superiore di Pisa*[3] 8, 1, (1978) 435 – 454.

Mommsen(1884) — Mommsen, T., "Observationes epigraphicae XL: ordo salutationis sportularumque sub imp. Iuliano in provincia Numidia, " *Ephemeris epigraphica* 5 (1884) 629 – 646.

Mommsen (1887 – 88) — Mommsen, T., *Römische Staatsrecht*, 3 vols., Leipzig 1887 – 88.

Monks(1957) — Monks, G. R., "The administration of the privy purse: an inquiry into official corruption and the fall of the Roman empire, " *Speculum* 32 (1957) 748 – 779.

Monneret de Villard (1953) — Monneret de Villard, U., " The temple of the imperial cult at Luxor, " *Archaeologia* 95 (1953) 85 – 106.

Moscadi(1970) — Moscadi, A., "Le lettere dell'archivio di

Teofane, " *Aegyptus* 50 (1970) 88 – 153.

Mouterde and Poidebard (1931) — Mouterde, R, and A. Poidebard, "La Voie antique des caravanes entre Palmyre et Hit au IIe siècle ap. J. – C. , " *Syria* 12 (1931) 101 – 115.

Mrozek(1984) — Mrozek, S. , "Munificentia privata im Bauwesen und Lebensmit – telverteilungen in Italien während des Prinzipates, " *Zeitschrift für Papyrologie und Epigraphik* 57 (1984) 233 – 240.

Mrozek (1985) — Mrozek, S. , "Zum Kreditgeld in der frühen römischen Kaiserzeit, " *Historia* 34 (1985) 310 – 323.

Munier (1938) — Muni er, H. , "Le Christianisme à Philae, " *Jam'iyat al – Athar al – Qibtyah* 4 (1938) 37 – 49.

Musurillo (1972) — Musurillo, H. , *The Acts of the Christian Martyrs. Introduction, Texts and Translations*, Oxford 1972.

Neal(1978) — Neal, D. S. , "The growth and decline of villas in the Verulamium area, " *Studies in the Roman – British Villa, ed.* M. Todd, Leicester 1978, 33 – 58.

Neesen (1980) — Neesen, L. , *Untersuchungen zu den direkten Staatsabgaben der römischen Kaiserzeit 27 v. Chr. bis 284 n. Chr.* , Bonn 1980.

Neusner (1983) — Neusner, J. , *Judaism in Society: The Evidence of the Yerushalmi*, Chicago 1983.

Nicols(1980) — Nicols, J. , *"Tabulae patronatus:* a study of the agreement between patron and client – community, " *Aufstieg und Niedergang der römischen Welt* II, 13 (1980) 535 – 561.

Nixon (1983) — Nixon, C. E. V. , "Coin circulation and military activity in the vicinity of Sirmium, A. D. 364 – 378, and the Siscia mint, " *Jahrbuch für Numismatik und Geldgeschichte* 33 (1983) 45 – 56.

Noethlichs(1981) — Noethlichs, K. L. , *Beamtentum und Dienstvergehen. Zur Staatsverwaltung in der Spätantike*, Wiesbaden 1981.

Noll (1974) — Noll, R. , "Eine goldene 'Kaiserfibel' aus Niederemmel vom Jahre 316, " *Bonner Jahrbücher* 174 (1974) 221 – 244.

Norman (1954) — Norman, A. F. , "The family of Argyrus, " *Journal of Hellenic Studies* 74 (1954) 44 – 48.

Norman (1964) — Norman, A. F. , "The library of Libanius, " *Rheinisches Museum* 107 (1964) 158 – 175.

Norman (1977) — Norman, A. F. , *Libanius. Selected Works, II: Selected Orations*, Cambridge 1977.

Ogilvie (1979) — Ogilvie, R. M. , *The Library of Lactantius*, Oxford 1979.

Ohlemutz (1940) — Ohlemutz, E. , *Die Kulte und Heiligtümer der Götter in Pergamon*, Würzburg 1940.

Oliver (1941) — Oliver, J. H. , "Greek inscriptions, " *Hesperia* 10 (1941) 65 – 92.

Oliver (1953) — Oliver, J. H. , "The ruling power. A study of the Roman empire in the second century after Christ through the

Roman oration of Aelius Aristides, " *Transactions of the American Philosophical Society*² 43 (1953) 870 – 1003.

Pack(1935) — Pack, R. A. , *Studies in Libanius and Antiochene Society under Theodosius*, Menasha 1935.

Pack(1965) — Pack, R A. , *The Greek and Latin Texts from Greco – Roman Egypt*, ² Ann Arbor 1965.

Packmann(1976) — Packman, Z. M. , "Return of a dowry, " *Collectanea Papyrologica. Texts Published in Honor of H. C.* Youtie, 2 vols. , Bonn 1976, 447 – 455.

Pallas, Charitonidis, and Venencie(1959) — Pallas, D. I. , S. Charitonidis, and J. Venencie, "Inscriptions lyciennes à Solomos près de Corinthe, " *Bulletin de correspondance hellénique* 83 (1959) 496 – 508.

Palmer(1978 – 80) — Palmer, R. E. A. , "C. Verres' legacy of charm and love to the city of Rome: a new document, " *Rendiconti, Pontificia Accademia di arch.* 51 – 52 (1978 – 80) 111 – 136.

Panella(1973) — Panella, C. , "Dibattito sulla 'Storia economica del mondo antico' di F. Heichelheim, " *Dialoghi di archeologia* 7 (1973) 342 – 353.

Panella(1981) — Panella, C. , "La distribuzione e i mercati, " *Merci, mercati e scambi nel mediterraneo (Società Romana e Produzione Schiavistica* 2 *)*, ed. A. Giardina and A. Schiavone, Rome 1981, 55 – 80.

Panella(1983) — Panella, C. , "Le anfore di Cartagine: nuovi elementi per la ricostruzione dei flussi commerciali del Mediterraneo in età imperiale romana, " *Opus* 2 (1983) 53 – 73.

Pani(1986) — Pani, M., "La remunerazione dell'oratoria giudiziaria nell'alto Principato: una laboriosa accettazione sociale, " *Decima miscellanea greca e romana (Studi pubblicati dall' Istituto Italiano per la Storia Antica* 36), Rome 1986, 313 – 346.

Parassoglou(1978) — Parassoglou, G., *Imperial Estates in Roman* Egypt, Amsterdam 1978.

Paret(1932) — Paret, O., *Die Römer in Württemberg, III: Die Siedlungen des römischen Württemberg,* Stuttgart 1932.

Parker (1973) — Parker, A. J., "The evidence provided by underwater archaeology for Roman trade in the western Mediterranean, " *Marine Archaeology,* ed. D. J. Blackman, London 1973, 361 – 379.

Parker(1980) — Parker, A., "Roman wrecks in the western Mediterranean, " *Archeology under Water. An Atlas of the World's Submerged Sites,* ed. K. Muckleroy, New York 1980, 50 – 51.

Parker and Painter (1979) — Parker, A. J., and J. M. Painter, "A computer – based index of ancient shipwrecks, " *International Journal of Nautical Archeology* 8 (1979) 69 – 70.

Parovic – Pesikan(1971) — Parovic – Pesikan, M., "Excavations of a late Roman villa, " *Sirmium* 2 (1971) 15 – 44.

Parsons(1976) — Parsons, P. J., "Petitions and a letter: the grammarian's complaint, " *Collectanea papyrologica. Texts Pub-*

lished in Honour of H. C. Youtie, ed. A. E. Hanson, Bonn 1976, 409 - 446.

Paschoud(1967) — Paschoud, F. , *Koma Aetema. Etudes sur le patriotisme romain dans l'Occident latin à l'époque des grandes invasions*, Neuchâtel 1967.

Patlagean(1977) — Patlagean, E. , *Pauvreté économique et pauvreté sociale à Byzance: 4e ~ 7e siècle*, Paris 1977.

Paunier(1978) — Paunier. , D. , "Un Refuge du Bas - Empire au Mont - Musiège (Haute - Savoie) , " *Museum Helveticum* 35 (1978) 295 - 306.

Pearl (1940) — Pearl, O. M. , "Varia papyrologica, " *Transactions and Proceedings of the American Philological Association* 71 (1940) 372 - 390.

Peeters(1941) — Peeters, P. , "La Vie géorgienne de Saint Porphyre de Gaza, " *Analecta Bollandiana* 59 (1941) 65 - 216.

Pekary(1966) — Pekary, T. , "Zur Geschichte von Vindonissa in spätrömischer Zeit, " *Pro Vondonissa* 1966, 5 - 14.

Percival (1969) —Percival, J. , "P. Ital. 3 and Roman estate management, " *Hommages à M. Renard*. Brussels 1969, 2.607 - 615.

Percival(1976) — Percival, J. , *The Roman Villa. An Historical Introduction*, Berkeley 1976.

Petit(1955) — Petit, P. , *Libanios et la vie municipale à Antioche au IVe siècle après J. C.* , Paris 1955.

Petit(1957) — Petit, P. , *Les Etudiants de Libanius. Un pro-*

fesseur de faculté et ses élèves au Bas Empire. Paris 1957.

Petrikovits (1950) — Petrikovits, H. von, " Das Fortleben römischer Städte am Rhein und Donau im frühen Mittelalter, " *Trierer Zeitschrift* 19 (1950) 72 – 81.

Petrikovits (1956) — Petrikovits, H. von, " Neue Forschungen zur römerzeitlichen Besiedlung der Nordeifel, " *Germania* 34 (1956) 99 – 125.

Petrikovits (1971) — Petrikovits, H. von, " Fortifications in the north – western Roman empire from the third to the fifth centuries A. D. , " *Journal of Roman Studies* 61 (1971) 178 – 218.

Petzl (1982) — Petzl, G. , *Die Inschriften von Smyrna, I: Grabinschriften, postume Ehrungen, Grabepigramme,* Bonn 1982.

Peyras (1975) — Peyras, J. , " Le Fundus Aufidianus: étude d'un grand domaine romain de la région de Mateur (Tunisie du Nord) , " *Antiquités africaines* 9 (1975) 181 – 222.

Pflaum (1948) — Pflaum, H. – G. , *Le Marbre de Thorigny,* Paris 1948.

Pflaum (1966) — Pflaum, H. – G. , "Un ami inconnu d'Hadrien: M. Aemilius Papus, " *Klio* 46 (1966) 331 – 336.

Pflaum (1974) — Pflaum, H. – G. , *Abregé de Procurateurs équestres, adaptation française* by S. Ducroux and N. Duval, Paris 1974.

C. Picard (1922) — Picard, C. , *Ephèse et Claros,* Paris 1922.

G. C. Picard(1975) — Picard, G. C., "Observations sur la condition des populations rurales dans l'empire romain, en Gaule et en Afrique, " *Aufstieg und Niedergang der römischen Welt II*, 3 (Berlin 1975) 98 – 111.

Pietersma (1984) — Pietersma, A. , *The Acts of Phileas Bishop of Thmuis (Including Fragments of the Greek Psalter)*. *P. Chester Beatty XV*, Geneva 1984.

C. Pietri (1978) — Pietri, C. , "Evergétisme et richesses ecclésiastiques dans l'Italie du IVe à la fin du Ve siècle: l'exemple romain, " *Ktema* 3 (1978) 317 – 337.

L. Pietri(1983) — Pietri, L. , *La Ville de Tours du IVe au VIe siècle. Naissance d'une cité chrétienne*, Paris 1983.

Piganiol(1972) — Piganiol, A. , *L'Empire* chrétien (325 – 395)^2, ed. A. Chastagnol, Paris 1972.

Plassart(1932) — Plassart, A. , "Une levée de volontiers Thespiens sous Marc Aurel, " *Mélanges Glotz*. Paris 1932, 2. 731 – 738.

Polotsky(1962) — Polotsky, H. J. , "Greek papyri from the Cave of the Letters, " *Israel Exploration Journal* 12 (1962) 258 – 262.

Popovic(1971) — Popovic, V. , "A survey of the topography and urban organization of Sirmium in the Late Empire, " *Sirmium I. Archaeological Investigation in Sirmian Pannonia*, ed. V. Popovic, Belgrade 1971, 119 – 133.

Potter(1975) — Potter, T. W. , "Recenti ricerche in Etruria meridionale: problemi della transizione dal Tardo Antico all'Alto

腐败与罗马帝国的衰落

Medioevo, " *Archeologia medievale* 2 (1975) 215 – 236.

Potter(1979) — Potter, T. W. , *The Changing Landscape of South Etruria,* London 1979.

Potter(1982) — Potter, T. W. , " Prospection en surface: théorie et pratique, " *Villes et campagnes dans l' empire romain. Actes du Colloque. . .* 1980, Aix – en – Provence 1982, 19 – 41.

Poulter(1983) — Poulter, A. G. , "Town and country in Moesia Inferior, " *Ancient Bulgaria. Papers presented to the International Symposium. . .* 1981, ed. A. G. Poulter, Nottingham 1983, 2. 74 – 118.

Praschniker and Schober (1919) — Praschniker, C. , and A. Schober, *Archäologische Forschungen in Albanien und Montenegro,* Vienna 1919.

Premerstein (1937) — Premerstein, A. von, Vom *Werden und Wesen des Prinzipats* (Abhand – lungen der Bayerischen Akademie der Wissenschaften, Phil. – hist. Abt.[2] 15) , Munich 1937.

Prentice(1908) — Prentice, W. K. , *Greek and Latin Inscriptions (Publications of an American Archaeological Expedition to Syria in* 1899 – 1900, *Part III),* New York 1908.

Prentice(1909) — Prentice, *W. K. , Il – Anderin — Kerratin — Marata (Publications of the Princeton University Archaeological Expedition to Syria in* 1904 – 1905, *Division III: Greek and Latin Inscriptions in Syria, Section B: Northern Syria, Part 2),* Leiden 1909.

Prentice(1910) — Prentice, W. K. , *Djebel Barisha (Publica-*

tions of the Princeton University Archaeological Expedition to Syria in 1904 – 1905, Division III: Greek and Latin Inscriptions in Syria, Section B: Northern Syria, Part 4), Leiden 1910.

Price(1984) — Price, S. R. F. , *Rituals and Power. The Roman Imperial Cult in Asia Minor,* Cambridge 1984.

Provost(1982) — Provost, M. , "Recherches sur les mutations de l'agriculture gauloise dans la deuxième moitié du IIe ap. J. – C, " *Caesarodunum* 17 (1982) 393 – 402.

Purcell(1983) — Purcell, N. , "The *apparitores:* a study in social mobility, " *Papers of the British School in Rome* 51 (1983) 125 – 173.

Quass(1982) — Quass, F. , "Zur politischen Tätigkeit der munizipalen Aristokratie des griechischen Ostens in der Kaiserzeit, " *Historia* 31 (1982) 188 – 213.

Rachet (1970) — Rachet, M. , *Rome et les Berbères. Un problème militaire d'Auguste à Dioclétien,* Brussels 1970.

Radet (1890) — Radet, G. , "Inscriptions de la région du Méandre, " *Bulletin de correspondance hellénique* 14 (1890) 224 – 239.

Rahmani(1972) — Rahmani, L. Y. , "A bilingual ossuary – inscription from Khirbet Zif, " *Israel Exploration Journal* 22 (1972) 113 – 116.

Ramsay(1895 – 97) — Ramsay, W M. , *The Cities and Bishoprics of Phrygia, being an Essay on the Local History of Phrygia,* 2 vols. , Oxford 1895 – 97.

Ramsay(1928) or (1929) — Ramsay, W. M. and A. M. , "Roman garrisons and soldiers in Asia Minor, " *Journal of Roman Studies* 18 (1928) 181 – 190 and 19 (1929) 155 – 160.

Ravenna(1978) — Ravenna, A. , *Commente alla Genesi (Beresit Rabbâ)*, Turin 1978.

Rea (1976) — Rea, J. J. , "Lease of flax – land, " *Collectanea papyrologica. Texts Published in Honor of H. C. Youtie*, Bonn 1976, 457 – 469.

Rebuffat(1977) — Rebuffat, R. , "Une Zone militaire et sa vie économique: le limes de Tripolitaine, " *Colloques nationaux du CNRS: Armées et fiscalité dans le monde antique*... 1976, Paris 1977. 395 – 420.

Rebuffat(1980) — Rebuffat, R. , "Cuicul, le 21 juillet 365, " *Antiquités africaines* 15 (1980) 309 – 328.

Rebuffat(1982) — Rebuffat, R. , "Au – delà des camps romains d'Afrique mineure: renseignement, contrôle, pénétration, " *Aufstieg und Niedergang der römischen Welt II*, 10 (Berlin 1982) 475 – 513.

Reece(1973) — Reece, R. , "Roman coinage in the western empire, " *Britannia* 4(1973) 227 – 251.

Reece(1980) — Reece, R, "Town and country: The end of Roman Britain, " *World Archaeology* 12 (1980) 77 – 92.

Reinach(1893) — Reinach, T. , "Inscriptions d'Iasos, " *Revue des études grecques* 6 (1893) 153 – 203.

Reinach(1896) —— Reinach, T. , "Une Crise monétaire au IIIe siècle de l'ère chrétienne (inscription de Mylasa), " *Bulletin de correspondance hellénique* 29 (1896) 523 – 548.

Reinach(1906) —— Reinach, T. , "Inscription d'Aphrodisias, " *Revue des études grecques* 19 (1906) 79 – 150 and 205 – 298.

Rémondon(1964) —— Rémondon, R. , *La Crise de l'empire romain de Marc – Aurèle à Anasfase*, Paris 1964.

Rémondon(1965) —— Rémondon, R, "Militaires et civils dans une campagne égyptienne au temps de Constance II, " *Journal des savants* 1965, 132 – 143.

Rendic – Miocevic(1980) —— Rendic – Miocevic, D. , "Documenti della provincia di Dalmazia, " *La parola del passato* 190 (1980) 15 – 27.

Rey – Coquais(1978) —— Rey – Coquais, J. – P. , "Syrie romaine, de Pompée à Dioclétien, " *Journal of Roman Studies* 68 (1978) 44 – 73.

Reynolds(1982) —— Reynolds. J. , *Aphrodisias and Rome. Documents from the Excavation of the Theatre at Aphrodisias*, London 1982.

Rickman(1981) —— Rickman, G. E. , "[review of] A. Carandini et al. , *Ostia. Le Terme del Nuotatore*, " *Journal of Roman Studies* 71 (1981) 215 – 217.

Riese(1892) —— Riese, A. , *Das rheinische Germanien in der antiken Literatur*, Leipzig 1892.

Rigsby (1979) — Rigsby, K. J. , "An imperial letter at Balbura, " *American Journal of Philology* 100 (1979) 401 – 407.

Riley(1981) — Riley, J. A. , "Italy and the eastern Mediterranean in the Hellenistic and early Roman periods: the evidence of coarse pottery, " *Archaeology and Italian Society: Prehistoric, Roman and Medieval Studies,* ed. G. Barker and R. Hodges, Oxford 1981, 69 – 78.

Ritterling (1920 – 24) — Ritterling, E, "Zur Zeitbestimmung einiger Urkunden vom Opra – moas – Denkmal, " *Rheinisches Museum für Philologie* 73 (1920 – 24) 35 – 45.

Rivet(1975) — Rivet, A. L. F. , "The rural economy of Roman Britain, " *Aufstieg und Niedergang der römischen Welt* II, 3 (Berlin 1975) 328 – 363.

Robert (1946) — Robert, L. "Inscriptions de Tabai et de Sébastopolis, " *Hellenica. Recueil d'épigraphie, de numismatique et d'antiquités grecques* 3 (Paris 1946) 32 – 37.

Robert (1948) — Robert, L. , "Epigrammes relatives à des gouverneurs, " *Hellenica. Recueil d'épigraphie, de numismatique et d'antiquités grecques* 4 (Paris 1948) 35 – 114.

Robert(1960) — Robert, L, "Recherches épigraphiques, " *Revue des études anciennes* 62 (1960) 276 – 361.

Robert (1960a)— Robert, L. , "ΤροΦεύζ; et Ἀριστεύζ, " *Hellenica. Recueil d'épigraphie, de numismatique et d'antiquités grecques* 11 – 12 (Paris 1960) 569 – 576.

Robert(1965) —— Robert, L. , "D'Aphrodisias à la Lycaonie, " *Hellenica. Recueil d'épigraphie, de numismatique et d'antiquités grecques* 13 (Paris 1965) 1 – 330.

Robert(1970) —— Robert, L, "Les Epigrammes satiriques de Lucillius sur les athlètes. Parodie et réalités, " *Entretiens sur l' antiquité classique,* 14: *L'épigramme grecque* (Fondation Hardt), Geneva 1970, 170 – 295.

Robertis(1948) —— Robertis, F. M. de, *La produzione agricola in Italia dalla crisi del III secolo all 'età de i Carolingi,* Bari 1948.

Roberto and Small (1983) —— Roberto, C. M. , and A. M. Small, "Recherche topographique de San Giovanni di Ruoti (Province de Potenza) , Italie du sud, " *Archaeological Survey in the Mediterranean Area,* ed. D. R. Keller and D. *W.* Rupp, Oxford 1983, 187 – 190.

Roblin(1951) —— Roblin, M. , "Cités ou citadelles?" *Revue des études anciennes* 53 (1951) 301 – 311.

Roblin(1965) —— Roblin, M. , "Cités ou citadelles? Les enceintes romaines du Bas Empire d'après l'exemple de Senlis, " *Revue des études anciennes* 67 (1965) 368 – 391.

Rodriguez – Almeida(1979) —— Rodriguez – Almeida, E. , " Monte Testaccio: i mercatores dell'olio delia Betica, "*Mélanges d' archéologie et d'histoire de l'Ecole française de Rome (Antiquité)* 91 (1979) 873 – 975.

Rodriguez – Almeida(1984) —— Rodriguez – Almeida, E. , *Il Monte Testaccio. Ambiente, storia, materiali*, Rome 1984.

Röder (1969) —— Röder, J. , "Bericht über Arbeiten in den antiken Steinbrüchen von Iscehisar (Dokimeion), " *Türk Arkeoloji Dergisi* 18, 1 (1969) 109 – 116.

Roeren (1960) —— Roeren, R, " Zur Archäologie und Geschichte Südwestdeutschlands im 3. bis 5. Jahrhunderts, " *Jahrbuch des römisch – germanischen Zentralmuseums. Mainz* 7 (1960) 214 – 266.

Romanelli (1959) —— Romanelli, P. , *Storia delle province romane dell'Africa*, Rome 1959.

Rostovtzeff(1926) —— Rostovtzeff, M. , *The Social and Economic History of the Roman Empire*, Oxford 1926.

Rostovtzeff(1957) —— Rostovtzeff, M. , *Social and* Economic *History of the Roman Empire*[2], ed. P. M. Fraser, Oxford 1957.

Rost'ovtzeff(1960) —— Rostovtzeff, M. , *Rome*, trans. J. D. Duff, Oxford 1960.

Roueché(1979) —— Roueché, C. , "A new inscription from Aphrodisias and the tide πατήρ τῆς πολεως, " *Greek, Roman and Byzantine Studies* 20 (1979) 173 – 185.

Roueché(1986) —— Roueché, C. , "Aphrodisias in the Late Roman period: the evidence of the inscriptions, " *17th International Byzantine Congress* 1986, Rochester, N. Y. 1986, 300 – 301.

Rougé(1966) —— Rougé, J. , *Recherches sur l'organisation du commerce maritime en Méditerranée sous l'empire romain*, Paris 1966.

Rougé (1966a) — Rougé, J. , *Expositio totius mundi et gentium. Introduction, texte critique, traduction, notes et commentaire*, Paris 1966.

Rougé (1966b) — Rougé, J. , "L'Histoire Auguste et l'Isaurie au IVᵉ siècle, " *Revue des études anciennes* 68 (1966) 282 – 315.

Rouland (1979) — Rouland, N. , *Pouvoir politique et dépendance personnelle dans l'Antiquité romaine. Genèse et rôle des rapports de clientèle*, Brussels 1979.

Runnels and van Andel (1987) — Runnels, C. N. , and T. H. van Andel, "The evolution of settlement in the southern Argolid, Greece: an economic explanation, " *Hesperia* 56 (1987) 303 – 334.

Russell (1980) — Russell, J. , "Anemurium: the changing face of a Roman city, " *Archaeology* (September/October 1980) 31 – 40.

Sagi(1951) — Sagi, K. , "La Colonie romaine de Fenekpuszta et la zone intérieure des forteresses, " *Acta archaeologica academiae scientiarum Hungaricae* 1 (1951) 87 – 90.

Sagredo San Eustaquio (1979 – 80) — Sagredo San Eustaquio, L. , "La presencia romana en la provincia de Palencia durante el siglo III d. C. (a través de la numismática) , " *Hispania antigua* 9 – 10 (1979 – 80) 33 – 56.

M. C. Sahin(1981) — Sahin, M. C. , *Die Inschriften von Stratonikeia, I: Panamara (Oesterrei – chische Akademie der Wissenschaften: Inschriften griechischer Städte aus Kleinasien* 21) , Bonn

1981.

S. Sahin (1978) — Sahin, S. , *Bithynische Studien*, Bonn 1978.

Salama (1951) — Salama, P. , *Les Voies romaines de l'Afrique du Nord*, Algiers 1951.

Saller (1981) — Salier, R. P. , *Personal Patronage under the Early Empire*, Cambridge 1981.

Saller and Shaw (1984) — Saller, R. P. , and B. D. Shaw, "Tombstones and Roman family relations in the Principate: civilians, soldiers and slaves, " *Journal of Roman Studies* 74 (1984) 124 – 156.

Salmon(1967) — Salmon, J. H. M. , "Venality of office and popular sedition in seventeenth – century France, " *Past and Present* 37 (1967) 21 – 43.

Sanquer(1974) — Sanquer, R. , "La Villa romaine en Armorique. Sites et époques, " *Archéologia* 74 (1974) 20 – 26.

Sartori (1981) — Sartori, F. , "Il *commune Siciliae* nel tardo impero, " *Klio* 63 (1981) 401 – 409.

Sartre (1974) — Sartre, M. , "Note sur la première légion stationée en Arabie romaine, " *Zeitschrift für Papyrologie und Epigraphik* 13 (1974) 85 – 89.

Sasel (1973) — Sasel, J. , "Trajan's canal at the Iron Gate, " *Journal of Roman Studies* 63 (1973) 80 – 85.

Schindler (1972) — Schindler, F. , *Die Inschriften von Bubon (Nordlykien)* (Sitzungsbericht der oesterreichischen Akademie der

Wissenschaften), Vienna 1972.

Schönberger (1969) — Schönberger, H., "The Roman frontier in Germany: an archaeological survey, " *Journal of Roman Studies* 59 (1969) 144 – 197.

Schönberger (1976) — Schönberger, H., *Römerlager Rödgen: Das augusteische Römerlager Rödgen*, Berlin 1976.

Schouler (1973) — Schouler, B., *Libanios. Discours moraux... Introduction, texte et traduction*, Paris 1973.

Schuller (1975) — Schuller, W., "Grenzen des spätrömischen Staates: Staatspolizei und Korruption, " *Zeitschrift für Papyrologie und Epigraphik* 16 (1975) 1 – 21.

Schuller (1977) — Schuller, W., "Probleme historischer Korruptionsforschung, " *Der Staat* 16 (1977) 373 – 392.

Schuller (1980) — Schuller, W., "Ämterkauf im römischen Reich, " *Der Staat* 19 (1980) 57 – 71.

Schuller (1982) — Schuller, W., "Prinzipien des spätantiken Beamtentums, " *Korruption im Altertum. Konstanzer Symposium...* 1979, ed. W. Schuller, Munich 1982, 201 – 208.

Schutz (1985) — Schutz, H., *The Romans in Central Europe*, New Haven 1985.

Schwartz (1914 – 40) — Schwartz, E., *Acta Conciliorum Oecumenicorum*, 4 vols., Berlin – Leipzig 1914 – 40.

Seeck(1906) — Seeck, O., *Die Briefe des Libanius, zeitlich geordnet*, Leipzig 1906.

腐败与罗马帝国的衰落

Seeck(1910 – 23) —— Seeck, O. , *Geschichte des Untergangs der antiken Welt*[3], 6 vols. , Berlin 1910 – 23.

Setälä (1977) —— Setälä, P. , *Private Domini in Roman Brick Stamps of the Empire. A Historical and Prosopographical Study of the Landowners in the District of Rome*, Helsinki 1977.

Seton Williams(1954) —— Seton Williams, M. V. , " Cilician survey, " *Anatolian Studies* 4 (1954) 121 – 174.

Shahid(1984) —— Shahid, I. , *Byzantium and the Arabs in the Fourth Century*, Washington, D. C. 1984.

Shaw(1987) —— Shaw, B. D. , "Autonomy and tribute: mountain and plain in Mauretania Tingitana, " *Revue de l' Occident musulman et de la Méditerranée* 41 – 42 (1987) 66 – 89.

Sherwin – White (1966) —— Sherwin – White, A. N. , *The Letters of Pliny. A Historical and Social Commentary*, Oxford 1966.

Silverman(1965) —— Silverman, S. L. , "Patronage and community – national relationships in central Italy, " *Ethnology* 4 (1965) 172 – 189.

Sirago(1958) —— Sirago, V. A. , *L' Italia agraria sotto Traiano*, Louvain 1958.

Skeat(1964)—— Skeat, T. C. , *Papyri from Panopolis in the Chester Beatty Library, Dublin*, Dublin 1964.

Skupinska – Lovset(1983) —— Skupinska – Lovset, I. , *Funerary Portraiture of Roman Palestine. An Analysis of the Production in Its Cultural – Historical Context*, Kungälv 1983.

Smith(1965) — Smith, D. J., "Three fourth-century schools of mosaic in Roman Britain," *La Mosaique gréco-romaine.* (Colloque international organisée à Paris par G. Picard et H. Stern...1963), Paris 1965, 95–116.

Soproni(1978) — Soproni, S., *Der spätrömischen limes zwischen Esztergom und Szentendre*, Budapest 1978.

Speidel (1981) — Speidel, M. P., "The prefect's horseguards and the supply of weapons," *Proceedings of the XVI International Congress of Papyrology...* 1980, Ann Arbor 1981, 405–409.

Speidel(1983) — Speidel, M. P., "Cash from the emperor. A veteran's gravestone at Elecik in Galatia," *American Journal of Philology* 104 (1983) 282–286.

Speidel(1984) — Speidel, M. P., "Palmyrenian irregulars at Koptos," *Bulletin, American Society of Papyrology* 21 (1984) 221–224.

Sperber (1971) — Sperber, D., "Patronage in Amoraic Palestine (c. 220–400). Causes and effects," *Journal of the Economic and Social History of the Orient* 14 (1971) 227–257.

Sperber (1972) — Sperber, D., "Trends in third century Palestine agriculture," *Journal of the Economic and Social History of the Orient* 15 (1972) 227–255.

Sperber (1977) — Sperber, D., "Aspects of agrarian life in Roman Palestine, I: Agricultural decline in Palestine during the later Principate," *Aufstieg und Niedergang der römischen Welt* II, 8

腐败与罗马帝国的衰落

(Berlin 1977) 397 – 443.

Sperber (1978) — Sperber, D. , *Roman Palestine, 200 – 400, the Land: Crisis and Change in Agrarian Society as Reflected in Rabbinic Sources*, Ramat – Gan 1978.

Spieser(1984) — Spieser, J. – M. , "La Ville en Grèce du IIIe au VIIe siècle, " *Villes et peuplement dans l'Illyricum protobyzantin. Actes du colloque* . . . 1982, Rome 1984, 315 – 340.

Spitaels (1970) — Spitaels, P. " La Villa gallo – romaine d'Anthée. Centre d'émaillerie légendaire, " *Helinium* 10 (1970) 209 – 241.

Staerman and Trofimova(1975) — Staerman, E. M. , and M. K. Trofimova, *La schiavitù nell'Italia imperiale, I – III secolo*, trans. "S. A. , " Rome 1975.

Ste. Croix(1954) — Ste. Croix, G. E. M. de, "Suffragium: from vote to patronage, " *British Journal of Sociology* 5 (1954) 33 – 48.

Ste. Croix(1981) — Ste. Croix, G. E. M. de, *The Class Struggle in the Ancient Greek World from the Archaic Age to the Arab Conquests*, Oxford 1981.

A. – S. Stefan(1974) — Stefan, A. – S. , "Recherches de photo – interprétation archéologique surle limes de la Scythie Mineure à l'époque du Bas – Empire, " *Actes du IXe Congrès international d'études sur les frontières romaines*. . . 1972, Bucharest 1974, 95 – 108.

A. – S. Stefan(1977) — Stefan, A. – S. , "Nouvelles recherches de photo – interprétation archéologique concernant la défense de la Scythie Mineure, " *Limes. Akten des XI. internationalen Limeskongresses...* 1976, Budapest 1977, 451 – 465.

G. Stefan (1955) — Stefan, G. , " La *legio I Iovia* et la défense de la frontière danubienne au IVe de notre ère, " *Nouvelles études d' histoire, Xe Congrès des sciences historiques,* Bucarest 1955, 1. 161 – 167.

Stein (1959) — Stein. E. , *Histoire du Bas – Empire* I, Paris 1959.

Stevens (1966) — Stevens, C. E. , "Agriculture and rural life in the Later Roman Empire, " *Cambridge Economic History of Europe*^{2}, I, Cambridge 1966, 92 – 124.

Strobel (1984) — Strobel, K. , *Untersuchungen zu den Dakerkriegen Trajans. Studien zur Geschichte des mittleren und unteren Donau in der Hohen Kaiserzeit,* Bonn 1984.

Stroheker (1948) — Stroheker, K. F. , *Der senatorische Adel im spätantiken Gallien,* Tübingen 1948.

Stuart (1939) — Stuart, M. , "How were imperial portraits distributed throughout the Roman empire?" *American Journal of Archaeology* 43 (1939) 601 – 617.

Svensson(1926) — Svensson, N. . "Réception solonelle d' Hérode Atticus, " *Bulletin de correspondance hellénique* 50 (1926) 527 – 535.

Swift and Oliver(1962) — Swift, L. J. , and J. H. Oliver,

腐败与罗马帝国的衰落

"Constantius II on Flavius Philippus, " *American Journal of Philology* 83 (1962) 247 – 264.

Syme(1968) — Syme, R. , " The Ummidii, " *Historia* 17 (1968) 72 – 105.

Syme(1977) — Syme, R. , "The enigmatic Sospes, " *Journal of Roman Studies* 67 (1977) 38 – 49.

Talbert(1984) — Talbert, R J. A. , *The Senate of Imperial Rome*. Princeton 1984.

Tarradel(1955 – 56) — Tarradel, M. , "Sobre las invasiones germanices del siglo III despues de J. C. en la Peninsula Iberica, " *Estudios clasicos* 3 (1955 – 56) 95 – 110.

Taylor(1975) — Taylor, C. , "Roman settlements in the Nene valley, " *Recent Work in Rural Archaeology*, ed. P. J. Fowler, Totowa, N. J. 1975.

Tchalenko(1953 – 58) — Tchalenko, G. , *Villages antiques de la Syrie du nord. Le Massif du Bélus à. l'époque romaine*, 3 vols. , Paris 1953 – 58.

Teja(1974) — Teja, R. , *Organizacion economica y social de Capadocia en el siglo TV, segun los padres capadocios*, Salamanca 1974.

Thébert(1983) — Thébert, Y. , "L'Evolution urbaine dans les provinces orientales de l'Afrique romaine tardive, " *Opus* 2 (1983) 99 – 131.

Thirion(1957) — Thirion, J. , " Un ensemble thermal avec

mosaiques à Thina, " *Mélanges d'archéologie et d'histoire de l'école française de Rome* 69 (1957) 207 – 245.

E. B. Thomas (1965) — Thomas. E. B. , *Römische Villen in Pannonien. Beiträge zur pannonischen Siedlungsgeschichte,* trans. O. Ratz, Budapest 1965.

J. D. Thomas (1974) — Thomas, J. D. , "The disappearance of the dekaprotoi in Egypt, " *Bulletin, American Society of Papyrology* 11 (1974) 60 – 68.

E. A. Thompson (1952) — Thompson, E. A. , *A Roman Reformer and Inventor, being a New Text of the Treatise De Rebus Bellicis,* Oxford 1952.

E. A. Thompson(1980) — Thompson, E. A. , " Barbarian invaders and Roman collaborators, " *Florilegium* 2 (1980) 71 – 88.

E. A. Thompson(1982) — Thompson, E. A. , *Romans and Barbarians,* Madison, Wisc. 1982.

H. Thompson(1959) — Thompson, H. , "Athenian twilight, " *Journal of Roman Studies* 49(1959) 61 – 72.

Thomsen(1947) — Thomsen, R. , *The Italic Regions from Augustus to the Lombard Invasion,* Copenhagen 1947.

Todd(1978) — Todd, M. , "Villas and Romano – British society, " *Studies in the Romano – British Villa,* ed M. Todd, Leicester 1978, 197 – 208.

Tomlin(1976) — Tomlin, R S. O. , "Notitia dignitatum omnium, tam civilium quam militarium, " *Aspects of the Notitia Dignitatum,* ed.

R. Goodbum and P. Bartholomew, Oxford 1976, 189 – 210.

Tomlin(1979) — Tomlin, R. S. O. , "Meanwhile in north Italy and Cyrenaica, " *The End of Roman Britain. Papers... arising from a Conference ...* 1978, ed. P. J. Casey, Oxford 1979, 253 – 270.

Tovar and Blazquez(1975) — Tovar, A. , and J. M. Blazquez, *Historia de la Hispania Romana. La Peninsula Ibérica desde* 218 *a. C. hasta el siglo V*, Madrid 1975.

Travagli Visser (1978) — Travagli Visser, A. M. , "La villa romana di Cassana (ricerche e scavi dal 1975 al 1977) , " *La villa romana di Cassana. Documenti archeologici per la storia del popolamento rustico*, Bologna 1978.

Treucker(1961) — Treucker, B. , *Politische und sozialgeschichtliche Studien zu den Basilius – Briefen*, Bonn 1961.

Treucker (1981) — Treucker, B. , "A note on Basil's letters of recommendation, " *Basil of Caesarea, Christian, Humanist, Ascetic. A Sixteen – Hundredth Anniversar Symposium*, ed. P. J. Fedwick, Toronto 1981, 1. 405 – 410.

Trousset(1974) — Trousset, P. , *Recherches sur le Limes Tripolitanus du Chott el Djerid à la frontière Tuniso – Libyenne*, Paris 1974.

Turner(1952) — Turner, E. G. , "Roman Oxyrhynchus, " *Journal of Egyptian Archaeology* 38 (1952) 78 – 93.

Turner(1968) — Turner, E. G. , *Greek Papyri. An Introduction*, Princeton 1968.

Vago and Bona (1976) — Vago, E. B. , and I. Bona, *Der spätrömische Südostfriedhof,* Budapest 1976.

Väisänen (1976) — Väisänen, M. , "Alcune famigli eminenti (Titii, Ulpii, Statilii) nelle iscrizioni onorarie a Prusa all'Ipio in Bitinia, " *Arctos* 10 (1976) 126 – 132.

Van Andel, Runnels, and Pope (1986) — Van Andel, T. H. , C. N. Runnels, and K. O. Pope, "Five thousand years of land use and abuse in the Southern Argolid, Greece, " *Hesperia* 55 (1986) 103 – 128.

Van Dam(1985) — Van Dam, R. , *Leadership and Community in Late Antique Gaul,* Berkeley 1985.

Van Gansbeke(1955) — Van Gansbeke, P. , "La Mise en état de la défense de la Gaule au milieu du IIIe siècle après J. – C, " *Latomus* 14 (1955) 404 – 425.

Vasey(1982) — Vasey, V. R. , *The Social Ideas'in the Works of St. Ambrose. A Study of the De Nabuthe,* Rome 1982.

Vattioni(1977) — "A proposito di πρωτοπολιτηζ, " *Studia papyrologica* 16 (1977) 23 – 29.

Velkov(1962) — Velkov, V. , "Les Campagnes et la population rurale en Thrace au IVe – VIe siècles, " *Byzantinobulgarica* 1 (1962) 31 – 66.

Versnel(1981) — Versnel, H. S. , "Destruction, *devotio,* and despair in a situation of anomy: the mourning for Germanicus in triple perspective, " *Perennitas. Studi in onore di A. Brelich,* Rome

1981, 541 – 618.

Veyne(1976) — Veyne, P. , *Le Pain et le cirque. Sociologie historique d'un pluralisme politique,* Paris 1976.

Veyne(1981) — Veyne, P. , "Les Cadeaux des colons à leur propriétaire: la neuvième bucolique et la mausolée d'Igel, " *Revue archéologique* 2 (1981) 245 – 252.

Veyne (1981a)— Veyne, P. , " Clientèle et corruption au service de l'état: la vénalité des offices dans le Bas – Empire romain, " *Annales. Civilisations, Sociétés, Economies* 1981, 339 – 360.

Ville(1960) — Ville, G. , "Les Jeux de gladiateurs dans l'Empire chrétien, " *Mélanges d'archéologie et d'histoire de l'Ecole française de Rome* 72 (1960) 273 – 335.

Vogler (1979) — Vogler, C. , *Constance II et l'administration impériale,* Strasbourg 1979.

Vogt (1967) — Vogt, J. , *The Decline of Rome. The Metamorphosis of Ancient Civilisation*, trans. J. Sondheimer, London 1967.

Vulpe(1960) — Vulpe, R, "Les Gètes de la rive gauche du Bas – Danube et les Romains, " *Dada* 4(1960) 309 – 332.

Waas (1965) — Waas, M. , *Germanen im römischen Dienst im 4. Jahrhundert nach Christ,* Bonn 1965.

Wacher (1971) — Wacher, J. S. , " Yorkshire towns in the fourth century, " *Soldier and Civilian in Yorkshire,* ed. R. M. Butler, Leicester 1971, 165 – 177.

Wacke(1980) — Wacke, A. , "Die 'potentiores' in den Rechtsquellen. Einfluss und Abwehr gesellschaftlicher Ubermacht in der Rechtspflege der Römer, " *Aufstieg und Niedergang der römischen Welt* II, 13 (Berlin 1980) 562 – 607.

Walbank (1969) — Walbank, F. W. , *The Awful Revolution. The Decline of the Roman Empire in the West*, Toronto 1969.

Walker (1981) — Walker, S. , "La Campagne lyonnaise du 1ᵉʳ siècle av. J. C. jusqu'au 5ᵉᵐᵉ siècle ap. J. C. , " *Récentes recherches en archéologie gallo – romaine et paléochrétienne sur Lyon et sa région,* ed. S. Walker, Oxford 1981, 279 – 329.

Walton(1929) — Walton, C. S. , "Oriental senators in the service of Rome: a study of imperial policy down to the death of Marcus Aurelius, " *Journal of Roman Studies* 19 (1929) 38 – 66.

Waltzing(1895 – 1900) — Waltzing, J. – P. , *Etude historique sur les corporations professionnelles chez les Romains*, 4 vols. , Louvain 1895 – 1900.

Wardman(1984) — Wardman, A. E. , "Usurpers and internal conflicts in the fourth century A. D. , " *Historia* 33 (1984) 220 – 237.

Ward – Perkins (1981) — Ward – Perkins, B. "Luni: the prosperity of the town and its territory, " *Archaeology and Italian Soaety. Prehistoric, Roman and Medieval Studies*, ed. G. Barker and R. Hodges, Oxford 1981, 179 – 190.

Ward – Perkins(1984) — Ward – Perkins, B. , *From Classical Antiquity to the Middle Age. Urban Public Building in Northern and Central Italy AD* 300 – 850, Oxford 1984.

Warmington(1954) — Warmington, B. H., *The North African Provinces from Diocletian to the Vandal Conquest*, Cambridge 1954.

Weaver(1972) — Weaver, P. R. C., *Familia Caesaris. A Social Study of the Emperor's Freedmen and Slaves*, Cambridge 1972.

Weiss(1981) — Weiss, P., "Ein agonistisches Bema und die isopythischen Spiele von Side, " *Chiron* 11 (1981) 315 – 346.

Welsby(1982) — Welsby, D. A., *The Roman Military Defence of the British Provinces in Its Later Phases*, Oxford 1982.

Wells (1984) — Wells, C., *The Roman Empire*, Glasgow 1984.

White (1970) — White, K. D., *Roman Farming*, London 1970.

Whitehorne(1983) — Whitehorne, J. E. G., "An alternative context for the Brooklyn *pridianum*, " *Bulletin, American Society of Papyrology* 20 (1983) 63 – 73.

Whitehouse(1981) — Whitehouse, D., "The Schola Praeconum and the food – supply of Rome in the fifth century A. D., " *Archaeology and Italian Society. Prehistoric, Roman and Medieval Studies*, ed. G. Barker and R. Hodges, Oxford 1981, 191 – 195.

Whittaker(1980) — Whittaker. C. R., "Inflation and the economy in the fourth century A. D., "*Imperial Revenue, Expenditure and Monetary Policy in the Fourth Century A. D.*, ed. C. E. King, Oxford 1980, 1 – 22.

Wickham(1983) — Wickham, L. R. , ed. and transl. , *Cyril of Alexandria, Select Letters,* Oxford 1983.

Wightman(1970) — Wightman, E. M. , *Trier and the Treveri,* London 1970.

Wghtman(1978) — Wightman, E. , "North – eastern Gaul in Late Antiquity, the testimony of settlement patterns in an age of transition, " *Berichten van de Rijksdienst voor Oudheidkun dig Bodemonderzoek* 28 (1978) 241 – 250.

Wightman (1978a)— Wghtman, E. , "Peasants and potentates in Roman Gaul, " *American Journal of Ancient History* 3 (1978) 97 – 128.

Wghtman(1981) — Wightman, E. M. , "The lower Liri valley: problems, trends and peculiarities, " *Archaeology and Italian Society. Prehistoric, Roman and Medieval Studies,* ed. G. Barker and R. Hodges, Oxford 1981, 257 – 287.

Wghtman (1985) — Wightman, E. M. , *Gallia Belgica,* Berkeley 1985.

Wild(1970) — Wightman, J. P. , *Textile Manufacture in the Northern Roman Provinces,* Cambridge 1970.

Will(1954) – Will, E, "Amiens ville militaire romaine, " *Revue du Nord* 36 (1954) 141 – 145.

Willems (1981) — Willems, W. J. H. , "Romans and Batavians, a regional study in the Dutch eastern river area, " *Berichten, Rijksdienst voor het Oudheidkundig Bodemonderzoek* 31 (1981) 1 – 217.

Wilson(1981) — Wilson, R. J. A. , "Mosaics, mosaicists and patrons, " *Journal of Roman Studies* 71 (1981) 173 – 177.

Wistrand(1941) — Wistrand, E. , "Gratus, grates, gratia, gratiosus, " *Eranos* 39 (1941) 17 – 26.

Wistrand(1981) — Wistrand, E. , "Popular politics' in an Italian municipality (*CIL* V 5049 = CE 417) , " *Eranos* 79 (1981) 105 – 116.

Witt(1977) — Witt, P. D. McD. , "The Judicial Function of the Strategos in the Roman Period, " Ph. D. diss. , Duke University 1977.

Wolfram(1975) — Wolfram, H. , "Athanarich the Visigoth: monarchy or judgeship. A study in comparative history, " *Journal of Medieval History* 1 (1975) 259 – 278.

Wolfram(1977) — Wolfram, H. , "Die Schlacht von Adriano-ple, " *Anzeiger der Oesterreichischen Akademie der Wissenschaften, Phil. – hist. Klasse* 114 (1977) 227 – 250.

Wolfram (1979) — Wolfram, H. , *Geschichte der Goten: von den Anfängen bis zur Mittel des sechsten Jahrhunderts. Entwurf einer historischen Ethnographie*, Munich 1979.

Wolfram (1981) — Wolfram, H. , "Gothic history and histori-cal ethnography, " *Journal of Medieval History* 7 (1981) 309 – 319.

Yeo(1951) — Yeo, C. A. , "The development of the Roman plantation and marketing of farm products, " *Finanzarchiv*[3] 13 (1951) 321 – 342.

Zajac(1978) — Zajac, I. , "Einige vermögende Familien aus Celeia in der römischen Provinzen Noricum (1. - 3. Jh. u. Z.) , " *Rivista storica dell' antichità* 8 (1978) 63 - 88.

Zaninovic (1977) — Zaninovic, M. , "The economy of Roman Dalmatia, " *Aufstieg und Niedergang der römischen Welt* II, 6 (Berlin 1977) 767 - 809.

Zumpt (1845) — Zumpt, A. W. , "Ueber der Entstehung und historische Entwickelung des Colonats, " *Rheinisches Museum für Philologie* 3 (1845) 1 - 69.

索　引

Acclamations

Actuarii

Aelius Aristides

Africa

Agentes in rebus (Special

Agents)

Alamans

Alans

Alaric

Ambrose

Antioch in Syria

Apuleius

Arcadius

Armorica (Brittany)

Army

Asia Minor

Assemblies, popular

Augustine

Augustus (Octavius)

Ausonius

Austoriani

Autarky

Avidius Cassius

Bagaudae

Barbarians

Basil

Baynes, Norman

Beneficia

Bishops

Bodyguards

Brigands and pirates

Britain

Bureaus and bureaucrats

Caesariani

Caracalla

Carthage

Chrysostom, John

Church

Cilicia

Cingulum (*zone*)

Cities

Classes

Collegia. See Guilds

Cologne

Commoda

Constantine

Consuetudo

Curatores of cities

Curiales (*bouleutai*)

Cynics

Cyril

Dacia

Dalmatia

Danube provinces

Decemprimi (Top Ten, *dekap-rotoi*)

Decline

Decuriae

Decurions. *See* Curiales

Defensores

Democracy. *See* Assemblies

Dignitas

Economy

Egypt

Emperors

Equestrians

Eugenius

Eunuchs

Euphemisms

Fides

Firmus

Flavius Archippus

Foederati (barbarians under treaty)

Fronto

Gainas

Galba

Gallus Caesar

Gaul

Germany

Goths

Gratia

Greece (with Macedonia)

Guilds (associations, *collegia*)

Hadrianople

Herodes Atticus

Honorati

Honorius

Huns

Inflation

Inscriptions

Isauria (ns)

Italy

Laeti

Land

Law courts

Libanius

Licinnia Flavilla

Licinnius Thoantianus

Limitanei

Liturgies (*munera*)

Lucian

Lycia

Lyon

Macrinus

Martial

Mauretania

Maximus, bishop

Maximus, pretender

Militia

Monte Testaccio

Notitia Dignitatum

Offica

Opramoas

Ostia

Palestine

Pannonia

Patrocinium and patrons

Persia (ns)

Petronius Probus

Piganiol, André

Pliny

Possessores

Potentes (*potentiores*)

Premerstein, A. von

Priesthoods

Principales

Principes. See Proteuontes

Prisons

Proteuontes (*protoi*, *principes*,

First Citizens)

Provinces

Radagaisus

Raetia (and Noricum)

Remigius

Richomer

Romanus

Rufinus

Sabinianus

Sack of Rome

Sebastianus

Sejanus

Senators of Rome

Sennius Sollemnis, Titus

Septimius Severus

Shipwrecks

Sicily

Silvanus

Skepe

Slavery and slaves

Spain

Sportulae

Stilicho

Suffragium

Symmachus

Synesius

Syria

Taxation

Theodosius I

Third – century crisis

Timgad

Titles

Toxandria

Tribigild

Tripolitania and its three cities

Valens

Valentinian

Vandals

Verres, Gaius

Vespasian

Villages

Villas

Walbank, Frank

Xenia

著作权合同登记号京版登字：01－2014－5742 号

图书在版编目（CIP）数据

腐败与罗马帝国的衰落／［美］麦克莫兰（Macmullen，R.）著；吕厚量译.
—北京：中国方正出版社，2015.4
（腐败与历史译丛）
ISBN 978－7－5174－0195－7

Ⅰ.①腐…　Ⅱ.①麦…②吕…　Ⅲ.①罗马帝国—历史—研究　Ⅳ.①K126

中国版本图书馆 CIP 数据核字（2015）第 067067 号

Corruption and the Decline of Rome/Ramsay Macmullen
Copyright © 1988 by Yale University
Originally Published by Yale University Press
Simplified Chinese edition copyright：
2015 China Fangzheng Press.
All Rights Reserved.

腐败与罗马帝国的衰落

［美］拉姆塞·麦克莫兰/著
　　　吕厚量/译

选题策划：陈学军
责任编辑：陈　勇　冯　超
责任印制：李　华

出版发行：中国方正出版社
（北京市西城区广安门南街甲 2 号　邮编：100053）
编辑部：（010）59594653　发行部：（010）66560513
出版部：（010）59594625　门市部：（010）66562755
邮购部：（010）66560933
网　址：www.FZPress.com.cn
经　销：新华书店
印　刷：北京新华印刷有限公司

开　本：880 毫米×1230 毫米　1/32
印　张：19
字　数：400 千字
版　次：2015 年 10 月第 1 版　2015 年 10 月北京第 1 次印刷

（版权所有　侵权必究）

ISBN 978－7－5174－0195－7　　　　　　　　　定价：48.00 元

（本书如有印装质量问题，请与本社发行部联系退换）